FUNDBERICHTE AUS HESSEN • BEIHEFT 4

FUNDBERICHTE AUS HESSEN

BEIHEFT 4 · 2005

LANDESAMT FÜR DENKMALPFLEGE HESSEN

ARCHÄOLOGIE UND PALÄONTOLOGIE

KULTURLANDSCHAFT
ZEITSCHRIFT FÜR ANGEWANDTE HISTORISCHE GEOGRAPHIE

14 · 2004

Wiesbaden 2005

Selbstverlag des Landesamtes für Denkmalpflege Hessen
in Kommission bei Dr. Rudolf Habelt GmbH, Bonn

KULTURLANDSCHAFT

WAHRNEHMUNG – INVENTARISATION – REGIONALE BEISPIELE

Herausgegeben von

Vera Denzer, Jürgen Hasse,
Klaus-Dieter Kleefeld, Udo Recker

Schriftleitung
Dr. Guntram Michael Schwitalla M. A.

LfDH, Schloss Biebrich/Ostflügel, 65203 Wiesbaden

Redaktion, Satz und Layout
Dr. Gabriele Recker M. A., Gau-Odernheim

Bildbearbeitung
Gabriele Schönborn, LfDH
Henning Schütz, LfDH

Umschlaggestaltung, Titelei und Inhaltsverzeichnis
Dr. Stefan Thörle, LfDH

Titelbild
Christa Zencke, Johann Wolfgang Goethe-Universität Frankfurt a. M.

ISBN 3-7749-3334-0

Druck
Druckerei Zeidler, Wiesbaden – Mainz-Kastel • www.zeidler.de

Sponsoren

Die Drucklegung dieses Bandes wurde durch die finanzielle Unterstützung der nachfolgend aufgeführten Personen und Institutionen ermöglicht. Ihnen gilt der besondere Dank des Landesamtes für Denkmalpflege Hessen sowie der Herausgeber:

Arbeitsgruppe Angewandte Historische Geographie
im Arbeitskreis für historische Kulturlandschaftsforschung in Mitteleuropa e. V. (ARKUM), Bonn

Archäologisches Spessartprojekt e.V. (ASP), Aschaffenburg

Kommission für Archäologische Landesforschung in Hessen e. V. (KAL), Marburg

Oberhessische Versorgungsbetriebe Aktiengesellschaft (OVAG), Friedberg

Planungsverband Ballungsraum Frankfurt/Rhein-Main, Frankfurt a. M.

Bruno H. Schubert, Ehrenbürger der Stadt Frankfurt a. M., Frankfurt a. M.

Inhalt

Vorwort — 1
Vera Denzer, Jürgen Hasse, Klaus-Dieter Kleefeld und Udo Recker

Zum Geleit — 3
Gerd Weiß

Einführung — 5
Vera Denzer, Jürgen Hasse, Klaus-Dieter Kleefeld und Udo Recker

„Kulturlandschaft" als Forschungskonzept und Planungsauftrag – aktuelle Themenfelder der Kulturlandschaftsforschung — 15
Winfried Schenk

Themenschwerpunkt Wahrnehmung

Kulturlandschaft – Landschaftskultur. Für einen anthropologisch und phänomenologisch sensibilisierten Umgang mit dem Begriff der Kulturlandschaft — 37
Jürgen Hasse

Zur Phänomenologie der Wahrnehmung jenseits von Projektionismus und Konstellationismus — 51
Michael Großheim

Die Umweltverträglichkeit von Windkraftanlagen – nicht nur eine Frage technischer Umweltnormen — 63
Werner Nohl

Raumzeitphänomen Klanglandschaften — 77
Justin Winkler

Wenn Landschaften „näher" rücken – von den Merkwürdigkeiten des urbanen Geruchsraumes — 89
Werner Bischoff

Der Friedhof als Kulturlandschaft im Wandel der Zeit — 101
Barbara Happe

Themenschwerpunkt Inventarisation

„Erfassung" historischer Kulturlandschaft — 115
Peter Burggraaff / Klaus-Dieter Kleefeld

KULADIG – Das digitale Informationssystem zu den rheinischen Kulturlandschaften — 125
Karl-Heinz Buchholz

Archäologie im Rheinischen Kulturlandschaftskataster — 133
Claus Weber

Die Position der Denkmalpflege bei der Erarbeitung eines Kulturlandschaftskatasters –
Beispiel Altgemarkung Birgelen (NRW). Tomographie einer Landschaft — 141
Elke Janßen-Schnabel

Hessen braucht ein Kulturlandschaftskataster –
Anmerkungen zu einem vorausschauenden Umgang mit der historischen Kulturlandschaft
aus Sicht der Archäologischen Denkmalpflege — 147
Udo Recker

Kulturhistorisch-ökologische Erlebnisschneisen im Rhein-Main-Gebiet — 159
Egon Schallmayer

Erfassung kulturhistorischer Landschaftselemente im Erweiterungsgebiet
des Planungsverbandes Ballungsraum Frankfurt/Rhein-Main
und Inventarisierung in einem Geographischen Informationssystem — 177
Petra Kopp/Christian Wiegand

GIS im Landschaftsmanagement –
Kulturlandschaftsforschung und -vermittlung im Spessart — 195
Jürgen Jung/Gerrit Himmelsbach

Digitaler Atlas der Kulturlandschaften in Dänemark — 205
Per Grau Møller

Ein Beitrag zu einem GIS-gestützten Kulturlandschaftskataster
aus historisch-geographischer Sicht — 217
Rolf Plöger

Das Laserscanning im Dienste der Kulturlandschaftsforschung
am Beispiel der unter Wald fossilierten Wölbäcker von Rastatt — 229
Benoit Sittler/Karl Hauger

Das Inventar der historischen Verkehrswege der Schweiz (IVS) –
Zielsetzung, Methodik, Illustration und Anwendung — 237
Klaus Aerni

Römerstraßen im Jura: vor und nach dem IVS — 255
Heinz E. Herzig

Wege, Fahrstraßen und Brücken im schweizerischen Mittelland — 265
Cornel Doswald

Themenschwerpunkt Regionale Beispiele

Auf den Spuren einer unsichtbaren Kulturlandschaft –
Plädoyer für die Ausweisung archäologischer Schutzgebiete
am Beispiel des Goldenen Grundes in der Idsteiner Senke (Hessen) — 283
Sabine Schade-Lindig/Christoph Schade

Der Limes auf dem Weg zum UNESCO-Weltkulturerbe 305
Stephan Bender

Historisch-geographische Kulturlandschaftsforschung
im DFG-Projekt RheinLUCIFS 319
Andreas Dix/Klaus-Dieter Kleefeld

Forschungen zur historischen Kulturlandschaft
im Agrar- und Freilichtmuseum Schloss Blankenhain und im Ecomuseum Zwickauer Land 331
Jürgen Knauss

Historische Kulturlandschaften in Baden-Württemberg –
Landschaften und Themen, Akteure und Probleme 343
Christoph Morrissey

Bewertungen der historischen Kulturlandschaft auf kommunaler Ebene 361
Oliver Bender

Die historische Kulturlandschaft in der Region Oberfranken-West.
Ein Gemeinschaftsprojekt der Bayerischen Landesämter für Umweltschutz
und für Denkmalpflege 375
Thomas Büttner/Hans Leicht

Inventarisationsdefizite und Verluste bei Landwehren.
Das Beispiel der Lüneburger Landwehr 389
Martin Pries

Veränderungen der Niederlausitzer Kulturlandschaft
unter Einfluss des Braunkohlenbergbaus 399
Dirk Maier/Torsten Meyer

Kurzbeiträge

Projekt Siedlung – Kultur – Landschaft.
Auf dem Weg zu einem kulturlandschaftlichen Leitbild für den Münchner Norden 413
Alexander Erb/Moritz Warth

Dynamik der Kaiserstühler Kulturlandschaft 417
Kim Philip Schumacher

Erfassung kulturhistorischer Einflüsse auf die Fließgewässer
im Münstertal als Beitrag zur Fließgewässerbewertung 423
Korinna Thiem

Situation und Entwicklung historischer Bausubstanz
in Gumbinnen/Gusew (Nordostpreußen/Kaliningradskaja Oblast).
Bemerkungen zu einem Projekt 427
Heinz Schürmann

Autorenverzeichnis 435

Vorwort

Vor dem Hintergrund der aktuellen Diskussionen um die historische Kulturlandschaft, deren Erhalt und Pflege haben das Institut für die Didaktik der Geographie der Johann Wolfgang Goethe-Universität Frankfurt a.M., das Landesamt für Denkmalpflege Hessen, Archäologie und Paläontologie, Wiesbaden, sowie die Arbeitsgruppe „Angewandte Historische Geographie" im Arbeitskreis für historische Kulturlandschaftsforschung in Mitteleuropa (ARKUM) mit Sitz am Geographischen Institut der Rheinischen Friedrich-Wilhelms-Universität Bonn im März 2004 eine gemeinsame Tagung unter dem Titel: „Kulturlandschaft: Wahrnehmung – Inventarisation – Regionale Beispiele" veranstaltet. Als weitere Kooperationspartner konnten die Kommission für Archäologische Landesforschung in Hessen (KAL) mit Sitz am Vorgeschichtlichen Seminar der Philipps-Universität Marburg, das Archäologische Spessart-Projekt, Aschaffenburg, sowie der Planungsverband Ballungsraum Frankfurt/Rhein-Main, Frankfurt a.M., gewonnen werden.
Der Hessische Rundfunk begleitete die Veranstaltung als Medienpartner.

Die Herausgeberin und die Herausgeber sind sich bewusst, dass das Tagungsthema in seiner Komplexität wie auch einzelne Beiträge nicht nur Zustimmung, sondern auch Widerspruch hervorrufen werden. In diesem Bewusstsein ist ihr Bemühen darauf gerichtet, die Diskussion heterogener und (vermeintlich) inkompatibler Ansätze im Rahmen eines wissenschaftlichen Diskurses und divergierender Denkkulturen theorie- und praxisorientiert zu führen.

Dank gilt allen an diesem Projekt beteiligten Personen sowie Institutionen für das eingebrachte Engagement und die ideelle wie großzügige finanzielle Unterstützung. Besonders bedanken möchten sich die Herausgeberin und die Herausgeber bei Dr. Gabriele Recker M.A., die die Redaktion des Bandes besorgte sowie bei Frau Dipl. Des. Gabriele Schönborn und Herrn Henning Schütz, die einen Teil der Abbildungsvorlagen digital aufbereiteten.
Über die gemeinsame Organisation hinaus unterstreicht das Landesamt für Denkmalpflege Hessen mit der Publikation der Tagungsbeiträge in Band 4 der Beihefte zu den Fundberichten aus Hessen auch die Bedeutung, die es dem Themenfeld Kulturlandschaft beimisst.

Redaktionsstand für alle wiedergegebenen Artikel ist der Oktober 2004. Angaben zu Online-Publikationen oder sonstige Internetadressen wurden letztmalig im Frühjahr 2005 aktualisiert.
Im Falle einiger weniger Abbildungsvorlagen war es trotz sorgfältiger Bearbeitung nicht möglich, diese in einer den übrigen Abbildungen vergleichbaren Qualität zu reproduzieren.

Vera Denzer, Jürgen Hasse, Klaus-Dieter Kleefeld und Udo Recker

Frankfurt, Bonn und Wiesbaden, im Herbst 2005

Zum Geleit

Das Landesamt für Denkmalpflege Hessen hat sich in den letzten Jahren verstärkt mit dem Thema historische Kulturlandschaften in Hessen auseinander gesetzt. So fand im Jahr 2000 in Hochheim eine gemeinsam mit der Akademie der Architektenkammer Hessen, der Deutschen Gesellschaft für Gartenkunst und Landschaftskultur und dem Deutschen Werkbund veranstaltete Tagung statt, die den Titel trug „Der Rheingau – Erhalt und Entwicklung einer Kulturlandschaft". Am Beispiel der historischen Kulturlandschaft Rheingau wurde in einer im Rahmen der Veranstaltung verabschiedeten Resolution auf die Gefahren aufmerksam gemacht, denen die Kulturlandschaften Hessens verstärkt ausgesetzt sind. Großflächige Ausweisungen von Gewerbe- und Neubaugebieten, die Umstrukturierung der Landwirtschaft oder neue Energiegewinnungsanlagen verändern das Erscheinungsbild unserer historischen Kulturlandschaft und den Bestand ihrer Elemente in einem bisher kaum erlebten Ausmaß und Tempo, die die Orientierung und Identifikation in und mit den vertrauten Lebensräumen in Frage stellen.

In diesen Prozess einzugreifen bedeutet nicht – und dieser Gedanke liegt nahe, wenn das Landesdenkmalamt sich dieses Themas annimmt – vorrangig den Schutzgedanken in den Vordergrund zu stellen. Kulturlandschaftspflege ist ein Planungsprozess, denn – und hier zitiere ich aus einem Grundlagenpapier der Vereinigung der Landesdenkmalpfleger: „Die Kulturlandschaft ist das Ergebnis der Wechselwirkung zwischen naturräumlichen Gegebenheiten und menschlicher Einflussnahme im Verlauf der Geschichte. Dynamischer Wandel ist ein Wesensmerkmal der Kulturlandschaft".
Oder in den Worten des in die Tagung einführenden Referenten Prof. Dr. Winfried Schenk: „Kulturlandschaftspflege bedeutet nicht allein die Suche nach Methoden der Erhaltung oder auch bewussten Veränderung einer Landschaft, sondern hauptsächlich den Rekurs auf das, was den Beteiligten pflegenswert erscheint".

In der Hochheimer Resolution wurden deshalb drei Forderungen an die politischen Entscheidungsträger, Verbände und Berufsgruppen aufgestellt, die unverändert gültig sind.

Die Fortentwicklung solcher Kulturräume bedarf einer Steuerung auf einer Planungssicherheit bietenden Grundlage, um eine Anpassung an heutige Erfordernisse durchführen zu können, ohne die landschaftsbestimmenden Elemente zu zerstören. Die derzeitigen regionalen Planungen wie Landesentwicklungsplan, Landschaftsrahmenplan oder Regionalplan können nicht auf einer einheitlichen Grundlagenermittlung aufbauen, weil es diese nicht gibt. Die Erfassung der Grundlagen korreliert nicht mit der Vielschichtigkeit der angetroffenen Informationen in einer Region, ihre Berücksichtigung ist daher unzureichend.
Die Forderung nach einer flächendeckenden Erfassung und Bewertung der Kulturlandschaften – mit anderen Worten nach einem „Kulturlandschaftskataster" – stand daher an erster Stelle. Die Tagung „Kulturlandschaft: Wahrnehmung – Inventarisation – Regionale Beispiele" hat sich vorrangig dieses Themas angenommen und ist dabei auch dem Zusammenhang mit der Frage der Wahrnehmung zur Herausbildung regionaler Identitäten als Voraussetzung jedes pfleglichen Umganges nachgegangen, ein Punkt, der als zweite Forderung in der Resolution enthalten war. Nach wie vor stehen zwar grundsätzlich Methoden der Erhaltung, Pflege und Entwicklung zur Verfügung. Ihre Umsetzung scheitert aber häufig an Zuständigkeitsfragen und mangelnder Zusammenführung aller zu beteiligenden Stellen.
Die im Rahmen dieser Tagung gefundene Kooperation muss verstetigt werden, so die dritte Forderung in Hochheim. Es müssen auch formal klare Formen einer interdisziplinären Zusammenarbeit im Planungsprozess gefunden werden, die über Fächergrenzen und Zuständigkeiten hinweg alle Disziplinen und Interessengruppen zusammenbringen. Nur so ist ein sachgerechter Umgang zu erreichen. Den Kosten, die ein Kulturlandschaftskataster und ein aufwendiger Planungsprozess erfordern, stehen auf der anderen Seite

die immensen Vorteile auf der planerischen Ebene entgegen. Durch die Planungssicherheit können Einsprüche vermieden und eine kürzere Verfahrensdauer erzielt werden.

Für Hessen war diese Tagung von großer Bedeutung. Andere Bundesländer wie Bayern oder Nordrhein-Westfalen sind uns vielleicht nicht in den grundsätzlichen Überlegungen aber doch in der Umsetzung hin zu einem Kulturlandschaftskataster voraus. Zwar liegt zu den einzelnen fachlichen Belangen auch in Hessen zahlreiches Grundlagenmaterial vor. Es fehlt aber an einer übergreifenden vergleichbaren und homogenen Darstellung. Angesichts der Regelungen innerhalb der Europäischen Union wie UVP-Gesetzgebung oder Europäische Landschaftskonvention, die für Deutschland verbindlichen Charakter erhalten haben oder erhalten werden, hat die Tagung nicht nur auf die Notwendigkeit einer Erfassung der Kulturlandschaften hingewiesen, sondern die Möglichkeiten der Umsetzung auf ihre Übertragbarkeit hin untersucht.

Die Tagungsteilnehmer stammten aus sehr unterschiedlichen universitären und behördlichen Bereichen wie auch aus sonstigen öffentlichen und privaten Institutionen. Dies macht zuversichtlich, dass durch diese Veranstaltung und die jetzt vorgelegte Publikation das Verständnis für die Belange einer Kulturlandschaftspflege auf breiter Basis gefördert werden kann. Wir können erfreut feststellen, dass auch im politischen Raum die Einsicht in die Notwendigkeit der Umsetzung eines Kulturlandschaftskatasters gewachsen ist. So hat die hessische Landesregierung die Bedeutung eines digitalen Kulturlandschaftskatasters für eine geregelte und zukunftsweisende Landesplanung betont.

Ich danke dem Institut für Didaktik der Geographie der Universität Frankfurt a. M., namentlich Herrn Prof. Dr. Jürgen Hasse und Frau Dr. Vera Denzer, sowie der Arbeitsgruppe für Angewandte Historische Geographie im Arbeitskreis für historische Kulturlandschaftsforschung (ARKUM), hier v. a. Herrn Dr. Klaus-Dieter Kleefeld M.A., für die gemeinsame Vorbereitung und Durchführung der Tagung und der Publikation. Gleichzeitig richte ich meinen Dank an das eigene Haus und hier an die Kolleginnen und Kollegen aus der Abteilung Archäologie und Paläontologie. Insbesondere hervorheben möchte ich Herrn Dr. Udo Recker M.A., in dessen Händen wesentlich die Vorbereitung lag. Der Dank geht auch an weitere, an der Tagung beteiligte Institutionen: die Kommission für Archäologische Landesforschung in Hessen (KAL), das Archäologische Spessart-Projekt und den Planungsverband Ballungsraum Frankfurt/Rhein-Main.

Prof. Dr. Gerd Weiß
Präsident des Landesamtes für Denkmalpflege Hessen

Einführung

Von Vera Denzer, Jürgen Hasse, Klaus-Dieter Kleefeld und Udo Recker

Der Begriff der „Kulturlandschaft" hat seit Anfang der 1990er-Jahre eine große Aufmerksamkeit und breite Anwendung erfahren. Dieser Umstand ist umso bemerkenswerter, als der Begriff semiotisch in hohem Maße „rauscht". Ein breites Konnotationsfeld erschwert die Kommunikation selbst im wissenschaftlichen Diskursrahmen. Verschiedene (u.a. behördliche) „Zuständigkeitsbereiche" erzeugen darüber hinaus nur sektoral gültige Bedeutungsfelder. Schließlich kollidieren „rationale" Begriffskategorien und emotionale Assoziationen. Nicht zuletzt hat der Begriff der (Kultur-)Landschaft in einem breiten interdisziplinären Spektrum eine zunehmende Resonanz gefunden, weil er sich mit vielen assoziativen Verknüpfungen mit der nahezu ubiquitären Debatte um „Nachhaltigkeit" verbinden lässt. Ins Zentrum des „(Kultur-)Landschafts"- Begriffes rücken dann Kategorien wie „Biodiversität", „Historizität" und „kulturelle Identität" (SCHENK 2002, 11 unter Bezug auf WÖBSE 2001, 12). Kulturlandschaft bzw. die sie formenden und prägenden Kulturlandschaftselemente werden in diesem Zusammenhang als „Verlustgut" thematisiert. Grundlegend ist ein normativer Gestus, eine als erhaltenswert (vor-)definierte Landschaft zu pflegen, weiterzuentwickeln und/oder zu schützen. Jüngere Gesetzesnovellierungen auf nationaler wie europäischer Ebene tragen diesem Landschaftsverständnis auf verschiedenen Maßstabsebenen Rechnung (BRINK/WÖBSE 1999; HÖNES 1991, HÖNES 2002; HÖNES 2003a; HÖNES 2003b; RECKER 2005; STIENS 1999, 326 f.), indem sie einen normativen Rahmen für Inventarisation und Dokumentation des kulturellen Erbes schaffen. Die methodische Umsetzung erfolgt heute nicht zuletzt auf der Grundlage GIS-gestützter Kulturlandschafts-„Kataster". Da es hier um eine computergerechte, digitalisierte Erfassung von Daten – aber nie von Eindrücken – geht, sind die möglichen Ergebnisse solcher Erhebungen von vornherein auf materielle Elemente und Strukturen einer Landschaft bzw. auf Eigenschaften begrenzt, die man Dingen zuordnen kann. Was sich mit solchen methodischen Mitteln als „kulturelles Erbe" definieren läßt, kann deshalb nur eine Facette von Kulturlandschaft sein. Raumwirksame Ansätze beispielsweise des Natur- und Denkmalschutzes zielen zwar auf eine höhere (Schutz-)Ebene, berücksichtigen aber in der Regel wiederum nur den jeweils fachspezifischen (Schutz-)Aspekt. Was in den Geistes-, Sozial- und Naturwissenschaften häufig auf materielle Artefakte und kognitiv wahrnehmbare Mentefakte reduziert wird, ist im alltäglichen Sprachgebrauch emotional aufgeladen. So ist „(Kultur-)Landschaft" neben (a) der Ordnung von Dingen im Raum und (b) deren symbolisch kultureller Kodierung auch (c) ge- und erlebter Raum:
Für die archäologische Denkmalpflege wie auch die Bau- und Kunstdenkmalpflege stehen vermeintlich die Dinge selbst im Vordergrund ihrer Beschäftigung. Einem reduktionistischen Verständnis folgend, wird dabei die Gesamtheit der Landschaft aufgelöst und in Elemente und Strukturen zergliedert. Eine solche Herangehensweise allein wäre allerdings zu oberflächlich, ist ein differenzierteres Verständnis der Dinge und ihrer Ordnung im Raum doch nur dann möglich, wenn deren symbolisch-kultureller Code entschlüsselt werden kann. Aus konstruktivistischer Sicht der Geistes- und Sozialwissenschaften bedarf es daher über die Betrachtung der Kulturlandschaftselemente hinaus der Raum- und Zeitanalyse, damit sich Kulturlandschaft als Text verstehen lässt. Dieser ist im Sinne (s)einer „Neugestaltung", eines Entwerfens von „maps of meaning" (SOYEZ 2003, 33, unter Bezug auf JACKSON 1989) mehrdeutig lesbar.
Über den semiotischen Ansatz hinaus ist für die Humangeographie die Perspektive auf den ge- und erlebten Raum in zweifacher Hinsicht von Bedeutung: er ist gleichsam „Produkt" gesellschaftlich-subjektiver Vergesellschaftung (man denke z.B. an das emotionalisierte Konstrukt des „deutschen Waldes"), er ist ebenso Gegenstand biographischer Aneignung, in der sich individuell formatierte Bedeutungsreliefs bilden

(z.B. ein Waldstück als Kindheitsheimat). Der begriffliche und nicht zuletzt der (wissenschafts-) politische Umgang mit dem Begriff der (Kultur-) Landschaft ist und bleibt schwierig.

Innerhalb der Geographie kommt als Folge ihrer paradigmatischen Doppelstruktur eine wissenschaftstheoretische Problematik hinzu. Die naturwissenschaftliche Sicht fokussiert innerhalb der Geographie real existierende sowie im mathematischen Raum abgrenzbare Elemente und Strukturen. Die phänomenologische Perspektive schließlich „begreift" (aus dem Rahmen der Humangeographie) Kulturlandschaft als ganzheitliche Situation, die sich über sinnliche Eindrücke im Erleben stets aufs Neue aktualisiert (vgl. HASSE 2005). Vor diesem Hintergrund stehen behördlich-raumplanerische Akteure – sofern sie sich die Vielschichtigkeit der mit dem Landschaftsbegriff verbundenen Problematik bewusst machen – vor dem Konflikt, was sie unter welchen Voraussetzungen in welchem Umfang sowie in welcher Art und Weise als schützenswert begründen wollen und sollen.

Das Tagungsthema ist in seiner Komplexität in dieses diskursive Netz heterogener und in Teilen inkompatibler Bedeutungen stark divergierender Denk- und Praxiskulturen hineingespannt. Einer der umstrittensten Begriffe dürfte der der Landschaft sein, dies gilt vor allem, aber nicht nur für die Geographie. Der Landschaftsbegriff markiert eine kategoriale Grenze im wissenschaftstheoretischen Selbstverständnis der Geographie. Wissenschaft fordert Distanz, die in erster Linie dem erlebenden Selbst gilt. In einer Haltung analytischer Klarheit kann man nur erkennen, was nicht zugleich auch Gegenstand emotionaler Teilhabe ist. Wer also als Wissenschaftler Landschaft thematisiert, sollte dies nicht im Pathos der Heimat- und Landschaftsliebe tun. Das heißt aber nicht, daß Landschaft nicht als Gegenstand der Heimatliebe anderer zum Gegenstand wissenschaftlicher Analysen werden kann und sollte. An diesem Punkt verläuft eine weitere Grenze im wissenschaftstheoretischen Selbstverständnis. Berührt ist eher die Bereitschaft als die Möglichkeit, diffizile, subtile und fragile Fragen der subjektiven Konstitution gefühlsmäßiger Umweltbeziehungen zu einem Forschungsgegenstand zu machen. So wird Landschaft entweder relationalräumlich und konstruktivistisch als symbolisch geregelte Ordnung der Dinge begriffen oder als phänomenale Erlebniswirklichkeit. Dann wird getrennt, was sich als dialektisches Gefüge viel wirkungsvoller und erkenntnisreicher hinterfragen ließe. Es ist evident, daß die Hin- und Abwendung zur einen oder anderen Perspektive von wissenschaftstheoretischen Strömungen in der Geographie ebenso abhängig ist wie vom allgemeinen wissenschaftlichen Zeitgeist.

Die in drei Sektionen sowie eine abschließende Exkursion gegliederte Tagung wandte sich an ein internationales wissenschaftliches Publikum wie an regionale und lokale Entscheidungsträger, die als Multiplikatoren für das Anliegen der Veranstalter dringend benötigt werden. Als Referenten/-innen konnten eine Reihe der führenden Vertreter/-innen verschiedener Disziplinen sowie Fachkollegen aus den Bereichen der Datenerfassung und der Planung gewonnen werden, die sich schwerpunktartig den vielfältigen Facetten des Themas Kulturlandschaft näherten.

Maßgeblich für die richtungweisende Konzeption der Tagung waren folgende Aspekte und Fragestellungen:

- Landschaften sind als Kulturlandschaften menschliche Hervorbringungen.

- Landschaften haben (a) eine Seite der „Möblierung" durch Dinge, (b) eine Seite der diesen Dingen eingeschriebenen Bedeutungen und (c) eine wirkliche Seite phänomenalen Erscheinens.

- In der fachbehördlichen Arbeit gelten insbesondere Verfahren der objektivierten Dokumentation von Kulturlandschaften als hilfreich, die mit Hilfe Geographischer Informationssysteme (GIS) archivierend umgesetzt werden können.

- Inwiefern sind moderne Methoden der Computerkartographie geeignet, landschaftliches Erleben angemessen zu erfassen?

- Zwischen Geistes- und Sozialwissenschaften auf der einen Seite und angewandter Informatik auf der anderen Seite verläuft eine Grenze. Auf ihr stellen sich Fragen zum gesellschaftlichen Umgang mit Kulturlandschaften.

- Kann die Anwendung von GIS-Verfahren den Diskurs über ein zukunftsweisendes „Kulturlandschaftsmanagement" bereichern?

- Wie können und sollen wir heute über Kulturlandschaften sprechen?

Mit seinem „state of the art"-Beitrag zum Thema „Kulturlandschaft als Forschungskonzept und Planungsauftrag – aktuelle Themenfelder der Kulturlandschaftsforschung" führt Winfried Schenk aus geographischer Perspektive in die komplexe Tagungsthematik ein. Darin skizziert er die Mannigfaltigkeit des „getönten" Begriffs (Kultur-)Landschaft, womit sowohl alltagsweltliche Wahrnehmungsphänomene als auch verschiedene Forschungskonzepte angesprochen werden. Obwohl der Begriff damit „in einem analytisch ausgerichteten Wissenschaftsverständnis kaum gebrauchsfähig" sei, plädiert Schenk aus pragmatischen, forschungspolitischen und konzeptionellen Gründen für dessen Weiterverwendung (vgl. SCHENK in diesem Band). Analog zur Begriffsheterogenität werden vier aktuelle, zum Teil noch defizitär entwickelte Forschungsfelder vorgestellt. (Kultur-)Landschaft wird dabei zum einen als Text verstanden, der mehrdeutig lesbar ist (konstruktivistisches Verständnis); zum anderen als Träger von Geschichtlichkeit, die in physiognomisch-genetische Elemente und Strukturen zerlegt werden kann, und drittens als pluraler heuristischer Ansatz im Mensch-Umwelt-Verhältnis. Ein viertes Forschungsfeld, welches mit „Kulturlandschaftspflege" überschrieben werden kann, konzentriert sich auf planungsrelevante Fragestellungen unterschiedlicher Maßstabsebenen.

Themenschwerpunkt Wahrnehmung

Der Tagungsschwerpunkt zum Thema der menschlichen Wahrnehmung widmete sich der Perspektive des landschaftlichen Erlebens. Sechs Vorträge umreißen grundlegende und anwendungsbezogene Fragen.

Der einleitende Beitrag zum Thema „Kulturlandschaft – Landschaftskultur" von Jürgen Hasse plädiert – ausgehend von einem anthropologischen und phänomenologischen Verständnis des Mensch-Natur-Verhältnisses – für ein ganzheitliches Denken von „Kulturlandschaft" als gelebtem Raum. Neben rational verstandesmäßigen Sachverhalten müssen die subjektiven (emotionalen) Sachverhalte etwa in Gestalt räumlicher Atmosphären und persönlicher Stimmungen zum Forschungsgegenstand gemacht werden. Diese Überlegungen laufen auf die Kritik hinaus, die gegenwärtige Praxis der Inventarisation sei auf materielle und symbolische Eigenschaften von Artefakten fixiert und unterliege einem szientistischen Realitätsdenken. Eine Berücksichtigung sinnlichen und gefühlsmäßigen Erlebens einer Landschaft setze dagegen ein plurales Landschaftsdenken voraus, das sowohl für (sozial-)wissenschaftliches Landschafts-Denken als auch für lebensweltliches Landschafts-Erleben erkenntnistheoretischen Raum lasse.

Der sich anschließende Beitrag von Michael Großheim stärkt diese Argumentation. Der wissenschaftstheoretische „mainstream" der Humangeographie sei sich weitgehend einig in der Auffassung, dass der erlebnismäßige Eindruck von „Landschaft" ein geistiges Produkt ist. Diese Sichtweise verdanke sich eines Denkens der Wahrnehmung als kognitiver Synthetisierung von (visuell) einzeln Wahrgenommenem, dem in einem konstruktivistischen Akt der Bewertung (semiotische) Bedeutungen zugeschrieben werden. Im Unterschied zu dieser spätestens seit Georg Simmel sozialwissenschaftlich akzeptierten Auffassung zeigt Michael Großheim, dass solches (charakteristisch naturwissenschaftliche) Denken nur auf dem Hintergrund einer strukturellen Abstraktion von unmittelbar sinnlich und leiblich erlebten Eindrücken möglich wird. Großheims Kritik am Projektionismus und Konstellationismus impliziert anregende Rückfragen an die konstruktivistische Vorstellungswelt des methodologischen Individualismus und das daraus resultierende relationale Raumdenken. Der Beitrag ist über den Landschafts-Diskurs hinaus für jene Theorie- und Themenfelder der Geographie von Belang, in denen bestritten wird, dass von Situationen Eindrücke ausgehen können, die nicht allein Ausdruck kognitiver Konstruktionen im Sinne von Hinzufügungen zu sinnlichen Reizen sind.

Die von Michael Großheim als erkenntnistheoretische Kritik am szientistischen Abstraktionismus des modernen natur- wie sozialwissenschaftlichen Selbstverständnisses formulierten Überlegungen zur Konzeptualisierung landschaftlicher Wahrnehmungen werden bei Werner Nohl am Beispiel der ästhetischen Umweltverträglichkeitsprüfung (UVP) von Standorten für Windkraftanlagen konkretisiert. Anhand der Befunde empirischer Studien zeigt Nohl, dass weniger (objektbezogene bzw. raumrelationale Merkmale von) Einzelheiten/-dinge(n) wahrgenommen werden, sondern in einem ästhetisch-emotionalen Sinne von landschaftlichen Situationen eindrucksrelevante Anmutungsqualitäten ausgehen. Diese werden in anderer Weise erlebt, als (Ausstattungs-)Merkmale des tatsächlichen Raumes gesehen oder gehört werden können. Wie und als was Landschaft letztlich wahrgenommen wird, ist also insbesondere von der (Art der) Einstellung abhängig, die man gegenüber einer Landschaft wie dem eigenen Erlebnis-Selbst einzunehmen bereit, willens und fähig ist.

Mit der Geruchsdimension landschaftlichen Erlebens im Raum der Stadt setzt sich Werner Bischoff auseinander. Er thematisiert damit ein Feld der sinnlichen Wahrnehmung, das in der Diskussion von Stadt und Landschaft üblicherweise gänzlich fehlt. Bischoff zeigt, daß (Kultur-)Landschaften nicht nur mit den Augen – sehend – wahrgenommen werden, sondern auch die anderen Sinne am Zustandekommen ganzheitlicher Eindrücke beteiligt sind. Am Beispiel der Wahrnehmung von Stadtlandschaften geht er der Frage nach, welche Rolle der Geruch im (bewertenden) Erleben von Umgebungen des Menschen spielt.

Justin Winkler erweitert das Spektrum der vergessenen sinnlichen Dimensionen ästhetischer Landschaftswahrnehmung mit einem Beitrag zum Klangraum. Winkler geht das Thema der Erfassung räumlicher Klangqualitäten mit den Mitteln der Technik an und liefert Beispiele für die Darstellbarkeit einer sinnlichen Qualität räumlicher Umgebungen, die im wissenschaftlichen Diskurs ähnlich wie die Fülle von Geruchseindrücken übergangen wird. Ein fachhistorischer Exkurs nimmt Spuren in eine Zeit und Methodik auf, die wissenschaftstheoretisch für Eindrücke jenseits des Visuellen empfänglich war. Die Diskussion des Phänomens „Stille" lässt die Unterschiedlichkeit fachlicher Methoden, Menschenbilder und wissenschaftstheoretischer Selbstverständnisse im theoretischen und empirischen „Umgang" mit der Sinnlichkeit des Menschen offenkundig werden.

Barbara Happe wendet sich schließlich einer ganz bestimmten Form von Kulturlandschaft und deren Erleben zu: dem Friedhof. Anhand ausgewählter Beispiele gelingt es ihr aufzuzeigen, wie und unter welchen wechselnden gesellschaftlichen sowie epochenspezifischen Einflüssen sich dieser sehr spezielle (Erinnerungs-)Raum gewandelt hat.

Themenschwerpunkt Inventarisation

Historische Kulturlandschaften und ihre Bestandteile sind bisher weder in der Bundesrepublik Deutschland noch in Europa flächendeckend inventarisiert. Im Bundesland Hessen standen entsprechende Bestrebungen im Jahr der Tagung (2004) noch gänzlich am Anfang. Obwohl das kulturelle Erbe in europäischen Dokumenten als erhaltenswürdig charakterisiert wird und in den jeweiligen nationalen Konventionen sowie Gesetzen „Landschaft" und „Kulturlandschaft" Erwähnung finden, ist diesbezüglich ein eindeutiges Defizit im Kenntnis- und Erfassungsstand festzustellen. Es überwiegen projektbezogene Regionalstudien, in denen kulturlandschaftliche Inventare analog oder digital Eingang finden. Die diesbezügliche Zukunftsperspektive liegt in der Erstellung digitaler Kulturlandschaftskataster auf der Basis Geographischer Informationssysteme. Die GIS-gestützte Erfassung und die vielschichtige Nutzbarkeit der gewonnenen und/oder verknüpften Daten lassen es daher angeraten erscheinen, eher von einem Kulturlandschaftsinformationssystem zu sprechen, als von einem Kataster. Eine wesentliche (An-)Forderung ist in diesem Zusammenhang, dass die digitalen Systeme den inhaltlich sehr komplexen Forschungsfragen angepasst werden – und nicht umgekehrt.

Demzufolge widmet sich der Themenschwerpunkt „Inventarisation" verschiedenen Beispielen für digitale Kulturlandschaftskataster bzw. Kulturlandschaftsinformationssysteme und einzelnen Forschungsprojekten zu ausgewählten Elementen der historischen Kulturlandschaft. Kulturlandschaftsinformationssysteme beinhalten einerseits Verzeichnisse von Kulturgütern für die jeweiligen Planungsebenen und ermöglichen es damit, Planverfahren zukünftig zeiteffizienter zu begleiten. Andererseits bieten diese für Forschung und Anwendung beispielsweise im touristischen Bereich zahlreiche Nutzungsmöglichkeiten. Unter den vorgenannten Voraussetzungen schaffen Kulturlandschaftsinformationssysteme eine geeignete Basis für die Zusammenführung unterschiedlicher Fachdisziplinen und verschiedener administrativer Ebenen. Damit kann langfristig die Abwägung zwischen gegenwärtigen Nutzungsinteressen und der Verantwortung für eine nachhaltige Bewahrung des kulturellen landschaftlichen Erbes der momentan geübten Praxis optimiert werden. Inventare sind hierbei ein technisches Hilfsmittel, die zugleich inhaltliche Fragen aufwerfen. Eine Schnittstelle markiert die Frage nach der menschlichen Wahrnehmung von Kulturlandschaft, die nicht aus dem Blickfeld der Inventarisierung verloren gehen darf. Die Europäische Landschaftskonvention rückt die identitätsstiftende Ebene von Landschaft in den Mittelpunkt. Damit Landschaft und deren anthropogener Ausdruck in Kulturlandschaft „erfahrbar" werden kann, muss die Wissensdokumentation in regionalen Kulturlandschaftskatastern als wichtiger und kontinuierlich fortzuführender Daten- und Erinnerungsspeicher weiterhin gepflegt und entwickelt werden.

Peter Burggraaff und Klaus-Dieter Kleefeld greifen den Themenbereich „Erfassung" historischer Kulturlandschaften zunächst dahingehend auf, dass sie die Komplexität einerseits der Wahrnehmung von Kulturlandschaften und andererseits des Begriffes der Kulturlandschaft aufzeigen. In ihren Ausführungen gehen sie grundsätzlich von verschiedenen Zugangsmöglichkeiten zur Thematik aus, wählen ihrerseits aber einen anwendungsorientierten Weg, um daraus Forschungsansätze zur Analyse und Inventarisation von Kulturlandschaften abzuleiten. Sie verwahren sich gegen die vielfach geäußerte Meinung, Kulturlandschaftsforschung oder Kulturlandschaftspflege einschließlich der Neuentwicklung von Erhebungsbögen seien Themenbereiche, die in der Literatur angeblich bisher nicht in angemessenem Maße behandelt worden seien. Diese Aussage ist alleine schon vor dem Hintergrund zahlreicher entsprechender Publikationen von Kolleginnen und Kollegen aus der Arbeitsgruppe für Angewandte Historische Geographie nicht zutreffend. Mit Blick auf den Tagungsort in Hessen verweisen Burggraaff und Kleefeld beispielhaft auf einen bereits 1982 verfaßten Beitrag von Harald Uhlig zum Thema Kulturlandschaft (SCHULZE/UHLIG 1982) und die schon darin diskutierte sozial-politische wie historisch-geographische Dynamik im mittleren Hessen. Was folgt, ist eine kritische Reflexion von Forschungsansätzen zur Analyse und Erfassung von Kulturlandschaften vor dem Hintergrund der Europäischen Landschaftskonvention. Beide kommen damit auf ein europäisches Politikfeld zu sprechen, auf das sich die Länder der Bundesrepublik Deutschland vorbereiten sollten – wenn sich auch die deutsche Bundesregierung in diesem Bereich in Zurückhaltung übt und die Konvention bis heute nicht unterzeichnet hat.

Die drei Beiträge von Karl-Heinz Buchholz, Claus Weber und Elke Janssen-Schnabel widmen sich dem digitalen Kulturlandschaftskataster (KuLaDigNW) der nordrhein-westfälischen Landschaftsverbände Rheinland und Westfalen-Lippe aus der Sicht von drei administrativen Kulturdienststellen: Bau- und Bodendenkmalpflege sowie dem Umweltamt. Unter intensiver redaktionell-konzeptioneller Führung des Umweltamts des Landschaftsverbandes Rheinland haben diese drei Ämter erstmals für Nordrhein-Westfalen ein künftig flächendeckend zum Einsatz kommendes Kulturlandschaftsinformationssystem entwickelt. Es handelt sich hierbei um ein modulares Informationssystem, das sowohl dem jeweiligen amtsinternen Gebrauch angepasst ist, wie auch ämterübergreifend als Auskunftssystem zur Verfügung stehen soll. Dabei entscheiden die beteiligten Institutionen in eigener Verantwortung über Art und Umfang der eingestellten Datensätze sowie die Informationsdichte all jener Daten, die über die amtsinterne Ebene hinaus zur Nutzung durch Dritte freigegeben werden. Damit bleiben die Fachsichten ausdrücklich gewahrt und der interadministrative sowie interdisziplinär-integrative Blick auf die Kulturlandschaft wird ermöglicht. KuLaDigNW bietet neben der verwaltungsspezifischen Anwendung zugleich Perspektiven im Bereich der Öffentlichkeitsarbeit und touristischen Erschließung.

Mit dem Beitrag von Udo Recker verlagert sich der Blick von Nordrhein-Westfalen nach Hessen. Aus diesem Bundesland berichten zudem Egon Schallmayer, Petra Kopp, Christian Wiegand, Jürgen Jung und Gerrit Himmelsbach.

Mit Blick auf das Tagungsthema skizziert Recker zunächst den momentanen Zustand im Bundesland Hessen. Die Zielrichtung seines Beitrags unterstreicht dabei bereits in aller Deutlichkeit der seinen Ausführungen vorangestellte Titel: „Hessen braucht ein Kulturlandschaftskataster". Aus der Sicht der archäologischen Denkmalpflege zeigt er, dass das Bundesland Hessen auf der einen Seite auf eine lange Tradition des Denkmalschutzes zurückblicken kann. Auf der anderen Seite lässt die heutige Praxis immer offenkundiger werden, dass bestehende Verfahrensweisen dem Anspruch des in Hessen Verfassungsrang genießenden Denkmalschutzes nicht gerecht werden. Damit kommen nicht nur einzelne Elemente der historischen Kulturlandschaft abhanden, sondern auch deren Bezüge untereinander. Darüber hinaus wird ein detailliertes Verständnis für Kulturlandschaft erschwert. In der Folge gehen für die Menschen in Hessen wichtige identitätsstiftende Momente und Orientierungsmarken in der Landschaft verloren. Dies ist umso bedauerlicher als Recker belegen kann, dass auf der Ebene der nationalen wie europäischen Gesetzgebung die Voraussetzungen zur Schaffung eines digitalen Kulturlandschaftsinformationssystems gegeben sind. Im Aufbau eines solchen sieht er die einzige Möglichkeit, eine funktionierende Kulturlandschaftspflege im Sinne eines langfristigen, planerisch gelenkten, dem Erhaltungs- und Entwicklungsziel dienenden Umgangs mit der historischen Kulturlandschaft Hessens zu garantieren.

Egon Schallmayer befasst sich in seinen Ausführungen mit der Idee der Regionalparkrouten im Ballungsraum Frankfurt a.M. Indem er diese bereits im Titel als „Kulturhistorisch-ökologische Erlebnisschneisen im Rhein-Main-Gebiet" bezeichnet, thematisiert er neben Zielrichtung und Möglichkeiten zugleich Beschränkungen, die mit der Umsetzung der Regionalparkrouten verbunden sind.

Christian Wiegand und Petra Kopp präsentieren die Ergebnisse einer digitalen Erfassung kulturhistorischer Landschaftselemente für den Planungsverband Ballungsraum Frankfurt/Rhein-Main. In Zusammenarbeit zwischen dem Planungsverband und einem privaten Dienstleister wurden für das Verbandsgebiet Daten erhoben, die künftig Grundlage für die Abstimmung anfallender Planverfahren sein sollen.

Der Beitrag von Jürgen Jung und Gerrit Himmelsbach verschiebt den regionalen Schwerpunkt an die hessisch-bayerische Grenze. Vor dem Hintergrund einer intensiven Kulturlandschaftsforschung und -vermittlung im Spessart stellen beide ihre Erfahrungen mit Geographischen Informationssystemen im Landschaftsmanagement vor.

Mit der von Per Grau Møller dargelegten Konzeption eines digitalen Atlasses über Kulturlandschaften in Dänemark wird der Blick schließlich auf die europäische Ebene erweitert. Der Darstellung zum administrativen Umgang mit dem kulturellen Erbe in Dänemark folgt eine Auseinandersetzung mit dem Begriff des „Kulturmiljø", den Møller als einen „abgegrenzten Bereich, der sichtbar wesentliche Züge der gesellschaftlichen Entwicklung spiegelt" verstanden wissen will. Er plädiert für die Gleichsetzung dieses Begriffes mit dem des „Kulturlandschaftsbereichs" im Verständnis von Peter Burggraaff. Die Bearbeitung des Atlasprojektes, das sich sowohl an die Verwaltung als auch an die interessierte Öffentlichkeit richtet, erfolgt innerhalb von Funktionskategorien.

Innerhalb der Historischen Geographie an der Universität Bonn findet die Grundlagenforschung für anwendungsorientierte und GIS-basierte Kulturlandschaftskataster eine besondere Aufmerksamkeit. Mit grundsätzlichen Ausführungen zur Methodik und notwendigen Softwareanpassungen einschließlich der Codiervorgänge beim Aufbau des digitalen Kulturlandschaftskatasters KuLaDigNW befasst sich Rolf Plöger. Sowohl in seiner Dissertation als auch in weiteren Veröffentlichungen entwickelte er ein Konzept von Objektklassen mit entsprechenden Schnittstellen für die digitale Inventarisation von Kulturlandschaftselementen. Insbesondere die raum-zeitliche, fortlaufende Transformation von Kulturlandschaftselementen macht bestimmte technische Lösungen notwendig, damit die Datenbanksystematik schlüssig bleibt. Diese Basisarbeiten stellen für das digitale Kulturlandschaftskataster in Nordrhein-Westfalen eine wichtige Diskussionsgrundlage dar.

Ein besonderes Verfahren der Inventarisierung stellen Benoit Sittler und Karl Hauger vor: das Laserscanning. Am Beispiel von Wölbäckern, die bei Rastatt in Südwestdeutschland unter Wald erhalten geblieben sind, legen sie auf beeindruckende Weise die Erkenntnismöglichkeiten für die Kulturlandschaftsforschung durch Anwendung dieser Technik dar.

Der Abschluß dieses Themenblocks ist dem Inventar der historischen Verkehrswege der Schweiz (IVS) vorbehalten, das nach 20-jähriger Arbeit im Jahre 2003 abgeschlossen werden konnte. Mit dem Aufbau und der Umsetzung, konzeptionellen Reflexionen, regionalen sowie thematischen Ergebnissen dieses sehr umfangreichen Inventars beschäftigen sich Klaus Aerni, Heinz Herzig und Cornel Doswald. Klaus Aerni umreißt zunächst die Zielsetzung und Methodik, den Aufbau und die institutionelle Umsetzung des Projekts ab 1984. Am Beispiel der Veränderung des Wegnetzes in den Vispertälern im Wallis von der mittelalterlichen Warmzeit bis zum Ende der Kleinen Eiszeit verdeutlicht er die besondere Aussagekraft der im Inventar zusammengestellten umfangreichen Forschungsdaten. Im Gegensatz dazu reflektiert Heinz Herzig kritisch die Erkenntnisse zur Römerstraßenforschung innerhalb des Projekts. Abschließend erläutert Cornel Doswald die Bedeutung der Wege, Fahrstraßen und Brücken im schweizerischen Mittelland aufgrund ihrer Funktion als erschließende lineare Kulturlandschaftselemente.

Themenschwerpunkt Regionale Beispiele

Die dritte thematische Säule bilden Ausführungen zu regionalen Beispielen mit Vorschlägen zur Inventarisation und Bewertung. Hierbei ist es unerlässlich, zu differenzieren zwischen den an regionalen Gegebenheiten angepassten Lösungsvorschlägen und Ergebnissen mit überregional gültigen Ansätzen. Entscheidend ist das zugrundegelegte Verständnis von Kulturlandschaft als eine Geosphäre sowohl mit ober- als auch untertägigem kulturellen Erbe.

Der letztgenannten Überlieferung widmet sich Sabine Schade-Lindig, die die Spuren einer „unsichtbaren" Kulturlandschaft im Kleinraum Idsteiner Senke in Hessen mittels archäologischer Prospektion erschlossen hat. Der von Stephan Bender vorgestellte römische Limes ist ein Beispiel für die Verknüpfung von ober- und untertägigen Spuren, die in ihrer Gesamtheit eine starke Raumwirksamkeit entfalten. Neben der Erfassung des Bodendenkmals werden Perspektiven und Gefahren beim künftigen Umgang mit diesem größten Bodendenkmal Europas aufgezeigt. Für den durch vier Bundesländer führenden Limes in Deutschland wurde daher auch ein Antrag auf Aufnahme in die Liste der UNESCO-Weltkulturerbestätten gestellt. Am Beispiel des Agrar- und Freilichtmuseums Schloss Blankenhain sowie des Ecomuseums Zwickauer Land zeigt Jürgen Knauss neue Ansätze im Bereich der historischen Kulturlandschaftsforschung durch die Arbeit deutscher Freilichtmuseen auf. Christoph Morrissey stellt diesen Ausführungen die Themen und den Forschungsstand zur Kulturlandschaft in Baden-Württemberg gegenüber. Oliver Bender wählt einen theoretischen Zugang für seine Ausführungen und schlägt – aufbauend auf digitale Kulturlandschaftsanalysen – eine Bewertungsmatrix für historische Kulturlandschaften auf kommunaler Ebene vor. Ein Gemeinschaftsprojekt der Bayerischen Landesämter für Umweltschutz und Denkmalpflege, vorgestellt von Thomas Büttner und Hans Leicht, beschäftigt sich mit der historischen Kulturlandschaft in der Region Oberfranken-West. Dieses Projekt beinhaltet über das Untersuchungsgebiet hinausreichende allgemein wertvolle Entscheidungshilfen für die regionale Planungsebene. Auf den Verlust historischer Kulturlandschaftselemente geht Martin Pries näher ein. Am Beispiel der Lüneburger Landwehr legt er dar, wie groß zum einen der Substanzverlust ist und wie schwer zum anderen gerade in solchen Fällen Inventarisationsdefizite wiegen. Einem besonderen Problem mit enormer Raumwirkung nähern sich Dirk Maier und Torsten Meyer: den Braunkohlentagebauen. Am Beispiel der Niederlausitz attestieren sie, dass die bergbaulichen Tätigkeiten die multitemporale Dimension der historischen Kulturlandschaft zugunsten einer Zeitstellung nivellieren.

In Kurzbeiträgen stellen Andreas Dix die historisch-geographische Kulturlandschaftsforschung im DFG-Projekt RheinLUCIFS, Alexander Erb und Moritz Warth ein Projekt zur Entwicklung eines kulturlandschaftlichen Leitbildes für den Münchner Norden, Kim Philipp Schumacher die Dynamik der Kaiserstuhler Kulturlandschaft, Korinna Thiem die Erfassung kulturhistorischer Einflüsse auf die Fließgewässer im Münstertal sowie Heinz Schürmann die Situation und Entwicklung historischer Bausubstanz in Gumbinnen/Gusew (Nordostpreußen/Kaliningradskaja Oblast) vor.

Fazit

Die Frankfurter Tagung konnte wesentlich zum Verständnis der Komplexität von Kulturlandschaft beitragen. Verschiedene theoretische Ansätze sowie praktische Herangehensweisen an Fragen der Kulturlandschaftswahrnehmung, -pflege und -inventarisierung sind mehrperspektivisch diskutiert worden. Wissenschaftstheoretische Aspekte sind zu praxisbezogenen Fragen der wissenschaftlich-systemischen Erfassung wie dem passiven und aktiven Schutz von Landschaften in Beziehung gesetzt worden. Indes hat die Veranstaltung mehr die Notwendigkeit gezeigt, dass konzeptionelle Grenzüberschreitungen in großem Umfang anstehen, als dass bahnbrechende Schritte hier auch schon geleistet worden wären.

Die Diskussionen im Rahmen der Tagung haben viele (strukturverschiedene) Fragen aufgeworfen. Durch die Zusammenführung der verschiedenen Themenschwerpunkte in der vorliegenden Tagungspublikation soll eine vielschichtige Reflexion über den sehr komplexen Begriff der „Kulturlandschaft" ermöglicht werden. Ein solcher Zugang ist notwendig, damit sowohl die Grundlagenforschung als auch Anwendung gemeinsam Visionen formulieren können.

Der Begriff der (Kultur-)Landschaft fordert grenzüberschreitende Diskussionen geradezu heraus. Möglichkeiten für Brückenschläge zwischen „Theorie und Praxis", Natur- und Sozial- wie Geisteswissenschaften, Raumordnung, Planungsebene, Bodendenkmalpflege, Geographie und ihr nahen wie (scheinbar) ferneren Disziplinen sowie zwischen systemischen und lebensweltlichen Bezügen zu „Landschaft" sollten in der Zukunft konsequenter gesucht werden.
Der allgemeine gesellschaftliche Trend zur Stärkung einer ökonomischen Rationalität kulturellen Erbes darf im Landschafts-Diskurs nicht dazu führen, dass qualitative Fragen des Landschaftserlebens unter dem Druck „verrechenbarer" Kategorien zerrieben bzw. nicht (mehr) artikuliert werden.
Sosehr als Folge wissenschaftlicher Spezialisierungen das Detailwissen über den Begriff der Landschaft wie die Geschichtlichkeit konkreter Landschaften sich diversifizieren mag, sosehr zeigt sich auch die Dringlichkeit transversaler Überbrückungen pluraler Wissensfelder. Eine Synthese kann ihren Ausgang insbesondere im lebensweltlichen Landschafts-Empfinden nehmen, das über die Grenzen einzelner Wissenschaften hinweg im Rahmen wissenschaftlicher Diskurse zum Gegenstand kritischer Reflexion gemacht werden sollte.
Letztlich bedarf es auch eines Überdenkens der angewandten Bewertungskategorien. Diesen Überlegungen liegt ein geweitetes „Kulturverständnis" zugrunde, welches nicht mehr undifferenziert alles bezeichnet, was nicht Natur ist (SOYEZ 2003, 32). Unter Bezug auf die UNESCO-Welterbekonvention und die Europäische Landschaftskonvention sind die symbolischen (assoziativen) Gehalte von Landschaften stärker zu berücksichtigen. Als kulturelle Äußerungen unterliegen die räumlichen Bedeutungszuschreibungen einem raumzeitlichen Wandel und sind stets mit Interessensfragen verknüpft. Landschaften sind somit mehrdeutig interpretierbar. Klassische Bewertungskategorien, die an einer linearen Geschichtsschreibung ausgerichtet sind, greifen hier zu kurz.

Die zukünftige Entwicklung der Kulturlandschaft steht heute an einem „Scheideweg". Gesellschaftspolitische und ökonomische Rahmenbedingungen mit einem vermeintlich allgegenwärtigen Sparzwang lassen ein integratives Konzept zum Thema „Kulturlandschaft" als Vision erscheinen. Eine Voraussetzung für „Entscheidungen" sind variable Betrachtungsansätze im Neben -aber auch im Miteinander. Die Voraussetzung hierfür ist eine vielschichtige Datenerfassung. Beispiele hierfür liegen mit dieser Publikation vor.

Literatur

BRINK/WÖBSE 1999
A. Brink/H. H. Wöbse, Die Erhaltung historischer Kulturlandschaften in der Bundesrepublik Deutschland. Untersuchung zur Bedeutung und Handhabung von §§ 2 Abs. 1 Nr. 13 BNatSchG. Untersuchung im Auftrag des Bundesministers für Umwelt, Naturschutz und Reaktorsicherheit (Hannover 1999).

HASSE 2005
J. Hasse, Fundsachen der Sinne. Eine phänomenologische Revision alltäglichen Erlebens. Neue Phänomenologie 4 (Freiburg, München 2005).

HÖNES 1991
E.-R. Hönes, Zur Schutzkategorie „historische Kulturlandschaft". Natur und Landschaft 66, 1991, 87-90.

HÖNES 2002
E.-R. Hönes, Schutz von Kulturgut als internationales Problem – 100 Jahre Haager Konvention –. Neue Zeitschrift für Wehrrecht, H. 1, 2002, 19-37.

HÖNES 2003a
E.-R. Hönes, Die historische Kulturlandschaft in der Gesetzeslandschaft. Denkmalschutz Informationen, H. 3, 2003, 62-75.

HÖNES 2003b
E.-R. Hönes, Denkmalerhalt in Landes- und Bundesgesetzen. Archäologisches Nachrichtenblatt, 2003, 122-139.

JACKSON 1989
P. Jackson, Maps of meaning. An introduction to cultural geography (London 1989).

RECKER 2004
U. Recker, Kulturlandschaft: Wahrnehmung - Inventarisation - Regionale Beispiele. Online-Publikation unter „http://hsozkult.geschichte.hu-berlin.de/tagungsberichte/id=418" (Stand: 3.2005).

RECKER 2005
U. Recker, Ein digitales Informationssystem für die hessischen Kulturlandschaften. In: Landschaftsverband Rheinland, Umweltamt (Hrsg.), Kulturlandschaft digital – Forschung und Anwendung. 15. Fachtagung des Umweltamtes (Landschaftsverband Rheinland). 11. Jahrestagung der Arbeitsgruppe Angewandte Historische Geographie (Arbeitskreis für historische Kulturlandschaftsforschung ARKUM). 2. bis 5. März 2005 in Aachen. Tagungsdokumentation. Beiträge zur Landesentwicklung 58 (zugleich: Kulturlandschaft. Zeitschrift für Angewandte Historische Geographie, 15) (Köln 2005) 96-99.

SCHENK 2002
W. Schenk, „Landschaft" und „Kulturlandschaft" – „getönte" Leitbegriffe für aktuelle Konzepte geographischer Forschung und räumlicher Planung. Petermanns Geographische Mitteilungen 146, 2002, 6-13.

SOYEZ 2003
D. Soyez, Kulturlandschaftspflege: Wessen Kultur? Welche Landschaft? Was für eine Pflege? Petermanns Geographische Mitteilungen 147, 2003, 30-39.

STIENS 1999
G. Stiens, Veränderte Sichtweisen zur Kulturlandschaftserhaltung und neue Zielsetzungen der Raumordnung. Informationen zur Raumentwicklung, H. 5/6, 1999, 321-332.

SCHULZE/UHLIG 1982
W. Schulze/H. Uhlig (Hrsg.), Gießener Exkursionsführer Mittleres Hessen 1, Regionale Einführung in das Mittlere Hessen. Lahntal – Dillgebiet – Westerwald (Gießen 1982).

WÖBSE 2001
H. H. Wöbse, Historische Kulturlandschaften, Kulturlandschaftsteile und Kulturlandschaftselemente – Ihre Erfassung als europäische Aufgabe. In: Kulturlandschaften in Europa – Regionale und internationale Konzepte zu Bestandserfassung und Management. Beiträge zur regionalen Entwicklung 92, Kommunalverband Großraum Hannover (Hannover 2001) 9-12.

VON WERDER/KOCH 1999
U. von Werder/B. Koch, Landschaftsbeschreibung mit Hilfe von Fernerkundungsdaten am Beispiel des Biosphärenreservates Pfälzerwald. In: U. Walz (Hrsg.), Erfassung und Bewertung der Landnutzungsstruktur. IÖR-Schriften 29 (Dresden 1999) 41-50.

„Kulturlandschaft" als Forschungskonzept und Planungsauftrag – aktuelle Themenfelder der Kulturlandschaftsforschung

Von Winfried Schenk

> „Who are we, if we have no landscape to call our own?"
> (COUPLAND 1997, 102)

Aktuelle Zugänge zu „Kulturlandschaft" in den Raumwissenschaften, besonders der Geographie

„Landschaft" und „Kulturlandschaft" waren bis Mitte der 1960er-Jahre Schlüsselbegriffe der Raumwissenschaften. Namentlich in der Geographie glaubten viele sogar, darin die Objekte gefunden zu haben, die ihr Fach begründen. Im Zuge der massiven Kritik an der klassischen Länder- und Landeskunde als vor- und unwissenschaftlich, als deskriptiv und nicht problemorientiert verloren auch diese beiden Begriffe ihre zentrale Stellung. Bisweilen wurde allein schon ihr Gebrauch als Beleg für einen unwissenschaftlichen Zugang zur Geographie gesehen. Ohne dieser Kritik in dieser Schärfe folgen zu können, ist doch festzuhalten, dass „(Kultur)Landschaft"[1] ein „getönter" Begriff ist, der im Alltagsgebrauch und in der Wissenschaft mit einer Vielzahl von Konnotationen aufgeladen wurde und wird, womit er sich einer allgemein gültigen Definition entzieht. Das macht ihn in einem analytisch ausgerichteten Wissenschaftsverständnis kaum gebrauchsfähig (TREPL 1996).[2]

Wenn nun v. a. der Begriff „Kulturlandschaft" seit etwa Anfang der 1990er-Jahre in den Raumwissenschaften und namentlich der Geographie eine neuerliche Konjunktur erlebt (SCHENK 1997a; DERS. 2004), so hat das pragmatische, forschungspolitische und -konzeptionelle Gründe, die ineinander verwoben sind:

- Der Begriff ist allgemein eingeführt. Versuche, ihn durch andere zu ersetzen, wie z. B. Geomer, Raum, Region, blieben weitgehend erfolglos. Vor allem die Umgangssprache zeigte sich demgegenüber sehr widerständig, denn „(Kultur)Landschaft" vermittelt offenkundig Perspektiven von Alltagswelt, die durch einen anderen Begriff nicht ausgedrückt werden können. In der Umgangssprache wird für gewöhnlich damit der ländliche, naturnahe und „schöne", jedenfalls nicht-städtische Raum beschrieben (HABER 2001). Somit stellt „(Kultur)Landschaft" für viele Menschen einen lebensweltlichen Zugang zu „idealeren" Raumverhältnissen dar, als man sie selbst, implizit in den Städten, erlebt – Arkadien entsteht eben im Kopf! Vor diesem Hintergrund sind Bilder, in denen die Stadt „Landschaft frisst", mithin „Landschaft verbraucht", weitgehend akzeptiert.[3] Solche Vorstellungen werden in jüngerer Zeit immer häufiger verbunden mit Klagen über eine „Verlusterfahrung Landschaft" (LENZ 1999). Das will meinen, dass der aktuelle Landschaftswandel zu Verlusten an Werten wie Naturnähe,

---

[1] Wie sich zeigen wird, ist der Gebrauch von „Kulturlandschaft" und „Landschaft" fließend. Ich verwende daher immer dort, wo „Kulturlandschaft" und „Landschaft" gleichsam synonym oder uneindeutig gebraucht werden, die Schreibweise mit Klammer, also (Kultur)Landschaft und setze diese Termini zudem immer dann in Anführungsstriche, wenn eher der Begriff, denn ein konkreter Raum gemeint ist.
[2] Vgl. auch: SCHENK 2000; DERS. 2002.
[3] Vgl. etwa das Titelbild auf dem „Spiegel Buch" von BÖLSCHE (1983): Eine „städtische" Autobahnbrücke schiebt sich über eine ländliche Idylle. – Ähnlich: TESDORPF 1984.

Identität oder Geschichtlichkeit führe. Wissenschaftler können nun diese eingeschränkte und den historischen und aktuellen Verhältnissen nicht entsprechende Verwendung von „(Kultur)Landschaft" sehr begründet kritisieren (SCHENK im Druck). Das Faktum seiner Verwendung in der Alltagssprache im skizzierten Sinne bleibt dennoch bestehen, wofür es Erklärungen bedarf, die bisher aber noch nicht befriedigend gegeben wurden. Damit sind humanwissenschaftliche Disziplinen angesprochen, welche sich auch mit der Wahrnehmung und Konstruktion von Raumvorstellungen beschäftigen. In der Geographie sind v. a. die Sozialgeographie und die Didaktik der Geographie aufgerufen, die beschriebenen Defizite zu beheben.

- Im Kontrast zum Alltagsverständnis wird in den Raumwissenschaften unter „Kulturlandschaft" überwiegend der gesamte vom Menschen beeinflusste Raum verstanden.[4] Da es aber in Mitteleuropa kaum noch Räume gibt, die nicht von Menschen überformt sind, könnte man der Einfachheit halber schlicht von „Landschaft" sprechen. Wer nun in einem wissenschaftlichen Kontext den Begriff „Kulturlandschaft" verwendet, zeigt damit ein besonderes Interesse an den räumlichen Wirkungen des Menschen an, deren Erforschung per se eine historische Perspektive erfordert. „Kulturlandschaft" blieb in diesem Sinne v. a. in den historisch-genetisch ausgerichteten Teildisziplinen der Geographie, namentlich der Historischen Geographie (NITZ 1974; DERS. 1992; KLEEFELD/BURGGRAAFF 1997; FEHN 1998), immer in Gebrauch.

- Aufgrund der Offenheit wird „(Kultur)Landschaft" in Zeiten sektoraler und methodischer Spezialisierung zunehmend auch als ein heuristischer Ansatz zu einer vielschichtigen Analyse räumlicher Phänomene und Prozesse im Mensch-Umwelt-Verhältnis verstanden (TRESS/TRESS 2001); es geht also nicht um konkrete Raumzustände, sondern um ein Forschungskonzept. Interessant ist dabei der Befund, dass naturwissenschaftlich orientierte Geographen dabei meist von „Landschaft" sprechen, Kulturgeographen aber zur Markierung ihrer Perspektive auf die Raumwirksamkeit des Menschen eher von „Kulturlandschaft" (SCHENK 2000; DERS. 2002).

- Da der Terminus „Kulturlandschaft" zunehmend auch in Gesetzen, Verordnungen, Richtlinien, Erklärungen, Appellen und Verlautbarungen auf nationaler, kontinentaler und sogar globaler Ebene erscheint,[5] bietet dies den Ansatz für die Umsetzung (kultur)landschaftsbezogener Grundlagenforschung in regional- und raumplanerischern Prozessen. Daraus sind sehr dynamische Diskussionszirkel entstanden, in denen sich Vertreter des Naturschutzes, der Denkmalpflege, der räumlichen Planung und der entsprechenden universitären Disziplinen zusammenfinden. Dazu gehört auch der Kreis, der sich auf der hier dokumentierten Tagung traf. Innerhalb der Geographie hat sich v. a. die Arbeitsgruppe für Angewandte Historische Geographie als sehr fähig erwiesen, Vertreter sehr unterschiedlicher Gruppierungen zusammenzubringen, denen die erhaltende Weiterentwicklung des historischen Erbes in unseren Landschaften wichtig ist; wir sprechen dann von Kulturlandschaftspflege (SCHENK u. a. 1997).

Es sollte deutlich geworden sein: „(Kultur)Landschaft" ist ein Phänomen der Wahrnehmung von (Alltags-)Welt, dem sich auch der Wissenschaftler nicht entziehen kann, ein gedankliches Konstrukt der Wissenschaft und zudem ein Terminus der Gesetzgebung sowie öffentlichen Diskussion zur Bewertung von aktuellen Veränderungen der Umwelt. Diese Offenheit macht den Umgang mit dem Begriff so schwierig und spannend zugleich; denn er kann in vielfältiger Weise besetzt und genutzt werden. Sämtliche dieser Anwendungen sind in einer pluralistischen Gesellschaft legitim und für sich gültig. Wichtig ist aber die Klärung, wer mit welchem Verständnis von „(Kultur)Landschaft" arbeitet und zu welchem Zweck.

Aktuelle Forschungsfelder in der Kulturlandschaftsforschung

Die aufgezählten Zugänge zu „(Kultur)Landschaft" enthalten erhebliche forschungsstrategische und -konzeptionelle Implikationen, die in den vier nachfolgend umrissenen aktuellen Forschungsfeldern zu greifen sind.

---

[4] Eine der wenigen Ausnahmen ist der Landschaftsplaner H. H. Wöbse, der Kulturlandschaft im Rekurs auf das Lateinische *colere* (bebauen, pflegen, hegen) als Agrarlandschaft definiert (WÖBSE 2001).
[5] Vgl. dazu: GASSNER 1995; GRAAFEN 1999; HÖNES 2003.

Konstruktion und Wahrnehmung von „(Kultur)Landschaft"

Aus dem unterschiedlichen Gebrauch von „(Kultur)Landschaft" in Alltagssprache und Wissenschaft folgern wissenschaftliche Analysen zu Konstruktion und Wahrnehmung von Kulturlandschaften: Wer gebraucht diesen Begriff, wann, mit welcher Absicht? Während aus begriffs- und forschungsgeschichtlicher Sicht eine große Zahl von einschlägigen Untersuchungen und Darstellungen vorliegt (HARD 1970; DERS. 2002; HARD/GLIEDNER 1978), fehlt es im deutschsprachigen Raum an gegenwartsbezogenen Studien, die aktuelle Tendenzen der Wahrnehmung von „(Kultur)Landschaft" aufarbeiten. Ältere, z. T. auf quantifizierende Untermauerung der Aussagen ausgerichtete Studien aus dem Bereich der Fremdenverkehrsgeographie[6] wurden nicht weiterverfolgt, da sich erhebliche methodische Probleme auftaten. In der angloamerikanischen Forschung finden sich dagegen zahlreiche Beiträge zu Wahrnehmung und Konstruktion von (Kultur-)Landschaft. Sie sind in der Regel hermeneutischer Methodik verbunden, was nicht zuletzt verstärkt wurde durch den in den letzten Jahren dort massiv wirksamen „cultural turn" in der Kulturgeographie. Einer der Hauptvertreter dieser Art von Landschaftsinterpretation ist Denis Cosgrove, der Geographie als kulturelles Projekt versteht – ein Schlüsselbegriff ist „humanitas". In seinem Buch „Social Formation and Symbolic Landscape" aus dem Jahre 1984 interpretiert er „Landschaft" als Ausdruck von Menschlichkeit mit vielen Schichten der Sinngebung. „Landschaft" ist für ihn ein Text. Interpretationen von „Landschaften" könnten daher mit den gleichen Methoden wie bei einem Gedicht, Roman oder Gemälde erfolgen. Ein typischer Aufsatz dieser Art wäre die Interpretation der Standorte und -zeiten der Denkmäler Dublins vor und nach der staatlichen Bildung Irlands als symbolisches System mit einer immateriellen Eigenlogik.[7] Von solchen Arbeiten ließen sich Geographen im deutschen Sprachraum bisher kaum inspirieren. Lediglich in der Historischen Geographie gibt es Ansätze, etwa zur Wahrnehmung und Veränderung des Mittelrheintals als einer „symbolischen Landschaft des 19. Jh. (DIX 2002a).[8] Gewisse Nähe dazu haben auch die Arbeiten von Blotevogel zum Ruhrgebiet (BLOTEVOGEL 2002).

Insgesamt besteht ein erhebliches Forschungsdefizit in der deutschsprachigen Geographie zu Fragen der Wahrnehmung und Konstruktion von „(Kultur)Landschaften". Besonders die Vorträge des ersten Tages auf der hier dokumentierten Tagung haben interessante und innovative Wege zu einer breiteren und vertieften Analyse von „Kulturlandschaft" v. a. als Wahrnehmungsphänomen aufgezeigt.

Historische Geographie und Genetische Kulturlandschaftsforschung: Kulturlandschaft als Träger von Geschichtlichkeit

Gerhard Hard hat eine wunderbare Beschreibung von Landschaft als sinnlich wahrnehmbares Phänomen verfasst: „oft minimale, sehr mittelbare, abgeleitete und entfernte Effekte vergangener Ereignisse; vieldeutige, lückige, deformierte, oft schon halbverwischte, wegerodierte oder auch (sei es zufällig, sei es absichtsvoll) wieder aufgedeckte Überreste; eine Ansammlung von meist unbeabsichtigten, ja unvorhergesehenen und sogar unbemerkt, zufällig und nebenher produzierten Handlungsfolgen, die dann fortlaufend in neuen Handlungen (mit oder ohne Absicht) um- und weggearbeitet, um- und weggedeutet, genutzt, abgenutzt und umgenutzt werden. Kurz: Landschaft und Raum sind vor allem Fundgruben von `Spuren´ in eben *diesem* Sinn, aber keine Ansammlungen von regelhaft auftretenden Indikatoren und auch nur zu einem kleinen Teil Ansammlungen von intendierten Artefakten" (HARD 1989, 5). So gesehen ist Geographie Spurenlesen in der Landschaft vergleichbar der Interpretation eines Palimpsests, einer immer wieder beschriebenen Handschrift, auf der durch Wischen und Radieren Platz für neue Einträge geschaffen wurde.

In der Historischen Geographie und historisch-genetischen Kulturlandschaftsforschung gibt es eine ungebrochene Tradition eines solchen Zugangs zu Landschaft, denn die aus historischer Zeit überkommenen Elemente und Strukturen werden als Informationsträger für vergangene Prozesse der Raumgestaltung verstanden. Des Weiteren werden zu deren Interpretation Archivalien und Karten als Informationsmittel sowie zur Darstellung von Inhalten herangezogen (SCHÖNFELDER 1999; RECKER 2003) und – wenn

---

[6] Vgl. z. B. KIEMSTEDT 1967; GROSJEAN 1986.
[7] Vgl. auch: SIMMS 2004; WHELAN 2004.
[8] Interessant in diesem Zusammenhang sind auch Interpretationen von Landschaftsgemälden; vgl. dazu: BUDERATH/MAKOWSKI 1983; SCHENK 1997b.

möglich – mit Befunden aus naturwissenschaftlichen Methoden wie Dendrochronologie oder Pollenanalytik verbunden. Methodisch sind Historische Geographie und genetische Siedlungsforschung damit Brückendisziplinen zwischen Geographie und Geschichte, da sie programmatisch auf die Verbindung der zeitlichen mit der räumlichen Dimension abzielen (DENECKE/FEHN 1989; DENECKE 1994; SCHENK 2003). Die Erkenntnisabsichten unterscheiden sich allerdings. Die Historische Geographie versteht sich als historische Raumwissenschaft, die sich mit raumrelevanten Prozessen menschlicher Aktivitäten und den sich daraus ergebenden räumlichen Strukturen zu einer beliebigen Zeit der historischen, d. h. durch schriftliche Quellen erschließbaren Vergangenheit beschäftigt. Das setzt die Erfassung, Beschreibung sowie Erklärung der Qualität und Quantität relevanter wirtschaftlicher, sozialer, politischer, demographischer und natürlicher Prozesse in der raumzeitlichen Differenzierung voraus, schließt die Rekonstruktion von vergangenen Landschaftszuständen („Altlandschaften") ein und zielt letztlich auf die Formulierung von Regelhaftigkeiten raumzeitlicher Differenzierung (BORN 1989; JÄGER 1987; DERS. 1994; KONOLD 1996).

Die genetische Kulturlandschaftsforschung hat die Erklärung gegenwärtiger räumlicher Strukturen und Prozesse aus der Vergangenheit heraus zum Ziel. Sie geht dabei nur soweit in die Geschichte zurück, als noch Bezüge zur Gegenwart bestehen. Der Mensch als Gestalter von Landschaft steht im Mittelpunkt ihres Interesses, am deutlichsten zu fassen in den Siedlungen und ihrem Umfeld. Die genetische Siedlungsforschung (FEHN u. a. 1988) ist daher immer ein wichtiger Bereich dieser Forschungsrichtung gewesen.

Beiden Zugängen gemeinsam ist der Rekurs auf „Kulturlandschaft". Sie wird als ein historisch aufgeladenes Phänomen verstanden, das analytisch durch die Zerlegung in Kulturlandschaftselemente und -strukturen erfasst werden kann. Das Verständnis von Kulturlandschaft ist also im Kern physiognomisch-genetisch.

Viele Geographen, die in den beiden genannten Bereichen arbeiten und forschen, haben sich mit raumbezogen forschenden Archäologen und Historikern im ARKUM (Arbeitskreis für Historische Kulturlandschaftsforschung; vormals: Arbeitskreis für Genetische Siedlungsforschung in Mitteleuropa) zusammengefunden. Die von diesem Kreis herausgegebene Zeitschrift „Siedlungsforschung. Archäologie – Geschichte – Geographie" (1983 ff.) enthält eine laufende Bibliographie, die das Spektrum der einschlägigen Arbeiten erschließt. Beispielhaft seien genannt: Forschungen zu Flächenbilanzierungen in historischer Zeit (BORK u. a. 1998; GLASER 2001; SCHENK 2003b), die Rekonstruktion von Siedlungsprozessen und -strukturen zu unterschiedlichen Zeitschnitten,[9] Untersuchungen zur Landschaftsgestaltung im Feudalismus etwa unter dem Einfluss der Zisterzienser (SCHENK 2004), die Rekonstruktion historischer Waldnutzungen und Waldzustände als Beitrag zur „Holznotdebatte" der Umweltgeschichte (SCHENK 1996), Studien zur industriellen Ressourcennutzung und Umweltverschmutzung (DIX 1997a), Forschungen zur Umgestaltung von Kulturlandschaften im Nationalsozialismus oder zur Siedlungsplanung im ländlichen Raum der Sowjetischen Besatzungszone (SBZ) und DDR zwischen 1945 und 1955 (FEHN 2002; DIX 2002b).

Analysen zur Mensch-Umwelt-Beziehung

„Kulturlandschaft" kann in Zeiten sektoraler und methodischer Spezialisierung als ein heuristischer Ansatz zu einer vielschichtigen Analyse räumlicher Phänomene und Prozesse im Mensch-Umwelt-Verhältnis verstanden werden, denn die ineinander verschränkten Lebensraum-, Kultur-, Nutz- und Regelungsfunktionen in Räumen sind nur interdisziplinär und sinnvollerweise in der Reichweite der bestimmenden Faktoren zu analysieren. Insofern und da sie v. a. in regionalen Dimensionen zum Tragen kommen, kann man solche, aus größeren Räumen ausgegliederte Raumeinheiten als „(Kultur)Landschaften" bezeichnen. (Kultur)Landschaften sind in diesem Kontext damit absichtsvoll und zielorientiert konstruierte Raumgebilde mittleren („regionalen") Maßstabs mit einem gewissen Maß an Homogenität der zugrunde liegenden Kriterien. Sie fassen vielfältige natürliche, naturnahe und -ferne Phänomene zusammen, in denen sich wiederum vielfältige natürliche, kulturelle, soziale, wirtschaftliche und geistige Einflüsse aus unterschiedlichen Zeiten manifestieren. Die Qualitäten von Kulturlandschaften lassen sich über die Fähigkeit bestim-

---

[9] Vgl. z. B. BECKER 1998.

men, ökonomische, ökologische und soziale Funktionen zu erfüllen.[10] Je nach Annäherung an das System Landschaft werden unterschiedliche Funktionen stärker oder ausschließlich betont: Beispielsweise betrachtet die Landschaftsökologie v. a. die natürlichen Prozessabläufe, die Siedlungs- und Wirtschaftsgeographie dagegen den siedelnden und wirtschaftenden Menschen als Teil eines landschaftlichen Systems. Projekte dieses Ansatzes sind notwendigerweise interdisziplinär angelegt. So werden im Projekt Rhein-LUCIFS (Landuse and Climate Change in Fluvial Systems) die Interdependenzen von menschlichen und natürlichen Einflüssen auf das Flusssystem des Rheins seit der Neolithischen Revolution sowohl von Natur- wie Kulturwissenschaftler untersucht. Im Bündelprojekt INTERRISK (Integrative Risikoanalyse und -bewertung rezenter Hangrutschungsgebiete der Schwäbischen Alb) werden das Auftreten, die Wahrnehmung und ökonomische Bedeutung von Hangrutschungen an der Schwäbischen Alb studiert; beide Vorhaben werden durch die Deutsche Forschungsgemeinschaft (DFG) gefördert.[11]

(Historische) Kulturlandschaft als Planungsauftrag

Die Frankfurter Tagung vom März 2004 ist ein Beleg für die Aktualität der Diskussionen um „Kulturlandschaft" als Planungsauftrag. Sie ist aber nur eine von zahlreichen Veranstaltungen zum Thema „Kulturlandschaft" in den letzten Jahren, wie die gleichnamige Zeitschrift[12] als Organ der Arbeitsgruppe für Angewandte Historische Geographie dokumentiert. Solche Tagungen tragen Überschriften wie „Landschaftsgeschichte und Naturschutz" oder „Historische Kulturlandschaftselemente – Bedeutung, Erhalt und Schutz", und gelegentlich werden in Themen wie „Kulturlandschaft – Sukzession contra Erhalten" unterschiedliche Ansätze und Strategien zwischen Naturschutz und Denkmalpflege sichtbar. Immer wieder sind im Laufe solcher Tagungen Resolutionen und Manifeste zur „Kulturlandschaft" entwickelt worden, so 1998 „The Wörlitz Convention"[13], 2000 für den Rheingau eine „Resolution zum Erhalt und Entwicklung einer Kulturlandschaft"[14], 2001 die „Hannoversche Erklärung zum europäischen Kulturlandschaftserbe"[15], 2002 das „Dornacher Manifest"[16] sowie die „Resolution von Wolfsburg: Regionen zwischen Wandel und Beharrung"[17].

Alle diese Tagungen ranken sich um Fragen der planerischen Interpretation von Gesetzen, Verordnungen und Richtlinien, die den Terminus „Kulturlandschaft" aufnehmen. Deren Zahl ist seit dem Bundesnaturschutzgesetz (BNatSchG) von 1978, das die „historische Kulturlandschaft" erstmals zum Schutzauftrag erhob, markant gestiegen.[18] So finden wir den Terminus „Kulturlandschaft" nun im § 2 Abs. 2 Nr. 13 des novellierten Bundesraumordnungsgesetzes (ROG) von 1998, zudem aufgeladen mit dem organisch-biologistische Assoziationen erweckenden Adjektiv „gewachsen" und der Forderung nach Erhaltung solcher Räume. Eine Arbeitsgruppe der Akademie für Raumforschung und Landesplanung, Hannover, bereitet derzeit eine Publikation mit Empfehlungen zur Umsetzung dieses Grundsatzes vor.[19] Im Bereich der Denkmalpflege enthält lediglich das Denkmalschutzgesetz von Schleswig-Holstein (SHDSchG) explizit den Begriff „Kulturlandschaft".[20] Es gibt aber zahlreiche Initiativen, diesen Begriff für eine flächigere Denkmalpflege auf der Basis der jeweilgen Ländergesetze zu aktivieren.[21] Eine Arbeitsgruppe von Denk-

---

[10] Vgl. z. B. HAASE 1999; ZEPP/MÜLLER 1999.
[11] Sprecher der Projekte im Bereich der Historischen Geographie ist PD Dr. A. Dix, Geographisches Institut Bonn.
[12] „Kulturlandschaft". Zeitschrift für Angewandte Historische Geographie 1990 ff., war anfangs überwiegend nach dem Konzept eines Mitteilungsblattes aufgebaut. In jüngerer Zeit diente sie auch zur Dokumentation von Tagungen der Arbeitsgruppe für Angewandte Historische Geographie. – Aus der Sicht der Historischen Geographie ähnlich: BURGGRAAFF 1996.
[13] Vgl. THE WÖRLITZ DECLARATION 2003.
[14] Vgl. DER RHEINGAU 2003.
[15] Vgl. HANNOVERSCHE ERKLÄRUNG 2003.
[16] Vgl. DORNACHER MANIFEST 2003.
[17] Vgl. REGIONEN ZWISCHEN WANDEL UND BEHARRUNG 2003.
[18] Dieser Passus wurde lange Zeit in der Naturschutzverwaltung kaum wahrgenommen. – Vgl. dazu: BRINK/WÖBSE 1999; HÖNES 1991; WEBER u. a. 1991; JESSEL 1993; DIES. 1998.
[19] Dazu schon vorliegend: AKADEMIE FÜR RAUMFORSCHUNG UND LANDESPLANUNG 2001.
[20] Vgl. GUNZELMANN 2001 (darin auch „Positionspapier der Vereinigung der Landesdenkmalpfleger in der Bundesrepublik Deutschland" vom November 2000). – Grundsätzlich dazu: BREUER 1993; GUNZELMANN 1987; FEHN 1997; WALGERN 2000.
[21] Siehe z. B. für Baden-Württemberg: EIDLOTH 1997; EIDLOTH/GOER 1996; HAHN 2001; REGIONALVERBAND OSTWÜRTTEMBERG 2004. – Für Bayern vgl.: GUNZELMANN u. a. 1999.

malpflegern legte dazu eine auch in Planungsprozessen umsetzbare Definition vor: „Die historische Kulturlandschaft ist ein Ausschnitt aus der aktuellen Kulturlandschaft, der durch historische, archäologische, kunsthistorische und kulturhistorische Elemente und Strukturen geprägt wird. In der historischen Kulturlandschaft können Elemente, Strukturen und Bereiche aus unterschiedlichen Schichten nebeneinander und in Wechselwirkung miteinander vorkommen. Elemente und Strukturen sind dann historische, wenn sie in der heutigen Zeit aus wirtschaftlichen, sozialen, politischen oder ästhetischen Gründen nicht mehr in der vorgefundenen Weise entstehen, geschaffen oder fortgesetzt werden, sie also aus einer abgeschlossenen Geschichtsepoche stammen" (SEKRETARIAT KMK 2003). Einem solchen Verständnis sehr nahe stehen Begriffbestimmungen des Terminus „Kulturgüter" im Umweltverträglichkeitsprüfungsgesetz (UVPG).[22]

Die Diskussionen um „(Kultur)Landschaft" haben zwischenzeitlich europäische Dimensionen erreicht (JOB/WEIZENEGGER 2003). Manches verblieb dabei auf einer appellativen Ebene. So verfasste 1995 der Europarat eine Deklaration zum Schutz der Kulturlandschaften, in der er für eine interdisziplinäre Betrachtungsweise, Bemühungen zum Erhalt von geschichtlich gewachsenen Kulturlandschaften und die Berücksichtigung ihrer spezifischen Belange insbesondere auch im Rahmen großräumiger Planungen wirbt. Solche Initiativen mündeten immerhin in die „Europäische Landschaftskonvention", welche im Jahre 2000 in Florenz von 18 europäischen Staaten unterzeichnet wurde – bisher aber nicht von Deutschland – obgleich der Ansatz dieser Konvention durchaus dem Tenor partizipatorischer Planungskonzepte entspricht, wie sie in der Bundesrepublik Deutschland zumindest auf einer planungstheoretischen Ebene präferiert werden. Riccardo Priore, Sekretär des Kongresses der Gemeinden und Regionen des Europarates und der entscheidende Mitwirkende an der Konvention, fasst diesen Ansatz in einem Beitrag mit dem bezeichnenden Titel zusammen: „Die Bevölkerung bestimmt, was Landschaft ist. Zu den Zielen der europäischen Landschaftskonvention" (PRIORE 2000).

Solchen Gedanken nahestehend wird in den „Grundlagen einer europäische Raumordungspolitik" von 1995 die Erhaltung des „Erbes" als ein wesentlicher Aktionsbereich für die Strategie nachhaltiger Entwicklung angesehen. Das Erbe und Vermächtnis der vergangenen Generationen stelle eine beträchtliche Anhäufung von Ressourcen dar. Dazu gehörten auch Landschaften. Um die räumliche Qualität und Verschiedenartigkeit der europäischen Landschaften wirklich als Potential nutzen zu können, sei deren kartographische Aufnahme notwendig. Agrarische Produktionsmethoden sollten der Landschaftserhaltung Rechnung tragen. Im Europäischen Raumentwicklungskonzept (EUREK) wird die Rolle von „gewachsenen Kulturlandschaften" noch stärker zugespitzt (JOB u. a. 2000). Dort heißt es im Passus 133: „Das kulturelle Erbe Europas – von den gewachsenen Kulturlandschaften der ländlichen Gebiete bis hin zu den historischen Stadtkernen – ist Ausdruck seiner Identität und weltweiten Bedeutung". Das EUREK definiert also „(Kultur)Landschaften" in dem eingangs dargelegten allgemeinen Verständnis von Landschaft als ländliche Gebiete und historische Ortskerne! Sie seien Träger des „kulturellen Erbes" in Europa und ein wichtiges Entwicklungspotential. Das Bundesamt für Bauwesen und Raumordnung sieht in Kulturlandschaftsgestaltung sogar eine Chance, über innovative Inwertsetzungsstrategien zur Minderung von Strukturproblemen beizutragen.[23]

Mit der Erweiterung der Welterbekonvention der UNESCO von 1972 auf „Kulturlandschaften" in der 16. Tagung des World Heritage Committee in Santa Fe 1992 ist die globale Ebene der Diskussion erreicht. Seither sind auch in Europa eine Reihe von Landschaften mit dem Prädikat „Weltkulturerbe" versehen worden (VON DROSTE ZU HÜLSHOFF 1995).[24]

Hinterfragt man, welche Normen dem Terminus „Kulturlandschaft" in solchen Gesetzen explizit oder implizit zugewiesen werden, so findet sich eine Mischung von Werten des Naturschutzes, der Denkmalpflege sowie der Regionalentwicklung. Geschichtlichkeit ist dabei durchgehend ein zentraler Wert, und

---

[22] Vgl. dazu: LANDSCHAFTSVERBAND RHEINLAND u. a. 1994; SCHÄFER 2002; UVP REPORT 2004.

[23] Siehe dazu die Einladung zur Tagung „Inwertsetzung von Kulturlandschaft in den neuen Bundesländern", 23./24.11.2004 in Berlin. – Vgl. dazu auch: SCHENK im Druck.

[24] Kulturlandschaften werden danach als Ausdruck der regional spezifischen Verknüpfung von natürlichen und menschlichen Einflussgrößen gesehen. In Kulturlandschaften zeige sich damit die Entwicklung der menschlichen Gesellschaft allgemein und der Gang der Besiedlung im Besonderen. Der Begriff „Kulturlandschaft" umfasse eine große Vielfalt an Erscheinungen im Spannungsfeld zwischen menschlichen Aktivitäten und natürlichen Potentialen. – Zum aktuellen Stand der Ausweisung von Landschaften als Weltkulturerbe siehe: http://whc.unesco.org/ (Stand 2.2005).

damit werden Fragen zum planerischen Umgang mit dem überlieferten kulturräumlichen Erbe auch und insbesondere in Projekten der Regionalenwicklung zentral.

Aus der Geographie wurde das bisher umfassendste Konzept zum Problemfeld „gewachsene/historische Kulturlandschaft als Planungsauftrag" vorgelegt (SCHENK u. a. 1997).[25] Es ist mit „Kulturlandschaftspflege" überschrieben. Das soll signalisieren, dass nur in den Ausnahmefällen die Konservierung von auf uns überkommen Landschaften oder darin enthaltenen Einzelelementen sinnvoll erscheint. Vielmehr wird deren pflegliche Weiterentwicklung als Beitrag für die Regionalentwicklung ausdrücklich akzeptiert, sofern dabei nicht kulturräumliche Werte im Sinne eines Potentials für eine zukünftige Entwicklung zerstört und somit Optionen für die Ausgestaltung eines menschenwürdigen Lebens uns nachfolgender Generationen unverhältnismäßig eingeengt werden. Der dem Terminus „Kulturlandschaft" beigestellte Begriff der „Pflege" schließt damit das Prinzip der Nachhaltigkeit – so wie es auch in der Neufassung des ROG vom 1. Januar 1998 festgeschrieben ist – als das bestimmende planerische Leitbild der Gegenwart und der Projektion für eine lebenswerte Zukunft ein. Die Verwendung des Begriffes „Pflege" deutet zudem darauf hin, dass die Ressourcen (Potentiale) einer Landschaft nicht ein Reservoir sind, dem Produktionsmittel und Konsumgüter beliebig und ohne Anstrengung entnommen werden können. In einer ökonomischen Formulierung heißt dies: Kulturlandschaft ist kein Gut, das sich über Angebot und Nachfrage in der Menge regelt und zur optimalen Allokation der Ressource „Kulturlandschaft" führt, denn der Wert einer „Kulturlandschaft" definiert sich nur über den Diskurs. Kulturlandschaftspflege bedeutet damit also nicht allein die Suche nach Methoden der Erhaltung oder auch bewussten Veränderung einer Landschaft, sondern verlangt zuallererst den Rekurs auf das, was den Beteiligten der Pflege wert erscheint. Das setzt die Erfassung vorhandener kulturlandschaftlicher Elemente und Strukturen voraus, um mit diesem Wissen die prägenden Elemente und Strukturen pfleglich behandeln zu können. Kulturlandschaftspflege in diesem Sinne ist als ein offener und dynamischer Ansatz zum bewussten Umgang mit den vom Menschen gemachten landschaftlichen Potentialen zu verstehen. Das erfordert ein Denken in Entwicklungsprozessen, dem die Einsicht zugrunde liegt, dass die Wertmaßstäbe dessen, was pfleglich ist, ständig neu definiert werden müssen. Maßnahmen der Kulturlandschaftspflege können damit immer nur in einem relativierenden Kontext beurteilt werden, wobei das Verhältnis von Inanspruchnahme und Nutzung von Optionen entscheidend ist. Dieser auf Dynamik zielende Ansatz steht nicht im Gegensatz zu den eher auf erhaltenden Schutz ausgerichteten Aufträgen des Naturschutzes und der Denkmalpflege, sondern integriert ihn in ein übergreifendes Konzept des bewussten Umgangs mit räumlichen Ressourcen.

Vor einer durch fachliche und administrative Zersplitterung bestimmten planerischen Wirklichkeit – die „Kulturlandschaft" sitzt administrativ gesehen zwischen allen Stühlen (GUNZELMANN/SCHENK 1999) – forciert die Geographie damit ein sektoral übergreifendes Konzept zum pfleglichen Umgang v. a. mit dem historischen (und dem daran gebundenen natürlichen) Erbe in unseren Landschaften. Ziel ist die Abmilderung der Folgen der gegenwärtigen Transformationsprozesse in allen Landschaften, da sonst irreversible Verluste eintreten, v. a. hinsichtlich der Biodiversität, der landschaftlichen Ästhetik, des Geschichtswertes („Landschaft als Archivalie") und der regionalen Identität[26], welche oftmals an historische Landnutzungsformen und -zustände gekoppelt sind. Kulturlandschaftspflege greift daher maßgeblich auf Methoden der historisch-genetischen Kulturlandschaftsforschung zurück. Der planerische Prozess verläuft im Idealfall in folgenden Schritten (Abb. 1):

- Erfassung, Beschreibung, Erklärung kulturlandschaftlicher punkt-, linien und flächenhafter Strukturen und Elemente durch Bestandserfassungen und Inventarisierungen (BURGGRAAFF/KLEEFELD 1998; RENES 1992; SCHERER-HALL 1996).
- Deren Bewertung orientiert sich wegen der Komplexität von „historischer/gewachsener" Kulturlandschaft an einem Wertekomplex aus Maßstäben des Naturschutzes (z. B. „Schönheit, Eigenart, Vielfalt" und Seltenheit gemäß BNatSchG), des Denkmalschutzes (beispielsweise historische Bedeutung, Alterswert, Ablesbarkeit von Geschichte gemäß Denkmalschutzgesetzen) sowie der Raum- und Regionalplanung (insbesondere regionale Eigenart gemäß § 2 Abs. 2 Nr. 13 ROG) (ERHALTUNG UND ENTWICKLUNG 1999; JOB 1999).

---

[25] Zum organisatorischen Hintergrund: SCHENK 1998.
[26] Vgl. dazu: SCHWARZE 1996.

- Die Ableitung von pflegerischen Maßnahmen (Management)[27] orientiert sich an der Einsicht, dass eine Konservierung von historisch überkommenen Landschaftsstrukturen auch sehr hohen Alters aus Kostengründen und geringer gesellschaftlicher Akzeptanz nur auf kleinen Flächen möglich ist (BURGGRAAFF u. a. 2001). Kulturlandschaftspflege akzeptiert daher aus der Erkenntnis des steten Wandels als Grundprinzip die Weiterentwicklung von überkommenen Strukturen, sofern dabei nicht deren Ablesbarkeit und Potentiale für zukünftige Entwicklungen im Sinne nachhaltiger Entwicklung zerstört werden. Die Diskussion von Werten, Leitbildern und Maßnahmen sollte in offener, diskursiver, partizipatorischer und dynamischer Art v. a. mit den Betroffenen, z. B. Bauern oder Bauherren, erfolgen. Im Kern ist Kulturlandschaftspflege damit ein diskursiver und kumulativer Prozess der Konsensfindung. Das setzt Wissen über die Geschichte unserer Landschaften voraus, weshalb Kulturlandschaftspflege sich auch in der Umweltbildung engagiert.[28]

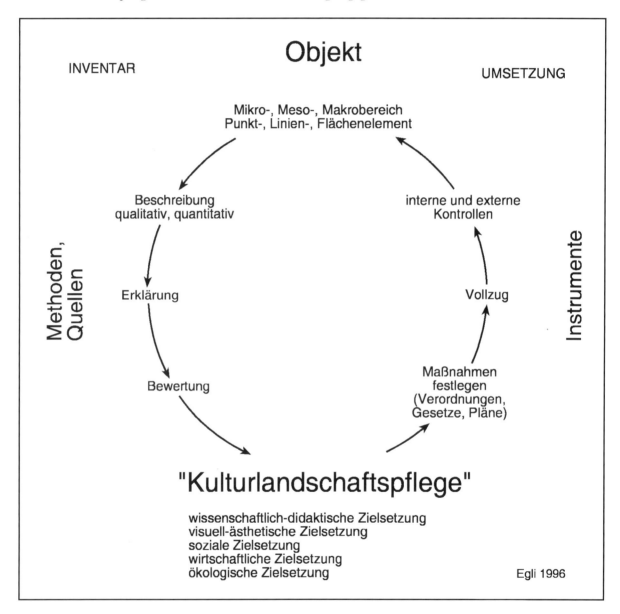

Abb. 1. Idealisierte Darstellung des Prozesses der Kulturlandschaftspflege
(Entwurf: Hans-Rudolf Egli, Universität Bern, 1996).

---

[27] Als Beispiel siehe: BURGGRAAFF u. a. 2001.
[28] Vgl. dazu mit vielen Beispielen: AURIG 1999. – Siehe auch: DENZER 1996; ONGYERTH 1995; KOORDINATIONSSTELLE DES FORTBILDUNGSVERBUNDES 2002.

Es ist nochmals zu betonen, dass nicht der Wandel von Raumstrukturen das Problem ist – Landschaften sind per se dynamische Systeme – weshalb es auch nicht sinnvoll erscheint, aus vergangenen Landschaftszuständen Leitbilder für die Zukunft abzuleiten (MUHAR 1995; ADAM 1996). Als bedrohlich wird vielmehr die Schnelligkeit und oftmalige Unumkehrbarkeit dieser Prozesse empfunden.[29]

Trotz einer großen Fülle einschlägiger Arbeiten[30] zur Erschließung des Planungsauftrags „historische/ gewachsene Kulturlandschaft" bestehen noch erhebliche Forschungsdefizite v. a. in folgenden Feldern:[31]

- Operationalisierung solch unbestimmter Rechtsbegriffe wie „gewachsene/historische Kulturlandschaft" oder „Kulturgut" u. Ä. für Planungsprozesse – sie sind am besten über Anwendung in Planungsprozessen inhaltlich zu füllen.
- Der Aufbau von in der Planung verwendbaren Verzeichnissen historischer Landschaftselemente und -strukturen, sogenannte „Kulturlandschaftskataster",[32] und Kulturlandschaftsgliederungen im Sinne von Markierungen. Denn während wir die ökologischen Qualitäten von Landschaften dank flächendeckender Kartierungen nach einheitlichem Muster, wie z. B. Biotopkartierung, inzwischen gut kennen und auch mittels der Bestandslisten der Bau- und Bodendenkmalpflege über wertvolle Bau- und Bodendenkmäler informiert sind, fehlt es jenseits dieser institutionalisierten Kulturgüterpflege hinsichtlich der Formen, des Ausmaßes und des Wertes der „prägenden Merkmale" an fundierten, vergleichbaren und flächendeckenden Kenntnissen. Da man aber das, was man nicht kennt, in Planungsprozessen nicht berücksichtigen kann, ist eine flächendeckende Kulturlandschaftsinventarisation und die Markierung gewachsener Kulturlandschaften als eine der Hauptaufgaben der räumlichen Planung in den nächsten Jahren zu sehen. Dieser auf Objekte und Ensembles ausgerichtete Ansatz der Qualitätsbestimmung kommt der Planung entgegen, da der „Planer vor Ort" v. a. die Frage des Umgangs mit der materiellen Substanz bewältigen muss, und zwar hinsichtlich deren Persistenz als Investitions- und Planungshindernis, zunehmend aber auch hinsichtlich der damit verbundenen regionalen Entwicklungspotentiale.
- Konzepte zur Sicherstellung des „cultural heritage" auch in suburbanen Räumen, denn sie sind ebenfalls „gewachsen" oder schon „historisch". Zugleich besteht gerade dort angesichts der hohen räumlichen Dynamik mit den Folgen von weiterer Verdichtung der Besiedlung und gleichzeitiger Ausdehnung der Siedlungsflächen, Versiegelung des Bodens sowie der Zerschneidung und Verinselung von Biotopen ein besonders hoher Bedarf an einem pfleglichen Umgang mit dem „kulturellen Erbe".
- Strategien zur Erhaltung landschaftlicher Vielfalt in ländlich-peripheren Regionen, da eine zunehmende Ausdifferenzierung in stark beanspruchte „Schmutzgebiete" und stark kontrollierte „Schutzgebiete" beobachtet sowie eine beschleunigte Aufgabe landwirtschaftlicher Nutzflächen gerade in den landschaftlich reich gegliederten Mittelgebirgsregionen und den Alpen konstatiert werden kann.

Zusammenfassend heißt Kulturlandschaftspflege, einen praxisorientierten, gesetzlich geforderten, gesellschaftlich breit akzeptierten und auf unmittelbare Anwendung ausgerichteten Beitrag zum planerischen Umgang mit dem kulturellen Erbe in unseren „gewachsenen Kulturlandschaften" zu leisten. Die Umsetzung des Planungsauftrags setzt aber voraus, dass die politischen Entscheidungsträger die historische Kulturlandschaft als „Werteträger" gemäß der von ihnen selbst erlassenen Gesetze und Verordnungen annehmen und diskursive Verfahrensweisen in Planungsprozessen zulassen und mittragen sowie schließlich ausreichend Geld für die Umsetzung von Maßnahmen zur Sicherung und Weiterentwicklung historischer Kulturlandschaften bereitstellen.

---

[29] Siehe dazu beispielhaft den Bildband von TANNER (1999). – Zu den großen Trends vgl.: DOSCH/BECKMANN 1999. – Darauf fußend: SCHENK 2000.
[30] Allein aus dem Bereich der Historischen Geographie sind derzeit gut 1800 Titel nachweisbar; siehe dazu u. a.: DIX 1997b; DERS. 2000 sowie darüber hinaus die entsprechenden Abschnitte in den Jahresbibliographien der Zeitschrift „Siedlungsforschung. Archäologie – Geschichte – Geographie" 1983 ff. – Zentrale Werke werden kurz besprochen in: BORK/SCHENK 2000.
[31] Ausführlich: JESCHKE 2001.
[32] Beispielhaft dazu die Entwicklung in Nordrhein-Westfalen; siehe dazu: FEHN/SCHENK 1993; LANDSCHAFTSVERBAND RHEINLAND/RHEINISCHER VEREIN 2002. – Vgl. sehr anschaulich für Bayern: BAYERISCHES STAATSMINISTERIUM FÜR LANDWIRTSCHAFT UND FORSTEN 2001.

Ein Fazit: die Offenheit von „(Kultur)Landschaft" als Problem und Chance

Die eingangs dargestellte Offenheit des Terminus „(Kultur)Landschaft" wirft erhebliche definitorische Probleme auf. Sie bietet aber auch Chancen zur Verknüpfung von Grundlagenforschung und Anwendung; denn Anwendung ohne Grundlagenforschung erreicht nicht die notwendige sachliche Tiefe und Grundlagenforschung lebt auch von Impulsen aus der Anwendung.

Literatur

ADAM 1996
Th. Adam, Mensch und Natur. Das Primat des Ökonomischen. Entstehen, Bedrohung und Schutz von Kulturlandschaften aus dem Geiste materieller Interessen. Natur und Landschaft 71, 1996, 155-159.

AKADEMIE FÜR RAUMFORSCHUNG UND LANDESPLANUNG 2001
Akademie für Raumforschung und Landesplanung (ARL) (Hrsg.), Die Zukunft der Kulturlandschaft zwischen Verlust, Bewahrung und Gestaltung. Wissenschaftliche Plenarsitzung 2000 der Akademie für Raumforschung und Landesplanung in Zusammenarbeit mit der Österreichischen Gesellschaft für Raumplanung. Forschungs- und Sitzungsberichte Akademie für Raumforschung und Landesplanung 215 (Hannover 2001).

AURIG 1999
R. Aurig (Hrsg.), Kulturlandschaft, Museum, Identität. Protokollband zur Tagung „Aufgaben und Möglichkeiten der Musealen Präsentation von Kulturlandschaftsrelikten" der Arbeitsgruppe „Angewandte Historische Geographie" vom 7.-9.3.1996 in Plauen/Vgtl. Schriften der Rudolf-Kötzschke-Gesellschaft 4 (Beucha 1999).

BAYERISCHES STAATSMINISTERIUM FÜR LANDWIRTSCHAFT UND FORSTEN 2001
Bayerisches Staatsministerium für Landwirtschaft und Forsten (Hrsg.), Historische Kulturlandschaft. Materialien zur Ländlichen Entwicklung in Bayern 39 (München 2001).

BECKER 1998
H. Becker, Allgemeine Historische Agrargeographie (Stuttgart 1998).

BLOTEVOGEL 2002
H. H. Blotevogel, Die Region Ruhrgebiet zwischen Konstruktion und Dekonstruktion. Westfälische Forschungen 52, 2002, 453-488.

BÖLSCHE 1983
J. Bölsche (Hrsg.), Die deutsche Landschaft stirbt. Zerschnitten, zersiedelt, zerstört. Spiegel-Buch 37 (Reinbek bei Hamburg 1983).

BORK u. a. 1998
H.-R. Bork/H. Bork/C. Dalchow/B. Faust/H.-P. Piorr/Th. Schatz (Hrsg.), Landschaftsentwicklung in Mitteleuropa. Wirkungen des Menschen auf Landschaften (Gotha, Stuttgart 1998).

BORK/SCHENK 2000
H.-R. Bork/W. Schenk, Literaturempfehlungen: Kulturlandschaftsforschung. Kulturlandschaftsforschung. Petermanns Geographische Mitteilungen 146, 6/2000, 70-73.

BORN 1989
M. Born, Die Entwicklung der deutschen Agrarlandschaft (Darmstadt 1989).

BREUER 1993
T. Breuer, Naturlandschaft, Kulturlandschaft, Denkmallandschaft. In: Nationalkomitee der Bundesrepublik Deutschland (Hrsg.), Historische Kulturlandschaften. Internationale Tagung Brauweiler 10.-17. Mai 1992. ICOMOS-Hefte des deutschen Nationalkomitees 11 (München 1993) 13-19.

BRINK/WÖBSE 1999
A. Brink/H. H. Wöbse, Die Erhaltung historischer Kulturlandschaften in der Bundesrepublik Deutschland. Untersuchung zur Bedeutung und Handhabung von § 2 Abs. 1 Nr. 13 BNatSchG. Untersuchung im Auftrag des Bundesministers für Umwelt, Naturschutz und Reaktorsicherheit (Hannover 1999).

BUDERATH/MAKOWSKI 1983
B. Buderath/H. Makowski, Die Natur dem Menschen untertan. Ökologie im Spiegel der Landschaftsmalerei (München 1983).

BURGGRAAFF 1996
P. Burggraaff, Der Begriff „Kulturlandschaft" und die Aufgaben der „Kulturlandschaftspflege" aus der Sicht der Historischen Geographie. Natur- und Landschaftskunde 32, 1996, 10-12.

BURGGRAAFF u. a. 2001
P. Burggraaff/E. Fischer/K.-D. Kleefeld/D. Killmann/E. Schwontzen, Klosterlandschaft Heisterbacher Tal. Rheinische Landschaften 49 (Neuß 2001).

BURGGRAAFF/KLEEFELD 1998
P. Burggraaff/K.-D. Kleefeld, Historische Kulturlandschaft und Kulturlandschaftselemente. Teil 1. Bundesübersicht. Teil 2. Leitfaden. Ergebnisse aus dem F+E-Vorhaben 808 09 075 des Bundesamtes für Naturschutz. Angewandte Landschaftsökologie 20 (Bonn-Bad Godesberg 1998).

COSGROVE 1984
D. E. Cosgrove, Social Formation and Symbolic Landscape (London 1984).

COUPLAND 1997
D. Coupland, Polaroids from the Dead (London 1997).

DENECKE 1994
D. Denecke, Historische Geographie – Kulturlandschaftsgenetische, anwendungsorientierte und angewandte Forschung. Gedanken zur Entwicklung der Diskussion. Berichte zur deutschen Landeskunde 68, 1994, 431-444.

DENECKE/FEHN 1989
D. Denecke/K. Fehn (Hrsg.), Geographie in der Geschichte. Erdkundliches Wissen 96 (Stuttgart 1989).

DENZER 1996
V. Denzer, Relikte und persistente Elemente einer ländlich geprägten Kulturlandschaft mit Vorschlägen zur Erhaltung und methodisch-didaktischen Aufbereitung am Beispiel von Waldhufensiedlungen im Südwest-Spessart. Ein Beitrag zur Angewandten Historischen Geographie. Mainzer Geographische Studien 43 (Mainz 1996).

DIX 1997a
A. Dix, Industrialisierung und Wassernutzung. Eine historisch-geographische Umweltgeschichte der Tuchfabrik Ludwig Müller in Kuchenheim. Beiträge zur Industrie- und Sozialgeschichte 7 (Köln 1997).

DIX 1997b
A. Dix (Hrsg.), Angewandte Historische Geographie im Rheinland: Planungsbezogene Forschungen zum Schutz, zur Pflege und zur substanzerhaltenden Weiterentwicklung von historischen Kulturlandschaften.

Mit einer Spezialbibliographie zur fächerübergreifenden Kulturlandschaftspflege (Köln 1997).

DIX 2000
A. Dix, Beiträge der Geographie zur Kulturlandschaftspflege. Ein Überblick zur aktuellen Situation in Deutschland. Berichte zur deutschen Landeskunde 74, 2000, 283-302.

DIX 2002a
A. Dix, Das Mittelrheintal – Wahrnehmung und Veränderung einer symbolischen Landschaft des 19. Jahrhunderts. Kulturlandschaftsforschung. Petermanns Geographische Mitteilungen 146, 6/2002, 44-53.

DIX 2002b
A. Dix, „Freies Land". Siedlungsplanung im ländlichen Raum der SBZ und frühen DDR 1945 bis 1955 (Köln, Weimar, Wien 2002).

DORNACHER MANIFEST 2003
Dornacher Manifest, Kurzfassung 2002. Ein Manifest – erarbeitet für und während des internationalen Kongresses „Die Kultur der europäischen Landschaft als Aufgabe" am Goetheanum, Dornach, Schweiz (6.-9. September 2000). Kulturlandschaft. Zeitschrift für Angewandte Historische Geographie 13, 2003, 94-98.

DOSCH/BECKMANN 1999
F. Dosch/G. Beckmann, Trends der Landschaftsentwicklung in der Bundesrepublik Deutschland: Vom Landschaftsverbrauch zur Produktion von Landschaften? Erhaltung und Entwicklung gewachsener Kulturlandschaften als Auftrag der Raumordnung. Ein neuer Auftrag der Raumordnung. Informationen zur Raumentwicklung 5/6, 1999, 291-310.

VON DROSTE ZU HÜLSHOFF 1995
B. von Droste zu Hülshoff, Weltweiter Schutz des Kultur- und Naturerbes. Geographische Rundschau 47, 1995, 336-342.

EIDLOTH 1997
V. Eidloth, Kulturlandschaftspflege im Rahmen von Regionalplanung – Der Regionalplan der Region Stuttgart. In: W. Schenk/K. Fehn/D. Denecke (Hrsg.), Kulturlandschaftspflege. Beiträge der Geographie zur räumlichen Planung (Stuttgart, Berlin 1997) 183-188.

EIDLOTH/GOER 1996
V. Eidloth/M. Goer, Historische Kulturlandschaftselemente als Schutzgut. Denkmalpflege in Baden-Württemberg 2, 1996, 148-157.

ERHALTUNG UND ENTWICKLUNG 1999
Erhaltung und Entwicklung gewachsener Kulturlandschaften als Auftrag der Raumordnung. Ein neuer Auftrag der Raumordnung. Informationen zur Raumentwicklung 5/6, 1999.

FEHN 1997
K. Fehn, Aufgaben der Denkmalpflege in der Kulturlandschaftspflege. Überlegungen zur Standortbestimmung. Die Denkmalpflege 55, 1997, 31-37.

FEHN 1998
K. Fehn, Historische Geographie. In: H.-J. Goertz (Hrsg.), Geschichte. Ein Grundkurs (Reinbek bei Hamburg 1998) 394-407.

FEHN 2002
K. Fehn, „Germanisch-deutsche Kulturlandschaft" – Historische Geographie und NS-Forschung. Kulturlandschaftsforschung. Petermanns Geographische Mitteilungen 146, 6/2002, 64-69.

FEHN U. A. 1988
K. Fehn/K. Brandt/D. Denecke/F. Irsigler, Genetische Siedlungsforschung in Mitteleuropa und seinen Nachbarräumen. 2. Bde. (Bonn 1988).

FEHN/SCHENK 1993
K. Fehn/W. Schenk, Das historisch-geographische Kulturlandschaftskataster – eine Aufgabe der Geographischen Landeskunde. Ein Vorschlag insbesondere aus der Sicht der Historischen Geographie in Nordrhein-Westfalen. Berichte zur deutschen Landeskunde 67, 1993, 479-488.

KOORDINATIONSSTELLE DES FORTBILDUNGSVERBUNDES 2002
Koordinationsstelle des Fortbildungsverbundes für das Berufsfeld Natur und Landschaft bei der NZH-Akademie (Hrsg.), Klosterlandschaft Heisterbacher Tal. Ein integratives Konzept zum Umgang mit einer historischen Kulturlandschaft (Wetzlar 2002).

GASSNER 1995
E. Gassner, Das Recht der Landschaft. Gesamtdarstellung für Bund und Länder (Radebeul 1995).

GLASER 2001
R. Glaser, Klimageschichte Mitteleuropas. 1000 Jahre Wetter, Klima, Katastrophen (Darmstadt 2001).

GRAAFEN 1999
R. Graafen, Kulturlandschaftserhaltung und -entwicklung unter dem Aspekt der rechtlichen Rahmenbedingungen. Erhaltung und Entwicklung gewachsener Kulturlandschaften als Auftrag der Raumordnung. Ein neuer Auftrag der Raumordnung. Informationen zur Raumentwicklung 5/6, 1999, 375-380.

GROSJEAN 1986
G. Grosjean, Ästhetische Bewertung ländlicher Räume am Beispiel von Grindelwald im Vergleich mit anderen schweizerischen Räumen und in zeitlicher Veränderung. Geographica Bernensia P 13 (Bern 1986).

GUNZELMANN 1987
Th. Gunzelmann, Die Erhaltung der historischen Kulturlandschaft. Angewandte Historische Geographie des ländlichen Raumes mit Beispielen aus Franken. Bamberger Wirtschaftsgeographische Studien 4 (Bamberg 1987).

GUNZELMANN 2001
Th. Gunzelmann, Erfassungen der Kulturlandschaft innerhalb der Denkmalpflege. In: Kommunalverband Großraum Hannover (Hrsg.), Kulturlandschaft in Europa – Regionale und internationale Konzepte zu Bestandserfassung und Management. Beiträge zur regionalen Entwicklung 92 (Hannover 2001) 57-69.

GUNZELMANN u. a. 1999
Th. Gunzelmann/M. Mosel/G. Ongyerth, Denkmalpflege und Dorferneuerung. Der denkmalpflegerische Erhebungsbogen zur Dorferneuerung. Arbeitshefte des Bayerischen Landesamtes für Denkmalpflege 93 (München 1999).

GUNZELMANN/SCHENK 1999
Th. Gunzelmann/W. Schenk, Kulturlandschaftspflege im Spannungsfeld von Denkmalpflege, Naturschutz und Raumordnung. Erhaltung und Entwicklung gewachsener Kulturlandschaften als Auftrag der Raumordnung. Ein neuer Auftrag der Raumordnung. Informationen zur Raumentwicklung 5/6, 1999, 347-360.

HAASE 1999
G. Haase (Hrsg.), Beiträge zur Landschaftsanalyse und Landschaftsdiagnose. Abhandlungen der Sächsischen Akademie der Wissenschaften zu Leipzig, Mathematisch-Naturwissenschaftliche Klasse 59, 1 (Leip-

zig 1999).

HABER 2001
W. Haber, Kulturlandschaft zwischen Bild und Wirklichkeit. In: Akademie für Raumforschung und Landesplanung (ARL) (Hrsg.), Die Zukunft der Kulturlandschaft zwischen Verlust, Bewahrung und Gestaltung. Wissenschaftliche Plenarsitzung 2000 der Akademie für Raumforschung und Landesplanung in Zusammenarbeit mit der Österreichischen Gesellschaft für Raumplanung. Forschungs- und Sitzungsberichte Akademie für Raumforschung und Landesplanung 215 (Hannover 2001) 6-29.

HAHN 2001
M. Hahn, Kulturlandschaftsinventarisation im Regionalplan Stuttgart. Vom Gebrauchsnutzen im denkmalpflegerischen Alltag. In: Kommunalverband Großraum Hannover (Hrsg.), Kulturlandschaft in Europa – Regionale und internationale Konzepte zu Bestandserfassung und Management. Beiträge zur regionalen Entwicklung 92 (Hannover 2001) 163-170.

HANNOVERSCHE ERKLÄRUNG 2003
Hannoversche Erklärung zum europäischen Kulturlandschaftserbe 2001. Verabschiedet am 30. März 2001 während der Tagung „Kulturlandschaft in Europa – Regionale Konzepte zu Bestandserfassung und Management". Kulturlandschaft. Zeitschrift für Angewandte Historische Geographie 13, 2003, 92 f.

HARD 1970
G. Hard, Die „Landschaft" der Sprache und die „Landschaft" der Geographen. Semantische und forschungslogische Studien zu einigen zentralen Denkfiguren in der deutschen geographischen Literatur. Colloquium Geographicum 11 (Bonn 1970).

HARD 1989
G. Hard, Geographie als Spurenlesen. Zeitschrift für Wirtschaftsgeographie 33, 1989, 2-11.

HARD 2002
G. Hard, Die „Natur" der Geographen. In: U. Luig/H.-D. Schultz (Hrsg.), Natur in der Moderne. Interdisziplinäre Ansichten. Berliner Geographische Arbeiten 93 (Berlin 2002) 67-85.

HARD/GLIEDNER 1978
G. Hard/A. Gliedner, Wort und Begriff Landschaft anno 1976. In: F. Achleitner (Hrsg), Die Ware Landschaft. Eine kritische Analyse des Landschaftsbegriffs² (Salzburg 1978) 16-24.

HÖNES 1991
E.-R. Hönes, Zur Schutzkategorie „historische Kulturlandschaft". Natur und Landschaft 66, 1991, 87-90.

HÖNES 2003
E.-R. Hönes, Die historische Kulturlandschaft in der Gesetzeslandschaft. Kulturlandschaft. Zeitschrift für Angewandte Historische Geographie 13, 2003, 61-83.

JÄGER 1987
H. Jäger, Entwicklungsprobleme europäischer Kulturlandschaften. Eine Einführung (Darmstadt 1987).

JÄGER 1994
H. Jäger, Einführung in die Umweltgeschichte (Darmstadt 1994).

JESCHKE 2001
H. P. Jeschke, Vorschlag für ein europäisches Konzept „Kulturlandschaft". In: Kommunalverband Großraum Hannover (Hrsg.), Kulturlandschaft in Europa – Regionale und internationale Konzepte zu Bestandserfassung und Management. Beiträge zur regionalen Entwicklung 92 (Hannover 2001) 181-224.

JESSEL 1993
B. Jessel, Zum Verhältnis von Ästhetik und Ökologie bei der Planung und Gestaltung von Landschaft. Berichte der Bayerischen Akademie für Naturschutz und Landschaftspflege 17, 1993, 19-29.

JESSEL 1998
B. Jessel, Landschaften als Gegenstand der Planung. Theoretische Grundlagen ökologisch orientierten Planens. Beiträge zur Umweltgestaltung A 139 (Berlin 1998).

JOB 1999
H. Job, Der Wandel der historischen Kulturlandschaft und sein Stellenwert in der Raumordnung. Eine historisch-, aktual- und prognostisch-geographische Betrachtung traditioneller Weinbau-Steillagen und ihres bestimmenden Strukturmerkmals Rebterrasse, diskutiert am Beispiel rheinland-pfälzischer Weinbaulandschaften. Forschungen zur deutschen Landeskunde 248 (Flensburg 1999).

JOB u. a. 2000
H. Job/D. Metzler/S. Weizenegger, Strategien des europäischen Natur- und Kulturerbes. Das europäische Raumentwicklungskonzept und die Raumordnung in Deutschland. Informationen zur Raumentwicklung 3/4, 2000, 143-157.

JOB/WEIZENEGGER 2003
H. Job/S. Weizenegger, Historische Kulturlandschaften in Europa: Schutzinstrumente und Managementstrategien. Zukunftsstrategien für Kulturlandschaften. Future Land Use Strategies for Cultural Landscapes. Local Land & Soil News. The Bulletin of the European Land and Soil Alliance (ELSA) e. V. 7/8 III/IV/03, 2003, 4-6.

KIEMSTEDT 1967
H. Kiemstedt, Zur Bewertung der Landschaft für die Erholung. Beiträge zur Landespflege, Sonderheft 1 (Stuttgart 1967).

KLEEFELD/BURGGRAAFF 1997
K.-D. Kleefeld/P. Burggraaff (Hrsg.), Perspektiven der Historischen Geographie. Siedlung – Kulturlandschaft – Umwelt in Mitteleuropa. Anläßlich des 25jährigen Dienstjubiläums von Klaus Fehn in Bonn und seines 60. Geburtstages (Bonn 1997).

KONOLD 1996
W. Konold (Hrsg.), Naturlandschaft – Kulturlandschaft. Die Veränderung der Landschaften nach der Nutzbarmachung durch den Menschen (Landsberg 1996).

LANDSCHAFTSVERBAND RHEINLAND u. a. 1994
Landschaftsverband Rheinland (LVR), Umweltamt/Rheinischer Verein für Denkmalpflege und Landschaftsschutz (RVDL)/Seminar für Historische Geographie an der Universität Bonn (Hrsg.), Kulturgüterschutz in der Umweltverträglichkeitsprüfung (UVP). Bericht des Arbeitskreises „Kulturelles Erbe in der UVP". Kulturlandschaft. Zeitschrift für Angewandte Historische Geographie 4, Sonderheft 2 (Bonn 1994).

LANDSCHAFTSVERBAND RHEINLAND/RHEINISCHER VEREIN 2002
Landschaftsverband Rheinland (LVR), Umweltamt/Rheinischer Verein für Denkmalpflege und Landschaftsschutz (RVDL) (Hrsg.), Rheinisches Kulturlandschaftskataster. 11. Fachtagung, 25./26. Oktober 2001 in Heinsberg, Tagungsbericht. Beiträge zur Landesentwicklung 55 (Köln 2002).

LENZ 1999
G. Lenz, Verlusterfahrung Landschaft. Über die Herstellung von Raum und Umwelt im mitteldeutschen Industriegebiet seit der Mitte des neunzehnten Jahrhunderts. Edition Bauhaus 4 (Frankfurt a. M. 1999).

MUHAR 1995
A. Muhar, Plädoyer für einen Blick nach vorne – Was wir aus der Geschichte der Landschaft nicht für die Zukunft lernen können. In: Bayerische Akademie für Naturschutz und Landschaftspflege (ANL) (Hrsg.), Vision Landschaft 2020. Von der historischen Kulturlandschaft zur Landschaft von morgen. Seminar 3.-5. Mai 1995 in Eching bei München. Laufener Seminarbeiträge 95, 4 (Laufen 1995) 21-30.

NITZ 1974
H.-J. Nitz, Historisch-genetische Siedlungsforschung. Genese und Typen ländlicher Siedlungen und Flurformen. Wege der Forschung 300 (Darmstadt 1974).

NITZ 1992
H.-J. Nitz, Historische Geographie. Siedlungsforschung. Archäologie – Geschichte – Geographie 10, 1992, 211-237.

ONGYERTH 1995
G. Ongyerth, Kulturlandschaft Würmtal. Modellversuch „Landschaftsmuseum" zur Erfassung und Erhaltung historischer Kulturlandschaftselemente im oberen Würmtal. Arbeitshefte des Bayerischen Landesamtes für Denkmalpflege 74 (München 1995).

PRIORE 2000
R. Priore, Die Bevölkerung bestimmt, was Landschaft ist! Zu den Zielen der europäischen Landschaftskonvention. In: Rheinaubund (Hrsg.), Die Kultur der europäischen Landschaft als Aufgabe. Schweizerische Blätter für Natur und Heimatschutz 42 = Natur und Mensch 2000 (Schaffhausen 2000) 18-25.

RECKER 2003
G. Recker, Von Trier nach Köln 1550-1850. Kartographiehistorische Beiträge zur historisch-geographischen Verkehrswegeforschung. Betrachtungen zum Problem der Altkarten als Quelle anhand eines Fallbeispieles aus den Rheinlanden (Rahden/Westfalen 2003).

REGIONALVERBAND FRANKEN-HEILBRONN 2003
Regionalverband Franken-Heilbronn (Hrsg.), Regional bedeutsame Kulturdenkmale in der Region Heilbronn-Franken. Teilfortschreibung des Landschaftsrahmenplanes (Heilbronn 2003).

REGIONALVERBAND OSTWÜRTTEMBERG 2004
Regionalverband Ostwürttemberg (Hrsg.), Regional bedeutsame Kulturdenkmale in Ostwürttemberg (Schwäbisch Gmünd 2004).

REGIONEN ZWISCHEN WANDEL UND BEHARRUNG 2003
Regionen zwischen Wandel und Beharrung. Resolution von Wolfsburg, 22.-23. November 2002. Kulturlandschaft. Zeitschrift für Angewandte Historische Geographie 13, 2003, 99 f.

RENES 1992
J. Renes, Historische landschapselementen. Een lijst met definities en literatuur. Rapport DLO-Staring Centrum 201 (Wageningen 1992).

DER RHEINGAU 2003
Der Rheingau, Erhalt und Entwicklung einer Kulturlandschaft. Resolution zum Thema Erhalt und Entwicklung einer Kulturlandschaft. Symposium in Hochheim/Main am 16.6.2000. Kulturlandschaft. Zeitschrift für Angewandte Historische Geographie 13, 2003, 101 f.

SCHÄFER 2002
D. Schäfer, Bedeutung, Schutzwürdigkeit und Erfassung von Kulturgütern – Leitbilder und Umweltqualitätsziele. In: Kulturgüterschutz in der Umweltverträglichkeitsprüfung. FBNL-Fachtagung am 15. November 2001 in Wetzlar (Wetzlar 2002) 15-32.

SCHENK 1996
W. Schenk, Waldnutzung, Waldzustand und regionale Entwicklung in vorindustrieller Zeit im mittleren Deutschland. Historisch-geographische Beiträge zur Erforschung von Kulturlandschaften in Mainfranken und Nordhessen. Erdkundliches Wissen 117 (Stuttgart 1996).

SCHENK 1997a
W. Schenk, Kulturlandschaftliche Vielfalt als Entwicklungsfaktor im Europa der Regionen. In: E. Ehlers (Hrsg.), Deutschland und Europa. Historische, politische und geographische Aspekte. Festschrift zum 51. Geographentag, Bonn 1997: „Europa in einer Welt im Wandel". Colloquium Geographicum 24 (Bonn 1997) 209-229.

SCHENK 1997b
W. Schenk, Landschaften vom Reißbrett. Agrarlandschaftswandel – Ökonomische Hintergründe und kulturräumliche Folgen. Praxis Geschichte 11, 4/1997, 33-39.

SCHENK 1998
W. Schenk, Der Arbeitskreis „Kulturlandschaftspflege" in der Deutschen Akademie für Landeskunde. In: H. Karrasch (Hrsg.), Geographie: Tradition und Fortschritt. Festschrift zum 50jährigen Bestehen der Heidelberger Geographischen Gesellschaft. HGG-Journal 12 (Heidelberg 1998) 240-244.

SCHENK 2000
W. Schenk, „Landschaft". In: Reallexikon der Germanischen Altertumskunde 17. Kleinere Götter – Landschaftsarchäologie² (Berlin, New York 2000) 617-630.

SCHENK 2002
W. Schenk, „Landschaft" und „Kulturlandschaft" – „getönte" Leitbegriffe für aktuelle Konzepte geographischer Forschung und räumlicher Planung. Kulturlandschaftsforschung. Petermanns Geographische Mitteilungen 146, 6/2002, 6-13.

SCHENK 2003a
W. Schenk, Historische Geographie. Umwelthistorisches Brückenfach zwischen Geschichte und Geographie. In: W. Siemann (Hrsg.), Umweltgeschichte. Themen und Perspektiven (München 2003) 129-146.

SCHENK 2003b
W. Schenk, Bilanzierung von Wald und Offenland in vorindustrieller Zeit. Dargestellt an Beispielen vor allem aus Süd- und Westdeutschland. In: K. Ackermann/A. Schmid (Hrsg.), Staat und Verwaltung in Bayern. Festschrift für Wilhelm Volkert zum 75. Geburtstag. Schriftenreihe zur bayerischen Landesgeschichte 139 (München 2003) 373-383.

SCHENK 2004
W. Schenk, Zisterzienser im Fokus historisch-geographischer Forschungen. Ein Literaturbericht. Cistercienser Chronik. Forum für Geschichte, Kunst, Literatur und Spiritualität des Mönchtums 111, 1/2004, 79-84.

SCHENK im Druck
W. Schenk, „(Kultur)Landschaft" in Öffentlichkeit, Politik, Wissenschaft und räumlicher Planung: ein Feld voller Widersprüche – und Chancen für die Regionalentwicklung! In: K. Einig/G. Stiens (Hrsg.), Erhaltung von Kulturlandschaften bei Wahrung ihrer Dynamik – der Beitrag der Raumplanung. Forschungen 118 (Bonn).

SCHENK u. a. 1997
W. Schenk/K. Fehn/D. Denecke (Hrsg.), Kulturlandschaftspflege. Beiträge der Geographie zur räumlichen Planung (Stuttgart, Berlin 1997).

SCHERER-HALL 1996
R. Scherer-Hall, Kleines Lexikon der historischen Kulturlandschaft und ihrer Elemente mit tabellarischer Übersicht zur Inventarisation von historischen Kulturlandschaftselementen (Köln 1996).

SCHÖNFELDER 1999
G. Schönfelder, Kulturlandschaft und Karte. In: G. Haase (Hrsg.), Beiträge zur Landschaftsanalyse und Landschaftsdiagnose. Abhandlungen der Sächsischen Akademie der Wissenschaften zu Leipzig, Mathematisch-naturwissenschaftliche Klasse 59, 1 (Stuttgart, Leipzig 1999) 18-74.

SCHWARZE 1996
Th. Schwarze, Landschaft und Regionalbewusstsein – Zur Entstehung und Fortdauer einer territorialbezogenen Reminiszenz. Berichte zur deutschen Landeskunde 70, 1996, 413-433.

SEKRETARIAT KMK 2003
Sekretariat der Ständigen Konferenz der Kultusminister der Länder in der Bundesrepublik Deutschland (KMK) (Hrsg.), Definitionsvorschlag des Kulturausschusses der Kultusministerkonferenz für den Begriff „Historische Kulturlandschaft" ([o. O. (Berlin)] 2003).

SIMMS 2004
A. Simms, Neue Wege der historisch-geographischen Erforschung von Stadtlandschaften in der angloamerikanischen Geographie. In: P. Johanek/F.-J. Post (Hrsg.), Vielerlei Städte. Der Stadtbegriff. Städteforschungen, Reihe A, Darstellungen 61 (Köln, Weimar, Wien 2004) 53-70.

TANNER 1999
K. M. Tanner, Augen-Blicke. Bilder zum Landschaftswandel im Baselbiet. Quellen und Forschungen zur Geschichte und Landeskunde des Kantons Basel-Landschaft 68 (Basel 1999).

TESDORPF 1984
J. C. Tesdorpf, Landschaftsverbrauch. Begriffsbestimmung, Ursachenanalyse und Vorschläge zur Eindämmung. Dargestellt an Beispielen Baden-Württembergs (Berlin, Vilseck 1984).

TREPL 1996
L. Trepl, Die Landschaft und die Wissenschaft. In: W. Konold (Hrsg.), Naturlandschaft – Kulturlandschaft. Die Veränderung der Landschaften nach der Nutzbarmachung durch den Menschen (Landsberg 1996) 13-26.

TRESS/TRESS 2001
B. Tress/G. Tress, Begriff, Theorie und System der Landschaft. Ein interdisziplinärer Ansatz zur Landschaftsforschung. Naturschutz und Landschaftsplanung. Zeitschrift für angewandte Ökologie 33, 2001, 52-58.

UVP REPORT 2004
UVP Report 18. Schwerpunktthema: Kulturelles Erbe in der UVP, 2004.

WAGNER 1999
J. M. Wagner, Schutz der Kulturlandschaft – Erfassung, Bewertung und Sicherung schutzwürdiger Gebiete und Objekte im Rahmen des Aufgabenbereichs von Naturschutz und Landschaftspflege. Eine Methode zur emotionalen Wirksamkeit und kulturhistorischen Bedeutung der Kulturlandschaft unter Verwendung des Geographischen Informationssystems PC ARC/INFO. Saarbrücker Geographische Arbeiten 47 (Saarbrücken 1999).

WALGERN 2000
H. Walgern, Denkmäler und historische Kulturlandschaft in der räumlichen Planung. In: Politik und Denkmalpflege in Deutschland. Jahrestagung der Vereinigung der Landesdenkmalpfleger in der Bundes-

republik Deutschland. 67. Tag für Denkmalpflege, Bundesstadt Bonn, Beethovenhalle, 7.-10. Juni 1999. Arbeitshefte der rheinischen Denkmalpflege 53 (Köln 2000) 86-94.

WEBER u. a. 1991
P. Weber/U. Wardenga/E. Petzold, Vielfalt, Eigenart und Schönheit der Landschaft. In: O. Bastian/K.-F. Schreiber (Hrsg.), Analyse und ökologische Bewertung der Landschaft (Heidelberg, Berlin 1991) 384-383.

WHELAN 2004
Y. Whelan, Written in Space and Stone: Aspects of the Iconography of Dublin after Independence. In: H. B. Clark/J. Prunty/M. Hennesy (Eds.), Surveying Ireland's Past: Multidisciplinary Essays in Honour of Anngret Simms (Dublin 2004) 585-612.

WÖBSE 2001
H. H. Wöbse, Historische Kulturlandschaften, Kulturlandschaftsteile und Kulturlandschaftelemente. In: Kommunalverband Großraum Hannover (Hrsg.), Kulturlandschaft in Europa – Regionale und internationale Konzepte zu Bestandserfassung und Management. Beiträge zur regionalen Entwicklung 92 (Hannover 2001) 9-12.

THE WÖRLITZ DECLARATION 2003
The Wörlitz Declaration. Kulturlandschaft. Zeitschrift für Angewandte Historische Geographie 13, 2003, 90 f.

ZEPP/MÜLLER 1999
H. Zepp/M. J. Müller (Hrsg.), Landschaftsökologische Erfassungsstandards. Ein Methodenhandbuch. Forschungen zur deutschen Landeskunde 244 (Flensburg 1999).

Themenschwerpunkt Wahrnehmung

Kulturlandschaft – Landschaftskultur.
Für einen anthropologisch und phänomenologisch sensibilisierten Umgang mit dem Begriff der Kulturlandschaft

Von Jürgen Hasse

Wenn wir heute über Kulturlandschaft nachdenken, dann tun wir das oft erst unter dem Druck von Veränderungen. Den Wandel von Kulturlandschaft definieren wir dann als (potentielles) Problem. Zu seiner Bearbeitung bedienen wir uns abstrakter Mittel, die meist strukturell denen ähnlich sind, die zur Problembildung geführt haben – der Sprache oder hochdifferenzierter maschinistischer Systeme. Der Beitrag wird zeigen, dass die mit dieser Sichtweise verbundene erkenntnistheoretische Reduktion den Aspekt landschaftlichen Erlebens aus dem Blick verliert oder in die Ontologie objektivistischer Kulturlandschaftsanalysen zwingt.

Menschen leben in Umgebungen, die man Um- oder Mitwelt nennen kann. Tiere leben anders in ihrer Umgebung. Sie denken weder diese, noch sich darin. Es ist eine anthropologische Binsenweisheit, dass der Mensch eine Sonderstellung in der Natur innehat. Diese ist weder einfach gegeben, noch individuell oder gesellschaftlich festgestellt. Sie ist vielmehr Produkt menschlichen Tuns und deshalb dynamisch und zukunftsoffen. Die anthropologische Selbstdefinition des Menschen entscheidet darüber, wie er über diese Sonderstellung denkt und spricht. Es liegt auf der Hand, dass Bill Gates diesen Dialog anders führen würde als Martin Heidegger. Um Perspektiven für die Diskussion eines anthropologisch und phänomenologisch sensibilisierten Umgangs mit dem Begriff der Kulturlandschaft entfalten zu können, folgt zunächst ein anthropologischer Exkurs. Darin wird die Frage nach dem Selbstverhältnis des Menschen ein wenig differenziert, um die prinzipiell ins Uferlose führende Frage nach einem heute angemessenen Begriff von Kulturlandschaft handhabbarer zu machen.

Kultur – die zweite Natur des Menschen?

Selbst so unterschiedlich denkende Anthropologen wie Max Scheler und Arnold Gehlen sind sich darin einig, dass die Fähigkeit des Menschen zur Kultur in seiner Natur begründet ist.[1] Gehlen grenzt den Menschen wegen seiner biologischen Mängelausstattung von den (anderen) Tieren ab. Da er ein defizientes Wesen ist, unterliegt er einem Zwang, sich Kultur als „zweite Natur" zu schaffen. Für den Menschen gibt es deshalb kein „Zurück zur Natur", sondern nur ein „Zurück zur Kultur". Nur aus seiner Kultur heraus vermag er zu handeln.[2] Er ist sich selbst Aufgabe und „macht sich zu etwas" (GEHLEN 1986, 32). Er agiert in zwei Klassen von Handlungen: Erstens um über den Einsatz bestimmter Mittel Tatsachen zu schaffen, und zweitens um, einem vitalen Bedürfnis folgend, im Handeln selbst eine Zweckerfüllung zu erleben – etwa nach dem Prinzip unmittelbarer Sinnlichkeit.[3] Beide Wege ist er fähig, reflektierend zu bewerten. Der Mensch ist zu einer Kultur der Selbstreflexion gezwungen, die Helmuth Plessner als „vermittelte Unmittelbarkeit" (Exzentrizität) bezeichnet (PLESSNER 1980). In seiner biologischen Verfasstheit ist der Mensch ein Tier. In dem Vermögen, seinen eigenen Lebensweg zu reflektieren, ist er aber ein

---

[1] Vgl. dazu auch: HOFER/ALTNER 1972, 195 f.
[2] Handeln versteht Gehlen als Akt des Stellungnehmens nach außen (vgl. GEHLEN 1986, 32).
[3] Vgl. GEHLEN 2004, 46.

Menschheit suchender Mensch, der von Anfang an seiner Natur gegenüber distanziert ist. Der Mensch ist, zu was er sich macht. Seine Bestimmung ist offen.[4] Die Entscheidung für den einen oder den anderen (Lebens-)Weg trifft er in einer dialektischen Spannung, in der er zwischen vitalem Erleben und Distanz suchender Abstraktion vermitteln muss. Ontogenetisch lernt jedes Kind, sich von seinem Leib zu distanzieren, über ihn als Körper zu sprechen und ihn – wie andere Körper – zu bezeichnen. Die Sprache stellt die Mittel der Reflektion. Sie vermittelt die Unmittelbarkeit. Sie leistet diese Vermittlung aber nicht nur, indem sie das Zusammenwirken von Auge und Hand leitet.[5] Sie ist „im Ganzen der menschlichen Organisation und nicht etwa nur in seiner Physis oder in seiner Vernunft verankert" (PLESSNER 1980a, 348).

Menschliche Umgebungen kann man (geistig) bedenken und (leiblich) empfinden. Die Mittel des kartierenden Geographen dienen einer „Erd-Beschreibung", die nur funktioniert, wenn er seine Umgebung nicht als Umgebung, sondern als relationalen, geodätischen Raum denkt. Verschiebt der eben noch kartierende Wissenschaftler aber den Fokus seiner Aufmerksamkeit in den Bereich der Kontemplation, springt das objektlogisch geordnete Bild des Realraumes in die lebendige Gestalt einer ganzheitlichen Erlebniswirklichkeit. Für Plessner ist der Mensch „der Ort, an dem Natur und Geist sich begegnen, und es verlohnt sich, die spezifischen Bruch- und Nahtstellen aufzusuchen, in denen das Ineinandergreifen naturhafter und geistiger Gefüge stattfindet" (PLESSNER 1980b, 371). Die christlich-westlich geprägte Kulturgeschichte ist zweifellos dadurch charakterisiert, dass sie die geistige Seite kultureller Vermögen zulasten der sinnlichen, die rationale zulasten der gefühlsmäßigen vereinseitigend differenziert hat.

Wenn die Sphäre der Sinnlichkeit auch schon bei Scheler und bei Gehlen eine Rolle gespielt hat, so hebt doch Plessner sie erst aus der Peripherie der Bedeutungen ins Zentrum anthropologischen Denkens. Der Mensch, der „sein Möglichstes, das Menschenmögliche versucht" (PLESSNER 1980b, 386), wird dies nie leisten können, ohne sich zu bewegen. Bewegung – hier in keinem übertragenen Sinne, sondern unmittelbar als Motorik gemeint – ist die sinnliche Brücke zur Weltbegegnung. Und in der Tat hat menschliches Handeln immer auch diesen Aspekt, in dem es auf dem Boden der tierischen Natur des Menschen steht. Für Kurt Levin erschloss die Bewegung den „hodologischen Raum" (LEWIN 1934), für Otto Friedrich Bollnow war sie ein Schlüssel zum Verständnis des „erlebten" Raumes (BOLLNOW 1962, 24), und für Karlfried von Dürckheim eine Grunddimension des „gelebten Raumes" (VON DÜRCKHEIM 1932). Bewegung gliedert den Raum in Nähe- und Ferne-Zonen. Sie führt in die Enge und in die Weite. Bewegung hat deshalb auch großen Einfluss auf das intentional-herstellende Machen von Landschaft wie deren kontemplativ-sinnliches Erleben.

Die „zweite Natur" des Menschen ist ihm als seine Kultur eigen geworden. Im Definieren der Welt lässt sie ihn Wege aus situativer Betroffenheit finden. Erst aus Distanz zu existenziellen Verwicklungen kann planendes Handeln gelingen. So bahnen sich verschiedene (Sub-)Kulturen ihre je eigenen Wege aus der Dialektik von Subjekt und Objekt, Leib und Körper, Betroffensein und abstraktem Wissen. Kultur ist das Vermögen, sich ins Offene bewegen, sich verwirklichen und immer wieder neu finden zu können. Kultur lässt sich als praktisch selbstreferentielles Vermögen beschreiben, die Welt für eigene Zwecke und darin zugleich verantwortlich zu verändern. Kultur versetzt den Menschen in die Lage, sein Leben unter dynamischen Bedingungen selbst in die Hand nehmen zu können. Weil Menschen an verschiedenen Orten in verschiedenen Zeitrhythmen unter mannigfaltigen Bedingungen leben, ist Kultur nicht nur global und lokal differenziert und diversifiziert. Sie ist dies auch in der Art ihrer autopoietischen Dynamik. Sie entwickelt sich reflexiv und kreativ. Das erklärt auch, weshalb sich Kulturen so schnell und nuanciert pluralisieren und sich schon aus diesem Grunde jeder einfachen Typisierung entziehen. Die kulturelle Differenzierungsmechanik ist im Kontext der Globalisierung hoch komplex geworden. Sie orientiert sich weniger an geographisch-territorialen Kategorien, denn an kommunikativen und politischen Anschlussmöglichkeiten für Rationalitäten.[6] Kulturelle (Um-)Brüche werden fließend. Aus einer Entgrenzung der Kulturen auf globalen und lokalen Bühnen resultieren nicht nur flexibilisierte Identitäten und Lebensstile, sondern auch „fluide" Kultur-Landschaften.[7]

---

[4] Vgl. HOFER/ALTNER 1972, 202 ff.
[5] Vgl. in diesem Sinne: HOFER/ALTNER 1972, 203.
[6] Vgl. WELSCH 1994, 109.
[7] Auf die Notwendigkeit, neue kulturelle Dynamiken in die Debatte über Kultur-Landschaft zu integrieren, hat kürzlich D. Soyez aufmerksam gemacht (vgl. SOYEZ 2003).

In der Mitte dieses anthropologischen Kulturbegriffes stehen Handlungsdispositionen, die sich in bestimmten, aber nie festgestellten Handlungen aktualisieren – in der modellierenden und variierenden Anpassung von Mentefakten und Artefakten an veränderte Situationen. Kultur, die sich in den Rhythmen der Veränderungen von Zeit und Raum bewähren soll, muss die Prozessmerkmale der Offenheit für Transformation, Retusche, Dekonstruktion, Transit und Revision aufweisen. Kultur ist deshalb mimetisch. Sie kann sich unter dem Druck von Veränderungen nur zukunftsoffen bewähren, wenn sie Provisorien ins Leben setzt. Die Fähigkeit, Neues herzustellen, setzt einen flexibilisierenden Umgang mit bereits Geschaffenem voraus.[8] Kultur ist ein historischer Prozess mit Fließgleichgewichts-Charakter, in dessen performativem Geschehen diagnostische, evaluative, prognostische und praktische Handlungen ineinander greifen. Die reflexiven und selbstreflexiven Vermögen von Kultur beziehen sich auf rationale und emotionale Sachverhalte.

Kulturlandschaft

Kulturlandschaft ist eine konstruktive Folge gelebter Kultur. Da es auf dem Globus keine Gegenden mehr gibt, die von menschlichem Tun unberührt geblieben sind, ist Landschaft prinzipiell immer Kultur-Landschaft: das Ruhrgebiet, der hessische Kellerwald ebenso wie die Frankfurter City mit ihrer Hochhausbebauung. Kulturlandschaft setzt relationale Räume voraus, in die Dinge hineingestellt sind, mit denen Menschen umgehen, die all dies zum Gegenstand von Kommunikation machen und in lebendigem Mitsein gefühlsmäßige Bindungen zu ihrer Umgebung aufbauen. Kulturlandschaft lässt sich, semiotisch gedacht, auch als materiell und kommunikativ hergestelltes Bedeutungsnetz bezeichnen, das den gemeinschaftlichen Gebrauch platzierter Dinge ordnet, orientiert und verhandelbar macht.
Solche Lagerung ineinander geschobener Bedeutung entsteht in keinem ausschließlich rational vermessenen Handlungsraum. Bedeutung hat auch, was einem außerhalb rationalistischer Geltungssätze etwas bedeutet. Raumbezogene Bedeutung steht also neben einem rational-verstandesmäßigen auch auf einem gefühlsmäßigen Boden. Wer über Landschaft spricht, sollte gerade diese Dimension nicht vergessen. Kulturlandschaft kann erst verstanden werden, wenn sie als eine ganzheitliche Qualität des „gelebten Raumes" aufgefasst wird. Landschaften entstehen in diesem Sinne als flüchtiges Amalgam aus persönlichen Stimmungen und räumlichen Atmosphären. Und sie überdauern stets nur Situationen. Das bedeutet aber auch, dass Kulturlandschaft sich nicht erst optisch im visuellen Blick konstituiert,[9] sondern in vitalen Prozessen plural sinnlicher Kommunikation. Nach Wolfgang Kluxen steht Kulturlandschaft „für das Ganze, in dem wir unser Dasein führen, sie bedeutet die sinnliche, ästhetisch gefaßte Gegenwärtigung der `Welt´, wie wir unseren Daseinshorizont nennen" (KLUXEN 1988, 79). Solches sinnlich gefühlsmäßige Erleben wirkt maßgeblich auch auf die Bildung von Symbolen ein. Die geistige Ebene der begrifflichen Sprache ist mit der lautlichen Ebene von Sprache verbunden.[10] Wer die gefühlsmäßige Teilhabe am Prozess landschaftlicher Wahrnehmung reduktionistisch im Bereich der Theorie ungeschehen und Landschaft damit insgesamt zu einer Angelegenheit des Kopfes macht, schafft einen rationalistisch verengten Rahmen für das Verstehen landschaftlicher Beziehungen. Diese in den modernen Sozialwissenschaften übliche Praxis des Denkens funktioniert über den Weg einer intellektualistischen „Reinigungspraxis"[11] als Domestizierung von Wirklichkeit für ein szientistisches Realitätsdenken, das sich in der Dokumentation sogenannter „Kulturlandschaftselemente" bewährt. Diese lassen sich erst isolieren, wenn man neben dem ästhetischen Landschaftserleben auch das wechselhafte Erscheinen landschaftlicher Dinge erkenntistheo-

---

[8] Einen ganz anderen Verlauf nähme diese Reflexion zum Kultur- und in der Folge dann auch zum Kulturlandschafts-Begriff, wenn Kultur mit G. Simmel an die Bedingung der Vollendung „nach der Norm eines eigenen Sinns" gebunden wäre (SIMMEL 1957a, 88). Wenn „Vollendung" auch prinzipiell an jeder subjektiv sinnstiftenden Handlung (u. a. im Umgang mit Artefakten und Mentefakten) erkannt werden könnte, so liegen doch Assoziationen nahe, die zwischen „hoher" und „niedriger" Kultur differenzieren. Solche Scheidung im Meer der Kulturen lässt sich zumindest mithilfe von Simmel rechtfertigen. Er selbst stellt fest, „daß die Dinge immer kultivierter werden, die Menschen aber nur in geringerem Maße imstande sind, aus der Vollendung der Objekte eine Vollendung des subjektiven Lebens zu gewinnen" (SIMMEL 1957a, 94). Eine abermals andere Sicht auf die Diffusion und systemische Funktion kultureller, d. h. wiederum auch landschaftskultureller Gegenstände ergäbe sich aus dem Blickwinkel der „Kulturindustrie" von Adorno und Horkheimer (vgl. ADORNO/HORKHEIMER 1971).
[9] Vgl. auch: SIEFERLE 1998, 157.
[10] Vgl. dazu im Detail: LORENZER 2002.
[11] Vgl. in diesem Sinne auch: ZIERHOFER 1999.

retisch unter den Tisch fallen lässt, Landschaft möblierende Dinge also lediglich in der Dichotomie materieller oder symbolischer Eigenschaften betrachtet.

Gegen dieses Denken von Dingen lässt sich aus einem phänomenologischen Wahrnehmungsverständnis einwenden, dass sich nicht alles, was man wahrnehmen kann, in Substanz und Akzidens auflösen lässt. So sind auch landschaftliche Atmosphären weder Dinge noch Eigenschaften von Dingen. Hermann Schmitz hat die ontologische Klasse der Halbdinge eingeführt. Halbdinge unterscheiden sich v. a. dadurch von Dingen, dass sie „verschwinden und wiederkommen, ohne daß es Sinn hat, zu fragen, wo sie in der Zwischenzeit gewesen sind" (SCHMITZ 1994, 80). Zu den Halbdingen gehören neben den Atmosphären die sie im Geschehensfluss der *natura naturans* maßgeblich hervorbringenden Eindrücke von Wind, Licht, Schatten, Dunst, Wärme, Frische, Ferne und Weite, um nur einige Beispiele zu nennen. Die insbesondere durch die Halbdinge zustande kommenden Atmosphären konstituieren zu einem entscheidenden Teil erst das, was wir Kulturlandschaft nennen.

Es bedarf keiner begründenden Erklärung, dass landschaftliche Atmosphären und die sie erlebbar machenden Halbdinge in erster Linie gefühlsmäßig erlebt und nicht rationalistisch-aufgeklärt aus Distanz verstanden werden. Solches Erleben vollzieht sich weniger als denkender Akt, denn in situativem Betroffensein, das sich auf das Mitgehen leiblicher Kommunikation mit dem landschaftlichen Erscheinen stützt. Johannes Volkelt[12] und Theodor Lipps[13] sprachen vor rund 100 Jahren diesbezüglich schon – wenn auch einseitig subjektivierend – von „Einfühlung".

Die gegenwärtige, v. a. sozial-wissenschaftliche Reserviertheit gegenüber dem sinnlichen und gefühlsmäßigen Erleben von Landschaft ist Produkt szientistischer Selbstbeschleunigung. Das war nicht immer so. Der ästhetischen Geographie von Georg Ludwig Kriegk (1840) lag ein anderes Landschaftsdenken zugrunde als der von Johannes Thoene (1922). Für beide aber war das sich situativ wandelnde Erscheinen von Natur eine für den theoretischen Umgang mit Landschaft unentbehrliche Erklärungsdimension. Während im 19. und frühen 20. Jh. die Aufmerksamkeit für die landschaftliche Physiognomie bio- oder ethnodeterministische Kurzschlüsse hervorbrachte, sprach sich noch 1964 Herbert Lehmann dafür aus, dem Landschaftsgefühl Ausdruck zu verleihen, es aber zugleich auch im Spiegel geistesgeschichtlicher und philosophischer Zusammenhänge zu sehen.[14] Unter dem am Ende der 1960er-Jahre anstehenden wissenschaftlichen Modernisierungsdruck gab er dieses Vorhaben auf. Am Anfang der 1970er-Jahre rissen viele Verbindungen zu einer raumbezogenen, Gefühlen gegenüber offenen wissenschaftlichen Sensibilität ab. Im Zuge einer Soziologisierung der Humangeographie und eines sich ausbreitenden Szientismus verschwand auch die gefühlsmäßige Erlebnisseite von Landschaft aus dem Fokus des geographischen Mainstreams – von Ausnahmen wie Yi-Fu Tuan[15] einmal abgesehen.

Diese heute meist vergessenen Ansätze waren in ihrer Aufmerksamkeit nicht von vornherein in erkenntnistheoretischen Handschellen kognitivistisch-gesellschaftlicher Seh- und Denkzwänge gefangen. Sie nahmen das Ästhetische nicht als ein beigefügtes Dekor in den Blick, sondern als „das Existentielle, das Humane" (KLUXEN 1988, 85). Den Boden dieses Existentiellen und Humanen bildet die leibliche Kommunikation. Darunter versteht Schmitz eine synästhetische Form der Wahrnehmung, in der sich erscheinungsspezifische Eigenschaften von Dingen und Menschen leiblich spürbar in das Empfinden übertragen, so wie sich die Unruhe eines permanent drehenden Gegenstandes in eine leiblich gefühlte Unruhe („bewegungssuggestiv") überträgt[16] oder wie man Wind und Wärme als etwas an sich aber nicht von sich empfindet. Wer dagegen im intellektuellen Sog der szientistischen Rationalisierung der modernen Geographie nach 1970 Landschaft mit Georg Simmel auf eine Kopfgeburt reduziert, macht sich intellektuell und sensitiv gegenüber der Tatsache stumpf, dass Landschaft nicht nur konzeptionell mit Signifikanten gedacht, sondern sinnlich-leiblich auch erlebt wird. Selbstverständlich ist dagegen heute, dass Kulturlandschaft auch eine soziale und darin politische Konstruktion ist. Landschaft hängt aber auch am Faden einer Erlebnisweise, die ihren Ort nicht primär im Kopf und in den einzelnen Sinnen hat, sich vielmehr einer Teilhabe verdankt, die Klaus Michael Meyer-Abich mit dem Begriff des Mitseins in Mitwelten anspricht.[17]

---

[12] Vgl. VOLKELT 1905; DERS. 1910; DERS. 1914.
[13] Vgl. LIPPS 1914; DERS. 1920.
[14] Vgl. LEHMAN 1986.
[15] Vgl. z. B.: TUAN 1993.
[16] Vgl. auch: SCHMITZ 2003, 34 ff.
[17] Vgl. u. a.: MEYER-ABICH 1999.

In der Humangeographie mehren sich, rationalistische Handlungsmodelle relativierend, seit einigen Jahren Stimmen, die eine Korrektur intellektualistischer Menschenbilder reklamieren. Man kann Heimat, in deren Erleben Kulturlandschaft eine tragende Rolle spielt, als ideologisiertes räumlich-territoriales Konstrukt analysieren[18] oder aber als biographisches Resultat eines kognitiven, affektiven und schließlich leiblichen Eingebundenseins in Lebenszusammenhänge verstehen.[19] Mit großer Berechtigung kritisiert Peter Meusburger eine theoretische Überbetonung der bewusst reflektierenden Seite des Individuums.[20] Thomas Schwan spricht in diesem Sinne von einem „rationalistisch verkürzten Menschenbild".[21] Es darf aber nicht überschätzt werden, dass hier noch eher marginale Forderungen nach einer kritischen Revision geographischer Menschenbilder anklingen.[22, 23] Der angemahnte Vollzug einer Revision im dialektischen Denken menschlichen Umgebungserlebens verlangt die Erweiterung des wahrnehmungstheoretisch die Geographie in den 1980er-Jahren nachhaltig inspirierenden Modells der „mental maps" um die Kategorie von „feeling maps".[24]

Der Begriff der Kulturlandschaft lässt sich als mehrdimensional zusammenfassen. Kulturlandschaft ist (1.) in einem reifizierten Sinne, was materiell an Ort und Stelle und in Abständen zueinander steht, d. h. der dinglich erfüllte relationale Raum. Darin sind sich „ländliche" Landschaften und Stadtlandschaften ähnlich. Kulturlandschaft ist (2.) Raum physiognomischer Erscheinungen. Durch die Lebendigkeit der Halbdinge kommen die Dinge nicht nur als begehbare und digitalisierbare Bilder, sondern auch als atmosphärische Situationen – naturekstatisch – zur Erscheinung.[25] Landschaften sind deshalb (3.) stets auch atmosphärisch spürbar und in leiblicher Anwesenheit erlebbar. So ist Landschaft, in der man gefühlsmäßigerlebend „drin" ist, immer sinnliche „Herumwirklichkeit". Das Erscheinen und Erleben ist gegenüber gesellschaftlicher Semiotisierung nicht neutral. Sonst wäre der „kitschige" Sonnenuntergang nie erfunden worden. Landschaft ist „zwischen" sinnlicher und geistiger Verarbeitung (4.) auch semiotischer Raum. Als von Menschen belebter Aktionsraum ist sie zwischenmenschliches Beziehungsgeflecht, „eine Krümmung, welche die Relationen `anzieht´" (FLUSSER 1995, 212 f.). Kulturlandschaft ist in all diesen Merkmalen (5.) prozesshaft. Nichts an ihr und an dem, was man als sie erlebt, bleibt wie es ist. Kulturlandschaften gibt es nur als transitorische Räume.

Landschaftskultur

Jeder Eingriff in eine Kulturlandschaft bedarf kultureller Vermögen. Unter ihnen spielen analytische, prognostische, antizipierende und schließlich praktisch realisierende eine zentrale Rolle. Diese mannigfaltigen Vermögen werden hier in dem Begriff der „Landschaftskultur" zusammengefasst. In der weiteren Präzisierung soll insbesondere der Frage nachgegangen werden, in welcher Weise landschaftliches Erleben in wissenschaftlichen Landschaftskulturen zur Geltung kommt.

Der diskursive Rahmen (raum-)wissenschaftlichen Landschafts-Denkens wird in diesem Sinne durch das bis heute lebendig gebliebene Denken Simmels flankiert. Danach gilt Landschaft als Konstruktion stimmungsschwangerer Seelen. Sie gehört in den Bereich von Kultur und Kunst und hat als ästhetisches Gebilde purer Innerlichkeit zu gelten. Sie ist Produkt eines schauenden und eines fühlenden Aktes, dessen beide Hälften nur in der nachträglichen Reflexion zerspalten werden können.[26] Entscheidend an dieser Vorstellung ist nicht die Anerkennung der Gefühlsgebundenheit landschaftlichen Erlebens, sondern die darin steckende Vorstellung entkörperlichter Vergeistigung.[27] Der Wahrnehmungsprozess, der Landschaft erst generiert, wird mit den Mitteln einer diskursiv-abstraktionistischen Wissenschaftskultur um sein sinn-

---

[18] Vgl. in diesem Sinne: REUBER 2000, 42.
[19] Vgl. in diesem Sinne: GRAUMANN/KRUSE 2003, 243.
[20] Vgl. MEUSBURGER 2003, 304.
[21] Vgl. SCHWAN 2003, 169.
[22] In der Geographiedidaktik ist z. B. noch kürzlich ein rein kognitivistischer Ansatz im pädagogischen Umgang mit „mental maps" als Stand der Diskussion ausgewiesen worden (vgl. RINSCHEDE 2003, 79 ff).
[23] Zum Thema „Menschenbilder in der Humangeographie" vgl. auch: HASSE/HELBRECHT 2002.
[24] Vgl. HASSE 2003.
[25] Vgl. BÖHME 1995, 137.
[26] Vgl. SIMMEL 1957b, 152.
[27] Auch technikhistorisch ließe sich leicht illustrieren, dass der alltagsweltliche und wissenschaftliche Erfahrungsgewinn schrittweise von leiblicher Erfahrungsarbeit an ein apparatives „Monitoring" abgetreten worden ist (vgl. auch: KAESER 1999).

liches Moment gereinigt. Danach verdient Beachtung nur, was für das intelligible Denken von der Mannigfaltigkeit eines Erlebens übrig bleibt. Was lebensweltlich über Umgebungs-Gefühle nicht ausgesagt werden muss, soll oder darf im diskursiven Rahmen von Raumwissenschaft, Planungs- und Baurecht oftmals nicht ausgesagt werden. Dabei ist dieser Imperativ weniger programmatisch-explizit. Er ist eine Folge rationalistischer Akzentsetzungen in der Wissenschaftsgeschichte.[28] Die herausgebrütete wissenschaftliche Kultur abstraktionistischer Rede, u. a. über Landschaft, lässt sich so auch als Dispositiv im Sinne Foucaults verstehen.

Wahrnehmungstheoretische Modelle, die heute zum akzeptierten Bestand humangeograpischer Basistheorien gehören, beschreiben den Prozess des Wahrnehmens im Sinne dieses Reduktionismus auf dem Boden eines wahrnehmungspsychologischen Sensualismus und zugleich auf dem eines symbolische Welten erzeugenden Konstruktivismus. Darin wird die sinnliche Wahrnehmung aus der Perspektive einzelner Sinne beschrieben. Ganzheitliche Wahrnehmung, in der die Sinne die Eindrücke simultan in Ganzheiten aufgehen lassen, gibt es hier ebenso selten[29] wie „Wahrnehmung mit einem Schlage", in der eine in ihren Bedeutungen mannigfaltige Situation wahrnehmend sogleich auch bewertet wird. Wahrnehmung, die man phänomenologisch mit Schmitz als „leibliche Kommunikation" verstünde, würde indes der Tatsache gerecht, dass man im Leben nie Dinge oder Eigenschaften einzeln wahrnehmen kann, sondern all dies als etwas erlebt, das in der Erlebniswirklichkeit in Ganzheiten gelöst ist.

Wissenschaft, die sich Landschaft zum Thema macht und damit den Anspruch auf Anhörung und Mitwirkung im Prozess politischer und gesellschaftlicher Herstellung von Landschaft stellt, hat auch eine Stimme in jenem breiten Kanon gesellschaftlicher Praxen im Umgang mit Umgebungen, die hier Landschaftskultur genannt wird. Einer wissenschaftlich fundierten und kritischen Landschaftskultur fiele die Aufgabe zu, die strukturelle Verschiedenheit der Ebenen bewusst zu machen, auf denen man zwischen modelltheoretischer Abstraktion und Aussage leiblichen Empfindens über Landschaft sprechen kann. In der Differenz zwischen beiden Ebenen offenbart sich eine Spaltung zwischen Subjekt und Objekt, die im wissenschaftlichen Landschafts-Denken anders bewältigt wird als im lebensweltlichen Landschafts-Erleben. Zwar prägt eine Welt hypertechnischer Artefakte und Szenarien heute die Möglichkeiten des Denkens und Erlebens anders als vor 100 Jahren, doch schneidet die Abhängigkeit von der Welt des Technischen deshalb aber nicht jeden anders denkbaren und begehbaren Weg zu den Dingen und dem Wirken der Halbdinge ab. Eine landschaftskulturelle Aufgabe könnte zunächst den Weg in eine Schule des Landschaftserlebens ebnen. Da es hierbei auf eine progressive Regression der Wahrnehmung (ZUR LIPPE 1987), auf ein Üben im Sprechen über das Erleben von Umgebungen ankäme, hätten sich die entsprechenden Veranstaltungen deutlich von postmodernen Erleb-NIS-Programmen zu unterscheiden. Einer die eigene Wahrnehmung schärfenden Schule des Landschaftserlebens ginge es nicht um den exzessiven Konsum eventistischer Entitäten, sondern um eine Aufmerksamkeit für das Mitsein in Umgebungen.[30]

Landschaftskultur ist nicht zuletzt eine Art des Umgangs mit (Selbst-)Beobachtungen. Damit steht die Revision nicht-pluralen Landschaftsdenkens auf der Tagesordnung. Zu einer dem transitorischen Charakter von Kulturlandschaft gerecht werdenden Landschaftskultur gehören plurale Vermögen der Aufmerksamkeit, der Beschreibung, der theoretischen Analyse, der praktischen Gestaltung, der Dokumentation, der juristischen Regelung usw. Die Aufgabe stellt sich in zweifacher Hinsicht: Sie hat (1.) Pluralisierung von Kulturlandschaft in ihren materiellen wie semiotischen Überlagerungen und Durchmischungen sowie (2.) der Pluralisierung landschaftlichen Erlebens gerecht zu werden. In Ansätzen kommt die UNESCO diesem Anspruch nach, wenn sie Kulturlandschaft nicht allein aufgrund ihrer historischen und (landschafts-)architektonischen Besonderheit als schutzwürdig bewertet, sondern z. B. auch wegen der mit einer Kulturlandschaft verbundenen spirituellen Beziehungen (RÖSSLER 2003).

Landschaftskultur ist auch das Vermögen, das eigene Leben und das anderer Menschen in räumlichen Umgebungen kognitiv und emotional zu evaluieren, dies mit der doppelten Option, entweder sich selbst oder die Umgebung zu verändern. Dazu bedarf es analytischer, prognostischer und antizipierender Kompetenzen. Eine Form im dinglichen Raum reifizierter Landschaftskultur kommt in dem historischen Architekturentwurf von Claude Nicolas Ledoux für ein „Haus der Flurwächter" (1847) zum Ausdruck.[31] Das

---

[28] Vgl. dazu etwa die wissenschaftshistorische Rekonstruktion von SCHULTZE 1881.
[29] In diesem Sinne vgl. z. B.: HISS 1992.
[30] Vgl. dazu: FALTER 2003.
[31] Vgl. FAYET 2003, 119.

„Haus der Flurwächter" ist eine Allegorie der Beobachtung, die formal deutlich vom lebensweltlichen Geschehenscharakter vorgängigen Landschaftsgestaltens und -erlebens getrennt ist. Das Haus ist eine in die Landschaft hineingebaute Allegorie der wissenschaftlichen Begleitung von Prozessen der Agrikultur.[32] Eine (stadt-)landschaftskulturelle Allegorie von globalpolitischer Bedeutung für westlich-kapitalistische Stadtgesellschaften drückt sich gegenwärtig in der Diskussion über die zukünftige Bebauung von „Ground-Zero" in New York aus. Dabei handelt es sich um eine sublimationsorientierte Landschaftskultur zum Zwecke der individuellen und kollektiven emotionalen Verarbeitung menschlicher und symbolisch-machtpolitischer Verluste.

Das szientistisch „aufgeklärte" Landschafts-Denken in Kategorien des einerseits Materiell-Dinglichen und andererseits Immateriell-Symbolischen hat den Irrglauben genährt, dass man in seiner Besonderheit maschinistisch erfassen, dokumentieren und archivieren kann, was sich mithilfe bewährter wissenschaftlicher Methoden objektivieren lässt. Dieser erkenntnistheoretische Deal der Absehung von subjektivem Erleben kann so lange weitergehen, als die Kultur der wissenschaftlichen Gemeinschaft ihn praktisch trägt. In der Revision des wissenschaftlichen Landschafts-Denkens steht der progressiv-regressive Schritt noch aus, die Erlebnisdimension in ihrer Verschränkung mit dem Kognitiven mitzudenken und diesen Umstand theoretisch auch in Rechnung zu stellen.

Landschaftskulturen wirken auf den verschiedenen Lebensbühnen auf die materielle, symbolische und gefühlsmäßige Herstellung von Kulturlandschaften ein. Auf dem wissenschaftlichen Feld spielt die Geographie heute eher eine marginale Rolle. Größere Reichweite in ihrem Tun haben Raumplaner, Stadtentwickler, Architekten, Landschaftsarchitekten, Innenarchitekten und Designer. Es mag für den theoretischen Diskurs in Architektur und Landschaftsarchitektur charakteristisch sein, dass er dem Erleben des Gemachten eine weit angemessenere Aufmerksamkeit zollt als das derzeit in der Geographie üblich ist. In einem Architekturentwurf geht es nach Norman Foster „um die Beziehung zwischen einzelnen Räumen und um das Gefühl, das diese Räume vermitteln" (FOSTER/NELSON 1992, 63). So lassen sich die Entwürfe für die Bebauung von „Ground-Zero" in New York auch als reine Gefühlslandschaftsarchitektur beschreiben und verstehen. Gefühlsräume werden nicht erst an Gedenkorten konstituiert, sondern schon in jeder den Menschen fremden wie heimatlich vertrauten Umgebung.[33]

Digitale Inventarisierung: Landschaftskultur?

Zur wissenschaftlich fundierten Landschaftskultur gehören neben Techniken der Landschaftsanalyse, den Rechtsnormen für den geregelten Umgang mit „Landschaften" auch moderne Computertechnologien zur Erfassung („Inventarisation") von Kulturlandschaften. Die insbesondere in den Umweltwissenschaften und in der Geographie betriebene Kulturlandschaftsforschung setzt zum großen Teil andere als die oben diskutierten Akzente. Die EDV-gestützte[34] Inventarisation der Kulturlandschaft hat im wissenschaftlichen Diskurs und in der administrativen Praxis an Bedeutung gewonnen. EDV-gestützte Inventarisation der Kulturlandschaft kann man als eine Form von Landschaftskultur bezeichnen. Mit Heideggers Technikkritik wird man fragen müssen, was das „Ge-stell" der Geoinformatik entbirgt, der computierende Maschinismus also nicht nur hervorbringt, sondern auch verdeckt.

„Inventarisation der Kulturlandschaft" bedeutet zunächst Isolierung von Kulturlandschaftselementen nach einem vordefinierten Objektklassenkatalog. Beziehungen zwischen Objekten werden auf dem Niveau von Sachdaten mit der Absicht der „vollständigen und eindeutigen" Darstellung festgehalten. Diesem Zweck dienen „relationale Sachdaten-Tabellen", die für die Herstellung spezifischer GIS-Kartensysteme genutzt werden können.[35] In einem Sonderforschungsbereich über „Landnutzungskonzepte für periphere Regionen" an der Universität Gießen werden GIS-gestützte Szenarien von Kulturlandschafts-

---

[32] In einem anderen Entwurf – dem „Haus des Flußwächters" – stellt Ledoux eine wissenschaftlich-analytische Allegorie der Beobachtung dar (vgl. ARCHITEKTUR THEORIE 2003, 321); der Fluss fließt durch das Haus hindurch wie durch ein Filter.
[33] Der Landschaftsarchitekt J. Dettmar stellt die Debatte um die Richtungen der öffentlichen Freiraumgestaltung in einen gesellschaftlichen und technologischen Zusammenhang, in dem das Verstehen von Landschaftserleben zurückgebunden werden soll an die aufklärungs- und vernunftorientierte Reflexion der Einflüsse, die historisch verfügbare Technologien auf das landschaftliche Naturerlebnis haben (vgl. DETTMAR 2003). Landschaftskultur rückt hier in einen politischen und diskursiven Kontext.
[34] Hier sind die mit den Instrumenten Geographischer Informationssysteme (GIS) arbeitenden Methoden gemeint.
[35] Vgl. PLÖGER 2003.

entwicklungen auf der Grundlage bestimmter Nutzungspräferenzen und -formen erstellt.[36] Einem über die reine Dokumentation hinausgehenden Zweck der Optimierung partizipationsorientierter Planung dient die 3D-Landschaftsvisualisierung wie sie im NSL – Netzwerk Stadt und Landschaft der ETH Zürich im Rahmen des EU-Projektes „VisuLands" betrieben wird.[37] Genaugenommen stehen hier wie dort aber gar keine Kultur-Landschaften zur Debatte, sondern theoretisch verortete ökologische Funktionsnetze, verräumlichte ökonomische Nutzungen, theoretisch konstruierte Objekt- und Systemmerkmale, die einem geodätischen (Sandwich-)Flächenraum zugewiesen werden.

So unentbehrlich und nützlich EDV-gestützte prognostische Modelle heute für die politische Steuerung gesellschaftlicher und ökonomischer Prozesse auch sein mögen, so aktualisieren sie doch Heideggers Frage nach der Eigendynamik des Technischen in der modernen Gesellschaft. Während im Erleben von Kulturlandschaften Eindrücke atmosphärisch wahrgenommen werden und emotional berühren, steht bei der computergestützten Inventarisation von Kulturlandschaften das be- und verrechnende Denken von Informationen im Vordergrund.[38] Das Verhältnis des Menschen zum „Ge-stell" der Technik dreht sich herum: Der Mensch wird zum „Ge-stell" seiner technischen Schöpfungen, die mit ihren synthetischen Kategorien eine „sekundäre Realität" erst schaffen.[39] Mediale Projektionen stellen uns in einen spezifischen Imaginationsraum, der ein reiner Denk-Raum ist. Dieser Weg führt vorerst auf keinen Weg des Erlebens. „Kulturlandschaftsinventarisation" führt in ein zeitgemäßes Dilemma, das Heidegger der Struktur nach schon in „Sein und Zeit" beschrieben hat.[40] Die Arbeit mit GIS lässt sich auch beschreiben als „eine Aufzählung von solchem, was es `in´ der Welt gibt: Häuser, Bäume, Menschen, Berge, Gestirne" (HEIDEGGER 1993, 63). Heidegger spielt mit einer Differenz: „Wir können das `Aussehen´ dieses Seienden *abschildern* und die Vorkommnisse an und mit ihm *erzählen*. [...] Die Beschreibung bleibt am Seienden haften. Sie ist ontisch. Gesucht wird aber doch das Sein, [...] was sich als Sein und Seinsstruktur zeigt" (HEIDEGGER 1993, 63). Mit anderen Worten: Eine Landschaft wird von der GIS-Kultur in binären Merkmalen erfasst. Die Abstraktionsbasis dieses Landschaftsdenkens liegt ungleich höher als im Erleben „herumwirklich" erscheinender Dinge und Halbdinge in menschlichen Umgebungen. Die inventarisierte Kulturlandschaft ist eine ganz andere als („dieselbe") erlebte Kulturlandschaft.

Das Technisch-Maschinistische ist janusköpfig. Durch seine rechnende Sprache weist es eine profane Nützlichkeit auf. Dazu gehört die Einschränkung der Vernunft auf eine rationalistisch-arithmetische Achse. Das Rechnen reduziert die Kulturtechniken des Sprechens und Schreibens auf das Verrechnungsfähige (ZIMMERLI 1991, 1153). Aber mehr noch kolonisiert es das Sprechen und das Schreiben. Sprechen und Schreiben folgen im digitalen Rahmen einem technologischen Imperativ. Wenn die Gefahr auch oft überschätzt wird, dass das Verhältnis zwischen Eingebildetem und Wirklichem zerbrechlich wird, so verschiebt sich doch die Grenze, die wir mit unserer Aufmerksamkeit gegenüber dem Erscheinen wechselhafter Dinge ziehen – zugunsten einer differenzierten Rasterung real-materieller Dinge. Weil die digitale Maschine nur Realitäten darstellen kann und auf dem Wege ist, sich als Sozialisationsinstanz zu behaupten, kommt es zu einem tendenziellen Verschwinden des Wirklichen. Die Digitalisierung wird zur Form einer neuen Anschauung. Die Programmstruktur erzeugt eine Welt, die sich auf sich selbst bezieht.[41] All ihre Kategorien sind kreiert. Zur Kategorie taugt nur, was sich fixierend (denotativ) feststellen lässt – Gegenstände und Eigenschaften. „Digitale Dispositive" werden zur Quelle einer neuen Fühl- und Denkarbeit „und sie definieren eine neue Materialität und Spiritualität" (LAZZARATO 2002, 177). Wenn das Fernsehen als Interface-Maschine schon eine „Macht der Benutzung und Verwertung" (LAZZARATO 2002, 139) erzeugte, so potenziert sich dieses strukturelle Machtverhältnis mit der formalen Einführung einer auf die Grundsätze der Algorithmen reduzierten Vernunft in Gestalt komplexer Software, deren Hypersprache nur kommunizieren kann, was sie denotativ kennt. Die Struktur dieses Maschinismus bringt die Notwendigkeit mit sich, Landschaft als Konstellation zu betrachten, in der Einzelnes ein Ganzes bildet, das in der Summe seiner Teile aufgeht, und nicht als Situation, in der Einzelnes in binnendiffuse

---

[36] Vgl. FREDE u. a. 2002.
[37] Vgl. LANGE u. a. 2003. – Auch in W. Schenks Plädoyer für Kulturlandschaftsinventarisation kommt die gefühlsmäßige Seite landschaftlichen Erlebens kaum zur Geltung. (vgl. SCHENK 2002).
[38] Solche Informationen kommen der Struktur systemtheoretischen Denkens aufgrund ihrer konstellationistischen Beziehung zu einem (Funktions-)Ganzen entgegen.
[39] Vgl. BARUZZI 1999, 59.
[40] Vgl. HEIDEGGER 1993.
[41] Vgl. MÜLLER-FUNK/RECK 1996, 73.

Bedeutsamkeit eines Ganzen versenkt ist, das über die Summe der darin enthaltenen Einzelheiten gerade hinausgeht.[42]

Jede Kommunikation von Bildern oder anderen komplexen Zeichensystemen bedarf einer narrativen Rahmung. Sie regelt die kulturelle Fülle an indirekten Verweisungs- und Bedeutungszusammenhängen. Die Zeichen kommunizieren aber nicht nur deren unmittelbare Bedeutung. In ihrer Ordnung bedeuten sie auch als Methode etwas. Wer den Acker mithilfe des Ochsengespannes pflügt, dem bedeutet dies auch langwährende und schwere körperliche Arbeit im oder gegen den Rhythmus des Tieres sowie einen direkten sinnlichen Bezug zum Medium des Bodens. Der High-Tech-Pflug, der aus dem klimatisierten und pneumatisch gefederten Führerhaus eines mit Computertechnologie gespickten Schleppers bedient und kontrolliert wird, bedeutet dagegen die Notwendigkeit einer medialen Aufmerksamkeit gegenüber technischen Prozessen im Austausch mit der Natur. In der Konsequenz ändert sich auch das Verhältnis zum Boden. Es wird nun auch apparativ vermittelt. Der kulturelle Gebrauch der Artefakte konstituiert auf einer sprachlichen und nicht-sprachlichen Ebene die diesen Gebrauch absichernden Narrative. Auch die Verfahren moderner Landschaftsinventarisation konstituieren ein narratives Fenster zur Welt. So stellt sich die Frage, welche Metaerzählung sich über den computierenden Maschinismus hinaus auch in den Bereich nicht-maschinistisch vermittelter Erfahrung von Kulturlandschaft ausbreiten wird.

Die Erzählung,

- dass Sprechen und Schreiben über Kulturlandschaften im Rechnen aufgehen müssen?
- dass in der Dokumentation von Kulturlandschaften das situative Erscheinen der *natura naturans* keiner kategorialen Bedeutung bedarf?
- dass Wirklichkeit in Virtualität transferiert werden kann?
- dass die Erlebniswirklichkeit erlebender Subjekte vom wissenschaftlichen, öffentlichen und administrativen Diskurs über Kulturlandschaft entkoppelt werden kann?
- dass Landschaft objektivierbar ist?
- dass sich die Welt im Cyberspace perfektioniert?
- dass es eine theoretisch beherrschbare Welt gibt?

Die Antworten stehen noch aus. Der kulturelle Gebrauch der heute und morgen zur Anwendung kommenden Technologien wird sie geben. Implizit bestreitet digital-exakte Landschaftskultur des Kartierens den Sinn einer narrativen Landschaftskultur des Streunens im sinnlichen Raum.[43] Solange diese Bestreitung nicht zu hegemonialen Ausgrenzungspraxen anderer Landschaftskulturen führt, trägt sie zur Bereicherung einer streitbaren Landschaftskultur bei. Der Preis eines im Gegensatz dazu totalitär vertretenen Geltungsanspruchs „genauen Denkens" ist die Offenheit für Alternativen. Bacons Absage an die Erkenntniskraft der *experiencia vaga* zugunsten einer *experiencia ordinata* leitete schon vor knapp 400 Jahren eine paradigmatische Hausse binären Denkens ein, das sich in der Gegenwart mit den Methoden computierender Maschinen noch einmal beschleunigt.

Landschaftskultur, die der Pluralisierung von Kulturlandschaften gerecht werden will, muss selbst plural sein, um Differenzen aufspüren zu können. Wenn Kulturlandschaft transitorisch ist, muss es zu einer zentralen Aufgabe von Kulturlandschaftsinventarisation und Kulturlandschaftsforschung insgesamt werden, kulturlandschaftlichen Wandel nicht nur objektivistisch zu beschreiben, sondern ihn auch erfahrbar zu machen. Mit dem Konzept des flächenisolierenden und zustandsfixierenden Natur-, Landschafts- und Denkmalschutzes allein dürfte diese Aufgabe nicht lösbar sein.

Literatur

ADORNO/HORKHEIMER 1971
Th. W. Adorno/M. Horkheimer, Kulturindustrie. Aufklärung als Massenbetrug. In: Th. W. Adorno/M. Horkheimer, Dialektik der Aufklärung. Philosophische Fragmente (Frankfurt a. M. 1971) 108-150.

---

[42] Vgl. dazu auch: SCHMITZ 2003, 278 sowie Beitrag GROßHEIM in diesem Band.
[43] Zur Bedeutung der Sinnlichkeit des Menschen für die Stadtplanung vgl.: BOESCH 2001.

ARCHITEKTUR THEORIE 2003
Architektur Theorie von der Renaissance bis zur Gegenwart. 89 Beiträge zu 117 Traktaten. Mit einem Vorwort von B. Evers und einer Einführung von Ch. Thoenes (Köln 2003).

BARUZZI 1999
A. Baruzzi, Philosophieren mit Jaspers und Heidegger (Würzburg 1999).

BOESCH 2001
H. Boesch, Die sinnliche Stadt. Essays zur modernen Urbanistik. Hrsg. und mit einem Nachwort von E. Pulver (Zürich 2001).

BÖHME 1995
G. Böhme, Atmosphäre. Essays zur neuen Ästhetik (Frankfurt a. M. 1995).

BOLLNOW 1962
O. F. Bollnow, Probleme des erlebten Raums. Wilhelmshavener Vorträge, Schriftenreihe der Nordwestdeutschen Universitätsgesellschaft 34 (Wilhelmshaven 1962).

DETTMAR 2003
J. Dettmar, Wohin mit Landschaft? In: Bund Deutscher Landschaftsarchitekten BDLA (Hrsg.), Event Landschaft? Zeitgenössische deutsche Landschaftsarchitektur (Basel, Berlin, Boston 2003) 38-49.

VON DÜRCKHEIM 1932
Graf K. von Dürckheim, Untersuchungen zum gelebten Raum. Erlebniswirklichkeit und ihr Verständnis. Systematische Untersuchungen II. In: F. Krüger (Hrsg.), Neue Psychologische Studien 6 (München 1932) 383-480.

FALTER 2003
R. Falter, Natur neu denken. Erfahrung, Bedeutung, Sinn. Grundlagen naturphilosophischer Praxis (Klein Jasedow 2003).

FAYET 2003
R. Fayet, Reinigungen. Vom Abfall der Moderne zum Kompost der Nachmoderne (Wien 2003).

FLUSSER 1995
V. Flusser, Städte entwerfen. In: V. Flusser, Die Revolution der Bilder. Der Flusser-Reader zu Kommunikation, Medien und Design (Mannheim 1995) 204-215.

FOSTER/NELSON 1992
N. Foster/D. Nelson, More with Less. Archplus 113, 1992, 63-66.

FREDE u. a. 2002
H. G. Frede/M. Bach/N. Fohrer/D. Möller/N. Steiner, Multifunktionalität der Landschaft – Methoden und Modelle. Kulturlandschaftsforschung. Petermanns Geographische Mitteilungen 146, 6/2002, 58-63.

GEHLEN 1986
A. Gehlen, Der Mensch. Seine Natur und seine Stellung in der Welt[13] (Wiesbaden 1986).

GEHLEN 2004
A. Gehlen, Handlung und Intelligenz. Neue Zürcher Zeitung 24./25.1.2004, 46.

GRAUMANN/KRUSE 2003
C.-F. Graumann/L. Kruse, Räumliche Umwelt. Die Perspektive der humanökologisch orientierten Umweltpsychologie. In: P. Meusburger/Th. Schwan (Hrsg.), Humanökologie. Ansätze zur Überwindung der Natur-Kultur-Dichotomie. Erdkundliches Wissen 135 (Wiesbaden 2003) 239-256.

HASSE 2003
J. Hasse, Raum und Gefühl. Der Architekt 7-8/2003, 48-51.

HASSE/HELBRECHT 2002
J. Hasse/I. Helbrecht (Hrsg.), Menschenbilder in der Humangeographie. Wahrnehmungsgeographische Studien 21 (Oldenburg 2002).

HEIDEGGER 1993
M. Heidegger, Sein und Zeit[17] (Tübingen 1993).

HISS 1992
T. Hiss, Ortsbesichtigung. Wie Räume den Menschen prägen, und warum wir unsere Stadt- und Landschaftsplanung verändern müssen (Hamburg 1992).

HOFER/ALTNER 1972
H. Hofer/G. Altner, Die Sonderstellung des Menschen. Naturwissenschaftliche und geisteswissenschaftliche Aspekte (Stuttgart 1972).

KAESER 1999
E. Kaeser, Leib und Landschaft. Philosophia naturalis 36, 1/1999, 117-156.

KLUXEN 1988
W. Kluxen, Landschaftsgestaltung als Dialog mit der Natur. In: W. Ch. Zimmerli (Hrsg.), Technologisches Zeitalter oder Postmoderne? (München 1988) 73-87.

KRIEGK 1840
G. L. Kriegk, Schriften zur allgemeinen Erdkunde (Leipzig 1840).

LANGE u. a. 2003
E. Lange/O. Schroth/U. Wissen, Interaktive Landschaftsentwicklung. DISP 155, 4/2003, 29-37.

LAZZARATO 2002
M. Lazzarato, Videophilosophie. Zeitwahrnehmung im Postfordismus (Berlin 2002).

LEHMANN 1986
H. Lehmann, Ist Landschaftsschilderung heute noch möglich? In: H. Lehmann, Essays zur Physiognomie der Landschaft. Hrsg. von A. Kreuzlin und R. Müller. Erdkundliches Wissen, Schriftenreihe für Forschung und Praxis 83 (Wiesbaden 1986) 235-238.

LEWIN 1934
K. Lewin, Der Richtungsbegriff in der Psychologie. Der spezielle und allgemeine hodologische Raum. Psychologische Forschung 19 (Dresden 1934).

ZUR LIPPE 1987
R. zur Lippe, Sinnenbewusstsein. Grundlegung einer anthropologischen Ästhetik (Reinbek bei Hamburg 1987).

LIPPS 1914
Th. Lipps, Ästhetik. Psychologie des Schönen und der Kunst 1. Grundlegung der Ästhetik² (Hamburg, Leipzig 1914).

LIPPS 1920
Th. Lipps, Ästhetik. Psychologie des Schönen und der Kunst 2. Die ästhetische Betrachtung und die bildende Kunst² (Hamburg, Leipzig 1920).

LORENZER 2002
A. Lorenzer, Die Sprache, der Sinn, das Unbewußte. Psychoanalytisches Grundverständnis und Neurowissenschaften (Stuttgart 2002).

MEUSBURGER 2003
P. Meusburger, „Wissen" als Erklärungsvariable in den Mensch-Umwelt-Beziehungen. In: P. Meusburger/Th. Schwan (Hrsg.), Humanökologie. Ansätze zur Überwindung der Natur-Kultur-Dichotomie. Erdkundliches Wissen 135 (Wiesbaden 2003) 287-307.

MEYER-ABICH 1999
K. M. Meyer-Abich, Ist der Mensch etwas Besonderes in der Gemeinschaft der Natur? Oldenburger Universitätsreden 113. Vorträge – Ansprachen – Aufsätze (Oldenburg in Oldenburg 1999).

MÜLLER-FUNK/RECK 1996
W. Müller-Funk/H. U. Reck (Hrsg.), Inszenierte Imagination. Beiträge zu einer historischen Anthropologie der Medien (Wien, New York 1996).

PLESSNER 1980a
H. Plessner, Anthropologie der Sinne. Gesammelte Schriften III (Frankfurt a. M. 1980) 317-393.

PLESSNER 1980b
H. Plessner, Anthropologie der Sinne. Gesammelte Schriften III (Frankfurt a. M. 1980).

PLÖGER 2003
R. Plöger, Inventarisation der Kulturlandschaft mit Hilfe von Geographischen Informationssystemen (GIS). Methodische Untersuchungen für historisch-geographische Forschungsaufgaben und für ein Kulturlandschaftskataster (Bonn 2003) (http://hss.ulb.uni-bonn.de/ulb_bonn/diss_online/phil_fak/2003/ploeger_rolf [Stand: 2.2005]).

REUBER 2000
P. Reuber, Die politische Geographie als handlungsorientierte und konstruktivistische Teildisziplin – angloamerikanische Theoriekonzepte und aktuelle Forschungsfelder. Geographische Zeitschrift 88, 2000, 36-52.

RINSCHEDE 2003
G. Rinschede, Geographiedidaktik (Paderborn, München, Wien, Zürich, Schöningh 2003).

RÖSSLER 2003
M. Rössler, Welterbe Kulturlandschaft. In: Bund Deutscher Landschaftsarchitekten BDLA (Hrsg.), Event Landschaft? Zeitgenössische deutsche Landschaftsarchitektur (Basel, Berlin, Boston 2003) 138-153.

SCHENK 2002
W. Schenk, „Landschaft" und „Kulturlandschaft" – „getönte" Leitbegriffe für aktuelle Konzepte geographischer Forschung und räumlicher Planung. Kulturlandschaftsforschung. Petermanns Geographische Mitteilungen 146, 6/2002, 6-13.

SCHMITZ 1994
H. Schmitz, Neue Grundlagen der Erkenntnistheorie (Bonn 1994).

SCHMITZ 2003
H. Schmitz, Was ist Neue Phänomenologie? Lynkeus. Studien zur Neuen Phänomenologie 8 (Rostock 2003).

SCHULTZE 1881
F. Schultze, Philosophie der Naturwissenschaften. Eine philosophische Einleitung in das Studium der Natur und ihrer Wissenschaften (Leipzig 1881).

SCHWAN 2003
Th. Schwan, Clash of Imaginations – erfahrungswissenschaftliches Menschenbild versus postmoderne Konstruktionen. In: P. Meusburger/Th. Schwan (Hrsg.), Humanökologie. Ansätze zur Überwindung der Natur-Kultur-Dichotomie. Erdkundliches Wissen 135 (Wiesbaden 2003) 161-173.

SIEFERLE 1998
R. P. Sieferle, Die totale Landschaft. In: Neue Landschaften. Kursbuch 131 (Berlin 1998) 155-169.

SIMMEL 1957a
G. Simmel, Vom Wesen der Kultur. In: G. Simmel, Brücke und Tür. Essays des Philosophen zur Geschichte, Religion, Kunst und Gesellschaft. Im Verein mit M. Susman hrsg. von M. Landmann (Stuttgart 1957) 86-94.

SIMMEL 1957b
G. Simmel, Philosophie der Landschaft. In: G. Simmel, Brücke und Tür. Essays des Philosophen zur Geschichte, Religion, Kunst und Gesellschaft. Im Verein mit M. Susman hrsg. von M. Landmann (Stuttgart 1957) 141-152.

SOYEZ 2003
D. Soyez, Kulturlandschaftspflege: Wessen Kultur? Welche Landschaft? Was für eine Pflege? Neue Kulturgeographie. Petermanns Geographische Mitteilungen 147, 2/2003, 30-39.

THOENE 1922
J. F. Thoene, Ästhetik der Landschaft (Mönchengladbach 1922).

TUAN 1993
Y.-F. Tuan, Passing Strange and Wonderful. Aesthetics, Nature and Culture (Washington, D. C. 1993).

VOLKELT 1905
J. Volkelt, System der Ästhetik 1. Grundlegung der Ästhetik (München 1905).

VOLKELT 1910
J. Volkelt, System der Ästhetik 2. Die ästhetischen Grundgestalten (ästhetische Typenlehre) (München 1910).

VOLKELT 1914
J. Volkelt, System der Ästhetik 3. Kunstphilosophie und Metaphysik der Ästhetik (München 1914).

WELSCH 1994
W. Welsch, Transkulturalität – Eine veränderte Verfassung heutiger Kulturen. In: F. Duve (Hrsg.), Sichtweisen. „Die Vielheit in der Einheit" (Weimar 1994) 83-122.

Zierhofer 1999
W. Zierhofer, Geographie der Hybriden. Erdkunde 53, 1999, 1-13.

Zimmerli 1991
W. Ch. Zimmerli, Lob des ungenauen Denkens. Universitas. Zeitschrift für interdisziplinäre Wissenschaft 46, 546, 1991, 1147-1160.

Zur Phänomenologie der Wahrnehmung jenseits von Projektionismus und Konstellationismus

Von Michael Großheim

Die folgenden grundsätzlichen Überlegungen werfen einen kritischen Blick auf philosophische Voraussetzungen, mit denen auch Geographen zu arbeiten gewohnt sind. Allerdings ist dabei eine Vereinfachung nötig: Wenn unser Rahmenthema in der Philosophie überhaupt einmal berührt wird, dann ist von „Landschaft" die Rede und nicht von „Kulturlandschaft". Ich werde mich also im Folgenden diesem allgemeineren Sprachgebrauch anschließen; für meine Fragestellung kann der Unterschied zwischen beiden Ausdrücken vernachlässigt werden.

Der Text ist in vier Abschnitte gegliedert: Zunächst geht es unter dem Titel „Philosophie" darum, deutlich zu machen, was die Philosophie lernen kann, wenn sie sich mit komplexeren Gegenständen (wie der Landschaft) beschäftigt. Im zweiten Abschnitt wird mit der Phänomenologie eine philosophische Strömung vorgestellt, die in besonderer Weise die menschliche Lebenserfahrung zur Grundlage der Besinnung zu machen sucht. Phänomenologisch fundiert ist dann im dritten und vierten Abschnitt die Kritik zweier eingefleischter Perspektiven in der Philosophie der Wahrnehmung, des Projektionismus und des Konstellationismus. Sämtliche Ausführungen dienen – auch wenn dies vielleicht nicht immer auf den ersten Blick zu erkennen ist – einer Untersuchung der menschlichen Wahrnehmung von Landschaft.

Philosophie

Die Philosophie wird durch die Konfrontation mit Fragestellungen der Geographie gefordert und gefördert. Bereits im Thema „Wahrnehmung von Landschaft" steckt ein für die Philosophie fruchtbarer Impuls, denn was sie üblicherweise als Beispiel-Gegenstand der Wahrnehmung nutzt, ist nicht so etwas Komplexes wie eine Landschaft. In der Regel geht es um einfache isolierte Dinge wie einen Tisch, einen Baum oder ein Haus, ein Stück Wachs, ein Tintenfass, ein Blatt Papier, gelegentlich auch einmal ein Geräusch, selten den Duft einer Blume. Wittgenstein hat hier eine einseitige Diät als Hauptursache philosophischer Krankheiten konstatiert: „man nährt sein Denken nur mit einer Art von Beispielen" (WITTGENSTEIN 2003, 251 [Nr. 593]). Dieser Vorwurf besteht zu Recht. So ist mir kein Philosoph bekannt, der seine Wahrnehmungstheorie etwa am Beispiel einer Bahnhofshalle diskutieren würde, obwohl dieser Gegenstand auch in der Lebenswelt von Philosophen nicht selten vorzukommen pflegt. Auf eine ähnlich komplexe und ebenfalls recht bekannte Art von Gegenstand, die Landschaft, macht Alexander von Humboldt aufmerksam: „Was der Maler mit den Ausdrücken: Schweizer Natur, italienischer Himmel bezeichnet, gründet sich auf das dunkle Gefühl dieses lokalen Naturcharakters. Luftbläue, Beleuchtung, Duft, der auf der Ferne ruht, Gestalt der Tiere, Saftfülle der Kräuter, Glanz des Laubes, Umriß der Berge, alle diese Elemente bestimmen den Totaleindruck einer Gegend" (VON HUMBOLDT 1962a, 102). Die im Totaleindruck gegenwärtige Landschaft jedenfalls könnte mit größerem Recht als Musterfall von Wahrnehmung dienen als die bisher beliebten isolierten Dinge, denn Derartiges nimmt niemand wahr. Nicht einmal unter künstlich reduzierten Bedingungen lässt sich die Wahrnehmung darauf einschränken, denn stets nimmt man eine Umgebung, einen Hintergrund mit wahr, beispielsweise das Labor. Kritische Philosophen haben daher betont, dass wir statt der isolierten Dinge eigentlich so etwas wahrnehmen wie eine Welt oder Umwelt, eine Situation, einen Kontext, ein Feld, einen Hintergrund, einen Horizont. Die Frage, die die folgenden Überlegungen leiten soll, lautet daher: Wie können die komplexeren Gegenstände der alltäglichen Wahrnehmung (darunter unser Musterfall „Landschaft") allgemein gefasst werden?

Phänomenologie

Unter diesem Titel soll hier keine detaillierte Rekonstruktion der historischen Diskussionen über Eigenart und Methode der Phänomenologie stattfinden.[1] Es ist vielmehr daran gedacht, in zwei Schritten die Bedeutung phänomenologischer Ansätze für unser Thema „Wahrnehmung von Landschaft" herauszustellen. Zunächst möchte ich anhand zweier Zitate knapp den m. E. zentralen Impuls phänomenologischen Philosophierens zur Sprache bringen, anschließend konkreter den besonderen Zusammenhang zwischen dem philosophischen Ansatz der Phänomenologie und dem Thema Landschaft (als einem Teil der Lebenswelt) erläutern.

Der Psychologe Wolfgang Metzger schreibt über das phänomenologische Ethos: „Das Vorgefundene zunächst einfach hinzunehmen, wie es ist; auch wenn es ungewohnt, unerwartet, unlogisch, widersinnig erscheint und unbezweifelten Annahmen oder vertrauten Gedankengängen widerspricht. Die Dinge selbst sprechen zu lassen, ohne Seitenblicke auf Bekanntes, früher Gelerntes, `Selbstverständliches´, auf inhaltliches Wissen, Forderungen der Logik, Voreingenommenheiten des Sprachgebrauchs und Lücken des Wortschatzes. Der Sache mit Ehrfurcht und Liebe gegenüberzutreten, Zweifel und Mißtrauen aber gegebenenfalls zunächst vor allem gegen die Voraussetzungen und Begriffe zu richten, mit denen man das Gegebene bis dahin zu fassen suchte" (METZGER 1975, 12).

Die Phänomenologie ist also wesentlich philosophische Selbstkritik, die überlieferte Auffassungen an menschlicher Lebenserfahrung prüft. Das hat Folgen für das Selbstverständnis phänomenologischen Philosophierens: Gewöhnlich wird in der Philosophie bei der Beurteilung von Theorien v. a. auf das formale Kriterium geachtet: Ist die Theorie logisch einwandfrei, ist sie z. B. widerspruchsfrei? Dieser Aspekt wird in Logik und moderner analytischer Philosophie in vorbildlicher Weise berücksichtigt. Doch auch der Logiker muss sich andererseits fragen: Wie komme ich zu dem Ausgangsmaterial, das in das – formal korrekte – Verfahren eingegeben wird? Woher stammt es? Das Material verdient also eigene Aufmerksamkeit. Die Phänomenologie nimmt neben dem formalen auch das materiale Kriterium ganz ernst. Eine Theorie muss nämlich weiterhin geprüft werden mithilfe der Frage: Komme ich auch mit allen meinen Erfahrungen in dieser Theorie unter? Oder anders gefragt: Beschreibt diese Theorie menschliche Lebenserfahrung oder schiebt sie ihr ein Konstrukt unter? Phänomenologie ist durch ihre besondere Beachtung des materialen Kriteriums Reduktionismus-Kritik.

Beide Motive, die philosophische Selbstkritik und den Anti-Reduktionismus (die Abwehr der Einschränkung des als gegeben Betrachteten), verbindet der Phänomenologe Max Scheler, wenn er rügt, „daß man, anstatt die schlichte Frage zu stellen: *Was ist* gegeben?, die Frage stellt: `Was *kann* gegeben sein?´ Dann meint man: das, wofür es keine Sinnesfunktionen – wo nicht gar auch noch Sinnesorgane und Reize – gibt, `kann´ uns ja gar nicht *gegeben* sein. Ist man in diese grundfalsche Art der Fragestellung einmal hineingekommen, so muß man nämlich schließen, daß all derjenige *gegebene* Gehalt der Erfahrung, der die als `sinnlichen Gehalt´ feststellbaren Elemente seiner *überragt*, durch sie nicht *deckbar* ist, ein irgendwie von uns `Hinzugebrachtes´, ein Ergebnis unserer `Betätigung´, eines `Formens´, einer `Bearbeitung´ und dergleichen sei. Relationen, Formen, Gestalten, Werte, Raum, Zeit, Bewegung, Gegenständlichkeit, Sein und Nichtsein, Dingheit, Einheit, Vielheit, Wahrheit, Wirken, Physisch [sic], Psychisch [sic] usw. müssen dann samt und sonders, sei es auf eine `Formung´, sei es eine `Einfühlung´, sei es irgendeine andere Art der subjektiven `Betätigung´ zurückgeführt werden; denn sie stecken ja *nicht* im `sinnlichen Gehalt´, der uns allein gegeben sein `kann´ – und *darum*, wie man meint, gegeben `ist´" (SCHELER 1980, 74).[2]

Ein Konflikt zwischen dem Anspruch einer traditionellen Theorie der Wahrnehmung und dem Anspruch einer aktuellen oder erinnerten Wahrnehmung selbst muss also anhand der Lebenserfahrung entschieden werden. Hier gibt nicht wissenschaftliches Expertentum den Ausschlag, es herrscht gewissermaßen ein

---

[1] Vgl. dazu: GROSSHEIM 1994. – Weiterhin: DERS. 2004.
[2] Vgl. HEIDEGGER 1979, 52: „Das Feld dessen, was in schlichter Kenntnisnahme vorfindlich ist, ist grundsätzlich viel weiter als das, was eine bestimmte Erkenntnistheorie oder Psychologie aufgrund einer Wahrnehmungstheorie festlegen möchte".

erkenntnistheoretischer Egalitarismus; der wissenschaftliche Laie ist wie jeder Mensch Experte des Lebens. Der phänomenologische Ansatz wendet sich programmatisch gegen jegliche Art von Theorien, die behaupten, dass jemand, der etwas tut, eigentlich etwas ganz anderes macht, als er meint, und zwar etwas, von dem er selbst gar nichts weiß.[3]

Die Phänomenologie prüft also, ob es für philosophische Theoreme auch einen „Sitz im Leben" gibt. Die Bewegung des vergewissernden Rückgangs steht im Mittelpunkt. Bekanntlich hat Edmund Husserl, der Begründer der Phänomenologie, das Motto „Zu den Sachen selbst!" geprägt. Über das Ziel dieses Weges ist in der Phänomenologie viel gestritten worden. Mir scheint am fruchtbarsten zu sein, was in ihrer Spätphase der französische Phänomenologe Maurice Merleau-Ponty geäußert hat: „Das Universum der Wissenschaft gründet als Ganzes auf dem Boden der Lebenswelt, und wollen wir die Wissenschaft selbst in Strenge denken, ihren Sinn und ihre Tragweite genau ermessen, so gilt es allem voran, auf jene Welterfahrung zurückzugehen, deren bloß sekundärer Ausdruck die Wissenschaft bleibt" (MERLEAU-PONTY 1966, 4).

Daraus ergibt sich für Merleau-Ponty ein Primat der Wahrnehmung gegenüber der Wissenschaft. Konkret bedeutet dies ein Primat der erlebten Landschaft gegenüber dem Gegenstand der Geographie: „Zurückgehen auf die `Sachen selbst´ heißt zurückgehen auf diese aller Erkenntnis vorausliegende Welt, *von der alle Erkenntnis spricht und bezüglich deren alle Bestimmung der Wissenschaft notwendig abstrakt, signitiv, sekundär bleibt, so wie Geographie gegenüber der Landschaft*, in der wir allererst lernten, was dergleichen wie Wald, Wiese und Fluß überhaupt ist" (MERLEAU-PONTY 1966, 5).[4]

Wir haben – auch in der Wissenschaft – kein anderes Material zur Verfügung als das unserer Lebenserfahrung: „Hinter das Leben kann das Denken nicht zurückgehen" (DILTHEY 1924, 5).[5] Auch alle Abstraktionen und Objektivierungen müssen sich darauf zurück beziehen lassen, sonst besteht die Gefahr verselbständigten, frei schwebenden Geredes.

Projektionismus

Die klassische Formulierung des Problems finden wir in einem Essay von Georg Simmel mit dem Titel „Philosophie der Landschaft". Simmel spricht hier von der Schwierigkeit, die Stimmung einer Landschaft zu lokalisieren, „inwieweit die Stimmung der Landschaft in ihr selbst, objektiv, begründet sei, da sie doch ein seelischer Zustand sei und deshalb nur in dem Gefühlsreflex des Beschauers, nicht aber in den bewußtlos äußeren Dingen wohnen könne?" (SIMMEL 1957, 149). Es geht um die Frage, „mit welchem Rechte die Stimmung, ausschließlich ein menschlicher Gefühlsvorgang, als Qualität der Landschaft, das heißt eines Komplexes unbeseelter Naturdinge gilt" (SIMMEL 1957, 150).

Simmels Frage, ob die Stimmung eine Qualität der Landschaft oder des Betrachters ist, führt mitten in das große Umverteilungsszenario, das die Philosophiegeschichte seit der Antike ist. Von außen kritisiert Alfred Döblin diesen Vorgang der Enteignung der Dinge: „Die Weisen, die sich um die Frage quälten, was den Dingen gehört und was mir, haben den Dingen alles geraubt und alle Herrlichkeit der Welt über das Ich gehäuft" (DÖBLIN 1989, 28). Da nun die schlichte Überhäufung des Subjekts mit offenkundig am Wahrnehmungsgegenstand anzutreffenden Qualitäten aber zu einem Widerspruch mit der Lebenserfahrung führen würde, ist man gezwungen, kompliziertere Mechanismen anzunehmen: Dazu gehört die Projektion.

Der Projektionismus in der Philosophie hat eine lange Tradition; besonders ausgeprägt tritt er bei den Stoikern auf. Die wohlhabenden Römer pflegten sich auf ihre Landgüter zurückzuziehen, werden aber von Seneca gemahnt: „Nicht viel trägt der jeweilige Ort zur Ruhe bei: die [sic] Seele ist es, die für sich allem einen Wert verleiht" (SENECA 1993, 19). Mit anderen Worten: Von der Landschaft ist nichts zu erwarten für die eigene Befindlichkeit, denn wir selbst sind es eigentlich, die die an sich nichtssagenden äußeren Dinge mit Bedeutsamkeit aufladen. Seinen Höhepunkt erlebt dieser Projektionismus dann im

---

[3] Vgl. WIESING 2003, 93.
[4] Vgl. auch: MERLEAU-PONTY 1966, 42.
[5] Vgl. auch: DILTHEY 1924, 83; 136; 194.

19. Jh. mit Nietzsches Hymnen auf die menschliche Fähigkeit, den Dingen Werte zu verleihen;[6] zugleich setzt aber auch die philosophische Kritik ein. Während die Stoiker die Projektion in ihrem Denken favorisierten, weil sie damit eine größere Distanz des Menschen zur Welt, d. h. einen größeren Schutz vor affektiven Bedrohungen der Seelenruhe, erreichen wollten, ging es Nietzsche eher darum, den Menschen einen großartigen Gestaltungsspielraum für beliebige Wertprojektionen zu suggerieren. Ausschlaggebendes Motiv schien ihm hier die Aufrechterhaltung und Steigerung menschlicher Herrschaft zu sein. Während die Stoiker den Projektionismus also in einer asthenischen Variante kultivierten (Vergleichgültigung als Schutz vor der Welt), predigte Nietzsche die sthenische Version (aktive Unterwerfung der Welt).

Der philosophische Protest gegen den Projektionismus setzt im 19. Jh. ein. Schon Hermann Lotzes Einführung der Werte in die Philosophie ist ein zaghafter Korrekturversuch, noch deutlicher wird dieses Anliegen dann bei Wilhelm Dilthey. Er bemüht sich um eine grundsätzlichere Umbesinnung, die sich in drei Thesen zusammenfassen lässt:
1. Wahrnehmung ist primär eine Subjekt und Objekt umgreifende „Totalität", also nicht ein Gegensatz, der durch besondere Operationen erst überbrückt werden müsste.
2. Wahrnehmung ist ein „Lebensbezug", d. h. nicht ein bloß theoretisches Konstatieren, nüchternes Auffassen o. ä.
3. Die erfahrene Bedeutsamkeit ist in das Wahrgenommene nicht hineingelegt, sondern umgekehrt aus ihm expliziert.

Dilthey schreibt dazu: „In jedem Lebensbezug, in welchem unsere Totalität sich zu sich selbst oder anderen verhält, kehrt wieder, daß Teile eine Bedeutung für das Ganze haben. Ich blicke in eine Landschaft und fasse sie auf. Hier muß zunächst die Annahme ausgeschaltet werden, daß dies nicht ein Lebensbezug, sondern ein Bezug bloßen Auffassens sei. Daher darf man das so vorhandene Erlebnis des Momentes in Bezug [sic] auf die Landschaft nicht Bild nennen. Ich wähle den Ausdruck `Impression´. Im Grunde sind mir nur solche Impressionen gegeben. Kein von ihnen getrenntes Selbst und auch nicht etwas, von dem es Impression wäre. Dies Letztere konstruiere ich nur hinzu" (DILTHEY 1927, 229 f.). „Die Bedeutsamkeit, die so die Tatsache empfängt als die Bestimmtheit des Bedeutungsgliedes aus dem Ganzen, ist ein Lebensbezug und kein intellektuelles Verhältnis, kein Hineinlegen von Vernunft, von Gedanke in den Teil des Geschehnisses. Die Bedeutsamkeit ist aus dem Leben selbst herausgeholt" (DILTHEY 1927, 240).

Von Dilthey aus kann man in einem Schritt zu Heidegger die Geschichte des modernen Einspruchs gegen den Projektionismus weiterverfolgen. Heidegger setzt sich in Vorlesungen der Jahre 1929-1931 unmittelbar mit dem Thema auseinander. Er referiert zunächst die herkömmliche Auffassung, dass die stimmungsmäßigen Eigenschaften aus dem Subjekt stammen: „Stimmungen, die die Dinge in uns verursachen, übertragen wir hinterher auf die Dinge selbst" (HEIDEGGER 1983, 127). Gewöhnlich ist man hier schnell mit dem Begriff Metaphorik zur Hand, den Heidegger auf seinen Ursprung (*metaphérein* = übertragen) zurückführt: „Wir sprechen von einer `lachenden Wiese´ und meinen doch nicht, daß die Wiese selbst lacht, von einem `heiteren Zimmer´, einer `schwermütigen Landschaft´. Die Landschaft ist doch nicht selbst schwermütig, sondern sie stimmt uns nur so, verursacht in uns diese Stimmung" (HEIDEGGER 1983, 127f.). Heidegger fragt sich nun, ob damit etwas erklärt ist. Warum übertragen wir denn solche Stimmungscharaktere auf die Dinge? „Das geschieht doch nicht zufällig und willkürlich, sondern offenbar deshalb, weil wir *an den Dingen* etwas finden, was gleichsam von sich aus fordert, daß wir sie so ansprechen und benennen und nicht anders" (HEIDEGGER 1983, 128). Die Projektionstheorie unterlässt es, eine Begründung dafür zu liefern, dass eine Übertragung subjektiver Bestimmungen auf die Objekte vollzogen wird, sie fragt nicht danach, ob die Objekte selbst eine Übertragung auf sie fordern. „Besteht aber eine solche Forderung, ist es nicht reine Willkür, daß wir z. B. die eine Landschaft heiter, die andere schwermütig nennen, dann gilt es zu fragen, wie denn die Objekte selbst vor der übertragenden Erfassung und Einfühlung solcher Stimmungen gegeben sind, welches ihr Objektcharakter ist, daß sie eine solche Übertragung erfordern [...] Man bedenkt nicht, daß wenn die Objekte selbst ihrem Sachgehalt und ihrer Seinsart nach eine solche Übertragung verlangen, etwa als Kräfte und Mächte angesprochen zu werden, daß dann ja eine Übertragung gar nicht erst zu geschehen braucht; denn dann finden wir in ihnen selbst, was wir ihnen zusprechen" (HEIDEGGER 1981, 76). Heidegger lehnt daher die Projektionsthese ab: „Dann übertragen wir etwas nicht mehr, sondern *vernehmen* das in irgendeiner Weise *von den Dingen selbst*"

---

[6] Vgl. NIETZSCHE 1999a, 175; DERS. 1999b, 114; DERS. 1999c, 75; DERS. 1999d, 652; DERS. 1999e, 41; 49.

(HEIDEGGER 1983, 128) und entscheidet sich für eine komplexe Lösung, die beiden Seiten ihren Anteil zugesteht: „Charaktere wie ´langweilig´ sind also objektzugehörig und doch subjektentnommen" (HEIDEGGER 1983, 129).

Neuerdings hat die Projektionstheorie wieder Beachtung gefunden in der Diskussion über Naturästhetik der letzten Jahre; Ruth und Dieter Groh haben hier Partei genommen für den Gedanken der Projektion. Sie schreiben: „Aber der Morgen ist nicht heiter, wir sind es. Es ist – in diesem Fall – die Korrespondenz von Mensch und Natur auf der physikalisch und physiologisch beschreibbaren Ebene, die im Gemüt als Freiheit von Widerständen erlebt wird und darum heiter stimmt. Die heitere Stimmung wird im Erleben der Korrespondenz *metaphorisch* auf die äußere Natur übertragen. [...] Es ist eine anthropomorphe, poetische Redeweise, den Morgen heiter zu nennen. Wir reden so, gewiß. Aber wir dürfen der Sprache nicht auf den Leim gehen und die Metapher als reales Prädikat eines natürlichen Phänomens verstehen. Heiterkeit des Morgens ´als solche´ wie die physiozentrische Naturästhetik behauptet, gibt es nicht. Der Morgen ist kein Subjekt, das heiter gestimmt ist und sich uns in dieser Stimmung zeigt. Allenfalls könnte man sagen, daß wir den Morgen *als* einen erleben, der die expressive Qualität der Heiterkeit hat. Das heißt aber auch nichts anderes, als daß korresponsive Wahrnehmung von Naturstimmungen anthropomorph ist: ´Sie schreibt ihrem Gegenstand ein expressives Beredtsein zu, dem ein sinnbezogenes Erleben dieses Gegenstandes entspricht.´ Der Morgen erscheint uns heiter aufgrund unserer Möglichkeit, ihn so zu erleben" (GROH/GROH 1996, 134 f.).[7] Dass der Morgen ein heiter gestimmtes Subjekt wäre, wird wohl niemand im Ernst behaupten. Wichtig ist dagegen der Umstand, dass nicht nur wir den Morgen erleben als Etwas, sondern der Morgen ein einzelner Morgen nur dadurch ist, dass er etwas als Etwas ist. Auf die Grundproblematik, die sich aus der Koalition von Projektionismus und Nominalismus gegen den primären Charakter der Bedeutsamkeit ergibt, kann hier nur kurz eingegangen werden.[8] Gewöhnlich wird die Frage unterschätzt, wie etwas einzeln wird. Etwas kann einzeln sein nur durch Bestimmtheit als Etwas, als Fall einer Gattung oder – was dasselbe ist – als Inhaber einer Eigenschaft. Etwas als Etwas, A als B sein, besteht darin, dass A B ist, und das ist ein Sachverhalt (dieser Gedanke lässt sich ebenso gut mit einem Programm oder einem Problem durchführen). Damit ist die Bedeutsamkeit von vornherein im Spiel, wenn Einzelnes vorliegt. Nur wenn nichts Einzelnes vorkommt (beim Dösen etwa oder in tiefer Trance), gibt es Wahrnehmung bedeutungslosen Stoffes. Von diesen Ausnahmefällen abgesehen, ist aber alles, was erlebt wird, alles was einzeln ist, mit Bedeutung geladen. Der Projektionismus ist damit nicht zu halten.

Konstellationismus

Die von Simmel aufgeworfene Frage, mit welchem Recht die Stimmung als Qualität einer Landschaft gelten könne, war der Ausgangspunkt des letzten Abschnitts über Projektionismus. Die nun folgenden Überlegungen zum Thema Konstellationismus knüpfen an die Antwort Simmels an. Das Recht, die Stimmung als Qualität der Landschaft zu betrachten, wäre nach Simmel „illusorisch, bestünde die Landschaft wirklich nur aus solchem Nebeneinander von Bäumen und Hügeln, Gewässern und Steinen. Aber sie ist ja selbst schon ein geistiges Gebilde, man kann sie nirgends im bloß Äußeren tasten und betreten, sie lebt nur durch die Vereinheitlichungskraft der Seele, als eine durch kein mechanisches Gleichnis ausdrückbare Verschlingung des Gegebenen mit unserem Schöpfertum. Indem sie so ihre ganze Objektivität als Landschaft innerhalb des Machtgebietes unseres Gestaltens besitzt, hat die Stimmung, ein besonderer Ausdruck oder eine besondere Dynamik dieses Gestaltens, volle Objektivität an ihr" (SIMMEL 1957, 150).
Simmel geht in der Tradition des Kantianismus davon aus, dass wir es in der Wahrnehmung primär zu tun haben mit lauter einzelnen Elementen, die dann vom Verstand oder Geist synthetisiert werden. Das ist Konstellationismus, eine Weltanschauung, die die Welt als das Netz der Beziehungen zwischen lauter einzelnen Gegenständen auffasst (SCHMITZ 2003, 131).

---

[7] Vgl. SEEL 1996, 118.
[8] Vgl. dazu: SCHMITZ 1997, 194. – In den dort zu findenden Ausführungen über „Konstruktive und explikative Vernunft" wird auch eine grundsätzliche Alternative zum hier besprochenen Projektionismus deutlich. – Vgl. zur ausführlichen Widerlegung des Projektionismus v. a.: DERS. 1999, 32-37.

Ist Landschaft eine Konstellation oder ist sie etwas anderes, noch näher zu Bezeichnendes? Ein Kandidat dafür wäre der Weltbegriff, den Heidegger in „Sein und Zeit" präsentiert. Die Welt ist hier das Verweisungsganze der Bedeutsamkeit (HEIDEGGER 2001, 123). Wenn man eine Verweisungsmannigfaltigkeit in den Blick nimmt, zeigt sich, dass ein isoliertes Zeug nicht vorkommt, dass Zeug vielmehr immer aus der Zugehörigkeit zu anderem Zeug ist. Gegen die traditionelle Ontologie der isolierten Dinge wendet sich Heidegger, wenn er einen „Vorrang der Präsenz der Verweisungsganzheit und der Verweisungen vor den in den Verweisungen sich selbst zeigenden Dingen" behauptet (HEIDEGGER 1979, 254). Am Beispiel eines Zimmers wird vorgeführt, was ebenso für eine Landschaft gilt: „Diese `Dinge´ zeigen sich nie zunächst für sich, um dann als Summe von Realem ein Zimmer auszufüllen. Das Nächstbegegnende, obzwar nicht thematisch Erfaßte, ist das Zimmer, und dieses wiederum nicht als das `Zwischen den vier Wänden´ in einem geometrischen räumlichen Sinne – sondern als Wohnzeug. Aus ihm heraus zeigt sich die `Einrichtung´, in dieser das jeweilige `einzelne´ Zeug. *Vor* diesem ist je schon eine Zeugganzheit entdeckt" (HEIDEGGER 2001, 68 f.).⁹ „Zuhandenes wird immer schon aus der Bewandtnisganzheit her verstanden" (HEIDEGGER 2001, 150). Am konkreten Fall: Ein Stuhl im Arbeitszimmer ist ein Arbeitsgerät, ein Stuhl im Museum dagegen dient entweder Besuchern zum Ausruhen oder stellt ein Kunstwerk dar. Der Kontext gibt den Ausschlag für die Bedeutung.

Solange wir also Landschaft aus der Perspektive menschlicher Wahrnehmung thematisieren, haben wir es nicht mit primär einzeln begegnenden Elementen zu tun, die nachträglich zusammengefasst werden. Landschaft als eine Welt im Sinne Heideggers ist keine Konstellation, keine sekundäre Vernetzung isolierter Faktoren.

Gegen den Konstellationismus scheint nun bereits vor Heidegger die Gestaltpsychologie opponiert zu haben, mit ihrem Motto, das Ganze sei mehr als die Summe seiner Teile. An dieser Stelle muss man jedoch zunächst gründlich prüfen, ob die Auffassungen, die ihr Begründer Christian von Ehrenfels vertreten hat, tatsächlich eine Korrektur des Konstellationismus darstellen. Bekanntlich kommt von Ehrenfels bei seiner Betrachtung von Melodien, die trotz vollständigen Austausches ihrer Elemente (der Töne) im Transponieren als identisch imponieren, zu dem Ergebnis, dass Gestalten etwas anderes seien als die Summe der Elemente.¹⁰ Damit meint er aber lediglich, dass zu einer als Grundlage vorhandenen Summe von Elementen ein weiterer Vorstellungsinhalt hinzukommt, „ein gleichsam über dem Komplex schwebendes neues Element" (VON EHRENFELS 1978, 16). Damit sind Merkmale anerkannt, die weder Eigenschaften der Elemente noch Beziehungen zwischen diesen sind. Die Gestaltqualität ist gedacht als eine Art Ergänzung der ansonsten für sich stehenden Elemente – die Ergänzung unterstreicht aber gerade die Sonderung. Das greift den Konstellationismus nicht wirklich an. Durchgreifend Neues bringt erst die Weiterentwicklung der Gestaltpsychologie, namentlich Max Wertheimer, ins Spiel (WERTHEIMER 1925, 46 f.; METZGER 1986a, 102; SCHMITZ 1967, 274). Für Wertheimer sind Gestalten nicht zur Summe hinzukommende, also sekundär sich auf den primär gegebenen Stücken aufbauende Inhalte. Die Gestalt prägt vielmehr ihre Teile, es gilt ein echter Primat der Ganzheit: „Ein und derselbe Sachverhalt hat als Teil eines Ganzen Eigenschaften, die er als Einzelinhalt nicht besitzt: Seine *Strukturfunktion*´ oder seine *Rolle im Ganzen*" (METZGER 1986b, 128).¹¹ Das bedeutet nun in der Tat, dass das Ganze mehr als die Summe seiner Teile ist.

Mit dem Heidegger von „Sein und Zeit" und der späteren Gestalttheorie sind zwei Kritiker des Konstellationismus behandelt worden. Wenn die Konstellation nun trotz ihrer offensichtlich größeren Komplexität (im Vergleich zum Ausgangsmodell `isoliertes Ding´) die Eigenart des Wahrnehmungsgegenstandes verfehlt, dann stellt sich die Frage, wie man auf anderem Wege zu einem zufriedenstellenden Ergebnis gelangen kann.

Einen möglichen anderen Weg deutet Heidegger in seinen ersten Vorlesungen an, in denen er anstelle des Weltbegriffs auch den Situationsbegriff einsetzt. Er schreibt dort den wichtigen Satz: „Alles muß in sei-

---

⁹ Vgl. HEIDEGGER 1979, 252 f.
¹⁰ Vgl. VON EHRENFELS 1978, 18 f.
¹¹ Die gestaltpsychologische Kritik des Konstellationismus wird noch gewichtiger, wenn man neben der hier behandelten Berliner Schule noch die Leipziger Schule mit ihrer Betonung der Binnendiffusion der Gestalten hinzunimmt. Hier kann man sehen, dass sich aus einer noch so umfangreich angenommenen Anzahl von Teilen ein konkretes Phänomen nicht zusammensetzen lässt, weil gar nicht alle Teile vorliegen, d. h. nicht alles einzeln ist.

nem lebendigen Zusammenhang betrachtet werden, d. h. man muß die *ganzen Situationen* vor sich haben" (HEIDEGGER 1993, 219). Eine umfassende Philosophie der Situationen, die diesem Programm folgen würde, hat Heidegger jedoch nicht entwickelt. Ich möchte daher den ausgearbeiteten Vorschlag der Neuen Phänomenologie von Hermann Schmitz nutzen. Die Zwischenergebnisse der bisherigen Überlegungen gehen in diese Theorie der Situationen ein:

1. Das Modell konzentriert sich nicht auf isolierte Dinge.
2. Es integriert die affektiv erfahrene Bedeutsamkeit (Diltheys „Lebensbezug" statt „Bezug bloßen Auffassens").
3. Es geht von einem Primat der Bedeutsamkeit aus, verzichtet auf die Projektionshypothese.
4. Die Bedeutsamkeit der Situation liegt nicht von vornherein einzeln vor, sie muss erst „herausgeholt" (Dilthey), expliziert werden. Situationen sind insofern von Konstellationen unterschieden, die als das Ergebnis einer vollständigen Explikation betrachtet werden können. Wichtig sind also diese vier Merkmale: 1.) Komplexität; 2.) Affektivität; 3.) Bedeutsamkeit; 4.) Explikation.

Schmitz' abstrakte Definition von „Situation" lautet: „Eine Situation schließt Mannigfaltiges ganzheitlich (d. h. in sich zusammenhängend und nach außen abgehoben) durch eine Bedeutsamkeit zusammen, die aus Sachverhalten (daß etwas ist), Programmen (daß etwas sein soll oder möge) und Problemen (ob etwas ist) bestehen kann und im Inneren diffus ist (so daß nicht alles, eventuell gar nichts, in ihr einzeln ist)" (SCHMITZ 2004, 147). In dem von Sachverhalten, Programmen und Problemen gebildeten Hof der Bedeutsamkeit ist nicht alles einzeln, weil nicht durchgängig feststeht, was darin womit identisch und wovon verschieden ist; Schmitz spricht dann von chaotischer (d. h. verschwommener, im Inneren diffuser, nicht etwa verworrener) Mannigfaltigkeit (SCHMITZ 1997, 199).

Wenn es gelingt, die Binnendiffusion der Situation durch vollständige Explikation in eine numerische (zahlfähige) Mannigfaltigkeit zu überführen, dann haben wir es mit einer Konstellation zu tun, einem Netz aus lauter einzelnen Faktoren. Am Beispiel: Wenn wir den Anfangszustand einer mathematischen Aufgabe als Situation betrachten können, so steht am Ende (falls die Lösung gelungen ist) eine Konstellation da. Hingegen würden wir denselben Prozess bei einem Gedicht als verfehlt und unausführbar ansehen. Ein Gedicht ist ebenfalls eine binnendiffuse Situation, in der vielerlei mitschwingt, was sich nicht einzeln sagen lässt, aber der Versuch, das Gedicht in eine Konstellation zu verwandeln durch Bildung eines Inventars von Sachverhalten, Programmen und Problemen, zerstört die Wirkung des Gedichts, die gerade in seinem Situationscharakter ruht, und lässt uns ratlos und enttäuscht zurück.

Die Landschaft, sofern sie von Menschen wahrgenommen wird, ist eine „Situation" im angegebenen Sinne und daher dem Gedicht vergleichbar. Die Inventarisation dagegen stellt die Landschaft lediglich als eine Konstellation dar. Der Konstellationismus leuchtet immer ein, wenn man von Situationen absieht, aber dann befindet man sich in einer Kunstwelt (SCHMITZ 2003, 200 f.). Der oben vorgestellte phänomenologische Ansatz bewahrt den Wissenschaftler davor, sich in einer solchen Kunstwelt einzurichten, in der alles leicht erfassbar wirkt und den Eindruck sicheren Wissens macht, möglicherweise erkauft um einen hohen Preis: den „Verlust der Lebensbedeutsamkeit" (Edmund Husserl).

Die Situationsforschung kann aber auch nicht einfach beim ganzheitlichen Eindruck stehen bleiben. Sie muss zur Explikation übergehen, zur vereinzelnden Heraushebung von Sachverhalten, Programmen und Problemen aus der Situation. Dieses Projekt beschreibt noch einmal Alexander von Humboldt: „Es ist ein gewagtes Unternehmen, den Zauber der Sinnenwelt einer Zergliederung seiner Elemente zu unterwerfen. Denn der großartige Charakter einer Gegend ist vorzüglich dadurch bestimmt, daß die eindrucksreichsten Naturerscheinungen gleichzeitig vor die Seele treten, daß eine Fülle von Ideen und Gefühlen gleichzeitig erregt werde. Die Kraft einer solchen über das Gemüt errungenen Herrschaft ist recht eigentlich an die Einheit des Empfundenen, des Nicht-Entfalteten geknüpft. Will man aber aus der objektiven Verschiedenheit der Erscheinungen die Stärke des Totalgefühls erklären, so muß man sondernd in das Reich bestimmter Naturgestalten und wirkender Kräfte hinabsteigen" (VON HUMBOLDT 1962b, 313). Sonderung oder Explikation ist also erforderlich, will man sich nicht einfach mit dem ganzheitlichen Eindruck begnügen, doch dieser steht dabei immer am Anfang. Die Wahrnehmung der Situation ist „simultane Perzeption"[12]. Diese Simultaneität kann durch sprachliche Explikation mehr oder weniger in Sukzessivität überführt werden, doch ist es wichtig, sich zu vergegenwärtigen, dass eine solche Explikation in der Regel

---

[12] Vgl. HISS 1992, 21 ff.

nicht ein Inventar, eine vollständige Liste aller Sachverhalte, Programme und Probleme (eine numerische Mannigfaltigkeit) erzeugen kann, sondern lediglich imstande ist, die chaotische Mannigfaltigkeit innerhalb der Situation zurückzudrängen.

Der Unterschied zwischen Situation und Konstellation soll abschließend noch einmal an einem Beispiel aus unserem Themenbereich dargestellt werden: Einer fremden Stadt als Situation nähern wir uns, wenn wir ihrem „Eindruck" oder ihrer „Atmosphäre" nachgehen, ihrem „Flair", ihrem „Charme", ihrer „Physiognomie", ihrem „Klima", ihrem „Charakter"; dieselbe Stadt als Konstellation lernen wir kennen, wenn wir etwa ihr U-Bahn-Netz studieren, wenn wir dem Branchenfernsprechbuch die Anzahl ihrer Allgemeinärzte entnehmen oder dem Vorlesungsverzeichnis die Anzahl der Studierenden an der örtlichen Universität. Beide Zugänge, die Wahrnehmung der Situation Landschaft und die Inventarisation der Konstellation Landschaft zusammen, können erst das menschliche Interesse an diesem Gegenstand erschöpfend behandeln.[13]

Einem etwaigen Anspruch der Konstellationsforschung auf Alleinzuständigkeit in der Untersuchung von Landschaft jedenfalls müsste entgegengehalten werden, dass ein noch so vollständiges Inventar die Situation, das konkrete Phänomen der Lebenserfahrung, nicht erreichen kann. Das bringt ein Satz des Historikers von Ranke zum Ausdruck: „Denke dir die Aristokratie nach allen ihren Prädikaten [= das Inventar, die Konstellation; Anm. des Verf.], niemals könntest du Sparta [das konkrete Phänomen, die Situation; Anm. des Verf.] ahnen" (VON RANKE 1924, 32).

Literatur

DILTHEY 1924
W. Dilthey, Die geistige Welt. Einleitung in die Philosophie des Lebens. 1. Hälfte. Abhandlungen zur Grundlegung der Geisteswissenschaften. Hrsg. von G. Misch. Wilhelm Diltheys gesammelte Schriften 5 (Leipzig, Berlin 1924).

DILTHEY 1927
W. Dilthey, Aufbau der geschichtlichen Welt in den Geisteswissenschaften. Hrsg. von B. Groethuysen. Wilhelm Diltheys gesammelte Schriften VII (Leipzig, Berlin 1927).

DÖBLIN 1989
A. Döblin, Gespräche mit Kalypso. Über die Musik (1910). In: A. Döblin, Schriften zu Ästhetik, Poetik und Literatur (Olten, Freiburg i. Br. 1989), 11-112.

VON EHRENFELS 1978
Ch. von Ehrenfels, Über „Gestaltqualitäten". In: F. Weinhandl (Hrsg.), Gestalthaftes Sehen. Zum hundertsten Geburtstag von Christian von Ehrenfels[4] (Darmstadt 1978) 11-43.

GROH/GROH 1996
R. Groh/D. Groh, Die Außenwelt der Innenwelt. Zur Kulturgeschichte der Natur 2 (Frankfurt a. M. 1996).

GROßHEIM 1994
M. Großheim, Ludwig Klages und die Phänomenologie (Berlin 1994).

GROßHEIM 2004
M. Großheim, „Zu den Sachen selbst!" Die neue Sachlichkeit der Phänomenologen. In: M. Baßler/E. van der Knaap (Hrsg.), Die (k)alte Sachlichkeit. Herkunft und Wirkungen eines Konzepts. Festschrift für Helmut Lethen (Würzburg 2004) 145-159.

---

[13] Wie in der Geographie der phänomenologische Ansatz fruchtbar gemacht werden kann, zeigen die Arbeiten von J. Hasse. Vgl. z. B.: HASSE 2003 und DERS. 2002.

HASSE 2002
J. Hasse, Die Küste als „gelebter Raum" und die Sprache der Wissenschaft. Philosophia naturalis 39, 2002, 293-321.

HASSE 2003
J. Hasse, Stadt als erlebter und gelebter Raum – kein Sein ohne Handeln? In: E. M. Döring/G. H. Engelhardt/P. H. Feindt/J. Oßenbrügge (Hrsg.), Stadt – Natur – Raum. Die Metropolregion als politisch konstruierter Raum (Hamburg 2003) 171-199.

HEIDEGGER 1979
M. Heidegger, Prolegomena zur Geschichte des Zeitbegriffs. Marburger Vorlesung Sommersemester 1925. Hrsg. von P. Jaeger. Gesamtausgabe 20, Abt. 2. Vorlesungen 1923-1944 (Frankfurt a. M. 1979).

HEIDEGGER 1981
M. Heidegger, Aristoteles Metaphysik 1-3. Von Wesen und Wirklichkeit der Kraft. Freiburger Vorlesung Sommersemester 1931. Hrsg. von H. Hüni. Gesamtausgabe 33, Abt. 2. Vorlesungen 1923-1944 (Frankfurt a. M. 1981).

HEIDEGGER 1983
M. Heidegger, Die Grundbegriffe der Metaphysik. Welt – Endlichkeit – Einsamkeit. Freiburger Vorlesung Wintersemester 1929/30. Hrsg. von F.-W. von Herrmann. Gesamtausgabe 29/30, Abt. 2. Vorlesungen 1923-1944 (Frankfurt a. M. 1983).

HEIDEGGER 1993
M. Heidegger, Grundprobleme der Phänomenologie. Freiburger Vorlesung Wintersemester 1919/20. Hrsg. von H.-H. Gander. Gesamtausgabe 58, Abt. 2. Vorlesungen 1919-1944 (Frankfurt a. M. 1993).

HEIDEGGER 2001
M. Heidegger, Sein und Zeit[18] (Tübingen 2001).

HISS 1992
T. Hiss, Ortsbesichtigung. Wie Räume den Menschen prägen und warum wir unsere Stadt- und Landschaftsplanung verändern müssen (Hamburg 1992).

VON HUMBOLDT 1962a
A. von Humboldt, Ideen zu einer Physiognomik der Gewächse. In: A. von Humboldt, Ansichten der Natur. Ausgewählt und eingeleitet von H. Scurla[2] (Berlin 1962) 95-114.

VON HUMBOLDT 1962b
A. von Humboldt, Einleitende Betrachtungen über die Verschiedenartigkeit des Naturgenusses und eine wissenschaftliche Ergründung der Weltgesetze. In: A. von Humboldt, Ansichten der Natur. Ausgewählt und eingeleitet von H. Scurla[2] (Berlin 1962) 309-337.

MERLEAU-PONTY 1966
M. Merleau-Ponty, Phänomenologie der Wahrnehmung. Übers. von R. Boehm (Berlin 1966).

METZGER 1975
W. Metzger, Psychologie. Die Entwicklung ihrer Grundannahmen seit der Einführung des Experiments[5] (Darmstadt 1975).

METZGER 1986a
W. Metzger, Zur Geschichte der Gestalttheorie in Deutschland (1963). In: W. Metzger, Gestaltpsychologie. Hrsg. von M. Stadler und H. Crabus (Frankfurt a. M. 1986) 99-108.

METZGER 1986b
W. Metzger, Grundbegriffe der Gestaltpsychologie (1954). In: W. Metzger, Gestaltpsychologie. Hrsg. von M. Stadler und H. Crabus (Frankfurt a. M. 1986) 124-133.

NIETZSCHE 1999a
F. Nietzsche, Menschliches, Allzumenschliches I und II. Sämtliche Werke. Kritische Studienausgabe 2. Hrsg. von G. Colli und M. Montinari (München 1999).

NIETZSCHE 1999b
F. Nietzsche, Morgenröte. Idyllen aus Messina. Die fröhliche Wissenschaft. Sämtliche Werke. Kritische Studienausgabe 3. Hrsg. von G. Colli und M. Montinari (München 1999).

NIETZSCHE 1999c
F. Nietzsche, Also sprach Zarathustra. Sämtliche Werke. Kritische Studienausgabe 4. Hrsg. von G. Colli und M. Montinari (München 1999).

NIETZSCHE 1999d
F. Nietzsche, Nachgelassene Fragmente 1882-1884. Sämtliche Werke. Kritische Studienausgabe 10. Hrsg. von G. Colli und M. Montinari (München 1999).

NIETZSCHE 1999e
F. Nietzsche, Nachgelassene Fragmente 1887-1889. Sämtliche Werke. Kritische Studienausgabe 13. Hrsg. von G. Colli und M. Montinari (München 1999).

VON RANKE 1924
L. von Ranke, Politisches Gespräch. Mit einer Einführung von F. Meinecke (München, Leipzig 1924).

SCHELER 1980
M. Scheler, Der Formalismus in der Ethik und die materiale Wertethik. Gesammelte Werke 2^6 (Bern, München 1980).

SCHMITZ 1967
H. Schmitz, Der leibliche Raum. System der Philosophie III 1 (Bonn 1967).

SCHMITZ 1997
H. Schmitz, Höhlengänge. Über die gegenwärtige Aufgabe der Philosophie (Berlin 1997).

SCHMITZ 1999
H. Schmitz, Der Spielraum der Gegenwart (Bonn 1999).

SCHMITZ 2003
H. Schmitz, Was ist Neue Phänomenologie? Lynkeus. Studien zur Neuen Phänomenologie 8 (Rostock 2003).

SCHMITZ 2004
H. Schmitz, Naturwissenschaft und Phänomenologie. Erwägen, Wissen, Ethik 15, 2004, 147-154.

SEEL 1996
M. Seel, Eine Ästhetik der Natur (Frankfurt a. M. 1996).

SENECA 1993
L. A. Seneca, Epistulae morales ad Lucilium Liber VI. Briefe an Lucilius über Ethik 6. Buch. Übers. und hrsg. von R. Rauthe (Stuttgart 1993)

SIMMEL 1957
G. Simmel, Philosophie der Landschaft. In: G. Simmel, Brücke und Tür. Essays des Philosophen zur Geschichte, Religion, Kunst und Gesellschaft. Im Verein mit M. Susman hrsg. von M. Landmann (Stuttgart 1957) 141-152.

WERTHEIMER 1925
M. Wertheimer, Über Gestalttheorie. Sonderdrucke des Symposion 1 (Erlangen 1925).

WIESING 2003
L. Wiesing, Nachwort. In: M. Merleau-Ponty, Das Primat der Wahrnehmung. Hrsg. von L. Wiesing (Frankfurt a. M. 2003) 85-124.

WITTGENSTEIN 2003
L. Wittgenstein, Philosophische Untersuchungen. Auf der Grundlage der kritisch-genetischen Edition neu hrsg. von J. Schulte (Frankfurt a. M. 2003).

Die Umweltverträglichkeit von Windkraftanlagen – nicht nur eine Frage technischer Umweltnormen

Von Werner Nohl

Problemstellung

Umweltverträglichkeitsprüfungen (UVP), denen i. Allg. auch höhere Windkraftanlagen und Windfarmen unterzogen werden, sollen bekanntlich umfassende Prüfungen auf die voraussehbaren (nachteiligen) Umweltfolgen sein, zu denen gerade auch landschaftsästhetische Auswirkungen gehören. Als Beurteilungsstandards werden in solchen Untersuchungen und Prüfungen meist Normen herangezogen, die angeben, was auf jeden Fall beachtet werden oder gelten soll (z. B. Abstand zu Wohnbebauungen). Bei technischen Abläufen und solchen, die sich naturwissenschaftlich erklären lassen, ist das in der Regel relativ problemlos, weil die den Normen zugrunde liegenden Inhalte messbaren oder beobachtbaren Gesetzmäßigkeiten folgen. Solche Normen gelten deshalb auch als objektiv, und sie können als Richtschnur z. B. in UVP leicht legitimiert und durchgesetzt werden. Dagegen wird ästhetischen Standards, wenn sie denn überhaupt formuliert werden, in der Regel mit großer Skepsis begegnet, denn den zumeist naturwissenschaftlich oder juristisch ausgebildeten Mitarbeitern der planenden Behörden gelten ästhetische Argumente als subjektiv, damit als nicht sachlich, im Sinne technischer Abläufe als nicht objektiv. Es mag zwar gelegentlich bemerkt werden, dass es auch im ästhetischen Erleben der Menschen Gleichförmigkeiten und Regelhaftigkeiten gibt, es fehlt jedoch an Konzepten und Methoden, solche Regelhaftigkeiten zu erfassen und sie planerisch in standardsetzende Normen umzuformen.

Es ist richtig, dass sich die landschaftsästhetischen Präferenzen der Menschen, ihre Liebe zur Landschaft, immer in persönlichen Erlebnissen äußern. Es ist aber auch richtig, dass die einzelnen Menschen in unserer Gesellschaft nicht derart atomisiert leben und existieren, dass sie in keinerlei Verbindungen – sozialen, geistigen und kulturellen – untereinander stehen. Vielmehr zeigen empirische Untersuchungen (z. B. HOISL u. a. 1987), dass es sehr wohl sachliche Zusammenhänge und empirisch nachvollziehbare Stetigkeiten im ästhetischen Erleben der meisten Menschen gibt. Tatsächlich ist die intersubjektive Übereinstimmung im Landschaftserleben so groß, dass man bei Planungsentscheidungen davon durchaus Gebrauch machen kann.

So soll im Folgenden ein planerisch-praktikabler landschaftsästhetischer Ansatz aufgezeigt werden, bei dem sowohl der Betrachter in seiner subjektiven Befindlichkeit als auch die landschaftliche Natur in ihren objektiven Gegebenheiten gleichermaßen Berücksichtigung finden. Empfindungen und Vorstellungen des Betrachters einerseits und der Elementenschatz der Landschaft andererseits sollen im sogenannten Konzept des „landschaftsästhetischen Anmutungsfeldes" wechselwirksam zusammengeführt werden. Darüber hinaus soll aufgezeigt werden, dass solche ästhetischen Anmutungen sehr wohl empirisch nachweisbar und zumindest so weit als Regelhaftigkeiten und Konsistenzen erkennbar sind, dass sie in formalisierte (Planungs-)Verfahren übernommen werden können.

Das Anmutungsfeld im landschaftsästhetischen Erleben
(Bausteine eines Konzepts)

Der Zusammenhang zwischen Landschaft, Betrachter und Landschaftsbild

Für den Planer, der ästhetische Belange in der Landschaftsplanung vertritt, ist es notwendig, einen deutlichen Unterschied zwischen (objektiv gegebener) Landschaft und (subjektiv-ästhetisch erlebtem) Landschaftsbild zu machen. Betrachtet man in diesem Sinne das Landschaftsbild als die subjektive Interpretation einer objektiv gegebenen Landschaft, dann zeigt sich, dass in ihm nicht nur die objektiv gegebenen Strukturen und Eigenschaften der Landschaft mit den bildauslösenden Landschaftskomponenten wie Relief, Vegetation, Gewässer, Nutzungen, Baustrukturen usw. eine Rolle spielen. Im Landschaftsbild sind immer auch die geistig-seelischen Fähigkeiten des Betrachters wie z. B. seine Wahrnehmung und seine Erinnerung, aber auch die subjektive Befindlichkeit des Betrachters, d. h. seine Bedürfnisse, Gefühle, Hoffnungen und Ängste usw. wirksam (NOHL 2001, 43 f.). Das Landschaftsbild umfasst also immer mehr als die sichtbaren landschaftlichen Tatsachen. Die reale Landschaft mit ihren erlebbaren Strukturen und Prozessen ist zwar der Auslöser des Landschaftsbildes, aber erst die mit den Wünschen, Erinnerungen und Idealen verbundenen Werte des Betrachters verwandeln die faktische Landschaft in ein emotional-werthaltiges, ästhetisches Landschaftsbild (Abb. 1).

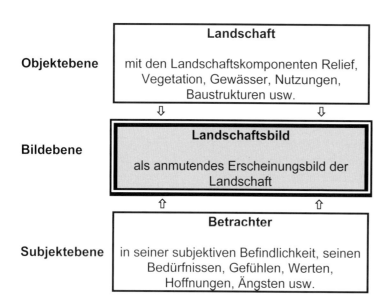

Abb. 1.
Der Zusammenhang zwischen Landschaft, Betrachter und Landschaftsbild
(Entwurf: Werner Nohl).

Die subjektive Befindlichkeit des Betrachters bewirkt, dass einerseits immer nur bestimmte Teile, Aspekte, Strukturen der Landschaft gesehen werden und andererseits auch Nicht-Geschautes, Erahntes, gelegentlich gar Phantasiertes in die Landschaft hineingedeutet wird. Menschliche Wahrnehmung ist selektiv und imaginativ zugleich. Mit „Landschaftsbild" wird zum Ausdruck gebracht, dass nicht die objektive Landschaft gemeint ist, sondern immer nur die Perspektive, die sich aufgrund des „Standpunktes" des Betrachters ergibt. Dabei kann die Rede vom Standpunkt durchaus auch wörtlich genommen werden: Einem Betrachter bietet sich schon bedingt durch seinen räumlichen Standpunkt immer nur eine spezifische Perspektive der Landschaft dar. Die Standpunkthaftigkeit unseres Sehens geht aber weit über diesen räumlichen Zusammenhang hinaus (KRUSE 1974). Wir nehmen auch deshalb perspektivhaft wahr, weil sich unsere Erfahrungen, Erwartungen, Gefühle und Absichten immer zwischen die Gegenstände der Außenwelt und unsere Wahrnehmung schieben. Diese wertende Intentionalität der Wahrnehmung bewirkt, dass wir die Landschaft nicht erfassen, wie sie ist, sondern wie sie uns erscheint. Das „Landschaftsbild" kann damit als das Erscheinungsbild der Landschaft begriffen werden.

Die Rolle der Wahrnehmung

Im „Landschaftsbild" geht es also immer um das Wechselspiel von Landschaft und Betrachter. Angesichts der großen Vielfalt auf Seiten der Landschaft – gleicht doch kein Landschaftsausschnitt dem anderen – kommt es für den Betrachter darauf an, der Fülle des Materials derart zu begegnen, dass die je betroffene Landschaft für ihn in sinnvollen Zusammenhängen erlebbar und erkennbar wird. Diese Tendenz zum sinnhaften Erleben und Verstehen wird bereits durch den Prozess der Wahrnehmung gefördert. Alle Wahrnehmung unterliegt einer spontanen Tendenz zum gestalthaften Wahrnehmen (KATZ 1969). Beispielsweise drängen unsere Sinne fortwährend darauf, die Landschaft in (zusammenhängenden) Figuren und Räumen zu sehen (NOHL 1997). So erleben wir etwa dicht beieinander stehende Bäume in der Regel nicht als einzelne Elemente, sondern als Wald, als Feldgehölz, als Hain oder dergleichen. Im Gegensatz zum wissenschaftlichen Analysieren bevorzugen wir im ästhetischen Erleben den gestalthaften Blick, der die Einzeldinge (noch vor dem Denken) zu einer komplexen Ganzheit verschmilzt. Dabei tendiert die Wahrnehmung dazu, die Dinge im Erlebnisfeld zu „guten Gestalten" und damit zu einprägsamen Strukturen zusammenzufassen. Die Wahrnehmung in figürlichen und räumlichen Gestalten bewirkt, dass wir das Erlebnisfeld in einer ersten grundlegenden Gliederung nach dem Figur-Grund-Prinzip unterteilen, insbesondere wenn sich in ihm auffällige oder bedeutungsgeladene Gegenstände befinden. Dadurch werden die dominanten Figuren wie in einer Reliefdarstellung gegen den Grund deutlich hervorgehoben. Oder wir erleben in der Landschaft oftmals auch dort Raum, wo eine allseitige Geschlossenheit nicht gegeben ist (z. B. unter dem schirmartigen Geäst eines großen Baumes).

Die Erkenntnis von und das Wissen über Landschaft wird ferner dadurch gefördert, dass an der Wahrnehmung meist mehrere Sinne beteiligt sind. Informationen über die Landschaft sammeln wir ständig mit den Augen, den Ohren, der Nase, ja mit dem ganzen Körper. Beispielsweise sehen wir in einem dunklen Fichtenforst nicht nur, wie sich die regelmäßig aufgereihten Stämme im dämmrigen Licht des Hintergrunds allmählich auflösen, wir werden zugleich auch der Stille, insbesondere des fehlenden Vogelgezwitschers gewahr, und es steigt uns möglicherweise der faulige Geruch von Pilzen in die Nase. Zudem ist nicht selten unser Leib selbst als Sinnesorgan tätig. Wir tasten aktiv mit Händen und Füßen, und unsere Haut nimmt eher reaktiv, aber feinfühlig Sonne, Wind, Regen, Kälte usw. wahr.

Dennoch ist uns jede Landschaft hauptsächlich als visuelle Welt gegeben, wie schon die Kennzeichnung des Menschen als „Augentier" verdeutlicht. Deshalb sind i. Allg. viele landschaftsästhetische Anmutungen im Visuellen verankert. Dass wir überhaupt die gegenständliche Welt, wenn nicht vollständig, so doch zusammenhängend und räumlich wahrnehmen, verdanken wir v. a. dem visuellen Sinn. Indem wir mit unseren Augen einen bestimmten Ausschnitt einer Landschaft erfassen, begreifen wir nicht nur seinen räumlichen Aufbau und die raumschaffenden Strukturen. Mit der detaillierten visuellen Wahrnehmung der Formen, Umrisse, Farben usw. werden diese Strukturen zu zusammenhängenden Bildern verdichtet. Die Informationen, die die übrigen Sinne liefern, wirken dabei oftmals wie die Gewürze an einer Speise. Sie geben den letzten Schliff und runden das Wahrnehmungsbild ab.

Inwertsetzung und Erinnerung

Dem sinnhaften Verstehen von Landschaft dient im ästhetischen Erleben auch der psychische Vorgang der Inwertsetzung des Wahrgenommenen, wobei beide Prozesse, Wahrnehmen und Inwertsetzen, unlöslich miteinander verknüpft sind. Hinter der Inwertsetzung verbirgt sich das Wechselspiel von Wahrnehmung und Erinnerung. Die Erinnerungen an vorgängig erlebte Landschaften stellen einen wesentlichen Maßstab dar, wenn es darum geht, die ästhetische Qualität einer aktuell erlebten Landschaft zu beurteilen. Wir tragen immer schon Erinnerungen an Landschaften mit uns herum. So vergleichen wir bei jedem aktuellen Landschaftserlebnis das gegenwärtige Landschaftsbild mit bereits vorhandenen Erinnerungsbildern dieses Landschaftstyps. Für Erinnerungsbilder ist nun kennzeichnend, dass die weniger wichtigen Einzelheiten im Laufe der Zeit verloren gehen, während das Charakteristische der Landschaft sich gedanklich-abstrakt präzisiert und festsetzt (ARNHEIM 1969). Aufgrund dieser Tendenzen einerseits zur Vereinfachung und andererseits zur Prägnanz bildet sich in unserer Erinnerung ein Fundus an charakteristischen Landschaftstypen heraus, von denen wir genau wissen, dass sie ihren Inhalten nach unseren landschaftsästhetischen Bedürfnissen besonders gut entgegenkommen. Umgekehrt werden in der Erinnerung auch ästhetisch unbefriedigende Landschaftserlebnisse in Bildern festgehalten. Sie machen uns im Prozess der Inwertsetzung deutlich, was wir ästhetisch nicht wollen.

Natürlich gibt es keine absolute Erinnerungsgewissheit; wir vergessen manches – vor allen Dingen Negatives –, wodurch sich die Vergleichsgrundlage im Laufe der Zeit verändern kann. Auch der permanente Wahrnehmungszufluss trägt zur stetigen Modifizierung unserer Erinnerungen bei (HELLPACH 1977). Unabhängig davon, wie schnell oder gründlich sich unsere Erinnerungsbilder verändern, der Wert, den wir einer Landschaft im Augenblick des Erlebens zusprechen, hängt vom Ergebnis des Vergleichs der aktuellen Wahrnehmungsbilder mit den je vorhandenen Erinnerungsbildern ab. Das ästhetisch Positive in solchen Erinnerungsbildern lässt sich vom Betrachter in der Regel ganz gut über Merkmale wie Vielfalt, Naturnähe, Gliederungskraft, Eigenart und Tiefenwirkung der Landschaft verbal zum Ausdruck bringen. Hier liegt die Begründung dafür, dass diese Landschaftsmerkmale als wesentliche Kriterien landschaftsästhetischer Qualität in planerischen Bewertungsprozessen häufig Anwendung finden.

Gefühle und Anmutungen

Mit den Inwertsetzungsprozessen werden die Inhalte landschaftlicher Wahrnehmung aber auch „emotionalisiert", was daran liegt, dass Bedürfnisse und ihre Befriedigungshandlungen, und damit ebenso ästhetische Bedürfnisse, immer von Gefühlen begleitet sind (LERSCH 1970). Die Verquickung von Wahrnehmung und Werten ist so eng, dass wir sagen können, die Wahrnehmung selbst zeichne sich durch eine affektive Komponente aus. Wir halten uns beispielsweise nie teilnahmslos in einer Landschaft auf. Wir erschaudern, wenn das Geäst eines alten Baumes im Winde knarzt, ärgern uns, weil ein Windpark die Horizontlinie der nahen Hügelkette aufreißt, genießen den gelben Aspekt blühenden Ginsters auf einer verbrachten Hangwiese oder schauen mit Interesse dem regen Schiffsverkehr auf einem schilfgesäumten Kanal zu.

Im ästhetischen Erleben gehen die wahrgenommenen Dinge der Landschaft und die Gefühle der Betrachter im Laufe der Zeit oftmals derart feste Verbindungen ein, dass uns das Emotionale als Eigenschaft der Dinge erscheint. Soweit diese Eigenschaften selbst wieder Gefühle und Stimmungen beim Betrachter auszulösen vermögen, können sie als „Anmutungsweisen" (METZGER 1954) bezeichnet werden. Wer sich vor einem großen, dichten Nadelwald ein wenig fürchtet, drückt dies möglicherweise dadurch aus, dass er sagt, der Wald mute ihn „finster" an. Anmutungen sind meist konnotativer Natur, insofern durch sie die Dinge nicht einen Sachsinn, sondern eine Gefühlsaura zum Ausdruck bringen (HERRMANN/STÄCKER 1975). Aber auch denotative, d. h. eher gegenstandsnahe Begriffe können gelegentlich Anmutungswirkung besitzen. Beispielsweise sind „groß" und „breit" i. Allg. Eigenschaften, die zunächst nur zur sachlichen Beschreibung eines Gegenstands dienen. Werden sie aber im Zusammenhang mit dem ästhetischen Erlebnis etwa einer alten, mächtigen Allee verwendet, dann handelt es sich durchaus um Anmutungen, denn in ihnen schwingt nun Emotionales mit und damit mehr als der sachliche Kern dieser Begriffe hergibt.

Natürlich wirken die Dinge auf uns nur deshalb freundlich, rätselhaft, abstoßend oder banal, weil wir in einem Akt der Übertragung unsere eigenen Stimmungen und Gefühle auf die Dinge projizieren. Anmutungen haftet nichts Unerklärliches an. Vielmehr haben wir gelernt, dass wir unsere körperlich-sinnliche Ergriffenheit in der Landschaft auch über die Dinge anklingen lassen können, wodurch die Landschaft zum Widerschein der menschlichen Seele wird. So kommt es über die Anmutungen im ästhetischen Erleben in gewisser Weise zu einer „Vermenschlichung der Landschaft" (HELLPACH 1977). Dass die Anmutungen letztlich dem erlebenden Subjekt verpflichtet sind, zeigt sich gleichfalls daran, dass starke Gefühle auf Seiten des Subjekts die Dinge entsprechend mit Beschlag belegen können. Es passiert nicht selten, dass jemanden, der vor einem Landschaftsbesuch Aufregendes erlebt hat, die Landschaft deutlich positiver und freundlicher anmutet, als das ohne diese Voraussetzung der Fall gewesen wäre.

Über die Anmutungen offenbaren die Dinge oftmals einen tätigen Charakter. So erleben wir beispielsweise, dass die Sonne „sticht", eine Wolke „droht", ein Schatten nach uns „greift", der Sand unsere Füße „umspielt". Mit solchen aktiven, fast menschlichen Zügen vermögen die Dinge den Betrachter leicht für sich einzunehmen. Diese über die Anmutungen stattfindende Verlebendigung der Dinge kann der Landschaft einen ganz besonderen ästhetisch-poetischen Zauber verleihen. Es sind also die Anmutungen, die die Dinge im ästhetisch-emotionalen Sinne eindringlich machen. Es ist nicht schwer, sich vorzustellen, dass wir das Lebendigwerden der Dinge unterstützen können, indem wir uns entspannen, uns treiben lassen, also zulassen, dass uns die Dinge ansprechen, anstatt dass wir uns ihnen fordernd zuwenden. In solchen Momenten des scheinbar absichtslosen Aufenthalts in der Landschaft, indem wir zum Beispiel alle unsere Alltagssorgen oder auch unsere wissenschaftlichen Ambitionen gegenüber Landschaft vorübergehend „vergessen" und uns stattdessen von den Dingen emotional beeindrucken lassen, merken wir, dass sich uns die Landschaft in ganz besonderer Weise mitteilt.

Goethe (1966, Bd. 1, 254) hat – die erste Begegnung mit Christiane Vulpius herausstellend – diese anmutende Eindringlichkeit der Dinge im Zustand der Weltvergessenheit in geradezu klassischer Weise in dem weithin bekannten kleinen Gedicht „Gefunden" beschrieben, dessen beide ersten Strophen das ganze Programm anreißen:

> Ich ging im Walde
> so für mich hin,
> um nichts zu suchen,
> das war mein Sinn.
>
> Im Schatten sah ich
> ein Blümchen stehn,
> wie Sterne leuchtend,
> wie Äuglein schön.

Diese Eindrucksstärke der Dinge kann dann im Grenzfall bis zur Anmutung des Ausgeliefertseins gehen. Rilke (1957, Bd. 1, 167) hat diesen verbal etwa in seinem Gedicht „Der Panther" unübertroffen Ausdruck verliehen:

> Sein Blick ist vom Vorübergehn der Stäbe
> so müd geworden, dass er nichts mehr hält,
> ihm ist, als ob es tausend Stäbe gäbe,
> und hinter tausend Stäben keine Welt.

Das Anmutungsfeld

Anders als in dieser Extremsituation eines kahlen Zwingers besteht aber Landschaft gemeinhin aus einer Fülle von Elementen und Strukturen, Figuren und Räumen, deren einzelne Anmutungen sich immer auch zu einem charakteristischen Ensemble zusammenfinden. Soweit dieses Zusammenspiel der landschaftlichen Anmutungen in uns spezifische Emotionen auslöst und verstärkt, können wir vom ästhetischen Anmutungsfeld einer Landschaft sprechen. So mag etwa das Anmutungsfeld eines sonnigen Wiesentals mit plätscherndem Bach und ufersäumenden Erlen die Qualität des „Heiteren" auszeichnen, während wir dem Anmutungsfeld eines nahebei gelegenen Golfplatzes mit seinem geschniegelten Grün, seinen schlierenartigen Sandbunkern und dekorativ eingestreuten „Biotopen" vielleicht eher die Qualität des „Gleisnerischen" zusprechen würden. In dem Maße, wie sich Landschaften in ihrer Ausstattung unterscheiden, besitzen sie also eigentümliche ästhetische Anmutungsfelder.

Das Alltagsleben verlangt von uns überall höchste Aufmerksamkeit, Konzentration und Wachsamkeit, sei es am Arbeitsplatz, in den geschäftigen Straßen der Stadt, an den spaß- und gesundheitsorientierten Freizeitorten usw. Solange wir mental und körperlich in diesen Zwängen des alltäglichen Überlebens verharren, haben es die Dinge natürlich schwer, ästhetisch zu ihrem „Recht" zu kommen. Erst wenn wir uns dieser einseitigen Konzentration entziehen, uns leiblich und seelisch entspannen, können wir in einen Zustand geraten, in dem wir erleben, dass uns die Dinge von sich aus anrühren. Für solches Ergriffensein ist kein mystisches Versenken notwendig, denn es handelt sich nicht darum, in eine wie auch immer beschaffene übersinnliche Wirklichkeit abzutauchen. Nötig ist vielmehr, dass wir uns mental von Alltagsproblemen frei machen, aber auch alle vorgefassten Erwartungen in Bezug auf Landschaft zurücknehmen. Solche Entspannung ist die Voraussetzung dafür, dass uns die Dinge anschauen und die Landschaft mittels ihres Anmutungsfeldes in uns ihre eigenen Eindrücke hinterlassen kann (VON DÜRCKHEIM 1932).

Positiv gewendet heißt das, dass uns das ästhetische Anmutungsfeld der Landschaft dann zugänglich wird, wenn wir uns ihr mit „Leib und Seele" zuwenden, wenn wir bereit und fähig sind, uns mit allen unseren Sinnen wie Sehen, Hören, Riechen, Tasten, unseren Körperfähigkeiten des Bewegens und Handelns sowie mit unseren geistigen Fähigkeiten des Denkens, Imaginierens und Fühlens vorbehaltlos auf das Ensemble der Dinge einer Landschaft einzulassen. Im Anmutungsfeld sind Erlebnisqualitäten versammelt, die betroffen machen bis zu dem Punkt, an dem sie uns gelegentlich einfach überwältigen. Wenn wir uns der Landschaft in dieser offenen Haltung nähern, zeigt sie uns ihr eigentümliches Gesicht und erschließt sich uns dann in neuen ästhetischen Facetten.

Abschließend sei noch einmal darauf hingewiesen, dass wir im Hinblick auf die Erfahrung landschaftsästhetischer Anmutungsfelder nicht wie seelenlose Organismen beziehungslos vor uns hin existieren, mit unseren landschaftlichen Anmutungen und Erlebensweisen nicht allein sind. Seit jeher gehören wir einer kulturell wirksamen Gesellschaft an, deren in Sprache, Verhaltensweisen, Lebensstilen usw. fixierte sowie in Schulen, Medien u. a. Kulturagenturen vermittelte Auffassungen und Werte wir bei unzähligen Gelegenheiten erfahren haben. Der Prägekraft dieses „objektiven Geistes" (Dilthey) der Gesellschaft – oder nüchterner – der sich in jeder Gesellschaft herausbildenden intersubjektiven Auffassungen, z. B. auch bezüglich des ästhetischen Erlebens, kann sich niemand ganz entziehen. Daher gibt es in jeder Gesellschaft ein gerütteltes Maß an Übereinstimmung – auch im Hinblick auf die landschaftsästhetische Erlebniswirkung und die ästhetischen Anmutungsfelder einzelner Landschaftstypen. Diese Übereinstimmung erlaubt es uns, Gefühle, Stimmungen und Anmutungen zur Grundlage effizienter ästhetisch-planerischer Entscheidungen zu machen.

Empirische Hinweise auf das landschaftsästhetische Erlebnis von Windkraftanlagen

Nach diesen konzeptionellen Anmerkungen zum Verständnis erlebnisprägender landschaftsästhetischer Anmutungsfelder soll nun unter Rückgriff auf die Ergebnisse von zwei empirischen Untersuchungen aufgezeigt werden, wie sich auf der Grundlage des Konzepts ein Planungsinstrument entwickeln lässt, das die ästhetischen Folgen von Windkraftanlagen in der Landschaft empirisch-psychologisch sichtbar machen kann. Die Anwendung eines solchen Instruments könnte gewährleisten, dass auch andere als technische Normen in UVP sinnvoll Anwendung finden, um frühzeitig, in gesicherter Form und unter Rückgriff auf die ästhetischen Anmutungen der Betroffenen mögliche nachteilige landschaftsästhetische Auswirkungen von geplanten Windkraftanlagen und Windfarmen in der Landschaft aufzudecken.

Untersuchung I: Ermittlung relevanter Anmutungsbereiche

In der ersten Untersuchung, von der hier berichtet werden soll, ging es darum, zu ermitteln, welche Anmutungen bei Windkraftanlagen immer wieder auftreten. Dazu wurden 33 Landschaftsarchitekturstudenten der Technischen Universität München, Wissenschaftszentrum Weihenstephan, farbige Diapositive von Landschaften mit Windkraftanlagen vorgeführt mit der Bitte, mit kurzen Eigenschaftswörtern die Erlebniswirkungen zu beschreiben, die von diesen Dias ausgehen. Jeder war aufgefordert, sich zu fragen, welche Anmutungen die gezeigten Landschaften bei ihm selbst auslösen. Dabei durfte jeder Student so viele charakteristische Begriffe aufschreiben, wie ihm einfielen. In Abbildung 2 sind alle Eigenschaftswörter wiedergegeben, die von mindestens zwei Studenten angeführt wurden. Dies war bei mehr als 60 % der insgesamt 186 genannten Begriffe der Fall. Diese hohe Zahl von Begriffen, die wenigstens zweimal auftauchen, macht deutlich, dass es offensichtlich nicht nur individuelle Erlebensweisen gibt, sondern auch viele Übereinstimmungen. Dieser Ergebnisaspekt widerspricht der häufig geäußerten Meinung, die heutigen Menschen hätten ihre landschaftsästhetische Erlebnisfähigkeit weitgehend eingebüßt, sie seien sozusagen „anästhetisiert" und desensibilisiert für ästhetische Effekte.

BEGRIFFE (von zwei oder mehr Studenten genannt)	N
technisch/technisiert	16
störend	9
unnatürlich	9
künstlich/artifiziell	8
futuristisch	7
interessant	7
zerstörend	6
kühl/kalt	5
bedrohlich	4
unschön/hässlich	4
unharmonisch	3
unästhetisch	3
beängstigend	2
bedrückend	2
beeindruckend	2
blickanziehend	2
dominierend	2
energiereich	2
energisch	2
fortschrittlich	2
groß	2
hervorstechend	2
kontrastierend	2
kraftvoll	2
laut	2
modern	2
schön	2
spannend	2
ungewohnt	2
zerschneidend	2

Abb. 2.
Anmutungen von Landschaften mit Windkraftanlagen – Einzelinhalte.
N = 186 Begriffe von 33 Studenten.

Für die Entwicklung eines UVP-geeigneten Verfahrens ist nun wichtig, herauszufinden, welche grundlegenden Inhaltsbereiche mit diesem Anmutungsmaterial angesprochen werden. Wie der Abbildung 3 zu entnehmen ist, konnten alle genannten Anmutungen restlos in drei Hauptkategorien aufgeteilt werden: in landschaftsorientierte, anlagenorientierte und betrachterorientierte Anmutungen. Diese Kategorien sind unterschiedlich stark besetzt. Beispielsweise ist die Zahl der Anmutungen, die sich auf den landschaftlichen Kontext beziehen (landschaftsorientierte Anmutungen) mit 15 % der Nennungen deutlich kleiner als die der beiden anderen Kategorien. Die gezeigten Bilder haben also v. a. Anmutungen hervorgerufen, die Eigenschaften der Windkraftanlagen (anlagenorientierte Anmutungen) oder emotionale Erlebnisse der Betrachter (betrachterorientierte Anmutungen) zum Ausdruck bringen. Da die Untersuchung jedoch aus methodischen Gründen, d. h. als Vorbereitung zur Entwicklung eines Planungsinstruments durchgeführt wurde, sind hier vorrangig die grundsätzlich angesprochenen Kategorien wichtig, nicht deren Intensität, denn die hängt von den Inhalten der jeweils gezeigten Bilder ab.

INHALTSDIMENSIONEN	Gesamtgruppe (34 Studenten)	
	abs.	%
Landschaftsorientierte Anmutungen	<u>28</u>	<u>15,1</u>
Eigenart (z. B. passend, fremd)	14	7,5
Natur (z. B. unnatürlich)	10	5,4
Gepflegtheit (z. B. ordentlich, sauber)	2	1,1
Vielfalt (z. B. vielfältig, eintönig)	1	0,5
Raum (z. B. eng, übersichtlich)	1	0,5
Anlageorientierte Anmutungen	<u>75</u>	<u>40,3</u>
Technik (z. B. technisch, künstlich)	24	12,9
Dominanz (z. B. dominierend, mächtig)	17	9,2
Aktivität (z. B. laut, bewegungsvoll)	13	7,0
Nutzwert (z. B. nötig, wertvoll)	3	1,6
Beeinträchtigung (z. B. zerstörend)	18	9,7
Betrachterorientierte Anmutungen	<u>83</u>	<u>44,6</u>
Stimmung/Gefühl (z. B. trist, bedrohlich)	40	21,5
Ästhetik (z. B. ästhetisch, hässlich)	22	11,8
Zukunft (z. B. futuristisch, progressiv)	17	9,1
Symbolik (z. B. baumähnlich)	4	2,2
	186	100,0

Abb. 3. Anmutungen von Landschaften mit Windkraftanlagen – Inhaltsdimensionen. N = 186 Begriffe von 33 Studenten.

Untersuchung II: Anwendung der Ergebnisse

Die ermittelten Anmutungskategorien können nun sehr gut für die Entwicklung eines einfachen und transparenten Instruments zur empirisch-psychologischen Erfassung des Anmutungsfeldes geplanter Windkraftanlagen benutzt werden. Unter Rückgriff auf das aus der psychologischen Diagnostik bekannte „Semantische Differential" (OSGOOD 1952), in den deutschen Sprachraum auch als „Polaritätsprofil" (HOFSTÄTTER 1955) eingeführt, wurde eine Art Fragebogen entwickelt, der hier aus elf adjektivischen Gegensatzpaaren (z. B. ruhig – unruhig) besteht, denen Skalen von 1 bis 7 zugeordnet sind (Abb. 4).

Um die Bedeutung der wichtigsten Anmutungen einer Landschaft mit Windkraftanlagen herausstellen zu können, stehen den Befragten somit bei jedem einzelnen Adjektivpaar sieben Beurteilungsstufen zur Verfügung. Jeder Teilnehmer an einer solchen Befragung hat damit die Möglichkeit, seine Anmutungen differenziert zum Ausdruck zu bringen. Die vorgegebenen Adjektivpaare repräsentieren, wie in Abbildung 4 verdeutlicht, anlagenorientierte, landschaftsorientierte und betrachterorientierte Anmutungen; der Fragebogen orientiert sich also inhaltlich an den oben ermittelten Anmutungskategorien.

Voraussetzung für die Anwendung des Instruments in einer UVP ist, dass zunächst eine typische und realitätsnahe fotografische bzw. am Computer erstellte Simulation des geplanten Vorhabens in der Landschaft erstellt wird. Die Frage, ob solche Simulationen die Wirklichkeit ausreichend repräsentieren können, ist bereits vielfältig Gegenstand der Forschung gewesen. Alle empirischen Untersuchungen haben aufgezeigt, dass sich die Anmutungen, wie sie von Farbfotos hervorgerufen werden, kaum von denen (zugehöriger) realer Landschaften unterscheiden, sofern ein charakteristischer Ausschnitt der Landschaft dargestellt ist.[1] Deshalb sind solche Simulationen am besten geeignet, bei denen die geplanten Windkraftanlagen in Fotos, die den vorgesehenen Standort zeigen, hineinkopiert sind.

Zum besseren Verständnis sei die Anwendung des Instruments an einem Beispiel demonstriert, bei dem

---

[1] Vgl. z. B. LAW/ZUBE 1983; NOHL 1974.

	1 2 3 4 5 6 7		
unruhig	o --- o --- o --- O --- o --- o --- o	ruhig	A
unversperrt	o --- o --- o --- O --- o --- o --- o	versperrt	A
unfreundlich	o --- o --- o --- O --- o --- o --- o	freundlich	G
vielfältig	o --- o --- o --- O --- o --- o --- o	monoton	L
beschädigt	o --- o --- o --- O --- o --- o --- o	unversehrt	A
schön	o --- o --- o --- O --- o --- o --- o	hässlich	Ä
unstimmig	o --- o --- o --- O --- o --- o --- o	stimmig	L
naturnah	o --- o --- o --- O --- o --- o --- o	überformt	L
fremd	o --- o --- o --- O --- o --- o --- o	heimatlich	G
zerstückelt	o --- o --- o --- O --- o --- o --- o	ganzheitlich	A
befreiend	o --- o --- o --- O --- o --- o --- o	bedrückend	G
	1 2 3 4 5 6 7		

A   Anlageorientierte Anmutungen
L   Landschaftsorientierte Anmutungen
G   Betrachterorientierte Anmutungen (Gefühle/Stimmungen)
Ä   Betrachterorientierte Anmutungen (ästhetische Gefühle i. e. S.)

Abb. 4. Semantisches Differential zur Erfassung des landschaftsästhetischen Anmutungsfeldes von Windkraftanlagen.

insgesamt 45 Landschaftsarchitekturstudenten die Aufgabe gestellt war, vier Landschaften, die als Dias präsentiert wurden, mit diesem Instrument zu beurteilen (NOHL 2001). Wie Abbildung 5 zeigt, handelt es sich im ersten Dia um eine Landschaft ohne Windkraftanlagen, im zweiten Dia um die gleiche Landschaft mit zwei, im dritten Dia mit sechs und im vierten Dia mit 12 Windkraftanlagen. Die Bilder sind einer Öf-

Abb. 5. Landschaft ohne Windkraftanlagen (l. o.), mit 2 (r. o.), 6 (l. u.) und 12 Windkraftanlagen (r. u.).

	Bild 1 (ohne WKA) Mittelwert	Bild 2 (mit 2 WKA) Mittelwert	Bild 3 (mit 6 WKA) Mittelwert	Bild 4 (mit 12 WKA) Mittelwert	
ruhig	5,22	4,09***	3,31***	2,95***	unruhig
unversperrt	5,30	4,09***	3,51***	3,18***	versperrt
freundlich	3,82	3,83	3,64	3,41	unfreundlich
vielfältig	3,16	4,30	4,20***	4,36***	monoton
unversehrt	3,56	3,35	2,73	2,55**	beschädigt
schön	4,44	4,09	3,80	3,59*	hässlich
stimmig	4,47	3,96	3,22**	3,27**	unstimmig
naturnah	4,29	3,57**	3,02***	2,32***	überformt
heimatlich	3,93	3,61	3,31	3,05*	fremd
ganzheitlich	4,44	3,87	3,42*	3,18**	zerstückelt
befreiend	4,42	4,13	3,78	3,50**	bedrückend

* p < 10 % im χ^2-Test,   ** p < 5 % im χ^2-Test,   *** p < 1 % im χ^2-Test

Abb. 6. Die landschaftsästhetischen Anmutungen zu den vier gezeigten Bildern (vgl. Abb. 5) – Mittelwerte der befragten Studenten und Vergleich der Bilder 2, 3 und 4 jeweils mit Bild 1 (χ^2-Test). WKA = Windkraftanlage.

fentlichkeitsbroschüre des Deutschen Windenergie-Instituts entnommen, in der sie als Beispiele „optimaler" Einpassung von Windkraftanlagen in die Landschaft angepriesen werden (DEWI [DEUTSCHES WINDENERGIE-INSTITUT] [o. J.]).

Die Ergebnisse sind in der Form von Mittelwerten in der Abbildung 6 und als Graphik in der Abbildung 7 wiedergegeben. Es ist leicht zu erkennen, dass die Anmutungen in den Landschaften mit zwei, sechs und 12 Windkraftanlagen bis auf die Inhaltsdimension „vielfältig-monoton" negativer ausfallen als in der Landschaft ohne Windkraftanlagen. So wirken denn die Landschaften mit Windkraftanlagen auf die Befragten „unruhiger", „versperrter", „unfreundlicher", „beschädigter", „hässlicher", „unstimmiger", „überformter", „fremder", „zerstückelter" und „bedrückender". Alle drei Landschaften mit Windkraftanlagen muten die Befragten zwar „vielfältiger" an, aber diese durch Windkraftanlagen hinzugewonnene Vielfalt wird als hässlich, fremd, bedrückend und meist weniger freundlich erlebt. Landschaftliche Vielfalt und technische Vielfalt sind – so das Ergebnis – erlebnismäßig nicht dasselbe.

Als zweiter Trend kann den Abbildungen 6 und 7 entnommen werden, dass im Urteil der Studenten die ästhetischen Anmutungen umso negativer ausfallen, je mehr Windkraftanlagen in der Landschaft angeordnet sind. Es sind also gerade die Windfarmen, d. h. die Zusammenballung vieler Windkraftanlagen auf begrenzter Fläche, die für die großen Verluste an landschaftsästhetischer Substanz offenbar verantwortlich sind. Die Überprüfung der Ergebnisse auf Signifikanz (Wilcoxon-Test, der nicht die einzelnen Anmutungen, sondern die Anmutungsfelder in ihrer Gänze auf Übereinstimmung überprüft) zeigt, dass die Landschaft ohne Windkraftanlagen in hoch signifikanter Weise positiver anmutet als die drei übrigen Landschaften mit Windkraftanlagen.

Schlussgedanken zur Anwendbarkeit

Wie man sich anhand der Ergebnisse zur Landschaft ohne Windkraftanlagen (Bild 1 in Abb. 6 und 7) überzeugen kann, mutet die (flache, weitgehend ausgeräumte) Landschaft, die allen vier Dias zugrunde liegt, die Befragten insgesamt nicht sehr positiv an. Man kann sich leicht vorstellen, um wie viel gravierender die landschaftsästhetischen Verluste durch Windkraftanlagen wohl ausfallen würden, wenn es sich um eine Landschaft mit höherer ästhetischer Qualität handeln würde. Es geht hier aber nicht so sehr um die Ergebnisse dieser speziellen Untersuchung als vielmehr um die Demonstration der leichten Durchführbarkeit des Verfahrens. Das Instrument erlaubt eine Anwendung in jeder wie auch immer gearteten Landschaft, in der Windkraftanlagen errichtet werden sollen. Darin liegt sein großer Vorteil gerade auch für UVP. Empirische Untersuchungen in räumlichen Umwelten zeigen, dass etwa ab 20 teilnehmenden Personen die Mittelwerte anfangen, sich zu stabilisieren (FRANKE/BORTZ 1972). Um aussagekräftige Ergebnisse zu erhalten, reicht es daher als Beitrag zu UVP in der Regel aus, wenn etwa 30 bis 50 Personen (z. B. ortsansässige Bürger) an einer solchen Untersuchung teilnehmen. Während sich der Aufwand also in bescheidenen Grenzen hält, ist der Erkenntnisgewinn, im Detail wie im Gesamtergebnis, immens. Mit einem solchen Verfahren, das nicht so sehr auf die persönlichen landschaftsästhetischen Ansichten eines Planers rekurriert, sondern vorzugsweise die ästhetischen Anmutungsfelder tatsächlich Betroffener als Beurteilungsgrundlage heranzieht, könnten die ästhetischen Belange in UVP in typisierter und vereinheitlichter und damit vergleichbarer Form berücksichtigt werden.

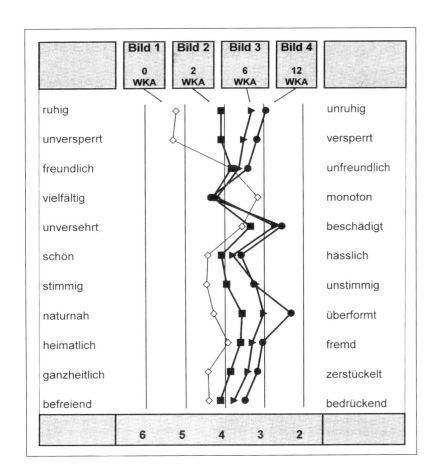

Abb. 7.
Die landschaftsästhetischen Anmutungsfelder der vier gezeigten Bilder (vgl. Abb. 5) – Profildarstellung der Mittelwerte.

Literatur

ARNHEIM 1969
R. Arnheim, Anschauliches Denken (Köln 1969).

DEWI (DEUTSCHES WINDENERGIE-INSTITUT) [o. J.]
DEWI (Deutsches Windenergie-Institut) (Hrsg.), Dynamische Visualisierung von Windparks. Faltblatt (Osnabrück [o. J.]).

VON DÜRCKHEIM 1932
K. von Dürckheim, Untersuchungen zum gelebten Raum. Neue Psychologische Studien 6, 1932, 383-480.

FRANKE/BORTZ 1972
J. Franke/J. Bortz, Beiträge zur Anwendung der Psychologie auf den Städtebau – Vorüberlegungen und erste Erkundungsuntersuchung zur Beziehung zwischen Siedlungsgestaltung und Erleben der Wohnumgebung. Zeitschrift für experimentelle und angewandte Psychologie 19, 1972, 76-108.

VON GOETHE 1966
J. W. von Goethe, Werke – Kommentare und Register. Hamburger Ausgabe. Textkritisch durchges. und mit Anm. von E. Trunz. 14 Bd. (Hamburg 1966).

HELLPACH 1977
W. Hellpach, Geopsyche – Die Menschenseele unter dem Einfluß von Wetter, Klima, Boden und Landschaft[8] (Stuttgart 1977).

HERRMANN/STÄCKER 1975
Th. Herrmann/K. H. Stäcker, Sprachpsychologische Beiträge zur Sozialpsychologie. In: C. F. Graumann (Hrsg.), Handbuch der Psychologie: Sozialpsychologie 7, 1. Halbbd. (Göttingen, Toronto, Zürich 1975) 398-474.

HOFSTÄTTER 1955
P. R. Hofstätter, Über Ähnlichkeit. Psyche 9, 1955, 54-80.

HOISL u. a. 1987
R. Hoisl/W. Nohl/S. Zekorn/G. Zöllner, Landschaftsästhetik in der Flurbereinigung. Empirische Grundlagen zum Erlebnis der Agrarlandschaft. Materialiensammlung des Lehrstuhls für Ländliche Neuordnung und Flurbereinigung der TU München 8 = Materialien zur Flurbereinigung 11 (München 1987).

KATZ 1969
D. Katz, Gestaltpsychologie (Basel 1969).

KRUSE 1974
L. Kruse, Räumliche Umwelt – Die Phänomenologie des räumlichen Verhaltens als Beitrag zu einer psychologischen Umwelttheorie (Berlin, New York 1974).

LAW/ZUBE 1983
C. S. Law/ E. H. Zube, Effects of Fotographic Composition on Landscape Perception. Landscape Research 8, 1983, 22-30.

LERSCH 1970
Ph. Lersch, Antriebserlebnisse und Gefühlsregungen. In: H. Thomae (Hrsg.), Die Motivation menschlichen Handelns[6] (Köln 1970) 128-130.

METZGER 1954
W. Metzger, Psychologie[2] (Darmstadt 1954).

NOHL 1974
W. Nohl, Eindrucksqualitäten in realen und simulierten Grünanlagen. Landschaft und Stadt 6, 1974, 171-187.

NOHL 1997
W. Nohl, Bestimmungsstücke landschaftlicher Eigenart. Stadt und Grün 46, 1997, 805-813.

NOHL 2001
W. Nohl, Landschaftsplanung – Ästhetische und rekreative Aspekte (Berlin, Hannover 2001).

OSGOOD 1952
C. E. Osgood, The Nature and Measurement of Meaning. Psychological Bulletin 49, 1952, 74-77.

RILKE 1957
R. M. Rilke, Werke – Auswahl in zwei Bänden. 2 Bd. (Leipzig 1957).

Raumzeitphänomen Klanglandschaften

Von Justin Winkler

Für die Historische Geographie ist Landschaft ein Raumzeitphänomen. Warum darüber noch sprechen? Weil der Wechsel des Wahrnehmungsmodus Erkenntnisse verspricht, die der auf dem Visuellen gegründete Stand der Kunst nicht gewährt.

„Klanglandschaft" ist die heute gebräuchlichste deutsche Übersetzung des englischen Kunstworts „soundscape", eine leichte Modifikation des Wortes „landscape", die eine stärkere Abwandlung des Begriffs von Landschaft und Umwelt verdeckt. Wie Schenk[1] darlegt, gibt es keinen einheitlichen Landschaftsbegriff. Dies zeigt sich auch in dem auf drei Autoren aufgeteilten umfangreichen Artikel zum Begriff „Landschaft" im „Historischen Wörterbuch der Philosophie" (PETRI 1980; PIEPMEIER 1980; WINKLER 1980), dessen kleinster Teil dem geographischen Landschaftsbegriff gewidmet ist.

Möchte man Klanglandschaft von der visuellen Landschaft her verstehen, die die abendländische malerische Tradition und in deren Gefolge die Landschaftsarchitektur vorgeben, wird man gewissermaßen in die Luft greifen, die das Medium des Klanges ist. Obwohl diese Landschaft als Phänomen und lebensweltliche Präsenz alles andere als flüchtig ist, entgeht sie den Versuchen der Inventarisation und Archivierung auf eine merkwürdige und unangenehme Weise. Das ist ein Indiz dafür, dass bei ihrer Erfassung nicht einfach die visuell geprägten und geübten Methoden in den Bereich des Akustischen fortgesetzt werden können.

Die eingebürgerte deutsche Übersetzung von „soundscape" mit „Klanglandschaft" oder, technischer, „akustische Landschaft" kann zu Missverständnissen mit überkommenen Landschaftsbegriffen führen. Vielleicht müsste man allgemeiner von Klangwelt[2], allenfalls von Klangumwelt sprechen. Um das zu verdeutlichen, soll der Religionsphilosoph Picht zitiert werden, der den beunruhigenden Charakter der Klangwelt treffend zusammengefasst hat: „Wir erfahren durch das Ohr die Natur nicht als Anordnung von Objekten im Raum, sondern als einen schwebenden, schwindenden, flutenden, von Spannungen geladenen Raum. [...] In den Geräuschen und Klängen kündet sich das Erwartete an" (PICHT 1990, 390 f.; 463). Damit wird die Klanglandschaft klar als Raumzeitphänomen definiert, als die Spannung oder der Tonus[3] der Welt, die nicht statisch verharrt, sondern gewissermaßen in die Zukunft stürzt. In den Worten Pichts verliert die Klangwelt nicht etwa ihre Wirklichkeit, aber ihr wird der feste Boden im Sinne der visuellen Landschaft entzogen. Eine solche Betrachtung der Umwelt wird von modernen Bestrebungen wie jenen von Berleant unterstützt, der den ästhetischen Umweltbegriff neu und weniger verdinglichend definieren möchte (BERLEANT 1992).

Einbettung der Sinne

Ein warnender Hinweis ist hier nötig. Das Visuelle und das Klangliche werden seit Herder ausdrücklich in zwei Kompetenzfelder aufgetrennt. In „Kalligone" schrieb dieser: „Raum kann nicht Zeit, Zeit nicht

---

[1] Vgl. Beitrag SCHENK in diesem Band.
[2] Siehe „monde sonore" bei AMPHOUX 1991.
[3] Das griechische *tónos* bezeichnet in erster Linie eine Beziehung, ein physisches „Ziehen", Spannung und Gespanntes in einem, angedeutet durch eine der ursprünglichsten Bedeutungen der Vokabel „das Seil" als das Verbindende, in dem sich Kräfte des Auseinanderstrebens und Zusammenziehens äußern und zugleich diese Kräfte selbst. In Anwendung auf die gespannte Saite und deren Klang wird daraus der Begriff des Tones und der Stimmung.

Raum, das Sichtbare nicht hörbar, dies [das Hörbare; Anm. des Verf.] nicht sichtbar gemacht werden" (HERDER 1800, 174 f.). Er drückte damit die „natürliche" Zuständigkeit der Malerei für den Raum und der Musik für die Zeit aus. Das Denken in Kategorien der scharf getrennten Sinnesmodi und Werkgattungen bringt die Beschäftigung mit Klanglandschaften, „soundscape studies", in große Schwierigkeiten. Dies betrifft zwei Punkte im Besonderen.

Erstens können wir weder eine Hierarchie der Sinnesmodi, noch eine gewissermaßen naturgegebene Zuständigkeit für ein Feld der gestalterischen Praxis postulieren. Solche Ideen sind kulturelle und damit wandelbare Zuschreibungen. Verschiedene Synästhesiephänomene weisen darauf hin, dass der Mensch als Ganzer, nicht „einzelkanalweise" wahrnimmt. Die „Anteile" der Sinnesmodi an der verwirklichten Wahrnehmung sind vollständig von einer Lebenspraxis abhängig: Bei einem Kind ist dies anders als bei einem Erwachsenen; in einem berufspraktischen Zusammenhang ist es wiederum anders als in einem handlungsentlasteten Zustand. Wenn nun das Sehen gegenüber den anderen Modi seit mindestens einem halben Jahrtausend heute so betont erscheint, dass Sonnemann von der „Okulartyrannis" (SONNEMANN 1987) sprach, so ist dies Ausdruck eines kulturellen Wertes, der in der politischen Ökonomie verwirklicht wird. Das bedeutet nicht, dass die anderen Sinnesmodi deswegen verschwunden wären.

Zweitens müssen wir von der Auffassung wegkommen, dass Raum und Zeit einen Gefäßcharakter hätten. Das ist ein bequemes Konzept für das analytische und quantifizierende Denken sowie für alle Arten der Datenverwaltung; es verunmöglicht aber die Phänomenologie der Sinneswelt. Die Dinge und Geschehnisse der wahrnehmbaren Welt sind nicht vor Raum und Zeit vorhanden, um dann wahlweise in das eine oder andere „Gefäß" eingefüllt zu werden. Auch hier sind es wiederum kulturell-praktische Verfahren, die uns zu einer Auftrennung zwingen, die als nützlich erachtet wird. Ausdruck der Verabsolutierung des Räumlichen ist beispielsweise die topografische Karte, deren Idee zur Zeit der beginnenden Territorialisierung angedacht und bis heute zur Beherrschung aller raumrelevanten Lebensbereiche ausgebaut wurde. Ausdruck der Verabsolutierung des Zeitlichen ist die Uhrzeit, die chronometrischen Hülle kollektiven Handelns, die die inhaltsneutrale Koordination und Durchsetzung großtechnologischer Projekte in der Gesellschaft und die Unabhängigkeit von den Rhythmen der äußeren Natur ermöglichte.

Wo liegen vor dem Hintergrund dieser Warnzeichen unsere Schwierigkeiten im Umgang mit der Klanglandschaft? Dies wird im Folgenden anhand der Frage nach der Darstellung, der Ebene der Zeichen und Bedeutungen, erörtert, um abschließend nach der phänomenalen Eigenart des Klangumweltlichen zu fragen.

Zeichen und Bedeutungen

Man hat in der Vergangenheit versucht, die Klangwelt von ihren Inhalten, d. h. von Klangobjekten und deren Ausdruck her, zu definieren. Zu Beginn der 1970er-Jahre hat an der Simon Fraser Universität Vancouver, B. C., das „World Soundscape Project (WSP)" pioniermäßig mit der Inventarisation von Klangumwelten begonnen (TORIGOE 1982). Zu diesem Zweck wurde eine Klassifikation entworfen, die dazu dienen sollte, die Funde einzuordnen. Interesse und Aufmerksamkeit waren auf Einzelklänge und -geräusche sowie deren Zeichencharakter und Bedeutung gerichtet. Es war den Autoren bewusst, dass die Klänge und Geräusche „gelesen", d. h. interpretiert werden müssen. Damit wurden sie aus der Perspektive eines passiven Vernommenwerdens herausgelöst. Diese ersten Versuche zu einer Taxonomie der Klangwelt spiegeln den fachlichen und kulturellen Standort ihrer Autoren – Musiker – und als Ergebnis des pragmatisch unternommenen Versuchs ihre nordamerikanische Lebenswelt wider:

„Natürliche Klänge" bilden eine Hauptkategorie, an die – etwas hybrid – „Ruhe und Stille, Echo und Widerhall" angelehnt ist. Die menschliche Welt ist in den „menschlichen Stimmklängen", „Klang und Gesellschaft", und als Ausdruck der gesellschaftlichen Synchronisationsfunktionen und der dominanten Technologie mit „Anzeigeklänge" und „mechanische Klänge" erfasst. Unter „Verschiedene Klänge" ist alles Nichtklassifizierbare zusammengefasst. Etwas überraschend folgen noch drei „subjektive" Kategorien, mit „Haltungen dem Klang gegenüber", „mythologische Klänge" und „Klangassoziationen".

Die Kategorien dieses Kataloges sind ganz offensichtlich heuristisch, d. h. sie sind das Ergebnis einer ersten empirischen Bestandesaufnahme. In ihnen kommt es notwendigerweise zu Mehrfachzuordnungen von Klangobjekten. Wie definiere ich den Lärm eines Helikopters, der für mich ein (lästiger) mechanischer Klang ist, für eine von uns befragte Bewohnerin eines Bergtals aber eher ein Naturklang, weil er zur Arbeit im Bergwald „gehört"? Der Katalog stellt eine nützliche und pragmatische Ablageordnung für Tonträger dar und eignet sich für objektivierte und definierte Klangobjekte. Es gelingt ihm aber nicht, unvereinbare Positionen zu benennen und zu erklären, weil es bei Klängen eben nicht um irgendwie ablösbare oder musikalisierbare[4] Objekte, sondern um Aspekte geht. Solche aber sind im Sinne der Semiotik stets mit Intentionalität und daher mit einem Hörer verbunden.[5]

Im Jahr 1985, zehn Jahre nach dem Abschluss des WSP, wurde die WSP-Klassifikation in einer Studie in einem Stadtquartier von Victoria, der Hauptstadt von British Columbia, auf ihre Brauchbarkeit hin geprüft (PORTEOUS/MASTIN 1985). Die Signifikanzanalyse einer ortsspezifischen Population von Klängen aus sechs Kategorien – natürliche Klänge, menschliche Stimmklänge, mechanische Klänge, Aktivitätsklänge, Anzeigeklänge, Quartierklänge – schloss mit der Feststellung, dass die Kategorien des WSP kein statistisch verlässliches Konstrukt darstellen. Aus dem Ergebnis lasen die Autoren ab, dass die physische, numerisch erfasste und die psychologische, qualitativ darzustellende Repräsentation der Klangereignisse unvereinbare Maßstäbe aufwiesen; dass ein physisch geschlossen erscheinender Klangraum durch den Aspekt-Charakter der Klänge in zeitlicher und räumlicher Hinsicht geöffnet und über die Horizonte der klangräumlichen Präsenz im Wohnquartier hinaus ausgeweitet wird. Das bedeutet, dass sich die Menschen aufgrund ihrer biografischen Konnotationen und Lebenszusammenhänge die Klänge verschieden aneignen.

Solche Feststellungen verweisen auf die Bewegungsnatur der „Objekte", die es in einer klanglandschaftlichen Bestandsaufnahme zu klassifizieren gilt. Die Mehrfachbestimmtheit der Bedeutungen und die Tendenz zum Zusammenfallen von Gegensätzen[6] in den sozialen Bedeutungen von Klängen haben bis heute den Bau von schlüssigen objektivierenden Klassifikationssystemen verhindert. Es macht einen wesentlichen Unterschied, ob das Ambiente eines belebten Platzes als wohltuend und anregend oder als lärmig und lästig empfunden und interpretiert wird. Wegen der komplexen Fülle und Heterogenität des „Inhaltes" der Klanglandschaft muss man wohl eher am Rand ihrer Erscheinung und damit auch am Rand ihrer sprachverfassten Erfahrbarkeit ansetzen.

Beispielhaft sollen hier einige der Wege dargestellt werden, auf welchen das Problem der Erfassbarkeit angegangen worden ist. Es sind reduktionistische Darstellungen verschiedener Grade.

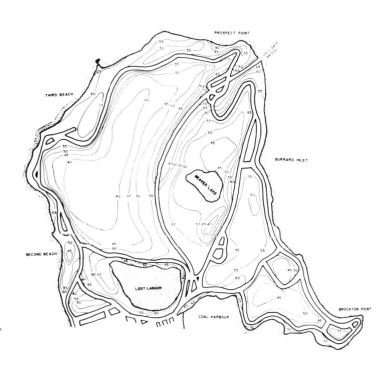

Abb. 1.
Physikalisch-reduzierende Dokumentation:
Schallfeldkartierung Stanley Park, Vancouver,
B. C., Sommer 1973
(aus: SCHAFER 1977, 264).

---

[4] Vgl. das für die Autoren des WSP wichtige Werk von SCHAEFFER 1966.
[5] Vgl. die bemerkenswerte, auf Ch. S. Peirce aufbauende enzyklopädische Arbeit von REGNAULT 2001.
[6] Eine Eigenschaft von Umweltklängen, die auch von AUGOYARD (1978, 188) festgestellt wurde.

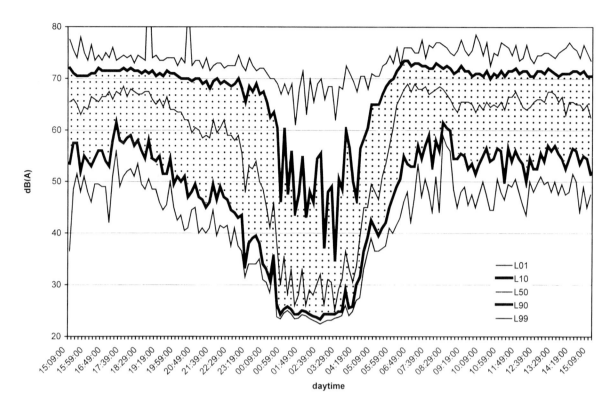

Abb. 2a. Physikalisch-reduzierende Dokumentation: Tagesläufe von Schallpegeln einer städtischen Klanglandschaft in Bern (aus: WINKLER 2002, 138).

1. Die Kartographie ist ein Instrument der Darstellung auch von Schallfeldern. Dabei kommt es zu der möglichst präzisen Darstellung physikalischer Gesetze in der Schallausbreitung, die sich mit Druckgradienten in der Dezibelskala wiedergeben lassen. Alles Qualitative kann in solchen Darstellungen abgestreift werden; von ihrem klassischen Einsatzgebiet her handelt es sich meist um die Visualisierung von Lärmbelastungen, d. h. von lokalen Feldern ohne Voraussetzung der Anwesenheit eines wahrnehmenden Subjekts.

In Abbildung 1 ist die diskontinuierliche Darstellung von Kontinua wiedergegeben, in der numerische Werte, Qualitäten und Konzepte ersetzen.[7] Diese Karte zeigt die in die metrische Fläche projizierte raumklangliche Situation auf einen physikalischen Parameter reduziert. Die Linien sind, vergleichbar den Höhenkurven, Isolinien gleicher Schalldrücke. Der Schalldruckpegel ist ein Maß für die Amplitude der Wellengestalt eines Schallereignisses; wegen des großen Umfangs der Schalldruckpegel zwischen dem, was wir als sehr leis, und dem, was wir als sehr laut empfinden, wird er mit dem logarithmischen Dezibel (dB) ausgedrückt. Das Wort „empfinden" ist hier am Platz, weil die an einem Punkt anzutreffende physikalische Schallintensität nicht mit der erfahrbaren Lautheit eines Schallereignisses gleichgesetzt werden kann. Noch stärker als beim Lautheitsempfinden bewirken kollektive und individuelle Wertungen, dass die Werte der Schalldrücke kaum mit den Wertungen von Klangsituationen als angenehm oder unangenehm korrelieren.

Von der realen Schallsituation des Stanley Parks und der Schnellstraße zur Lions Gate Bridge bis zu den dargestellten Werten hat ein mehrstufiges Mess- und Mittelungsverfahren geführt. Alles war darauf angelegt, ein standardisiertes Bild zu erhalten. Die Messtage hatten vergleichbares, schönes sommerliches Wetter. Obwohl die Messzeit (zwischen 10.00 und 16.00 Uhr) die Spitzenzeiten des Straßenverkehrs ausklammerte, dürfte der Lärm des großen Verkehrswegs noch so stark fluktuiert haben, dass für seine Darstellungen eine Übereinkunft zugunsten einer plausiblen Generalisierung getroffen werden musste.

---

[7] Vgl. WORLD SOUNDSCAPE PROJECT 1974; hier nach: SCHAFER 1977 Appendix.

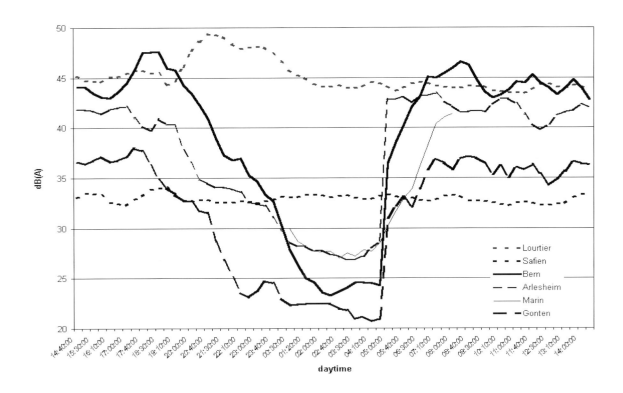

Abb. 2b. Vergleich des Tagesgangs des Grundgeräuschs (L 90) von mehreren Landschaften der Schweiz. Auffällig ist, dass kein fundamentaler Unterschied in der rhythmischen Gestalt zwischen städtischen und ländlichen Standorten erscheint, während die vom Dauerrauschen der Flüsse geprägten Gebirgslandschaften ein grundlegend anderes Bild ergeben (aus: WINKLER 2002, 139).

2. In einer Untersuchung über lokale Charaktere von Klanglandschaften ist diese Darstellung eines Schalldruckpegel-Tageslaufs entstanden (Abb. 2a) (WINKLER 2002).
Sie zeigt die Veränderung der klanglichen Situation eines Tages am Messort im Vorgarten eines Hauses an einer stark verkehrsbelasteten innerstädtischen Straße. Physikalisch reduzierend ist auch diese Darstellung, wobei das Interesse auf die rhythmische Abfolge der klanglichen Erfüllung des Straßenraumes gerichtet ist. Diese Messung analysiert die Schalldrücke in Perzentilen, d. h. statistischen Ebenen des Klang- bzw. Lärm-„Körpers". Das fett ausgezogene L 90 stellt die in 90 % der Messzeit überschrittenen Schalldruckpegelwerte dar und bildet damit das Grundrauschen am Messstandort ab. Wie man sieht, ist dieses in der Nacht äußerst gering, während die Einzelereignisse – Vorbeifahrten einzelner Fahrzeuge –, die sich im Aktivitätsniveau des L 10 niederschlagen, schon visuell zu großer Unruhe führen.
Der Vergleich der geglätteten L 90 von mehreren Klanglandschaften in der Schweiz weist auf unterschiedliche Charaktere hin (Abb. 2b). Die Schalldruckpegel-Darstellungen dienen in diesen Fällen aber ausdrücklich nur als Hörhilfe für die 24-Stunden-Tonaufnahmen, die an den hier miteinander verglichenen Orten gemacht wurden; sie gestatten die Rekonstruktion der qualitativen Fülle der klanglichen Tagessituationen.

3. Der finnische Geograph Granö hat sich in seinem interessanten Werk „Reine Geographie" von 1929 mit den Wahrnehmungsaspekten der Landschaft auseinander gesetzt (GRANÖ 1929, 131). Als Beispiele kartiert er verschiedene Wahrnehmungsqualitäten am Ort seines Sommerhauses auf Valosaari (Abb. 3).
Der geübte Geomorphologe wählte Phänomengruppen von Sehen, Hören, Riechen sowie Kinästhetik und ordnete deren Vorkommen den Flächen zu. Er kartierte nicht abstrakte Schallenergiefelder, sondern Aktivitätsräume. Am Beispiel der Gehörerscheinungen, die er als nicht exakt lokalisierbare Phänomene der vorlandschaftlichen Nähe identifizierte, musste er der jahreszeitlichen Abfolge verschiedener Klangsituationen Rechnung tragen, ebenso wie bei den Farben der Vegetation. In der Auseinandersetzung Gra-

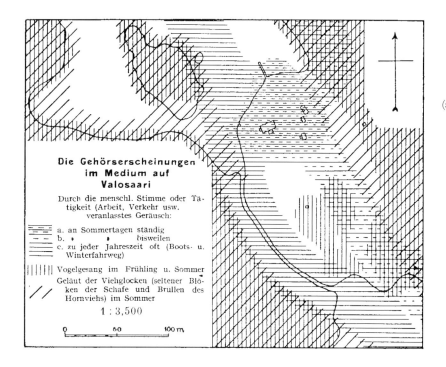

Abb. 3.
Quellenidentifizierende
flächenbezogene Reduktion.
Gehörserscheinungen um das
Sommerhaus auf Valosaari,
1920er-Jahre
(aus: GRANÖ 1929; DERS. 1997, 127).

nös mit den Antagonisten von Nähe und Distanz findet man ein Schwanken zwischen der Erkenntnis der perspektivischen und der Verpflichtung zur kartographischen Welt. Er hat sich für letztere entschieden. Es ist der Wille zur strikten Objektivierung, der sein Projekt in dieser Hinsicht scheitern ließ.

4. Wiederholt wurde angenommen, dass musikalische Notationen auch die klanglichen Umweltsituationen zu erfassen gestatten. Das Interesse des Geologen Heim richtete sich auf ein gezielt in musikalischen Begriffen wahrgenommenes Phänomen, die Töne der Wasserfälle (HEIM 1874). Daher erfolgte die Darstellung mithilfe seines Bruders, eines Berufsmusikers, ohne weitere Diskussion im Notenbild und im Hörstil der Musik (Abb. 4).
Die normative, aufmerksamkeitslenkende Funktion der abendländischen musikalischen Notation als Aufführungshilfe kam Heims Unternehmung zugute. Es ging darum, die im chaotischen, aber spezifischen (technisch gesprochen „rosa") Rauschen der Wasserfälle messbaren Punkte der tonalen Klangidentifikation aufzuzeigen und damit dem Gehör zu suggerieren. Die Heimsche „Entdeckung" wurde ein Jahrhundert lang kolportiert, die Wasserfallakkorde ließen sich aber in einer empirischen Studie nicht bestätigen (BITZENHOFER 1982).

5. Der kanadische Komponist und Musikpädagoge Schafer begann seine Arbeit gleichermaßen mit Skepsis und Optimismus: Er suchte, aus dem von ihm als dekadent betrachteten Musikbetrieb die musikalische Hörbefähigung mit neuen Wegen der Darstellung zu schulen. Die Inspiration kam teilweise von der technischen Visualisierung von Klängen, im Besonderen von der Morphologie tonaler Einzelereignisse, die sich in Aufbau, Dauer und Verklingen gliedern lassen. Auf dieser Grundlage entstand das Modell einer „geräuschkompetenten" Notation, die sich etablierter musikalischer Termini bedient, aber auch Symbole vorschlägt, die sich an physikalischen Analogiedarstellungen orientieren (Abb. 5) (SCHAFER 1977).
Mit dem Wegfall des Aufführungszwecks dieser Notation wurde eine neue Beweglichkeit erreicht, wenn auch um den Preis der Frage, wofür sie dient und wer sie wie lesen kann. Was leistet sie in einer ferner liegenden Zukunft, in der sowohl die Klänge als auch die Klangerzeuger und damit die Interpreten unwiderruflich verschwunden sind?

6. Ein letztes Beispiel bedient sich der verbalen Darstellung. Im Vergleich mit der Fotografie ist die Phonografie ein junges und von Anfang an auf Sprache und Musik spezialisiertes Medium. Da analoge Klangkonserven zudem nicht sehr viel weiter als 80 Jahre zurückreichen, braucht es die Literatur als Quelle für die Rekonstruktion älterer klanglicher Lebenswelten, aber auch der Präzisierung gegenwärtiger Situatio-

nen. Die verbale Darstellung stellt zugleich die Anforderung, eine beschreibende Ästhetik (BERLEANT 1992, 25 ff.) zu meistern. Schriftliche oder mündliche Quellen über Wahrnehmungssituationen verlangen Interpretationsleistungen und Methodologie, die sich von denjenigen der Arbeit in objektivierten Bereichen der Lebenswelt abheben.

Einen Schritt in diese Richtung ist das WSP vor 30 Jahren mit einem Literaturkatalog gegangen. Aufgrund der Kontexte, in denen die Klangzitate jeweils eingebettet sind, ist dessen Inhalt eine Sammlung von Orientierungsfragmenten, die im Einzelnen eine zusätzlich kontextualisierende Interpretationsleistung verlangen. Dazu gehört das Problem der von Sprache zu Sprache verschiedenen Strategien, klangliche Sachverhalte deutlich zu beschreiben: Nicht nur kräht der Hahn in der onomatopoetischen Umlautung und Umschrift im Deutschen anders als im Französischen („kikeriki" – „cocorico"), sondern die Begriffe für Klangqualitäten sind teilweise erheblich anders strukturiert. Das Deutsche differenziert die Benennung von geräuschhaften Erscheinungen anders als das Englische oder das Französische: „noise/bruit" – Lärm, „noises/bruits" – Geräusch. Mit der Vokabel „Rauschen" bezeichnet das Deutsche einen Klangcharakter, für den das Englische und das Französische analytisch „broad band noise" bzw. „bruit continu" sagen müssen.

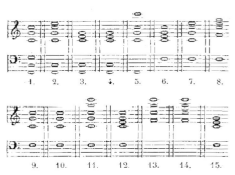

Abb. 4.
Musikalisch-reduzierende Dokumentation.
Notation der „Wasserfalltöne" von Heim, 1874
(aus: HEIM 1874, 211).

Die Aufgabe der Verbalisierung lässt uns sehr weit entfernt von einer universalen und „endgültigen" Entschlüsselung der Klangumwelt oder des Landschaftlichen stehen. Schon der einfachste Versuch, eine Erscheinung konsequent und angemessen sprachlich darzustellen, erweist, wie hoch die Anforderungen und wie groß die Lücken in den didaktischen Curricula von Schulen und Hochschulen bezüglich der Pflege der Ausdrucksfähigkeit sind. Die Frage des Literaturkataloges weist so in einem doppelten Sinne in den Bereich hinter der Technologie der Klangkonservierung. Es geht nicht nur um die quellenkritische Rekonstruktion historischer Bestände und Zustände vor der Ära der Tonaufnahme, sondern auch um eine verwendungskritische Position gegenüber den technischen Möglichkeiten derselben. Das bedeutet, dass die Verbalisierung entscheidend gefördert und in ein Verhältnis zum Umgang mit Aufnahmetechnologien gesetzt werden muss, damit die produktiven und rezeptiven Komponenten der Wahrnehmung in eine fruchtbare Beziehung gebracht werden können.

Erscheinungshorizonte

Die Probleme einer sachgerechten Klassifikation von Umweltklängen verweisen uns auf die perspektivische, in Aspekten oder Situationen (BAHRDT 1999) erfahrbare Welt. Ein universales, statt handlungsbegründetes Ordnungssystem für einen ganzen Sinnesbereich finden zu wollen, ist denn auch ein etwas zu hoher Anspruch. Mit welchen Schwierigkeiten wären wir konfrontiert, wenn wir die Sehwelt oder die Riechwelt in ähnlicher Weise erfassen wollten?
Der Nutzen einer phänomenologischen Beschäftigung mit der Klanglandschaft ist zu lernen, die Erkenntnis der Bedeutung des Perspektivischen und Dynamischen der sinnlich erfahrbaren Umwelten zu würdigen, die Phänomene ernst zu nehmen und auf voreilige Reduktionen zu verzichten. Die Klanglandschaft erscheint dann als unverstellte Erscheinung der „RaumZeit" – „TimeSpace" in der Terminologie von May

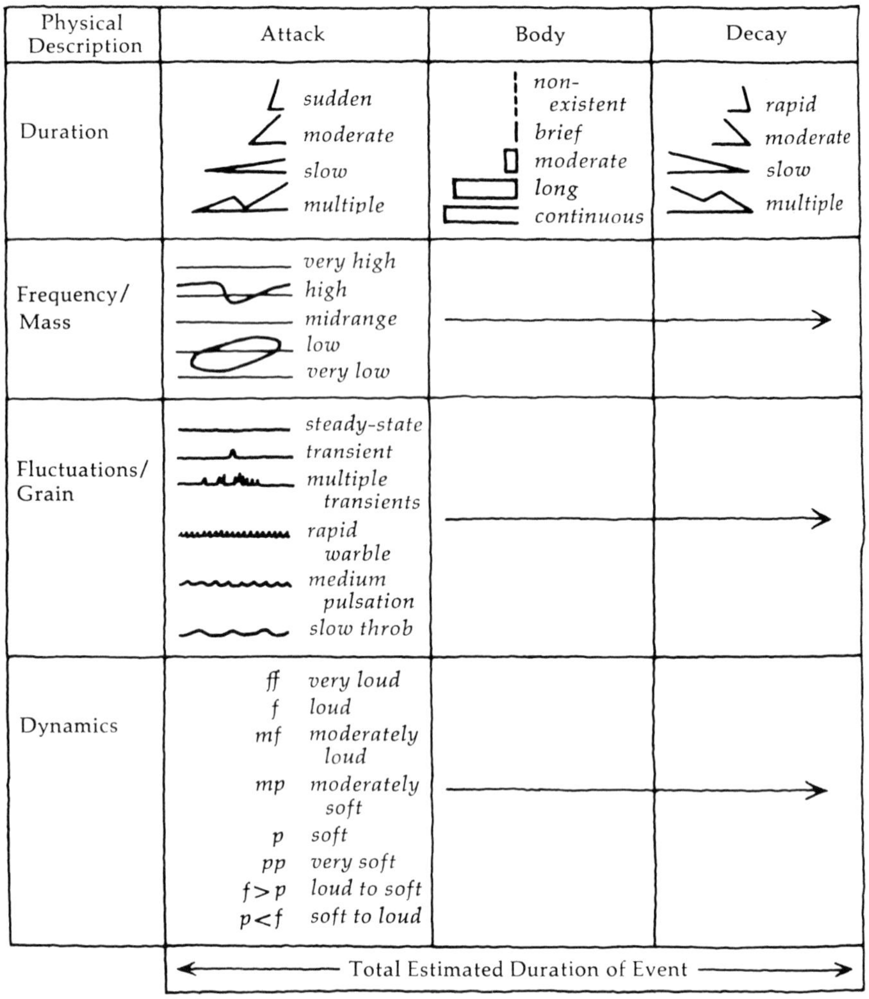

Physical Description	Attack	Body	Decay
Duration	sudden / moderate / slow / multiple	non-existent / brief / moderate / long / continuous	rapid / moderate / slow / multiple
Frequency/ Mass	very high / high / midrange / low / very low		
Fluctuations/ Grain	steady-state / transient / multiple transients / rapid warble / medium pulsation / slow throb		
Dynamics	ff very loud / f loud / mf moderately loud / mp moderately soft / p soft / pp very soft / f>p loud to soft / p<f soft to loud		
← Total Estimated Duration of Event →			

Abb. 5.
Sonologisch-reduzierende Dokumentation. Entwurf zu einer Geräuschnotation von Schafer, 1977 (aus: SCHAFER 1977, 136).

und Thrift (MAY/THRIFT 2001) –, in der alle unfruchtbaren Versuche, den Raum oder die Zeit vorherrschen zu lassen, zu einem Ende kommen könnten.

Das Phänomen der Stille gestattet am besten, die Erscheinungshorizonte des Klanglichen in der gebotenen Kürze zu illustrieren. Stille hat einen ambivalenten Charakter: Es kann das laute Dauerrauschen eines nahen Flusses als Normalität und damit als Stille taxiert werden oder es muss eine wirkliche Totenstille sein. Das Rauschen kann als Versicherung des Lebendigseins oder als Dauerstörung erfahren werden. Stille kann mithin von den einen als erlösend und gleichzeitig von andern als bedrückend empfunden werden. Die aktiv enthaltsame Version der Stille, das Schweigen, ist in ähnlicher Gegensätzlichkeit der Moment der Aufmerksamkeit ebenso wie der Sprachlosigkeit.[8]

In drei Schritten soll dieses Beispiel abgeschlossen werden:

1. Stille bewirkt eine Verschiebung nicht nur des synästhetischen Ausgleichs zwischen den Sinnesmodi, sondern eine Öffnung der existenziellen Horizonte. Mit Stille werden oft das Dunkel oder die Dämmerung assoziiert (EVANGELISCHE AKADEMIE BADEN 1997). Wenn Stille eintritt, erfährt die Klanglandschaft aber eine substanzielle Umstrukturierung, zu der das Eintauchen der physischen Landschaft ins Dunkel keine wirkliche Analogie darstellt. Die Klänge der Aktivität sind in der Stille nicht abwesend im Sinne von versteckt, wie das Möbelstück, an dem man sich auch im Dunkel noch stoßen kann, sondern

---

[8] Schweigen als Weltprinzip erscheint bei PICARD 1988; als gestaltendes Element der Kommunikation im lesenswerten Beitrag von BRUNEAU 1988.

wirklich nicht da. Man verzeihe den Bruch der phänomenologischen Argumentation in diesem Beispiel: Natürlich ist das Möbelstück dem Sehsinn ebenso entzogen, auch wenn es haptisch erkundet werden kann. Um es zu ertasten, muss man indessen in Zeithorizonten[9] handeln, muss man vorwärtsgehen oder abwarten. In einem solchen Augenblick ist alles Erinnerung und Erwartung, und dies heißt im offenen menschlichen Erfahrungshorizont enthalten.

2. In der Stille ist der vom Klang konstituierte Raum nicht wahrnehmbar. Er ist in diesem Zustand nicht ein leeres, nicht „ausgeschalltes" Gefäß, sondern entsteht erst mit dem Klang. Das Klangphänomen selbst hat Eigenschaften der Räumlichkeit, des „Einräumens", die sich bis in den Prozess der physiologischen Aneignung des Klanges hinein verfolgen lassen.[10] Für blinde Menschen ist der stille Himmel ein solcher Nicht-Raum, der erst durch einen Vogelflug oder einen Flugzeugmotor für einen Augenblick seine Räumlichkeit erhält. Entsprechendes gilt für die damit per Definition verknüpfte Zeitlichkeit. Die japanischen Gartenbauer haben diskrete Schlaggeräusche in ihren Anlagen installiert, damit in den Intervallen zwischen den Schlägen die Stille sich „vertiefen" kann.

3. In der Stille wird die Leiblichkeit der Wahrnehmung deutlich und damit die Verwurzelung der Sinnesmodi im Menschen. Granö gibt von einer seiner Forschungsfahrten in den Altai den Bericht von einem Augenblick der völligen Stille. Diese führt dazu, dass das Raum- und Zeitempfinden des Betrachters zusammenbricht und die Umgebung eine wächserne, leblose Qualität erhält.[11] Der akustischen Stille der äußeren Welt entspricht ein Stupor des hörenden und schauenden Menschen, ein Augenblick des angehaltenen Atems, des Fehlens des lebenserhaltenden Austausches mit der Welt. Aber die Welt geht weiter.

Parallel zu der Leiblichkeitserfahrung ist die Eigenschaft des Hörens, die des „Naheholens" und Vermittelns. Im Klanglichen treten somit die Antagonisten des Raum-Schaffens und des diesen Raum-Zusammenziehens eng verbunden auf.[12] Annäherungen an den Horizont der Stille (WINKLER 1997; DERS. 2001) erfolgen meist in Situationen, die ein komplexes Zusammenspiel der Sinne fordern – z. B. Dämmerungen. Gerade diese erweisen, wie die Räumlichkeit des Hörens auf das Nähern angelegt ist, während jene des Sehens dem Schaffen von Distanz dient. Die Ausdehnung des Hörraums ist nicht nur erfahrungsmäßig, sondern strukturell begrenzt.[13] Zwischen Hören und Sehen wird die Raumtiefe stetig „ausgehandelt", und die Wahrnehmung selbst erweist sich als ein oszillatorisches Phänomen.

Schluss

Kulturlandschaft wird oft ein Archiv oder eine Chronik menschlicher Tätigkeit genannt,[14] mithin eines irgendwie passiven Abdrucks[15] in einem dauerhaften Substrat. Wird das Substrat visuell-substanziell gedacht, so erscheint die Klanglandschaft flüchtig und dem beschreibenden und gestaltenden Zugriff entzogen. Sie lässt sich nicht auf eine Tafel schreiben oder in ein Raum-Zeit-Gefäß stellen, sondern muss stetig produziert und reproduziert werden. Sie ist aber nicht weniger dauerhaft, wenn man statt den Schall und Rauch der objektivierbaren Welt Imagination, Erinnerung und Vorwegnahme des wahrnehmenden Menschen als Individuum und Gesellschaft in Betracht zieht. Weil das Klangliche in einem gewissen Sinne der Antagonist zur Distanznahme des Visuellen ist, fordert der Umgang mit der Klangwelt, den Klangum-

---

[9] Vgl. BAHRDT 1999, 65 ff. – Mit den Zeithorizonten ist das Klangliche so eng verbunden, dass Husserl sein Retentionsschema am Beispiel eines Tones verdeutlicht hat (HUSSERL 1966, 88 f.).
[10] Die Kunstkopfmikrophonie macht sich den raumvermittelnden Charakter der Frequenzspektra in der Abbildung der Räumlichkeit zunutze. Dies führt dazu, dass sie in der Anwendung auf Musik den Klangraum zum musikalischen Raum addiert, was ästhetisch problematische Hörsituationen zur Folge hat.
[11] Vgl. GRANÖ 1919, 260; nach: PAASI 1984, 25.
[12] SCHMITZ (1967) spricht im Zusammenhang mit der Erfahrung von synästhetischen Charakteren von „Dissoziation" und meint letztlich einen Antagonismus.
[13] BLAUERT (1974, 100 ff.) bezieht sich auf eine Untersuchung von VON BÉKÉSY 1963.
[14] Vgl. z. B. ADAM 1999, 51 f.
[15] Zu den Spuren siehe die substanzielle Diskussion von STRAUS 1966.

welten und Klanglandschaften, dass der Ort des Menschen als des Wahrnehmenden und Gestaltenden stets erkennbar bleibt: Wie es ohne Luft keinen Schall gibt, gibt es ohne Menschen die Klanglandschaft nicht. Der Status der Klangwelt verlangt, dass die kartographische Objektivierung zugunsten von perspektivischer und lebensweltlicher Betrachtung und Darstellung zurückgenommen wird. Damit würde die Untersuchung der klanglichen Umwelt nicht ein Spezialgebiet öffnen, sondern einen Beitrag zum Einbezug der ästhetischen und lebensweltlichen Dimension in das gesellschaftliche Handeln leisten.

Literatur

ADAM 1999
B. Adam, Naturzeiten, Kulturzeiten und Gender. In: S. Hofmeister/M. Spitzner (Hrsg.), Zeitlandschaften (Stuttgart 1999) 35-57.

AMPHOUX 1991
P. Amphoux., Aux écoutes de la ville. La qualité sonore des espaces publics européens. Méthode d'analyse comparative: enquête sur trois villes suisses. IREC Rapport de recherche 94 (Lausanne 1991).

AUGOYARD 1978
J.-F. Augoyard, Les pratiques d´habiter à travers les phénomènes sonores. Contribution à une critique de l´habitat (Paris 1978).

BAHRDT 1999
H. P. Bahrdt, Grundformen sozialer Situationen (München 1999).

VON BÉKÉSY 1963
G. von Békésy, Hearing Theories and Complex Sounds. Journal of the Acoustical Society of America 35, 1963, 588-601.

BERLEANT 1992
A. Berleant, The Aesthetics of Environment (Philadelphia 1992).

BITZENHOFER 1982
B. Bitzenhofer, Untersuchung von Naturgeräuschen fallenden Wassers im Hinblick auf mögliche tonale Strukturen. Diplomarbeit Fachbereich Elektrotechnik, Abteilung Ton- und Bildtechnik, Fachhochschule Düsseldorf (Düsseldorf 1982).

BLAUERT 1974
J. Blauert, Räumliches Hören (Stuttgart 1974).

BRUNEAU 1988
Th. Bruneau, Communicative Silences: Forms and Functions. Journal of Communication 23, 1988, 17-46.

EVANGELISCHE AKADEMIE BADEN 1997
Evangelische Akademie Baden (Hrsg.), Geblendete Welt. Der Verlust der Dunkelheit in der High-Light-Gesellschaft. Herrenalber Forum 18 (Karlsruhe 1997).

GRANÖ 1929
J. G. Granö, Reine Geographie. Eine methodologische Studie beleuchtet mit Beispielen aus Finnland und Estland. Acta Geographica 2, 2 (Helsinki 1929).

GRANÖ 1997
J. G. Granö, Pure Geography. Ed. by O. Granö and A. Paasi; transl. by M. Hicks (Baltimore, London 1997).

HEIM 1874
A. Heim, Töne der Wasserfälle. Verhandlungen der Schweizerischen Naturforschenden Gesellschaft 1874, 209-214.

HERDER 1800
J. G. Herder, Kalligone. Teil 2. Von Kunst und Kunstrichterei (Leipzig 1800).

HUSSERL 1966
E. Husserl, Zur Phänomenologie des inneren Zeitbewusstseins (1893-1917). Husserliana X. Hrsg. von R. Boehm (Den Haag 1966).

MAY/THRIFT 2001
J. May/N. Thrift, TimeSpace. Geographies of Temporality (London 2001).

PAASI 1984
A. Paasi, Connections Between J. G. Granö´s Geographical Thinking and Behavioural and Humanistic Geography. Fennia 162, 1984, 21-31.

PETRI 1980
F. Petri, Landschaft: Wortgeschichte. In: J. Ritter/K. Gründer (Hrsg.), Historisches Wörterbuch der Philosophie 5 (Basel 1980), 11-13.

PICARD 1988
M. Picard, Die Welt des Schweigens (München, Zürich 1988).

PICHT 1990
G. Picht, Kunst und Mythos (Stuttgart 1990).

PIEPMEIER 1980
R. Piepmeier, Landschaft: Der ästhetisch-philosophische Landschaftsbegriff. In: J. Ritter/K. Gründer (Hrsg.), Historisches Wörterbuch der Philosophie 5 (Basel 1980) 15-28.

PORTEOUS/MASTIN 1985
J. D. Porteous/J. F. Mastin, Soundscape. Journal of Architecture and Planning Research 2, 1985, 169-180.

REGNAULT 2001
C. Regnault, Les représentations visuelles des phénomènes sonores. Application à l´urbanisme (Grenoble 2001).

SCHAEFFER 1966
P. Schaeffer, Traité des objets musicaux. Essai interdisciplines (Paris 1966).

SCHAFER 1977
R. M. Schafer, The Tuning of the World (Toronto, New York 1977).

SCHMITZ 1967
H. Schmitz, System der Philosophie 3. Der Raum. Teil 1. Der leibliche Raum (Bonn 1967).

SONNEMANN 1987
U. Sonnemann, Tunnelstiche. Reden, Aufzeichnungen und Essays (Frankfurt a. M. 1987).

STRAUS 1966
E. W. Straus, Memory Traces. In: E. W. Straus, Phenomenological Psychology (Lexington 1966) 75-100.

TORIGOE 1982
K. Torigoe, A Study of the World Soundscape Project. Master of Fine Arts Thesis (Toronto 1982).

WINKLER 1980
E. Winkler, Landschaft: Der geographische Landschafts-Begriff. In: J. Ritter/K. Gründer (Hrsg.), Historisches Wörterbuch der Philosophie 5 (Basel 1980) 13-15.

WINKLER 1997
J. Winkler, Beobachtungen zu den Horizonten der Klanglandschaft. In: G. Böhme/G. Schiemann (Hrsg.), Phänomenologie der Natur (Frankfurt a. M. 1997) 273-290.

WINKLER 2001
J. Winkler, From „acoustic horizons" to „tonalities". Environmental & Architectural Phenomenology Newsletter 12, 1/2001, 12-15.

WINKLER 2002
J. Winkler, Rhythmicity. In: H. Järviluoma/G. Wagstaff (Hrsg.), Soundscape Studies and Methods. Finnish Society for Ethnomusicology Publications 9 (Helsinki 2002) 133-142.

WORLD SOUNDSCAPE PROJECT 1974
World Soundscape Project, The Vancouver Soundscape (Vancouver 1974).

Wenn Landschaften „näher" rücken –
von den Merkwürdigkeiten des urbanen Geruchsraumes[1]

Von Werner Bischoff

> „Il existe une odeur de Londres, subtil parfum complexe et combiné de brouillard, d´asphalte chaud, de cuir de Russie, de pale ale, de pickles, de tabac anglais (mélangé de miel et d´opium), d´étoffe de tweed. Il existe une odeur russe bien connue faite de vieilles bottes, vieux choux, de transpiration séculaire dans des chambres scellés et jamais aérées; faite aussi de fumée de bois de bouleau."[2]
> (SIEGFRIED 1998, 20)

Dieses durchaus amüsante Beispiel einer olfaktorischen Beschreibung von Landschaften und Städten aus dem Jahre 1947 versinnbildlicht drei Problemfelder des geruchlichen Zugangs zu Landschaften und Räumen. Zum einen ist die Frage nach der olfaktorischen Qualität eines Ortes oder einer Landschaft sehr dicht an der Humorgrenze, zum anderen rückt jenseits unseres amüsierten Schmunzelns die immaterielle Raumdimension näher. Paradox erscheint hingegen, dass wir die geruchliche Ausstattung unserer Umgebung scheinbar selten bemerken, aber dennoch ein derart impressives Bild von London oder auch Russland nachempfinden können. Die Historizität des Beispiels ist aufdringlich, denn sowohl der stigmatisierende Beschreibungsstil als auch die sinnliche Umgebung würden sich wohl heute nicht nur aufgrund einer Vielfalt von ethnischen, religiösen und kulturellen Lebenspraktiken in einem veränderten Gewand präsentieren. Es macht sich also drittens in dieser Beschreibung ein zuweilen stigmatisierendes Bild von kulturellen Lebenspraktiken sowie materiellen und besonders immateriellen Umgebungsqualitäten bestimmter Regionen, Städte und Landschaften bemerkbar. So wird London in ein immaterielles Nebelgewand gehüllt, seine Luft durch den Geruch nach Tweedstoff, Ale sowie Opium charakterisiert und so eine eindringliche Impression vermittelt, als böge gleich Sherlock Holmes aus den Kriminalromanen Sir Arthur Conan Doyle´s um die Ecke. Raum und Landschaft erschließen sich hier nicht nur aufgrund einer visuell erfassbaren Ausstattung, sondern eben auch aufgrund des Ansprechens von olfaktorischen Raumqualitäten, die besonders in heutiger Zeit den vielfältigen Eindruck von einer im Zuge von Multikulturalisierung sich immer wieder neu formierenden Gesellschaft vermitteln könnten.

An diesem kurzen Beispiel wird deutlich, dass Stadtlandschaften durch die Anwesenheit und das Wirken der Stadtbevölkerung und deren kulturellen Hintergrund geprägt sind. Im folgenden werden einige Beziehungen zwischen nicht-gegenständlichem Geruch, wahrnehmendem Subjekt und den auf das Subjekt einwirkenden Räumen aufzeigt.

---

[1] Der vorliegende Text ist Teil der Dissertation des Verf. zum Thema „Nicht-visuelle Dimensionen des Städtischen. Olfaktorische Wahrnehmung in Frankfurt am Main, dargestellt an zwei Fallstudien zum Frankfurter Westend und Ostend."
[2] „Es gibt einen Geruch von London, ein subtil wahrnehmbares, komplexes Parfum, vermischt mit Nebel, heißem Asphalt, russischem Leder, Pale Ale, sauer eingelegtem Gemüse, englischem Tabak (vermischt mit Honig und Opium) und Tweedstoff. Es gibt einen wohlbekannten russischen Geruch aus alten Stiefeln, altem Kohl, hundertjährigem Schweiß in luftdicht verschlossenen und niemals gelüfteten Zimmern und auch aus Birkenholzrauch."

Stadtlandschaften zwischen Eintönigkeit und Abwechselung

Am Frühstückstisch erwarten uns bunte, große, kleine, grelle, dezente, eckige und runde Verpackungen; viele Dinge umgeben den Menschen in seinem Alltag. Bereits am Tisch muss auch die je nach Tagesverfassung mehr oder minder schwere Entscheidung getroffen werden, mit welchem Geschmack denn nun der Tag beginnen soll. Die Düfte reifer Früchte, von süßen Brotaufstrichen, von Wurst oder Käse und nicht zuletzt der Duft des frisch zubereiteten Kaffees bestimmen diese Entscheidungsfindung. Verlassen wir dann gesättigt unsere Wohnung, werden wir erneut von einer vielfältigen, bunten Welt empfangen, die in ihrer Gewohnheit für uns zugleich Vertrautheit, aber auch, und darum soll es hier gehen, in vielerlei Situationen eine Irritation birgt. Während der moderne Stadtmensch sich bereits mit visuell eintönigen Häuserfassaden, Straßenzügen (Abb. 1), Ortsumgehungen und gesichtslosen Einkaufs- und Bürozonen abgefunden hat, drängt sich scheinbar ganz unbemerkt die olfaktorische Dimension in sein Wahrnehmungsfeld.

Abb. 1. Blick durch die Senckenberganlage, Frankfurt a. M., nach Norden
(Foto: Werner Bischoff 2004)

Stadtlandschaften sind zunächst im besonderen Maße visuell inszenierte Landschaften. Ihr durch die Architektur in Szene gesetztes Spiel von Licht und Schatten, Glanz und Verblichenheit wird für die Bewohner durch moderne Werbe- und Verkehrstechnik zu einer mit Zeichen und Aufforderungscharakteren übersäten, ökonomisierten und konsumorientierten Arbeits- und Lebensumwelt. Wenn Gerhard Stiens feststellt, dass die Kulturlandschaften in ästhetischer und erlebnisorientierter Hinsicht zunehmend nivelliert werden,[3] trifft dies auf die Landschaften der modernen westlichen Stadtwelten sicherlich zu. Diese

---

[3] Vgl. STIENS 1999, 322.

Abb. 2. Blick durch die Neue Mainzer Straße („Bankenklamm")[4], Frankfurt a. M., nach Süden (Foto: Werner Bischoff 2004)

Einschätzung greift aber dann zu kurz, wenn die Stadtlandschaft abseits ihrer visuellen Zeichen, Masken und Uniformierung wahrgenommen wird. Klangarchitekturen, Gebrauchsklänge aber auch spontane, durch Mensch, Vegetation und Tier hervorgebrachte Geräusche vertonen den Stadtraum.
Während zum einen durch Bremsenquietschen, das Heulen von Motoren und das Beschleunigen der Reifen auf dem Asphalt v. a. die menschliche Teilhabe an der Stadtlandschaft dominiert, sind das Pfeifen des Windes in den von Hochhäusern gesäumten Straßen (Abb. 2), das Gurren der Tauben und das Rauschen der Bäume vehemente Indizien dafür, dass die Stadt immer auch Naturraum ist. Kein Ort in der Stadt, der nicht durch seine charakteristische Geräuschkulisse auffallen würde. Doch wo bleibt da noch Raum für die olfaktorischen Merkwürdigkeiten der Stadtlandschaft?

Zu den Eigentümlichkeiten von Geruchswahrnehmungen

Raum bleibt für die olfaktorischen Merkwürdigkeiten der Stadtlandschaft gerade deshalb, weil der olfaktorische Raum kein euklidischer Zwischenraum ist, der sich Platz verschaffen muss. Die Gegenstände der

---

[4] Die Neue Mainzer Straße in Frankfurt a. M. wird als „Bankenklamm" bezeichnet (vgl. BARTETZKO 1999, 54), weil durch die geschlossene Front der beiderseits der Straße aufragenden Hochhäuser die Straßenraumsituation beengt und beengend ist und der Eindruck einer Klamm erzeugt wird. Allerdings ist der Begriff nicht erst im Zuge der Bebauung mit modernen Hochhäusern aufgekommen, sondern bereits 1913 entstand der Eindruck einer Klamm, als in der Neuen Mainzer Straße fünf- bis sechsgeschossige Bauten errichtet wurden (vgl. BARTETZKO 2000, 50).

olfaktorischen und visuellen Aufmerksamkeit erschließen sich in einer fundamental unterschiedlichen Weise. Ein wahrnehmender Betrachter ist auf unterschiedliche Weise von ihnen in ihren Bann gezogen.

Während der gesehene Zwischenraum beispielsweise zwischen zwei hohen Häusern durch deren Gegenständlichkeit in seiner Kontur bestimmt wird, kann der Duft, Geruch oder Gestank gerade nicht zwischen Gegenständen verortet werden.

„Architektur: das sind die Gebäude. Raum: das ist die von Wänden umgebene Leere. Und genau hier liegt das Mißverständnis, denn der Raum ist nicht Leere, sondern ein wirkliches, von Mauern umschlossenes `Lebens-Mittel´, ein die Sinne stimulierendes Lebensmedium. Das sind vor allem Licht und Schatten, Proportionen und Farben, Perspektiven und Dekors, aber auch Töne, die widerhallen, Oberflächen, die wir mit unseren Füßen betreten, Texturen, die wir berühren, Temperaturen, die uns Wohlbehagen vermitteln und Düfte, die uns umhüllen und betören – alles Dinge oder `Sensationen´, die, zusammengenommen, die Wirkung zu einem von uns als homogene `Umgebung´ wahrgenommenen Ganzen verstärken" (CRUNELLE 1995, 171 f.).

Es klingt nach einer banalen Feststellung, dass Räume, Landschaften oder bestimmte Orte in dieser Weise nur erfahren werden können, wenn man an diesen Orten, in diesen Landschaften und Räumen tatsächlich zugegen ist. Doch wie ist man im Raum oder in einer Landschaft?

Zunächst erscheint es so, als seien wir primär sehend in einer Landschaft. Das visuelle Bild lässt die Umrisse von Gegenständen erkennen, die eine messbare Höhe, Breite und Länge aufweisen. In dieser Weise sind gesehene Gegenstände materielle Dinge mit einer exakt vermessbaren Gestalt. Gerüche, denke man nur an den durch das Haus wehenden morgendlichen Kaffeeduft, können, wenn überhaupt, nur unbestimmt im Raum verortet werden. Sie sind vielmehr in unterschiedlichen Nuancierungen und Intensitäten über den Raum ausgebreitet. Natürlich kann der Kaffeeduft an der Kaffeedose oder Tasse verortet werden, aber der Geruch ist dabei ebenso wenig in diesem Gegenstand wie das Licht eines erleuchteten Raumes in einer Lampe.[5] Wer mag schon leugnen, dass Gegenstände gerochen werden, aber damit ist nur ein sehr kognitiver Umgang mit Gerüchen beschrieben. Im sicherlich auch als schmerzlich empfundenen Zahnarztgeruch scheint sich jede Verortung eines Geruches am Gegenstand ad absurdum zu führen. Hier ist es nicht mehr der Gegenstand der gerochen wird, sondern es ist die gesamte Gegebenheit, welche Einfluss auf einen ausübt. Damit ist bereits eine wesentliche Raumdimension des olfaktorischen Raumes angesprochen, denn er umhüllt, durchdringt und versetzt die Wahrnehmenden zugleich in eine Stimmung. Das „einheitliche Durchstimmtwerden im Vernehmen des Duftes kann geschehen, weil es im Riechen keine *Distanz* zu Duftendem gibt. Im Sehen haben wir das Gesehene *gegenüber*, unmittelbar vor Augen oder in der Ferne, d. h. in Abständen, [...]. Aber im Riechen haben wir den Duft der Blume nie drüben am Fenster, sondern immer in der Nase, d. h. im binnen unseres Leibes. Es gibt kein Hier und Dort. Ohne Grenzen wirkt der Duft auf uns ein; anders gesagt: wir tauchen in ihn ein" (TELLENBACH 1968, 26 f.).

Während im Sehen Distanz gewahrt wird, durchdringt der Geruch uns im Wahrnehmen, ohne dass wir uns entziehen können. Gernot Böhme spricht daher auch davon, dass der Sehsinn Unterschiede setzt, Distanz schafft und kein Sinn für das Darin-Sein sei.[6] Das wahrnehmende Individuum kann sich sehend einem Gegenstand oder einer Situation zuwenden, also „auf-etwas-richten" oder sich „von-etwas-abwenden". Im Riechen wird der Wahrnehmende vielmehr „von-etwas-getroffen". Die Gerüche treffen oder ergreifen ihn gerade deshalb, weil der Geruchssinn ein leibnaher Sinn ist. Der Wahrnehmende wird spontan zu einer allen kognitiven Bewertungen vorangestellten Lust- oder Unlustbekundung hingerissen. Der Duft einer blühenden Bergwiese wirkt unmittelbar auf das Gemüt. Den Wahrnehmenden stellt sich nicht die distanzierte Frage, ob sie diesen Geruch nun als angenehmen oder unangenehmen Eindruck für sich registrieren und bewerten. Wenn es unangenehm oder angenehm riecht, macht die mit dem Riechen unausweichlich verbundene Aktivität des Atmens den Leib in spontaner Weise sinnfällig. Der Leib wird als Volumen in, an und um sich gespürt, was sich z. B. auch in einer Engeempfindung, Beklemmung und Entspannung bemerkbar macht. Mit jedem Atemzug ziehen wir Luft und gleichsam auch den Geruch in uns hinein und vergewissern uns so unseres leiblichen Befindens. Im Einatmen schwillt der Brustraum gegen eine zunehmende Spannung an, um sich im Moment des Ausatmens als erlösende Befreiung breit

---

[5] Vgl. HAUSKELLER 1995, 91.
[6] Vgl. BÖHME 2003, 9.

zu machen.⁷ Das mehr oder minder rhythmische Atmen ist ein Aufnehmen und Abgeben, also immer schon eine Korrespondenz mit der Umgebung, bei der sich gleichzeitig das wahrnehmende Subjekt selbst spürt. Im leiblichen Befinden erspüren wir uns, unsere Anwesenheit im Raum und zugleich den umgebenden Raum.⁸

„Ich bin zum Beispiel unbelehrbar, was Teneriffa angeht, das für mich immer ein Synonym für die Vorhölle bleiben wird. Ja, ich habe die viel gepriesene herbe Schönheit des Landesinneren kennen und dort den berühmten Einsiedler Janosch lieben gelernt. Aber das erste, was mich auf der Insel in Santa Cruz empfing, war ein Odeur aus schweißgetränktem Acryl, Sonnenöl, Fertigpizza und altem Frittenfett. Umgekehrt verbindet sich meine erste Italienseligkeit mit dem Geruch einer Gemischtwarenhandlung, wo ich bereits beim Durchschreiten der Riesenraupen aus Chenille-Wolle am Eingang den Duft des dunklen, schlauchförmigen Ladens einatmete, in dem sich die Basisnote eines Putzlappens mit der Herznote von Parmaschinken und der Kopfnote von Gorgonzola verband. Immer werde ich in einem Laden dieser Art, dem die Putzlappennote fehlt, etwas vermissen" (BAUR 2003, 88).

Es gibt keine Situation, keine Begegnung mit Menschen oder bestimmten Orten, wo der Geruch den Charakter der Begegnung oder der Umgebung nicht fundamental im eigenen Befinden erspüren ließe. Nur so ist zu erklären, warum Teneriffa hier für Eva Baur zum Synonym für die Vorhölle werden konnte.

Zur Beziehung von olfaktorischem Raum und Atmosphäre

Juan Manuel Wagner möchte neben dem kulturhistorischen Wert der Kulturlandschaft zudem die emotionale Wirksamkeit von Kulturlandschaften als wesentliche Zielsetzung in der Kulturlandschaftspflege berücksichtigt wissen.⁹ Jedes emotionale Raumerleben ist seiner Meinung nach an eine sinnliche Wahrnehmung geknüpft, die sich in einer positiven oder negativen Wirkungsrichtung niederschlägt.¹⁰ Die emotionale Wirksamkeit der Kulturlandschaft fächert sich bei Wagner in einer Bedürfnisstruktur auf, die ich hier nur punktuell aufgreifen möchte. So schlägt Wagner vor, das Bedürfnis nach Orientierung „danach zu beurteilen, mit welcher Leichtigkeit sinnlich wahrnehmbare Ordnungselemente eines Kulturlandschaftsraumes erkennbar" (WAGNER 1997, 61) sind, weil ein schlecht strukturiertes und wenig einprägsames visuelles Landschaftsbild zu Unbehagen führen könne.¹¹ Unter Einbeziehung der Problematisierung des Landschaftsbildbegriffs von Hans Hermann Wöbse ist an dieser Stelle einzuhaken. Wie bereits erläutert, zeigt sich in der Wahrnehmung von Gerüchen eine wirkmächtige enge Verzahnung von emotionaler Befindlichkeit der Wahrnehmenden mit der Raumqualität der Umgebung. In Bezug auf die emotionale Wirksamkeit der Kulturlandschaft erscheint die Konzentration auf die Thematisierung von Wahrnehmung auf ausschließlich visuell wahrnehmbare Ordnungselemente¹² daher etwas einseitig. Wöbse weist darauf hin, dass Bilder grundsätzlich und Landschaftsbilder im Besonderen ein „Vorgang der sinnlichen Wahrnehmung" (WÖBSE 2002, 170) seien und die Eigenart einer Landschaft entsprechend auch durch nicht sichtbare Erscheinungen geprägt ist.¹³

„Wenn wir von optischer oder visueller Qualität sprechen, so erfassen wir damit zwar einen sehr wesentlichen, aber doch nur einen Teil des wahrgenommenen Gegenstandes (der Landschaft). Landschaftsästhetik muß also mehr sein als die Qualität des Landschaftsbildes" (WÖBSE 1981, 155).

Die Wahrnehmung baut über das Zusammenwirken von Sinneseindrücken und leiblichem Befinden und nicht über das bloß additive Registrieren von Sinnesdaten das Bild einer komplexen Außenwelt auf. Auch sind die Landschaftseindrücke mit eigenen Erfahrungen, Erinnerungen, persönlichem Wissen eng verbunden und wirken auf die Befindlichkeiten des Menschen zurück. Im Hinblick auf die Schönheit einer Landschaft schlägt Wöbse vor, statt vom Bild eher vom Erlebnispotential einer Landschaft zu sprechen.¹⁴

---

⁷ Vgl. FUCHS 2000, 118.
⁸ Vgl. BÖHME 2003, 9.
⁹ Vgl. WAGNER 1997, 59.
¹⁰ Vgl. WAGNER 1997, 60.
¹¹ Vgl. WAGNER 1997, 61.
¹² Vgl. WAGNER 1997, 61.
¹³ Vgl. WÖBSE 2002, 170.
¹⁴ Vgl. WÖBSE 2002, 171.

Vergegenwärtigen wir uns, dass der Geruch diffus im Raum ohne eine erkennbare, messbare Abgrenzung ausgebreitet ist, ist er zwar wirkmächtig und lokalisierbar, aber eben nicht konkret in Maß und Zahl erfassbar. Gerüche sind so im euklidischen Raum diffus verortbar, aber in Form einer Atmosphäre wirkmächtig und ohne klare Konturen über den Raum ausgebreitet. Die Atmosphäre bezeichnet etwas „Unbestimmtes, Diffuses, aber gerade nicht unbestimmt in bezug auf das, was es ist, seinen Charakter. Im Gegenteil verfügen wir offenbar über ein reiches Vokabular, um Atmosphären zu charakterisieren, nämlich als heiter, melancholisch, bedrückend, erhebend, achtunggebietend, einladend, erotisch usw." (BÖHME 1995, 22). Atmosphären begreift Hermann Schmitz als räumlich ausgedehnte Gefühle.[15] Sie breiten sich z. B. über den Innenraum einer gotischen Kirche aus und ziehen die Wahrnehmenden in ihren Bann. Die weihraucherfüllte, stille, von fahlem Licht gezeichnete und kühle Kirchenhalle lässt die Atmosphären der Erhabenheit spüren. Man taucht in sie hinein, gleichsam wie in die drückende Schwüle einer Landschaft vor einem heraufziehenden Gewitter.[16] Ebenso wie die beschriebenen Atmosphären hüllen auch Gerüche in dieser unausweichlichen Weise ein und sind nicht zuletzt deswegen Element einer Atmosphäre und „jene Qualität der Umgebung, die am tiefgreifendsten durch das Befinden spüren lässt, wo man sich befindet" (BÖHME 1998, 150). In der Atmosphäre eines Raumes oder einer Landschaft erspüren wir den Charakter eines Raumes, der sich nicht auf das bloß Sichtbare zurückführen lässt. Die Atmosphäre wird aber nicht durch das additive Zusammenspiel der einzelnen Sinnesmodalitäten erzeugt, sondern basiert auf der leiblichen Anwesenheit der wahrnehmenden Person im Raum.[17] Der Geruch nach staubiger Kühle, Weihrauch und alterndem Holzgestühl stellt nicht schon an sich die Atmosphäre der gotischen Kirche dar.

Gerüche können unmittelbar in der Wahrnehmungssituation das Erspüren der Atmosphäre eines Raumes oder einer Landschaft initialisieren.[18] Dabei spricht Gernot Böhme den Gerüchen eine besondere Betonungsfähigkeit von Atmosphären zu, wenn er darauf hinweist, dass Gerüche ermöglichen, Orte zu identifizieren, als auch sich mit Orten zu identifizieren.[19] Krankenhäuser, Schulen, Kirchen, ganze Städte, ferner nicht überbaute Flächen können von Gerüchen mal durchdrungen, mal nur leicht durchweht sein. Obwohl die Gerüche zuweilen unvermutet auftreten, charakterisieren sie einen Ort insofern, als dass der Wahrnehmende Räume und Landschaften in ihrer atmosphärischen Tönung mit einem Schlag erkennt. Obgleich Wöbse den phänomenologischen Begriff der Atmosphäre nicht erwähnt, weist er auf die Bedeutung von Gerüchen für die grundlegenden Elemente des Landschaftserlebens hin.
„Als Träger von Geruch und Wasserdampf bildet Luft, die neben Wasser für den Menschen von existenzieller Bedeutung ist, die Grundlage für das Landschaftserleben. Frische Luft oder die Reinheit nach einem Gewitter sind ganz charakteristische Geruchserlebnisse. [...] Es riecht nach Frühling, sagen wir, nach Sommer, nach Herbst. Neben der Vegetation spielt dabei auch die Temperatur eine Rolle, die Luftfeuchtigkeit und Geräusche wie die typischen Frühlingsrufe der Meisen" (WÖBSE 2002, 192 f.).
Der Geruch nach Frühling, Sommer und Herbst ist nicht eine simple Duftfahne, sondern verdeutlicht eine komplexe Atmosphäre, die über den Raum ausgebreitet ist und im Zusammenspiel mit dem Atmen für uns von Bedeutung wird. Im Atmen vollzieht sich eine unmittelbare Bezugnahme auf den konkreten Ort, an dem sich der Wahrnehmende befindet. Georg Simmel spricht sogar davon, dass ein Eindruck oder ein Objekt durch den Prozess des Atmens beinahe so stark assimiliert wird wie durch das Essen.[20]

---

[15] Vgl. SCHMITZ 1998, 63.
[16] Vgl. FUCHS 2000, 213.
[17] „Der Raum als Raum der leiblichen Anwesenheit [...] ist zunächst nichts weiter als die spürbare unbestimmte Weite, aus der sich durch Artikulation Räume unterschiedlichen Charakters bilden können. Orientierungen, Bewegungsanmutungen, Markierungen sind solche Artikulationsformen. Sie schaffen im Raum Konzentrationen, Richtungen, Konstellationen. Da diese Artikulationen keinen gegenständlichen Raum voraussetzen, sondern sich quasi in die Leere einschreiben, bleiben sie angewiesen auf das erfahrende Subjekt, genauer gesagt den Menschen in seiner leiblichen Anwesenheit" (BÖHME 2003, 10).
[18] „Freilich ist alles leibliche Spüren von Atmosphären keine materiale Sinneswahrnehmung, sondern Ausdruckserfassung durch synästhetische leibliche Resonanz. Die einzelnen Sinne tragen nur bei zu dieser Empfindung, sie machen sie nicht aus" (FUCHS 2000, 213).
[19] Vgl. BÖHME 1998, 150.
[20] Vgl. SIMMEL 1998, 140.

Vom Sprechen über Gerüche und Atmosphären

Die Geruchssphäre ist durch die medizinische und anthropologische Forschung, die Literatur und die massenmediale Bearbeitung auch in der modernen Werbung als stark sexualisierte, animalisierte, gefühlsduselige und hygienisierte Sphäre aufgeladen. Abgesehen von dieser vielschichtigen klischeehaften Thematisierung von Gerüchen hat die Geruchsforschung mit einem sehr zentralen Problem umzugehen. Jenseits von technisch aufwendigen Produktionsverfahren der Parfümindustrie können Gerüche nicht ohne weiteres aufgenommen, gespeichert, gelagert oder gar wie visuell und auditiv Erfassbares auf einem Zelluloidfilm aufgezeichnet werden. Nicht zuletzt durch die eingeschränkte Handhabbarkeit ist die Beschäftigung mit Gerüchen immer auch eine Auseinandersetzung mit Sprache sowie den Sprechgewohnheiten und -stilen der Wahrnehmenden. Mit Blick auf literarische Texte betont Bernd Busch, dass das Lesen immer ein Verständigungsversuch über Wahrnehmungsprozesse sei.[21] Die in der Literatur angesprochenen Wahrnehmungserfahrungen sind dabei nicht ausschließlich literarische Stilmittel, um eine möglichst dichte, impressive und nachvollziehbare Erzählsituation herzustellen, sondern „darüber hinaus Indizien einer intertextuellen Auseinandersetzung über die Wahrnehmungs- und Erfahrungsmöglichkeiten einer Epoche oder Gesellschaft" (BUSCH 1995, 15). Was Busch hier auf den literarischen Text beschränkt thematisiert, ist sicherlich gleichermaßen für populärwissenschaftliche Veröffentlichungen und die Thematisierung von Sinneswahrnehmung in der Werbung gültig.

Zunächst erscheint es, als ließen sich Gerüche nur als negativ oder positiv, als angenehm oder unangenehm klassifizieren, doch damit hätte man dem bereits beschriebenen Moment der Leiblichkeit von Geruchseindrücken nur unzureichend entsprochen. Der olfaktorische Eindruck korrespondiert wie kaum ein anderer Sinneseindruck mit der körperlichen Verfasstheit des Menschen und eröffnet für den Wahrnehmenden dessen leibliches Befinden und atmosphärisches Spüren. Gerüche lassen sich daher gut durch die Beschreibung des leiblichen Befindens versprachlichen.

Der Geruchsforscher Paul Faure muss wohl die vermeintliche Beschränktheit von Geruchswörtern vor Augen gehabt haben, als er über mehrere Jahre seine Liste von Geruchsadjektiven sammelte.[22] Der Großteil seiner Geruchsadjektive bezieht sich auf die Versprachlichung leiblichen Befindens und erfüllt so ein wesentliches Kriterium für die Versprachlichung von Gerüchen und Atmosphären. Adjektive wie aufdringlich, aggressiv, aufreizend, sich beißend, abstoßend, kräftig, leicht, sanft, süß, samtig und tonisch sind sicherlich geeignet, einen Geruchseindruck zu beschreiben. Eine solche Beschreibung von Gerüchen und Atmosphären muss allerdings in eine längere Erzählsequenz über die Atmosphäre einer Landschaft eingebettet sein, um auch den im Beschreiben von Atmosphären und Sinneseindrücken Ungeübten einen Zugang zum Thema zu ermöglichen. Dass es sich bei Faures Darstellung von leiblichkeitsbeschreibenden Geruchsadjektiven nicht um einen Sonderfall handelt, verdeutlicht das Eindrucksdifferential der VDI-Richtlinie 3882/Blatt 2[23], welches ähnliche Geruchsadjektive zur Beschreibung eines städtischen Geruchsraumes zur Verfügung stellt.

Der olfaktorische Ort als „erinnerter Ort"

Räume vermitteln sich als Atmosphären, deren leibliche Verankerung die Wahrnehmungshistorie der Einzelnen in Erinnerung ruft und dabei die Identifikation mit dem momentan erlebten Ort erleichtert. Die folgenden zwei Beispiele mögen die besondere Situation einer Erinnerung aufgrund eines Geruchseindrucks illustrieren:

---

[21] Vgl. BUSCH 1995, 15.
[22] Vgl. FAURE 1993, 12.
[23] VDI-RICHTLINIE 1992, 5. – Die Methode des Eindrucksdifferential ist nach Ansicht des Verf. aber nur mit Einschränkungen geeignet, den olfaktorischen Raum des Städtischen zu beschreiben. Durch die vorformulierten Eindrücke kann zwar das leibliche Befinden der Wahrnehmenden beschrieben werden, aber es thematisiert eben auch nur solches, welches bereits im Eindrucksdifferential sprachlich operationalisiert wurde.

„Da steht er [der sensible Reisende; Anm. des Verf.] an einem See in Finnland, atmet den Geruch der durchsonnten hölzernen Anlegestege ein und den von frischem Fisch und sieht sich wie in einer Zeitreise zurückversetzt in den Urlaub damals, am Chiemsee, als er schwimmen lernte" (BAUR 2003, 90).

Der Geruch ist in sehr intimer Weise mit Erfahrungen verwoben, die jeder von uns mit Orten gemacht hat, an denen er gewohnt oder die er besucht hat.[24] Im Moment des Riechens vergegenwärtigen sich am momentan erlebten, aber zuvor unbekannten Ort wiederum erinnerte Räume und Landschaften. Der Raum wird merkwürdig.

Der humanistische Geograph Yi-Fu Tuan kehrt nach 23 Jahren nach Sydney zurück, wo er als Kind in der Nähe des Strandes an einer Promenade aufgewachsen ist. Während die Promenade, der Strand und selbst der kleine Spielplatz noch die gleichen waren, hat sich Sydney insgesamt in seiner visuellen Erscheinung für Tuan stark verändert:

„I saw the beach one way as a child; as an adult, I saw it in quite another way, with different focuses and values. My eyes failed me in my quest. But my nose did not, for just as I was about to conclude that I could not go home again, a strong whiff of seaweed assaulted my nostrils, and I was thrown back to childhood. For a fleeting instant I stood on the beach, a twelve-year-old again. Odor has this power to restore the past because, unlike the visual image, it is an encapsulated experience that has been left largely uninterpreted and undeveloped" (TUAN 1995, 57).

Die Erinnerung ist für die Identitätsbildung und -strukturierung des Individuums insofern wichtig, als dass sie zu einem Empfinden beiträgt, mit sich selbst für die Dauer der eigenen Lebenszeit identisch zu sein. Obgleich der beschriebene Reisende unseres ersten Beispiels zum ersten Mal in Finnland auf einem Bootssteg steht und diese Gerüche intensiv wahrnimmt, kann er diese neuartige Lebenssituation mit seinem bereits gelebten Leben und seinen Erfahrungen und Wahrnehmungen über den „Wahrnehmungsanker" Geruch und Atmosphäre zur Deckung bringen. In ähnlicher Weise gelingt es Tuan trotz seiner 23-jährigen Abwesenheit sowie des Verschwindens für ihn wichtiger visueller „landmarks" und Gebäude, den Ort seiner Kindheit wieder zu erkennen und zu der eigenen Identität erneut in Beziehung zu setzen. Obwohl im Beispiel des finnischen Bootssteges die Erinnerung am zuvor unbekannten Ort und für Tuan die Erinnerung am bereits aus seiner Kindheit bekannten Ort am Strand stattfindet, kann der Geruch einen ergreifenden Eindruck vom unmittelbaren Ort evozieren. Die Erinnerung an vergangene Erfahrungen und Erlebnisse ist, anders gesagt, das Mittel, mit dem der Einzelne seine Lebensgeschichte in eine Ordnung zu bringen trachtet und sich so eine biographische Identität konstruiert und rekonstruiert. Die Uferpromenade in Sydney ist für Tuan dabei nicht nur ein Ort, der Erinnerung auslöst, sondern der Ort ist über die Erinnerung und das konkrete leibliche Spüren der Atmosphäre ein Ort, der ihm etwas bedeutet, der überhaupt nur dadurch in seiner Bedeutung erkannt wird. Denn die Stadtlandschaft wird als in vielfältiger Hinsicht bereits vergangener Ort der Kindheit im Jetzt für ihn identitätsstiftend bedeutsam. Würde er sich allein auf die Visualität des Ortes beziehen, bliebe ihm nur übrig zu attestieren, dass sich eben viel geändert hat, Gebäude verschwunden sind, seit er vor 23 Jahren diesen Ort verließ.

Der olfaktorische Ort als „Ort der Bedrohung"

Die geographische Geruchsforschung konzentriert sich zumeist nicht auf die beschriebene identifikationsstiftende Seite der Gerüche,[25] sondern orientiert sich eher am Diskurs ingenieurwissenschaftlicher Stadtplanung unter der Prämisse der Vermeidung von Umweltrisiken. Gerüche werden somit nicht als Forschungsgegenstand über die sinnliche Sphäre des Städtischen allgemein, sondern einseitig als bedrohliche Einflussgröße für das städtische Klima etc. erfasst. Rufen wir uns zentrale Gerüche der Stadt ins Gedächtnis, werden wohl die mit der invasiven Automobilisierung der Gesellschaft einhergehenden eine zentrale Rolle einnehmen. Die Geruchssphäre der Stadt wird gerade in der ausschließlichen Konzentration auf diese Gerüche als wenig duftend beschrieben. Vielmehr noch: Wenn die Stadt riecht, dann stinkt sie!

---

[24] Vgl. CLAVAL 1998, 71.
[25] Ausnahmen sind hier die Veröffentlichungen: RODAWAY 1994; DULAU/PITTE 1998; PORTEOUS 1990.

Harkort weist darauf hin, dass auch im Bundesimmissionsschutzgesetz und der Technischen Anleitung zur Reinhaltung der Luft (TA Luft) Gerüche grundsätzlich als belästigend eingestuft werden.[26] Der auf Fragen der olfaktorischen Ausstattung von Räumen basierende Geruchsbelästigungsdiskurs macht dabei auf ein generelles Problem von Umweltwahrnehmung aufmerksam. Abgesehen von gelben Wolken und an der Oberfläche von Seen und Flüssen treibenden Fischkadavern, sind die Auswirkungen zunehmender Umweltverschmutzung und -bedrohung häufig nicht sichtbar. Ein in der Nase beißender Geruch, ein den Atem verschlagender Dunst sind hingegen beeinträchtigende Eindrücke, die in einigen Fällen auf eine unsichtbare Gefährdung und Bedrohung hinweisen. Die Geruchssphäre der Stadt gibt so über eine längst nicht mehr sichtbare Umweltbedrohung Auskunft. Der Geruch verleiht dem Unheilvollen ohne komplizierte chemische Analysen eine Erscheinung. Andererseits kann das Ausbleiben von Geruch zum Zeichen hygienischer Umweltqualität werden, was sich ein Großteil der Hygiene-, Kosmetik-, Reinigungs- und Raumbeduftungsprodukte bekanntermaßen zunutze macht. Die konstruierte Kausalbeziehung von Frischegerüchen, wie z. B. Bergfrühling, Sommerfrische oder Zitrusduft, und vermeintlicher Sauberkeit wird durch die Werbeindustrie immer weiter fortgeschrieben.

Unter dem ingenieur- und planungswissenschaftlichen Blickwinkel ist die olfaktorische Stadtgestalt eine Belästigung bis Bedrohung, die es durch zahlreiche städtebauliche und hygienische Maßnahmen zu eliminieren oder zumindest zu minimieren gilt. Gerüche werden in den modernen westlichen Großstädten vermieden, unter Kontrolle gebracht oder über Schornsteine, Rohrleitungssysteme und Klimaanlagen domestiziert sowie in die Hinterhöfe und Rückseiten der Stadtlandschaft verfrachtet.[27] Wenn die moderne westliche Stadt in ihren Vorderansichten weder riecht noch stinkt, ist sie in den Hinterhöfen umso eindringlicher olfaktorisch präsent. Der olfaktorische Stadtraum ist somit ein mehrfach zergliederter Raum, der gute und auf Konsum bezogene Gerüche – z. B. Essens-, Reinigungs- und Hygienegerüche sowie Büro- und Verkaufsraumbeduftungen – von den als negativ empfundenen Gerüchen separiert. Es kann nicht darum gehen, Gerüche umzulenken, zu kanalisieren und aus unseren Städten zu verbannen. Vielmehr ist mit der olfaktorischen Sphäre der Stadt produktiv umzugehen, indem auch Räume olfaktorisch gestaltet werden. So könnten innerhalb der Stadt vielfältigere Geruchseindrücke und nicht nur Zonen mit belästigenden Gerüchen erlebbar werden.

Abseits der wissenschaftlichen und massenmedialen Thematisierung von Gerüchen als Belästigung und Gesundheitsgefährdung steht eine wissenschaftliche Auseinandersetzung mit der genussvollen olfaktorischen Sphäre des Städtischen weitgehend aus. Angesichts dieser einseitig umwelt- bzw. immissionstechnizistischen Diskussion muss wohl auch die Frage nach den atmosphärischen und identifikationsstiftenden Gerüchen näher in das Blickfeld von Forschern gerückt werden.[28]

Literatur

BARTETZKO 1999
D. Bartetzko, Das Hochhaus der Hessischen Landesbank. In: H. Müller-Vogg (Hrsg.), Hochhäuser in Frankfurt. Wettlauf zu den Wolken (Frankfurt a. M. 1999) 54 f.

BARTETZKO 2000
D. Bartetzko, Auf der Basis von Kreis und Quadrat. In: I. Flagge (Hrsg.), Der Main Tower (Tübingen, Berlin 2000) 50-61.

BAUR 2003
E. G. Baur, Die Düfte, die man nie vergisst. In: Geo Saison 7-8/2003 (Hamburg 2003) 88-91.

---

[26] Vgl. HARKORT 1987, 171.
[27] Vgl. GRESILLON 1998; BISCHOFF 2002, 55 f.
[28] Für hilfreiche und anregende Gespräche danke ich Dr. V. Denzer, W. Bischoff, V. Hullen, St. Thomas, Y. Büter und M. Hullen.

BISCHOFF 2002
W. Bischoff, Ein Hauch von Großstadt. Überlegungen zum urbanen Geruchsraum. In: J. Hasse (Hrsg.), Subjektivität in der Stadtforschung (Frankfurt a. M. 2002) 41-60.

BÖHME 1995
G. Böhme, Atmosphäre. Essays zur neuen Ästhetik (Frankfurt a. M. 1995).

BÖHME 1998
G. Böhme, Die Atmosphäre einer Stadt. In: G. Breuer (Hrsg.), Neue Stadträume. Zwischen Musealisierung, Medialisierung und Gestaltlosigkeit. Mit Beiträgen von Ch. Asendorf. Wuppertaler Gespräche 2 (Basel, Frankfurt a. M. 1998) 149-162.

BÖHME 2003
G. Böhme, Über Architektur reden, Architektur wahrnehmen, Architektur machen. In: I. Flagge (Hrsg.), Architektur und Wahrnehmung. Jahrbuch Licht und Architektur 2003 (Darmstadt 2003) 8-11.

BUSCH 1995
B. Busch, Eine Frage des Dufts. In: Kunst- und Ausstellungshalle der Bundesrepublik Deutschland GmbH (Hrsg.), Das Riechen. Von Nasen, Düften und Gestank. Schriftenreihe Forum 5 (Göttingen 1995) 10-22.

CLAVAL 1998
P. Claval, La littérature? de voyage et la géographie des odeurs. In: R. Dulau/J.-R. Pitte (Hrsg.), Géographie des odeurs. Collection Géographie et cultures, Série Fondements de la géographie culturelle (Paris, Montréal [Québec] 1998) 59-72.

CRUNELLE 1995
M. Crunelle, Geruchssinn und Architektur. In: Kunst- und Ausstellungshalle der Bundesrepublik Deutschland GmbH (Hrsg.), Das Riechen. Von Nasen, Düften und Gestank. Schriftenreihe Forum 5 (Göttingen 1995) 171-177.

DULAU/PITTE 1998
R. Dulau/J.-R. Pitte (Hrsg.), Géographie des odeurs. Collection Géographie et cultures, Série Fondements de la géographie culturelle (Paris, Montréal [Québec] 1998).

FAURE 1993
P. Faure, Magie der Düfte. Eine Kulturgeschichte der Wohlgerüche. Von den Pharaonen zu den Römern (München 1993).

FUCHS 2000
Th. Fuchs, Leib, Raum, Person. Entwurf einer phänomenologischen Anthropologie (Stuttgart 2000).

GRESILLON 1998
L. Gresillon, Le Paris qui sent les odeurs du quartier de la Huchette. In: R. Dulau/J.-R. Pitte (Hrsg.), Géographie des odeurs. Collection Géographie et cultures, Série Fondements de la géographie culturelle (Paris, Montréal [Québec] 1998) 179-207.

HARKORT 1987
W. Harkort, Belästigung durch Gerüche in Städten – Methoden zur Ermittlung von Geruchsemissionen und -immissionen, Minderungsmaßnahmen. In: Verein Deutscher Ingenieure (VDI), Kommission Reinhaltung der Luft im VDI (Hrsg.), Umweltschutz in großen Städten. Kolloquium München, 8. bis 10. Oktober 1986. VDI-Berichte 605 (Düsseldorf 1987) 169-180.

HAUSKELLER 1995
M. Hauskeller, Atmosphären erleben. Philosophische Untersuchungen zur Sinneswahrnehmung (Berlin 1995).

PORTEOUS 1990
J. D. Porteous, Landscapes of the Mind. Worlds of Sense and Metaphor (Toronto, Buffalo, London 1990).

RODAWAY 1994
P. Rodaway, Sensuous Geographies. Body, Sense and Place (London, New York 1994).

SCHMITZ 1998
H. Schmitz, Der Leib, der Raum und die Gefühle (Ostfildern 1998).

SIEGFRIED 1998
A. Siegfried, Un texte fondateur datant de 1947: La géographie des odeurs (Présentation par André-Louis Sanguin). In: R. Dulau/J.-R. Pitte (Hrsg.), Géographie des odeurs. Collection Géographie et cultures, Série Fondements de la géographie culturelle (Paris, Montréal [Québec] 1998) 19-23.

SIMMEL 1998
G. Simmel, Soziologie der Sinne (Auszug). In: G. Gebauer (Hrsg.), Anthropologie (Leipzig 1998) 126-142.

STIENS 1999
G. Stiens, Veränderte Sichtweisen zur Kulturlandschaftserhaltung und neue Zielsetzungen der Raumordnung. Erhaltung und Entwicklung gewachsener Kulturlandschaften als Auftrag der Raumordnung. Ein neuer Auftrag der Raumordnung. Informationen zur Raumentwicklung 5/6, 1999, 321-332.

TELLENBACH 1968
H. Tellenbach, Geschmack und Atmosphäre. Medien menschlichen Elementarkontaktes. Neues Forum 8 (Salzburg 1968).

TUAN 1995
Y.-F. Tuan, Passing Strange and Wonderful. Aesthetics, Nature, and Culture (New York, Tokyo, London 1995).

VDI-RICHTLINIE 1992
VDI-Richtlinie 3882 Blatt 2. Olfaktometrie. Bestimmung der hedonischen Geruchswirkung. Entwurf Berlin (1992).

WAGNER 1997
J. M. Wagner, Zur emotionalen Wirksamkeit der Kulturlandschaft. In: W. Schenk/K. Fehn/D. Denecke (Hrsg.), Kulturlandschaftspflege. Beiträge der Geographie zur räumlichen Planung (Stuttgart, Berlin 1997) 59-66.

WÖBSE 1981
H. H. Wöbse, Landschaftsästhetik – Gedanken zu einem zu einseitig verwendeten Begriff. Landschaft und Stadt. Beiträge zur Landespflege und Landesentwicklung 13, 1981, 152-160.

WÖBSE 2002
H. H. Wöbse, Landschaftsästhetik. Über das Wesen, die Bedeutung und den Umgang mit landschaftlicher Schönheit (Stuttgart 2002).

Der Friedhof als Kulturlandschaft im Wandel der Zeit

Von Barbara Happe

Einleitung

Begräbnisplätze und Grabanlagen werden von zahlreichen Fachdisziplinen unter jeweils unterschiedlichen Gesichtspunkten untersucht. Ihre Standorte, ihre Anlagen und Erscheinungsbilder werden wesentlich vom Verhältnis der Lebenden zu ihren Toten bestimmt. Dieses wiederum ist geprägt von religiösen Einstellungen und Motiven, von demographischen Entwicklungen, hygienischen Erkenntnissen und Erfordernissen, städteplanerischen Konzepten, sozialen Strukturen und damit der ethisch-moralischen Verfassung einer Gesellschaft. Es sind grundsätzlich zwei widerstreitende Haltungen gegenüber den Toten, welche über den Standort der Begräbnisplatze entscheiden: Erwartet man sich von der örtlichen Gemeinschaft der Toten mit den Lebenden einen Nutzen, werden sie an einem bevorzugten Platz inmitten der Lebenden bestattet; steht man hingegen den Toten distanziert oder ängstlich gegenüber, sucht man die Zone der Toten von derjenigen der Lebenden räumlich zu trennen.

Da hier das Phänomen der Kulturlandschaft und ihrer Genese im Vordergrund der Betrachtung stehen, soll nachfolgend v. a. zwei Fragen nachgegangen werden.

- Wie verhält sich die topographische Lage der christlichen Begräbnisplätze zu den Siedlungskernen und inwieweit prägen sie die Kulturlandschaft?
- Welchen Einflüssen unterlagen bzw. unterliegen die jeweiligen Gestaltungen der Begräbnisplätze?

Die Topographie – die Beziehung von Siedlung und Bestattungsort

Der mittelalterliche Kirchhof ist einer der wenigen Bestattungsplätze in der Kulturgeschichte überhaupt, der sich weit über tausend Jahre inmitten menschlicher Siedlungen befand, ja durch seine zentrale Lage an den Hauptkirchen zum Mittelpunkt des täglichen Lebens wurde. Diese fast einzigartige Situation der engen örtlichen Verschmelzung von Siedlung und Begräbnisplatz ist dem Umstand geschuldet, dass die Christen damals – anders als die meisten Religionen – ihre Toten in der Nähe der Reliquien ihrer heils- und schutzspendenden Märtyrer begraben wissen wollten. Denn religiöse Motive waren unter Vernachlässigung anderer Faktoren wie etwa der Hygiene ausschlaggebend für die innerörtliche Anlage der christlichen Gräber. Die Gestalt der mittelalterlichen Stadt folgte auch diesbezüglich der „Ordnung aus der religio".

Die enge Verbindung von Begräbnisplatz und Kirche inmitten der christlichen Siedlungen und Städte hat sich in einem mehrere Jahrhunderte währenden Prozess etabliert, der erhebliche regionale Unterschiede aufweist und der hier nur skizzenhaft nachvollzogen werden kann.

Die Christen haben in den ersten Jahrhunderten die spätantike Tradition des gesamten Mittelmeerraumes, die Gräberfelder außerhalb des geschlossenen Siedlungsraumes anzulegen, beibehalten (KÖTTING 1983, 378; KÖTTING 1965, 10 ff.; FEHRING 2000, 69). Die räumliche Trennung zwischen Siedlungsraum und Bestattungsplatz war bereits in der Antike gesetzlich kodifiziert. Für die römischen Provinzen war das berühmte Zwölftafelgesetz (450 v. Chr.) maßgeblich, nach dem niemand innerhalb der Stadt begraben oder verbrannt werden dürfe: „hominem mortuum in urbe ne sepelito neve urito" (KÖTTING 1965, 10). Diese Vorschrift wurde auch noch von den christlichen Kaisern Gratian, Valentinian und Theodosius erneuert (KÖTTING 1965, 11). Die römischen Nekropolen wurden aus Gründen ihrer guten Sichtbarkeit vorzugsweise an den großen Ausfallstraßen angelegt, wo auch die Christen anfänglich ihre Toten beisetzten. Was die spätrömischen Provinzen angeht, ist aufgrund der Siedlungskontinuität von römischen und christlichen Siedlungen auch die Kontinuität von römischen und germanischen Friedhöfen und selbst ein Nebeneinander von germanischen und römischen Gräbern nachgewiesen (KOCH 1996, 724). Ein berühmtes Beispiel ist das archäologisch sehr gut erschlossene Köln, wo sich die christlichen Bestattungsareale an den vier Ausfahrtstraßen, d. h. bei den römischen Nekropolen befanden (FEHRING 2000, 64 ff.; NAUMANN-STECKNER 1997, 16 f.; 51 ff.). Zudem erwuchsen aus den Märtyrermemorien auf den spätantiken Friedhöfen die Coemeterialkirchen und aus stadtrömischen Gemeindekirchen entwickelten sich christliche Versammlungsorte.

Als im 2. Jh. mit dem Verschwinden der Naherwartung der Wiederkunft Christi die Märtyrerverehrung einsetzte, derzufolge auch ihre Grabstätten verehrt wurden, die nach antiker Gewohnheit *extra muros* lagen, wurden diese mit Kulträumen der christlichen Gemeinden überbaut. Als Kultstätten zogen sie die Gläubigen an, die dort in der Folge ihre Gemeindefriedhöfe anzulegen begannen. Erst in der Mitte des 4. Jh. begann mit der allmählichen, weil damals durchaus umstrittenen Exhumierung der Märtyrergebeine und der Überführung der Reliquien in die innerörtlichen Stadtkirchen eine neue Epoche, die von entscheidender Bedeutung für die Lage der christlichen Begräbnisplätze sein sollte. Die Christen erhofften sich von einem Grabe in der Nähe der Märtyrerreliquien Hilfe für das Jenseits, das man postmortal noch durch menschliches Handeln für beeinflussbar hielt. Durch die fürbittende Anempfehlung der Heiligen bei Gott und durch das fürbittende Gebet der Gemeinde in der täglichen Messliturgie hoffte man, die Sündenlast zu verringern und das abzubüßende Strafmaß mildern zu können. So wird die Sorge um das rechte Grab bei den Märtyrerreliquien, d. h. *apud sanctos*, zum Kennzeichen und Inbegriff gläubiger Frömmigkeit sowie die Verbindung von Grab und Kirche unabdingbar (KÖTTING 1965, 28). Der eigentliche Nutzen eines Grabes in der Nähe eines Märtyrergrabes bestand somit in dem immer wieder entfachten Gebetseifer der Gläubigen.

Aus diesem Grund haben die Märtyrergräber erst die Altäre sowie Kulträume der christlichen Gemeinden und dann die Gräber an sich gezogen. Kaiser Justinian hat bereits den antiken Grundsatz des außerstädtischen Begräbnisses aufgegeben und die Anlage der Friedhöfe innerhalb der Städte nicht mehr untersagt (KÖTTING 1965, 29). Karl der Große schließlich forderte in den Kapitularien von 786 und 810/13 *partionibus Saxoniae* das Begräbnis bei den Kirchen als Ausdruck christlichen Glaubens. Eine abschließende Begründung im Decretum Gratiani von 1140 lautet: „Die Toten bei der Kirche zu begraben, ist sinnvoll, weil man dort für die Verstorbenen das Meßopfer darbringen kann mit Gebeten und Almosen. Das Begräbnis bei der `Memoria martyrum´ habe nur den Sinn, daß man den Toten dem Schutz des Märtyrers anheimgebe und dadurch die Intensität des Gebetes gestärkt würde" (KÖTTING 1965, 36). Erst mit dem Begräbnis an den innerstädtischen Kirchen kann tatsächlich von einem genuin christlichen Begräbnisplatz gesprochen werden, da aufgrund der Siedlungs- und Bestattungskontinuität in den ersten vier Jahrhunderten die Gräber der Christen von denen der „Heiden" äußerlich nicht zu unterscheiden waren (SCHMIDT 2001, 421; SÖRRIES 2003, 20 ff.).

Mit dem Bedürfnis das Grab in der Nähe der Heiligen zu wissen, verknüpfte sich alsbald der Wunsch, die Gräber im Kircheninnern selbst anzulegen, worüber es differenzierte kirchenrechtliche Bestimmungen gab. Die Bestattungspraxis und die diesbezüglichen kirchenrechtlichen Bestimmungen waren in den ersten Jahrhunderten äußerst heterogen und gegensätzlich. Während die Synode von Aachen aus dem Jahre 809 noch eindeutig festlegt, dass innerhalb der Kirche kein Toter begraben werden dürfe, bestimmt die Synode von Mainz 813 fast gleichlautend mit einem Kapitulare Karls des Großen aus demselben Jahr, dass „Bischöfe, Äbte, gute Priester und fideles laici" in der Kirche bestattet werden dürften (KÖTTING 1965, 33; 35).

Bedingt durch den Wunsch nach einem Grab möglichst nahe beim Altar bildete sich eine soziale Topographie in der Anordnung der Gräber auf den mittelalterlichen Kirchhöfen heraus. Soweit dies durch archäologische Befunde belegt ist, erfolgte die soziale Abstufung der Grablagen dergestalt, dass die Gräber der sozial höheren Schichten sich dicht um die Kirchenmauer gruppierten und sich mit absteigendem sozialen Status von der Kirche entfernten. Eindrucksvoll belegt ist dies für den Kirchhof Västerhus in Zentralschweden mit Gräbern aus der Zeit von 1025 bis 1375 (Abb. 1). Die hier als „Ländermen" bezeichneten Toten waren Deputierte des Königs, die „Höldermen" rangierten im sozialen Rang zwischen den „Ländermen" und den Sklaven (MAYS 1998, 159).

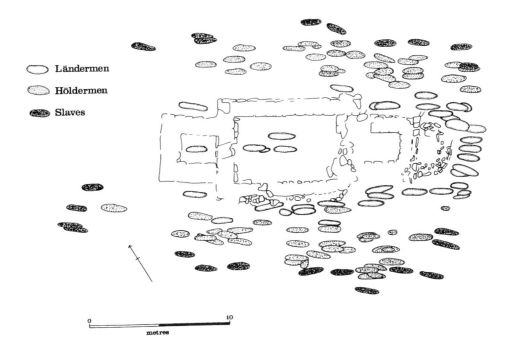

Abb. 1. Soziale Topographie auf dem Kirchhof Västerhus in Schweden
(aus: MAYS 1998, 159).

Eine umfassende Ausgrabung in den 1990er-Jahren auf dem Kirchhof in Schwyz, auf dem die frühesten Gräber aus der Zeit um 700 stammten, brachte ebenfalls eine detaillierte soziale Topographie der Grablagen zu Tage. Die Gräber der ärmeren Bevölkerungsschichten lagen im Bereich des Hauptportals im Westen. Dabei galt der vom Altar am weitesten entfernte Westen als die Seite der Finsternis. Dagegen befand sich die Gruft des Statthalters im Osten des Kirchhofes unter der Sakristei nahe am Hauptaltar. Arme, Fremde, Henker und Hingerichtete wurden entlang der Nordmauer beigesetzt (DESCOEUDRES u. a. 1995, 73 f.).[1]

Das Terrain der Kirchhöfe war auf vielfältige Weise in das tägliche Leben, die Festtagsgestaltung und selbst in die wirtschaftliche Nutzung wie Markthalten, Bleichen oder Viehweiden einbezogen, wovon zahlreiche Visitationsberichte und Kirchenordnungen noch bis in das 19. Jh. hinein beredtes Zeugnis ablegen. Ein Beispiel von 1691 mag dies stellvertretend für viele andere verdeutlichen. Demnach wies der Würzburger Fürstbischof Johann Gottfried von Guttenberg den gesamten Klerus wie folgt an: „Soll er die Kirchen, Kapellen, Sakristey, Kirchenhöfe und Beinhäuser von aller Unsauberkeit, Arbeiten, Leinwantbleichen, Gartengewächse oder Baumpflanzen und Einlaufen der Gänse oder anderes Viehe rein und wohl verschlossen halten, auch verhüten, daß in dieselben extra Belli-Tempori von beweglichen Gütern oder Hausrath, Holz, Strohe, Heu und was denen noch mehr seyn kan, dahin zur Verwahrung durch die Eigentümer, wissentlich nichts eingetragen noch aufbehalten werde" (HEUER 1995, 19).

Mit der Reformation sollte sich in der Frühen Neuzeit die enge örtliche Verschmelzung von Kirche und Grab lockern, da Martin Luther den extramuralen Begräbnisplätzen aus mehreren Gründen den Vorzug gab (HAPPE 1991, 177 ff.; HAPPE 2003, 63 ff.). Erstmals in der nunmehr über tausendjährigen Geschichte der christlichen Begräbnisplätze wurde das Grab wieder von den Märtyrerreliquien, d. h. den innerstädtischen Kirchen separiert und außerhalb der Siedlungen angelegt. Im 16. und 17. Jh. setzte aufgrund reformatorischer Bemühungen, die auch in den evangelischen Kirchenordnungen nachzuweisen sind, eine regelrechte Welle von außerörtlichen Friedhofsneugründungen ein. Die wichtigste Voraussetzung für diese markante Zäsur war theologischer Art, da Luther die Lehre von der Gemeinschaft der Heiligen

---

[1] Die Autoren beschreiben auch verschiedene Bestattungsarten wie Sargbestattungen, die Bestattungen auf einem Totenbrett oder sarglose Bestattungen in Einzelgräbern und Mehrfachbestattungen.

(communio sanctorum) verwarf, die das wichtigste Motiv für das Grab *apud sanctos* war. Mit der Zurückweisung der institutionalisierten Fürbitte für die Toten in der Messliturgie und den Gedächtnisgottesdiensten verlor damit der Ort des Grabes seine theologische Bedeutung für das postmortale Geschehen und der Begräbnisplatz selbst zählte nicht mehr wie bei den Katholiken zu den *res sacrae*. Im Weiteren gewannen nun auch hygienische Bedenken gegenüber den innerstädtischen Gräbern an Bedeutung, da v. a. Mediziner die Kirchhöfe als potentielle Krankheitserreger und Luftverschmutzer ansahen, die es aus dem täglichen Kontakt mit den Lebenden zu entfernen galt.[2]

In der Frühen Neuzeit gewannen vor dem Hintergrund der allgemeinen Ordnungsmentalität des neuzeitlichen Staates mit seinem um Wohlordnung des Gemeinwesens unter der Formel „gute policey" bemühten staatlichen Regiments umfangreiche stadtplanerische Maßnahmen zur Beseitigung des Schmutzes und der Brandherde zunehmend an Bedeutung.[3] Neben ästhetischen Kriterien hinsichtlich des Stadtbildes spielte in den im 16. Jh. erstmals erlassenen Bau- und Landesordnungen die Hygiene und damit der Standort der Gottesäcker eine maßgebende Rolle. Idealstadtentwürfe von namhaften Künstlern, Stadtbaumeistern und Festungsbauern erhielten Vorbildcharakter für etliche Stadtneugründungen im 16. Jh. So befand sich im Idealstadtentwurf von Albrecht Dürer aus dem Jahre 1527 der Friedhof aus hygienischen Gründen außerhalb der geometrisch konzipierten Stadtanlage (SENG 2003, 174 ff.). Der Idealstadtentwurf von Daniel Specklin aus dem Jahre 1589 sah ebenfalls einen Hauptfriedhof außerhalb der Stadt vor, lediglich in Notzeiten durfte noch an der Kirche begraben werden (SENG 2003, 178). Laut Seng erlangten die Pläne und Entwürfe von Specklin einen maßgeblichen Einfluss auf den Städtebau der Frühen Neuzeit. Auch die nun einsetzenden hygienisch motivierten Eingriffe in das mittelalterliche Stadtbild und die Modernisierungsmaßnahmen waren von diesen Idealstadtentwürfen beeinflusst.

Nicht zuletzt machte die demographische Entwicklung im 16. Jh. und der daraus resultierende Platzmangel auf den nicht erweiterungsfähigen Kirchhöfen, deren Böden durch die jahrhundertlange Benutzung gesättigt waren, die zusätzliche Anlage von außerstädtischen Begräbnisplätzen dringend erforderlich. Denn nach den großen Bevölkerungsverlusten durch die Verheerungen der Pest ist um 1500 und in den folgenden Jahrzehnten aus unterschiedlichen Gründen ein rapides Bevölkerungswachstum zu verzeichnen. Die demographische Forschung geht davon aus, dass trotz weiter anhaltender Seuchenzüge die Bevölkerung im Laufe des 16. Jh. kontinuierlich angestiegen ist.

In nahezu allen größeren deutschen Städten fanden im 16. und im 17. Jh. angesichts des Bevölkerungsanstiegs und aufgrund neuer Sauberkeitsstandards weitreichende stadtplanerische Eingriffe in das mittelalterliche Stadtbild zugunsten der Hygiene statt. Die Begräbnisfelder wurden vor die Tore der Städte verlegt, die Straßen verbreitert und gepflastert, zahlreiche gewerbliche Einrichtungen sowie Ställe und Scheunen zur Reinhaltung der Luft aus den Stadtzentren verwiesen.[4]

In dieser Zeit wurden in Mitteldeutschland aufgrund von reichen Silberfunden einige bemerkenswerte Planstädte, wie z. B. Annaberg und Marienberg, angelegt, bei denen die Friedhöfe bereits vor der Reformation, wie etwa 1503 in Annaberg, zusammen mit dem Spital außerhalb der Stadt angelegt wurden (SENG 2003, 187; 190). Auch in der geometrischen Planstadt Marienberg wurden Gottesacker und Spital östlich der Stadt platziert.

Die nun erfolgten Neugründungen von Friedhöfen oder Gottesäckern – wie man sie seinerzeit nannte – unterscheiden sich in ihrer Größe und baulichen Ausstattung beträchtlich. So gab es anspruchslose, kleine Areale für sogenannte Feldbegräbnisse für die ärmeren Bevölkerungsschichten, über deren Anlage, ihren Grundriss und das Erscheinungsbild wir mangels Quellen nichts wissen. Wir können weder ihre Größe abschätzen noch Genaueres über ihre Entfernung von den ummauerten Ortschaften sagen. Hier wurden die Gräber teilweise kostenlos an die ärmeren Bevölkerungsschichten abgegeben.

Als neuer Typus einer neuzeitlichen Sepulkralarchitektur entstand in dieser Zeit der Camposanto, ein von Arkaden oder miteinander verbundenen Gruftbauten umfriedeter Begräbnisplatz, in dessen hallenartigen Umgängen sich die Grablegen des gehobenen Bürgertums, der Ratsherren, Vögte oder Senatoren befanden. Camposanto-Friedhöfe besaßen in der Regel weder Kirche noch Kapelle als kultischen Mittelpunkt,

---

[2] FUHRMANN (1800, 105 ff.) führt in dem Kapitel „Ueber die Schädlichkeit der Gewohnheit, die Leichen in den Städten, selbst sogar in den Kirchen zu begraben" medizinische Literatur aus dem 16. Jh. an, in der bereits die von den innerstädtischen Kirchhöfen ausgehenden gesundheitlichen Gefahren beschworen werden. – Vgl. auch: HAPPE 1990, 206 ff.

[3] Vgl. SENG 2003, 265.

[4] Belegbeispiele bei HAPPE 1991, 188 ff.

um den sich die Gräber wie auf dem Kirchhof in einer religiös bestimmten und sozial abgestuften Anordnung gruppierten, denn die privilegierte Grablege befand sich nun in den begehbaren, randständigen Arkaden. Die Camposanti waren verschiedentlich mit freistehenden Predigtkanzeln oder Glockentürmen ausgestattet, ihr Grundriss besaß in Abhängigkeit von den örtlichen Verhältnissen meist eine unregelmäßige Form. Der Camposanto-Friedhof ist eine eigenständige, deutsche, aus dem Protestantismus geborene Begräbnisarchitektur, die trotz der Homonymie mit dem Campo Santo in Pisa keine Bezüge zu etwaigen italienischen Vorbildern aufweist (HAPPE 1996, 92).

Dieser Friedhofstypus konzentrierte sich v. a. auf die Regionen des heutigen Thüringen, Sachsen, Sachsen-Anhalt, Schlesien und Franken, also die protestantischen Kerngebiete. Mit dem Camposanto hat sich das protestantische Bürgertum einen neuen Ort der postmortalen, aber diesseitigen Repräsentation geschaffen, da das Grab im Umfeld der Kirche seine Bedeutung für das Schicksal im Jenseits verloren hatte. Das Ordnungsprinzip der Grablagen auf den Camposanti hat sich gegenüber dem mittelalterlichen Kirchhof insofern umgekehrt, als die einfachen Gräber im Innern der Anlage unter freiem Himmel und die bevorzugten Grablagen in den peripheren, überdachten Arkaden liegen, sie bilden das soziale Äquivalent zu den innerkirchlichen Grablegen. Von den einst stattlichen Camposanto-Friedhöfen im mitteldeutschen Raum sind leider nur wenige erhalten. Erwähnt seien der regelmäßig konzipierte „Stadtgottesacker" in Halle a. d. Saale aus dem Jahre 1529, der von 94 aneinander gebauten Familiengrüften eingefasst ist und sich nach einer Sanierung in den 1990er-Jahren in gutem baulichen Zustand befindet und der Camposanto in Buttstädt, einer einst bedeutenden Kleinstadt nordöstlich von Weimar, der ebenfalls restauriert wurde und einen respektablen, teils farbig gefassten Grabmalbestand in den Arkadengängen aufweist (Abb. 2) (HAPPE 1996).[5] Wie die Camposanto-Friedhöfe im Innern strukturiert waren, d. h., ob es Wegesysteme, Gräberquartiere sowie gestalterische oder symbolische Anpflanzungen gab und in welchem Pflegezustand sie sich befanden, darüber ist mangels Quellen letztlich nichts bekannt.

Abb. 2.
Der Camposanto in Buttstädt
(Foto: Barbara Happe 1990).

Im späten 18. Jh. bahnte sich dann eine erneute und bis auf den heutigen Tag entscheidende Zäsur in der Geschichte der christlichen Begräbnisplätze an. Unter dem Einfluss der Aufklärung und nachhaltiger medizinisch-hygienischer Reformbestrebungen setzte eine weitere, und zwar grundlegende Verlegungswelle von Friedhöfen vor die Städte ein. Zwischen 1770 und 1808 ergingen in allen deutschen Staaten Verordnungen zum Verbot von Kirchenbegräbnissen und zur Anlage außerstädtischer Friedhöfe bei gleichzeitiger Schließung der noch bestehenden innerstädtischen Kirchhöfe. Hygienische Erkenntnisse, demographische Entwicklungen und v. a. mentalitätsbedingte Veränderungen in der Wahrnehmung von Gerüchen und Schmutz sind wieder und in neuer Qualität verantwortlich für die nun flächendeckenden Maßnahmen

---

[5] Vgl. auch: THÜRINGISCHES LANDESAMT FÜR DENKMALPFLEGE 2003.

zur Einrichtung außerstädtischer Friedhofsanlagen bei gleichzeitiger Schließung innerstädtischer Kirchhöfe.

Alle gestalterischen Details wie die Frage des Standortes, der Bodenbeschaffenheit, der Bepflanzung und Wegeführung sowie die Einführung von Reihenbegräbnissen unterlagen der strengen Prüfung hygienischer Maßstäbe und Erkenntnisse. Neben der Mindestentfernung von den Wohngebieten, die in den Quellen unterschiedlich mit der Dauer des dorthin führenden Fußweges oder der Anzahl der notwendigen Schritte bzw. Entfernungsangaben von 200 bis 1000 m angegeben wurden, weiß sich die medizinische Literatur darin einig, dass ein leicht erhabenes Gelände im Norden oder Nordosten der Städte zu bevorzugen sei, da man davon ausging, dass die seinerzeit gefürchteten Miasmen, wozu die Verwesungsdünste zählten, so am sichersten von den vorherrschenden Westwinden von den Wohngebieten weggeleitet würden. In den östlichen Stadtquartieren wurden nun auch ungeliebte, geruchsintensive gewerbliche Einrichtungen wie Gerbereien, Schlachthöfe oder Gefängnisse angesiedelt. Später wurden im Osten der Städte ebenfalls die Arbeiterquartiere eingerichtet.

Die Bodenbeschaffenheit der neuen Friedhöfe, die nun erstmals experimentell geprüft und auf ihre Verwesungsbedingungen hin untersucht wurde, sollte eine möglichst schnelle Verwesung garantieren.[6] Die Bepflanzung der neuen Anlagen war aus hygienischen Gründen so gering wie möglich zu halten, damit die seinerzeit so gefürchteten Verwesungsdünste, die vermeintlichen Miasmen, sich möglichst schnell verflüchtigen könnten und nicht durch ein zu dichtes Blätterdach über den Gräbern stehen blieben. Linden waren wegen ihres wohltuenden Duftes bevorzugte Bäume auf den Friedhöfen des frühen 19. Jh. und wurden vielfach als Weg- und Randbepflanzung benutzt.

Ein weiteres zentrales, hygienisch begründetes Gestaltungsprinzip war die Einführung des Reihengrabes, das zugleich Ausdruck gesellschaftlicher Gleichheitsbestrebungen einer jungen bürgerlichen und aufklärerischen Kultur war. Das Reihenbegräbnis ist die Beisetzung in Einzelgräbern in fortgesetzter Reihe streng nach der Chronologie des Sterbedatums und ohne Berücksichtigung verwandtschaftlicher Beziehungen und sonstiger freundschaftlicher Bindungen.

Die neuen außerstädtischen Friedhöfe des späten 18. und 19. Jh. besaßen eine geometrische Grundstruktur. Die rechteckigen oder quadratischen Grundrisse waren durch ein zentrales Wegekreuz in eine Vier-Felder-Anlage untergliedert, die von einem von Bäumen gesäumten Weg entlang der Umfassungsmauern erschlossen wurde. Bedingt durch das Reihengrab, das zum formbildenden und gliedernden Prinzip wurde, war die Binnenstruktur regelmäßig und linear aufgeteilt (Abb. 3).

Abb. 3.
„Der Friedhof zu Darmstadt",
undatierte Lithographie (um 1830)
(Hessische Landes- und Hochschulbibliothek Darmstadt,
Sign. 3501/21, 250).

---

[6] Vgl. RIECKE 1840. Der Autor stellt zahlreiche Experimente vor, wie man seinerzeit versuchte, mit unterschiedlichsten Fleischarten, die man in verschiedene Erdreiche legte, die günstigste Bodenbeschaffenheit herauszufinden.

Es existierten keinerlei landschaftsgärtnerische Elemente in Form geschlängelter Wege, parkartiger Zonen oder pflanzlicher Staffagen, die als Stimmungsträger dienten. Alles war auf Regelmäßigkeit, Zweckmäßigkeit und Wirtschaftlichkeit ausgerichtet. Dies rührte auch daher, dass die medizinischen Lehrbücher die Art der Anpflanzungen allein nach ihrer Fähigkeit der Luftreinigung beurteilten, ästhetische Qualitäten waren nicht gefragt. „Nicht in den schattigen, feuchten Gängen zwischen dichtgepflanzten Bäumen ist die Luft am reinsten, sondern auf der platten Fläche, die dem Strome des Windes und der Diffusion in den unbegrenzten Raum kein Hindernis setzt", hieß es noch 1858 in dem „Handbuch der Sanitäts-Polizei" von Louis Pappenheim (PAPPENHEIM 1859, 167).

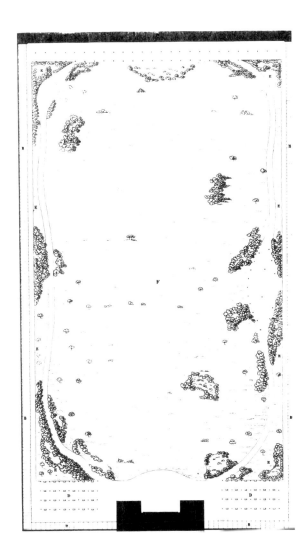

Abb. 4.
Plan des Hauptfriedhofes in Frankfurt a. M.
von Sebastian Rinz
(nach: BEIL 1829).

Die landschaftsgärtnerischen Impulse auf die Gestaltung der Friedhöfe waren aufgrund dieser medizinischen Lehrmeinungen in den ersten zwei Dritteln des 19. Jh. sehr gering und setzten im großen Stil erst um 1870 mit der Einrichtung weitaus größerer Zentralfriedhöfe an der Peripherie der Städte ein. Das früheste Beispiel mit landschaftsgärtnerischen Gestaltungselementen ist der 1828 eingerichtete Frankfurter Hauptfriedhof, dessen Randzone entlang der Umfassungsmauer durch einen geschlängelten Rundweg aufgelockert wird und im Innern, dem Feld der Reihengräber von einem rasterförmigen Wegenetz durchzogen ist (Abb. 4). In Kiel wurde dann 1869 der erste landschaftsgärtnerisch gestaltete Friedhof nach englischem Vorbild angelegt. Dort wurde ein vormals relativ flaches Gelände mit Tälern und Hügeln überformt und mit einer künstlichen Wasserfläche verbunden (LEISNER 2003, 123).

1877 entstand in Hamburg-Ohlsdorf einem Vorort 10 km (!) nördlich der Hansestadt der erste und prominenteste Parkfriedhof Deutschlands.[7] Er ist heute mit 400 ha der größte Begräbnisplatz der Welt und wurde seinerzeit auf einer Fläche von rund 90 ha angelegt. Der Landschaftsarchitekt Wilhelm Cordes legte großen Wert auf eine malerische Vereinigung von Architektur, Skulptur und Landschaftsgärtnerei, welche der Phantasie ein unerschöpfliches Arbeitsfeld böten. So schuf er liebliche Szenen, die möglichst alle Gedanken an Tod und Verwesung vertreiben sollten, und betätigte sich als Schöpfer eines Mikrokosmos, in dem besondere Abteilungen mit exotischen und seltenen Pflanzen ihren Platz fanden. Cordes entwickelte als Landschaftsgärtner ein ambitiöses sepulkrales Gesamtkunstwerk mit vielfältigen Erlebnis- und Landschaftszonen, die in krassem Gegensatz zu den zweckrationalen Anlagen des frühen 19. Jh. standen.

Im Gegensatz zu den Landschaftsfriedhöfen entstanden dann schon wenige Jahrzehnte später die architektonischen Friedhöfe, bei denen sich eine dominante Wirkung der zumeist monumentalen Architektur mit einem streng geometrischen Grundriss verbindet. Eines der eher seltenen Beispiele eines architektonischen Friedhofes in Deutschland ist der zwischen 1896 und 1899 von dem Architekten und berühmten Friedhofsreformer Hans Grässel angelegte Nordfriedhof in München.

Abb. 5.
Baumbestattung im Friedwald Reinhardswald in Hessen
(Foto: Friedwald GmbH).

Schon bald nach der Jahrhundertwende zeichnete sich erneut ein Wandel in der Friedhofsgestaltung ab, der von der damaligen Friedhofsreformbewegung initiiert und getragen wurde. Geprägt von Zivilisationskritik und Industriefeindlichkeit, die sich v. a. gegen die monumentale und repräsentative Grabmalgestaltung der Gründerzeit und die zunehmende Industrialisierung in der Grabmalproduktion richtete, steuerten die Reformer auf ein neues Ideal, den Waldfriedhof, zu, auf dem der Eindruck der scheinbar unberührten Natur die bescheidenen Grabmalformen dominieren sollte. Der erste Waldfriedhof entstand wiederum in München. Er wurde 1907 ebenfalls von Grässel in einem jungen Forst angelegt. „Der stimmungsvolle Eindruck der freien Natur und des Waldes soll auch mit der Benützung des Waldes als Fried-

---

[7] Vgl. hierzu die Monographie LEISNER u. a. 1990.

hof möglichst erhalten bleiben" (HAPPE 1998, 664), kommentierte Grässel seine von naturreligiösen Schwärmereien inspirierte Schöpfung. Da die Grabmäler sich der natürlichen Wirkung des Landschaftsbildes unterordnen sollten, erließ Grässel restriktive Gestaltungsvorschriften bezüglich der Größe, des Materials und der Bearbeitung und verlieh dadurch dem ersten Waldfriedhof in Deutschland eine heftig umstrittene Sonderstellung.

Zwischen 1870 und 1945 gab es drei Typen, denen sich alle damaligen Neuanlagen zuordnen lassen: landschaftsgärtnerischer oder architektonisch-geometrischer Friedhof und der Waldfriedhof. Vielerorts bestimmen die damals eingerichteten, teilweise über 100 ha großen Friedhöfe auch heute noch das Bild der Städte mit.

Die Entwicklung der Friedhofsarchitektur nach dem Zweiten Weltkrieg bis in die Gegenwart ist bislang noch nicht systematisch untersucht und stellt ein dringendes Forschungsdesiderat dar. Angemerkt werden soll hier nur so viel, dass in beiden deutschen Staaten vor politisch-ideologisch konträrem Hintergrund eine Reform der sepulkralen Kultur dahingehend angestrebt wurde, dass Bescheidenheit und Zurückhaltung in allen Fragen der Gestaltung sowie die Idee von der Einordnung des Individuums in gemeinschaftliche Strukturen als erstrebenswert und zielführend galten.

In der Gestaltung und Anlage neuer Friedhöfe in den letzten zwei bis drei Jahrzehnten lässt sich bislang noch keine vorherrschende Tendenz erkennen. Bemerkenswert ist allerdings, dass, obwohl innerstädtische Friedhöfe kein gesundheitliches Risiko mehr darstellen, sich hygienische Vorstellungen ähnlich denen des 18. Jh. weiterhin halten. Aus unausgesprochener, irrationaler Angst vor Luft- und Grundwasserverschmutzung werden heute nach wie vor selbst bei kleineren Ortschaften Friedhöfe abseits der Siedlungen angelegt.

In den letzten fünf Jahren ist ein neuer Typus eines Begräbnisplatzes, nämlich der sogenannte Friedwald, unter großer Aufmerksamkeit der Medien entstanden. Das Konzept des Friedwaldes stammt aus der Schweiz und die dort vorgenommenen Beisetzungen werden Baumbestattung genannt. Der Friedwald ist ein Areal außerhalb eines Friedhofes, ein Waldstück, in dem die Asche von Verstorbenen entweder an einem einzelnen Baum oder an einem Familien- bzw. Gemeinschaftsbaum in einer Urne aus verrottbarem Material beigesetzt wird. Die betreffenden Bäume können auf Wunsch mit einer Plakette, die den Namen und die Lebensdaten der Verstorbenen trägt, versehen werden (Abb. 5). Friedwälder sind naturbelassene, forstwirtschaftlich genutzte Areale. Es gibt keine Umfriedungen, keine baulichen Elemente wie Verwaltungsbauten oder Toilettenanlagen, keine Infrastruktur und keine Wegesysteme. Aufgrund der Aschebeisetzungen gibt es weder unterirdische Grabanlagen noch obertägige Markierungen von Gräbern mit Einfassungen, Beeten oder Grabzeichen, womit diese Bestattungsareale zukünftig nicht mehr nachweisbar sein werden. Sollte sich dieser Bestattungsort, den es in Deutschland bislang nur vereinzelt gibt, in der Zukunft etablieren, wird der Friedhof als eigenständige, die Kultur- und Stadtlandschaft prägende Einrichtung verschwinden.

Die binnenstrukturelle Gliederung der Bestattungsorte

Abschließend seien kurz die wichtigsten Aspekte des binnenstrukturellen Gefüges und das Ordnungsprinzip der Begräbnisplätze in Abhängigkeit von ihrer Topographie erläutert. Auf dem mittelalterlichen Kirchhof gab es außer den erwähnten soziostrukturellen Hierarchien der Grablegen, die sich nach der Nähe zum Altar definierten, keine erkennbare Gliederung und Gestaltung des Begräbnisfeldes durch Wegesysteme, Bepflanzungen oder Gräberreihen mit den entsprechenden Ruhefristen. Grabgrößen und -tiefen waren nicht normiert, so dass sich diesbezüglich kein einheitliches Bild ergab; abgesehen von wildwachsenden Büschen und Sträuchern dürfte es keine Baumpflanzungen gegeben haben, so dass wir – auch angesichts der profanen Nutzung – von einem wenig gepflegten Erscheinungsbild auszugehen haben.

Die Camposanto-Friedhöfe zeigten bezüglich ihrer Binnenstruktur eine klare Dichotomie zwischen Peripherie und Zentrum, die einer sozialen Dichotomie der Grablagen entspricht. In den arkadenartigen Umfriedungen befanden sich die privilegierten Grablegen begüterter Bürger, die hinsichtlich ihrer sozialen Wertschätzung als Äquivalent zu den einstigen innerkirchlichen Grablegen in den Seitenschiffen anzusehen sind. Die soziale und religiöse Wertigkeit von Zentrum und Peripherie hat sich umgekehrt (HAPPE 1991, 163 ff.).

Eben diese Dichotomie von Innenraum und Peripherie wurde sogar auf den außerstädtischen Vier-Felder-Anlagen des späten 18. und des 19. Jh. beibehalten, indem die Umfassungsmauern verschiedentlich mit einer Nischen- oder Bogenarchitektur ausgestattet waren, welche der Aufnahme von Erbbegräbnisstellen und Familiengräbern dienten.

Auch hier mag der Frankfurter Hauptfriedhof als anschauliches Beispiel für die hierarchische Organisation des Raumes dienen, denn an seiner Nordseite war eine 176 m lange Gruftenhalle errichtet, in der man sich für 987 Gulden eine Familiengruft mit einer hundertjährigen Ruhefrist erwerben konnte. Bezeichnenderweise machten jedoch die Frankfurter Patrizierfamilien, für die diese Gruften als Ersatz für ihre Mauergräber auf dem alten Peterskirchhof angelegt waren, nur zögernden Gebrauch von diesen exklusiven Grabstellen, da sie sich unter dem Eindruck der neuen hygienischen Sensibilität und eines gewandelten Naturverständnisses offenbar vor modrigen Gerüchen fürchteten. Für die sogenannten Mauer- oder Epitaphiengräber mussten 50 Gulden entrichtet werden; in der erwähnten geschlängelten Randzone wurden kleinere Wahlgräber zu einem Preis von ebenfalls 50 Gulden vergeben. Im Innern der Anlage war das Feld der Reihengräber, die mit einheitlich weißen Holzkreuzen versehen waren. „Denksteine oder Kreuze oder sonstige monumentale Verzierungen der Gräber, welche gemauerter Fundamente bedürfen, sind auf den allgemeinen Begräbnisplätzen ebenso wenig zulässig als eine Einfriedung" hieß es in der Begräbnisordnung von 1864 (BEGRÄBNIß-ORDNUNG 1864). Das Frankfurter Beispiel, das sich durch diese spezifische Polarität von denkmal- und memorialfreudiger Randzone und einem denkmal- und memorialfeindlichem Innenfeld auszeichnet, ist repräsentativ für die Organisationsstruktur der Vier-Felder-Friedhöfe des gesamten 19. Jh.

Diese charakteristische Ungleichheit der Grablagen löste sich dann auf den landschaftsgärtnerisch gestalteten großen Zentralfriedhöfen am Ende des 19. Jh. auf. Dort war nurmehr die landschaftlich reizvolle Lage entscheidend für die Grabwahl. Zudem wurden dann auch die Reihengräber zunehmend mit dauerhaften Grabsteinen besetzt, welche die Friedhöfe in dicht mit Grabsteinen übersäte Bestattungsflächen verwandelten, die von den Friedhofsreformern als Steinwüsten geschmäht wurden.

Seit den 1970er-Jahren zeichnet sich erneut ein Wandel ab, der das Erscheinungsbild der Friedhöfe erheblich verändert. Es ist die anonyme Bestattung, bei der eine zeichenhafte Erinnerung in Form eines persönlichen Grabes mit Grabzeichen, die gerade erst vor gut einem Jahrhundert für jedermann möglich geworden war, freiwillig wieder aufgegeben wird. Auf zeichenlosen Gemeinschaftsfeldern, auf denen die Grablage den Hinterbliebenen nicht bekannt ist und daher keine persönliche Grabpflege mehr praktiziert wird, werden die Urnen der Verstorbenen beigesetzt. Die Beisetzung in einem anonymen Rasenfeld erfolgt prinzipiell als Reihenbegräbnis, Wahlgräber existieren dort nicht. Die anonyme Bestattung ist die vorsorgliche, totale Entpflichtung der Hinterbliebenen von allen memorialen Handlungen und Pflichten am Grabe, und sie beraubt den Friedhof seiner bilderfreundlichen und kollektiven Form des Gedenkens, ja sie ist eine Verneinung der sichtbaren Erinnerungsgemeinschaft.

Dieses neue Prinzip der ort- und zeichenlosen Trauer erfährt in den Friedwäldern eine weitere Steigerung, indem der Friedhof als Gemeinschaftsstätte gänzlich aufgehoben wird. Denn Trauer und Erinnerung werden immer weniger durch Zeichen und Symbole an gemeinschaftlichen Orten ausgedrückt, womit die Bedeutung des Friedhof als Ort des kollektiven Gedächtnisspeichers und Identitätsträgers eines Gemeinwesens seine Bedeutung verliert.

Literatur

BEGRÄBNIß-ORDNUNG 1864
Begräbniß-Ordnung der christlichen Gemeinden in Frankfurt und Sachsenhausen. Amts=Blatt der freien Stadt Frankfurt 138, 19.11.1864.

BEIL 1829
J. A. Beil, Der neue Friedhof von Frankfurt am Main nebst allen darauf bezug habenden amtlichen Verordnungen und Zeichnungen (Frankfurt a. M. 1829).

DESCOEUDRES u. a. 1995
G. Descoeudres/A. Cuni/Ch. Hesse/G. Keck, Sterben in Schwyz. Beharrung und Wandlung im Totenbrauchtum einer ländlichen Siedlung vom Spätmittelalter bis in die Neuzeit (Basel 1995).

FEHRING 2000
G. P. Fehring, Die Archäologie des Mittelalters³ (Stuttgart 2000).

FUHRMANN 1800
W. D. Fuhrmann, Historische Untersuchung über die Begräbnisplätze der Alten (Halle 1800).

HAPPE 1990
B. Happe, Gottesäcker gegen Mitnacht und freyer Durchzug der Winde. Hygiene auf dem Friedhof des 18. und 19. Jahrhunderts. In: W. Kümmel (Hrsg.), Jahrbuch des Instituts für Geschichte der Medizin der Robert Bosch Stiftung 7 (Stuttgart 1990) 205-232.

HAPPE 1991
B. Happe, Die Entwicklung der deutschen Friedhöfe von der Reformation bis 1870. Untersuchungen des Ludwig-Uhland-Instituts der Universität Tübingen 77 (Tübingen 1991).

HAPPE 1996
B. Happe, Jenseitsvorstellungen und Sepulkralkultur des 16. und 17. Jahrhunderts – Camposanto-Friedhöfe. In: I. Stein (Hrsg.), Diesseits- und Jenseitsvorstellungen im 17. Jahrhundert (Jena 1996) 75-92.

HAPPE 1998
B. Happe, Friedhofsgestaltung und Gartenkunst. Stadt und Grün 9, 1998, 660-666.

HAPPE 2003
B. Happe, Trennung von Kirche und Grab. Außerstädtische Begräbnisplätze im 16. und 17. Jahrhundert. In: Arbeitsgemeinschaft Friedhof und Denkmal (Hrsg.), Raum für Tote. Die Geschichte der Friedhöfe von den Gräberstraßen der Römerzeit bis zur anonymen Bestattung (Braunschweig 2003) 63-82.

HEUER 1995
L. Heuer, Ländliche Friedhöfe in Unterfranken von 1800 bis 1950 (Dettelbach 1995).

KOCH 1996
U. Koch, Stätten der Totenruhe – Grabformen und Bestattungssitten der Franken. In: A. Wieczorek/P. Périn/K. von Welck/W. Menghin (Hrsg.), Die Franken. Wegbereiter Europas. Vor 1500 Jahren: König Chlodwig und seine Erben. Ausstellungskatalog Reiss-Museum Mannheim (Mainz 1996) 723-737.

KÖTTING 1965
B. Kötting, Der frühchristliche Reliquienkult und die Bestattung im Kirchengebäude (Köln, Opladen 1965).

KÖTTING 1983
B. Kötting, Grab. In: Reallexikon für Antike und Christentum XII. Gottesschau – Gürtel (Stuttgart 1983) 366-397.

LEISNER 2003
B. Leisner, Ästhetisierung und Repräsentation. Die neuen Parkfriedhöfe des ausgehenden 19. Jahrhunderts. In: Arbeitsgemeinschaft Friedhof und Denkmal (Hrsg.), Raum für Tote. Die Geschichte der Friedhöfe von den Gräberstraßen der Römerzeit bis zur anonymen Bestattung (Braunschweig 2003) 111-144.

LEISNER u. a. 1990
B. Leisner/H. K. L. Schulze/E. Thormann, Der Hamburger Hauptfriedhof Ohlsdorf (Hamburg 1990).

MAYS 1998
S. Mays, Archeology of Human Bones (Routledge 1998).

NAUMANN-STECKNER 1997
F. Naumann-Steckner, Tod am Rhein. Begräbnisse im frühen Köln. Begleitbuch zur Ausstellung des Römisch-Germanischen Museums, 23. Mai – 14. September 1997 (Köln 1997).

PAPPENHEIM 1859
L. Pappenheim, Handbuch der Sanitäts-Polizei. 2 Bd. (Berlin 1859).

RIECKE 1840
V. A. Riecke, Ueber den Einfluß der Verwesungsdünste auf die menschliche Gesundheit und über die Begräbnißplätze in medizinisch-polizeilicher Beziehung (Stuttgart 1840).

SCHMIDT 2001
W. Schmidt, Spätantike Gräberfelder in den Nordprovinzen des Römischen Reiches und das Aufkommen christlichen Bestattungsbrauchtums. Tricciana (Ságvár) in der Provinz Valeria. In: Saalbuch-Jahrbuch 50, 2000 (Mainz 2001), 213-441.

SENG 2003
E.-M. Seng, Stadt – Idee und Planung. Neue Ansätze im Städtebau des 16. und 17. Jahrhunderts (München, Berlin 2003).

SÖRRIES 2003
R. Sörries, Gräberstraßen und Nekropolen nach römischen Vorbild. Das Friedhofswesen in den germanischen Provinzen des Imperium Romanum. In: Arbeitsgemeinschaft Friedhof und Denkmal (Hrsg.), Raum für Tote. Die Geschichte der Friedhöfe von den Gräberstraßen der Römerzeit bis zur anonymen Bestattung (Braunschweig 2003), 11-26.

THÜRINGISCHES LANDESAMT FÜR DENKMALPFLEGE 2003
Thüringisches Landesamt für Denkmalpflege (Hrsg.), Der alte Friedhof von Buttstädt: Ein Thüringer Camposanto. Arbeitsheft des Thüringischen Landesamtes für Denkmalpflege 15 (Erfurt 2003).

Themenschwerpunkt Inventarisation

„Erfassung" historischer Kulturlandschaft

Von Peter Burggraaff und Klaus-Dieter Kleefeld

Einleitung

Die Komplexität des Themas „Kulturlandschaft" ermöglicht verschiedene Zugänge. In den nachfolgenden Ausführungen wird ein anwendungsorientierter Ansatz gewählt, um daraus die notwendigen Forschungsansätze zur Analyse und Inventarisation abzuleiten. Der vorliegende Beitrag ist zugleich eine geeignete Gelegenheit, einen Blick auf die Forschungsgeschichte zu diesem Thema zu richten.

Gerade für Hessen liegt hinsichtlich der hier behandelten Fragestellung ein immer noch aktueller Beitrag von Uhlig (1982) in dem Gießener Exkursionsführer „Mittleres Hessen" mit Ausführungen zum Thema Kulturlandschaft und ihrer sozial-, politisch- und historisch-geographischen Dynamik vor. Zudem ist der Blick in die bisher erschienene landeskundliche Literatur häufig sehr hilfreich und nützlich. Es ist nicht zutreffend, wenn gelegentlich Referenten oder Vorwortautoren behaupten, dass zu dem Thema Kulturlandschaftsforschung oder Kulturlandschaftspflege einschließlich der Beschäftigung mit der vermeintlichen Neuentwicklung von Erhebungsbögen bisher nur wenig vorliegen würde.
Alleine die Durchsicht vorhandener Bibliographien wie z. B. die laufende Bibliographie in der „Siedlungsforschung" (1983 ff.) weist zahlreiche relevante deutschsprachige Aufsätze, Miszellen, Monographien oder Sammelbände zu dem Thema in den letzten 20 Jahren auf. Es ist also somit eher ein Problem der Orientierung und Suche nach verborgenen gedanklichen Schätzen zu konstatieren. Alleine hieraus ergibt sich in der Forschung ein wichtiges Aufgabengebiet. In diesem Zusammenhang ist auf die Notwendigkeit eines sinnvollen Datenbanksystems hinzuweisen, wie dies momentan die Universität Trier unter der Leitung von Franz Irsigler im Rahmen eines Projektes der Deutschen Forschungsgemeinschaft (DFG) aufbaut.

Aus dieser Kenntnis und den Aktivitäten der „Arbeitsgruppe für Angewandte Historische Geographie" entsteht bei der Bewertung von Forschungsansätzen eine zwangsläufige Ausgangsposition: Dieses Forschungsgebiet lässt sich nur interdisziplinär und interadministrativ unter Kenntnisnahme vorhandener Ergebnisse bewältigen.

Die Europäische Landschaftskonvention

Ein wichtiges Dokument für die zukünftige Landschaftspolitik ist die Europäische Landschaftskonvention. Hierzu hat es in Dornach (Schweiz) eine Tagung gegeben, deren Ergebnisse im Jahre 2000 unter dem Titel „Die Kultur der europäischen Landschaft als Aufgabe" (PRIORE 2000) publiziert worden sind. An dieser Stelle tritt bereits das erste Indiz für die Komplexität des Themas auf, nämlich anhand des Kulturbegriffes. Des Weiteren wirken hier auch angelsächsische Sprachtraditionen ein.
Die Europäische Landschaftskonvention ist ein vielversprechendes Dokument der europäischen Landschaftspolitik. In einem anwendungsorientierten, pragmatischen Verständnis ist der terminologische und definitorische Rahmen dieser Konvention sehr wichtig. Die wissenschaftlichen Interpretationen und die daraus abzuleitenden, wiederum eigenständigen Definitionen stehen in weiteren Schritten an. Hierbei sind die bereits vorliegenden Definitionen zum Thema Landschaft und Kulturlandschaft zu integrieren.

Für die weitere Diskussion zielführend ist nicht die Wiedergabe des Konventionstextes, dieser kann nachgelesen werden (COUNCIL OF EUROPE 2002), sondern die Darlegung der dahinterstehenden Überlegungen, die Riccardo Priore, Sekretär des Kongresses der Gemeinden und Regionen des Europarates und Mitwirkender an der Konvention in einem Beitrag mit dem Titel „Die Bevölkerung bestimmt, was Landschaft ist. Zu den Zielen der europäischen Landschaftskonvention" in der Publikation zu der erwähnten Tagung in Dornach (PRIORE 2000) veröffentlicht hat.

Diese Zielsetzung ist entscheidend, weil sich daraus wiederum die Aufgabe ableitet, die Inventarisation auf diese Konzeption hin abzustimmen, denn hier zeichnet sich ein europäisches Politikfeld ab, auf das sich die Länder der Bundesrepublik Deutschland vorbereiten sollten.

Priore stellt ein elitäres Konzept für Landschaft dem demokratisierten gegenüber: „Die Behörden der meisten europäischen Länder vertraten die Ansicht, dass nur die historisch wertvollen, natürlichen oder ästhetisch schönen Gebiete als Landschaft zu betrachten und deswegen wert seien, auf rechtlichen Wege geschützt zu werden. Hiermit genossen solche landschaftlichen Gebiete einen Schutz, der vor allem auf den Erhalt ihrer besonderen Qualitäten angelegt war" (PRIORE 2000, 18). Er führt weiterhin aus, dass die sogenannten subjektiven Aspekte der Wahrnehmung von Landschaft durch die Bevölkerung und deren Beitrag an den Veränderungen bisher nicht politisch und rechtlich betrachtet worden seien.

In Abbildung 1 ist diese subjektive Wahrnehmung verbildlicht. Es handelt sich um das Deckblatt des politischen Magazins „Der Spiegel" – Spezial „Sehnsucht nach Heimat" (6/1999). In diesem Heft sind Artikel enthalten, die sich mit Heimat beschäftigen, dem umgangssprachlichen Begriff, der von der Forschung häufig mit regionaler Identität umschrieben wird. Dabei sollte der Heimatbegriff durchaus wieder stärker verwendet werden, als eine der Wurzeln des Naturschutzes vor der Phase der Artenschutzdominanz mit ihren quantifizierenden Verfahren. Dieses Bild ist sehr inspirierend: Im Grundmotiv enthält es Bildkompositionen der romantischen Landschaftsmalerei des 19. Jh., vorn die Betrachterin in einer offensichtlich sehr vom Eindruck gefangenen Pose mit Blick auf ein inventarisierbares Kulturlandschaftselement, eine Kapelle, – das Ganze in einer Kulturlandschaft, nämlich Grünland, angesiedelt. Die Situation spielt sich in der Kombination eigenen biographischen Erlebens und eines gegenwärtigen subjektiven Landschaftseindruckes ab.

Hierzu fügen sich Aussagen zur Landschaftskonvention:
„Eines der wichtigsten Konzepte der Europäischen Landschaftskonvention besteht darin, dass die vordringlichste Aufgabe des Gesetzgebers nicht darin besteht, den Wert oder die Schönheit einer bestimmten Landschaft zu beurteilen. Sie besteht vielmehr darin, folgenden Werte-Komplex anzuerkennen und folglich auch zu schützen: Jeder Bürger möge
1. einen persönlichen (tangible) und fühlenden Bezug zum Land entwickeln
2. geistigen (spiritual) und physischen Nutzen aus dieser Beziehung erhalten
3. teilnehmen an der Bestimmung der landschaftlichen Eigenheiten des Gebiets in dem er lebt"
(PRIORE 2000, 20).

Viele aktuelle Projekte in der Kulturlandschaftsforschung zeichnen sich bereits durch ein hohes Maß an begleitender Öffentlichkeitsarbeit bzw. Mitwirkung von Schlüsselpersonen in den Regionen aus. Bei der Inventarisation ist zu hinterfragen, ob die Erhebungsmasken und Datenbanken diese Informationen enthalten, bzw. ist eine wichtige Aufgabe die Einbeziehung dieser Zielsetzungen und die Konzeption einer Landschaftsvision. Die historische Kulturlandschaft mit ihren Teilen ist in der Formulierung des Bundesnaturschutzgesetzes noch viel zu lückenhaft erfasst. Diese notwendigermaßen umfassende Inventarisation fügt sich als Datengrundlage schließlich in die Zielsetzungen der Europäischen Landschaftskonvention:
„1. Die Konvention gilt sowohl für gewöhnliche als auch für außergewöhnliche Landschaften. Sie soll alle Teile des europäischen Gebietes abdecken: von den kultivierten oder natürlichen ländlichen Gebieten bis hin zu den städtischen Gebieten und deren Umgebung. Sie beschränkt sich weder auf kulturelle oder künstliche, [sic] noch auf natürliche Aspekte der Landschaft [...].
2. Die Konvention setzt einen Akzent auf die Beteiligung der Bevölkerung in der Wahrnehmung und in der sich ändernden Erscheinung von Landschaft. Sie betont, wie wichtig es ist, die öffentliche Aufmerksamkeit dafür zu erhöhen" (PRIORE 2000, 23).

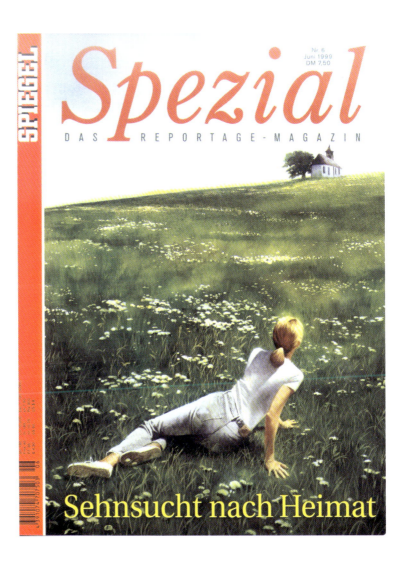

Abb. 1.
Titelblatt „Spiegel-Spezial" (6/1999) „Sehnsucht nach Heimat".

Die Ausführungen sind in ihrer Terminologie in der deutschen Übersetzung etwas widersprüchlich, da sie sich einerseits gegen die Bestimmung als Kultur- oder Naturlandschaft wenden, aber andererseits wiederum der Dualismus Natur – Kultur Eingang findet.

Natur – Kultur

Es besteht in diesem Zusammenhang die Notwendigkeit der Erläuterung des Kulturbegriffs. Aus „kultur-"geographischer Sicht ist Kultur nicht ausschließlich als abgeleitet von dem agrartechnischen Begriff *colere* (= bebauen) zu betrachten, sondern von allen anthropogenen direkten oder indirekten Schöpfungen bzw. Wahrnehmungen. Kultur ist zunächst als Gesamtheit der geistigen, künstlerischen, gestaltenden Leistungen einer Gemeinschaft, als Ausdruck menschlicher Höherentwicklung definiert.

Sowohl in einem Forschungs- und Entwicklungsvorhaben im Auftrag des Bundesamtes für Naturschutz (BURGGRAAFF/KLEEFELD 1998) als auch in dem Fachgutachten zur Kulturlandschaftspflege in Nordrhein-Westfalen im Auftrag des nordrhein-westfälischen Umweltministeriums (BURGGRAAFF 2000), bearbeitet vom damaligen Seminar für Historische Geographie der Universität Bonn, wurde von den Bearbeitern und Verfassern des vorliegenden Beitrages folgende Definition des landschaftlichen Kulturbegriffes inhaltlich zugrunde gelegt:
„Kulturlandschaft ist der von Menschen nach ihren existentiellen, gesellschaftlichen, wirtschaftlichen und ästhetischen Bedürfnissen eingerichtete und angepasste Naturraum, der im Laufe der Zeit mit einer zu-

nehmenden Dynamik entstanden ist und fortlaufend verändert bzw. umgestaltet wurde und noch wird. Die Kulturlandschaft stellt heute einen funktionalen und prozessorientierten Systemzusammenhang dar, dessen optisch wahrnehmbarer Niederschlag aus Punktelementen, verbindenden Linienelementen und zusammenfassenden sowie zusammengehörigen Flächenelementen besteht".
Wichtig ist, ob von der historischen Kulturlandschaft im Sinne des novellierten Bundesnaturschutzgesetzes § 2 Satz 1 Nr. 14 die Rede ist oder ob der Begriff z. B. im Sinne der Agrarförderung verwendet wird.

Die gegenwärtige Landschaft ist das Ergebnis eines jahrtausendelangen Prozesses, aber gerade in den letzten 200 Jahren, und insbesondere in der Zeit nach 1945, wurde dieser Prozess beschleunigt. Im Verlaufe dieses landschaftlichen Umformungsprozesses beeinflusste der Mensch seine Sphäre und fügte zeitgenössische Elemente in die vorhandenen Strukturen ein. Gleichzeitig blieben aber alte, überlieferte Elemente und Strukturen erhalten, die die Geschichtlichkeit der Landschaft widerspiegeln und ihre charakteristische Eigenart prägen.
Damit besteht die Kulturlandschaft aus gewachsenen Strukturen (z. B. vorherrschendes Siedlungsgefüge, Wechsel Wald/Offenland) und Elementen. Die Kulturlandschaftselemente unterteilen sich in Relikte, die ihre Funktion verloren haben und heutigen Anforderungen nicht mehr entsprechen, sowie in historische Kulturlandschaftselemente in Funktion. Sowohl die Strukturen als auch die Elemente sind die Bestandteile, die heute die Erlebbarkeit für den Menschen in der Landschaft und regionale Differenzierungen ermöglichen.
Das Problem der heutigen Landschaftsnutzung und -gestaltung liegt mittlerweile in der Intensität des Umformungsprozesses, bei dem moderne Elemente die alten ersetzen und nicht mehr wie bisher ergänzen oder zumindest noch weiterhin ablesbar verändern. Diese historischen Elemente verlieren so ihre Aussage im entsprechenden Kontext. Deshalb ist für die Forschung ein ausschließlich morphogenetischer Ansatz, d. h. nur die Formenansprache, nicht ausreichend. Das Element an sich ist in seiner Geschichtlichkeit unterschiedlich interpretierbar. Die Analyse der historischen Systemzusammenhänge, der ehemaligen Funktionen, der Datierungen und jeweiligen technischen Anpassungen muss in einer kombinierten Arbeit im Archiv mit historischen Quellen und Ansprache im Gelände verbunden werden. Ansonsten entstehen Fehlinterpretationen oder es kommt zur Wiedergabe von unbelegten Behauptungen.
Auch gehört das obertägig nicht sichtbare, das im Boden befindliche Kulturgut zur anthropogenen Sphäre und muss einbezogen werden, sonst bleibt ein unklares Bild des kulturellen Erbes insgesamt.
Die Zerstörung des kulturellen historischen Erbes in der Landschaft hat gegenwärtig sehr stark zugenommen. Neben der verstärkten Bebauung der Landschaft ist aber auch z. B. die Extensivierung und die Aufgabe der Landwirtschaft unverträglich für die historische Kulturlandschaft, da ein konsequentes Konzept zur Nachfolgenutzung unter Berücksichtigung des regionaltypischen Charakters und damit landschaftlicher Eigenart bisher nicht erkennbar ist. So werden die Mittelgebirgsräume ihr Landschaftsbild mit Feldern, separaten Waldarealen und Siedlungen in Streulage verlieren. In den Außenbereichen der ländlichen, aber auch städtischen Siedlungen führt das „Auseinanderfließen" derselben durch Wohnvororte ohne gewachsenes Gefüge zu nicht mehr erkennbaren Übergängen bis hin zu Verdichtungen von ehemals benachbarten Ortschaften.

Kulturlandschaftspflege

Als Gesamtaufgabe einer modernen Kulturlandschaftspflege sind nach vorheriger Analyse und Diagnose Vorschläge zu
- Erhalt und Schutz (eventuell Rekonstruktion, Restaurierung),
- Pflege, angepasster Nutzung, Bewirtschaftung und Vermarktung,
- Weiterentwicklungen innerhalb der vorhandenen Strukturen

des kulturlandschaftsgeschichtlichen Erbes zu entwickeln.

Ein Problem in der Kulturlandschaftsforschung und der didaktischen Vermittlung ihrer Erlebbarkeit ist die bisher großräumig unzureichende Datenerfassung, da es bisher keine flächendeckenden Kulturland-

Abb. 2.
Titelblatt der Karte „Erlebte Kulturlandschaft Dingdener Heide".

schaftskataster gibt und die vorhandenen Denkmalinventare sowie Biotopkataster nur eine geringe Zahl der vorhandenen historischen Kulturlandschaftselemente enthalten, auch wenn gelegentlich fälschlicherweise anderes behauptet wird. Außerdem ist hierbei die Übertragung analoger Daten in georeferenzierte notwendig.

Ein Beispiel für einen Beitrag zum Erlebnispotential historischer Kulturlandschaft liegt in der Dissertation von Denzer mit dem Titel „Relikte und persistente Elemente einer ländlich geprägten Kulturlandschaft mit Vorschlägen zur Erhaltung und methodisch-didaktischen Aufbereitung am Beispiel von Waldhufensiedlungen im Südwest-Spessart" vor (DENZER 1996).
Ein weiteres Beispiel, das sich bereits in der konkreten Umsetzung befindet, ist das Projekt „Kulturlandschaftliches Erleben Dingdener Heide" (Kreise Wesel und Borken, Nordrhein-Westfalen). Hierfür haben die Verfasser ein historisch-geographisches Gutachten erstellt, in dem die Genese des Untersuchungsraumes in fünf Zeitzonen gegliedert wurde. Die Besucher können in einer „Zeitreise" die Kulturlandschaft in der Entwicklung der letzten 700 Jahre erleben. Die Darstellung der einzelnen Zeitzonen (1300-1500, 1500-1850, 1850-1920, 1920-1960 und 1960-2000) in räumlich voneinander abgegrenzten Bereichen sollen die jeweiligen Entwicklungsstufen in Anknüpfung an vorhandene Strukturen aufzeigen. Da die ehemaligen großen Calluna-Heideflächen heute nicht mehr vorhanden sind, werden Teile der Landschaft zur Förderung der Erlebbarkeit und der Artenvielfalt als Heide zurückentwickelt; 1998 wurde bereits mit der Umsetzung begonnen. Eine Herde des ursprünglich regionsspezifischen schwarz-bunten Niederungsrindes soll zu-

künftig zusammen mit Heidschnucken und Merino-Schafen als „Kulturlandschaftspfleger" eingesetzt werden. Zusätzlich erfolgen maschinelle Maßnahmen (BURGGRAAFF/KLEEFELD 1996).[1]

Von einem ganzheitlichen Ansatz aus gilt es also, die regionsspezifischen Eigenwerte zu erkennen und zu vermitteln. Hier liegt die Schnittstelle der Zusammenarbeit der Vertreter elitärer Konzepte mit dem Bürger im Sinne der europäischen Landschaftskonvention. Dies muss im Dialog erfolgen mit umfassender Information als Voraussetzung. Multiplikatoren sind ausgebildete Kulturlandschaftsführer und -führerinnen, wie sie beispielsweise erfolgreich vom Bund für Heimat und Umwelt ausgebildet werden (BUND FÜR HEIMAT UND UMWELT 2003).
Auch in Hessen wird dies durch den Fortbildungsverbund „Berufsfeld Natur und Landschaft" bei der Akademie des Naturschutz-Zentrums-Hessen in Wetzlar bereits in Tagungen, Publikationen und Exkursionen vermittelt (KOORDINATIONSSTELLE DES FORTBILDUNGSVERBUNDES [o. J. (2001)]; KULTURGÜTERSCHUTZ 2002; KOORDINATIONSSTELLE DES FORTBILDUNGSVERBUNDES 2002). Hessen hat bereits „kulturlandschaftliche" Akteure, diese müssen kooperieren, damit entsprechende Synergieeffekte entstehen. Auf diesem Weg lässt sich ein komplexes Verständnis für die Beziehungen zwischen der Umwelt und den kulturellen Bemühungen des Menschen im Laufe der Geschichte vermitteln und die heutige Kulturlandschaft als Momentaufnahme in einem kontinuierlichen Prozess verständlich machen. Jeder Kulturlandschaft können auch zahlreiche symbolische und assoziative Inhalte zugeordnet werden, wobei die subjektiven Unterschiede der Bewertung bei den Einzelindividuen und den verschiedenen Gruppen groß sind.

Die Ansatzpunkte für eine derartige Sensibilisierung sind nicht nur die sogenannten harmonischen traditionellen Landschaften, sondern auch die intensiv genutzten, übernutzten oder sogar verunstalteten und zerstörten Landschaften mit Bergbau, von der Industrie oder vom Militär aufgegebenen Flächen. Diese liefern dann wertvolle Erkenntnisse, wenn entsprechende, auf räumliche Zusammenhänge und historische Schichtungen gerichtete Informationen zur Verfügung gestellt werden, die gerade in ihrer „Alltäglichkeit" die Besucher bzw. Nutzer dieser Landschaften emotional wie auch rational zu beeinflussen vermögen.

Kulturlandschaftskataster

Erst die detailgenaue Analyse der Einzelelemente[2] führt zur raum-zeitlichen Verknüpfung und der Zuordnung zu früheren Zusammenhängen sowie energetischen Systemen. Die intensive Erforschung der Kulturlandschaftsgeschichte vermittelt die Ansatzpunkte zur Erkenntnis von übergeordneten landschaftlichen Einheiten und Strukturen sowie zur Erfassung der oft sehr komplizierten Schichtung in den einzelnen Kulturlandschaften (KULTURLANDSCHAFTSFORSCHUNG 2002).

Mit diesen Ausführungen wird deutlich, wie Kulturlandschaftsforschung zwangsläufig ausgerichtet sein muss und welche Aufgaben anstehen. Sie muss interdisziplinär und interadministrativ unter Mitwirkung interessierter Bürger und Bürgerinnen erfolgen. Damit stellt sich eine gemeinsame Aufgabe, wobei jedes Fach mit seinen eigenen Methoden arbeiten muss, um Mischargumentationen zu vermeiden.
Der gelegentlich als ausreichend angesehene und ausschließliche Moderationsprozess mit den Akteursgruppen und der Zusammenführung angeblich vorhandener Kulturlandschaftsdaten ohne eigenes Kataster ist völlig unzureichend (ARBEITSGEMEINSCHAFT KULTURLANDSCHAFT 2001). Die Datengrundlage als Kulturlandschaftskataster ist in keinem Bundesland der Bundesrepublik Deutschland bisher vollständig flächendeckend vorhanden.

---

[1] Auskünfte erteilt: H. Glader, Biologische Station Wesel, D-46483 Wesel.
[2] Vgl. RHEINISCHES KULTURLANDSCHAFTSKATASTER 2002.

Fazit

Daraus ergibt sich als Fazit die Forderung nach digitalen Kulturlandschaftskatastern, wobei deren Daten nicht nur durch die Formenansprache der Elemente alleine, sondern mit abgesicherter Quellenarbeit zu erschließen sind. Dieses Vorgehen muss aber vor dem Hintergrund einer Diskussion mit den handelnden Akteuren in der Kulturlandschaft erfolgen, d. h. zwischen Nutzern und Pflegern sowie v. a. auch, im Sinne der Europäischen Landschaftskonvention, mit den Bürgern und Bürgerinnen in einem zusammenwachsenden Europa. Dieses Europa der Regionen mit unverwechselbarem und regionalem kulturellem Erbe ist auch gleichzeitig eine Vision der Toleranz und Neugierde auf Einzigartiges und Unverwechselbares.

Literatur

ARBEITSGEMEINSCHAFT KULTURLANDSCHAFT 2001
Arbeitsgemeinschaft Kulturlandschaft (Hrsg.), Machbarkeitsstudie für den Aufbau eines Kulturlandschaftskatasters in Berlin und Brandenburg. Arbeitsgemeinschaft Kulturlandschaft im Auftrag der Gemeinsamen Landesplanungsabteilung Berlin-Brandenburg GL 4 (Potsdam 2001).

BUND FÜR HEIMAT UND UMWELT 2003
Bund für Heimat und Umwelt (Hrsg.), Kulturlandschaft sehen und verstehen. Qualifizierung zur Kulturlandschaftsführerin/zum Kulturlandschaftsführer (Bonn 2003).

BURGGRAAFF 2000
P. Burggraaff, Fachgutachten zur Kulturlandschaftspflege in Nordrhein-Westfalen im Auftrag des Ministeriums für Umwelt, Raumordnung und Landwirtschaft des Landes Nordrhein-Westfalen. Mit einem Beitrag zum GIS-Kulturlandschaftskataster von R. Plöger. Siedlung und Landschaft in Westfalen 27 (Münster 2000).

BURGGRAAFF/KLEEFELD 1996
P. Burggraaff/K.-D. Kleefeld, Kulturlandschaftliches Erleben in der Dingdener Heide (Kreis Wesel und Borken). Kulturlandschaft. Zeitschrift für Angewandte Historische Geographie 6, 1996, 71-74.

BURGGRAAFF/KLEEFELD 1998
P. Burggraaff/K.-D. Kleefeld, Historische Kulturlandschaft und Kulturlandschaftselemente. Teil 1. Bundesübersicht. Teil 2. Leitfaden. Ergebnisse aus dem F+E-Vorhaben 808 09 075 des Bundesamtes für Naturschutz. Angewandte Landschaftsökologie 20 (Bonn-Bad Godesberg 1998).

BURGGRAAFF/KLEEFELD 2000
P. Burggraaff/K.-D. Kleefeld, Konzeptvergleiche zur Inventarisation von Kulturlandschaftsteilen und Kulturlandschaftselementen zum Aufbau eines Kulturlandschaftskatasters. Endbericht. Unveröffentl. Gutachten im Auftrag des Umweltamtes des Landschaftsverbandes Rheinland Köln (2000).

COUNCIL OF EUROPE 2002
Council of Europe (Hrsg.), The European Landscape Convention. Naturopa 98, 2002 (http://www.coe.int/t/E/Cultural_Co-operation/Environment/Resources/Naturopa_Magazine/Naturopa98_e.pdf?L=E [Stand: 1.2005]).

DENZER 1996
V. Denzer, Relikte und persistente Elemente einer ländlich geprägten Kulturlandschaft mit Vorschlägen zur Erhaltung und methodisch-didaktischen Aufbereitung am Beispiel von Waldhufensiedlungen im Südwest-Spessart. Ein Beitrag zur Angewandten Historischen Geographie. Mainzer Geographische Studien 43 (Mainz 1996).

DIX 1997
A. Dix (Hrsg.), Angewandte Historische Geographie im Rheinland: Planungsbezogene Forschungen zum Schutz, zur Pflege und zur substanzerhaltenden Weiterentwicklung von historischen Kulturlandschaften. Mit einer Spezialbibliographie zur fächerübergreifenden Kulturlandschaftspflege (Köln 1997).

FEHN/SCHENK 1993
K. Fehn/W. Schenk, Das historisch-geographische Kulturlandschaftskataster – eine Aufgabe der Geographischen Landeskunde. Ein Vorschlag insbesondere aus der Sicht der Historischen Geographie in Nordrhein-Westfalen. Berichte zur deutschen Landeskunde 67, 1993, 479-488.

GUNZELMANN 1987
Th. Gunzelmann, Die Erhaltung der historischen Kulturlandschaft. Angewandte Historische Geographie des ländlichen Raumes mit Beispielen aus Franken. Bamberger Wirtschaftsgeographische Studien 4 (Bamberg 1987).

KOMMUNALVERBAND GROßRAUM HANNOVER 2001
Kommunalverband Großraum Hannover (Hrsg.), Kulturlandschaften in Europa. Regionale und Internationale Konzepte zu Bestandserfassung und Management. Beiträge zur regionalen Entwicklung 92 (Hannover 2001).

KOORDINATIONSSTELLE DES FORTBILDUNGSVERBUNDES [o. J. (2001)]
Koordinationsstelle des Fortbildungsverbundes für das Berufsfeld Natur und Landschaft bei der NZH-Akademie (Hrsg.), Tagungsband zur Fachtagung „Die Kultur in der Landschaft" am 24. Oktober 2000 des Naturschutz-Zentrums Hessen, Akademie für Natur- und Umweltschutz e. V. in Wetzlar. (Wetzlar [o. J. (2001)]).

KOORDINATIONSSTELLE DES FORTBILDUNGSVERBUNDES 2002
Koordinationsstelle des Fortbildungsverbundes für das Berufsfeld Natur und Landschaft bei der NZH-Akademie (Hrsg.), Klosterlandschaft Heisterbacher Tal. Ein integratives Konzept zum Umgang mit einer historischen Kulturlandschaft (Wetzlar 2002).

KULTURGÜTERSCHUTZ IN DER UMWELTVERTRÄGLICHKEITSPRÜFUNG 2002
Kulturgüterschutz in der Umweltverträglichkeitsprüfung. FBNL-Fachtagung am 15. November 2001 in Wetzlar (Wetzlar 2002).

KULTURLANDSCHAFT 1990 ff.
Kulturlandschaft. Zeitschrift für Angewandte Historische Geographie 1990 ff.

KULTURLANDSCHAFTSFORSCHUNG 2002
Kulturlandschaftsforschung. Petermanns Geographische Mitteilungen 146, 6/2002.

KULTURLANDSCHAFTSPFLEGE 1999
Kulturlandschaftspflege. Sukzession contra Erhalten. Natur- und Umweltschutzakademie des Landes Nordrhein-Westfalen, Seminarbericht 3 (Recklinghausen 1999).

ONGYERTH 1995
G. Ongyerth, Kulturlandschaft Würmtal. Modellversuch „Landschaftsmuseum" zur Erfassung und Erhaltung historischer Kulturlandschaftselemente im oberen Würmtal. Arbeitshefte des Bayerischen Landesamtes für Denkmalpflege 74 (München 1995).

PRIORE 2000
R. Priore, Die Bevölkerung bestimmt, was Landschaft ist! Zu den Zielen der europäischen Landschaftskonvention. In: Rheinaubund (Hrsg.), Die Kultur der europäischen Landschaft als Aufgabe. Schweizerische Blätter für Natur und Heimatschutz 42 = Natur und Mensch 2000 (Schaffhausen 2000) 18-25.

RHEINISCHES KULTURLANDSCHAFTSKATASTER 2002
Rheinisches Kulturlandschaftskataster. 11. Fachtagung 25./26. Oktober 2001 in Heinsberg. Tagungsbericht. Beiträge zur Landesentwicklung 55 (Köln 2002).

SIEDLUNGSFORSCHUNG 1983 ff.
Siedlungsforschung. Archäologie – Geschichte – Geographie 1983 ff.

UHLIG 1982
H. Uhlig, Die Kulturlandschaft und ihre sozial-, politisch- und historisch-geographische Dynamik im Mittleren Hessen. In: W. Schulze/H. Uhlig (Hrsg.), Gießener Geographischer Exkursionsführer Mittleres Hessen (Gießen 1982) 29-78.

WAGNER 1999
J. M. Wagner, Schutz der Kulturlandschaft – Erfassung, Bewertung und Sicherung schutzwürdiger Gebiete und Objekte im Rahmen des Aufgabenbereichs von Naturschutz und Landschaftspflege. Eine Methode zur emotionalen Wirksamkeit und kulturhistorischen Bedeutung der Kulturlandschaft unter Verwendung des Geographischen Informationssystems PC ARC/INFO. Saarbrücker Geographische Arbeiten 47 (Saarbrücken 1999).

ZUKUNFTSSTRATEGIEN FÜR KULTURLANDSCHAFTEN 2003
Zukunftsstrategien für Kulturlandschaften. Future Land Use Strategies for Cultural Landscapes. Local Land & Soil News. The Bulletin of the European Land and Soil Alliance (ELSA) e. V. 7/8 III/IV/03, 2003.

KULADIG – Das digitale Informationssystem zu den rheinischen Kulturlandschaften[1]

Von Karl-Heinz Buchholz

Wer sich intensiv mit dem Thema Kulturlandschaftspflege beschäftigt, stellt schnell fest, dass es sehr viele verschiedene Sichtweisen gibt, unter denen die Kulturlandschaft betrachtet werden kann (Abb. 1).

Soll diese Fülle in einem digitalen Informationssystem verarbeitet werden, so fällt auf, dass diese Daten aus sehr unterschiedlichen Quellen – z. B. Geländeerfassungen, Inschriften, Urkunden und sonstigen Archivbeständen, Fundpunkten, Bauplänen, Altkarten und aktuellen Karten sowie Bild- und Tondokumenten – gespeist werden. Zudem liegen diese sehr oft nur in analoger Form vor, da viele der Daten zu einer Zeit erhoben wurden, als noch keine digitale Technik zur Verfügung stand bzw. diese noch nicht entsprechend weit fortgeschritten war. So findet man vom aufgeklebten Zeitungsausschnitt bis zum nach bestimmten Ordnungskriterien ausgefüllten Katasterblatt und einem mit zusätzlichen Materialien gefüllten Hängeregister alle nur denkbaren Erfassungsarten.

Abb. 1.
Unterschiedliche Sichtweisen auf die Kulturlandschaft.

In den letzten Jahren wurden Objektbeschreibungen zumindest mithilfe einer Textverarbeitung erstellt. Ohne digitale Aufbereitung liegen Daten über die Kulturlandschaft allerdings nur unzureichend strukturiert vor. Jede Bearbeiterin und jeder Bearbeiter ordnete die Daten so, wie es ihr oder ihm am sinnvollsten erschien. Vorgaben gab es nur wenige, die Aufbereitung war – und ist es z. T. heute noch – abhängig von der jeweiligen Fragestellung. Das Gemeinsame daran war der Zweck der Datensammlung, z. B. die Unterschutzstellung von (Boden-)Denkmälern nach gesetzlichen Vorgaben, die Dokumentation einer Grabung, die Präsentation volkskundlicher Eigenarten etc. Auch bei den zeitlichen Zuordnungen und der Festlegung von bestimmten, die historischen Ereignisse gliedernden Epochen zeigten und zeigen sich Unter-

---

[1] Sollte nach Abschluss der laufenden Harmonisierungsphase eine Kooperation der beiden Landschaftsverbände Westfalen-Lippe und Rheinland zustande kommen, soll das Projekt unter dem Titel „KuLaDigNW – Das digitale Informationssystem zu den nordrhein-westfälischen Kulturlandschaften" eingeführt werden.

schiede zwischen den Fachdisziplinen. Die Daten in dieser Form auf digitalem Wege sinnvoll miteinander zu verbinden, ist äußerst schwierig.

Daten über die Kulturlandschaft sind zudem oftmals schwer zugänglich. Die bisherige Datensammlungen sind z. B. in Metern von Aktenordnern abgelegt oder werden in großen Archiven verwahrt, die zahlreiche Schränke mit Hängeregistern umfassen. Sehr häufig weiß nur die betreffende Sachbearbeiterin oder der Sachbearbeiter, wo ein bestimmtes gesuchtes Dokument aufbewahrt wird. Ist die- oder derjenige krank oder befindet sich die Person in Urlaub, fehlt temporär die Möglichkeit, die Informationen abzurufen. Ein nicht zu unterschätzender Datenverlust kann auftreten, wenn die Kollegin oder der Kollege in den Ruhestand tritt. Ein Großteil wichtiger Zusammenhänge existiert nur in deren Köpfen und kann nicht weitergegeben werden, weil gegebenenfalls zum Zeitpunkt der Verabschiedung die Notwendigkeit gar nicht gesehen wird. Ein paar Jahre später müssen die vorhandenen Daten dann u. U. komplett neu aufbereitet werden (Abb. 2).

Abb. 2.
Daten über die Kulturlandschaft.

Des Weiteren liegen Daten bezüglich der Kulturlandschaft oftmals nicht miteinander verknüpft vor. Die Verknüpfung der analogen Daten besteht häufig, wie zuvor ausgeführt, nur im Kopf der damit Beschäftigten, weshalb sie fast immer nur auf die fachliche Sicht eines Amtes oder einer anderen spezifischen Situation beschränkt bleiben. Alle externen Sichtweisen auf dasselbe Kulturlandschaftsobjekt müssen, wenn sie überhaupt mit in Betracht gezogen werden, bei diesen abgefragt werden. Eine Gesamtschau aller möglichen Aspekte eines Objektes existiert nicht bzw. ist auf dieser Grundlage nicht zu erlangen.

Kulturlandschaftsdaten liegen oft ohne Geometrien vor. Die analogen Daten werden zumeist mit einer Lagebeschreibung (z. B. „etwa 200 m hinter dem südlichen Ortseingang"), einer Adresse („XY-Strasse 22") und/oder der Benennung der Kartengrundlage (Blattnummer der DGK 5, TK 25 oder jeder anderen Karte) verortet; für eine Inaugenscheinnahme vor Ort mag dies eine sinnvolle Vorgehensweise sein, für die Arbeit im Büro fernab des realen Objektes ist sie es nur sehr bedingt. Sollte eine parallele Betrachtung mehrerer Objekte in unmittelbarer Nachbarschaft notwendig sein, kann ein solcher Raumbezug zu Verwirrung oder sogar zu Fehlern führen. Eine digitale Bearbeitung ohne die Verknüpfung mit einer eineindeutigen Geometrie, z. B. Koordinaten im Gauß-Krüger-System, ist kaum möglich und degradiert eine solche Datensammlung zu einem einfachen Katalog ohne direkten Bezug zu anderen Daten.

Das steigende Interesse an einer systematischen Erfassung der Kulturlandschaft ergibt sich aus einer Vielzahl von rechtlichen Rahmenbedingungen, die durch Aktivitäten der EU, des Bundes sowie der Bundesländer in Zukunft noch ergänzt und ausgeweitet werden. Auf Bundesebene fordern das Raumordnungsgesetz (ROG), das Bundesnaturschutzgesetz (BNatSchG), das Baugesetzbuch (BauGB) und das Gesetz zur Umweltverträglichkeitsprüfung (UVPG) sowie auf Landesebene das Landschafts- (LG) und das Denkmalschutzgesetz Nordrhein-Westfalens (NRW-DSchG) die Berücksichtigung der historisch gewachsenen Kulturlandschaft und den Schutz von Kulturgütern. Die „Europäische Landschaftskonvention" – am 1. März 2004 nach Erreichen der erforderlichen Zahl von unterzeichnenden Staaten in Kraft getreten – verlangt ausdrücklich die Erfassung der Kulturlandschaft. Die im November 2003 an die nordrhein-westfäli-

Landschaftsverband Rheinland	Landschaftsverband Westfalen-Lippe
Umweltamt (Kulturlandschaftspflege)	Westf. Amt für Landes- und Baukultur
Rhein. Amt für Bodendenkmalpflege	Museum für Archäologie/ Westf. Amt für Bodendenkmalpflege
Rhein. Amt für Denkmalpflege	Westf. Amt für Denkmalpflege
Rhein. Archiv und Museumsamt	Westf. Museumsamt Westf. Archivamt
Amt für rheinische Landeskunde	Westf. Kommission für • Altertumskunde • Geographie • Geschichte • Literatur • Mundart • Volkskunde
Medienzentrum Rheinland	Landesmedienzentrum Westfalen
Rhein. Industriemuseen	Westf. Industriemuseen
Rhein. Freilichtmuseen	Westf. Freilichtmuseen
Rhein. Verein für Denkmalpflege und Landschaftsschutz	Westf. Heimatbund Lippischer Heimatbund
	Westf. Institut für Regionalgeschichte

Abb. 3. Ämter und Einrichtungen des LVR und LWL.

sche Landesregierung weitergeleitete Erklärung der „Agenda 21 NRW" hält sogar dezidiert den Aufbau eines landesweiten Kulturlandschaftskatasters für zwingend notwendig.

Die Idee eines digitalen Kulturlandschaftskataster wird seit dem Jahr 2001 in den beiden Landschaftsverbänden Rheinland (LVR) und Westfalen-Lippe (LWL) verfolgt. Die beiden Verbände sind ein Teil der kommunalen Selbstverwaltung mit eigener parlamentarischer Kontrolle, den Landschaftsversammlungen, und sind als Umlageverband für die Kreise und kreisfreien Städte Nordrhein-Westfalens zuständig für die Bereiche Psychiatrie, überörtliche Sozial- und Jugendhilfe, Behindertenheime und -schulen sowie Kultur. Mit Blick auf das Thema Kulturlandschaft verdeutlicht Abbildung 3 die Vielzahl der jeweils zuständigen Ämter und Einrichtungen innerhalb der organisatorischen Klammer der beiden Landschaftsverbände.
Innerhalb dieser Ämter und Einrichtungen gibt es bereits einige Anwendungen zur digitalen Verwaltung der vorliegenden Fachdaten, so enthalten die Bau- und Bodendenkmaldatenbanken, die Literaturdatenbanken sowie die Bild- und Tonarchive Informationen zur Kulturlandschaft (Abb. 4).

Was bislang fehlt, sind:
- Geometrien, d. h. die Verortung der einzelnen Objekte in der Landschaft und damit auch auf einer Karte;
- Bezüge zwischen den Kulturlandschaftsdaten und Daten aus anderen Anwendungen;
- Informationen zum Wandel der Kulturlandschaft;
- Abfrage und Recherchemöglichkeiten via Intra- und Internet;
- Bestell- und Downloadmöglichkeiten.

Abb. 4. Digitale Fachdatenverwaltung beim LVR.

Diese Lücke soll das Projekt KuLaDigNW schließen und durch Daten aus einer Kulturlandschafterfassung auf der Basis historisch-geographischer Methoden ergänzen. Der LVR hat nach Abschluss einer zweiphasigen Machbarkeitsstudie (Grob- und Feinkonzeption) am 17. März 2004 die Realisierung und Einführung einer entsprechenden Anwendung beschlossen. Zur Zeit sind die beiden Landschaftsverbände in eine Harmonisierungsphase zur Abstimmung der unterschiedlichen Daten- und Verwaltungsstrukturen eingetreten. Ein positives Ergebnis dieser Verhandlungen vorausgesetzt, wird KuLaDigNW ab September 2004 gemeinsam entwickelt.

Interessant ist das System für die Erstellung von Querbezügen der Kulturlandschaftsobjekte untereinander, für eine ganzheitliche Betrachtungsweise sowie als digitale Informationsbörse. Gleichzeitig lassen sich regionale Profile erstellen und auch Datendefizite schneller erkennen. Nutzerinnen und Nutzer finden sich in Verwaltung und Planung, in Bildung und Wissenschaft, bei der regionalen Wirtschaft und in der Tourismusbranche sowie in der Politik. Auch die Bürgerinnen und Bürger können das Angebot zur Information über ihre jeweilige „Heimat" und z. B. zur Planung von Freizeitaktivitäten nutzen. Durch die Verknüpfung der unterschiedlichen Sichtweisen der involvierten Disziplinen sowie die schnelle Recherchierbarkeit wird sich eine erhebliche Zeit- und Kostenersparnis ergeben.
Ein Ersatz für die Beteiligung von Trägern öffentlicher Belange in planrechtlichen Verfahren ist das System aber definitiv nicht.

Trotz der großen Vielfalt der Nutzungsmöglichkeiten gibt es keine Nutzung aller Daten ohne Einschränkungen. Es gibt Daten, für die es einen direkten Austausch innerhalb der verschiedenen Ämter und Einrichtungen der Verbände geben soll. Gegebenenfalls sollen sie beispielsweise auch für die Denkmalbehörden der Gebietskörperschaften einsehbar sein, jedoch nicht für eine breite Öffentlichkeit zur Verfügung stehen, wie etwa die genaue Lage archäologischer Fundstellen. Aus diesem Grund wird es eine Zuordnung der Datensicht zu definierten Zugangsberechtigungen geben wie sie in Abbildung 5 dargestellt sind.

Der Zugriff auf das System folgt über einen beliebigen WWW-Browser. Abbildung 6 zeigt das technische Modell dieses Dialogs mit KuLaDigNW, dessen Systemkonzept – um die Forderung nach herstellerunab-

Abb. 5.
Ebenen der Zugangsberechtigung.

hängiger Implementierung zu erfüllen – auf einer Architektur aufbaut, in der standardisierte Dienste eine entscheidende Rolle spielen.

Die Kommunikation zwischen dem Nutzer und der Server-Applikation erfolgt über einen „DialogService", der Anfragen des Nutzers entgegennimmt und die Antwort des Servers zum Nutzer zurückschickt. Tatsächlich bearbeitet wird die Anfrage – in diesem Fall eine Rechercheanfrage – von einem als „Raumbezugsdienst" bezeichneten Dienstekonglomerat, das über einen „FeatureService"[2] einen Zugriff auf die georeferenzierten Ereignisse ermöglicht und in dem über die Spezialdienste „Thesaurus", „Gazetteer" und „Calendar" der Zugriff auf kontrolliertes Wortgut hinsichtlich des fachlichen, räumlichen und zeitlichen Bezugs der Ereignisse organisiert ist.

Die kartographische Darstellung des Rechercheergebnisses wird durch den „MapService" erledigt, der dazu die Geodaten vom „FeatureService" des Raumbezugsdienstes erhält und diese auf eine Basiskarte zeichnet, die von einem anderen „MapService" geliefert werden kann.

Im Systemkonzept werden drei Services verwendet, die bereits durch Spezifikationen bzw. Spezifikationsentwürfe des „OpenGIS-Konsortiums"[3] beschrieben sind: „CatalogService", „WebMapService" und „WebFeatureService".

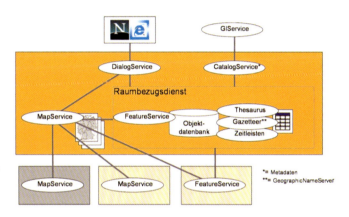

Abb. 6.
Systemkonzept und Implementationsszenario des digitalen Kulturlandschaftskatasters.
Dienste sind als Ellipsen dargestellt, die Kästen stehen für organisatorische Einheiten (Ämter)
(mit freundlicher Genehmigung von Jens Fitzke).

Wie soll das System aussehen?

Das System befindet sich z. Zt. in der Entwicklung, deshalb sind die im Folgenden eingearbeiteten Bilder sozusagen Visionen davon, wie das System einmal aussehen könnte.

Der Einstieg soll sowohl über eine interaktive Karte als auch über textliches Suchen möglich sein. Ein abgestuftes System von einfachen vorgefertigten Abfragen, die über ein Icon abgerufen werden können, bis zur Möglichkeit einer SQL-basierten Expertenabfrage ist vorgesehen. Die Basis für die Tiefe der Abfragen liefern die zugewiesenen Rechte der Nutzerin oder des Nutzers.

Karten, Bild- und Textinformationen sollen in verschiedenen „Pop Up"-Fenstern visualisiert werden, damit das Navigieren in den unterschiedlichen Informationen über ein Kulturlandschaftsobjekt unabhängig voneinander funktionieren kann. Die Bezüge zu anderen Kulturlandschaftsobjekten werden textlich oder durch Hyperlinks hergestellt (Abb. 7).

Zu den einzelnen Kulturlandschaftsobjekten werden auch die verschiedenen fachspezifischen Ansichten in Bezug zueinander gesetzt. Somit können bei jedem Objekt z. B. der Denkmalstatus oder auch die Beziehung zu landeskundlichen Themen angezeigt werden.

---

[2] Am ehesten mit „Geodatendienst" zu übersetzen.
[3] Internationales Konsortium mit dem Ziel, die kommerzielle Herstellung interoperabler Software zur Verarbeitung raumbezogener Informationen zu fördern und die breite Integration dieser Software in Standard-IT-Verfahren voranzutreiben (http://www.opengis.org [Stand: 2.2005]).

Abb. 7. Unterschiedliche Informationen zu einem Kulturlandschaftsobjekt in getrennten Fenstern.

Abb. 8. Vergleichsmöglichkeiten zwischen historischer und aktueller Situation.

In allen Texten sollen Fachbegriffe mittels Hyperlinks mit einem Glossar verbunden sein. Somit ist zum einen die wissenschaftliche Verständigung erleichtert, da auf diesem Wege die Sichtweise auf das Objekt definiert wird, zum andern bietet diese Vorgehensweise interessierten Laien die Möglichkeit, ihnen unbekannte Fachbegriffe nachzuschlagen.

Zum Zweck des direkten Vergleiches der heutigen mit historischen Situationen wird die Möglichkeit geschaffen, Altkarten und Abbildungen zu jedem Objekt anzuzeigen. Dies geschieht sowohl durch nicht georeferenzierte historische Abbildungen als auch durch die Möglichkeit, georeferenzierte Altkarten mit aktuellen topographischen Karten zu überdecken und daraus Schlüsse abzuleiten. In Abbildung 8 dient die heute nur noch in Rudimenten in der Landschaft sichtbare ehemalige Trasse der Bahnlinie Jülich-Baal-Dahlheim im Pilotraum Birgelen, Kreis Heinsberg, als Beispiel. Anhand der historischen Abbildung des Streckenverlaufes kann die alte Linienführung nachvollzogen und gegebenenfalls auch auf weniger deutliche Spuren hingewiesen werden.

Darüber hinaus ist geplant, Altkarten sukzessiv in interpretierte Vektorkarten zu überführen, um mittels solcher Zeitschnittkarten eine digitale Kulturlandschaftswandelkarte zu erstellen (Abb. 9). Im Rheinland betrifft dies in erster Linie die Kartenaufnahme der Rheinlande durch Tranchot und von Müffling sowie die Preußische Kartenaufnahme 1:25.000 (Ur- und Neuaufnahme) und zum anderen aus neuerer Zeit die Darstellung verschiedener Zeitstände durch Auswertung der amtlichen topographischen Karten in 10- oder

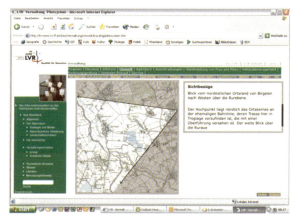

Abb. 9. Darstellung von Kulturlandschaftswandelkarten (Kartierung des Pilotprojekts im Kreis Heinsberg durch Peter Burggraaff und Klaus-Dieter Kleefeld).

Abb. 10. Darstellung von Sichtbezügen.

20-Jahresschritten. Als theoretischer Hintergrund hierzu dienen die Arbeiten von Burggraaff und Kleefeld (BURGGRAAFF 2000; BURGGRAAFF/KLEEFELD 1998; DIES. 2002).

In einem speziellen Service sollen relevante Sichtbezüge dargestellt werden, die gegebenenfalls für die schnelle Bewertung von Eingriffen in das Landschaftsbild als erste Orientierung dienen können. Gedacht ist auch daran, die Standorte, an denen z. B. Künstlerinnen und Künstler ihre bedeutenden historischen Landschaftsmalereien gefertigt haben, zu erfassen (Abb. 10).

Die Ansicht und der aktuelle Zustand der Kulturlandschaftsobjekte wird durch ausgesuchte historische und aktuelle Bildaufnahmen dokumentiert. Dazu wird eine Auswahl von Aufnahmen aus dem Medienzentrum Rheinland bzw. seinem westfälischen Pendant in KuLaDig aufgenommen. Weitere Bildrecherchen sollen über die Verlinkung mit den Datenbanken dieser Einrichtungen möglich sein.

Beide Landschaftsverbände haben umfangreiche Publikationen, wie z. B. historische Städtealtanten oder auch kulturlandschaftliche (Rad-)Wanderführer, veröffentlicht. Zum Teil sind diese Werke bereits vergriffen. In einem solchen Fall werden die entsprechenden Routen in einer Karte vermerkt und die zugehörigen Texte entweder direkt angebunden oder als downloadfähiges pdf-Dokument hinterlegt (Abb. 11).

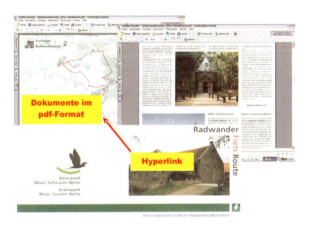

Abb. 11. Einbettung von Dokumenten im pdf-Format über Hyperlinks sowie Downloadmöglichkeiten.

Abb. 12. Startseite des Prototypen (Stand: 5.2004).

Für aktuelle Publikationen soll ein Bestellservice zur Verfügung stehen. Im Zuge der (Rad-)Wanderführer war und ist die Aktualität von Serviceinformationen zu Unterkunft, Anreise, Öffnungszeiten etc. ein Problem. Hier ist die Verlinkung mit Serviceanbietern wie Tourismusinformationszentren, dem Landesverkehrsverband, den Museen der Landschaftsverbände oder ähnlichen Institutionen geplant. Im Rahmen der Initiative „Geo-Daten Infrastruktur Nordrhein-Westfalen (GDI-NRW)" könnte z. B. eine direkte Vernetzung bestimmter, touristisch attraktiver Objekte mit Fahrplaninformationen der zuständigen Verkehrsverbünde installiert werden.

Darüber hinaus liegen aus der Landeskunde, der regionalen Sprachforschung und der Aufbereitung der (Industrie-)Geschichte eine Vielzahl von Film- und Tondokumenten vor. Auch in diesem Zusammenhang soll KuLaDig an einem Bestellservice angeschlossen sein. Gleichzeitig werden aber an ausgewählten Objekten, zumindest ausschnittsweise, Beispiele auch direkt im Web anzusehen und/oder zu hören sein.

Auf der Basis des noch analog erfassten Pilotgebietes im Kreis Heinberg wurden die Daten für das Gebiet der Altgemarkung Birgelen in einem Prototypen digital aufbereitet (Abb. 12). Zwar sind z. B. die Kartenausschnitte noch statisch aufgebaut und nur ausgewählte Bezüge und Objektbeschreibungen dargestellt, doch werden hier schon die Möglichkeiten des Systems angedeutet. So ist bereits ein Zusammenspiel mit dem „Web-Map-Server" des Landesamtes für Daten und Statistik in Nordrhein-Westfalen verwirklicht.

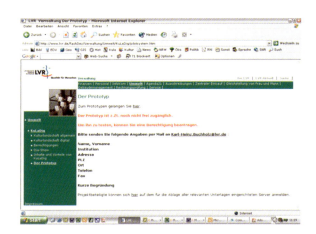

Abb. 13. Einstiegsseite zum Prototypen (Stand: 5.2004).   Abb. 14. Projektablaufplanung (Stand: 5.2004).

Der Zugang zum Prototypen und zu weiteren Informationen bezüglich KuLaDig ist über die Webadresse http://www.lvr.de/fachdez/verwaltung/umwelt/KuLaDig/[4] möglich (Abb. 13). Der Prototyp selbst ist noch nicht öffentlich zugänglich, allerdings kann die Zugangsberechtigung mittels einer Mail an den Verfasser (Karl-Heinz.Buchholz@lvr.de) beantragt werden.

Die Abbildung 14 zeigt den bisherigen Projektverlauf und die weitere Zeitplanung. Nachdem der LVR in den letzten Jahren die Machbarkeitsstudien für die ihn betreffenden Zusammenhänge erarbeitet hat und der LWL nur informell beteiligt war, möchten die beiden Landschaftsverbände nun gemeinsam das System KuLaDigNW realisieren. Im November 2004 wurde die Kooperation beschlossen, die Anwendung selbst soll im Frühjahr 2006 mit einer Version 1.0 produktiv werden.

Literatur

BURGGRAAFF 2000
P. Burggraaff, Fachgutachten zur Kulturlandschaftspflege in Nordrhein-Westfalen im Auftrag des Ministeriums für Umwelt, Raumordnung und Landwirtschaft des Landes Nordrhein-Westfalen. Mit einem Beitrag zum GIS-Kulturlandschaftskataster von R. Plöger. Siedlung und Landschaft in Westfalen 27 (Münster 2000).

BURGGRAAFF/KLEEFELD 1998
P. Burggraaff/K.-D. Kleefeld, Historische Kulturlandschaft und Kulturlandschaftselemente. Teil 1. Bundesübersicht. Teil 2. Leitfaden. Ergebnisse aus dem F+E-Vorhaben 808 09 075 des Bundesamtes für Naturschutz. Angewandte Landschaftsökologie 20 (Bonn-Bad Godesberg 1998).

BURGGRAAFF/KLEEFELD 2002
P. Burggraaff/K.-D. Kleefeld, Der Kulturlandschaftsbegriff in Gesetzen und Konventionen – ein Praxisbericht. Kulturlandschaftsforschung. Petermanns Geographische Mitteilungen 146, 6/2002, 16-25.

---

[4] Stand: 2.2005.

Archäologie im Rheinischen Kulturlandschaftskataster

Von Claus Weber

Ohne Zweifel sind die im Boden erhaltenen, obertägig sichtbaren oder nicht mehr sichtbaren archäologischen Relikte untrennbare Bestandteile der Kulturlandschaft. Dabei werden als archäologische Relikte alle Hinterlassenschaften menschlicher Tätigkeiten in einer Landschaft bezeichnet, beispielhaft seien hier Siedlungen, Gräberfelder, Befestigungen, Wassergräben, Bergwerke usw. genannt. Der Mensch in seiner frühen Entwicklung war als Jäger und Sammler noch Teil der Natur, ohne diese nachhaltig zu verändern. Erst mit der Neolithisierung, d. h. dem Aufkommen einer langfristig planenden Wirtschaftsweise, mit dauerhaften, ganzjährig genutzten Wohnplätzen, Domestikation usw. griff der Mensch nachhaltig in den Naturhaushalt ein. Er veränderte die Landschaft nach seinen Bedürfnissen, er schaffte Kulturlandschaft.
Im Rheinland erfolgte der Zuzug der ersten Bauern, die sogenannten bandkeramischen Gruppen angehörten, in der Mitte des 6. Jahrtausend v. Chr. Wurden zunächst nur wenige fruchtbare Lössböden aufgesiedelt, folgte in den folgenden Jahrtausenden eine vollständige Besiedlung bzw. Nutzung auch der abgelegensten Areale. Somit formte der Mensch mit all seinen Eingriffen die Landschaft um. Es ist daher davon auszugehen, dass es im Rheinland heute keine naturbelassenen Flächen mehr gibt.

Durch das Roden von Wäldern und der landwirtschaftlichen Bearbeitung der Böden wurden diese der Erosion preisgegeben. Es kam zu starken Veränderungen der Landschaft, indem Hochflächen abgetragen und Bachniederungen verfüllt wurden. Die intensive Waldnutzung, u. a. mit Viehweiden, erzeugte langfristig Heidelandschaften, die heute als besonders schützenswert angesehen werden. Durch die Anlage von künstlichen Wegen, Straßen, Kanälen und Eisenbahnen wurden Landschaften zerschnitten und zugleich neue Landschaften erzeugt.
Die intensive Nutzung von Wäldern erfolgte auch im Zusammenhang mit Bergbau und Metallverarbeitung. In den Höhenlagen des Rheinischen Schiefergebirges (Eifel, Bergisches Land) wurden Erze exploriert, teilweise vor Ort verarbeitet und exportiert. Dabei formte man großflächig ganze Landstriche um, indem Siedlungen, Wege, Bergwerke, Vertriebswege usw. angelegt wurden. Man rodete die Wälder und verbaute bzw. verheizte das Holz. So kam es immer wieder zu vollflächigen Entwaldungen, abwechselnd zu Phasen von natürlicher oder intentioneller Bewaldung (nachrömische Zeit, preußische Zeit).
Siedlungen und die dazugehörigen Gräberfelder belegten und veränderten kleinteilig die Landschaft, sie bildeten wirtschaftliche und infrastrukturelle Konzentrationspunkte. Überliefert bzw. erhalten davon sind Wallanlagen, mittelalterliche Burgen und Landwehren, aber auch Grabhügelfelder oder isoliert liegende Friedhöfe, die die natürliche Landschaft veränderten und gestalteten. Sie stellten zugleich Identifikationspunkte der in der Landschaft lebenden Menschen dar.

Es ist somit eindeutig, dass archäologische Elemente Teil der Kulturlandschaft sind und als solche in einem Kulturlandschaftskataster auch dargestellt werden müssen. Hierin ist eine Chance für die Bodendenkmalpfleger als Sachwalter der archäologischen Relikte zu sehen, aber auch eine Verpflichtung, die im Vorlauf zum digitalen Kulturlandschaftskataster im Rheinland (KuLaDig) nicht immer einfach zu realisieren war. Zunächst war die fachinterne Entscheidung zu treffen, welche Elemente überhaupt einbezogen werden sollten. Daran schlossen sich unmittelbar Überlegungen zur Form der Darstellung an.

Wenig Diskussion gab es hinsichtlich der sichtbaren Bodendenkmäler, da diese in der Landschaft erkennbar sind und somit auch der Öffentlichkeit präsentiert werden müssen. Jedoch sind nicht alle archäologischen Relikte sichtbar. Obertägig sind nur wenige Bodendenkmäler zu erkennen, hierzu gehören Grabhügel, Befestigungsanlagen, Wege usw. Viele Siedlungen und Gräberfelder, insbesondere der Perioden vor dem Mittelalter, sind verlassen und liegen, erhalten als Erdverfärbungen oder Mauerfundamente, verborgen im Boden. Befestigungsanlagen wurden vollständig geschleift, dennoch sind noch Reste der Gräben oder vom Mauerwerk vorhanden. Aber auch zahlreiche Relikte handwerklicher Tätigkeit finden sich im Boden, wie Brennöfen, Pingen, Stollen usw.

Eine große Zahl der sichtbaren und nicht sichtbaren archäologischen Relikte sind im Archiv des Rheinischen Amtes für Bodendenkmalpflege in Bonn registriert. Es sind dies die bekannt gewordenen Fundplätze, die durch Zufallsmeldungen, Aufsammlungen von interessierten Bürgern, durch gezielte Prospektion (Landesaufnahme, Luftbilder) oder Ausgrabungen erfasst werden konnten. Allerdings ist nur eine geringe Zahl dieser Datenmenge so aufgearbeitet, dass Fragen nach Ausdehnung, Lage, Abgrenzung, Erhaltung sowie denkmalrechtlicher und landschaftstypischer Bedeutung abschließend beantwortet werden können. Als Beispiel für solch gut erforschte, nicht vollständig zerstörte Bodendenkmäler sei die *Colonia Ulpia Traiana* bei Xanten genannt. Hier soll mit Unterstützung der Nordrhein-Westfalen-Stiftung das Areal des römischen Lagers *Vetera Castra* angekauft und aus der aktuellen landwirtschaftlichen Nutzung herausgenommen werden. Ziel ist die Einrichtung eines archäologisch-kulturlandschaftlichen Reservates, mit Einbeziehung der mittelalterlichen Stadt Xanten und der römischen *Colonia Ulpia Traiana*.

Die im Archiv erfassten archäologischen Fundpunkte weisen eine sehr unterschiedliche Qualität auf. Dabei kann es sich um wenige Scherben einer Oberflächenbegehung handeln, aber auch um große, mehrere hundert Bestattungen umfassende Friedhöfe der Eisenzeit oder der fränkischen Periode. Es ist also beim derzeitigem Kenntnisstand nicht möglich und auch erst auf lange Sicht wünschenswert, alle archäologischen Fundpunkte als Elemente der Kulturlandschaft zu beschreiben und darzustellen.

Die Darstellung archäologischer Relikte muss auch aus einem besonderen heiklen Grund beschränkt werden. Es gibt eine Gruppe von Mitbürgern, die aus falsch verstandenem Interesse an der Archäologie oder aus reinem Gewinnstreben Bodendenkmäler zerstört. Hierzu gehören die sogenannten Raubgräber, aber auch einige Metallsondengänger. Es ist daher zwingende Vorgabe der Bodendenkmalämter, besonders gefährdete Fundplätze nicht der Öffentlichkeit bekannt zu geben. Professionelle Raubgräber werden dadurch sicher nicht von ihrer Tätigkeit abgehalten, aber viele interessierte Laien, die sich zumindest in Teilen über die Konsequenzen ihres Tuns nicht im Klaren sind, dürften durch entsprechende Sicherungsmaßnahmen weniger leicht Zugang zu Informationen erhalten.

Die Nutzer des Kulturlandschaftskataster wurden als heterogene Gruppe erkannt, die mit unterschiedlichsten Fragen an das Kataster herantritt. Es ist sicher nicht möglich, alle Fragen ohne Umwege zu beantworten. Als wichtige Ansprechpartner wurden jedoch die lokale Politik und Verwaltung, Planer, der touristisch oder an allgemeinen kulturhistorischen Fragen interessierte Bürger umschrieben.

Für die Erarbeitung dieser und anderer, insbesondere technischer Fragen wurde innerhalb des Landschaftsverbandes Rheinland (LVR) ein Pilotprojekt initiiert. Ein Gebiet im Kreis Heinsberg (Gemeinden Heinsberg, Hückelhoven, Wassenberg) wurde von einzelnen Fachämtern im LVR hinsichtlich seiner speziellen Belange bearbeitet und die Ergebnisse in die Pilotstudie eingebracht.

Der Zugang zu den archäologischen Informationen wird dabei in drei abgestuften Ebenen organisiert (Abb. 1). Die oberste Ebene ist die der Allgemeinheit über das Internet zugängliche. Hier erfolgen zugleich die größten Restriktionen der Darstellung von archäologischen Relikten. Präsentiert werden dort die meisten der obertägig sichtbaren Bodendenkmäler, wie Burgen, Befestigungen, Landwehren usw. Im Übrigen werden Erwartungszonen aufgezeigt, auf die im Folgenden noch eingegangen wird.

Die mittlere Ebene ist in ihrem Informationsgehalt weiter vertieft. Zugang dazu haben die lokale und regionale Verwaltungsebene sowie die Politik, die berechtigtes Interesse an den Informationen der Fachämter besitzen. Hinzu kommt eine weitere Gruppe von Nutzern, die nach gesonderter Anmeldung bei einem Supervisor eine Zugangsberechtigung erhält. Dazu zählen beispielsweise Planer, Architekten, Wissenschaftler. In dieser Ebene werden alle offiziellen Daten präsentiert, das sind insbesondere die ausgewiesenen Bodendenkmäler, die bei den Unteren Denkmalbehörden des Landes Nordrhein-Westfalen geführt werden. Da unter diesen teilweise durch Raubgräber gefährdete Fundplätze sind, können die ausgewiesenen Bodendenkmäler nicht per se in der obersten Ebene dargestellt werden.

Die unterste Ebene ist die sogenannte fachinterne. Diese beinhaltet auch die Wiedergabe sensibler Daten und gewährleistet den Austausch innerhalb der rheinischen Ämter für Denkmalpflege und Bodendenkmalpflege, aber auch zwischen den Ämtern der beiden Landschaftsverbände im Rheinland und Westfalen-Lippe sowie weiteren Zuständigkeitsbereichen in Nordrhein-Westfalen (z. B. Stadtarchäologien wie Köln). Für diese Ebene wurde noch keine abschließende Lösung der Präsentation gefunden.

Gerade in dieser Verknüpfung wurde seitens der Bodendenkmalpflege die hohe Bedeutung des Kulturlandschaftskataster erkannt. Sie ermöglicht es, in einem überschaubaren zeitlichen und technischen Rahmen Informationen zur Geschichte, zur Landschaft, zur Landeskunde, zur Denkmalpflege und anderen wichtigen Elementen zu erfassen, um diese – zusammen mit den archäologischen Kenntnissen – in eine qualifizierte Stellungnahme einbinden zu können, die z. B. im Rahmen wissenschaftlicher Arbeiten oder der Beteiligung als Träger öffentlicher Belange erforderlich ist.

EBENE DER ZUGÄNGLICHKEIT	FORM DER PRÄSENTATION – ARCHÄOLOGIE
Internet-Öffentlichkeit	Erwartungszonen
Ämter/Politik/Planung	Erwartungszonen inklusive Bodendenkmäler
Fachämter	alle erfassten archäologischen Relikte

Abb. 1. Zugangsebenen zu archäologischen Daten innerhalb des KuLaDig.

Auf der Basis der beschriebenen Vorbedingungen galt es, ein System zu entwickeln, wie archäologisch relevante Flächen präsentiert werden können, ohne im Einzelnen sensible Informationen preiszugeben. In der archäologischen Forschung hat es einige Präsentationsmodelle für sensible Flächen gegeben, die sich auf Dauer nicht durchsetzen konnten. Jedoch wurde in den Niederlanden in den 1990er-Jahren ein Modell entwickelt, dass mit sogenannten Erwartungszonen[1] arbeitet. Die Landschaft und die vorhandenen archäologischen Informationen zu Fundplätzen wurden hinsichtlich bestimmter Fragen untersucht und Zonen ausgewiesen, in denen eine sehr hohe, hohe, geringe oder keine Erwartung bezüglich erhaltener archäologischer Relikte bestand. Auf dieser Basis wurden Karten der einzelnen niederländischen Provinzen mit entsprechenden Erwartungszonen erstellt, mit denen die örtlichen Archäologen, aber auch Planung und Verwaltung arbeiten. Erste Erfahrungen mit den Kartierungen belegen, dass das Modell angenommen wird und praktikabel ist.

Es wurde daher versucht, dieses in der Praxis bewährte Modell auf die rheinische Landschaft zu übertragen (Abb. 2-4). Es galt, Erwartungszonen auszuweisen, die die Besiedlung und Nutzung prägnanter Perioden menschlicher Geschichte widerspiegeln. In dem Pilotgebiet wurden fachspezifische Besiedlungsmodelle der Steinzeiten, der Metallzeiten, der Römischen Zeit und des Mittelalters ermittelt.[2] In diesen wurde das Wissen zu bekannten Fundplätzen innerhalb des Bearbeitungsraumes mit dem allgemeinen Wissen zur jeweiligen Besiedlungsgeschichte verknüpft.

---

[1] Provincie Limburg, Basiskarten van de Limburgse Cultuurhistorie. Indicatieve archeologische waarden.
[2] Die Bearbeitung der fachspezifischen Layer übernahmen J. Weiner M.A. (Steinzeiten), P. Tutlies M.A. (Metallzeiten), P. Wagner M.A. (Römische Zeit), Dr. U. Francke (Mittelalter/Neuzeit); die weitere Bearbeitung übernahm Dipl.-Geogr. E. Knieps, alle Rheinisches Amt für Bodendenkmalpflege.

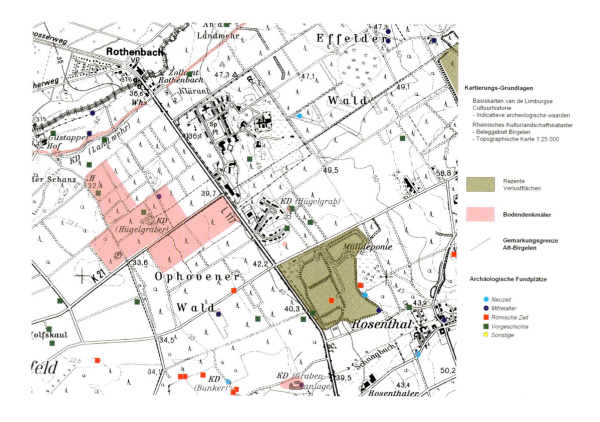

Abb. 2. Beleggebiet Birgelen auf der Grundlage der Topographischen Karte im Maßstab 1: 25.000.
Kartiert sind die bekannten archäologischen Fundplätze als Punkt- und Flächendenkmäler sowie rezente Verlustflächen.

Von dieser Kartierung ausgehend wurde konkretisiert, in welchen Bereichen noch gut erhaltene Befunde zu erwarten waren. Hierbei wurden auch Erkenntnisse zur Landschaftsgeschichte und zu den Veränderungen der Topographie eingebunden. Das heißt beispielsweise, dass in Flächen mit starker Erosion, wie ausgeprägten Hanglagen, von weitgehend abgetragenen archäologischen Relikten auszugehen ist. Hier ist also eine deutlich geringere Erwartung an die Erhaltung von Befunden zu stellen.

Im Gegensatz dazu werden gerade die Niederungen als Zonen mit hoher Erwartung ausgewiesen. Denn hier sind unter teilweise guten Erhaltungsbedingungen Reste von organischen Materialien überliefert, die wichtige Informationen zur landschaftstypischen Flora und Fauna und damit auch zur Geschichte der Menschen liefern können. Es wird u. a. Wert auf die Flächen gelegt, in denen naturwissenschaftliche Untersuchungsmethoden an gut erhaltenen Funden und Befunden tiefgreifendere Ergebnisse zur Geschichte der Landschaft und der in ihr lebenden Menschen ermöglichen.

Das bedeutet jedoch nicht, dass die Besiedlungs- und Nutzungsbereiche ausgeklammert wurden. Aber die Erwartung an gut erhaltene Befunde mit hohem Aussagewert kann hier – abhängig von unterschiedlichen Standortfaktoren – deutlich geringer sein. Im Wesentlichen hat dies zur Folge, dass die Niederungen, die Bachtäler sowie die unmittelbar an die Niederungen angrenzenden Hanglagen als besonders bedeutend herausgestellt werden.

Zu den einzelnen Besiedlungsepochen können des Weiteren besondere Fragestellungen herausgearbeitet werden. So wird im Beleggebiet die eisenzeitliche Besiedlung daraufhin überprüft, ob sich Zentralsiedlungen mit überörtlicher Funktion sowie deren unmittelbarer Einflussbereich ausweisen lassen. Für die Römische Zeit können anhand der bekannten Fundplatzverteilung Teile der Limitation nachgewiesen werden, die sich wiederum an Straßentrassen orientiert, und für das Mittelalter werden großflächige Siedlungs- und Nutzungsareale erkannt, wie z. B. ganze Bachtäler mit Grabenanlagen, Burgen, Töpfereien und Mühlenanlagen.

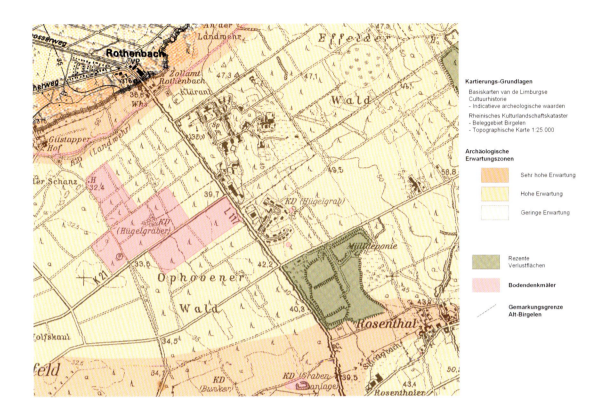

Abb. 3. Beleggebiet Birgelen auf der Grundlage der Topographischen Karte im Maßstab 1: 25.000. Kartiert sind die bekannten archäologischen Fundplätze als Flächendenkmäler, rezente Verlustflächen sowie die archäologischen Erwartungszonen im Beleggebiet.

Die Karten für die angesprochenen vier Perioden werden als getrennte Layer übereinander gelegt und gewichtet. Dies ergibt differenzierte Flächen, von denen sich einige für mehrere Siedlungsperioden als charakteristisch erweisen; die Menschen suchten also immer wieder gute Siedlungslagen auf. Nach technischer Überarbeitung, insbesondere der Glättung von unregelmäßigen Flächen, die beim Übereinanderlegen der verschiedenen Layer entstanden sind, ergibt sich ein Gesamtbild von den vier Zonen mit sehr hoher, hoher, geringer oder keiner Erwartung. Wie die Erfahrungen in den Niederlanden gezeigt haben, erweist sich die Trennung von sehr hoher und hoher Erwartung als nicht praktikabel. Hier gilt es, das Modell noch anzugleichen.

Den einzelnen Erwartungszonen werden Informationen hinterlegt, die eine allgemeine Einführung in die Landschaft, die Archäologie und die Erwartung umfassen. Insbesondere wird aber die Stelle angegeben, bei der weitere Informationen eingeholt werden können. Dies ist v. a. im Rahmen der Beteiligung als Träger öffentlicher Belange dringend geboten, da diese grundlegende Aufgabe der Fachämter in gar keinem Fall durch ein Kulturlandschaftskataster ersetzt werden kann und darf.

Es muss klargestellt werden, dass diese Erwartungszonen in einem ersten Schritt als Hilfsmittel anzusehen sind, wenig oder gar nicht archäologisch-historisch ausgewertete Gebiete in ein Kulturlandschaftskataster einstellen zu können. Sie sollen einem Nutzer des Kulturlandschaftskatasters, der spezielle Fragen an ein bestimmtes Areal hat, ermöglichen, erste Informationen zur Archäologie bzw. Bodendenkmalpflege zu erhalten, ohne dass damit bereits alle Fragen abschließend beantwortet werden könnten. Dies ist auch nicht der Sinn eines Kulturlandschaftskatasters.

Eine entscheidende Voraussetzung für die Entwicklung dieses Modells war die grundsätzliche Möglichkeit, abschließend aufgearbeitete Gebiete ohne Bruch einfügen zu können. Die Präsentation von qualifi-

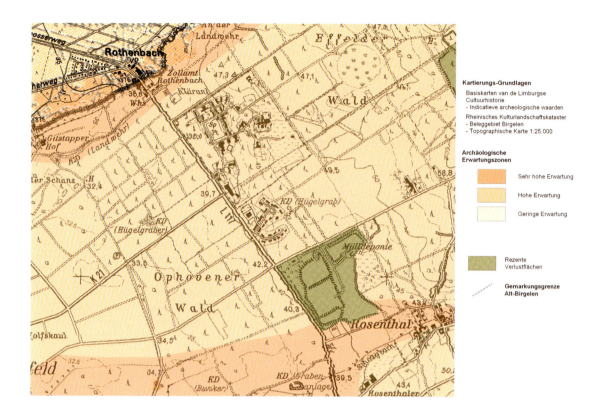

Abb. 4. Beleggebiet Birgelen auf der Grundlage der Topographischen Karte im Maßstab 1: 25.000.
Kartiert sind rezente Verlustflächen sowie die archäologischen Erwartungszonen im Beleggebiet.

zierten Einzelobjekten, den sich daraus ergebenden archäologisch relevanten Flächen, deren Beziehungen und Verknüpfungen untereinander, mit der Landschaft und mit den wiederum mit ihnen in Zusammenhang stehenden Landschaftselementen ist das langfristige Ziel des KuLaDig.

Aber nicht jeder Nutzer ist schon bei der ersten Anfrage an detaillierten Informationen interessiert. Die Erwartungszonen ermöglichen es auch nach Einbindung der qualifizierten Ergebnisse, weiterhin lediglich eine allgemeine Übersicht über die archäologische Erwartung in einem Areal zu erhalten. Den an bestimmten Flächen Interessierten aus Verwaltung, Planung und Politik vermittelt das Kulturlandschaftskataster einen Eindruck von dem, was in der Landschaft vorhanden ist, welche Besonderheiten sie ausmachen, was es zu schützen und zu bewahren gilt. Dies kann nur im Sinne der Bodendenkmalpflege sein. Derjenige, der tiefer in die Landschaft und ihre archäologischen Elemente einsteigen möchte, kann dies mittels weiterer Recherchen tun.

Es versteht sich von selbst, dass speziellere Fragen nur in den Gebieten beantwortet werden können, die abschließend hinsichtlich ihrer Fundplätze, Besiedlungs- und Landschaftsgeschichte ausgewertet sind. Dies kann zunächst dazu führen, dass man bei vielen Anfragen, die sich auf Gebiete beziehen, die noch nicht qualifiziert aufgearbeitet sind, zeitweise unbefriedigende Antworten erhält, wenn touristisch oder wissenschaftlich Interessierte nur einen groben Überblick zur Archäologie geboten bekommen. Jedoch ist zu beachten, dass einzelne herausragende Objekte, auch diejenigen von touristischer Bedeutung, immer und unabhängig von den Erwartungszonen in das Kulturlandschaftskataster eingestellt werden können. Hinzu kommt, dass viele Bodendenkmäler, wie z. B. Burganlagen, in einem größeren Zusammenhang stehen und gegebenenfalls auch unter fachspezifischen Sichtweisen anderer Disziplinen im Kulturlandschaftskataster bearbeitet wurden.

Die Erwartungszonen sind dem jeweiligen Kenntnisstand anzupassen. Dies ist in erster Linie dann erforderlich, wenn qualifiziert aufgearbeitete Gebiete in das Kulturlandschaftskataster eingestellt werden. Die

Erwartungszonen müssen in solchen Fällen mit diesen Ergebnissen korreliert und in der Regel verändert werden. Somit besteht ebenfalls die Möglichkeit, neue und aktuelle Ergebnisse der archäologischen Forschung einzubinden. Wie die Geschichte der Menschen und der Landschaft, so weist auch das Kulturlandschaftskataster eine dynamische Entwicklung auf.

Die Darstellung der Erwartungszonen soll nach derzeitigem Planungsstand auf zwei Wegen erfolgen. Bei der Regelanfrage nach Kulturlandschaftselementen in einem vom Nutzer bestimmten Gebiet werden die Erwartungszonen automatisch wiedergegeben. Diese spezielle Visualisierung kann natürlich – wenn gewünscht – ausgeblendet werden. Der zweite Weg der Darstellung erfolgt mittels einer speziellen Abfrage nach den Erwartungszonen, die in der Regel an eine vom Nutzer zu definierende Fläche gebunden sein wird, z. B. ein Gemeindegebiet.
Sowohl in den allgemeinen Beschreibungen zu Landschaftselementen oder Gemeinden als auch bei den einzelnen Erwartungszonen werden archäologische Informationen in allgemein verständlicher Form angefügt. Diese enthalten Angaben zur archäologisch-historischen Besiedlungsgeschichte, weisen auf besonders interessante Besichtigungspunkte hin und binden bei Einzelelementen, wie z. B. Burganlagen, die Ergebnisse von Grabungen und andere Forschungsergebnisse ein. Dies ist jedoch weitgehend vom jeweiligen Stand der Aufarbeitung abhängig, die – wie beschrieben – zurzeit noch sehr heterogen ist. Es zeigt sich aber auch, dass damit die Archäologie integrativer Bestandteil des KuLaDig geworden ist.

Langfristig ist es Aufgabe der Fachämter sowie der lokalen Vertreter von Politik und Verwaltung, die noch erhaltenen archäologischen Relikte auf Dauer zu schützen. Dazu bedarf es der Überprüfung von Fundplätzen, der Abwägung und Gewichtung hinsichtlich ihrer Erhaltungswürdigkeit sowie der Einbindung in die lokale wie auch regionale Entwicklung und Gestaltung der Landschaft. Gerade in den fachübergreifenden Perspektiven sind die Vorteile des Kulturlandschaftskatasters zu erkennen. Wenn verschiedene Disziplinen an einem Projekt beteiligt sind, können Visionen entwickelt werden, die den Denkmälern, den Bodendenkmälern, der Landschaft und damit dem Menschen dienen. Die leichte Zugänglichkeit von Informationen unterschiedlicher Fachrichtungen im Kulturlandschaftskataster ermöglicht es hier, schneller zu gemeinsamen Ergebnissen zu gelangen.

Literatur

KNIEPS/WEBER 2002a
E. Knieps/C. Weber, Archäologie im Rheinischen Kulturlandschaftskataster. In: H. Koschik (Hrsg.), Archäologie im Rheinland 2001 (Stuttgart 2002) 161-164.

KNIEPS/WEBER 2002b
E. Knieps/C. Weber, Archäologie und Kulturlandschaftskataster. In: Rheinisches Kulturlandschaftskataster. 11. Fachtagung 25./26. Oktober 2001 in Heinsberg, Tagungsbericht. Beiträge zur Landesentwicklung 55 (Köln 2002) 51-56.

Die Position der Denkmalpflege bei der Erarbeitung eines Kulturlandschaftskatasters – Beispiel Altgemarkung Birgelen (NRW). Tomographie einer Landschaft

Von Elke Janßen-Schnabel

„Tomographie" ist ein Begriff aus der Medizin. Unter definierten Zielvorgaben können mithilfe eines speziellen Röntgenverfahrens, einer Kernspin- oder Computertomographie, die Funktionen beispielsweise des Gehirns zweidimensional festgehalten und in Schicht- bzw. Schnittebenen als Bilder dargestellt werden (Abb. 1).

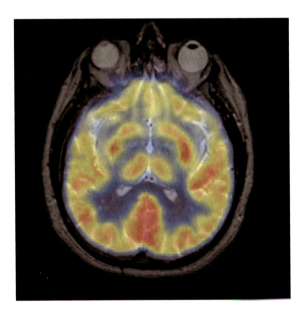

Abb. 1.
Tomographie eines Gehirns
(The Whole Brain Atlas,
www.med.harvard.edu/AANLIB/home.html
[Stand: 2.2005]).

Tomographie kommt aus dem Griechischen (*tome* = Schnitt; *graphein* = schreiben) und heißt: einen Schnitt schreiben, einen Schnitt zeichnen. Einen entsprechenden Computertomographen für die Landschaft gibt es noch nicht. Die Analyse der Landschaft, die Betrachtung und Auswertung von thematischen Teilaspekten erfolgt durch Fachdisziplinen. Im Mittelpunkt stehen Fragen danach, wie sich der Boden zusammensetzt, wo ökologisch wertvolle Bereiche sind, welche Landschaftselemente historischen Ursprungs sind, welche Objekte denkmalwert sind. Das Medium, der „Tomograph" der Landschaft, der die Informationen von verschiedenen Seiten zusammenfließen lässt, könnte das Kulturlandschaftskataster sein. Zumindest ermöglicht das Kataster eine tomographische Vorstellung der Landschaft.

Welche Berührungspunkte hat die Denkmalpflege mit der Landschaft? Gemäß dem Denkmalschutzgesetz von Nordrhein-Westfalen greift die Denkmalpflege mit drei Ansätzen in den Landschaftsraum: Im klassischen Sinn betrachtet und bewertet die Baudenkmalpflege das einzelne Objekt und vertieft hier das Wissen bis ins Detail. Historische Strukturen in der Landschaft und Landschaftsausschnitte sind dabei unterstützende Attribute. Sie können als Bestandteile der durch das Objekt geprägten Umgebung den Denkmalwert unterstützen. Auch werden von Menschen gestaltete Landschaftsteile mit historischer Aussage auf ihre Denkmalwürdigkeit hin überprüft. Beispiele sind die Parkanlage oder der Weinberg. Weiträumig betrachtet können Ausstrahlungsbereiche von Einzelobjekten, das Zusammenspiel von Mehrheiten baulicher Anlagen und ihr Wirkungsraum in der Landschaft als Denkmalbereiche festgestellt werden. Daneben besteht eine Aufgabe des Denkmalamtes darin, als Träger öffentlicher Belange in Stellungnahmen zu Planungen historisch bedeutsame Elemente der Kulturlandschaft darzustellen.

Das Kataster sammelt zunächst über die Denkmale hinaus alle historischen, prägenden Elemente der Landschaft, es vernetzt des Weiteren Daten zur historischen Entwicklung der Landschaft. Die Verknüpfung der klassischen Denkmalpflege mit einem Kulturlandschaftskataster und der daraus zu erzielende Gewinn für die Denkmalpflege werden an der historischen Prägung und den Spuren in der Landschaft in der dörflichen Gemarkung Birgelen deutlich (Abb. 2).

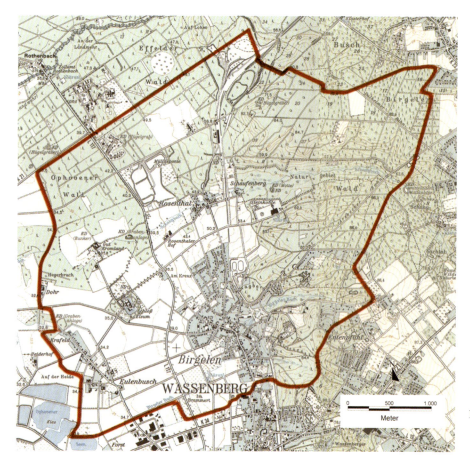

Abb. 2.
Altgemarkung Birgelen, topographische Darstellung (Landschaftsverband Rheinland, Rheinisches Amt für Bodendenkmalpflege, Elmar Knieps, 2004).

Birgelen liegt in Nordrhein-Westfalen zwischen Mönchengladbach und Aachen im Kreis Heinsberg in der Gemeinde Wassenberg. Die Flächengröße umfasst annähernd 1400 ha, es leben dort rund 3400 Einwohner. Die Zahl der denkmalwerten Objekte liegt unter dem sonst angesetzten Durchschnitt von 2-3 % der heute bestehenden Bausubstanz.

Birgelen wird erstmals urkundlich 1118 erwähnt, als Graf Gerhard von Wassenberg das halbe Patronat der Kirche St. Lambertus dem Wassenberger Georgsstift überträgt. Birgelen gehörte zum Amt Wassenberg in der Grafschaft Jülich. Die alte Bergkirche an der Stelle der heutigen Friedhofskapelle, um 1860 abgebrochen, gilt als älteste Taufkirche der Gegend. Mit ihr stehen möglicherweise auch die Kultfunktion und Wallfahrt zu der benachbarten Quelle Birgeler Pützchen in Zusammenhang. Unter französischer Herrschaft (ab 1794) zählte die Mairie Birgelen zum Kanton Heinsberg. 1816 wurden die Bürgermeistereien

Wassenberg und Birgelen dem Kreis Heinsberg zugeordnet. Heute ist Birgelen ein Ortsteil von Wassenberg.

Der Ort ist Kirchort, liegt nicht weit von der niederländischen Grenze in der nach Nordwesten ausgerichteten Ruraue, etwa 3 km vom rechten Flussufer entfernt am Birgeler Bach. In diesem unteren Rurabschnitt ist die Aue durch den über Jahrhunderte mäandrierenden und immer wieder über seine Ufer tretenden Fluss fast eben geformt. Der ehemals unberechenbare Lauf der Rur hinterließ im Bereich um Wassenberg einen sandigen Untergrund. Die Uferseite steigt sanft von 35 m bis zu einer Höhe von 50 m ü. NN nach Osten an. Auf der überschwemmungsfreien ersten Terrasse liegt Birgelen am Saum einer heute bewaldeten Hügelkette, die die Aue parallel zur Rur einfasst und nach Nordosten abschirmt. Die Kuppen erreichen Höhen von bis zu 90 m ü. NN. Im Umfeld von Birgelen kerben vier Bäche im Abstand von jeweils etwa 1000 m Taleinschnitte quer in den Höhenzug ein. Parallel zu den Höhenlinien verläuft vor der Anhöhe eine mittelalterliche Handelsstraße von Köln über Roermond nach Antwerpen. Der Abstand der Bäche und die Lage an der Straße geben der Siedlungsstruktur ein Grundmuster vor. Ursprünglich untereinander fast gleichgroße Orte liegen nebeneinander im Schutz der Hügelkette. In der Rurebene vor ihnen sind auf hochwasserfreien Inseln gleichmäßig kleine Siedlungsplätze und Waldeilande verteilt. Das zeichnet das Siedlungsbild aus.

Birgelen entstand im Ursprung an dieser Handelsstraße, der heutigen Lambertusstraße, als langgestrecktes Straßendorf (Abb. 3).

Abb. 3.
Ortskern von Birgelen (Landschaftsverband Rheinland, Rheinisches Amt für Denkmalpflege, Elke Janßen-Schnabel, 2004).

Die Bebauung verdichtet sich auf der südlichen Seite in dem Bereich, in dem die Straße den Bach kreuzt. An die nach Südwesten gerichteten Gärten schließen weit in die Ebene gezogene Ackerflächen an. Die Wohnbauten – in der aufgehenden Substanz meist nicht älter als aus dem 19. Jh. – folgen in weitgehend geschlossener Reihe der gewundenen Straßenflucht. Sie sind in der Regel zweigeschossig sowie überwiegend traufständig und verfügen über Satteldächer. Die historischen Bauten sind vereinzelt in Fachwerk, in der Mehrzahl jedoch aus Backstein mit Lochfassaden errichtet. Rückwärtig liegen funktional und gestalterisch nachgeordnet kleinteilige Nebengebäude. Östlich, separat am Birgeler Bach gelegen entwickelte sich eine kleinteilige Siedlungseinheit am Mühlengraben. Der Graben zweigt vom Birgeler Bach ab und wurde gestaut, um mit Wasserkraft die Räder der unterhalb liegenden Mühlen anzutreiben. Seit 1827 steht zwischen beiden Siedlungsteilen als verbindendes Element die katholische Kirche St. Lambertus, ein klassizistischer Backsteinsaalbau, erweitert in den Jahren 1935-37. Etwa 300 m östlich des Ortskernes liegt auf der ersten, heute bewaldeten Hügelkuppe der Friedhof. Auf diesem Bergsporn wurde an der Stelle der

1860 abgebrochenen Pfarrkirche im Jahr 1872 ein Backsteinbau als Grabkapelle der Freiherren von Leykam auf Schloss Elsum gestiftet. Ihr Schloss befindet sich vor dem Ort in der Aue auf einer der kleinen Aueninseln.

Welche Maßnahmen wurden bisher für das Kataster durchgeführt? Auf der Grundlage der Erfassung durch die Historischen Geographen Peter Burggraaff und Klaus-Dieter Kleefeld wurden Begehung, Kartierung und Bewertung des Gebietes gemäß der bau- und bodendenkmalpflegerischen Gesichtspunkte vorgenommen. Neben den Denkmälern zählen zu den prägenden Elementen – aus der Sicht der Baudenkmalpflege – Hohlwege, die sich durch regelmäßiges Begehen, Lockern und Abschwemmen der oberen Erdschichten im Laufe von Jahrhunderten in die Bodenoberfläche furchen und somit von einer dauerhaften Nutzung der Trasse zeugen, Wassergräben zur Entwässerung der Aue, Obstwiesen, die Bahnanlage, die Relikte des industriellen Steinkohlen- und des Sandabbaus, Bunker des Westwalls sowie die Siedlung englischer Besatzungstruppen der 1950er-Jahre. Die kartierten Elemente wurden in Bezug zueinander gesetzt. Diese Bezüge sind die Schnittebenen des „Katastertomographen". Sie fügen sich in einer horizontalen Schichtung der einzelnen Ebenen zu einer dreidimensionalen Konstruktion der Landschaft. Zunächst ist die Ebene in der Erde (Bunker, Sandgruben, Steinkohlenschacht) zu nennen, über denen Wegenetz und Wasserläufe liegen, es folgen die Gärten, Friedhöfe, Obstwiesen mit prägender Bepflanzung (Abb. 4).

Wiederum darüber entfaltet sich die historische Bausubstanz, über der als oberste Ebene der Landschaft ein Netz charakteristischer Blickbezüge liegt. Die Blicke, die charakteristischen Silhouetten, Ansichten können als senkrechte Schnitte der Landschaft angesehen werden. Über historische Fotografien fließt in

Abb. 4.
Kartenebene der gestalteten Landschaftsteile mit Wirkungsraum und Bewuchs: Park, Gärten, Obstwiesen, Friedhof, Hohlwege, prägende Hecken und Einzelbäume (Landschaftsverband Rheinland, Rheinisches Amt für Denkmalpflege, Elke Janssen-Schnabel und Christina Notarius; Landschaftsverband Rheinland, Umweltamt, Anne Christmann, 2004)

diese räumliche tomographische Betrachtung die zeitliche Dimension. Der derart horizontal und senkrecht geschichtete Raum kann nun nach bestimmten Kriterien gefiltert bzw. gezielt beleuchtet werden. Das sind dann jeweils Bezüge, die genau diesen Landschaftsausschnitt kennzeichnen, Bedeutungsebenen, angelehnt an die Kriterien des Denkmalschutzgesetzes. Ein Kriterium ist dabei das siedlungsgeschichtliche, mit landwirtschaftlicher Prägung und gewerblicher Nutzung. Ein anderer Aspekt umfasst die religiöse Prägung der Landschaft: Kirche, drei Kapellen, Wallfahrtsweg, Wegekreuze, Friedhof, „religiöser Berg" mit Hohlwegen, die Kirchpfade zum Birgeler Pützchen. In ähnlicher Weise könnten der Westwall oder die englische Siedlung mit der zugehörigen Kaserne in einer Karte dargestellt werden. Die symbolische/assoziative Ebene lässt sich einerseits besser textlich, andererseits auch kartographisch nachvollziehen: Um den Wallfahrtsort und die Wallfahrt rankt sich eine Kette von Mythen, die schriftlich überliefert sind. Der Wallfahrtsort mit einem Bild der Mutter Gottes ist Gnadenstätte, Ort der Marienverehrung und ordnet sich ein in ein Netz aus Bittgängen, Flurprozessionen sowie überregional bedeutsamen Pilgerfahrten wie zum nahe gelegenen Aachen. Diese hierarchische Struktur könnte wiederum zeichnerisch dargestellt werden. Ein weiterer Aspekt ist die Darstellung von Landschaftselementen in der bildenden Kunst: Schloss Elsum in der Aue oder der religiöse Berg. Die Zeichnung gibt einen Eindruck der bis heute typischen Siedlungsstruktur wieder (Abb. 5).

Abb. 5.
Birgelen, Bergkirche mit umgebender Landschaft;
Zeichnung von J. de Beyer, ca. 1738
(Sammlung des Städtischen Museums Haus Koekkoek, Kleve;
Reproduktion aus: VENNER 1985, Titelbild).

Nun ist dieser Raum gläsern geworden, unter historischen Gesichtspunkten durchleuchtet, doch die Zahl der denkmalwerten Objekte ist gleich geblieben. Welchen Gewinn kann die Denkmalpflege aus einem Kulturlandschaftskataster ziehen? Ein Gewinn ist die anschauliche Einbindung der Objekte. Die einzelnen Objekte werden im räumlichen und inhaltlichen Zusammenhang dargestellt, in Strukturen eingeordnet und aus den Gegebenheiten des Landschaftsraumes erklärt. Die Einbindung führt zu zusätzlichen Argumenten und zu einer größeren Argumentationssicherheit bei der denkmalpflegerischen Stellungnahme. Ein zweiter Nutzen besteht darin, dass durch die interdisziplinäre Zusammenarbeit Wissen gebündelt wird. Durch die gemeinsame Betrachtung können denkmalpflegerische Belange in der Landschaft klarer bestimmt werden. Schließlich ist das Instrument des digitalen Kulturlandschaftskatasters geradezu ideal, Wissen und auch Denkmalbedeutung weiterzugeben, historisches Bewusstsein zu schaffen und zur Identifikation mit einem Landschaftsausschnitt beizutragen.

Literatur

BROICH 1954
J. Broich, Das Birgeler Pützchen. Eine heimatgeschichtliche Studie. Heimatkalender Selfkantkreis 4, 1954, 41-48.

FRANCK-OBERASPACH/RENARD 1906
K. Franck-Oberaspach/E. Renard (Bearb.), Die Kunstdenkmäler des Kreises Heinsberg. Die Kunstdenkmäler der Rheinprovinz 8, Abt. III (Düsseldorf 1906).

GILLESSEN 1993
L. Gillessen, Die Ortschaften des Kreises Heinsberg. Ihre Namen, Topographie und Geschichte Schriftenreihe des Kreises Heinsberg 7 (Heinsberg 1993).

GROSS 1998
M. Groß, Der Westwall. Vom Denkmalwert des Unerfreulichen. Führer zu archäologischen Denkmälern des Rheinlandes 2^2 (Köln 1998).

GUNZELMANN 2001
Th. Gunzelmann, Die Erfassung der historischen Kulturlandschaft. In: Bayerisches Staatsministerium für Landwirtschaft und Forsten (Hrsg.), Historische Kulturlandschaft. Materialien zur Ländlichen Entwicklung in Bayern 39 (München 2001) 27-32.

HEINRICHS 1987
H. Heinrichs, Wassenberg. Geschichte eines Lebensraumes (Mönchengladbach 1987).

SCHREIBER 2001
Th. Schreiber, Wassenberg im Spiegel amtlicher topographischer Karten. Heimatkalender des Kreises Heinsberg 2001, 99-120.

VENNER 1985
G. Venner, Der Meinweg. Forschungen über Rechte an Allmenden im ehemaligen geldrisch-jülichen Grenzgebiet (1400-1822). Schriftenreihe des Kreises Viersen 35 (Viersen 1985).

Hessen braucht ein Kulturlandschaftskataster
–
Anmerkungen zu einem vorausschauenden Umgang mit der historischen Kulturlandschaft aus Sicht der Archäologischen Denkmalpflege

Von Udo Recker

Das Gebiet des heutigen Bundeslandes Hessen gehört zu den ältesten europäischen Siedlungsgebieten und verfügt über eine Vielzahl unterschiedlicher, historisch gewachsener Kulturlandschaften, für die es angesichts des ungebremsten Flächenverbrauchs Schutzkonzepte zu entwickeln gilt (RECKER 2004, 16). Ein derartiger Schutz ist nicht als Versuch der Musealisierung der Landschaft zu verstehen, vielmehr geht es um einen langfristigen, planerisch gelenkten, dem Erhaltungs- wie auch dem Entwicklungsziel dienenden Umgang mit der historischen Kulturlandschaft. Ziel eines Kulturlandschaftskatasters soll der Ausgleich zwischen den gesellschaftlich/wirtschaftlichen Ansprüchen der Moderne und dem Wunsch des Menschen nach Identität, nach Identifikationsmöglichkeiten in der Region sowie einer lebenswerten und erfahrbaren Umwelt einschließlich deren historischer Wurzeln sein.

Hessen braucht daher ein umfassendes digitales Kulturlandschaftsinformationssystem – nur auf diese Weise kann die reichhaltige, in der Kulturlandschaft überlieferte Vergangenheit zukunftssicher gemacht werden.

Da die Bewahrung der materiellen Hinterlassenschaften des Menschen zu den Kernaufgaben der Archäologischen Denkmalpflege wie auch der Bau- und Kunstdenkmalpflege gehört, sozusagen Teil des Selbstverständnisses der beteiligten Fachdisziplinen ist, fallen auch die hessischen Kulturlandschaften und die Aufgabe, diese zu erhalten, in den Zuständigkeitsbereich des Landesamtes für Denkmalpflege Hessen (LfDH).

Die Themenfelder Kulturlandschaft und Kulturlandschaftskataster sind derart komplex, dass allein die Definition der wesentlichen Begriffe sowie die Frage nach dem Zugang zu diesem Thema eine umfassende Erörterung wert wäre. Trotz fortgeschrittener Diskussion zeigt sich, dass der Begriff der Kulturlandschaft und die ihm zugeordneten, ergänzenden Adjektive, wie z. B. historisch oder gewachsen, nicht eindeutig verwandt werden, vielmehr verschiedene Interessensgruppen erstgenannten weiterhin aus unterschiedlichen Blickwinkeln fokussieren. Dies gilt für den alltäglichen Gebrauch des Begriffs der Kulturlandschaft ebenso wie für dessen wissenschaftliche Verwendung. Je nach Betrachter werden ihm dabei sehr unterschiedliche und vielfältige assoziative, emotionale und sonstige wertende Nebenbedeutungen beigemessen. Darüber hinaus steht er in Konkurrenz zu anderen Begriffen, die aus fachspezifischer Sicht wie auch hinsichtlich ihrer rechtlichen Bedeutung vergleichbar sind (KULTUSMINISTERKONFERENZ 2003, 2). Schenk bemerkt in diesem Zusammenhang zutreffend, dass Kulturlandschaftspflege „nicht allein die Suche nach Methoden der Erhaltung oder auch bewussten Veränderung einer Landschaft [bedeutet], sondern hauptsächlich den Rekurs auf das, was den Beteiligten pflegenswert erscheint" (SCHENK 1997, 6). Er spricht daher von der Notwendigkeit eines offenen und dynamischen Ansatzes, „dem die Einsicht zugrunde liegt, daß die Wertmaßstäbe dessen, was pfleglich ist, ständig neu definiert werden müssen" (SCHENK 1997, 6).

Dies ist jedoch nicht der Ort, um eine neuerliche Grundsatzdiskussion um den Begriff der Kulturlandschaft zu beginnen.

Rechtliche Aspekte des Kulturlandschaftsschutzes

Trotz der gestiegen Bedeutung des kulturhistorischen landschaftlichen Erbes gibt es in der Bundesrepublik Deutschland und den sie bildenden Bundesländern kein eigenständiges Gesetz, das den Schutz, die Pflege und Erhaltung sowie die Entwicklung historischer Kulturlandschaften regelt.
Der Schutzgedanke im Hinblick auf Kulturgüter der verschiedensten Art ist hingegen nicht grundsätzlich neu. Gerade in Hessen hat die Denkmalpflege eine lange, bis in das 18. Jh. zurückreichende Tradition.[1] Bei der 1780 von Landgraf Friedrich II. von Hessen-Kassel erlassenen Verordnung „die Erhaltung der im Lande befindlichen Monumente und Alterthümer betreffend" dürfte es sich sogar um die älteste gesetzliche Denkmalschutzverordnung im deutschsprachigen Raum handeln. Über verschiedene Zwischenschritte kam es im Jahre 1902 in Hessen-Darmstadt zum Erlass des ersten modernen Denkmalschutzgesetzes, dem erst 1974 ein einheitliches Denkmalschutzgesetz für das heutige Bundesland Hessen folgte. Darin heißt es u.a. in § 1, Satz 1: „Es ist Aufgabe von Denkmalschutz und Denkmalpflege, die Kulturdenkmäler als Quellen und Zeugnisse menschlicher Geschichte und Entwicklung nach Maßgabe dieses Gesetzes zu schützen und zu erhalten sowie darauf hinzuwirken, daß sie in die städtebauliche Entwicklung, Raumordnung und Landschaftspflege einbezogen werden." (DÖRFFELDT/VIEBROCK 1991, 33). Die notwendige Begriffsbestimmung findet sich in § 2: „Schutzwürdige Kulturdenkmäler im Sinne dieses Gesetzes sind Sachen, Sachgesamtheiten oder Sachteile, an deren Erhaltung aus künstlerischen, wissenschaftlichen, technischen, geschichtlichen oder städtebaulichen Gründen ein öffentliches Interesse besteht. [...] Kulturdenkmäler sind ferner 1. Straßen-, Platz- und Ortsbilder einschließlich der mit ihnen verbundenen Pflanzen, Frei- und Wasserflächen, an deren Erhaltung insgesamt aus künstlerischen oder geschichtlichen Gründen ein öffentliches Interesse besteht (Gesamtanlagen). Nicht erforderlich ist, daß jeder einzelne Teil der Gesamtanlage ein Kulturdenkmal darstellt. 2. Bodendenkmäler [...]." (DÖRFFELDT/VIEBROCK 1991, 33). Allgemein herrscht darüber hinaus Einvernehmen darin, dass der Begriff des Kulturdenkmals voraussetzt, dass das schützenswerte Objekt aus einer abgeschlossenen, historisch gewordenen Epoche stammt (DÖRFFELDT/VIEBROCK 1991, 60). Das schließt jedoch nicht aus, dass Kulturdenkmäler auch aus der jüngsten Vergangenheit, d.h. auch aus der Zeit nach 1945, stammen können.

Das Hessische Denkmalschutzgesetz ist ein ausführendes Gesetz zu Artikel 62 der Hessischen Verfassung, in der festgelegt ist, dass Denkmäler der Kunst, Geschichte und Kultur den Schutz und die Pflege des Staates sowie der Gemeinden besitzen (DÖRFFELDT/VIEBROCK 1991, 44). Insofern ist es von besonderer Bedeutung, wenn die Kommentatoren des Hessischen Denkmalschutzgesetzes, Dörffeldt und Viebrock, ausführen: „Das vom Gesetz ausdrücklich genannte Ziel, Kulturdenkmäler nicht isoliert zu erhalten, zu schützen oder zu bergen, sondern sie auch in die gesamte Landes- und Stadtplanung einzubeziehen, erfordert eine enge Koordinierung zwischen den für die Durchführung des Denkmalschutzgesetzes zuständigen Behörden und denjenigen staatlichen oder kommunalen Behörden und Dienststellen, die für Landesplanung, Bauleitplanung, Umwelt- und Naturschutz usw. zuständig sind." (DÖRFFELDT/VIEBROCK 1991, 46). Beide betonen zudem, dass aus dem Zusammenhang des Gesetzes mit anderen Fachgesetzen des Landes Hessen sowie des Bundes zu entnehmen ist, „daß denkmalschutzrechtliche und sonstige öffentliche Interessen grundsätzlich gleichrangig sind." (DÖRFFELDT/VIEBROCK 1991, 46). Konsequenterweise sprechen sie bei ihren Erläuterung zu § 2 u.a. auch davon, dass unter „Sachgesamtheit [...] nach natürlicher Auffassung zusammengehörende Mehrheiten von Einzelstücken anzusehen" (DÖRFFELDT/VIEBROCK 1991, 49). sind, wie beispielsweise „bei unbeweglichen Objekten eng miteinander verbundene Baugruppen eines einzigen oder wenige Flurstücke, die ein derart geschlossenes Bild einheitlichen Bebauungs- und Gestaltungswillens geben, daß ein unterschiedliches Schicksal der Einzelbauten schlechthin ausscheidet. [...] Für die Sachgesamtheit ist demnach charakteristisch, daß die zu ihr gehörenden Sachen räumlich, konzeptionell und funktional in enger Beziehung zu einander stehen." (DÖRFFELDT/VIEBROCK 1991, 50). Ergänzend ist darauf hinzuweisen, dass gemäß Erlass des Hessischen Ministeriums für Wissenschaft und Kunst vom 9. August 1988 explizit auch Grünflächen dem Denkmal-

---
[1] Vgl. dazu DOLFF-BONEKÄMPER 1985.

schutz unterliegen können (STAATSANZEIGER HESSEN 1988, 1957). Im Hinblick auf die fünf genannten Bedeutungsfeldern, d.h. Erhaltung aus künstlerischen, wissenschaftlichen, technischen, geschichtlichen oder städtebaulichen Gründen, ergibt sich das Problem der nach hergebrachter Meinung unterschiedlichen Wertigkeit der einzelnen Aspekte. Dörffeldt und Viebrock verweisen ebenfalls auf diesen Sachzusammenhang, betonen aber, dass neben der geschichtlichen und künstlerischen Dimension die Merkmale wissenschaftlich, städtebaulich und technisch der Verdeutlichung dienen (DÖRFFELDT/VIEBROCK 1991, 51). Mit Blick auf ein zu schaffendes Kulturlandschaftskataster für Hessen ist es von eminenter Bedeutung, dass sie ebenso wie Hönes für Rheinland-Pfalz (HÖNES 1984, B.3.4.1) ausführen, dass ausschließlich wissenschaftlich ausgebildetes Fachpersonal nach landeseinheitlichen Kriterien über entsprechende Wertigkeiten entscheiden kann. „Ob und welche Bedeutungsfelder für ein zu untersuchendes Objekt vorliegen, muß von wissenschaftlichen Mitarbeitern des LfDH für Hessen und seine unterschiedlichen Kulturregionen nach einheitlichen Maßstäben beurteilt werden" (DÖRFFELDT/VIEBROCK 1991, 52 f.).
Mit dem Denkmalschutzgesetz in seiner jetzigen Fassung sind damit in Hessen die rechtlichen Grundlagen für ein Kulturlandschaftskataster gegeben.

Vor dem Hintergrund der aktuellen Schwierigkeiten und Probleme auf dem Gebiet des Schutzes von Kulturdenkmälern kann der Verweis auf das Hessische Denkmalschutzgesetz aber nicht ausreichend sein. In diesem Zusammenhang gibt es weitreichende Rechtsvorschriften auf nationaler, europäischer und internationaler Ebene, die substanziell zur Festigung der hier vertretenen Position beitragen können. Angesichts der Kulturhoheit der Länder ist auf nationaler Ebene der Bundesrepublik Deutschland eher abstrakt mit dem Grundgesetz (GG) zu argumentieren. In der behördlichen Praxis bieten das Raumordnungsgesetz (ROG), das Bundesnaturschutzgesetz (BNatSchG) sowie das Gesetz zur Umweltverträglichkeitsprüfung (UVPG) nicht zu unterschätzende Ansatzpunkte, wenngleich es sich hierbei um Grundsätze handelt, die gesetzlich nicht in eigene Schutzkategorien umgesetzt werden (KLEEFELD/BURGGRAAFF 2003, 5). Während das ROG unter § 2 „Grundsätze der Raumordnung" verlangt, dass „gewachsene Kulturlandschaften [...] in ihren prägenden Merkmalen sowie mit ihren Kultur- und Naturdenkmälern zu erhalten" (RAUMORDNUNGSGESETZ 1997) sind, handelt es sich gemäß der Definition des Arbeitskreises „Kulturelles Erbe in der UVP" bei Kulturgütern im Sinne der Umweltverträglichkeitsprüfungsgesetzgebung um „Zeugnisse menschlichen Handelns ideeler, geistiger und materieller Art, die als solche für die Geschichte des Menschen bedeutsam sind und die sich als Sachen, als Raumdispositionen oder als Orte in der Kulturlandschaft beschreiben und lokalisieren lassen." Als Rechtsbegriff findet sich die „historische Kulturlandschaft" in der Bundesrepublik Deutschland ausschließlich in § 2 Abs. 1 Nr. 14 des BNatSchG (BUNDESNATURSCHUTZGESETZ 2002).[2]
Im alltäglichen Konflikt um denkmalpflegerische Belange ist aber v. a. die europäische Gesetzgebung hervorzuheben, die zunehmend in Belange des Denkmal- und Landschaftsschutzes hineinreicht. Neben dem Europäischen Übereinkommen zum Schutz archäologischen Kulturguts, der Konvention von Malta und der Europaratrichtlinie R (95)9 zur integrierten Erhaltung von Kulturlandschaften als Teil der Landschaftspolitik ist an dieser Stelle auch die Europäische Landschaftskonvention zu nennen. Während sich das Europäische Übereinkommen zum Schutz archäologischen Kulturguts lediglich auf archäologische Funde und deren Fundstellen bezieht und die Beschlüsse von Malta noch nicht umgesetzt sind, spricht die Empfehlung des Europarates von „topographisch eingegrenzten Teilen der Landschaft, die von verschiedenen Kombinationen menschlicher und natürlicher Kräfte geformt wurden, die die Evolution der menschlichen Gesellschaft, ihrer Ansiedlungen und ihrer Eigenschaften in Zeit und Raum verdeutlichen und die auf verschiedenen Ebenen einen gesellschaftlichen und kulturell anerkannten Wert erworben haben, da es dort physische Überreste gibt, die die vergangenen Flächennutzungen und Aktivitäten, Fertigkeiten und besonderen Traditionen widerspiegeln, weil sie in der Literatur oder in Kunstwerken beschrieben sind, oder weil sie Schauplatz historischer Ereignisse waren." (EUROPARAT-EMPFEHLUNG NR. R (95)9 zur integrierten Erhaltung von Kulturlandschaften als Teil der Landschaftspolitik). Die Europäische Landschaftskonvention regelt die Landschaftspolitik sehr grundsätzlich, verwendet dabei aber nicht explizit den Begriff der Kulturlandschaft. In dem nicht in deutscher Sprache vorliegenden Dokument findet sich ein Landschaftsbegriff, der jedoch de facto den Inhalt des Kulturlandschaftsbegriffs im Verständnis der deutschen Gesetzgebung miteinbezieht (KLEEFELD/BURGGRAAFF 2003, 22). Einschränkend muss

---
[2] Vgl. dazu HÖNES 2003, 62.

allerdings angeführt werden, dass die Bundesrepublik Deutschland die Konvention bisher nicht unterzeichnet hat. Eine Stellungnahme des Europäischen Ausschusses der Regionen zum Schutz europäischer Kulturlandschaften misst der historisch gewachsenen Kulturlandschaft in Europa explizit einen sozioökonomischen Wert von größter Bedeutung zu.

Auf internationaler Ebene finden sich Schutzkriterien in den Haager Konventionen und dem UNESCO-Übereinkommen zum Schutz des Kultur- und Naturerbes der Welt von 1972. In diesem Zusammenhang kann auf die grundlegenden Ausführungen von Hönes verwiesen werden, der sich an verschiedenster Stelle[3] zum rechtlichen Schutz von Kulturgütern und Kulturlandschaft geäußert hat. Hervorzuheben ist aber, dass die Bundesrepublik Deutschland mit der Unterzeichnung der UNESCO Welterbe-Konvention von 1972 völkerrechtlich bindend anerkannt hat, dass der Teil ihres nationalen Kultur- und Naturerbes, das in die Welterbeliste aufgenommen worden ist, Teil des Erbes des Menschheit ist und als solches einem besonderen Schutz unterliegt.[4]

Allen aufgeführten Gesetzen und Konventionen sind somit flankierende rechtliche Argumente für die Belange des Kulturlandschaftsschutzes zu entnehmen.

Plan-UP-Richtlinie und
Definition des Begriffs der Historischen Kulturlandschaft

Im Zusammenhang mit der Richtlinie 2001/42/EG des Europäischen Parlaments und des Rates vom 27. Juni 2001 über die Prüfung der Umweltauswirkungen bestimmter Pläne und Programme[5] ergab sich die Notwendigkeit, den bis dahin unbestimmten Rechtsbegriffs der Kulturlandschaft verbindlich festzulegen. Im Zuge der Angleichung der nationalen Gesetzgebung an die Richtlinien der Europäischen Union hat die Ständige Konferenz der Kultusminister der Länder in der Bundesrepublik Deutschland daher im Jahre 2003 einen Definitionsvorschlag für den Begriff der Historischen Kulturlandschaft (KULTUSMINISTERKONFERENZ 2003) verabschiedet.

Die sogenannte Plan-UP-Richtlinie verpflichtet die Mitgliedsstaaten der Europäischen Union, entsprechende Vorhaben, „die voraussichtlich erhebliche Umweltauswirkungen" (RICHTLINIE 2001/42/EG, Art. 3, Abs. 1) nach sich ziehen, einer Umweltprüfung zu unterziehen. Umweltprüfungen werden damit für alle Pläne und Programme obligatorisch, die in den „Bereichen Landwirtschaft, Forstwirtschaft, Fischerei, Energie, Verkehr, Abfallwirtschaft, Wasserwirtschaft, Telekommunikation, Fremdenverkehr, Raumordnung oder Bodennutzung ausgearbeitet werden" (RICHTLINIE 2001/42/EG, Art. 3, Abs. 2 a) und über kleine Gebiete auf lokaler Ebene hinausgehen. Im Rahmen einer solchen Umweltprüfung ist künftig ein Umweltbericht zu erstellen, in dem u. a. detaillierte Informationen zu den „voraussichtlichen erheblichen Umweltauswirkungen, inklusive der Auswirkungen auf Aspekte wie [...] das kulturelle Erbe einschließlich der architektonisch wertvollen Bauten und der archäologischen Schätze, die Landschaft und die Wechselbeziehungen zwischen den genannten Faktoren" (RICHTLINIE 2001/42/EG, Art. 5 u. Anhang I) zu erheben sind.[6] Folgerichtig finden sich in Anhang II der Richtlinie unter den dort spezifizierten Kriterien für die Bestimmung der voraussichtlichen Erheblichkeit von Umweltauswirkungen entsprechende Hinweise auf die Bedeutung und die Sensibilität des voraussichtlich betroffenen Gebiets aufgrund seiner besonderen natürlichen Merkmale oder des kulturellen Erbes (RICHTLINIE 2001/42/EG, Anhang II, 2.).

Wenn auch der Begriff der Kulturlandschaft als solcher in der Plan-UP-Richtlinie keine Verwendung findet, so umschreiben deren Geltungsbereich sowie die darin angeführten Kriterien und Merkmale in weiten

---

[3] Vgl. u. a. HÖNES 2002, HÖNES 2003, HÖNES 2004.
[4] Vgl. dazu HÖNES 2004, 29.
[5] Der Wortlaut der deutschsprachigen Fassung der Richtlinie ist im Amtsblatt der Europäischen Gemeinschaften vom 21. Juli 2001, L 197/30, publiziert. Zur Umsetzung der Richtlinie in nationales deutsches Recht bedurfte es des Europarechtsanpassungsgesetzes (EAG) vom 24. Juni 2004, das am 20. Juli 2004 in Kraft getreten ist. In diesem Zusammenhang wurden zugleich das Baugesetzbuch (EAG, Art. 1), das Raumordnungsgesetz (EAG, Art. 2), das Gesetz über die Umweltverträglichkeitsprüfung (EAG, Art. 3) sowie das Bundesnaturschutzgesetz (EAG, Art. 5) geändert.
[6] In Zusammenhang mit der in RICHTLINIE 2001/42/EG, Art. 6, geregelten Beteiligung einzelner Fachbehörden und der Öffentlichkeit muss auch auf die RICHTLINIE 2003/35/EG hingewiesen werden.

Bereichen nichts anderes als Eingriffe in die historisch gewachsene Kulturlandschaft Europas. Mit der Maßgabe, bei der Entscheidungsfindung über ein Planvorhaben oder ein geplantes Programm den Umweltbericht und seine Prüfergebnisse zu berücksichtigen (RICHTLINIE 2001/42/EG, Art. 8), ist somit die rechtliche Grundlage zur Erstellung eines Kulturlandschaftskatasters gegeben.

Vor diesem Hintergrund unterbreitete der Kulturausschuss der Kultusministerkonferenz mit Datum vom 26. September 2003 einen Definitionsvorschlag für den Begriff der Historischen Kulturlandschaft (KULTUSMINISTERKONFERENZ 2003, 1).[7] Dieser basiert in Teilen auf der Erklärung „Denkmalpflege und historische Kulturlandschaft"[8] der Vereinigung der Landesdenkmalpfleger in der Bundesrepublik Deutschland vom Juni 2001 (LANDESDENKMALPFLEGER 2001) und nimmt darüber hinaus u. a. den gesetzgeberischen Kontext des Bundesnaturschutzgesetzes (BUNDESNATURSCHUTZGESETZ 2002, § 2, Abs. 1, 14.) auf. In dem Definitionsvorschlag werden dem Begriff der Historischen Kulturlandschaft folgende Aspekte zugeordnet:

„Die Kulturlandschaft ist das Ergebnis der Wechselwirkungen zwischen naturräumlichen Gegebenheiten und menschlicher Einflussnahme im Laufe der Geschichte. Dynamischer Wandel ist daher ein Wesensmerkmal der Kulturlandschaft. Der Begriff findet sowohl für den Typus als auch für einen regional abgrenzbaren Landschaftsausschnitt Verwendung.
Die historische Kulturlandschaft ist ein Ausschnitt aus der aktuellen Kulturlandschaft, der durch historische, archäologische, kunsthistorische oder kulturhistorische Elemente und Strukturen geprägt wird. In der historischen Kulturlandschaft können Elemente, Strukturen und Bereiche aus unterschiedlichen zeitlichen Schichten nebeneinander und in Wechselwirkung miteinander vorkommen. Elemente und Strukturen einer Kulturlandschaft sind dann historisch, wenn sie in der heutigen Zeit aus wirtschaftlichen, sozialen, politischen und ästhetischen Gründen nicht mehr in der vorgefundenen Weise entstehen, geschaffen würden oder fortgesetzt werden, sie also aus einer abgeschlossenen Geschichtsepoche stammen.
Die historische Kulturlandschaft ist Träger materieller geschichtlicher Überlieferung und kann im Einzelfall eine eigene Wertigkeit im Sinne einer Denkmalbedeutung entfalten. Wesentlich dafür sind ablesbare und substanziell greifbare Elemente und Strukturen in der Landschaft, welchen man geschichtliche Bedeutung zumisst, ohne dass sie selbst denkwürdig [sic! lies: denkmalwürdig, Anm. des Verf.] sein müssen.
Die historische Kulturlandschaft ist zugleich das Umfeld einzelner historischer Kulturlandschaftselemente oder Denkmale. Die Erhaltung einer historischen Kulturlandschaft oder Teilen davon liegt in beiden Fällen im öffentlichen Interesse." (KULTUSMINISTERKONFERENZ 2003, 1).[9]

Die Notwendigkeit eines digitalen Kulturlandschaftsinformationssystems für Hessen

Vor diesem Hintergrund erachtet es die Archäologische Denkmalpflege des LfDH als unabdingbar, möglichst zeitnah ein digitales Kulturlandschaftskataster für das gesamte Bundesland aufzubauen. Ein solches Informationssystem muss entsprechend vielschichtig sein und reicht damit in weite Bereiche des öffentlichen wie auch privaten Lebens hinein (RECKER 2004, 16).

Das Bundesland Hessen gehört – wie eingangs bereits ausgeführt – zu den ältesten europäischen Siedlungsgebieten und verfügt über eine Vielzahl an kleinteiligen geographischen Einheiten und eine damit

---

[7] Dem Definitionsvorschlag zugrunde liegen die Resultate eines Expertengesprächs vom 18. März 2003 im Geographischen Institut der Universität Bonn sowie die Ergebnisse der 24. Sitzung des Unterausschusses Denkmalpflege der Kultusministerkonferenz am 19./20. Mai 2003 in Görlitz.
[8] Der Wortlaut der Erklärung der Vereinigung der Landesdenkmalpfleger in der Bundesrepublik Deutschland ist im Internet unter der Adresse „http://www.denkmalpflege-forum.de/Download/Nr16.pdf" als download verfügbar (Stand: 2.2005).
[9] Neben dieser künftig verbindlichen Definition besteht weiterhin eine erstaunliche Vielfalt an geisteswissenschaftlichen Termini, die sich in einzelnen Gesetzen und Konventionen auf nationaler, europäischer oder völkerrechtlicher Ebene finden und als solche eine rechtliche Wirkung entfalten. Das ohnehin nicht einheitliche Bild wird umso vielgestaltiger, nimmt man die in rechtsverbindlichen Übersetzungen fremdsprachiger Dokumente gewählten Begriffe hinzu, wie sie beispielsweise im Rahmen der Umsetzung der europäischen Gesetzgebung oder des Völkerrechts Anwendung finden.

einhergehende Vielfalt an Natur- und Kulturlandschaftsräumen. Der Bestand dieser Landschaften mitsamt ihren Einzelelementen und das Gesamterscheinungsbild dieser Räume sind einem ständigen, erheblichen Wandel unterworfen. Dieser Strukturwandel – v. a. seit dem ausgehenden 19. Jh. – hat in bisher nicht gekannter Weise Veränderungen und unwiederbringliche Zerstörungen mit sich gebracht.[10] Der noch immer ungebremste Flächenverlust und die ungehemmte Zersiedelung der Landschaft führen zunehmend zu einem Verlust der einzelnen markanten Kulturlandschaften und ihrer typischen Kulturlandschaftselemente. Damit gehen nicht nur einzelne Elemente der historischen Kulturlandschaft verloren, sondern auch deren Bezüge untereinander. D.h. die prägenden Elemente einer über Jahrtausende gewachsenen Landschaft weichen den eher kurzfristigen, vielfach rein ökonomisch orientierten Belangen des modernen Menschen. Neben Gewerbe- und Industrieansiedlungen sind es auch die ausufernden Neubausiedlungen am Rande von Ballungsräumen und die damit einhergehenden Überprägungen eher dörflicher und kleinstädtischer Strukturen, die in diesem Zusammenhang nicht übersehen werden dürfen. Somit gehen für die Menschen in Hessen wichtige identitätsstiftende Momente verloren, die eine Orientierung in der Landschaft zunehmend erschweren.

Daraus wird ersichtlich, dass die bisherigen Steuerungselemente wie Landesentwicklungsplan, Landschaftsrahmenplan und Regionalplan bis hin zur örtlichen Bauleitplanung, die auf keiner einheitlichen Grundlage basieren, nicht ausreichend greifen und dem enormen Verlustpotential keinesfalls gerecht werden. Weiß bemängelte bereits im Jahre 2000 das Fehlen einer solchen gemeinsamen Basis (WEIß 2000). Dazu führte er ergänzend aus: „Die Erfassung der Grundlagen korreliert nicht mit der Vielschichtigkeit der angetroffenen Informationen in einer Region, ihre Berücksichtigung ist daher unzureichend." (WEIß 2000). Da die Pflege und der Erhalt historischer Kulturlandschaften aber im Wesentlichen ein Planungsprozess ist, bedarf es der notwendigen Instrumentarien, d.h. vorrangig einer Erfassung aller Kulturlandschaftselemente und der Räume, die durch diese ihre charakteristische Prägung erlangen. Der Gedanke eines Kulturlandschaftsinformationssystems ist auch für Hessen nicht vom Grundsatz her neu, besteht doch für verschiedene Behörden und Institutionen in Hessen bereits jetzt die Notwendigkeit, kulturlandschaftliche Daten zu recherchieren und zu erfassen, um anstehende Veränderungsprozesse begleiten zu können. Angesichts des vorgenannten stellt dies bereits heute und auch künftig eine wichtige Aufgabe des Landes und seiner Institutionen dar; noch bedeutender erscheint die Notwendigkeit, derartige Prozesse auch planerisch lenken zu können.
Fakt ist jedoch: In Hessen blieben alle bisherigen Ansätze meist bereits in den Anfängen stecken, beschränkten sich auf ein eng umrissenes Gebiet oder beachteten nur einzelne Elemente der Kulturlandschaft. Gefordert ist aber eine landesweite, flächendeckende, alle Kulturlandschaftselemente beinhaltende Erfassung. Hierzu bedarf es einer koordinierten Zusammenarbeit aller im weitesten Sinne mit dem Thema Kulturlandschaft befassten Behörden, Institutionen und sonstigen Einrichtungen des Landes sowie der wissenschaftlichen Betreuung. Schenk betont zurecht, dass Kulturlandschaftspflege eine planerische Querschnittsaufgabe sei (SCHENK 1997, 6). Nur auf diese Art und Weise kann ein Datenpool geschaffen werden, der aus der Sicht der Kulturlandschaftspflege langfristig garantiert, dass historisch gewachsene, einem dynamischen Wandel unterworfene Kulturlandschaften qualifiziert weiterentwickelt werden können. Dies muss an dieser Stelle explizit betont werden, schließt es doch, wie eingangs ausgeführt, einerseits eine Musealisierung der Landschaft aus und gestattet andererseits eine Anpassung derselben an moderne Erfordernisse – stellt letztere aber unter den Vorbehalt des Erhalts landschaftsbestimmender Elemente und ihres Zusammenspiels.

Angesichts der vorstehend beschriebenen Situation und der vielfältigen Ansätze in anderen deutschen Bundesländern[11] oder auch den europäischen Nachbarstaaten[12] stellt sich die Frage, welcher der richtige und auch gangbare Weg für Hessen zu Beginn des 21. Jh. sein kann? Dabei können die Erfahrungen und Ergebnisse einer Reihe von Projektskizzen, Projekten und Tagungen herangezogen werden: das im Jahre

---

[10] Vgl. WEIß 2000
[11] Vgl. dazu v. a. die Beiträge von Karl-Heinz Buchholz, Elke Janßen-Schnabel, Rolf Plöger und Claus Weber zum digitalen Kulturlandschaftskataster in Nordrhein-Westfalen (*KuLaDigNW*) in diesem Band.
[12] Vgl. dazu v. a. die Beiträge von Per Grau Møller zum Atlas der Kulturlandschaften Dänemarks sowie von Klaus Aerni, Cornel Doswald und Heinz E. Herzig zur Inventarisation der historischen Verkehrswege in der Schweiz in diesem Band.

1997 vom damaligen Umlandverband Frankfurt (UVF) in Auftrag gegebene Projekt „Kulturhistorische Elemente in den Landschaftsräumen des UVF" (MELZIG 2000), das im Juni 2000 u. a. seitens der Abteilung Bau- und Kunstdenkmalpflege des LfDH veranstaltete Symposium „Der Rheingau, Erhalt und Entwicklung einer Kulturlandschaft"[13], die im Zeitraum 2000-2002 erfolgten Vorarbeiten durch das vormalige Institut der Kommission für Archäologische Landesforschung in Hessen (KAL) (BLOEMERS 2001, 10 ff.; RECKER 2001, 278), die ebenfalls in diesem Band vorgestellte Kulturlandschaftserhebung des Jahres 2003 durch den heutigen Planungsverbands Ballungsraum Frankfurt/Rhein-Main[14] sowie nun auch die im März 2004 in Zusammenarbeit mit der Abteilung Archäologie und Paläontologie des LfDH veranstaltete internationale Tagung „Kulturlandschaft. Wahrnehmung – Inventarisation – Regionale Beispiele" – deren wissenschaftliche Ergebnisse der vorliegende Band vereinigt.

Aus Sicht der Archäologischen Denkmalpflege des Landes Hessen sind die durchgeführten Projekte aus verschiedenster Hinsicht nur bedingt aussagekräftig und können nicht als Modell für ein landesweites Kulturlandschaftsinformationssystem dienen. Hier bestehen v. a. wissenschaftstheoretische und inhaltliche Bedenken.

In Hessen sollte in dieser Frage kein grundsätzlich neuer Weg beschritten werden, vielmehr ist zu vorderst auf die fächer- und institutionenübergreifenden Aktivitäten zur Erstellung eines digitalen Kulturlandschaftskatasters in Nordrhein-Westfalen (KuLaDigNW) zu verweisen.[15] KuLaDigNW ist bildhaft gesprochen ein Sammelbecken und Verweissystem für eine Fülle von heterogenen Daten aus den unterschiedlichsten Quellen. Es ist insofern ein Sammelbecken, als es Informationen beinhaltet, die nur dort in digitaler Form verfügbar sind. Es handelt sich zugleich um ein Verweissystem, da es Informationen referenziert, die an anderer Stelle bereits digital verfügbar sind (BUCHHOLZ 2005). Als Informationssystem ist es ein Teil des gesamten Kulturdatenpools Nordrhein-Westfalens. Die Umfassendheit des damit verfolgten Konzepts, der inhaltlichen Herangehensweisen, der wissenschaftlichen, technischen und praktischen Umsetzungsvorschläge sowie der damit einhergehenden grundlegenden Erörterungen zeigt zugleich den gewinnbringenden Nutzen wie auch die damit verbundenen Schwierigkeiten auf. In diesem Sinne bedarf es in Hessen der digitalen Aufbereitung der bis heute überwiegend dezentral gesammelten sowie in Bezug auf Inhalt und Form sehr vielfältigen Datenbestände. Eine digitale Verknüpfung dieser erlaubt es, Daten jederzeit und in Abhängigkeit von dem jeweiligen Ansinnen verfügbar zu machen. Auf diese Art und Weise können eine verbesserte Datengrundlage sowie zugleich eine Zeit- und Kostenersparnis erreicht werden. Um einem Datenmissbrauch vorzubeugen, sind abgestufte Zugangsberechtigungen vorzusehen.

Dies sei am Beispiel verdeutlicht: Um dem Hessischen Denkmalschutzgesetz genüge tun zu können, ist die Erfassung von Kulturdenkmälern, d.h. Bau- und Kunstdenkmäler wie auch Bodendenkmäler, im Vorfeld von Bau- und Straßenplanungen oder für wissenschaftliche Projekte der Landeskunde ein wichtiger Bestandteil des Alltagsgeschäfts des LfDH.[16] Wiederum andere Einrichtungen erheben oder verarbeiten ihrerseits die jeweiligen fach- oder nutzungsspezifischen Daten. Die Tatsache, dass diese Prozesse zumeist ohne Kenntnis ähnlicher Bemühungen der jeweils anderen Institution und ohne inhaltliche Vernetzung nebeneinander ablaufen, ist ein zeitraubendes, kostspieliges Unterfangen und somit höchst ineffizient.

---

[13] Landesamt für Denkmalpflege Hessen, Akademie der Architektenkammer Hessen, Deutsche Gesellschaft für Gartenkunst und Landschaftskultur, Deutscher Werkbund Hessen (Veranstalter). Der Rheingau, Erhalt und Entwicklung einer Kulturlandschaft. Symposium in Hochheim / Main am 16.06.2000. – Umfassende Informationen zu diesem Symposium und der in diesem Zuge verabschiedeten Resolution sind zu finden unter „www.denkmalpflege-hessen.de/LFDH4_Rheingau/index.html" (Stand: 12/2004).

[14] Vgl. den Beitrag von Petra Kopp und Christian Wiegand im vorliegenden Band.

[15] Auf Initiative des LfDH ist im Verlauf des Jahres 2004 ein Prozess in Gang gesetzt worden, der zu klären versucht, welche Voraussetzungen für eine Übernahme oder Adaption des nordrhein-westfälischen Systems zu schaffen sind und welche weiteren Notwendigkeiten sich daraus ergeben. An zwischenzeitlich einberufenen Arbeitstreffen nahmen Vertreter der Hessischen Ministerien für Umwelt, ländlicher Raum und Verbraucherschutz sowie Wissenschaft und Kunst, der Regierungspräsidien Darmstadt, Gießen und Kassel, der Obersten Naturschutzbehörde, des Hessisches Landesamt für Bodenmanagement und Geoinformation, der Hessischen Architektenkammer sowie des LfDH teil.
Darüber hinaus ist es im Jahre 2004 zu einer schriftlichen Anfrage im Hessischen Landtag gekommen, in der die Landesregierung aufgefordert wird, zur Frage der Notwendigkeit eines Kulturlandschaftskatasters für Hessen Stellung zu beziehen. Die durch den Minister für Umwelt, ländlicher Raum und Verbraucherschutz abgegebene Erklärung der Landesregierung bejaht grundsätzlich eine solche und begrüßt entsprechende Initiativen.

[16] In der Abteilung Archäologie und Paläontologie des LfDH erfolgt die Erfassung dieser Daten bis Ende 2004 ausschließlich in analoger Form. Erst für das Jahr 2005 ist der Aufbau einer entsprechenden Datenbank und die digitale Erfassung der relevanten Daten vorgesehen.

Dringend benötigt werden daher Mittel und Werkzeuge zur dezentralen Katalogisierung und Nutzung ausgewählter Informationen über die hessische Kulturlandschaft und deren raumzeitliche Variationen. Mit Blick auf die archäologische Denkmalpflege besteht die Notwendigkeit einer Zusammenführung geographischer, ortsbezogener Daten und zugehöriger Sachdaten der jeweiligen Bodendenkmäler, d.h. der Objekte einer historischen Kulturlandschaft, auf digitaler Basis. Diese können dann in einem zweiten Schritt mittels geeigneter Schnittstellen auch einem übergeordneten digitalen Kulturlandschaftsinformationssystem zur Verfügung gestellt werden. Nur ein modernen Erfordernissen der Datenerfassung und -aufbereitung angepasstes Auskunfts- und Informationssystem – wie beispielsweise das nordrhein-westfälische KuLaDig*NW* –, das nach einer gewissen Aufbauphase als internetgestütztes System sowohl öffentlich-rechtlichen Nutzern als auch in beschränktem Umfang einer breiten Öffentlichkeit zugänglich sein wird, gewährleistet in diesem Zusammenhang eine schnelle und umfassende Verfügbarkeit unterschiedlicher Daten.

Zielsetzung und Vorgehensweise beim Aufbau eines digitalen Kulturlandschaftsinformationssystems für Hessen

Von dem Zeitpunkt an, zu dem ein solches Kulturlandschaftskataster zumindest in einer Grundversion mit einem Mindestbestand an Daten zugänglich ist, sollte es bei allen planerischen Belangen herangezogen und eine wesentliche Grundlage der zu treffenden Entscheidungen sein. Damit wäre für alle Beteiligten eine planerische Sicherheit gegeben, die weit über heutige Verfahren wie die bisherige Umweltverträglichkeitsprüfungen (UVP) hinausgeht und eine wesentliche Grundlage für künftige Erhebungen im Rahmen der von der Europäischen Union geforderten Prüfung der Umweltauswirkungen bestimmter Pläne und Programme (sogenannte Plan-UP-Richtlinie) darstellen kann.
Einschränkend muss an dieser Stelle aber deutlich darauf hingewiesen werden, dass ein solches Informationssystem über die hessischen Kulturlandschaften keinesfalls ein Ersatz für die Beteiligung von Trägern öffentlicher Belange in planrechtlichen Verfahren sein kann!

Innerhalb der zu beteiligenden Institutionen wie auch zwischen diesen bedarf es umfassender Vorbereitungen und einer intensiven Abstimmung, was aufzunehmen und was nicht zu erfassen ist. Das LfDH ist bereit, diesen Prozess in Hessen zu befördern, ihn zu moderieren und im Rahmen seiner Möglichkeiten zu lenken. Es bedarf aber einer intensiven wissenschaftlichen Begleitung und einer interdisziplinären und behördenübergreifenden Zusammenarbeit. Dies sind zwingende Voraussetzungen für das Gelingen eines solchen Vorhabens. Wenn zuvor bereits auf die Defizite der regionalen und lokalen Planungsverfahren hingewiesen wurde, so sollten an dieser Stelle mögliche Lösungswege angesprochen werden. Dabei soll die inhaltliche Zielsetzung im Vordergrund stehen, die einleitend behandelten rechtlichen Gesichtspunkte treten hierbei ebenso in den Hintergrund wie Fragen nach den Möglichkeiten der technischen Umsetzung eines digitalen Kulturlandschaftskatasters. Letztere werden durch Computerexperten zu beantworten sein. An dieser Stelle sei lediglich betont, dass die technischen Aspekte des Unternehmens den geisteswissenschaftlichen Ansätzen untergeordnet werden müssen. Die Fähigkeiten bzw. Beschränkungen vorhandener Software dürfen nicht bereits im Vorfeld die Rahmenbedingungen für ein solches Kulturlandschaftskataster definieren. In diesem Zusammenhang vertritt das LfDH die dezidierte Meinung, dass ausschließlich auf der Basis des nordrhein-westfälischen KuLaDig*NW* eine befriedigende und zukunftsträchtige Lösung erarbeitet werden kann.

Konkret auf den hessischen Fall bezogen, gilt es, zu fragen, welche Institutionen und Behörden einbezogen werden müssen und wie die Ergebnisse bzw. Erkenntnisse aus der Verknüpfung der umfänglichen Einzeldatenbestände in den Planungsprozess eingebracht werden können.
Aufgrund seiner gesetzlichen Aufgabe ist das LfDH eine ganz wesentliche der in diesem Zusammenhang zu berücksichtigenden Landesinstitutionen. Das LfDH bringt sich daher seit Jahren aktiv in die Bemühungen um den Schutz der historischen Kulturlandschaft ein. Dies ist Bestandteil der täglichen Arbeit der Bau- und Kunstdenkmalpflege wie auch der Archäologischen und Paläontologischen Denkmalpflege.

Gefordert sind darüber hinaus alle Institutionen im Land Hessen, die sich – aus welchem Blickwinkel auch immer – mit der Kulturlandschaft und ihren Elementen befassen. Vornehmlich sind dies Behörden und Institutionen aus den Bereichen Geodatenmanagement, Umwelt und ländlicher Raum, Städte- und Landschaftsplanung sowie Landes- und Regionalplanung. Es gilt, ein Forum zu schaffen, in dem diese Institutionen und Behörden ihre Ideen und Interessen einbringen können, um somit auf der Basis des KuLaDig*NW* ein wissenschaftlich fundiertes Hessisches Kulturlandschaftskatasters erarbeiten zu können. Darüber hinaus ist Kulturlandschaftspflege eine gesamtgesellschaftliche Aufgabe, an der sich in verschiedenem Umfang nahezu alle Bürger und Bürgerinnen des Landes mehr oder minder aktiv beteiligen (können). Das LfDH ist bereits zum jetzigen Zeitpunkt bemüht, dieses Potenzial zu nutzen, v.a. auf der Ebene der Heimat- und Geschichtsvereine sowie sonstiger ehrenamtlicher Tätigkeit. Derartige Bemühungen bedürfen aber einer konsequenten und zeitintensiven Betreuung und Lenkung. Angesichts der personellen und finanziellen Ausstattung des LfDH ist eine derartige Betreuung jedoch nicht im erforderlichen Umfang möglich. Anders als beispielsweise in Niedersachsen, wo die Erhebung kulturlandschaftsrelevanter Daten nahezu ausschließlich durch ehrenamtliche Kräfte geschieht, strebt das LfDH daher zwar eine Einbindung entsprechender Initiativen an, doch soll die praktische Arbeit überwiegend durch wissenschaftliches Personal der beteiligten Institutionen einschließlich des LfDH bzw. durch von ihm beauftragte Dritte durchgeführt werden. Für Hessen erscheint dieser Weg der gangbarere zu sein. Es sei daher nochmals unterstrichen, dass das LfDH eine interdisziplinäre Zusammenarbeit über Fächergrenzen und behördliche Zuständigkeitsbereiche hinweg anstrebt, um möglichst viele involvierten Disziplinen und Interessengruppen zusammenführen zu können. Nur die Kooperation aller Beteiligten kann langfristig den Schutz der historischen Kulturlandschaft sicherstellen.

Die praktische Umsetzung der hiesigen Forderung bedarf gewaltiger Anstrengungen aller Beteiligten, die nur dann gemeistert werden können, wenn auch der politische Wille für ein solches Kataster bzw. Informationssystem gegeben ist. Hier ist die Politik auf der Landes- wie auf der Kommunalebene ebenso gefragt, wie die Vetreter/-innen der gesetzgebenden Organe und der nachgeordneten Stellen der Landes- und Kommunalverwaltung.[17]

Es darf in diesem Zusammenhang nicht verschwiegen werden, dass der Aufbau eines digitalen Kulturlandschaftsinformationssystems mit Kosten verbunden ist, es muss aber umso mehr betont werden, dass daraus immense Synergieeffekte abzuleiten sind und erhebliche Vorteile auf der planerischen Ebene erwachsen (Planungssicherheit, Verkürzung der Verfahrensdauer, gezielte Entwicklung etc.). Mittel- bis langfristig ermöglicht ein solches Kulturlandschaftskataster somit Einsparungen im Verwaltungsbereich und kann dennoch dazu beitragen, einen sachgerechten Umgang mit der historischen Kulturlandschaft zu ermöglichen.

Die zum heutigen Zeitpunkt bereits zu beklagenden Verluste sind erheblich, weshalb der Handlungsbedarf immens ist – Hessen braucht daher ein Kulturlandschaftskataster.

Literatur

BERNDT 1998
J. Berndt, Internationaler Kulturgüterschutz. Abwanderungsschutz, Regelungen im innerstaatlichen Recht, im Europa- und Völkerrecht. Völkerrecht - Europarecht - Staatsrecht 22 (Köln 1998).

BLOEMERS 2001
J. H. F. Bloemers, Zukunft. Ist das nicht etwas von früher? 10 Jahre Kommission für Archäologische Landesforschung in Hessen. 1990 – 2000. Festvortrag zum zehnjährigen Bestehen der Kommission für Archäologische Landesforschung in Hessen e.V. Schloß Bierich, Wiesbaden – 27. Oktober 2000 (Wiesbaden 2001).

---

[17] Vgl. Anm. 15.

BREUER 1993
T. Breuer, Naturlandschaft, Kulturlandschaft, Denkmallandschaft. In: Nationalkomitee der Bundesrepublik Deutschland (Hrsg.), Historische Kulturlandschaften. Internationale Tagung Brauweiler 10.-17. Mai 1992. ICOMOS-Hefte des deutschen Nationalkomitees 11 (München 1993) 13-19.

BREUER 1997
T. Breuer, Landschaft, Kulturlandschaft, Denkmallandschaft als Gegenstände der Denkmalkunde. Die Denkmalpflege 55, 1997, 5-23.

BUCHHOLZ 2005
K.-H. Buchholz, KULADIG – Das digitale Informationssystem zu den rheinischen Kulturlandschaften. In: V. Denzer/J. Hasse/K.-D. Kleefeld/U. Recker, Kulturlandschaft: Wahrnehmung – Inventarisation – Regionale Beispiele. Fundberichte aus Hessen, Beih. 4 (Wiesbaden 2005) 125-132.

BURGGRAAFF 2000
P. Burggraaff, Fachgutachten zur Kulturlandschaftspflege in Nordrhein-Westfalen im Auftrag des Ministeriums für Umwelt, Raumordnung und Landwirtschaft des Landes Nordrhein-Westfalen. Mit einem Beitrag zum GIS-Kulturlandschaftskataster von R. Plöger. Siedlung und Landschaft in Westfalen 27 (Münster 2000).

BURGGRAAFF/KLEEFELD 1998
P. Burggraaff/K.-D. Kleefeld, Historische Kulturlandschaft und Kulturlandschaftselemente. Teil 1. Bundesübersicht. Teil 2. Leitfaden. Ergebnisse aus dem F+E-Vorhaben 808 09 075 des Bundesamtes für Naturschutz. Angewandte Landschaftsökologie 20 (Bonn-Bad Godesberg 1998).

COUNCIL OF EUROPE 2002
Council of Europe (Hrsg.), The European Landscape Convention. Naturopa 98, 2002 (http://www.coe.int/t/E/Cultural_Co-operation/Environment/Resources/Naturopa_Magazine/naturopa98_e.pdf? L =E [Stand: 1.2005]).

DÖRFFELDT/VIEBROCK 1991
S. Dörffeldt/J.N. Viebrock, Hessisches Denkmalschutzgesetz. Kommentar. 2., neubearbeitete Auflage. Kommunale Schriften für Hessen 38 (Mainz-Kostheim 1991).

DOLFF-BONEKÄMPER 1985
G. Dolff-Bonekämper. Die Entdeckung des Mittelalters. Studien zur Geschichte der Denkmalerfassung und des Denkmalschutzes in Hessen-Kassel bzw. Kurhessen im 18. und 19. Jahrhundert. Quellen und Forschungen zur hessischen Geschichte 61 (Darmstadt, Marburg 1985).

ERHALTUNG UND ENTWICKLUNG 1999
Erhaltung und Entwicklung gewachsener Kulturlandschaften als Auftrag der Raumordnung. Ein neuer Auftrag der Raumordnung. Informationen zur Raumentwicklung 5/6, 1999.

EUROPÄISCHE KOMMISSION 1999
Europäische Kommission (Hrsg.), EUREK – Europäisches Raumentwicklungskonzept. Auf dem Wege zu einer räumlich ausgewogenen und nachhaltigen Entwicklung der Europäischen Union. Luxemburg 1999. Am 10. und 11. Mai 1999 bei der Ratssitzung in Potsdam von den für Raumentwicklung zuständigen Ministern der Europäischen Union beschlossen (Luxemburg 1999) (http://www.europa.int/comm/regional_policy/sources/docoffic/official/reports/som_de.htm [Stand: 1.2005]).

FEHN 1997
K. Fehn, Aufgaben der Denkmalpflege in der Kulturlandschaftspflege. Überlegungen zur Standortbestimmung. Die Denkmalpflege 55, 1997, 31- 37.

FORAMITTI 1970
H. Foramitti, Kulturgüterschutz (Wien 1970).

HANNOVERSCHE ERKLÄRUNG 2001
Hannoversche Erklärung zum europäischen Kulturlandschaftserbe. Unterzeichnet von den Teilnehmer/innen, Referent/innen und Initiatoren der Tagung „Kulturlandschaften in Europa – Internationale und regionale Konzepte zu Bestandserfassung und Management" am 29. und 30. März 2001 in Hannover (Hannover 2001) (http://www.kug-wiegand.de/hannoverscheerklaerung.htm [Stand: 1.2005]).

HÖNES 1984
E.-R. Hönes, Denkmalschutz und Denkmalpflege in Rheinland-Pfalz. Kommentar (Mainz 1984).

HÖNES 2002
E.-R. Hönes, Schutz von Kulturgut als internationales Problem – 100 Jahre Haager Konvention –. Neue Zeitschrift für Wehrrecht 1/2004, 19-37.

HÖNES 2003
E.-R. Hönes, Die historische Kulturlandschaft in der Gesetzeslandschaft. Denkmalschutzinformationen 27, 3/2003, 62-75.

HÖNES 2004
E.-R. Hönes, Zum flächenbezogenen Denkmalschutz. Anmerkungen zu Denkmalbereichen, Ensembles, Stätten und Kulturlandschaften. Natur und Recht 1/2004, 27-59.

JESCHKE 2000
H. P. Jeschke, Entwurf der Struktur eines Pflegewerkes für Cultural Heritage Landscapes (UNESCO-Schutzkategorie „fortbestehende Kulturlandschaft") in förderalistisch organisierten Staaten in Europa. In: Bundesdenkmalamt (Hrsg.), Denkmal-Ensemble-Kulturlandschaft am Beispiel Wachau. Beiträge des Internationalen Symposiums vom 12.-15.10.1998 in Dürnstein (Österreich) (Wien 2000) 116-146.

KLEEFELD/BURGGRAAFF 2003
K.-D. Kleefeld/P. Burggraaff, Übersicht zu Dokumenten mit Definitionen des Kulturlandschaftsbegriffs. Textbausteine. Mit Passagen von Dr. Thomas Gunzelmann in der Einleitung (Köln 2003) – Unpubl. Manuskript

KULTUSMINISTERKONFERENZ 2003
Sekretariat der Ständigen Konferenz der Kulturminister der Länder in der Bundesrepublik Deutschland (Hrsg.), Definitionsvorschlag des Kulturausschusses der Kultusministerkonferenz für den Begriff „Historische Kulturlandschaft" ([o. O. (Berlin)] 2003).

MELZIG 2000
A. Melzig, Beispielhafte vergleichbare Planungen. Betrachtungen zur und Berücksichtigung von „Kulturlandschaft" im Landschaftsplan des Umlandverbandes Frankfurt. (http://www.denkmalpflege-hessen.de/LFDH4_Rheingau/Vortrage/Beispielhafte_Planungen/beispielhafte_planungen.html [Stand: 2.2005]).

RECKER 2001
U. Recker, Bericht über die Arbeiten der Archäologischen Abteilung des Instituts der KAL vom 01.05.1999 bis zum 01.10.2001. Berichte der Kommission für Archäologische Landesforschung in Hessen 6 (2000/2001), 2001, 274-279.

RECKER 2004
U. Recker, Kulturlandschaftskataster – Plädoyer für einen vorausschauenden Umgang mit der historischen Kulturlandschaft. Denkmalpflege und Kulturgeschichte 3/2004, 16-17.

RECKER 2005
Planung und Zielsetzung eines digitalen Kulturlandschaftsinformationssystems für Hessen. Hessen Archäologie 2004 (2005) 161-164.

SCHENK 1997
W. Schenk, Gedankliche Grundlegung und Konzeption des Sammelbandes „Kulturlandschaftspflege". In: W. Schenk/K. Fehn/D. Denecke (Hrsg.), Kulturlandschaftspflege. Beiträge der Geographie zur räumlichen Planung (Stuttgart, Berlin 1997).

VEREINIGUNG DER LANDESDENKMALPFLEGER 2001
Vereinigung der Landesdenkmalpfleger in der Bundesrepublik Deutschland (Hrsg.), Arbeitspapier Nr. 16 „Denkmalpflege und historische Kulturlandschaft" der Arbeitsgruppe Städtebauliche Denkmalpflege der Vereinigung der Landesdenkmalpfleger in der Bundesrepublik Deutschland. Text von Th. Gunzelmann, rechtliche Aspekte J. Viebrock (2001) (http://www.denkmalpflege-forum.de/Veroffentlichungen/Arbeitsblatter/arbeitsblatter.html [Stand: 1.2005]).

WEIß 2000
Erhalt und Entwicklung einer Kulturlandschaft: Der Rheingau (http://www.denkmalpflege-hessen.de/LFDH4_Rheingau/Vortrage/Erhalt_und_Entwicklung_einer_K/erhalt_und_entwicklung_einer_k.html [Stand: 2.2005]).

Kulturhistorisch-ökologische Erlebnisschneisen im Rhein-Main-Gebiet[1]

Von Egon Schallmayer

Die Verstädterungsregion Rhein-Main steht bedingt durch ökonomische Fakten innerhalb globaler Rahmenbedingungen nach wie vor unter einem ungeheuren Entwicklungsdruck, der sich in ökologischer und allgemein soziologischer Hinsicht auswirkt. Landschaftsverbrauch und Ortsbildveränderungen, Bevölkerungszunahme verbunden mit einer hohen Fluktuation um den alteingesessenen Populationskern herum führen zu Traditionsverlust und Identifikationsproblemen. Die letztlich im regionalen Raum kulturell geprägte Lebensqualität wird beeinflusst und damit die oft bemühten sogenannten weichen Standortfaktoren. Das Ausufern von Neubausiedlungen – erkennbar etwa an einem Vergleich der bebauten Siedlungsflächen zwischen 1925 und 1990 – verändert die gewachsene Kulturlandschaft in ihren ökologischen, kulturhistorischen und sozialen Gegebenheiten (Abb. 1).

Vor diesem Hintergrund kommt dem verbliebenen Freiraum schon seit Jahren zunehmend eine große Bedeutung zu. Trotz der gegebenen Dynamik und des Wachstums bietet nämlich gerade die polyzentrische Struktur der Region Raum für Landschaft im Umfeld der Städte und Gemeinden. Zunehmend stellt sich nun die Frage, was wird damit gemacht.

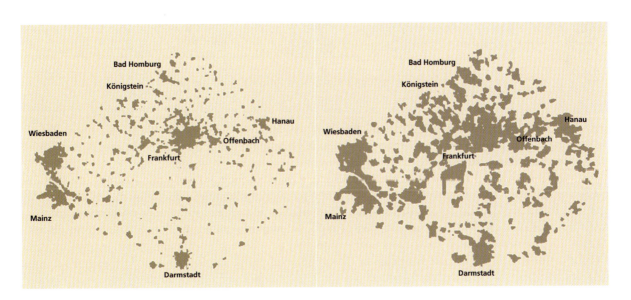

Abb. 1. Karte der Siedlungsverdichtung im Rhein-Main-Gebiet zwischen 1925 und 1990.

---

[1] Den nachfolgenden Ausführungen liegt eine Studie zugrunde, die der Verf. im Rahmen des von der EU geförderten Projektes „Interreg IIC – Sustainable Open Space in the North Western Metropolitan Area (SOS in NWMA)" 1999-2000 unter dem Titel „Cultural-Historical-Ecological Experience Lines in the Rhine-Main Regional Park" (Frankfurt a. M., Woerden 2000) zu dem Pilotprojekt 3 „Cultural Heritage Landscapes" verfasst hat. – Vgl. dazu auch: „www.pvfrm.de/international/altsos.asp" (Stand: 2.2005).

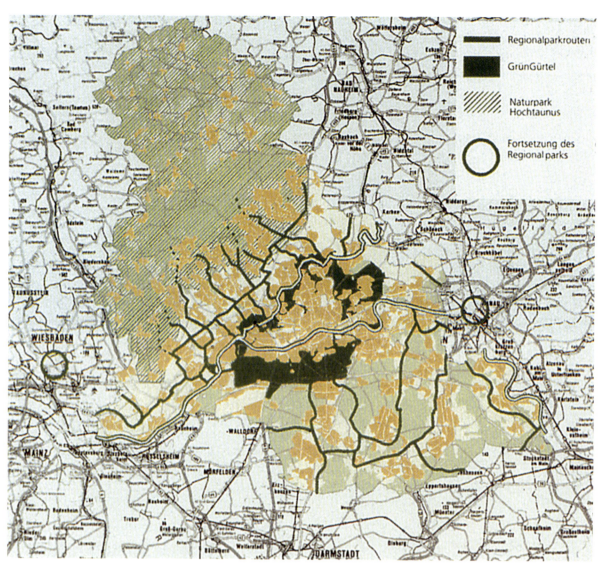

Abb. 2. Die geplanten Regionalpark-Korridore im Rhein-Main-Gebiet.

Im Jahr 1994 beschloss der Umlandverband Frankfurt das Projekt Regionalpark RheinMain (Abb. 2).[2] Es zielt darauf ab, die im engeren Verdichtungsraum noch zwischen den Siedlungen vorhandenen Freiflächen zu sichern und diese durch die Gestaltung regionaler Grünzüge aufzuwerten. Diese in verschiedenster Weise parkähnlich gestalteten Wegebahnen und Plätze sollten miteinander verbunden werden. Gemäß der Formulierung einer Informationsbroschüre von 1998 verfolgt der Regionalpark damit das Ziel „das Erleben und Wiederentdecken von Landschaft im überörtlichen Zusammenhang" zu ermöglichen, „kulturhistorische, floristische, faunistische und künstlerische Identifikationselemente" zu schaffen und damit – so das Gesamtmotto – „der Landschaft einen Sinn und den Sinnen eine Landschaft" zu geben (PLANUNGSVERBAND 2003). Mit der Einrichtung dieser kulturhistorisch-ökologischen Erlebnisschneisen entlang der sogenannten Regionalparkkorridore im Regionalpark Rhein-Main als Realisierung eines Verbundes von Einzelprojekten zu einem Erlebnisraum sollte der Bevölkerung die ökologische und historische Tiefe des Rhein-Main-Gebietes bewusst gemacht werden. Damit verbunden war die Vorstellung, dass durch die Schaffung von Orten der Erholung, Kommunikation, Bildung und Kreativität Integration und Identifikation sowohl für die ansässige Bevölkerung als auch für die wirtschaftsbedingt Zugewanderten

---

[2] Siehe hierzu: PLANUNGSVERBAND 2003. – Vgl. auch: www.regionalpark-rheinmain.de (Stand: 3.2005).

Projekt Hattersheim-Flörsheim-Hochheim

Abb. 3. Die Regionalpark-Route Hattersheim – Flörsheim – Hochheim.

geschaffen werden könnten. Selbst ein touristischer Effekt ließe sich erwarten. Der Schutz von Natur und historisch gewachsener Umwelt ließe sich fördern und die Lebensqualität verbessern. Vor diesem Hintergrund könnte die Einbindung neuer Projekte der Industrieansiedlung und Wohnbebauung sowie der Verkehrsinfrastruktur im Rahmen einer sanften Raumplanung und -erschließung unter effizientem Einsatz von Ausgleichsflächen erfolgen. Es entstünde ein neuer dynamischer Prozess, der alle genannten Faktoren harmonisch berücksichtigt. Eine Mensch und Natur, Siedlung und Landschaft einbeziehende gesunde Weiterentwicklung wäre möglich.

Die Idee des Regionalparks RheinMain hat mittlerweile an vielen Stellen konkrete Gestalt angenommen und darf als erfolgreich bewertet werden. Grundlage der Planungen im regionalen Bereich aber auch vor Ort war die Kartierung ökologischer Fakten, die von der Darstellung der Landschaftsräume im Rhein-Main-Raum bis hin zu der sämtlicher Details wie Moore, Seen, Steinbrüche, Feuchtbiotope, alte Ackerfluren und -terrassen, alte Weinberge, Streuobstwiesen, Gärten, Wälder, Altstraßen und Hohlwege reichte. Die erhobenen Fakten fanden Eingang in Kartenwerke, wie etwa das Beispiel der Regionalparkroute von Flörsheim zeigt, dem Pilotprojekt, das mittlerweile realisiert ist und auf eine hervorragende Resonanz trifft (Abb. 3).

Die kulturhistorischen Daten wurden im Rahmen einer vom Umlandverband in Auftrag gegebenen Studie erhoben. Sie umfassen Bau- und Kunstdenkmäler sowie darüber hinaus natürlich auch die Gelände- und archäologischen Denkmäler (MELZIG 1998; DIES. 2001).
Um die sich damit manifestierende Kulturlandschaft in ihrer Wertigkeit bei der Regionalplanung einbringen zu können, wurden alle erhobenen Daten am Ende in ein Kartenwerk eingetragen. Dieses muss sicherlich ergänzt, in Einzelheiten bewertet und fortgeschrieben werden. Projekte entlang der Regionalparkrouten können darin aber als Schaufenster bezeichnet und besonders hervorgehoben werden. Die Karte erhält insofern inhaltliche Tiefe, als hinter jedem Schaufenster eine „Dokumentenmappe" hinterlegt werden soll, die alle Einzelheiten enthält. Der Verweis auf weitere kulturhistorische Einzelheiten aber auch auf bürgerschaftliche und soziale Bereiche in der Nähe oder etwas abseits der Korridore, sozusagen am

Wegesrand, als fakultative Möglichkeit des Aufsuchens soll erfolgen. Es reicht nämlich nicht aus, nur die ökologischen und kulturhistorischen Einzelheiten aufzuzeigen und sie in einem Kartenwerk darzustellen. Um eine nachhaltige Belebung der Regionalparkrouten zu erreichen, muss es gelingen, auch soziale, kommunikative und edukative Aspekte sowie solche der Lebensqualität einzubringen und sie mit den Routen im engeren Sinne zu vernetzen. Im Prinzip ist somit bildlich gesprochen über die physisch-räumliche Ebene eine zweite ideelle Ebene sozusagen in Form eines Inhaltskompendiums und Veranstaltungskalenders zu legen. Erst dadurch entsteht ein plastisches, lebendiges und lebenserfülltes Bild einer Kulturlandschaft, das über die Zweidimensionalität eines Planwerkes hinausreicht.

Wie sich im Zusammenhang mit dem Regionalpark RheinMain aber auch außerhalb von dessen Gebiet die hessische Landesarchäologie im Rahmen der Bestimmung und Aufwertung der Kulturlandschaft einbringt, sei an einigen Beispielen gezeigt:

Vor zwei Jahren wurde die archäologische Erlebnisstätte „Auf der Bulau" bei Rödermark-Urberach eingeweiht (PLANUNGSVERBAND 2002; SCHALLMAYER 2003a; DERS. 2003b). Sie liegt an der durch die nordwestliche Feldgemarkung der Stadt ziehende Regionalparkroute, an der mittlerweile bereits einige weitere Projekte in den Städten und Gemeinden der Nachbarschaft realisiert wurden. Die Situation des Platzes wird in Luftbildaufnahmen gut erkennbar (Abb. 4). Zu sehen ist ein alter Fernweg, die Hohe Straße, eine Römerstraße, die einst die antiken Verwaltungsmittelpunkte Dieburg und Frankfurt-Heddernheim miteinander verband. Am Rande eines geologisch interessanten Geländes und eines für diese Landschaft charakteristischen Waldrandbiotops befinden sich hier vorgeschichtliche Grabhügel, die auf einer natürlichen Sanddüne aufgeschüttet worden waren. Archäologische Funde – eher unsystematisch in den 1930er Jahren geborgen – geben zu erkennen, dass hier Gräber aus der frühen Keltenzeit (um 600 v. Chr.) vorliegen (SCHALLMAYER 1979, 18). Hatte schon die Römerstraße einen Teil der Grabhügel angeschnitten, so drohte durch die Nutzung der Waldecke als PKW-Parkplatz und die der Hügel selbst als Jogging-Pfad und Mountainbiker-Route die Substanz des Bodendenkmals gänzlich zerstört zu werden.

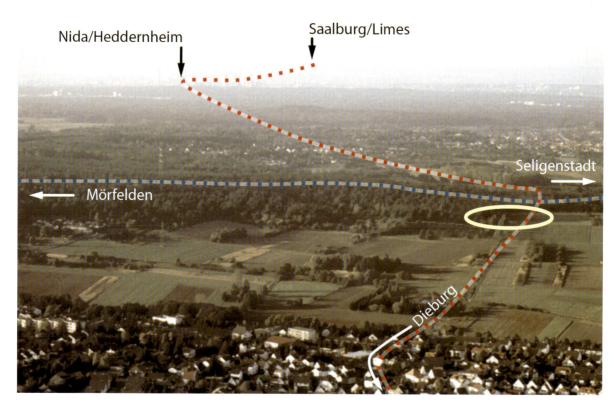

Abb. 4. Luftbildaufnahme des Bulau-Geländes bei Rödermark-Urberach.

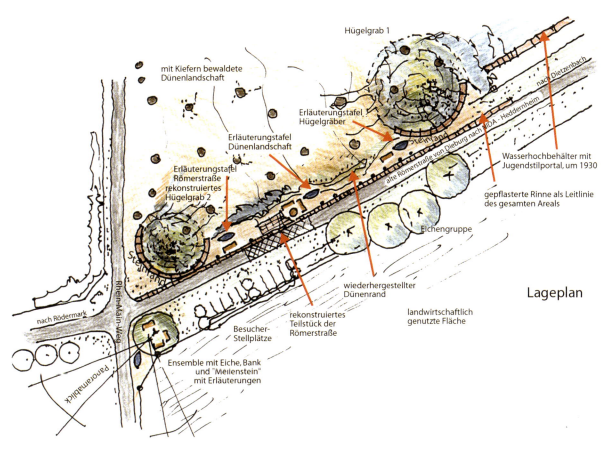

Abb. 5. Kulturhistorische Erlebnisstätte „Auf der Bulau" bei Rödermark-Urberach. Planung.

Von dieser Stelle aus hat man bei klarem Wetter eine beeindruckende Fernsicht, die erst von den Spessart- und Odenwaldbergen begrenzt wird. Es bot sich also an, hier mit Blick auf die geologischen Verhältnisse, die ortstypische Flora und die archäologischen Denkmäler eine ökologisch-kulturhistorische Erlebnisstätte einzurichten. Die Planungen sahen die Wiederherstellung der Grabhügel durch Aufschüttung mit Sandmaterial, das Nachempfinden verschiedener römischer Pflasterarten entlang der einstigen Römerstraße, das Aufstellen der Kopie eines römischen Meilensteines sowie die Errichtung eines Aussichtspunktes mit Sichterläuterung in Form einer Windrose aus Bronze vor (Abb. 5). Mittels einiger Informationstafeln sollten sowohl die geologischen und botanischen als auch die kulturhistorischen Einzelheiten das Platzes erläutert werden. Eine künstlerisch gestaltete Figurengruppe sollte schließlich einen keltischen Leichenzug in freier Form nachempfinden (Abb. 6). Die Realisierung des Projektes gelang mittels der gemeinsamen Finanzierung durch den Planungsverband Ballungsraum Frankfurt/Rhein-Main, die Stadt Rödermark und den Kreises Offenbach. Inzwischen ist dieser Teil der Regionalparkroute zu einem Ausflugsziel und Treffpunkt von Spaziergängern und Radfahrern geworden. In der Nachbarschaft befindet sich ein Restaurant und ein Naturfreundehaus sowie eine Freilichtbühne. Regelmäßige Führungen am Ort lassen ein umfassendes Erlebnis im oben beschriebenen Sinne möglich werden. Trotz zunächst geäußerter Skepsis und Unverständnisses, dass man „für so einen Kram" Geld ausgibt, sind die Rödermärker mittlerweile stolz auf diese Erlebnisstätte und damit auf ihre Geschichte. Für die Landesarchäologie war es ein Gewinn, bei dieser Maßnahme die Bodendenkmäler in ihrer Substanz sichern und sie in aufgewerteter Form der Öffentlichkeit präsentieren zu können.

Eine bereits auf großer Länge realisierte Regionalparkroute befindet sich zwischen Hattersheim, Flörsheim und Hochheim (REGIONALPARK RHEINMAIN 2004; UMLANDVERBAND FRANKFURT 1997).[3] Hier

---

[3] Vgl. auch: PLANUNGSVERBAND 2003, 7-9.

ist momentan am besten zu erkennen, was man sich unter einem solchen Begriff vorzustellen hat (Abb. 7). Die Streckenführung bedient sich weitgehend vorhandener Wege, schafft aber zum Teil auch neue Linien, die mit anderen Routen verknüpft sind. Der Wanderer kann sich deshalb auf dem „Planetenweg" in Hattersheim überirdischen Dingen zuwenden – oder sich aber sehr irdischen Genüssen auf der „Apfelweinroute", dem „Wickerer Weinweg" oder der „Rheingauer Rieslingroute" hingeben. Die Anbindung an öffentliche Verkehrsmittel ermöglicht ein sicheres Heimkommen. Ein zentrales Objekt dieses Abschnittes der Regionalparkrouten ist die sogenannte Flörsheimer Warte, ein Wartturm, der an einer alten Landwehr gelegen war. Der heutige Turm wurde Anfang der 1990er-Jahre wiederhergestellt und beherbergt einen saisonal geöffneten Gastronomiebetrieb. Die Flörsheimer Warte wird mit ihrer von weitem einsehbaren Lage zur bedeutenden Landmarke, nicht nur für die Regionalparkrouten, sondern auch weit darüber hinaus. Ihre Funktion und Geschichte sind auf Schautafeln vor Ort erläutert, an einer anderen Stelle wurde ein Abschnitt der Landwehr selbst rekonstruiert.

Abb. 6. Kulturhistorische Erlebnisstätte „Auf der Bulau" bei Rödermark-Urberach. Blick auf das realisierte Projekt.

Die Flörsheimer Warte war Bestandteil einer größeren Landwehranlage, die von Kastel über Hochheim bis an den Ort reichte. Ihr Ursprung reicht zurück in der 2. Hälfte des 15. Jh. Sie bestand aus einem Graben sowie einem dahinter aufgeworfenen Erdwall und diente zur Sicherung des kurmainzischen Territoriums gegen die weiter nördlich lebenden „Bergbewohner" (OSTHEIMER 1982; PELISSIER 1924 bes. 29 f.; SCHAUS 1913) (Abb. 8).

Landwehren waren in der Zeit vom 14. bis 18. Jh. weit verbreitet. Sie dienten zum Schutz von einzelnen Gemeinden, aber auch größeren zusammenhängenden Territorien. Obwohl längst vergessen, prägen sie an manchen Stellen das Landschaftsbild bis in die heutige Zeit hinein. Ihre Spuren – Gräben, Wälle, Baumreihen und Reste von undurchdringlichen Hecken – lassen sich v. a. in den Waldbeständen noch gut nachweisen. Wo keine Spuren in der Landschaft mehr Zeugnis von ihnen geben, finden sich häufig in Orts- und Flurnamen Hinweise auf ihren Verlauf.[4]

Da die Landwehren noch heute weitgehend in den Feldfluren und Waldstücken der Ortsgemarkungen, also im landschaftlichen Freiraum verlaufen, knüpft hier ein weiteres thematisches Routenkonzept im Sinne von ökologisch-kulturhistorischen Erlebnisschneisen durch die Region an. Im Rhein-Main-Gebiet finden sich die Reste mehrerer Landwehren. Sie werden jetzt schon von Regionalparkrouten berührt oder geschnitten, sollten aber zukünftig als eigene Routen ausgebildet werden. Im einzelnen handelt es sich weiter im Westen um das Rheingauer Gebück[5] – hier gibt es schon einen hervorragend ausgeschilderten Rundweg in enger Verbindung mit der Flörsheimer Landwehr, um die Mainzer Landwehr, um die Land-

---

[4] Vgl. JUNK 2002.; VON COHAUSEN 1898, 8 ff.
[5] Vgl. VON COHAUSEN 1874; GRUBERT 2001; PELISSIER 1905; DERS. 1924, 30 f.; DERS. 1928; ZEDLER 1911. – Demnächst auch: RECKER in Vorbereitung.

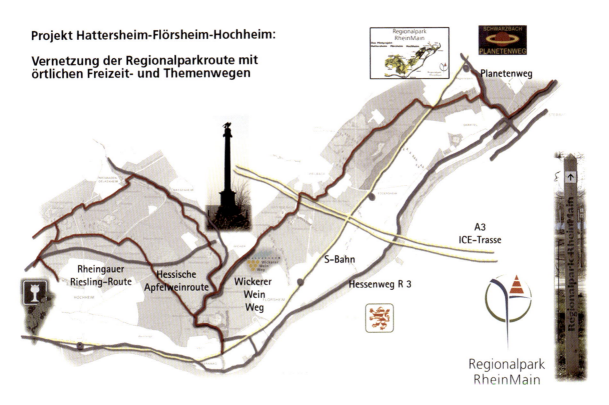

Abb. 7. Regionalpark-Route Hattersheim – Flörsheim – Hochheim. Die Einzelheiten.

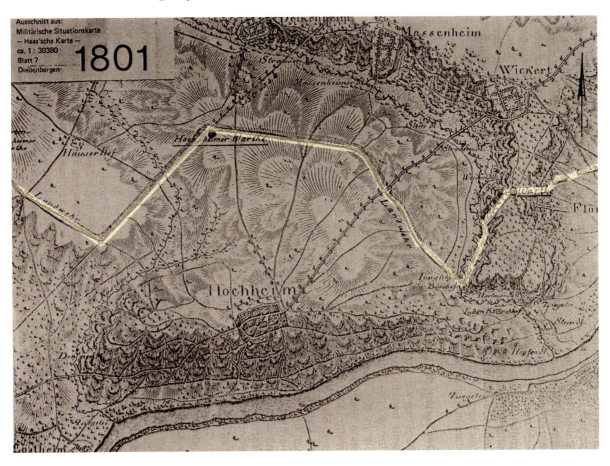

Abb. 8. Die Flörsheimer Landwehr. Karte von 1801.

wehren der Stadt Frankfurt, um die Rodgauer Landwehr, um die Dreieicher Ringlandwehr, um die Dietzenbacher Verbindungslandwehr und um die weitläufigen Anlagen der Darmstädter Landwehr (PELISSIER 1905; DERS. 1924; DERS. 1928; NAHRGANG 1928, 180; 183 f.; DERS. 1938; DERS. 1963). Die Reste dieser mittelalterlichen und neuzeitlichen Grenzanlagen sind wie alle Bodendenkmäler ständigen Gefährdungen und Substanzverlusten ausgesetzt. Es empfiehlt sich daher, auch hier den Gedanken der Regionalparkrouten mit dem des Denkmalschutzes zu verbinden. Deshalb soll die Bevölkerung vor Ort auf die Anlagen aufmerksam gemacht und über deren Aussehen und Zweck in der Vergangenheit informiert werden. Oft haben sich in ihrem Verlauf auch Biotope verschiedenster Art ausgebildet und Reste der alten Baum- und Heckenbepflanzung erhalten. Damit werden die Überbleibsel der Landwehren auch zu markanten Geländemerkmalen und zu Ruhezonen in der Landschaft. Dort, wo nur noch Reste der Vegetation vorhanden sind, könnten diese im Sinne von Ausgleichsmaßnahmen wieder hergestellt werden (Abb. 9).

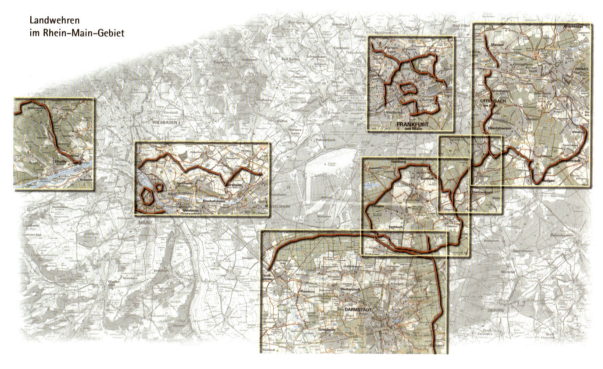

Abb. 9. Mittelalterliche Landwehren im Rhein-Main-Gebiet. Projektplan.

Eine Landwehr stellte gewissermaßen das ländliche Pendant zur gemauerten Befestigung einer Stadt dar. Das Prinzip der Landwehren fand von Ort zu Ort unterschiedliche Variationen, einheitliche Bestandteile waren Wall und Graben sowie eine dichte Bepflanzung, die ein Durchdringen unmöglich machen sollte. Hierfür wurden Bäume oder niederwüchsige Heckensträucher dicht aneinander gepflanzt und ihre Äste während des Wuchses miteinander verwoben. Bei den großen Städten, wie etwa im Falle Frankfurts, wurden weit außerhalb des Stadtmauerringes Landwehren angelegt, die – besetzt mit Warttürmen – die Stadtbewohner vor überraschenden feindlichen Überfällen schützen sollten. Auf dem Land konnte, da Gräben und Gestrüpp undurchdringlich waren, der Verkehr auf bestimmte Landwehrdurchgänge, die Schläge, gelenkt werden, wo die jeweilige Herrschaft Zölle eintrieb und den Personenverkehr überwachte.

Von der Funktion her vergleichbar, allerdings in einem weltpolitischen Maßstab, ist ein weiteres Grenzsystem, das sich mit dem Regionalpark RheinMain verbinden lässt: die Grenze des *Imperium Romanum*, der Limes (Abb. 10). Die Beschäftigung mit dem Limes hat z. Zt. Konjunktur, denn das gesamte durch Rheinland-Pfalz, Hessen, Baden-Württemberg und Bayern führende Bodendenkmal wurde zur Aufnahme in die Welterbeliste der UNESCO angemeldet (BECKER u. a. 2001; SCHALLMAYER 2005). Mit einer Aner-

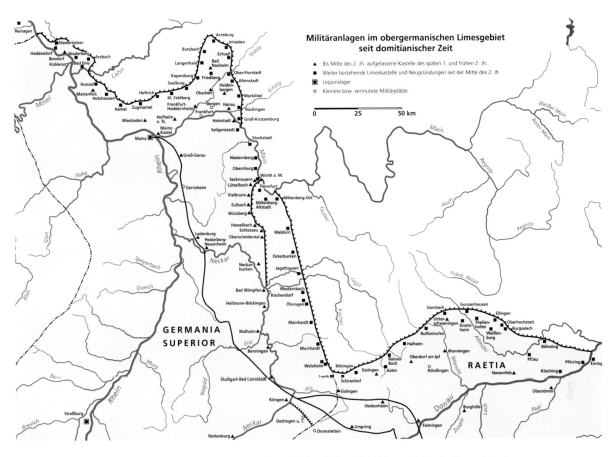

Abb. 10. Karte des Obergermanisch-Raetischen Limes des Römerreiches in Deutschland.

kennung des Limes als Welterbe ergäben sich für die Landesarchäologie herausragende Chancen. Diese lassen sich schon jetzt erkennen und nutzen.

Noch bevor die Idee entstand, den Limes zur Aufnahme in die UNESCO-Welterbeliste vorzuschlagen, befasste sich das Saalburgmuseum mit der Einrichtung eines Limeserlebnispfades Hochtaunus, der alle Aspekte einer Regionalparkroute aufweist (RICHTER 2004; DERS. 2005) (Abb. 11). Heute wird er als Streckenbeispiel herangezogen, wenn nunmehr von Seiten der Hessischen Landesarchäologie ein Limesentwicklungsplan erstellt wird, der den Limesverlauf in ganz Hessen zum Inhalt hat. Damit soll der Limes mit seinen Anlagen in seinen unterschiedlichsten Erscheinungszuständen im Sinne des von der UNESCO im Eintragungsverfahren geforderten Managementplanes in denkmalpflegerischer, fachwissenschaftlicher, vermittelnder (musealer) und touristischer Hinsicht aufgewertet werden. Die Referenzstrecke im Taunus lässt erkennen, was damit gemeint ist und welche Möglichkeiten bestehen.

Der Limeserlebnispfad Hochtaunus will auf über 20 km Länge die spannende Erfahrung der römischen Antike beim Wandern und Radfahren bieten, Bildung bei erholsamem Tun vermitteln und damit Einsichten in eine andere, eben die antike Welt schaffen. Er ordnet sich ein in die kulturhistorisch-ökologischen Erlebnisschneisen des Rhein-Main-Gebietes und insbesondere in das Netzwerk archäologischer Bildungs-, Erlebnis- und Tourismusstraßen, die gerade in den letzten Jahren einen wesentlichen Beitrag zur Vermittlung historischer Zusammenhänge geleistet haben. Er bündelt und schneidet die Deutsche Limesstraße oder die Keltenstraße ebenso wie die Apfelweinroute oder die Regionalparkrouten, die aus dem Rhein-Main-Gebiet kommend hier die Höhen des Taunuskammes erreichen.

Die ausgewählte Strecke reicht von Glashütten im Taunus bis nach Obermörlen am Westrand der Wetterau. Sie umfasst die drei Römerkastelle Kleiner Feldberg, Saalburg und Kapersburg sowie sechs weitere

Abb. 11. Karte des Limeserlebnispfades Hochtaunus.

Kleinkastelle und an die 80 römische Wachturmstellen. Entlang dieser Strecke führt der Limeserlebnispfad auf bereits ausgeschilderten, teilweise aber auch neu eingerichteten Wegen zu den einzelnen Anlagen der römischen Reichsgrenze. Dabei werden dem Wanderer an den einzelnen Standorten wichtige Informationen geboten, die ihn mit der römischen Geschichte in unserem Land vertraut machen.
An der Strecke sind bzw. werden drei interaktive Kristallisationspunkte eingerichtet: Das Areal rund um das Feldbergkastell im Südwesten, die Saalburg in ihrer Eigenschaft als Museum und Archäologischer Park in der Mitte sowie das Kastell Kapersburg als ein etwas zurückgezogenerer und ruhigerer Ort im Osten.

Um das Feldbergkastell ist bereits ein Rundwanderweg entstanden, der an 10 Stationen neben der Geschichte auch die ökologischen Besonderheiten des Platzes in unmittelbarer Nähe eines Naturschutzgebietes thematisiert (UMLANDVERBAND FRANKFURT 2000). Die Konzeption des Limeserlebnispfades Hochtaunus ist so ausgelegt, dass die Themen über den gesamten Verlauf der Erlebnisstrecke und an den Kristallisationspunkten aufeinander abgestimmt werden, um so eine mehrfache Behandlung derselben Inhalte zu vermeiden. Dadurch entsteht eine Art Themen-Netzwerk, denn an den einzelnen Punkten wird auf weitere Stationen und die dort behandelte Thematik verwiesen. Der Besucher soll so dazu animiert werden, weiter zu „forschen" und die für ihn interessanten Punkte aufzusuchen oder aber auch andere Aspekte wahrzunehmen und zu verfolgen. Das Feldbergkastell selbst wird durch die Wiederherstellung des alten Wegesystems und die Herrichtung der Mauerreste für den Besucher besser erfahrbar gemacht. Dazu dient ein Tafelsystem, das in genormter Form die Inhalte vermitteln wird. Dieses am Feldbergkastell erstmals entwickelte Tafelsystem wurde weiter standardisiert und wird auf Beschluss der Deutsche Limeskommission zukünftig am Limes in einheitlicher Form in ganz Deutschland Aufstellung finden (Abb. 12).

An zahlreichen Stellen treten dem Wanderer die römischen Überreste entgegen, der Erdhügel eines Wachturmes, die Mauern eines Kleinkastell oder eines der großen Kastelle, das Ganze eingebettet in die Schönheit der Natur. An anderen Punkten lässt sich durch Rekonstruktionen der römischen Bauwerke die Antike in der dritten Dimension erleben. Wieder an anderen Orten finden sich verständliche Hinweise auf Lebenszusammenhänge, Wissenswertes und Interessantes aus der Welt der alten Römer. Dabei liegt es an dem Wanderer, die gesamte Strecke des Limeserlebnispfades Hochtaunus abzuwandern, oder sich nur thematisch geschlossenen Teilabschnitten der Strecke zu widmen.

Der Limeserlebnispfad Hochtaunus bietet neben seiner Einbettung in die Natur auch die in eine gestaltete Umgebung. Sorgfältig wurden die Plätze ausgewählt, die durch ihre landschaftsplanerische und gärtnerische Gestaltung auch dem kulturgeschichtlichen Gedanken von Denkmälern in der Lebensumgebung des Menschen verpflichtet sind. Ruinenromantik als ästhetischer Wert an sich, wird erfahrbar. Eingebettet in eine Perlenkette von einzelnen Erlebnispunkten, Informationsstellen, Ruhezonen, Regenerationsbereichen bildet sie eine Erfahrung, die den des Werdens und Vergehens in der Welt sich nicht mehr selbstverständlich aufschließenden Menschen wieder ein Stück zu sich selbst bringt.

Abb. 12. Modelltafel zur Beschilderung archäologischer Stätten, insbesondere des Limes, in Deutschland.

Der Limeserlebnispfad Hochtaunus will aber auch Teil der gesellschaftlichen Lebenswirklichkeit sein, indem er kulturhistorische und naturkundliche Zusammenhänge mit Einrichtungen des Tourismus, des naturnahen Landbaus und des regionalen Veranstaltungswesens miteinander verbindet. Dabei wirkt er auch als eine Maßnahme der Strukturpolitik, der Landesplanung und der nachhaltigen Entwicklung des verbliebenen Freiraumes. Er wirkt damit auch mit bei der Stiftung einer Identität in der Region.

Das Saalburgkastell beherbergt eines der bedeutendsten Limesmuseen Deutschlands (Abb. 13). Darüber hinaus finden sich in seinem Umfeld zahlreiche Außenarrangements, die die Infrastruktur eines Römerkastells verdeutlichen. Durch die Arbeit des Museums sind heute gesellschaftliche und soziale Interaktionen eingebunden, die sich aus dem Veranstaltungswesen heraus ergeben, das in und rund um die Saalburg geboten wird. Es reicht von der einfachen museumspädagogischen Führung über z. B. die Feier eines „römischen" Kindergeburtstages, die Veranstaltung von Abendgesellschaften, Firmenpräsentationen, Klassik- und Jazz-Konzerten bis hin zum Gastronomie-Angebot in der Taberna des Museums (SCHALLMAYER 1997; DERS. 2000; BECKER 2000).

Heute schon und auch zukünftig wird das Saalburgmuseum als Informationszentrum dienen. Die Anlage wird z. Zt. zum Archäologischen Park ausgebaut (Abb. 14). Im Rahmen des von der UNESCO ebenfalls geforderten Museums-Managementplanes wird sie als eine von vier zentralen Vermittlungseinrichtungen der beteiligten Bundesländer am Limes das entsprechende Limesmuseum für Hessen darstellen. Hier kann der Besucher eine möglichst umfassende Information über Geschichte und Archäologie der einstigen römischen Grenze in unserem Land erhalten. Er bekommt darüber hinaus, wenn er sich zur Erkundung des Limes auf den Weg machen will, weitere Orientierung und Beratung sowie inhaltliche Hinweise und Tipps zu Buchungsmöglichkeiten von Erlebnis- wie auch Reisepaketen und Einkaufsgelegenheiten. Auch der wissenschaftlich an der römischen Antike interessierte Besucher findet seinen Ansprechpartner, der ihm die Möglichkeit eröffnet, in den Schausammlungen, den Magazinen oder im Archiv des wiederaufgebauten Römerkastells zu forschen. So wird das Kastell am Limes zu einem Service Point, der des Weiteren z. B. auch noch Möglichkeiten des Internets oder der Bank- und Postdienste bieten könnte.

Abb. 13.
Das Römerkastell Saalburg.
Luftbildaufnahme.

Einen römischen Schwerpunkt besitzt auch der geplante Rundkurs um das Kastell Kapersburg. Hier ergeben sich in besonderer Weise Informationsmöglichkeit zu den geologischen Verhältnissen der Region und zum Bergbau der Umgebung in vergangener Zeit. Auch diese Anlage wird dem Besucher durch Sichtbarmachung von Wegen und Gebäuden die einstige Innenstruktur eines römischen Kastells verdeutlichen.

Die Integration in die gesellschaftlichen Zusammenhänge, in die Lebenswirklichkeit der Menschen in der Region, in den Veranstaltungskalender und das Event-Geschehen des Rhein-Main-Gebiets ist angestrebt, denn sie allein schafft den Kontakt zu den Menschen. Dieser ist Voraussetzung dafür, dass die an kulturhistorischen Einrichtungen und damit an der Kulturhistorie arbeitenden Menschen verstanden und ihre Arbeit akzeptiert werden. Dadurch soll auch die Akzeptanz dafür wachsen, dass es notwendig ist, sich mit Geschichte zu beschäftigen, um ein menschliches Leben im Sinne eines humanistischen Ideals führen zu können. Freilich bedarf es dazu einer angemessenen Vermittlung der historischen und im Falle des Limes

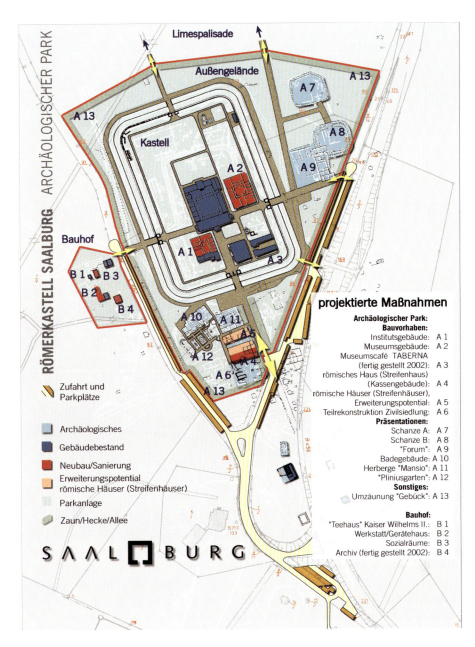

Abb. 14. Planungen zum weiteren Ausbau des Römerkastells Saalburg zum Archäologischen Park.

der archäologischen Zusammenhänge, einer Vermittlung, die sich nicht scheut, auch das spannende Erlebnis, die beeindruckende Kulisse oder gar den erholenden sinnlichen Genuss einzubeziehen. All dies bieten die Einrichtungen entlang des Limeserlebnispfades Hochtaunus. Durch die Vernetzung der einzelnen Stationen des Pfades mit der Gastronomie und Hotellerie der Umgebung, mit Jugendherbergen oder Privatwohnungen, durch die Hinweise auf das kulturelle Geschehen in den angrenzenden Städten und Gemeinden, durch Veranstaltungen am Erlebnispfad selbst, die von der Limeswanderung bis hin zur Inszenierung eines musikalischen Klangraumes oder der Darstellung bildnerischer Kunst reichen können, entsteht ein ganzheitliches Erlebnis (Abb. 15).

Die Möglichkeiten zur Erholung und Freizeitgestaltung sind vielfältig, so existiert der Freizeitpark Lochmühle unmittelbar am Limes und angebunden an den Schienenweg der Taunusbahn sowie der Hessenpark bei Neu-Anspach unterhalb des Taunuskammes. Zum Teil mitten im Wald gelegene Restaurants laden zur Rast bei der Suche nach Erholung ein. In den Wintermonaten sind zahlreiche Wintersport-Ein-

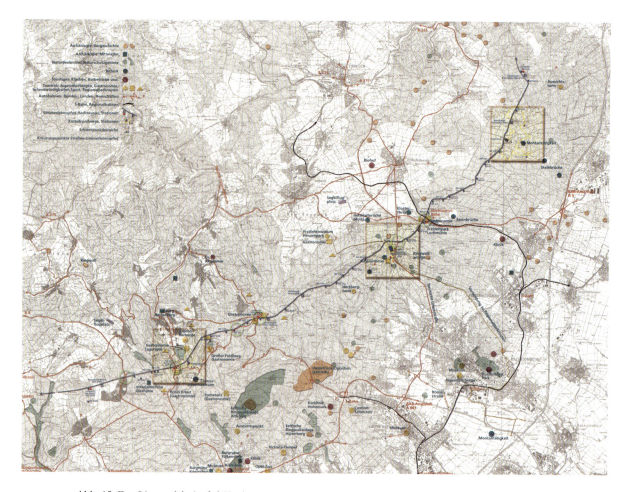

Abb. 15. Der Limeserlebnispfad Hochtaunus in der Vernetzung mit Natur, Wissenschaft und Landschaft.

richtungen wie Loipen, Rodelbahnen und Skilifte in Betrieb. Die Verbindung von Lebens- und Erholungsraum, die unmittelbare Nachbarschaft von Natur zu einer der dichtest besiedelten Regionen Deutschlands, die Konfrontation mit Zeugnissen einer vergangenen Zivilisation inmitten der Abgeschiedenheit des Waldes und zugleich angesichts der Errungenschaften der Moderne (Blickkontakt zur Skyline Frankfurts) bilden ein einzigartiges Spannungsfeld, in dem die Vernetzung aller Aspekte und ihre Bedeutung für unser heutiges Leben deutlich gemacht werden können (Abb. 16).

Am Ende steht die Einbindung des Limes mit all seinen Informationen, seinen Interaktionsmöglichkeiten, seinen Querverweisen auf die Region in ein Creativ-Netzwerk, das die vorhandenen Möglichkeiten einer kulturhistorisch-ökologischen und auch gesellschaftlich ausgerichteten Erlebnisschneise aufzeigt und sie aktiviert. Historische Information, die denkmalpflegerische Sicherungsaspekte befriedigt, und ein pädagogischer Maßnahmenkatalog, der die Besucher bildet, gehören hier ebenso dazu.

Mit diesen wenigen Beispielen, die sich noch erweitern ließen – etwa in dem Projekt Keltenstraße (HESSISCHE KULTUR GMBH 2001; RUPP/SCHALLMAYER 2002) – lässt sich bereits zeigen, wie sich Regionalparkrouten und archäologische Denkmalpflege mit einander verbinden lassen. Darüber hinaus sollte aber an den vorgestellten Projekten auch verdeutlicht werden, wie die dabei eingesetzten Instrumentarien der Reaktivierung alter Zusammenhänge mit dem Ziel gegenwartsbezogener Einsatzmöglichkeiten dienen können. Als Ergebnis lässt sich die Wirksamkeit von Geschichte in unserer heutigen Metropolregion feststellen. Es gilt, dieses der Bevölkerung zu vermitteln. Erst durch die Kenntnis des Charakters und der historischen Tiefe einer Landschaft kann sich die Identifikation der Menschen mit ihrem Lebensraum

Abb. 16. Schema des „Kreativ-Netzwerks" für den Limeserlebnispfad Hochtaunus.

einstellen. Im Hinblick darauf ist das Gesamtprojekt Regionalpark RheinMain nur mit einer übergreifenden Ausrichtung zu realisieren. Es müssen möglichst alle Komponenten des Raumes berücksichtigt und in ihrer individuellen Wertigkeit integriert werden. Neben der Integration der kulturhistorisch-ökologischen Einzelheiten sollte deshalb auch die der gesellschaftlichen Wirklichkeit erfolgen. Eine Vernetzung aller Faktoren ist das Gebot der Stunde (Abb. 17).[6]

Literatur

BECKER 2000
M. Becker, Museumspädagogik und Besucherbetreuung im Saalburgmuseum. In: Froschkönige und Dornröschen. Einblicke in die Staatlichen Schlösser und Gärten Hessen 2, 1998/99 (2000) 30-33.

BECKER u. a. 2001
Th. Becker/St. Bender/M. Kemkes/A. Thiel, Der Limes zwischen Rhein und Donau. Ein Bodendenkmal auf dem Weg zum UNESCO-Weltkulturerbe. Archäologische Informationen aus Baden-Württemberg 44 (Stuttgart 2001).

---

[6] Dies wird auch im Leitbild für die Region Rhein-Main zum Ausdruck gebracht; vgl. hierzu: PLANUNGSVERBAND 2005.

VON COHAUSEN 1874
A. von Cohausen, Das Rheingauer Gebück. Annalen des Vereins für Nassauische Altertumskunde und Geschichtsforschung 13, 1874, 148-178.

VON COHAUSEN 1898
A. von Cohausen, Die Befestigungsweisen der Vorzeit und des Mittelalters (Wiesbaden 1898).

GRUBERT 2001
Ch. Grubert, Der Rheingauer-Gebück-Wanderweg. Ein kulturhistorischer Wanderführer. Hrsg. vom Zweckverband Naturpark Rhein-Taunus (Idstein 2001).

HESSISCHE KULTUR GMBH 2001
Hessische Kultur GmbH (Hrsg.), Die Keltenstraße. Zeugnisse keltischer Kultur in Hessen (Wiesbaden 2001).

JUNK 2002
H.-K. Junk, Landwehr. In: Lexikon des Mittelalters 5. Hiera-Mittel bis Lukanien (München 2002) Sp. 1682.

MELZIG 1998
A. Melzig, Projektbericht. Erfassung kulturhistorisch bedeutsamer Elemente in den Landschaftsräumen des Umlandverbandes Frankfurt (Frankfurt a. M. 1998).

MELZIG 2001
A. Melzig, Verwaltungslabyrinth der Zeitenwende. Erfassung und Integration historischer Kulturlandschaftselemente in Planungsprozesse am Beispiel des derzeitigen Umlandverbandes Frankfurt – ein Erfahrungsbericht. Denkmalpflege und Kulturgeschichte 1/2000 (2001) 50-54.

NAHRGANG 1928
K. Nahrgang, Die Hanauischen Landwehren südlich des Mains und die Isenburgische Landwehr südlich des Mains. 9. Bericht der Freiwillig-tätigen Arbeitsgemeinschaft zur Förderung der Heimatforschung Heimatkundliche Einzelforschungen aus der Landschaft Dreieich (Frankfurt a. M. 1928) 180; 183 f.

NAHRGANG 1938
K. Nahrgang, Die Dreieicher Ringlandwehr. In: Landschaft Dreieich II 25/26 (Sprendlingen 1938) 97-104.

NAHRGANG 1963
K. Nahrgang, Landwehren I und II. Stadt- und Landkreis Offenbach a. M. Atlas für Siedlungskunde, Verkehr, Wirtschaft und Kultur, Blatt IV 5/41 und IV 6/42 (Frankfurt 1963).

OSTHEIMER 1982
W. Ostheimer, Die Landwehr – Grenzanlage und Verteidigungswerk von Hochheim und der umliegenden kur-mainzischen Orte. Hochheim am Main. Beiträge zu seiner Geschichte und Heimatkunde 5, 1982, 3-10.

PELISSIER 1905
E. Pelissier, Die Landwehren der Reichsstadt Frankfurt a. M. Archiv für Frankfurts Geschichte und Kunst 3. Folge 8, 1905, I-XLVII; 1-300.

PELISSIER 1924
E. Pelissier, Landwehren des Erzstiftes Mainz. Mainzer Zeitschrift 17-19, 1921/1924 (1924) 28-33.

PELISSIER 1928
E. Pelissier, Die Kurmainzischen Landwehren südlich des Mains. 9. Bericht der Freiwillig-tätigen Arbeitsgemeinschaft zur Förderung der Heimatforschung. Heimatkundliche Einzelforschungen aus der Landschaft Dreieich (Frankfurt a. M. 1928) 181-183.

PLANUNGSVERBAND 2002
Planungsverband Ballungsraum Frankfurt/Rhein-Main (Hrsg.), Regionalpark RheinMain in Rödermark. Auf den Spuren der Kelten und Römer (Frankfurt a. M. 2002).

PLANUNGSVERBAND 2003
Planungsverband Ballungsraum Frankfurt/Rhein-Main (Hrsg.), Regionalpark RheinMain. Der Landschaft einen Sinn. Den Sinnen eine Landschaft² (Frankfurt a. M. 2003).

PLANUNGSVERBAND 2005
Planungsverband Ballungsraum Frankfurt/Rhein-Main (Hrsg.), Frankfurt/Rhein-Main 2020 – die europäische Metropolregion. Leitbild für den Regionalen Flächennutzungsplan und den Regionalplan Südhessen (Frankfurt a. M. 2005).

RECKER in Vorbereitung
U. Recker, Das Rheingauer Gebück. Archäologische Denkmäler in Hessen (Wiesbaden).

REGIONALPARK RHEINMAIN 2004
Regionalpark RheinMain GmbH (Hrsg.), Regionalpark RheinMain. Das Pilotprojekt Hattersheim – Flörsheim – Hochheim. Freizeitkarte⁶ (Frankfurt a. M. 2004).

RICHTER 2004
Th. Richter, Auf dem Weg in die Römerzeit. Der Limeserlebnispfad Hochtaunus – Ein Zwischenbericht. In: E. Schallmayer (Hrsg.), Limes Imperii Romani. Beiträge zum Fachkolloquium „Weltkulturerbe Limes" November 2001 in Lich-Arnsburg. Saalburg-Schriften 6 (Bad Homburg v. d. Höhe 2004) 169-175.

RICHTER 2005
Th. Richter, Der Limeserlebnispfad Hochtaunus: Ein Projekt zur Aufwertung des römischen Erbes im Taunus. In: E. Schallmayer (Hrsg.), Mit der Antike in die Zukunft. Der Limes auf dem Weg zum Weltkulturerbe. Dokumentation des gleichnamigen Symposiums vom 30. Oktober 2004 im Rahmen der „Taunus-Dialoge". Saalburg-Schriften 7 (Frankfurt a. M. 2005) 70-81.

RUPP/SCHALLMAYER 2002
V. Rupp/E. Schallmayer, Die Keltenstraße. Auf keltischen Spuren. In: Hessische Kultur GmbH (Hrsg.), Glaube, Mythos, Wirklichkeit. Das Rätsel der Kelten vom Glauberg. Eine Ausstellung des Landes Hessen in der Schirn-Kunsthalle Frankfurt, 24. Mai bis 1. September 2002 (Stuttgart 2002) 234-239.

SCHALLMAYER 1979
E. Schallmayer, Vor- und frühgeschichtliche Funde aus den Gemarkungen Nieder-Roden, Ober-Roden und Urberach. Stadt und Kreis Offenbach a. M. Studien und Forschungen N.F. 9 (Offenbach a. M. 1979).

SCHALLMAYER 1997
E. Schallmayer (Hrsg.), Hundert Jahre Saalburg. Vom römischen Grenzposten zum europäischen Museum (Mainz 1997).

SCHALLMAYER 2000
E. Schallmayer, Die Saalburg – Römerkastell als Wissenschaftszentrum. In: Froschkönige und Dornröschen. Einblicke in die Staatlichen Schlösser und Gärten Hessen 2, 1998/99 (2000) 25-29.

SCHALLMAYER 2003a
E. Schallmayer, Keltische und Römische Geschichte „auf der Bulau", kulturhistorische Erlebnisstätte bei Rödermark-Urberach. Landschaft Dreieich. Blätter für Heimatforschung. Jahresband 2004 (2003) 33-42.

SCHALLMAYER 2003b
E. Schallmayer, Kulturhistorische Erlebnisstätte „Auf der Bulau" bei Rödermark-Urberach. Hessen Archäologie 2002 (2003) 194-196.

SCHALLMAYER 2005
E. Schallmayer (Hrsg.), Mit der Antike in die Zukunft. Der Limes auf dem Weg zum Weltkulturerbe. Dokumentation des gleichnamigen Symposiums vom 30. Oktober 2004 im Rahmen der „Taunus-Dialoge". Saalburg-Schriften 7 (Frankfurt a. M. 2005).

SCHAUS 1913
E. Schaus, Die Wickerer Warte. Nassauische Heimatblätter 17, 1913, 81-86.

UMLANDVERBAND FRANKFURT 1997
Umlandverband Frankfurt (Hrsg.), Pilot-Landschaftsplan (gemäß § 3 HENatG) für die Städte Flörsheim a. M., Hattersheim a. M. und Hochheim a. M. (Frankfurt a. M. 1997).

UMLANDVERBAND FRANKFURT 2000
Umlandverband Frankfurt (Hrsg.), Rundweg Feldbergkastell (Frankfurt a. M. 2000).

ZEDLER 1911
G. Zedler, Eine Wanderung längs des „Rheingauer Gebücks". Mitteilungen des Vereins für Nassauische Altertumskunde und Geschichtsforschung 15, 1911, 8-17; 73-85.

Erfassung kulturhistorischer Landschaftselemente im Erweiterungsgebiet des Planungsverbandes Ballungsraum Frankfurt/Rhein-Main und Inventarisierung in einem Geographischen Informationssystem

Von Petra Kopp und Christian Wiegand

Der Planungsverband Ballungsraum Frankfurt/Rhein-Main

Der Planungsverband wurde im Jahre 2001 als Rechtsnachfolger des Umlandverbandes Frankfurt (UVF) gegründet. Er soll die kommunale Zusammenarbeit im Ballungsraum im Interesse einer geordneten Entwicklung der Region regeln. In einem Verdichtungsraum, wo unterschiedlichste Einflüsse und Wünsche aufeinander prallen, nimmt er wichtige Planungsaufgaben wahr. Seine Mitglieder sind neben den Städten Frankfurt a. M., Offenbach und Hanau weitere 72 Städte und Gemeinden aus den sechs angrenzenden Landkreisen. Die Städte Wiesbaden, Mainz und Darmstadt grenzen an das Verbandsgebiet an (Abb. 1). In seinem Gebiet von ca. 2.500 km² wohnen etwa 2,1 Mill. Menschen.

Kernaufgaben des Planungsverbandes sind die Aufstellung und Änderung des Regionalen Flächennutzungsplans (RegFNP). Mit diesem werden gemeinsam von Planungsverband und Regierungspräsidium erstmals in Deutschland die beiden Ebenen Regionalplan und Flächennutzungsplan zusammengeführt. Als weitere Kernaufgaben sind die Aufstellung und Änderung des Landschaftsplans zu nennen. Darüber hinaus wirkt der Planungsverband bei folgenden Aufgaben mit:
- Regionalpark RheinMain;
- Wirtschaftsförderung;
- Rat der Region;
- Kulturinitiative Rhein-Main e. V.

Kartierung für den Umlandverband

Als der Landschaftsplan für das Gebiet des damaligen, aus 43 Kommunen bestehenden Umlandverbandes aufgestellt wurde, beschloss man, in Hinblick auf § 2 Abs. 1 Nr. 14 des Bundesnaturschutzgesetzes (BNatSchG), die bisher stark vernachlässigte Themenebene historische Kulturlandschaft mit einzubeziehen. Dabei stieß man bald an Grenzen, da die Datenlage hierzu recht spärlich war. Deshalb vergab man 1998 einen Werkvertrag zur Kartierung kulturhistorisch bedeutsamer Elemente. Die Methode stützte sich überwiegend auf Archivbesuche und Befragungen von Heimatvereinen.

Im Rahmen dieses Werkvertrages konnten ca. 1.000 Elemente erfasst werden. Dabei handelte es sich um Bau- und Bodendenkmäler und sonstige kulturhistorische Objekte, die nicht unter Denkmalschutz stehen. Diese Elemente wurden punktförmig in das Geographische Informations-System (GIS) des Umlandverbandes aufgenommen und konnten so in die Entwicklungskarte des Landschaftsplans einfließen. Dies war das erste Projekt dieser Art in Hessen.

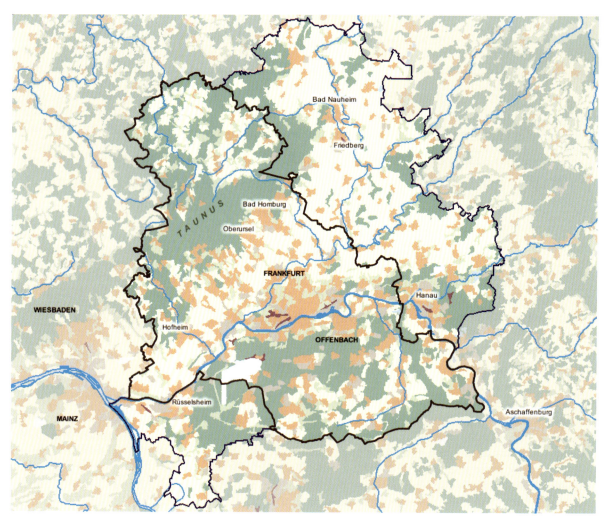

Abb. 1. Planungsverband Ballungsraum Frankfurt/Rhein-Main.
Dargestellt ist die Grenze des ehemaligen Umlandverbandes in schwarz mit Frankfurt a. M. im Zentrum
sowie blau umgrenzt die südwestlich und nordöstlich davon hinzugekommenen Kommunen
(Kartenhintergrund: Daten zur Bodenbedeckung der Bundesrepublik Deutschland erhoben vom Statistischen Bundesamt
im Auftrag des Bundesministeriums für Umwelt, Naturschutz und Reaktorsicherheit
im Rahmen des Programms CORINE [CoORdination of INformation on the Environment]
aus Satellitenbildern des Landsat-TM, Luftbildern und Feldvergleichsaufnahmen der Jahre 1989 bis 1992)
(Planungsverband Ballungsraum Frankfurt/Rhein-Main).

Systematische Aufnahme der Kulturdenkmäler

Im Rahmen der Aufstellung des RegFNP ist der Planungsverband gemäß § 5 Abs. 4 des Baugesetzbuches (BauGB) angehalten, Kulturdenkmäler darzustellen. Deshalb trat man mit dem Landesamt für Denkmalpflege Hessen (LfDH) in Verbindung, das die Daten der Bau- und Bodendenkmäler in analoger Form, d. h. in Form einer handschriftlichen Kartierung, lieferte. Anschließend wurden diese durch den Planungsverband digitalisiert.

Die Aufnahme der Kulturdenkmäler ist darüber hinaus eine wichtige Datenbasis in Hinblick auf ein künftiges Kulturlandschaftskataster.

Kartierung der kulturhistorischen Landschaftselemente im Erweiterungsgebiet

Durch den Übergang vom Umlandverband zum Planungsverband im Jahr 2001 wurde auch eine Kartierung der 32 neu hinzugekommenen Kommunen notwendig. Von Anfang an war klar, dass die Methodik dafür gegenüber der UVF-Kartierung erweitert werden sollte. Aus diesem Grund führte man zunächst eine Vorstudie anhand einer Beispielgemeinde – Schöneck im Main-Kinzig-Kreis – durch. Diese diente der Festlegung der Kriterien und Vorgaben zur Vergabe eines Auftrages. Im Juli 2003 wurde schließlich die Kartierung der restlichen 31 Kommunen an das Büro Kulturlandschaft und Geschichte (KuG), Hannover, vergeben.

Neben der Vorgabe, Kulturdenkmäler nicht zu erfassen, aber geschützte Landschaftsbestandteile und Naturdenkmäler gegebenenfalls zu berücksichtigen, gab es folgende Richtlinien:
- Gefordert war eine möglichst hohe Lagegenauigkeit, weshalb teilweise ein GPS zum Einsatz kam.
- Die Elemente mussten als Punkt, Linie oder Fläche ins GIS aufgenommen werden, wobei die Geometrien an ATKIS (Amtliches Topographisch-Kartographisches Informationssystem) anzupassen waren.
- Der Schwerpunkt der Erfassung sollte in der freien Landschaft liegen, da davon auszugehen war, dass die innerörtliche Datenerhebung durch die jahrzehntelange Arbeit der Denkmalbehörden sehr gut bearbeitet war. Darüber hinaus sollten die Daten v. a. dem Landschaftsplan dienen, der sich definitionsgemäß auf den Außenbereich konzentriert. Dennoch wurde in Einzelfällen auch am Siedlungsrand kartiert.
- Des Weiteren war eine Fotodokumentation zu erstellen.
- Schließlich sollte die Kulturlandschaftsentwicklung in den einzelnen Naturräumen beschrieben werden.

Auftrag, Zielsetzung und Gebiet der Kartierung

Wie bereits dargelegt, bestand der Auftrag des Planungsverbandes Ballungsraum Frankfurt/Rhein-Main darin, kulturhistorische Landschaftselemente (KHLE) zu finden, sie in einer Tabelle mit ihren Merkmalen zu beschreiben und in ein GIS aufzunehmen. In einem Abschlussbericht (WIEGAND 2004) sollte außerdem das Vorgehen dargelegt und die kulturhistorische Entwicklung des Untersuchungsgebietes beschrieben werden. Der Auftrag begann im Juli 2003 und war innerhalb von sechs Monaten fertig zu stellen.

Untersuchungsgebiet

Das 1.004 km² große Untersuchungsgebiet (UG) entspricht dem Erweiterungsgebiet des Planungsverbandes unter Ausschluss der Gemeinde Schöneck, die zuvor bereits vom Planungsverband bearbeitet worden war. Es umfasst 31 Kommunen, die sich auf die Kreise Groß-Gerau, Main-Kinzig und Wetterau verteilen. Im Folgenden werden naturräumliche Gegebenheiten des UG und seine kulturhistorische Entwicklung kurz beschrieben und einige typische KHLE genannt.
Das UG wird überwiegend von ebenen oder gering reliefierten Naturräumen bestimmt, z. B. dem Hessischen Ried, dem Rhein-Main-Tiefland oder der Wetterau. Nur randlich, östlich und westlich der Wetterau, prägen Mittelgebirgslandschaften das UG: im Westen die Randbereiche des Taunus und, weniger mächtig, im Osten die des Vogelsberges. In weiten Teilen dieser Niederungs- und Beckenlandschaften sind – auch dank klimatischer Vorteile – eine intensive und ertragsorientierte Land- und Forstwirtschaft möglich: in der Wetterau schon seit Jahrtausenden, in den Rhein- und Main-Niederungen seit deren Entwässerung im 19. und 20. Jh. (Abb. 2).
Von der wechselvollen Territorialgeschichte des UG zeugen heute noch zahlreiche Grenzsteine und

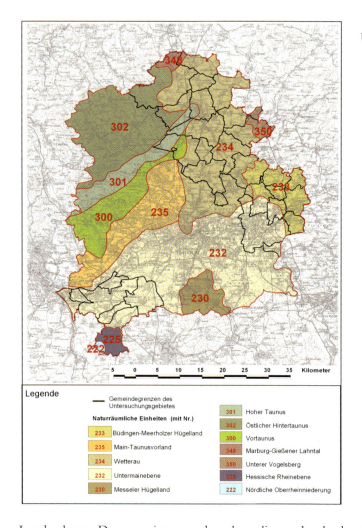

Abb. 2.
Untersuchungsgebiet und Naturräumliche Gliederung (Kartenhintergrund: TK 1:200.000, 1998, hrsg. von der Hessischen Verwaltung für Bodenmanagement und Geoinformation, Wiesbaden; Naturräumliche Gliederung: Planungsverband Ballungsraum Frankfurt/Rhein-Main).

Landwehren. Dagegen ist von der ehemaligen, durch das Erbrecht der Realteilung hervorgerufenen Kleinteiligkeit der Landschaft kaum noch etwas zu sehen. Verantwortlich dafür waren v. a. die Flurneuordnungen des 19. und 20. Jh., wobei nicht nur Kleinparzellen zusammengelegt, sondern auch viele Altstraßen und Hohlwege beseitigt wurden (PLETSCH 1989, 147 ff.).

Einen ebenso großen Einfluss wie die Flurneuordnung nahm die Auflösung der Allmenden und Markwälder auf die Gestalt der Landschaft. Hatten die Bauern ihr Vieh jahrhundertelang in den Wald zur Waldweide (Hude) getrieben, wurde ihnen dies im 19. Jh. durch neue Forstgesetzgebungen verboten, um eine geregelte Forstwirtschaft zu ermöglichen. So sind von den einstigen Markwäldern und Hudeeichen nur Reste bzw. Einzelexemplare übrig geblieben (Abb. 3). Typisch für weite Teile des UG sind die zahlreichen Obstwiesen am Rande der Siedlungen. Viele wurden auf ehemaligen Weinbergen gepflanzt (PLETSCH 1989, 158 f.) und lassen bis heute alte Weinbergterrassen erkennen. Nach den 1950er-Jahren nahm die wirtschaftliche Bedeutung der Obstwiesen ab. Heute dienen sie nur zur Selbstversorgung.

Auch die Religionszugehörigkeit der Bevölkerung hat sich sichtbar in der Landschaft niedergeschlagen: Bildstöcke und Wegekreuze sind ebenso zu finden wie jüdische Friedhöfe, die damals oft am Rande der Gemarkung angelegt wurden.

Methode

Was wurde erfasst?

Die erfassten KHLE weisen folgende Merkmale auf:
- Sie sind sichtbar, also in der Landschaft mit bloßem Auge zu sehen.

- Sie sind anthropogen verursacht, also durch menschliches Wirken entstanden.
- Sie sind historisch, stammen also aus einer vergangenen Zeit und würden heute auf diese Weise nicht mehr geschaffen werden.
- Sie haben originale Substanz, sind also keine Nachbauten.
- Sie liegen im unbesiedelten Freiraum.

Aufgenommen wurden nur Objekte der freien Landschaft bzw. solche, die in Verbindung mit der freien Landschaft wahrgenommen werden, z. B. ein Erdkeller am Rande einer Ortschaft.

Neben den oben genannten Eigenschaften erfüllen die erfassten KHLE mindestens eines der folgenden wertgebenden Kriterien:

- Kulturhistorische Bedeutung/Zeugniswert: Das Landschaftselement ist ein bedeutendes Zeugnis früheren menschlichen Wirkens, z. B. eine mittelalterliche Landwehr als Zeugnis historischer Grenzbefestigung (Abb. 4) oder eine historische Wassermühle mit ihren wasserbaulichen Anlagen.
- Zeugnis des früheren Landschaftsbilds: Das Landschaftselement gibt ein Bild davon, wie die historische Landschaft aussah, z. B. Hudewaldrelikte oder Kopfweiden.
- Seltenheit: Das Objekt ist ein Vertreter eines KHLE-Typs (s. u.), der nur noch selten vorkommt und daher per se bedeutend ist, wie z. B. ein Wartbaum.
- Beispielhaftigkeit/Repräsentanz/Ausprägung: Das Landschaftselement ist zwar ein Vertreter eines besonders häufigen KHLE-Typs, repräsentiert diesen jedoch besonders gut. Bei Streuobstwiesen z. B. wurden wegen ihrer großen Zahl bevorzugt solche als KHLE aufgenommen, die besonders typisch und gut ausgeprägt sind, wie großflächige Obstwiesengebiete in Ortsrandlage mit hohem Anteil an Hochstämmen, vielen Altbäumen und/oder mit ehemaligen Weinbergterrassen (Abb. 5).

Naturdenkmale (ND) mit kulturhistorischer Bedeutung

Obwohl dem Planungsverband bereits GIS-Dateien über Naturdenkmale (ND) und Geschützte Landschaftsbestandteile (GLB) vorliegen, wurden sie im Rahmen dieser Arbeit als KHLE erfasst, sofern sie zugleich kulturhistorische Bedeutung haben (z. B. eine als ND geschützt Grenzeiche). So ist gewährleistet, dass bei einer Ansicht aller kulturhistorisch bedeutsamen Objekte im GIS die ND und GLB mit kulturhistorischem Wert nicht fehlen.

Abb. 3.
Hudeeichen im Griedeler Markwald
(Foto: Christian Wiegand, Büro KuG, Hannover).

Abb. 4. Landwehr bei Butzbach
(Foto: Christian Wiegand, Büro KuG, Hannover).

Abb. 5. Obstwiese bei Ronneburg
(Foto: Christian Wiegand, Büro KuG, Hannover).

Was wurde nicht erfasst?

Gemäß des Auftrages wurden keine Bodendenkmale, z. B. Grabhügel oder der Limes, und keine Baudenkmale als KHLE aufgenommen, weil es gerade darum ging, Elemente zu kartieren, die nicht unter Denkmalschutz stehen.

Allerdings konzentrieren sich die Daten, die vom LfDH zu den Baudenkmälern geliefert wurden, auf innerörtliche Objekte. Im Außenbereich wurden nur wenige „Ensembles und flächenwirksame Einzeldenkmäler" aufgenommen. Viele Baudenkmale bzw. denkmalwürdige Gebäude wie Wassermühlen (Abb. 6) oder Einzelhöfe sind dadurch im Baudenkmal-Shape nicht berücksichtigt und wurden daher als KHLE aufgenommen.

Wie wurden die kulturhistorischen Landschaftselemente gefunden?

Recherche in Altkarten und aktuellen Karten

Das Auswerten und Vergleichen von Altkarten und aktuellen Karten erbrachte etwa ein Drittel aller Hinweise auf KHLE. Objekte wie Hohlwege, Halden, Terrassenäcker, Altstraßen, Wassermühlen, Wehre, Friedhöfe oder Steinbrüche sind hier verzeichnet.

An aktuellen Karten konnte v. a. die TK 1:25.000 (TK 25) ausgewertet werden. Die herangezogenen Altkarten, die die Hessische Verwaltung für Bodenmanagement und Geoinformation, Wiesbaden, als Nachdrucke herausgibt, waren:

- Die vom Großherzoglichen Hessischen Katasteramt bzw. dem Katasteramt des Volksstaates Hessen bearbeitete „Höhenschichtenkarte" 1886-1921, im Maßstab 1:25.000, die für das gesamte UG vorliegt.

- Die „Karte von dem Großherzogthume Hessen" 1837-1842, im Maßstab 1:50.000, die u. a. den Bereich des Wetteraukreises abdeckt.

- Die „Niveaukarte vom Kurfürstentum Hessen" 1858 bzw. 1859, im Maßstab 1:25.000, die u. a. den Main-Kinzig-Kreis umfasst.

- Die „Karte der Umgebung von Frankfurt", die „Karte der Umgebung von Mainz" und die „Karte der Umgebung von Darmstadt" 1823-1840, im Maßstab 1:25.000, welche u. a. das Kreisgebiet Groß-Gerau beinhalten.

Abb. 6. Die Nonnenmühle bei Rockenberg (Foto: Christian Wiegand, Büro KuG, Hannover).

Abb. 7. Eichen-Lohwald bei Butzbach (Foto: Christian Wiegand, Büro KuG, Hannover).

- Die „Schmitt'sche Karte von Südwestdeutschland" 1797, im Maßstab 1:57.600, die das gesamte UG wiedergibt.

Auswertung von Luftbildern

Für einen Großteil des UG lagen aktuelle farbige Orthofotos im jpg-Format im Maßstab 1:5.000 vor sowie für das gesamte UG Schwarz-Weiß-Luftbildskizzen aus dem Jahr 1935 im Maßstab 1:25.000 als tif-Dateien. Die Luftbilder wurden primär zum Überprüfen vermuteter KHLE hinzugezogen.

Befragung von Heimatvereinen und lokalen Experten

Durch die Zusammenarbeit mit Heimatvereinen und lokalen Experten konnte schätzungsweise ein knappes Drittel der KHLE lokalisiert werden. Hierfür wurden zu Beginn des Projektes sämtliche im UG bekannten Heimatvereine sowie Forstämter vom Planungsverband angeschrieben und gebeten, die Erfassung zu unterstützen und KHLE zu melden. Dem Schreiben lag ein vom Büro KuG erstelltes Glossar „Gesucht: Kulturhistorische Landschaftselemente" bei, das auf sieben DIN-A4-Seiten und mit vielen Fotos das Gesuchte erklärt.

Nach drei bis vier Wochen kontaktierte das Büro KuG erneut diese Heimatvereine und Forstämter und bat nochmals um Mithilfe. Alle interessierten Personen und Vereine bekamen von ihrem Gebiet Kopien der Arbeitskarten im Maßstab 1:10.000 zugeschickt, worin die KHLE einzuzeichnen waren.
Auf diese Weise gingen Hunderte von Hinweisen ein, die ausgewertet – oft ergänzt durch telefonische oder schriftliche Rückfragen – und im Gelände überprüft wurden. Das Qualitätsspektrum der Hinweise reichte von umfangreichen Informationen mit exakten Karteneinträgen bis hin zu falschen Objektansprachen bzw. Geländeangaben.

Literaturrecherche

Mancher Hinweis konnte auch der Literatur entnommen werden. Als Quellen sind hier v. a. heimatkundliche Schriften, Ortschroniken u. Ä. zu nennen. Im Verhältnis zum Zeitaufwand sind die Anzahl und Qualität der Hinweise nicht optimal: Vielfach werden KHLE zwar erwähnt, jedoch ohne konkrete Ortsangabe oder gar Karteneintrag. Oft fehlt auch der Hinweis, ob das Objekt noch existiert.

Geländerecherche

Das UG wurde an 25 Arbeitstagen zu Fuß und mit dem Auto einer intensiven Geländerecherche unterzogen. Die Geländerecherche diente zum einen zur Überprüfung vermuteter KHLE, die bei den oben genannten Recherchen aufgefallen waren. Sie wurden begutachtet und fotografiert. Zum anderen erbrachte die Geländerecherche mit rund einem Drittel aller erfassten Elemente viele bis dahin unentdeckte KHLE. Dabei wurden alle Teile des UG berücksichtigt und vermutete Objekte gezielt angefahren. Vor allem KHLE, die in Landkarten nicht verzeichnet sind, konnten auf diesem Wege gefunden werden, z. B. Kopfbäume, Hude- oder Niederwälder (Abb. 7).

Aufnahme der kulturhistorischen Landschaftselemente

Arbeitskarten

Alle Objekte, die erwarten ließen, die Kriterien eines KHLE zu erfüllen, wurden in Arbeitskarten eingezeichnet und mit Nummern versehen. Bei den Arbeitskarten handelte es sich um Kopien der Planungskarten des Planungsverbandes, in die das LfDH, Archäologie und Paläontologie, bereits Bodendenkmale eingetragen und mit einer Nummer versehen hatte. Sie lagen als Vergrößerungen der TK 25 im Maßstab 1:10.000 vor.

Datenbank

Die in den Arbeitskarten eingetragenen potenziellen KHLE wurden während der Bearbeitungszeit in einer ACCESS-Datenbank verwaltet. Sie enthielt – neben bearbeitungstechnischen Vermerken – alle Datenfelder, die später in der „Tabelle aller kulturhistorischen Landschaftselemente" benötigt wurden.

Geographisches Informationssystem

Alle Objekte, die die Eigenschaften eines KHLE erfüllten, wurden in die „Tabelle aller kulturhistorischen Landschaftselemente" und ein GIS (Programm ArcView 3.3) aufgenommen. Gemäß einer vom Planungsverband erstellten Digitalisieranleitung verteilen sich die KHLE je nach Ausdehnung auf ein Flächen- (mindesten 0,5 ha groß), ein Linien- (mindestens 100 m lang und 15 m breit) sowie ein Punkt-Shape (alles Übrige).

Lage und Koordinaten der punktuellen KHLE ermittelte man nach folgender Priorität:
1. Sofern ein KHLE identisch war mit einem ND oder einem GLB, wurde der entsprechende Punkt aus dem ND- bzw. GLB-Shape kopiert und ins KHLE-Shape eingefügt. Dasselbe galt für KHLE, die im ATKIS-Shape vorlagen.
2. Die Koordinaten historischer Verkehrsmale, Steinkreuze und Kreuzsteine sowie Rechtsmale wurden den Werken von Riebeling (1977; 1981; 1988) entnommen, nachdem deren Lagegenauigkeit stichprobenartig überprüft worden war.
3. Waren ATKIS-Topographien als Orientierungsmöglichkeiten vorhanden, z. B. eine 10 m westlich eines KHLE gelegene Wegekreuzung, konnte das punktuelle KHLE an dem entsprechenden Ort digitalisiert werden und seine Koordinaten dann vom GIS ermittelt werden.
4. In den übrigen Fällen wurden die Koordinaten mithilfe eines GPS-Gerätes, einem „Garmin Geko 101", ermittelt. Laut Anzeige des Gerätes beträgt dessen Messgenauigkeit im Wald 10-15 m, in der offenen Landschaft 5-10 m. Allerdings empfing das Gerät in dichten Wäldern, wenn man das GPS also gebraucht hätte, nur schwache Satellitensignale und war oft unbrauchbar. Dann musste die Lage des Objektes im Gelände durch Abschreiten ermittelt, in die Arbeitskarten eingetragen und später digitalisiert werden.

Auch die Lage der linearen und flächigen KHLE wurde – wenn möglich – den ATKIS-Daten entnommen. Hierzu wurde die entsprechende ATKIS-Linie bzw. -Fläche (Polygon) kopiert und ins KHLE-Linien- bzw. KHLE-Flächen-Shape eingefügt. Umfasste ein KHLE mehrere ATKIS-Linien bzw. -Flächen, wurden diese zusammengefügt, so dass eine Linie bzw. eine Fläche entstand. In einigen Fällen wurden ATKIS-Linien oder ATKIS-Polygone in ihrer Form geändert, z. B. geteilt, wenn dies der Form des KHLE entsprach.

Nur KHLE, deren Lage nicht den ATKIS-Daten entsprachen, wurden neu digitalisiert. Hierzu dienten die Rasterdaten der aktuellen TK 25 als Grundlage. In den Fällen, in denen die ATKIS-Linien bzw. -Flächen nicht mit der TK 25 passgenau übereinander, sondern hierzu versetzt lagen, wurden die KHLE gegenüber der TK 25 entsprechend versetzt digitalisiert.

Tabelle aller erfassten KHLE

In der Tabelle werden alle KHLE mit ihrer Nummer (KHLE-ID) aufgelistet. Sie enthält – neben Informationen wie KHLE-ID, Kommune, Blattnummer der Arbeitskarte, Fotodatei etc. – folgende Spalten:

- Kurzbeschreibung: Kurze, z. T. stichwortartige Angaben über Lage, Umgebung, kulturgeschichtlichen Hintergrund, heutige Nutzung des Objekts etc., aus der sich die Einstufung als KHLE nachvollziehen lässt. Für alle Aussagen sind die Nummern der zugrunde liegenden Quellen angegeben.
- KHLE-Typ: Jedes Objekt ordnete man einem KHLE-Typ zu, z. B. „Deich", „Grenzbaum" oder „Wehr". Auf Wunsch des Planungsverbandes entspricht die vorgenommene Typisierung nicht der von Melzig (1998). Anstelle der dortigen 28 „Klassen kulturhistorisch bedeutsamer Objekte" wurden 86 KHLE-Typen gebildet. Es sollte eine möglichst hohe Differenzierung der Klassen erfolgen, um später Auswertungen und Aggregationen nach verschiedenen Aspekten vornehmen zu können. Eine Übersicht zeigt Abbildung 8. Maßgebend für die Typenbildung waren zum einen funktionale Merkmale; Gräben beispielsweise unterschied man nach ihrer historischen Funktion in „Grenzgräben" und „Ent- und Bewässerungsgräben". Zum anderen wurden morphologische Merkmale herangezogen, die z. B. zur Unterscheidung von „Hudewald" und „Hudebaum" führten.
- Funktionsbereich: Jedes KHLE ordnete man einem der fünf folgenden Funktionsbereiche zu, denen bereits die im übrigen Gebiet des Planungsverbandes erfassten „kulturhistorisch bedeutsamen Objekte" (MELZIG 1998) zugeordnet worden waren: „Land- und Forstwirtschaft", „Bergbau und Gewerbe", „Verkehr", „Siedlung und Verteidigung" sowie „Sonstiges".

Die Zuordnung erfolgte Objekt- und nicht Typ-bezogen. Beispiel: Ein historischer Grenzstein kann zum Funktionsbereich „Land- und Forstwirtschaft" zählen, wenn er zwei Markgenossenschaftsgebiete voneinander trennte; ein anderer kann zu „Siedlung und Verteidigung" zählen, wenn er eine Stadtgrenze markierte.

Ergebnisse und Fazit

In einem Bearbeitungszeitraum von sechs Monaten wurden 731 Objekte in Arbeitskarten aufgenommen und in einer Datenbank erfasst. Nach Überprüfung konnten 492 davon als KHLE eingestuft und in die „Tabelle aller erfassten kulturhistorischen Landschaftselemente" aufgenommen werden. Diese 492 Objekte lassen sich in 86 verschiedene KHLE-Typen einteilen. Abbildung 8 und 9 zeigen, wie sich die KHLE im UG verteilen.

Es fällt auf, dass in den Kommunen des Wetteraukreises im Durchschnitt weit mehr KHLE erfasst sind als im Landkreis Groß-Gerau oder im Main-Kinzig-Kreis. Das ist zunächst überraschend, denn die intensive Landnutzung der Wetterau hätte weniger erwarten lassen. In den beiden anderen Landkreisen kommen allerdings zwei Faktoren zum Tragen, die schwerer wiegen: Zum einen sind beide durch die Nähe zum Zentrum des Ballungsraums geprägt. Hier haben vermutlich eine rasche Siedlungserweiterung und eine allgemein schnelle Veränderung der Landschaft viele Spuren der Vergangenheit überlagert. Die Wet-

KHLE-Typ	Summe KHLEs	Wetteraukreis													Landkreis			
		Bad Nauheim	Butzbach	Florstadt	Friedberg (Hessen)	Karben	Münzenberg	Niddatal	Ober-Mörlen	Reichelsheim (Wetterau)	Rockenberg	Rosbach v. d. Höhe	Wölfersheim	Wöllstadt	Summe	Bischofsheim	Ginsheim-Gustavsburg	Groß-Gerau	Mörfelden-Walldorf
Ackerterrasse/ Stufenrain	6	1	3					1							5				
Allee	7																		4
Bahnhof	3				1										1				
Bahnwärterhäuschen	1													1	1				
Bauernhof/ Hofanlage	2																		
Bildstock/Pieta	9	1			2						1				4				
Brücke	11	3					1				1				5			1	2
Brunnen	1	1													1				
Bunker	2							1							1				
Burg	1						1								1				
Damm (z.B. von Stauteich)	4		2												2			1	
Deich	9																1	3	1
Dorfbaum	1				1										1				
Dorfweiher	1		1												1				
Eisenbahn-Einrichtung	1															1			
Eisenbahntrasse	1		1												1				
Eiskeller	1																	1	
Eisteich	1												1		1				
Erdkeller	4	2		1							1				4				
Exerzierplatz	2		1												1				
Fischteich	9		7					1							8				
Friedhof	2							1							1				
Gedenkbaum	1																		
Gedenkstein	2																	1	1
Geleiteter Baum	1		1												1				
Gerichtsbaum	1																		
Gerichtsstätte/ Galgenberg	5		1			1	1	1							4				
Graben (Be- und Entwässerung)	10											3			3	1		2	1
Grenzbaum	4		1		1			1							3				
Grenzgraben	3											1			1			1	1
Grenzstein	66	5	37		1		4	1		3					51				3

Abb. 8 (oben und auf den nachfolgenden Seiten).
Verteilung der erfassten KHLE auf KHLE-Typen, Kommunen und Landkreise.

Groß-Gerau				Main-Kinzig-Kreis													KHLE-Typ
Nauheim	Raunheim	Rüsselsheim	Summe	Bruchköbel	Erlensee	Großkrotzenburg	Hammersbach	Hanau	Langenselbold	Neuberg	Nidderau	Niederdorfelden	Rodenbach	Ronneburg	Summe	Summe KHLEs	
				1											1	6	Ackerterrasse/Stufenrain
1		2	3													7	Allee
											2				2	3	Bahnhof
																1	Bahnwärterhäuschen
								2							2	2	Bauernhof/Hofanlage
						5									5	9	Bildstock/Pieta
		1	1					2							2	11	Brücke
																1	Brunnen
1			1													2	Bunker
																1	Burg
		1	1													4	Damm (z.B. von Stauteich)
1	1	2	4													9	Deich
																1	Dorfbaum
																1	Dorfweiher
			0													1	Eisenbahn-Einrichtung
																1	Eisenbahntrasse
			0													1	Eiskeller
																1	Eisteich
																4	Erdkeller
								1							1	2	Exerzierplatz
													1		1	9	Fischteich
														1	1	2	Friedhof
1			1													1	Gedenkbaum
			0													2	Gedenkstein
																1	Geleiteter Baum
								1							1	1	Gerichtsbaum
								1							1	5	Gerichtsstätte/Galgenberg
1		2	3													10	Graben (Be- und Entwässerung)
								1							1	4	Grenzbaum
			0													3	Grenzgraben
1	3	5	9				1	1			1				3	66	Grenzstein

KHLE-Typ	Summe KHLEs	Wetteraukreis												Landkreis			
		Bad Nauheim	Butzbach	Florstadt	Friedberg (Hessen)	Karben	Münzenberg	Niddatal	Ober-Mörlen	Reichelsheim (Wetterau)	Rockenberg	Rosbach v. d. Höhe	Wölfersheim	Wöllstadt	Summe	Bischofsheim	Ginsheim-Gustavsburg	Groß-Gerau	Mörfelden-Walldorf
Grenzwall	2	1													1				
Hafen	1																		
Halde	6		3					1			2				6				
Hecke	2		1					1							2				
Heide	1		1												1				
Hudebaum	7										1				1		2		
Hudewald	2		1												1				
Judenfriedhof	7	2				1	1	1							5				
Kapelle	1	1													1				
Kirche	1							1							1				
Kolk	1															1			
Kopfbaum/Kopfbäume	11	2	2	2	1	1		1						1	10				
Landwehr	19	1	3			3	1	3			1	1		3	16				
Lehmkuhle	5		3								1				4				
Magerrasen	1		1												1				
Mauer	3	1													1				
Meilenstein/Stundenstein	5		2												2			1	2
Militärische Ausbildungsstätte	1																		
Mühlgraben	16	2	3		1	2		2			1				11				
Mühlteich	1		1												1				
Niederwald	6		3					2			1				6				
Obstwiese/Streuobstwiese	26	1	2	2	3		2		3		3	2			18		1		1
Pingen und Halden	11	3	5	1				1							10				
Quelle/Quellfassung	2						1								1				
Rampe	1																	1	
Rennstrecke	1																		
Ringwall	1																		
Rodungsinsel	4		4												4				
Ruhe	3						3								3				
Sandkuhle	13		1		1		3					2			7			1	
Schießstand	1	1													1				
Sprenggrube	1																		
Steinbruch	31	5	7	1		1	1	1	2	1		1			20				
Steinkreuz/Kreuzstein	9			1											1				

Groß-Gerau				Main-Kinzig-Kreis													
Nauheim	Raunheim	Rüsselsheim	Summe	Bruchköbel	Erlensee	Großkrotzenburg	Hammersbach	Hanau	Langenselbold	Neuberg	Nidderau	Niederdorfelden	Rodenbach	Ronneburg	Summe	Summe KHLEs	KHLE-Typ
								1							1	2	Grenzwall
								1							1	1	Hafen
																6	Halde
																2	Hecke
																1	Heide
			0	1				2	1						4	7	Hudebaum
								1							1	2	Hudewald
						1								1	2	7	Judenfriedhof
																1	Kapelle
																1	Kirche
			0													1	Kolk
				1											1	11	Kopfbaum/ Kopfbäume
							1				2				3	19	Landwehr
				1											1	5	Lehmkuhle
																1	Magerrasen
								2							2	3	Mauer
			0													5	Meilenstein/ Stundenstein
								1							1	1	Militärische Ausbildungsstätte
					1				2		1	1			5	16	Mühlgraben
																1	Mühlteich
																6	Niederwald
1		1	2					1	1				2		4	26	Obstwiese/ Streuobstwiese
								1							1	11	Pingen und Halden
													1		1	2	Quelle/ Quellfassung
			0													1	Rampe
	1		1													1	Rennstrecke
								1							1	1	Ringwall
																4	Rodungsinsel
																3	Ruhe
		1	1					1			3				4	13	Sandkuhle
																1	Schießstand
								1							1	1	Sprenggrube
							1	3		2	3		1	1	11	31	Steinbruch
		1	1	1		3		1			2				7	9	Steinkreuz/ Kreuzstein

KHLE-Typ	Summe KHLEs	Wetteraukreis													Landkreis			
		Bad Nauheim	Butzbach	Florstadt	Friedberg (Hessen)	Karben	Münzenberg	Niddatal	Ober-Mörlen	Reichelsheim (Wetterau)	Rockenberg	Rosbach v. d. Höhe	Wölfersheim	Wöllstadt	Summe	Bischofsheim	Ginsheim-Gustavsburg	Groß-Gerau	Mörfelden-Walldorf
Straße/Weg	36	4	7	1	4	1	1		4		2	2		1	27			1	1
Teich	1											1			1				
Terrassen	11	1		4	1		1					1			8				
Tiergarten	2																		
Tongrube	3															1			
Torfsee	1																	1	
Tränke	1																		
Treppe	1	1													1				
Trift	3		1		1				1						3				
Turm	1																		
Verbotsstein/-mal	4						2				2				4				
Verladerampe	1																		
Wartbaum	1																		
Wasserbehälter	2	2													2				
Wasserkunst	2	2													2				
Wassermühle	14		2		1		2		1		1				7				
Wasserwerk/-turm	2				1										1				
Wegekreuz	3				1									2	3				
Wehr	21		1	1			1	1	1					1	6				
Weinbergterrassen	6		2								1	1			4				
Weingärten	1			1											1				
Gesamtsumme	492	43	105	19	17	12	21	21	20	2	14	14	10	10	308	5	6	13	16

terau dagegen liegt vom Kern des Ballungsraums Rhein-Main weiter entfernt – jedenfalls die Kommunen, in denen besonders viele KHLE gefunden wurden. Zum anderen reichen diese Kommunen bis in den Taunus hinein. Hier wandelt sich die Landschaft langsamer und die Landnutzung erfolgt wegen der naturräumlichen Ungunst weniger intensiv.

Ein weiterer Grund für die große Anzahl KHLE, die in einigen Kommunen gefunden wurden, ist das Wissen der dortigen Bevölkerung um das kulturelle Erbe. Hier war die Zusammenarbeit mit den Heimatvereinen am intensivsten, was die wertvollen Hinweise Einzelner aus den anderen beiden Landkreisen nicht schmälern soll. In Kommunen dagegen, die stärker durch den Ballungsraum geprägt sind, bestand z. T. überhaupt kein Interesse.

Nauheim	Raunheim	Rüsselsheim	Summe	Bruchköbel	Erlensee	Großkrotzenburg	Hammersbach	Hanau	Langenselbold	Neuberg	Nidderau	Niederdorfelden	Rodenbach	Ronneburg	Summe	Summe KHLEs	KHLE-Typ
			0	1			1	1	1		2			1	7	36	Straße/Weg
																1	Teich
							1				2				3	11	Terrassen
		2	2													2	Tiergarten
			0					1			1				2	3	Tongrube
			0													1	Torfsee
								1							1	1	Tränke
																1	Treppe
																3	Trift
								1							1	1	Turm
																4	Verbotsstein/-mal
								1							1	1	Verladerampe
											1				1	1	Wartbaum
																2	Wasserbehälter
																2	Wasserkunst
					1		1		2		2	1			7	14	Wassermühle
								1							1	2	Wasserwerk/-turm
																3	Wegekreuz
2		7	9	1					1	2	1	1			6	21	Wehr
								1			1				2	6	Weinbergterrassen
																1	Weingärten
9	4	26	39	6	3	9	7	30	9	5	24	3	3	6	105	492	**Gesamtsumme**

Natürlich enthält die Statistik einige Punkte, die ohne Erklärung zu Fehlinterpretationen führen können. So liegt es beispielsweise neben den oben genannten Ursachen auch an der enorm hohen Anzahl anGrenzsteinen – die meisten von kundigen Heimatforschern gemeldet –, dass die Gemeinde Butzbach mit insgesamt 105 KHLE so sehr aus der großen Zahl untersuchter Kommunen hervorsticht.

Die Anzahl der erfassten KHLE wird auch durch die Art der Objektaufnahme ins GIS beeinflusst. Punkte, z. B. Grenzsteine, lassen sich im GIS nicht zu einem Objekt zusammenfassen; Linien und Flächen dagegen wohl. So wurden z. B. Terrassen, die im Gelände ein Ensemble bilden, im Linien-Shape zu einem Objekt zusammengefasst, obwohl zunächst jede einzelne Terrasse digitalisiert wurde.

Praxisrelevanz der erhobenen Daten

Verwendung in der Planung

Die erhobenen Informationen dienen folgenden Zwecken:
- Sie bilden eine Themenebene bei der Plan-Umweltprüfung, die z. Zt. im Rahmen der Aufstellung des RegFNP durchgeführt wird. Dabei gehen die KHLE gemeinsam mit den Kulturdenkmälern in den Umweltaspekt „Kulturerbe/Architektur/Archäologie" ein. Durch diesen Schritt können die KHLE in der weiteren planerischen Abwägung auf der Ebene der vorbereitenden Bauleitplanung berücksichtigt werden, sollten beispielsweise einzelne Planvorhaben voraussichtlich erhebliche Auswirkungen auf diesen Umweltaspekt haben.
- Sie finden Eingang in die Landschaftsplanung, und zwar auf der Themenebene „Landschaftsbild und Erholung" sowie in der Entwicklungskarte. Somit können die Elemente der historischen Kulturlandschaft bei der Aufstellung von Bebauungsplänen durch die Kommunen berücksichtigt werden.
- Sie leisten Hilfestellung bei der Abgrenzung des Biotopverbundes.
- Sie sind wichtige Eckpfeiler bei der Regionalparkplanung. Der Regionalpark RheinMain gibt „der Landschaft einen Sinn – den Sinnen eine Landschaft" (UMLANDVERBAND FRANKFURT 1999). Daher greift das Regionalparkkonzept das Thema historische Kulturlandschaft in seinen Routenführungen und Gestaltungen aktiv auf. Es sollen Teile der historischen Kulturlandschaft aufgezeigt und Berührungspunkte mit verschiedenen Nutzungsepochen lebendig gemacht werden.
- Sie können Externen, z. B. Planungsbüros, für Planfeststellungen, Bebauungspläne etc. zur Verfügung gestellt werden.
- Schließlich sind die KHLE zusammen mit den Boden- und Baudenkmälern Bestandteil eines zukünftig zu entwickelnden Kulturlandschaftskatasters.

Naturraum		Km²	Punkt-Objekte	Linien-Objekte	Flächen-Objekte	Σ KHLE	KHLE/Km²
222	Nördliche Oberrhein-Niederung	5	0	0	0	0	0,00
225	Hessische Rheinebene	28	1	5	2	8	0,28
232	Untermainebene	273	61	32	20	113	0,41
233	Büdingen-Meerholzer Hügelland	128	19	12	11	42	0,33
234	Wetterau	419	83	69	33	185	0,44
300	Vortaunus	13	2	2	6	10	0,77
301	Hoher Taunus	34	18	10	7	35	1,02
302	Östlicher Hintertaunus	64	52	13	18	83	1,30
348	Marburg-Gießener Lahntal	17	8	4	2	14	0,82
350	Unterer Vogelsberg	21	5	9	1	15	0,70
Summen		**1004**	**249**	**156**	**100**	**505**	

Abb. 9. Verteilung der erfassten KHLE auf die Naturräume des UG.[1]

Zur Erstellung eines Kulturlandschaftskatasters bedarf es noch einiger Arbeitsschritte. Zum einen müssen die Baudenkmäler ergänzt und die für das UVF-Gebiet erhobenen KHLE an die Qualität der jetzigen Kartierung angepasst werden. Zum anderen ist auch die Erfassung der KHLE des Erweiterungsgebietes ergänzungsbedürftig. Bei der Größe des UG und dem engen Bearbeitungszeitrahmen ist zwangsläufig davon auszugehen, dass KHLE unentdeckt geblieben sind. Ein solches Kataster wird daher nie abgeschlossen sein. Es wird stets Aktualisierungs- und Ergänzungsbedarf geben, da sich die Landschaft ständig

---

[1] Die Summe von 505 erfassten KHLE entstand, weil einige der insgesamt 492 KHLE in zwei Naturräumen liegen und daher in die Statistik zweimal eingehen.

verändert und man nie davon ausgehen darf, das Gebiet flächendeckend und abschließend erfasst zu haben. Dazu ist es notwendig, die Heimat- und Geschichtsvereine auch in Zukunft eng einzubinden.

Mögliche Öffentlichkeitsarbeit

Neben der behördlichen Verwendung bietet es sich an, die Ergebnisse dieser Arbeit der Öffentlichkeit zu vermitteln, allerdings unter Ausklammerung besonders sensibler Bereiche. Wander-, Freizeit- oder Exkursionsführer in Form handlicher Bücher, Hefte oder Karten, Ausstellungen oder Artikel in Tageszeitungen, in denen KHLE vorgestellt werden, steigern die Identifikationsmöglichkeiten der Menschen mit ihrer Region und können das Gefühl der Heimat vermitteln.

Ziele

Der Planungsverband verfolgt mit der Erhebung und Veröffentlichung der Daten zwei Hauptziele. Einerseits soll die Bevölkerung für KHLE sensibilisiert werden. Öffentlichkeitsarbeit kann am besten dafür sorgen, solche Objekte in der Landschaft zu erhalten. Denn es ist nicht immer böser Wille, sondern oftmals auch Unkenntnis und daraus resultierende fehlende Wertschätzung, dass z. B. Grenzsteine verschleppt, Dämme geschleift oder Terrassen eingeebnet werden. Nur durch ausreichende Information kann man ihrer Vernichtung entgegentreten. Damit gewinnen KHLE auch eine besondere Bedeutung für die landschafts- und naturorientierte Erholung. Des Weiteren sollen andererseits Politik und Bevölkerung in der Region auf ihre Umgebung aufmerksam gemacht werden. Dadurch kann man die Identität mit der Region erhöhen und die Landschaft als weichen Standortfaktor stärken.

Literatur

MELZIG 1998
A. Melzig, Erfassung kulturhistorisch bedeutsamer Elemente und Kulturdenkmäler in den Landschaftsräumen des Umlandverbandes Frankfurt. Unveröffentl. Projektbericht Frankfurt a. M. (1998).

NATURRÄUMLICHE GLIEDERUNG 2004
Naturräumliche Gliederung. In: Hessisches Landesamt für Umwelt und Geologie (Hrsg.), Umweltatlas Hessen (Wiesbaden 2004) (http://atlas.umwelt.hessen.de/atlas/ [Stand: 2.2005]).

PLETSCH 1989
A. Pletsch, Hessen. Wissenschaftliche Länderkunde 8 III (Darmstadt 1989).

RIEBELING 1977
H. Riebeling, Steinkreuze und Kreuzsteine in Hessen. Ein topographisches Handbuch zur rechtlichen Volkskunde (Dossenheim/Heidelberg 1977).

RIEBELING 1981
H. Riebeling, Historische Verkehrsmale in Hessen. Ein topographisches Handbuch zur Verkehrsgeschichte (Dossenheim/Heidelberg 1981).

RIEBELING 1988
H. Riebeling, Historische Rechtsmale in Hessen. Ein topographisches Handbuch zur Rechtsgeschichte (Dossenheim/Heidelberg 1988).

UMLANDVERBAND FRANKFURT 1999
Umlandverband Frankfurt (Hrsg.), Der Regionalpark RheinMain. Der Landschaft einen Sinn. Den Sinnen eine Landschaft³ (Frankfurt a. M. 1999).

WIEGAND 2004
Ch. Wiegand, Erfassung kulturhistorischer Landschaftselemente im Erweiterungsgebiet des Planungsverbandes Ballungsraum Frankfurt/Rhein-Main. Unveröffentl. Projektbericht Hannover (2004).

GIS im Landschaftsmanagement – Kulturlandschaftsforschung und -vermittlung im Spessart

Von Jürgen Jung und Gerrit Himmelsbach

Netzwerk Kulturlandschaft Spessart

Im Bereich der Kulturlandschaftsforschung wird seit einiger Zeit interdisziplinär auf Geoinformationssysteme (GIS) zurückgegriffen (WAGNER 1999). Auch im Spessart ist seit dem Ende der 1990er-Jahre in einer Kooperation des Senckenberg-Forschungsinstituts in Biebergemünd-Bieber mit dem Archäologischen Spessart-Projekt (ASP) ein eigenes Spessart-GIS entwickelt worden.

Dieses auf den Naturraum Spessart bezogene GIS arbeitet losgelöst von den Verwaltungs- und Vermessungsstrukturen, die den Spessart durchziehen.[1] Hier finden regional und lokal ermittelte Informationen Eingang, die wissenschaftlich gewonnene Daten ergänzen und aufwerten. Zusätzlich bietet das Spessart-GIS ein Reservoir neuartiger und aktueller kartographischer Darstellungen für regionale Entscheidungsträger, Firmen, Naturschutzvereine, historische Vereine sowie für Privatpersonen. Durch dieses Netzwerk wird die Kulturlandschaft Spessart erstmals als historisch gewachsene und sich stets verändernde Einheit begriffen und erforscht (Abb. 1).

Das Konzept basiert auf den Ergebnissen des 1995 unter der Schirmherrschaft der (Land-)Kreise Aschaffenburg, Main-Kinzig, Main-Spessart und Miltenberg sowie der Stadt Aschaffenburg in Bad Orb veranstalteten Spessartkongresses. In der Folge wurde der gemeinnützige Verein Archäologisches Spessart-Projekt e. V. (ASP) gegründet, der die Erforschung, Erschließung und Vermittlung der Kulturlandschaft Spessart zur Aufgabe hat (GÜNTHER u. a. 1996).[2]

Zunächst beschränkt auf den Bereich Archäologie, wurde durch Mitwirkung in mehreren EU-Projekten seit 1998 deutlich, dass nur die interdisziplinäre Erforschung der Kulturlandschaft mit möglichst vielen wissenschaftlichen Teildisziplinen ein umfassendes Bild von der Entstehung und Vermittlung einer Kulturlandschaft zeichnen kann.[3] Erst die interdisziplinäre Forschung erzeugt eine historische Tiefenschärfe, die den Spessart als eine vom Menschen seit 8.000 Jahren gestaltete Kulturlandschaft begreifen lässt.[4]

---

[1] Drei Viertel der Fläche des Spessart liegen in Bayern (Landkreise Main-Spessart, Miltenberg, Aschaffenburg, Stadt Aschaffenburg), ein Viertel in Hessen (Main-Kinzig-Kreis).
[2] Zu den Anfängen des ASP: ERMISCHER 1999. – Sitz des ASP ist Aschaffenburg.
[3] Ein Ergebnis der Projektarbeit im europäischen Rahmen ist seit 2003 die Mitgliedschaft als Nicht-Regierungs-Organisation im Fachgremium des Europarates für die Umsetzung der Landschaftskonvention.
[4] Unter der Leitung des Kreisarchäologen des Main-Kinzig-Kreises und 2. Vorsitzenden des ASP, Dr. H.-O. Schmitt, wurden seit 1998 in Hasselroth-Neuenhaßlau Grabungen durchgeführt. Mit Unterstützung des Landes Hessen wurde Ende 1999 in Biebergemünd-Kassel der Ringwall „Alteburg" geophysikalisch prospektiert. In Zusammenarbeit mit der Kommission für Archäologische Landesforschung in Hessen (KAL) erfolgte im Jahr 2000 eine Grabung im Ortskern von Bad Orb; dazu: SCHMITT 2001; GRÖNINGER 2001; POSSELT & ZICKGRAF 2001. – 2004 wurden an der Alteburg in einer Kooperation von Hessischem Landesamt für Denkmalpflege, der Universität Mainz, des ASP, der Gemeinde und dem Geschichtsverein Biebergemünd sowie weiterer regionaler und lokaler Organisationen Grabungen durchgeführt, deren Ergebnisse 2005 vorgelegt werden. Zukünftige Untersuchungen im Spessart sind geplant. – Dendrochronologische Untersuchungen an Hölzern aus dem Spessart werden am Institut für Vor- und Frühgeschichte der Universität Frankfurt a. M. vorgenommen. Das dortige Dendrolabor unter der Leitung von Dr. Th. Westphal arbeitet an einer Klimageschichte des Spessart (WESTPHAL 2001); das Institut für Ökologie der TU Berlin forscht derzeit in Spessart und Odenwald über klimatische und regional relevante Klimaveränderungen in der Vergangenheit. – Im Bereich der historischen Forschung finden seit dem Sommersemester 2003 Seminare und Übungen am Lehrstuhl für fränkische Landesgeschichte des Mittelalters der Universität Würzburg statt (Prof. Dr. H. Flachenecker).

Abb. 1.
GIS-unterstützte Präsentation von Fragestellungen der Kulturlandschaft vor Entscheidungsträgern
(ASP/Forschungsinstitut Senckenberg).

Die Projektarbeit setzte an am Klischee des Spessart, das von der Vorstellung einer seit Jahrtausenden weitgehend menschenleeren Waldlandschaft geprägt wird, in der seit jeher große Armut herrscht.[5] Dieses Missverständnis findet seinen Ursprung im 19. Jh., als im Jahre 1852 Rudolf Virchows Buch „Die Noth im Spessart" auf der Basis einer Inspektionsreise erschien (VIRCHOW 1998). Der von ihm beschriebene schlechte Zustand der Bevölkerung geht auf den Umstand zurück, dass im 18. Jh. vorhandene Ansätze der Frühindustrialisierung in der Region nicht fortgeführt wurden. Glaserzeugung und -handel sowie Erzabbau und Metallerzeugung wurden durch staatliche Eingriffe stillgelegt.
Strukturveränderungen durch die Verlagerung der Verkehrsströme aufgrund des Eisenbahnbaus und der damit verbundenen Rohstoffzuführung von außen (hochwertigere Erze, Steinkohle) sorgten für die Stilllegung von Betrieben und die Abkopplung von der weiteren industriellen Entwicklung. Zwischen etwa 1750 und 1950 erlebte der Spessart deshalb eine Periode des wirtschaftlichen Niedergangs und der Stagnation. Virchows Werk und Wilhelm Hauffs Märchensammlung „Das Wirtshaus im Spessart" (1826) sowie die filmische Umsetzung dieses Stoffs durch den erfolgreichen gleichnamigen Kinofilm (1957) trugen dazu bei, das Bild des von jeher armen Spessart im Bewusstsein der Bevölkerung zu festigen und negativ zu beeinflussen. Dies verhinderte den Blick auf die Kulturlandschaft Spessart von außen ebenso wie von Seiten der einheimischen Bevölkerung und damit auch die Entwicklung einer eigenen – positiv besetzten – Identität.
Damit verbunden ist ein Mangel an wissenschaftlichen Arbeiten über die Region. Die Annahme, dass es sich beim Spessart um eine vom Menschen kaum berührte Waldlandschaft handelt, ließ keine breite wissenschaftliche Aufarbeitung zu. Eine Ausnahme bildet hier lediglich der Bereich der Forstwirtschaft.[6] Hinzu tritt die territoriale Randlage des Spessart, die die Region bei der Hochschulforschung in den Hintergrund treten ließ. Um diese Hemmnisse aufzuheben, führt das Netzwerk von ASP und Senckenberg die Akteure in der Region mit auswärtigen Institutionen und Forschungsinstituten zusammen.[7]
Neben einer großen Menge bislang nicht ausgewerteter archivalischer Quellen finden sich im Spessart unter seiner mit 64 % von Wald bedeckten Oberfläche eine große Zahl von Kulturdenkmälern. Ihre Spuren sichtbar zu machen und für die Wissenschaft, für die einheimische Bevölkerung sowie für Besucher zu erschließen, sind die wichtigsten Aufgaben für die Zukunft. Das Spessart-GIS spielt in diesem Zusammenhang eine zentrale Rolle bei der wissenschaftlichen Datenerfassung und Interpretation.

---

[5] Vgl. ERMISCHER 2000.
[6] Zum Beispiel WEBER 1954.
[7] Es seien hier genannt: (Land-)Kreise Aschaffenburg, Main-Kinzig, Main-Spessart, Miltenberg, Stadt Aschaffenburg, Forschungsinstitut Senckenberg, Spessartbund, Naturpark Bayerischer Spessart, Naturpark Hessischer Spessart, Initiative Bayerischer Untermain, Lernende Region Main-Kinzig/Spessart, Gebietsausschuss Tourismus Spessart-Main-Odenwald, Wirtschaftsförderung Main-Kinzig sowie weitere Vereine und Verbände.

Das angesammelte Wissen wird u. a. über die im gesamten Spessart angelegten europäischen Kulturwege vermittelt. Diese Wanderwege sind Knotenpunkte lokaler Netzwerke, die der Bevölkerung Forschungsergebnisse näher bringen und gleichzeitig örtliche Akteure ermuntern, eigene Untersuchungen zu betreiben. Die Routen der Kulturwege werden in einem Zeitraum von ein bis zwei Jahren von örtlichen Arbeitsgruppen entwickelt, aus deren Kern weitere kulturhistorische Initiativen wachsen.[8] Die Erfahrungen der letzten fünf Jahre haben gezeigt, dass mit dieser Methode die Bevölkerung in die Lage versetzt wird, Heimatgeschichte einfach und öffentlichkeitswirksam an Einheimische und Gäste zu vermitteln. Damit entsteht gleichzeitig eine wertvolle touristische Basisstruktur. Darüber hinaus wirken die Arbeitsgruppen auch als eine Säule des lokalen Wissenspotenzials, das starke Impulse für die Fortentwicklung des Spessart-GIS gibt (HIMMELSBACH 2003).

Spessart-GIS: Konzept, Arbeitsweise, Funktion

Mit der Aufnahme der Arbeit des ASP ging von Beginn an die Kooperation mit dem Forschungsinstitut Senckenberg einher. Dort wurden in der Forschungsstation für Mittelgebirge in Biebergemünd-Bieber im nördlichen Spessart in den Jahren 1997/98 die Grundlagen des Spessart-GIS durch die Erarbeitung eines regionalökologischen Gutachtens für den Spessart gelegt (MOLLENHAUER u. a. 1999). Bei Projektbeginn war vorgesehen, ein regionales GIS mit dem Ziel zu installieren, das kulturlandschaftliche Inventar aufzuarbeiten und die Kulturlandschaftsentwicklung des Spessart zu rekonstruieren. Auf das Projektgebiet Spessart Bezug nehmend, entschied man sich, das GIS unter dem Projekttitel „Spessart-GIS" zu führen. Die kultur- wie naturwissenschaftlichen Arbeitsschwerpunkte der Projektpartner ASP und Forschungsinstitut Senckenberg gaben von Beginn an die interdisziplinäre Ausrichtung des Spessart-GIS vor. Kulturhistorische und naturwissenschaftliche Daten wurden und werden daher gleichermaßen erfasst, eingegeben, archiviert und modelliert. Dadurch entstand ein Themenspektrum von inzwischen einmaliger Breite. Es reicht von der detaillierten Darstellung der Geologie, über Angaben zum Relief, Informationen zur Verbreitung von Tieren und Pflanzen, ökologische Parameter bis hin zur Landnutzungsklassifikation auf Basis des europaweiten Programms CORINE (CoORdination of INformation of the Enviroment) (JUNG 2003). Dieser Datenbestand repräsentiert die rezente Kulturlandschaft Spessart mit all ihren Aspekten einschließlich der noch sichtbaren Spuren ihrer historischen Dimension und bildet die Basis für die retrospektive Betrachtung der Region, aus der wiederum Schlüsse für ihre künftige Entwicklung gezogen werden können. Auf der kulturhistorischen Seite einzigartig in Deutschland ist hierbei die Bearbeitung der archäologischen Daten aus dem Spessart. Erstmalig wurden Daten aus den Fundortregistern der Landesämter für Denkmalpflege von Bayern und Hessen für das betreffende Gebiet länderübergreifend aufgearbeitet. Die archäologische Landschaft Spessart digital als Ganzes zu betrachten, war deshalb bis zum Beginn des ASP unmöglich, weil die Koordinatengrundlagen beider Bundesländer differierten. Erst das Spessart-GIS hat durch einen aufwendigen Abgleich eine einheitliche Darstellung des Spessart ermöglicht. Neben der Ortsinformation als Punktinformation mit Rechts- und Hochwert musste die Beschreibung des Fundes oder Befundes in GIS-analytisch umsetzbare Daten hinsichtlich zeitlicher oder objektbezogener Einordnung verändert werden. Dazu wurden die Einzelangaben der Fundbeschreibungen in Codes umgesetzt, die schließlich in einer differenzierten, nach Zeit- und Objektbezug gegliederten Matrix aufgeschlüsselt wurden. Auf diese Weise wurden die Daten für detaillierte Abfragen aufgearbeitet, die schließlich im GIS unmittelbar visualisiert und kartographisch umgesetzt werden können. Ziel der Bearbeitung der Fundortregister ist eine zusammenfassende Darstellung des archäologisch-historischen Forschungsstandes des Spessart. Wie angesprochen, spielt dabei auch die Einarbeitung durch lokale Informationsträger eine Rolle. Auf diese Weise konnten gerade im Bereich der Archäologie den Daten der Landesämter weitere lokalspezifische Informationen hinzugefügt werden.

Die Stärke des GIS liegt darin, die auf der Basis des archäologischen und geschichtlichen Inventars ermittelten Daten von Punktinformationen auf Flächenprojektionen zu erweitern und damit dem Verständnis von Kulturlandschaft eine neue, der Realität näher liegende Dimension zu geben. Für einzelne Zeithori-

---

[8] Ende 2004 bestanden 34 Kulturwege im Spessart und zwei Kulturwege als UNESCO-Geopark-Kulturpfade in Kooperation mit dem Geopark Bergstraße-Odenwald. Die Exkursionsteilnehmer der Tagung erhielten die Gelegenheit, den Kulturweg in Mainaschaff kennen zu lernen.

zonte ebenso wie für längere Phasen kann auf Flächenausschnitten ein dazugehöriger gewachsener Landschaftscharakter ermittelt werden. Entsprechende GIS-Analysen wurden beispielsweise vom Projektpartner des EU-Projektes „Pathways to Cultural Landscapes" (PCL) für das Gebiet Bowland und Lune-Valley in Mittelengland durchgeführt. Die dort entwickelte Methode der „Historic Landscape Characterisation" (HLC) ermittelt durch die Überlagerung thematischer Flächen viele repräsentative Zeitscheiben (ERMISCHER 2002).

Zusätzlich zu den tabellarischen Zusammenstellungen der archäologischen Fundortregister können Altkarten bei der Erfassung historischer Landschaftsstrukturen eine wertvolle Hilfe bieten. Nach der quellenkritischen Überarbeitung durch den Historiker können ihnen wertvolle Informationen entnommen werden. Ein Beispiel hierfür ist die mutmaßlich erste Spessart-Übersichtskarte des Nürnbergers Paul Pfinzing von 1562/94 (KAMPFMANN 2000).[9] Die Karte zeigt viele heute bereits überlagerte Strukturen, die uns ein Bild des spätmittelalterlichen Spessart vermitteln. Die Karteninformationen können nicht unmittelbar ins GIS übernommen werden. Geht man aber davon aus, dass die Objekte lagekonstant sind, kann man die Objekterfassung auf Umwegen realisieren, wenn man sie auf aktuelle topographische Karten als georeferenzierte, GIS-kompatible Digitalisiergrundlagen überträgt. Für einen Teilbereich der Pfinzing-Karte wurde dieses Verfahren mit sehr guten Ergebnissen angewandt und in verschiedenen thematischen Karten z. B. zum Gewässernetz, zu Siedlungen und zu besonderen Landschaftselementen festgehalten (Abb. 2).

Bemerkenswert ist nicht nur die methodische Umsetzung der Daten für die Interpretation, sondern auch die laienwissenschaftliche Begleitung dieser Analyse. Die vorbereitenden Untersuchungen wurden im Rahmen einer Facharbeit geleistet, wie sie in der Kollegstufe an bayerischen Gymnasien üblich ist. In Zusammenarbeit mit dem Betreuer des Spessart-GIS wurden die Daten übertragen und kartographisch umgesetzt. In einem anderen Projekt konnten Untersuchungen zu Orts- und Flurnamen aus dem südwestlichen Spessart ins Spessart-GIS übernommen werden. Die im GIS entstandenen Karten dienen bei Zusammenkünften lokaler Akteure als Diskussions- und Arbeitsgrundlage zur Ergänzung der Informationen und somit zur Erweiterung des Datenbestandes.

Mit diesen und ähnlichen Projekten wird das Spessart-GIS in die Öffentlichkeit getragen und die fortschreitende Entwicklung des regionalen GIS durch die Mitarbeit lokaler Akteure ermöglicht. Das GIS trägt dazu bei, das Wissenspotenzial der ortsansässigen Bevölkerung zu erschließen, das, wenn überhaupt abgefragt, zumeist nicht veröffentlicht wird. Mit dem Spessart-GIS wird es in Form von Kartenmaterial zugänglich gemacht. Bei dieser Ausrichtung des Spessart-GIS wird darauf geachtet, dass die Konsistenz und Seriosität des Datenbestandes durch die konsequente Trennung von Daten unterschiedlicher Qualität gewahrt bleibt. Die auf wissenschaftlicher Basis ermittelten Informationen werden von zunächst ungeprüft ermittelten Daten unterschieden, getrennt archiviert und weiterverarbeitet. Die Bewertung der unterschiedlichen Datenquellen lässt somit Aussagen über die Qualität der Analysen zu.

Eine unmittelbar GIS-kompatible und wissenschaftlich interpretierbare Datengrundlage bieten Altkarten seit der Urkataster-Aufnahme in Bayern, die im bayerischen Spessart in den 1840er-Jahren durchgeführt wurde und die in die Erstellung des „Topographischen Atlasses des Königreiches Bayern" mündete (im Spessart um 1850) (SEEBERGER 2001). Auf hessischer Seite entstand im gleichen Zeitraum die „Topographische Karte des Kurfürstentums Hessen". Mit der Landesvermessung und der Erstellung amtlicher Topographischer Karten durch die Vermessungsämter der Länder liegen Objekte im geographischen Raum mit eindeutig durch Rechts- und Hochwerte registrierten Rauminformationen vor.

Die Analyse der Kulturlandschaftsentwicklung bezieht diese Datenquelle ein. So enthalten amtliche topographische Karten, z. B. die Messtischblätter im Maßstab 1:25.000, der Landesvermessungsämter mit unterschiedlichen Erscheinungsjahren eine enorme Dynamik der Kulturlandschaftsentwicklung. Exemplarisch wurde die Analyse zeitlich differierender Karten für das Stadtgebiet von Lohr a. M. durchgeführt. Hierfür kamen die relevanten Messtischblätter aus den Jahren 1939 und 1997 zum Einsatz, aus denen die Waldflächen sowie Siedlungs- und Gewerbeflächen kartiert wurden. Der Flächenabgleich im Spessart-GIS ermöglicht eine unmittelbar visuelle Bewertung der Landschaftsveränderungen in diesem Zeitraum (Abb. 3).

---

[9] Vgl. dazu des Weiteren: SCHNELBÖGL 1957; FLEISCHMANN 1994, 64 f.

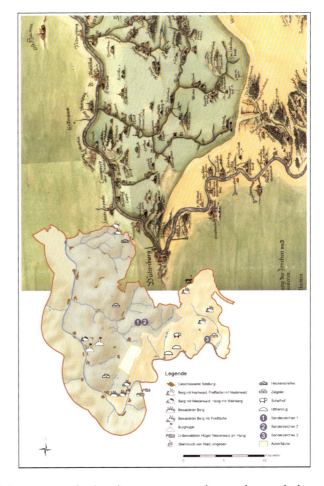

Abb. 2.
Besondere Landschaftselemente im südwestlichen Bereich der Pfinzing-Karte und die Darstellung dieser mittels GIS; die Altkarte ist ursprünglich nach Westen ausgerichtet (ASP/Forschungsinstitut Senckenberg; Karte des Spessart entnommen aus: Pfinzing-Atlas [Faksimile], Staatsarchiv Nürnberg, Nürnberger Karten und Pläne, Rep. 58, 230).

Daneben können nach Anwendung interner Funktionen quantitative Aussagen gemacht werden und absolute Flächengrößen angegeben sowie relative Bezüge hergestellt werden. Im Stadtgebiet von Lohr a. M. nahm die Waldfläche im Zeitraum von 1939 bis 1997 um etwa 2,5 % zu. Wie in der Karte durch dunkelgrüne Signaturen verdeutlicht, wurden viele Waldränder in Richtung Offenland verlagert, daneben zahlreiche Lichtungen geschlossen. Die Siedlungsfläche inklusive Gewerbegebietsflächen vergrößerte sich um stattliche 56 % und hat sich damit seit dem Zweiten Weltkrieg mehr als verdoppelt. Diese Flächenerweiterungen gingen auf Kosten des Offenlandes, das meist landwirtschaftlich genutzte oder brachliegende Flächen verlor. Es wäre an dieser Stelle interessant, weitere Flächendifferenzierungen vorzunehmen und die kausalen Hintergründe dieser, sicher für die meisten Mittelgebirgssiedlungen repräsentativen Entwicklung zu hinterfragen.

Es wird deutlich, dass ein regional ausgerichtetes GIS wie das Spessart-GIS viele Fragen der Kulturlandschaftsgenese klären kann, während sich aus den ersten flächenanalytischen Schritten bereits neue Fragestellungen ergeben. Man versteht Kulturlandschaften besser durch die Visualisierung des gewachsenen Charakters der Landschaft, ihrer vierten Dimension. Damit wird auch der Prozess des stetigen Landschaftswandels vermittelt.

Dies geschieht nicht nur im wissenschaftlichen Rahmen, sondern erlaubt auch der Bevölkerung ein neues Verständnis der eigenen Kulturlandschaft. Dazu ist eine Beteiligung der Bürger unerlässlich, was einen zeitintensiven Betreuungsaufwand fordert, aber ein enormes Entwicklungspotenzial birgt. Das Einbringen dieser Erfahrung kann in Zukunft eine höhere Akzeptanz der regionalen Landschaftsplanung durch die Betroffenen erreichen.

Im Rahmen des EU-Projekts PCL durchgeführte Projektwochen mit einem Kindergarten haben gezeigt, dass das GIS auch in der Pädagogik angewandt werden kann. Es gelang, die kindliche Neugier an der Kulturlandschaft, d. h. an der Heimat, zu wecken. Damit wird früh der Prozess der Auseinandersetzung mit der Kulturlandschaft eingeleitet, was zu einer lokalen und regionalen Identifikation führt und schließ-

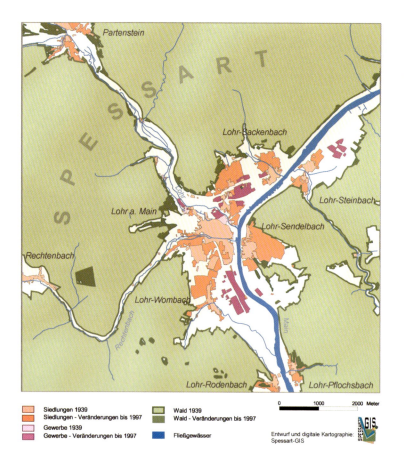

Abb. 3.
Kulturlandschaftsanalyse im Stadtgebiet von Lohr a. M. (östlicher Spessart) am Beispiel der Wald-, Siedlungs- und Gewerbegebietsflächen von 1939 bis 1997 (ASP/Forschungsinstitut Senckenberg; Quelle: Bayerisches Landesvermessungsamt [Hrsg.], TK 25, Blatt 6023 Lohr a. M., und TK 25, Blatt 5923 Rieneck, der Erscheinungsjahre 1939 und 1997).

lich Kräfte für deren Pflege und Zukunft mobilisiert.[10] Nicht zu vergessen ist dabei, dass über die Kinder die Eltern am schnellsten erreicht und für die Fragestellungen sensibilisiert werden. Hier muss der Hebel angesetzt werden, denn die Projektarbeit im Spessart hat gezeigt, dass für weniger finanzstarke Institutionen schon das Sammeln der ungeheuren Mengen von Informationen ohne freiwillige und ehrenamtliche Helfer gar nicht möglich wäre. Dabei entsteht eine hohe Identifikation mit dem Projekt und mit der örtlichen Landschaft, die wiederum zu einer wesentlich verbesserten sozialen Kontrolle und höheren Akzeptanz von Landschaftsplanung und -entwicklung führt. Gleichzeitig hat sich diese Beteiligung auch im wissenschaftlichen Sinn als sehr fruchtbringend erwiesen: Da Kulturlandschaft ein menschliches Konzept ist und eben in den Köpfen der Menschen entsteht, ist es unerlässlich, die Einstellung und Ideen der Menschen von der Landschaft zu erfassen. Ohne diesen Aspekt bleibt Landschaftsforschung ein theoretisches Rudiment.

Zusammenfassung:
Spessart-GIS als ideales Werkzeug der Kulturlandschaftsforschung

Landschaftsmanagement über GIS wird im Spessart im Verbund von Wissenschaftlern und Bevölkerung betrieben. Das Spessart-GIS zeigt seine Stärken in der Forschung durch die Möglichkeit der Erweiterung von punktuellen Forschungsergebnissen auf eine Fläche. Die Bevölkerung wird durch die Visualisierung von erarbeiteten Inhalten der Kulturlandschaftsforschung erreicht und damit auch die Motivation der Bewohner des Spessart, sich an der Fortentwicklung ihrer Heimat zu beteiligen. Der zukünftige Beitrag des Spessart-GIS zielt darauf ab, die Vorstellung von einer Landschaft, die gegenwärtig in den Köpfen

---

[10] Mit der Gemeinde Heimbuchenthal wird ein Projekt auf der Ebene der Grund- und Hauptschulen durchgeführt, bei dem mithilfe der örtlichen Pädagogen der Folder des lokalen Kulturweges der Verständnisebene von Kindern angepasst wird. In dieser Form soll eine Broschüre mit einer Auflage von 3.000 Stück als Führungsbegleitung für Kinder erstellt werden. Gleichzeitig ist dies ein Beitrag zur Verbesserung der touristischen Basisstruktur.

vorhanden ist und durch die Berichterstattung in den Medien unterstrichen wird, zu verändern: Aus dem Klischee der menschenleeren Waldlandschaft Spessart wird das Bild einer 8.000 Jahre alten Kulturlandschaft mitten in Europa. Dahinter steht die Vorstellung einer „Mental Landscape", wie sie im europäischen Projekt PCL erarbeitet wurde (ERMISCHER u. a. 2004).

Das Werkzeug GIS trägt dazu bei, die Menschen von der Realität des Spessart als Kulturlandschaft zu überzeugen. Dann, so hat sich gezeigt, nehmen auch politische Entscheidungsträger die Ergebnisse der Kulturlandschaftsforschung auf und fördern weitere Aktionen bzw. lassen sie in die Landschaftsplanung einfließen. Das Spessart-GIS erreicht heute die Menschen und Institutionen in einem Maße, dass diese bereit sind, für Karteninformationen und -werke Mittel zur Verfügung zu stellen. Für touristisches Kartenmaterial konnte mehrmals auf den Datenbestand des Spessart-GIS zurückgegriffen werden. Auf Anfrage entstanden diverse Übersichtskarten für regionale Wanderrouten oder Radwege. Aus einer einfachen Datenabfrage wurde ein kleines Tabellenwerk zum Spessart entwickelt, das naturgeographische Themen des Spessart behandelt (JUNG 2002).

In Zukunft soll das Spessart-GIS verstärkt als Werkzeug genutzt werden, um Menschen vor Ort helfen zu können, ihre heutige Landschaft zu verstehen und künftig zu gestalten (Abb. 4).

Abb. 4.
GIS im Dialog: in Arbeitsgruppen (links oben), auf Messen und Ausstellungen (rechts oben), bei Begehungen (links unten) sowie am Computer (rechts unten) (ASP/Forschungsinstitut Senckenberg).

Literatur

ERMISCHER 1999
G. Ermischer, Das Archaologische Spessartprojekt. Beiträge zur Archäologie in Unterfranken 1998 (1999) 236-242.

ERMISCHER 2000
G. Ermischer, Der Spessart als Kulturlandschaft – Das Archäologische Spessartprojekt. Das Archäologische Jahr in Bayern 1999 (2000) 153-155.

ERMISCHER 2002
G. Ermischer, Spessart Goes Europe. The Historic Landscape Characterisation of a German Upland Region. In: G. Fairclough/St. Rippon (Eds.), Europe´s Cultural Landscape: Archaeologists and the Management of Change. EAC Occasional Paper 2 (Brüssel 2002) 161-168.

ERMISCHER u. a. 2004
G. Ermischer/R. Kelm/D. Meier/H. Rosmanitz (Hrsg.), Wege in europäische Kulturlandschaften (Heide 2004).

FLEISCHMANN 1994
P. Fleischmann, Der Pfinzing-Atlas von 1594. Eine Ausstellung des Staatsarchivs Nürnberg anläßlich des 400jährigen Jubiläums der Entstehung, Nürnberg, 9. September – 23. Oktober 1994. Ausstellungskatalog der staatlichen Archive Bayerns 33 = Schriftenreihe der Altnürnberger Landschaft 40 (München 1994).

GRÖNINGER 2001
R. Gröninger, Vorbericht zur archäologischen Ausgrabung Bad-Orb-Pfarrgasse (Main-Kinzig-Kreis). Mit einem Beitrag von E. Hahn. Berichte der Kommission für Archäologische Landesforschung in Hessen 6, 2000/2001 (2001) 181-201.

GÜNTHER u. a. 1996
H. Günther/W. Prigge/A. Tietje (Hrsg.), Spessart. Bilanz einer Kulturlandschaft. Dokumentation des bayerisch-hessischen Spessart-Projektes 1995 (Bad Orb 1996).

HIMMELSBACH 2003
G. Himmelsbach, Geophysikalische Prospektion und Landschaftsmanagement: Das Archäologische Spessart-Projekt in der Kulturlandschaft Spessart. Beiträge zur Archäologie in Unterfranken 2002 (2003) 305-314.

JUNG 2002
J. Jung, Der Spessart in Zahlen – Nachschlagewerk zum Naturraum Spessart. Unveröffentl. Manuskript Biebergemünd (2002).

JUNG 2003
J. Jung, Geographie des Spessarts in bits und bytes – der Spessart im Geographischen Informationssystem. Mitteilungsblatt Zentrum für Regionalgeschichte/Naturkundestelle des Main-Kinzig-Kreises 28, 2003, 62-69.

KAMPFMANN 2000
G. Kampfmann, 1562 hat der Nürnberger Jörg Nöttelein den Spessart vermessen. Der Spessart 9/2000, 6-14.

MOLLENHAUER u. a. 1999
D. Mollenhauer/J. Wolf/R. Krettek/O. Simon (Bearb.), Regionalökologisches Gutachten Spessart – Mit vertieften Aussagen für den hessischen Teil. Unveröffentl. Schlussbericht Biebergemünd (1999).

POSSELT & ZICKGRAF 2001
Posselt & Zickgraf Prospektionen GbR, Bericht über die geophysikalische Prospektion auf der Alteburg bei Biebergemünd-Kassel (Main-Kinzig-Kreis) Dezember 1999. Unveröffentl. Bericht Marburg/Lahn (2001).

SCHMITT 2001
H.-O. Schmitt, Becherzeitliche und bronzezeitliche Siedlungen im Gebiet der unteren Kinzig, Main-Kinzig-Kreis. In: S. Hansen/V. Pingel (Hrsg.), Archäologie in Hessen. Neue Funde und Befunde. Festschrift für Fritz-Rudolf Herrmann zum 65. Geburtstag. Studia honoraria 13 (Rahden/Westfalen 2001) 55-62.

SCHNELBÖGL 1957
F. Schnelbögl, Eine Spessartkarte vom Jahre 1594. Aschaffenburger Jahrbuch für Geschichte, Landeskunde und Kunst des Untermaingebietes 4, 1957, 653-660.

SEEBERGER 2001
M. Seeberger, Wie Bayern vermessen wurde. Hefte zur bayerischen Geschichte und Kultur 26 (München 2001).

VIRCHOW 1998
R. Virchow, Die Noth im Spessart – Eine medizinisch-geographisch-historische Skizze. Reprint der Ausg. Würzburg 1852 (Bad Orb 1998).

WAGNER 1999
J. M. Wagner, Schutz der Kulturlandschaft – Erfassung, Bewertung und Sicherung schutzwürdiger Gebiete und Objekte im Rahmen des Aufgabenbereiches von Naturschutz und Landschaftspflege (Saarbrücken 1999).

WEBER 1954
H. Weber, Die Geschichte der Spessarter Forstorganisation. Ein Beitrag zur deutschen Forstgeschichte (München 1954).

WESTPHAL 2001
Th. Westphal, Dendrochronologie zur Klimageschichte des Spessarts. Der Spessart 6/2001, 10 f.

Digitaler Atlas der Kulturlandschaften in Dänemark

Von Per Grau Møller

Einleitung

Der vorliegende Beitrag beschreibt ein unter dem Titel „Digitalisierung des kulturellen Erbes in Dänemark" durchgeführtes Projekt. Ein Ziel dieses Projektes ist es, eine methodische Basis für die Erfassung von Elementen und Strukturen, die zur historischen Kulturlandschaft gehören, zu entwickeln. Obwohl der Ausdruck „Kulturlandschaftskataster" in Dänemark nicht verwendet wird, erscheint dem Verfasser diese Bezeichnung als eine sehr passende Charakterisierung des Vorhabens.
Nachfolgend werden zunächst der gesetzliche Hintergrund in Dänemark sowie einige in diesem Zusammenhang von Bedeutung seiende Begriffe erläutert, um das Projekt in den richtigen Kontext zu stellen. Danach werden die gewählte Lösung einer internetbasierten Inventarisation beschrieben und die Nutzungsmöglichkeiten diskutiert, die sich aus dieser ergeben – insbesondere in verwaltungsmäßiger Hinsicht.

Die Verwaltung des kulturellen Erbes in Dänemark

Die Verwaltung des dänischen kulturellen Erbes weist seit Anfang des 20. Jh. mehrere Schwerpunkte auf (GRAU MØLLER u. a. 2002, 170-175).

An erster Stelle ist der Denkmalschutz zu nennen. Seit 1937 besteht die Möglichkeit, vorgeschichtliche, bodenfeste Denkmäler gesetzlich zu schützen. Typische Vertreter dieser Denkmalgattung sind Grabhügel und Ganggräber, die als funktionslose Relikte z. T. sehr deutlich in der Landschaft zu erkennen sind. Die Liste der Denkmäler ist in den nachfolgenden Jahren stets revidiert und erweitert worden. So wurden auch Elemente aus historischen Epochen mit einbezogen, wie z. B. Burgruinen, Burgwälle, Brücken oder Mühlendämme. Charakteristisch für diese Elemente ist, dass sie ausnahmslos als Punkte zu erfassen sind. Im Zuge der letzen Revision des Gesetzes – diese wurde im Rahmen der Novellierung des dänischen Naturschutzgesetzes vollzogen – wurde theoretisch die Möglichkeit eröffnet, auch Äcker zu schützen, wenn es sich beispielsweise um keltische Ackersysteme oder Wölbäcker handelt. In der Praxis war dies aus juristischen Gründen dennoch nicht möglich, da Äcker nicht als Punktelemente erfasst werden können, sondern entsprechend ihrer räumlichen Ausdehnung nur flächenhaft. Dies ist aber mit dem dänischen Denkmalschutz nicht vereinbar. Linienelemente wie Erd- und Steinwälle sind hingegen erst seit 1992 geschützt.
Ergänzend muss hinzugefügt werden, dass es in Dänemark ein hervorragendes digitales Verzeichnis aller Fundstellen[1] gibt, die den dänischen Museen seit Ende des 19. Jh. bekannt geworden sind. Hierin kann man vielfältige Auskünfte zu allen mehr oder weniger umfassend untersuchten Lokalitäten finden. Grundlage der Erfassung ist ein unmittelbarer Fundpunkt, der jedem Objekt zugewiesen wird, obwohl viele Elemente wie z. B. Siedlungen eine flächenhafte Ausdehnung aufweisen. Leider ist es schwierig, auf der Basis dieser Erfassung einen systematischen Überblick zu erhalten, da es bis heute nicht möglich ist, logische Abfragen in dem Verzeichnis vorzunehmen.

---

[1] Das Fundstellenregister ist online einsehbar unter der Adresse „www.dkconline.dk" (Stand: 2.2005).

Zum Zweiten ist hier das dänische Naturschutzgesetz zu nennen, in dessen Rahmen die Möglichkeit besteht, auch Flächen zu schützen und zu pflegen. Die entsprechenden Vorschriften des Gesetzes beziehen sich aber im weitesten Sinne auf Naturbereiche und beziehen ihre Begründungen entsprechend aus naturschutzfachlicher Sicht. Kulturhistorische Gesichtspunkte können aber ergänzend integriert oder eigenständig aufgenommen werden. Dies ist allerdings ein sehr beschwerlicher und langwieriger Prozess, der zudem auch mit relativ hohen Kosten verbunden sein kann, da die jeweiligen Grundbesitzer Entschädigungszahlungen einfordern können. Mit Blick auf kulturhistorische Landschaftselemente ist dieser Weg daher in der Praxis kaum einvernehmlich zu beschreiten.

Drittens ist der Schutz von Baudenkmälern anzuführen, der in seinen Grundzügen seit dem Jahre 1918 besteht. Dieser bezieht sich ausschließlich auf den Schutz einzelner Gebäude, wobei die fachwissenschaftlichen Begründungen überwiegend eine Mischung architektur- und kulturhistorischer Argumente darstellen – selten werden letztere allein angeführt. Die engen Grenzen dieses Schutzes werden daraus ersichtlich, dass es auf der Grundlage dieser Bestimmungen nicht möglich ist, eine Art Ensembleschutz auszusprechen, d. h. weitere Anlagen in der unmittelbaren oder näheren Umgebung können nicht unter den gleichen gesetzlichen Schutz gestellt werden. Dies gilt auch, wenn sie in einem funktionalen Zusammenhang mit dem geschützten Gebäude stehen, wie es z. B. bei einem zu einem Mühlengebäude zugehörigen Mühlteich samt Damm der Fall ist.

Im Jahre 1994 führte der damalige dänische Umweltminister Svend Auken, dem auch der Bereich kulturelles Erbe unterstand, den neuen Begriff des „Kulturmiljø" als dritte Dimension – neben dem Schutz von Natur und Denkmälern einerseits sowie Maßnahmen gegen Umweltverschmutzung andererseits – in die Umweltpolitik ein. Kennzeichnend für den Begriff war ein umfassenderer Schutz, indem nun auch größere Gebiete bei Unterschutzstellungen berücksichtigt werden konnten. Erste konkrete Fragen betreffend des Begriffsinhaltes kamen erst im Vorfeld der von der dänischen Regierung 1997 vorangetriebenen Erstellung von Regionalplänen auf. Diese Nachfragen wiederholten sich in den Jahren bis 2001. Von Bedeutung ist dies v. a. innerhalb der Planungshierarchie. Der Lokalplan stellt hier die unterste Ebene dar, auf der man im Rahmen von Maßnahmen zur Flächennutzung, einschließlich des Gebäudebestandes und der Grünflächen, den Schutz historischer Substanz vorantreiben kann (GRAU MØLLER 2001).

In der Folge wurden Projekte auf den Weg gebracht, die den Begriff des „Kulturmiljø" mit Inhalten versehen sollten (ETTING/GRAU MØLLER 1997; GRAU MØLLER/PORSMOSE 1997; PILOTPROJEKT ØST 1998; PILOTPROJEKT VEST 1998; SCHOU 1999). An diesen waren in der ersten Phase sowohl Vertreter der Wissenschaft wie auch der Verwaltung beteiligt. Ihr Hauptaugenmerk galt der Ansprache einzelner „Kulturmiljøer", d. h. Kulturlandschaftsbereichen. Die Auswahl der einzelnen „Kulturmiljøer" im Sinne einer Unterschutzstellung oblag in der Folge den zuständigen Behörden, d. h. den dänischen Ämtern[2], bei denen die Verantwortung für die Regionalpläne angesiedelt ist, sowie den jeweiligen Museen. Die Konsequenzen dieser Vorgehensweise werden später erläutert.

Generell ist die Lage heute so, dass keine der Behörden über einen Überblick aller „Kulturmiljø-"Typen in Dänemark verfügt und keinerlei diesbezügliche Informationen besitzt. Anders formuliert: Ein Kulturlandschaftskataster ist dringend notwendig, um das eigentliche Ziel, den Kulturlandschaftsschutz, zu erreichen.

„Kulturmiljø" – „Kulturelle Umwelt" – „Kulturlandschaftsbereich"

Vor diesem Hintergrund entschlossen sich der Verfasser und ein Kollege im Jahre 2002, ein Projekt durchzuführen, das zum Ziel hatte, ein solches Kulturlandschaftskataster zu entwickeln. In den Jahren 2003 und 2004 gewährte der staatliche Humanistische Forschungsrat eine finanzielle Unterstützung des unter der Projektbezeichnung „Digitaler Atlas der `Kulturmiljøer´ in Dänemark" durchgeführten Forschungsvorhabens.[3] Ein Teil des Projektes befasste sich mit kulturlandschaftlichen Untersuchungen, ein anderer Teil blieb der Entwicklung des methodischen Gerüsts eines Kulturlandschaftskatasters vorbehal-

---

[2] Hierbei handelt es sich um eine den deutschen Regierungsbezirken vergleichbare Verwaltungseinheit.
[3] Das Projekt verfügt über eine eigene Homepage: „www.humaniora.sdu.dk/kulturmiljoe/" (Stand: 2.2005).

ten. Letzterer brachte sowohl die Entwicklung der zentralen Begriffe wie auch der technischen Lösungen mit sich. Das für das Projekt ausgewählte Untersuchungsgebiet lag in Vendsyssel, dem Großteil der Insel nördlich von Jütland. Durch einen Vertrag mit den Behörden im Bezirk Vejle (Vejle Amt) bestand zudem die Möglichkeit, das Kulturlandschaftskataster dort zu implementieren und die Forschungsergebnisse in diesem Gebiet zu überprüfen (Abb. 1).

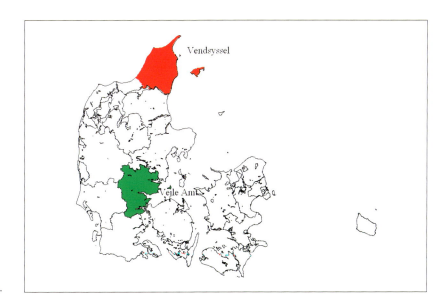

Abb. 1.
Die Untersuchungsgebiete des Forschungsprojektes: Vendsyssel und Vejle Amt. Für beide Regionen wurde ein Kulturlandschaftskataster erstellt.

Der Begriff „Kulturmiljø" ist offiziell definiert als „ein abgegrenzter Bereich, der sichtbar wesentliche Züge der gesellschaftlichen Entwicklung spiegelt" (ETTING/GRAU MØLLER 1997). Entscheidend ist hier das Hervorheben des Flächenhaften im Verständnis des Begriffes, im Gegensatz zu der Punktbezogenheit der bisherigen Verwaltung des kulturellen Erbes in Dänemark. Erst hiermit wurden die räumlichen Zusammenhänge in den Mittelpunkt gerückt, wie dies auch zunehmend in Disziplinen wie der Archäologie, Geographie, Ethnologie etc. geschieht. Mit etwa 20 bis 30 Jahren Verspätung erhielten diese Ansätze damit Eingang in die staatliche Verwaltung – und dies im Wesentlichen aufgrund der Tatsache, dass ein Archäologe Kanzleivorsteher in der dänischen Wald- und Naturverwaltung war.

Was aber aus dieser Definition nicht unmittelbar hervorgeht, ist der inhaltliche Aspekt. Dieser Gesichtspunkt wurde innerhalb der methodischen Entwicklungsarbeit in der Verwaltung bearbeitet (ETTING/GRAU MØLLER 1997). Vorgeschichtliche Fundstellen blieben dabei zunächst unberücksichtigt, da diese bereits, wie zuvor angeführt, in einer digitalen Übersicht erfasst waren – allerdings nicht vollständig.

Eine Folge der vorstehend angeführten Definition war, dass in einer Reihe von Verwaltungsbezirken viele der abgegrenzten „Kulturmiljøer" einem Konglomerat aus einzelnen Elementen unterschiedlicher Zeitstellung gleichkamen, die untereinander in einem räumlichen Zusammenhang standen und stehen. So haben viele Verwaltungen vorgeschichtliche Grabhügel erfasst, die in einem räumlichen Zusammenhang mit Elementen des 19. oder 20. Jh. stehen, wodurch das Ganze als ein „Kulturmiljø" empfunden wird.

Bei der Weiterentwicklung des Begriffes haben wir Wert darauf gelegt, dass stets eine gemeinsame Funktion der erfassten bzw. zu erfassenden Elemente bestand, d. h. in gewisser Weise auch, dass die Elemente ungefähr zur gleichen Zeit in Nutzung gewesen sein müssen. Des Weiteren möchten wir bei der Definition eigenständiger „Kulturmiljøs" von einer gewissen Mindestgröße ausgehen. Dieses Begriffsverständnis erlaubt es, weiterhin mit übergreifenden „Kulturmiljøs" zu argumentieren, die sich im Raum zwar überlagern, zeitlich aber unterschiedliche Funktionsperioden widerspiegeln.

Die wörtliche Übersetzung des dänischen Begriffs „Kulturmiljø" bedeutet „Kulturelle Umwelt", eine Formulierung, die vor dem Hintergrund der bisherigen Ausführungen den Sachverhalt nicht zutreffend beschreibt. Wirft man einen Blick auf die zu diesem Thema in Deutschland geführte Diskussion, so erscheint dem Verfasser ein anderer Begriff wesentlich geeigneter zu sein und zwar der des „Kulturlandschaftsbereiches" (BURGGRAAFF 2000; PLÖGER 2003). Peter Burggraaff definiert den Begriff wie folgt: „Kulturlandschaftsbereiche sind Komplexe von zusammenhängenden, nach Nutzung und Funktionsbereichen miteinander räumlich verbundenen Kulturlandschaftselementen und -bestandteilen, die als solche kleinregionale Strukturen bilden und auf der Planungsebene `Landschaftsplan´ und in Betrachtungsmaßstäben bis 1:25.000 erfasst werden" (BURGGRAAFF 2000, 11; 20). Ein weiterer zentraler Begriff ist der des „Funktionsbereiches", der ebenfalls von Burggraaff definiert wurde: „Funktionsbereiche sind übergeordnete Gruppen von Funktionen und Aktivitäten unabhängig von der Raumkonstellation, die für die Gestaltung der Kulturlandschaft räumlich und zeitlich von unterschiedlicher Bedeutung sind" (BURGGRAAFF 2000, 9). Diesbezüglich besteht eine große definitorische Kongruenz mit dem dänischen Begriff „Kulturmiljø", besonders wenn man diesem ein erweitertes Verständnis zugrunde legt. Weitere Übereinstimmungen ergeben sich mit dem englischen Begriff der „cultural area", der vom dem deutsch-amerikanischen Geographen Carl Sauer verwandt wurde. Dieser versteht unter einer „cultural area" „a unit of observation over which a functionally coherent way of life dominates" (SAUER 1963, 363). Zwar beinhaltete der Begriff keinen angewandten Aspekt, wie die moderneren, legt aber ein vergleichbares Gewicht auf das Funktionelle.

Inventarisationspraxis

Wenn es im Folgenden um die Implementierungen der Ergebnisse des Forschungsprojektes geht, so ist darauf hinzuweisen, dass die Inventarisierungsmaßnahmen ausschließlich außerhalb des Kerns der alten Städte durchgeführt wurden. Die urbane Entwicklung auf dem Lande fand hingegen durchaus Berücksichtigung. Grundlage für die Erfassungsarbeiten war ein Katalog verschiedener Landschafts- und Funktionskategorien samt zugehöriger Unterkategorien.[4] Im Einzelnen handelt sich dabei um die folgenden:

1. Agrare Bereiche vor 1800
   - Dorf
   - Einzelhof
   - Gut

2. Agrare Bereiche nach 1800
   - Kleinbauernkolonie (aus verschiedenen zeitlichen Perioden)
   - Kolonisiertes Land (Eindeichung, Heidekolonisation, Anpflanzung [zumeist Nadelhölzer])
   - Ansammlung von Höfen und Häusern
   - Größerer Hof

3. Urbane Bereiche
   - Stadtrand
   - Vorort
   - Viertel mit selbstgenutzten Einfamilienhäusern (dänisch = „Parzellenhäuser")
   - städtische Ansiedlung mit ruralem Charakter (z. B. ein Zentralort an einer Bahnlinie)
   - Molkereiort oder kleinere städtische Ansiedlung mit ruralem Charakter

4. Industrie- und Rohstoffbereiche
   - Fabrik
   - Produktionsanlage aus der Genossenschaftszeit um 1900 (z. B. Molkereien)
   - Rohstoffabbau

5. Mühlen (Wasser- und Windmühlen)

---

[4] Hierbei handelt es sich um eine überarbeitete Liste der von ETTING/GRAU MØLLER (1997) aufgestellten Kategorien.

6. Infrastruktur (Straßen, Eisenbahnlinien, Brücken)

7. Institutionelle Bereiche (soziale Institutionen)

8. Küstennahe Bereiche
   - Fischerdorf
   - Fährstelle
   - Stapelplatz
   - Seefahreransiedlung

9. Militärische Bereiche

10. Bereiche mit vorwiegender Nutzung für Freizeitzwecke, z. B. Golfplätze, Ferienhäuser

11. Religiös geprägte Bereiche (z. B. Kloster)

Was die Maßstabsebene anbelangt, so werden die Kulturlandschaftsbereiche – ebenso wie in Deutschland – im Maßstab 1:25.000 kartiert. Die Kartierung erfolgt damit in den detailliertesten der z. Zt. erhältlichen dänischen topographischen Karten. Bis zum Jahre 1960 waren noch Karten im Maßstab 1:20.000 verfügbar. Der heutige Maßstab bildet einen guten Kompromiss zwischen räumlich-funktionaler Überschaubarkeit sowie der Möglichkeit der detailgetreuen Darstellung. So können beispielsweise einzelne Gebäude oder andere kulturlandschaftliche Elemente wie Erdwälle etc. in das Kartenwerk eingetragen werden. Dies kommt ebenfalls der deutschen Konzeption entgegen, die von Kulturlandschaftselementen und -bestandteilen spricht. Die Auswirkungen der beschriebenen Vorgehensweise in der Praxis werden weiter unten erläutert.

Diese Überlegungen implizieren, dass ein Kulturlandschaftsbereich eine gewisse Größe haben muss, um überhaupt als solcher bezeichnet werden zu können. Ein Kulturlandschaftsbereich kann mit Blick auf seine flächenmäßige Ausdehnung zum einen durch ein entsprechend großes Einzelobjekt definiert werden, wie z. B. im Fall einer Wassermühle mit zugehörigem Land, verschiedenen Staueinrichtungen und einem nahegelegenen Wasserlauf, zum anderen aber aus der Summe unterschiedlicher Einzelobjekte gebildet werden, die, separat betrachtet, nicht diese Qualität erreichen. Zur Verdeutlichung: Eine einzelstehende Molkerei ohne zugehöriges Land ist als Punktelement zu klein, um als Kulturlandschaftsbereich erfasst werden zu können. Befinden sich jedoch in unmittelbarer Umgebung weitere Gebäude, die u. U. auch noch in einem funktionalen Zusammenhang mit der Molkerei stehen, so können die Molkerei und die Gebäude in der Summe einen Kulturlandschaftsbereich vom Typus Molkereiort bilden.

Darüber hinaus bestehen grundlegende technische Anforderungen für die Umsetzung der Forschungsergebnisse in die Praxis. Erstens muss eine relationale Datenbank zur Anwendung kommen, um die anfallenden digitalen Daten erfassen und entsprechend aufbereiten zu können. Im vorliegenden Fall fand das Programm SQL Anwendung, eine Erweiterung des von der Firma Microsoft entwickelten Datenbankprogramms Access. Zweitens ist der Einsatz eines Geographischen Informationssystems (GIS) notwendig. Wird bei der Erfassung räumlicher Strukturen ein digitaler Weg beschritten, so ist Letzteres zwangsläufig einzusetzen.[5] Kulturlandschaftsbereiche werden als Flächen abgebildet, eventuell auch als Linien, wenn es sich beispielsweise um bestimmte Teile einer Infrastruktur handelt, weshalb eine Kopplung von Datenbank und Karte durch ein GIS die einzig richtige Lösung darstellt. Auf diese Weise können auch gerasterte Altkarten eingebunden werden und als Hintergrundinformation dienen. Im Rahmen dieses Projektes wurde eine Mapinfo-Lösung mit Spatial Ware gewählt.

Schließlich ist eine zeitgemäße Präsentation der Erhebungen im Internet anzustreben, hat sich dieses doch inzwischen zum täglichen Arbeitsmedium entwickelt. Notwendig ist ein interaktives Werkzeug, das die gezielte Suche nach bestimmten Kriterien, die Strukturierung der Abfrageergebnisse und die kartographische Darstellung der Ergebnisse erlaubt. Des Weiteren sollte es möglich sein, Daten auf den eigenen Computer herunterladen zu können. Im hiesigen Fall wurde eine solche Internetpräsentation in Zusam-

---

[5] Insofern wird das Projekt auch dem Titelbestandteil „Atlas" gerecht.

menarbeit mit dem Verwaltungspartner des Projektes, dem Vejle Amt, und der Consultingfirma Upgrade-GIS realisiert.

Die Vorgehensweise bei der Erstellung eines entsprechenden Katasters steht selbstverständlich in direktem Zusammenhang mit der Quellenlage. Hierbei muss zudem berücksichtigt werden, dass es in erster Linie nicht das Ziel war, eine möglichst gründliche Kulturlandschaftsinventarisation durchzuführen, sondern es vielmehr um die Aufnahme aller relevanten Kulturlandschaftsbereiche auf regionaler Ebene ging. Bei der Quellenauswahl hatte dies zur Folge, dass lediglich die Quellen Berücksichtigung fanden, die eine ganze Region betrafen, wie z. B. Beschreibungen oder Kartenwerke. Andererseits kann dadurch eine große Anzahl weiterer Quellen rein lokaler Bedeutung die Inventarisation zu einem späteren Zeitpunkt ergänzen, so dass lokale Differenzierungen ermöglicht werden.

Der erste herangezogene Quellentyp entstammt der topographisch-statistischen Literatur. Für den dänischen Raum sind hier v. a. die diesbezüglich maßgebenden topographischen Beschreibungen auf Gemeindeebene J. P. Traps zu nennen, die zwischen 1860 und 1970 in fünf verschiedenen Ausgaben erschienen sind und immer wieder erweitert wurden (BOJE 1997). Die Beschreibungen enthalten Auskünfte zu historischen Aspekten, wie z. B. der Entwicklung einzelner Güter oder der Geschichte von Kirchenbauten. Allerdings sind die Einträge stets im zeitlichen Kontext der jeweiligen Ausgabe des Werkes zu betrachten. Dennoch erlaubte gerade die Vielzahl der Auflagen des Werkes einen guten Überblick über die Entwicklungen der letzten annähernd 150 Jahre. Darüber hinaus fand in der Regel eine Katasterübersicht aus dem Jahre 1688 Verwendung, die einen guten Überblick über bestehende Höfe und Siedlungen gegen Ende des 17. Jh. gibt. Des Weiteren konnten speziellere Informationen verschiedenen Übersichten zu Sachgebieten wie Molkerei- oder Schulwesen entnommen werden.

Im Folgenden wurden verschiedene topographische Karten ausgewertet. Diese erst in einem zweiten Schritt zu analysieren liegt darin begründet, dass sie nach Ansicht des Verfassers keine direkte Ansprache von Kulturlandschaftsbereichen erlauben, sondern lediglich Kulturlandschaftselemente und -bestandteile wiedergeben. Es zeigte sich, dass die ausgewerteten Karten in Bezug auf Kulturlandschaftselemente grundsätzlich wertvolle Ergänzungen zur literarischen Überlieferung boten – sowie in unterschiedlichem Umfang und variierendem Grad der Genauigkeit – zugleich auch eine Verortung derselben ermöglichten.

Die hier zur Anwendung gelangte empirische, induktive „bottom-up-"Methode brachte es mit sich, dass mit ca. 200 unterschiedlichen Elementtypen eine recht große Anzahl verschiedener Kulturlandschaftselemente aufzunehmen war. In einigen Fällen gab es Probleme mit der Georeferenzierung einzelner Kulturlandschaftselemente, da die Kenntnis derselben ausschließlich der herangezogenen Literatur verdankt wurde und außer dem Hinweis auf die Zugehörigkeit zu einer Gemeinde keine weiteren Angaben bezüglich der Lokalisierung derselben vorlagen.

Bei der Umsetzung der Ergebnisse in ein GIS wurden alle Elemente in erster Linie als Punkte erfasst. Von daher gab es drei Kategorien zu unterscheiden:

Abb. 2a.
Beispiel aus dem internetbasierten Kataster:
die Kleinstadt Randbøldal.
Kurzbeschreibung des Kulturlandschaftsbereiches
in der Übersichtsdarstellung;
die Bewertung wird als sehr gut erhalten klassifiziert –
trotz des heutigen Fehlens des Fabrikgebäudes.

1. Es handelt sich bei dem Element um einen eigenständigen Kulturlandschaftbereich.
2. Das Element gehört im Verbund mit weiteren Elementen zu einem Bereich.
3. Das Element liegt außerhalb eines definierten Kulturlandschaftsbereiches und ist im Hinblick auf seine flächenmäßige Ausdehnung zu klein, um das unter 1. genannte Kriterium zu erfüllen.

Auf der bereits zuvor angesprochenen Internetseite kann zwischen drei Darstellungsebenen gewählt werden: der Kartengrundlage, den definierten Kulturlandschaftsbereichen sowie den erfassten Kulturlandschaftselementen. Sämtliche Ebenen können separat wie auch gleichzeitig aktiviert werden. Allen Elementen sind eine ID-Nummer sowie Namen- und Ortsangabe, Typenbestimmung und Gemeindezugehörigkeit zugeordnet. In der Praxis hat sich hierbei v. a. der Ortsname als sehr bedeutend für die Erfassung eines Kulturlandschaftsbereiches erwiesen. Im Fall der Kulturlandschaftsbereiche gibt es Übersichtsinformationen zu Typus, historischer Entwicklung und Bewertung des Kulturlandschaftsbereichs sowie zur Begründung für die inhaltliche Abgrenzung und Bewertung desselben. Auf der Kartenebene können moderne topographische Karten, Altkarten oder Luftbilder als Grundlage gewählt werden. Kulturlandschaftselemente werden darin als Punkte, Kulturlandschaftsbereiche als Polygone dargestellt.

In Abbildung 2a-e ist ein Beispiel eines solchen Kulturlandschaftsbereiches zu sehen. Anhand von Randbøldal, einer kleinen städtischen Ansiedlung mit ruralem Charakter, wird deutlich, wodurch ein derartiger Kulturlandschaftsbereich charakterisiert wird: die Verbindung einer dichtbesiedelten nicht-agraren Siedlung mit verschiedenen urbanen Funktionen. Ausgangspunkt für die Siedlungsentwicklung war in diesem Fall eine 1733 von dem Gutsbesitzer gegründete, mit Wasser angetriebene Papierfabrik. Die Fabrik wurde im Laufe der Zeit auf die Produktion von Tüchern umgestellt und später zu einer Baumwollweberei umfunktioniert. Im ausgehenden 19. Jh. entstanden Arbeiterwohnungen in Anknüpfung an die Fabrik und es bildeten sich verschiedene urbane Funktionen aus.

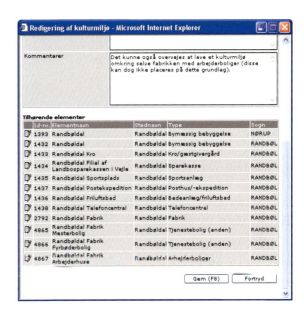

Abb. 2b.
Beispiel aus dem internetbasierten Kataster:
die Kleinstadt Randbøldal.
Darstellung der zum Kulturlandschaftsbereich
gehörigen Elemente.

Implementierung des Projektes in den Verwaltung- und Planungsalltag

Ein weiterer Gesichtspunkt, der Eingang in die Inventarisation der Kulturlandschaftsbereiche gefunden hat, ist die vorstehend bereits eingeführte Bewertung der Bereiche. Um die Inventarisation für Planungsbehörden nutzbar zu machen, werden alle Bereiche zusätzlich einer qualitativen Einschätzung unterzogen. Das in Dänemark zur Anwendung kommende Bewertungssystem ist in vier Kategorien unterteilt, was einerseits eine gewisse Überschaubarkeit garantiert, andererseits aber zur genaueren Untersuchung beson-

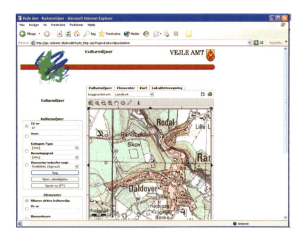

Abb. 2c.
Beispiel aus dem internetbasierten Kataster:
die Kleinstadt Randbøldal.
Wiedergabe des Kulturlandschaftsbereiches
auf einer modernen topographischen Karte;
die Abgrenzung desselben erfolgte auf Basis
einer Karte von 1970.

ders interessanter Kulturlandschaftsbereiche auffordert.⁶ Grundlage der Bewertung ist die vergleichende Zusammenschau der Erhaltungsgrade einzelner Bereiche und der dazugehörigen Kulturlandschaftselemente und -bestandteile.⁷ Im Einzelfall hat dies zur Folge, dass ein Kulturlandschaftsbereich in seiner Gesamtheit nicht hoch bewertet werden kann, auch wenn sich darin zwar ein sehr gut erhaltenes und entsprechend hoch bewertetes Kulturlandschaftselement, wie z. B. ein historisches Gebäude, befindet, die Mehrzahl der Elemente jedoch mit Blick auf ihren Erhaltungsgrad eher niedrig eingestuft werden muss.

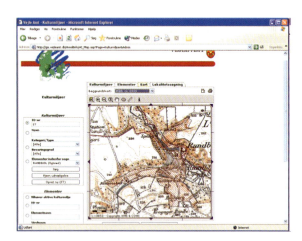

Abb. 2d.
Beispiel aus dem internetbasierten Kataster:
die Kleinstadt Randbøldal.
Der Kulturlandschaftsbereich vor dem Hintergrund
einer topographischen Karte von 1910;
die Wohnsiedlungen bestanden zu diesem
Zeitpunkt noch nicht.

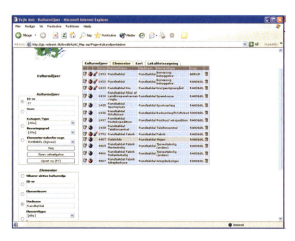

Abb. 2e.
Beispiel aus dem internetbasierten Kataster:
die Kleinstadt Randbøldal.
Zu erkennen ist, dass nicht alle im Kataster
unter dem Namen Randbøldal verzeichneten
Elemente dem Kulturlandschaftsbereich angehören.
So weist z. B. eine Molkerei, deren Lage nicht
eindeutig festgestellt werden konnte,
eine andere Farbe auf.

---

[6] Vergleichbare Bewertungen wurden zu Beginn der 1980er-Jahre für die Dörfer auf der Insel Fünen vorgenommen. Im Rahmen dieser Bewertungen wurde für jede der 32 Inselgemeinden ein schematisierter Bericht herausgegeben (FYNS AMTSKOMMUNE 1983).
[7] Eine Diskussion verschiedener Bewertungsprinzipien findet sich in RENES 1999.

Im umgekehrten Fall kann ein Kulturlandschaftsbereich sehr hoch eingestuft werden, obwohl innerhalb eines Ensembles von Kulturlandschaftselementen der bestimmende Faktor nicht mehr erhalten ist, wie im Fall des Fabrikgebäudes von Randbøldal, wenn die übrigen Strukturen und Elemente hingegen gut erhalten sind. Es hat sich in der Praxis gezeigt, dass die Bewertung oftmals abhängig ist von der Möglichkeit, die physisch erkennbaren Strukturen in verschiedenen Zeitschnitten kartographisch darzustellen.

In der nächsten Projektphase sollen die Kulturlandschaftsbereiche, die als strukturell am besten erhaltenen erkannt wurden, im Zuge von Feldstudien eingehend untersucht werden. Hierbei soll ein besonderes Augenmerk auf einzelne Gebäude, die aktuelle Funktionalität und den visuellen Eindruck des Kulturlandschaftsbereiches gelegt werden.

Im Hinblick auf den künftigen Umgang mit gut erhaltenen Kulturlandschaftsbereichen ist v. a. zu beachten, dass sie als persistente Strukturen wahrgenommen werden müssen (PLÖGER 2003, 85). Es sollte berücksichtigt werden, dass einzelne Kulturlandschaftselemente gegebenenfalls nicht länger in ihrer originalen Funktion erhalten und zwischenzeitlich in eine neue Funktion innerhalb der heutigen Gesellschaft übergegangen sind, wenngleich die ehemaligen Strukturen, wie die Lagebeziehung einzelner Gebäude zueinander oder die zugehörige Infrastruktur (Straßen, Zäune etc.), erhalten geblieben sind. Ein solcher Wandel spricht nicht gegen die Klassifizierung eines Kulturlandschaftsbereichs als gut erhalten, kann im Gegenteil sogar dahingehend als förderlich betrachtet werden, als dass das einem Funktionswandel unterworfene Element nicht zum funktionslosen Relikt geworden ist, dessen langfristiger Schutz auf Dauer ungemein schwieriger zu bewerkstelligen sein dürfte.

In Dänemark mangelt es z. Zt. leider an geeigneten Maßnahmen zur Erhaltung der Kulturlandschaftsbereiche. Das noch am ehesten brauchbare Instrument auf der Verwaltungs- und Planungsebene stellt der Lokalplan dar, der jedoch nach bisheriger Gesetzeslage nur für nicht-agrarisch genutzte Bereiche aufgestellt werden darf. Da in Dänemark die landwirtschaftliche Nutzfläche ungefähr 60 % der Gesamtfläche einnimmt, kann ein solcher Lokalplan vor dem Hintergrund der hier dargelegten Problemstellung nur bedingt hilfreich sein.

Zusammenfassung

Ein Kulturlandschaftskataster für Dänemark ist ein dringend notwendiges und zugleich vielseitig nutzbares Instrument sowohl für die öffentliche Verwaltung wie auch für die Forschung. Allein der Blick auf die verschiedenartige Struktur und die unterschiedliche fachliche Ausrichtung der involvierten Behörden und Institutionen verdeutlicht die Probleme im Umgang mit der dänischen Kulturlandschaft. Hinzu kommen die gesetzlichen Lücken, die einen Kulturlandschaftsschutz weiter erschweren. Für die Kulturlandschaftsforschung in Dänemark wäre die Erstellung eines Katasters daher ein erster wichtiger Schritt.

Der Begriff des „Kulturmiljø" (Kulturlandschaftsbereiches) ist ein sehr praktikabler, wenn es um die zusammenfassende Darstellung von Elementen in einer Kulturlandschaft geht. Auf diese Weise wird es möglich sein, in absehbarer Zeit einen Überblick über alle bedeutsamen Kulturlandschaftsbereiche in Dänemark zu gewinnen. Die Darstellung in der in der Landesvermessung üblichen Maßstabsebene von 1:25.000 ist ein gangbarer Kompromiss zwischen Detailtreue und Übersichtlichkeit. Sie bietet die Möglichkeit, auch kleinere Kulturlandschaftselemente aufzunehmen, die aufgrund ihrer flächenmäßigen Ausdehnung nicht als eigenständige Kulturlandschaftsbereiche definiert werden können. Mit Blick auf den zeitlichen Aufwand und die damit verbundenen Kosten kann dieser Weg beschritten werden, ohne eine detaillierte und zeitraubende Inventarisierung aller Einzelelemente vorzunehmen. Die Integration von GIS ist angesichts der Notwendigkeit, räumliche Strukturen wie auch zeitliche Dimensionen zu erfassen, unabdingbar.

Die Zukunft des Projektes liegt in einer interaktiven Internetpräsentation der Ergebnisse der grundlegenden Forschungen in Verbindung mit den darauf basierenden Erhebungen – wenngleich sich dies als nicht problemlos erweist. Angesichts der unschätzbaren Vorteile einer Online-Verfügbarkeit der Daten für die Forschung, die Administration wie auch für interessierte Bürger, sind die Bedenken jedoch als nachrangig zu bewerten. Der direkte Datenzugriff spart nicht nur Zeit und Kosten, er erlaubt allen Interessenten, spezifische, auf ihre Bedürfnisse zugeschnittene Recherchen durchführen.

Schließlich liegt der Vorteil eines internetbasierten Kulturlandschaftskatasters in der jederzeit bestehenden Erweiterungsmöglichkeit des Systems. Ein solches Kataster ist zu keinem Zeitpunkt ein fertiges Produkt, es kann von verschiedenen Seiten und unter variierenden Fragestellungen ausgebaut werden. So können etwa Lokalhistoriker das System mit ausführlichen, historischen Angaben und/oder Fotografien zu einzelnen Orten ebenso erweitern wie öffentliche Verwaltungen die Inhalte des digitalen Kulturlandschaftskatasters für ihre planungsbezogenen Maßnahmen heranziehen.

Es bleibt abzuwarten, ob das hier vorgestellte Modell das Potential hat, künftig im gesamten Königreich Dänemark zur Anwendung zu gelangen und zum Schutz der Kulturlandschaft beizutragen.

Literatur

BOJE 1997
P. Boje, Trap gennem tiderne. Bol og by. Landbohistorisk Tidsskrift 1/1997, 18-34.

BURGGRAAFF 2000
P. Burggraaff, Fachgutachten zur Kulturlandschaftspflege in Nordrhein-Westfalen im Auftrag des Ministeriums für Umwelt, Raumordnung und Landwirtschaft des Landes Nordrhein-Westfalen. Mit einem Beitrag zum GIS-Kulturlandschaftskataster von R. Plöger. Siedlung und Landschaft in Westfalen 27 (Münster 2000).

CARLBERG/MØLLER CHRISTENSEN 2003
N. Carlberg/S. Møller Christensen (Red.), Kulturmiljø: Mellem forskning og politisk praksis. Etnologiske studier 9 (København 2003).

ETTING/GRAU MØLLER 1997
V. Etting/P. Grau Møller (Red.), De kulturhistoriske interesser i landskabet. Kulturhistorien i planlægningen (København 1997).

FYNS AMTSKOMMUNE 1983
Fyns Amtskommune, Udvalget for teknik og ogmiljø, Landsbyregistrering i Fyns Amt. Historiske forhold. 32 kommunerapporter (Odense 1983).

GRAU MØLLER 2001
P. Grau Møller, Kulturmiljøregistrering. Fortid og Nutid. Tidsskrift for kulturhistorie og lokalhistorie 2001, 3-22.

GRAU MØLLER u. a. 2002
P. Grau Møller/U. Näsman/B. Dahl Ekner/A. Höll/A. Myrtue/E. Munk Sørensen, Bæredygtig arealanvendelse – den kulturelle dimension i landskabet. In: P. Grau Møller/R. Ejrnæs/J. Madsen/A. Höll/L. Krogh (Red.), Foranderlige Landskaber. Integration af natur og kultur i forvaltning og forskning. University of Southern Denmark Studies in History and Social Sciences 250 (Odense 2002) 144-179.

GRAU MØLLER/PORSMOSE 1997
P. Grau Møller/E. Porsmose, Kulturhistorisk inddeling af landskabet. Kulturhistorien i planlægningen (København 1997).

PILOTPROJEKT ØST 1998
Pilotprojekt Øst. Roskilde Amt. Kulturhistorien i planlægningen. Unveröffentl. Bericht Skov- og Naturstyrelsen København (1998).

PILOTPROJEKT VEST 1998
Pilotprojekt Vest. Ribe Amt. Kulturhistorien i planlægningen. Unveröffentl. Bericht Skov- og Naturstyrelsen København (1998).

PLÖGER 2003
R. Plöger, Inventarisation der Kulturlandschaft mit Hilfe von Geographischen Informationssystemen (GIS). Methodische Untersuchungen für historisch-geographische Forschungsaufgaben und für ein Kulturlandschaftskataster (Bonn 2003).

RENES 1999
J. Renes, Evaluating Historical Landscapes. In: G. Setten/T. Semb/R. Torvik (Eds.), Shaping the Land III. The Future of the Past. Proceedings of the Permanent European Conference for the Study of the Rural Landscape, 18th Session in Røros and Trondheim, Norway, September 7th to 11th 1998 (Trondheim 1999) 641-650.

SAUER 1963
C. O. Sauer, Foreword to Historical Geography (1941). In: J. Leighly (Ed.), Land and Life. A Selection of Writings of Carl Ortwin Sauer (Berkeley, CA 1963) 351-379.

SCHOU 1999
A. Schou, Udpegning af værdifulde kulturmiljøer i regionplanlægningen. I samarbejde med J. Handberg. Kulturhistorien i planlægningen (København 1999).

Ein Beitrag zu einem GIS-gestützten Kulturlandschaftskataster aus historisch-geographischer Sicht

Von Rolf Plöger

Der Einsatz von Geographischen Informationssystemen (GIS) ist in der Geographie und in den Geschichtswissenschaften – wie auch in anderen Fachdisziplinen und in der räumlichen Planung – durch eine große inhaltliche und methodische Breite gekennzeichnet, wie auf fachorientierten Tagungen,[1] nicht zuletzt auf der Tagung in Frankfurt, wieder deutlich wurde. Der vorliegende Beitrag befasst sich in historisch-geographischer Sicht und im Aufgabenumfeld der Kulturlandschaftspflege mit anwendungsorientierten Spezifikationen zum Datenmodell. Zielsetzung ist, im Rahmen einer Inventarisation bzw. in einem digitalen Kulturlandschaftskataster zu erfassende spezifische Informationen über Elemente und Bestandteile einer Kulturlandschaft in einem GIS so abzulegen und zu verwalten, dass aus dem Datenbestand mithilfe im GIS programmtechnisch verfügbarer Funktionen für Auswertungen sowie für Darstellungen in graphischer Form Aussagen zur Entwicklung der Kulturlandschaft in quer- und längsschnittlicher Betrachtungsweise abgeleitet werden können. Basis der Betrachtungen sind GIS, die Objekte im geometrischen Teil des Datenmodells in einem zweidimensionalen Vektordatenmodell bezüglich ihrer Lage und Ausdehnung als Flächen-, Linien- oder Punktelemente abbilden und im thematischen Teil des Datenmodells bezüglich vielfältig zuordenbarer Informationen durch Sachdaten in einer relationalen Datenbank beschreiben. Umfassende Ausführungen finden sich in der online veröffentlichen Dissertation des Verfassers (PLÖGER 2003).[2]

Kulturlandschaftliche Gliederung

Für den Aufbau eines Inventars – insbesondere für ein fachübergreifend und interdisziplinär zu nutzendes Kulturlandschaftskataster – ist es grundsätzlich erforderlich, anwendungsorientiert zu definieren, was im Einzelnen als Elemente und Bestandteile einer Kulturlandschaft zu erfassen ist. In Anlehnung an die Ausführungen von Peter Burggraaff im Fachgutachten zur Kulturlandschaftspflege in Nordrhein-Westfalen (BURGGRAAFF 2000) sowie mit Blick auf Maßstabsebenen der räumlichen Planung wird im vorliegenden Beitrag für eine modellhafte Abbildung der in ihrer Ausdehnung und mit ihrer Vielzahl von vernetzten Teilelementen komplexen Kulturlandschaft eine hierarchisch aufgebaute kulturlandschaftliche Gliederung zugrunde gelegt (Abb. 1).

Auf einer untersten Gliederungsebene sind als kleinste unterscheidbare Einheiten der sinnlich wahrnehmbaren Ausstattung der Kulturlandschaft Kulturlandschaftselemente definiert. Sie werden aufgrund ihrer Wirksamkeit im Raum physiognomisch-formal und geometrisch als Punkt-, Linien- oder Flächenelemente beschrieben. Beispiele für Kulturlandschaftselemente sind ein Wegekreuz oder ein einzelnes Gebäude, deren Standort jeweils als Punktelement erfasst wird, ein Verkehrsweg oder ein Bach, deren Verlauf als Linienelement wiedergegeben wird, bzw. eine Waldparzelle oder ein Acker, die als Flächenelemente dargestellt werden.

---

[1] Vgl. EBELING 1999; JAKOBS/KLEEFELD 1999.
[2] Dissertation als PDF-Dokument (2,2 MB) online verfügbar auf dem Server der Universitäts- und Landesbibliothek Bonn: http://hss.ulb.uni-bonn.de/ulb_bonn/diss_online/phil_fak/2003/ploeger_rolf (Stand: 2.2005).

Planungsebenen			Planungsmaßstab
obere Gliederungsebenen (Landschaftsprogramm)	↔ (5) ↔	Kulturlandschaftsräume	ab 1:200.000
mittlere Gliederungsebenen (Landschaftsrahmenplan)	↔ (4) ↔	Kulturlandschaftseinheiten	1:200.000 bis 1:25.000
untere Gliederungsebenen (Landschaftsplan, Grünordnungsplan)	(3)	Kulturlandschaftsbereiche - Flächenelemente	1:25.000
	(2)	Kulturlandschaftsbestandteile - Flächenelemente - Linienelemente	bis
	(1)	Kulturlandschaftselemente - Flächenelemente - Linienelemente - Punktelemente	1:1.000

↔ gegebenenfalls weitere Zwischenebenen

Abb. 1. Kulturlandschaftliche Gliederung und Ebenen räumlicher Planung.

Auf einer nächsthöheren Gliederungsebene sind Kulturlandschaftsbestandteile definiert. Sie umfassen kleinräumig Strukturen bildende, miteinander räumlich zusammenhängende Kulturlandschaftselemente und werden physiognomisch-formal und geometrisch als Flächen- oder Linienelemente beschrieben. Für eine Abgrenzung von Kulturlandschaftsbestandteilen sind v. a. funktionale Zusammenhänge und historisch-genetische Beziehungen der umfassten Kulturlandschaftselemente bestimmend. Ein Beispiel für ein Kulturlandschaftsbestandteil ist eine durch ein Flächenelement abgebildete Schlossanlage mit Schloss- und Wirtschaftsgebäuden, Schlossgarten, Schlossallee usw. Ein weiteres Beispiel ist ein Kreuzweg, bestimmt durch den Prozessionsweg und die einzelnen Andachtsstationen, dessen Verlauf durch ein Linienelement dargestellt wird.

Auf diesen beiden Ebenen aufbauend werden unter Beachtung raumzeitlicher Zusammenhänge und Prozesse auf einer übergeordneten dritten Gliederungsebene Kulturlandschaftsbereiche ausgegliedert. Kulturlandschaftsbereiche umfassen zusammenhängende, nach Nutzung und Funktionsbereichen miteinander räumlich verbundene und kleinregional Strukturen bildende Kulturlandschaftsbestandteile und -elemente. Sie werden formal und geometrisch als Flächenelemente beschrieben. Kulturlandschaftselemente und -bestandteile sind i. Allg. als kulturgeographische Objekte in der Kulturlandschaft konkret fassbar sowie als Einheit sinnlich wahrnehmbar. Hingegen bedarf es bei der Abgrenzung von Kulturlandschaftsbereichen als Ausschnitte eines Landschaftsraumes einer weitergehenden Analyse unter strukturellen Gesichtspunkten sowie unter Berücksichtigung der Bildungsprozesse und historisch-genetisch bestehenden Beziehungen zwischen den räumlich miteinander verbundenen und umschlossenen Objekten. Beispiele für Kulturlandschaftsbereiche sind ein durch typische bauliche Merkmale und Strukturen abgrenzbares Siedlungsgebiet, ein geschlossenes Industrie- oder Gewerbegebiet bestimmten funktionalen und genetischen Zusammenhanges oder ein landwirtschaftlicher, durch ein einheitliches Feld- und Bodensystem geprägter Bereich einschließlich verstreut liegender Höfe.

Auf diesen drei unteren Gliederungsebenen erfolgt in großmaßstäbiger Betrachtungsweise eine Inventarisation der Kulturlandschaft. Diese Gliederungsebenen gehen konform mit der Planungsebene für einen Landschaftsplan und sind daher auch für ein Kulturlandschaftskataster von zentraler Bedeutung. Die Erfassungen auf den unteren drei Gliederungsebenen sind weiterhin auch Basis für eine Erforschung größerer räumlicher Zusammenhänge der Kulturlandschaftsentwicklung in kleiner werdenden Betrachtungsmaßstäben. Der Historischen Geographie geht es dabei im Rahmen einer ganzheitlichen kulturlandschaftsgeschichtlichen Betrachtung um die Erforschung des Raumgefüges, um das Erkennen größerer und gliedernder Raumeinheiten, die prinzipiell aufgrund jeweiliger Aufgabenstellungen und im Einzelnen bedingt durch verschiedenste Zielsetzungen durchaus unterschiedlich abgegrenzt werden können.

Aus historisch-geographischer Sicht sollten auf einer mittleren Gliederungsebene, wie der Planungsebene Landschaftsrahmenprogramm, und im mittleren Maßstabsbereich Kulturlandschaftseinheiten ausgegliedert werden. Es handelt sich hierbei um überregionale Landschaftsräume, in denen eine oder mehrere, meist miteinander zusammenhängende Nutzungen und funktionale Aktivitäten verbunden mit der naturräumlichen Beschaffenheit dominieren und dadurch den Raum prägen. Ein Beispiel für zweckmäßig ausgegliederte Raumausschnitte auf mittlerer Gliederungsebene wären die sogenannten „wertvollen Kulturlandschaften", die im Konzept „Natur 2000 in Nordrhein-Westfalen" mit ihren besonders naturnahen und charakteristischen, kulturhistorisch geprägten Anteilen für einen landesweiten Biotopverbund ausgewiesenen sind (MINISTERIUM FÜR UMWELT, RAUMORDNUNG UND LANDWIRTSCHAFT 1994, 43-47). Ein weiteres Beispiel wären die bezüglich ihrer kulturhistorischen Bedeutung ausgewiesenen „Kulturlandschaftsräume" im vom Bayerischen Landesamt für Denkmalpflege und Bayerischen Amt für Umweltschutz geförderten Pilotprojekt „Die historische Kulturlandschaft in der Region Oberfranken-West" (BÜTTNER 2003).[3]

Auf einer oberen Gliederungsebene, wie der Planungsebene Landschaftsprogramm, und im kleineren Maßstabsbereich können großräumige Kulturlandschaften – kurz Kulturlandschaftsräume – ausgegliedert werden, die als Raumeinheiten durch zusammenhängende Merkmale aufgrund des Landschaftsbildes, der Landschaftsstrukturen und -substanz abgrenzbar sind. Eine Darstellung großräumiger „Kulturlandschaftsräume in Deutschland" findet sich in einer im Auftrag des Bundesamtes für Naturschutz durchgeführten Studie, in welcher in Ermangelung von ausreichend vorliegenden Grundlagen bzw. wegen Fehlens eines bundesweiten Kulturlandschaftskatasters eine Abgrenzung der Kulturlandschaftsräume nur annähernd möglich wurde (BURGGRAAFF/KLEEFELD 1998, 19). Beispiele für großräumige Kulturlandschaften in Nordrhein-Westfalen wären die im Konzept „Natur 2000" des Landes Nordrhein-Westfalen als „Großlandschaften" ausgegliederten Landschaftsräume wie z. B. die Großlandschaft „Ballungsräume an Rhein und Ruhr" (MINISTERIUM FÜR UMWELT, RAUMORDNUNG UND LANDWIRTSCHAFT 1994, 8-42).

Im Folgenden werden nur die drei unteren Gliederungsebenen eingehender betrachtet, in die in insgesamt großmaßstäbiger Betrachtungsweise kulturgeographische Objekte als Merkmalsträger der sinnlich wahrnehmbaren Ausstattung eines Landschaftsraumes und Kulturlandschaftsbereiche als ausgegliederte Raumausschnitte einzuordnen sind. Kulturlandschaftsbereiche, -bestandteile und -elemente stehen in einer hierarchischen Beziehung zueinander. Kulturlandschaftsbereichen auf oberer Gliederungsebene folgen umfasste Kulturlandschaftsbestandteile auf mittlerer Ebene und diesen wiederum umfasste Kulturlandschaftselemente auf unterster Ebene. Die Beziehungen zwischen diesen drei Ebenen sind bei näherer Betrachtung jedoch nicht streng hierarchisch. Erstens können einzelne Kulturlandschaftselemente zwar räumlich, aber nicht strukturell einem Kulturlandschaftsbestandteil zugehörig sein. Zweitens können Kulturlandschaftselemente räumlich keinem Kulturlandschaftsbestandteil, sondern nur einem Kulturlandschaftsbereich zugeordnet sein. Drittens können Kulturlandschaftselemente als Linienelemente von größerer Länge weder einem bestimmten Kulturlandschaftsbereich noch einem einzelnen Kulturlandschaftsbestandteil und können Kulturlandschaftsbestandteile als Linienelemente von größerer Länge keinem bestimmten Kulturlandschaftsbereich allein zugeordnet sein. Im vorliegenden Beitrag kann hierauf nicht weiter eingegangen werden. Daher soll der Hinweis genügen, dass strukturelle Zusammenhänge in hier betrachteten GIS eindeutig im thematischen Teil des Datenmodells erfasst werden müssen, nämlich durch Sachdaten für ein Merkmal Bezug.

---

[3] Vgl. auch Beitrag BÜTTNER in diesem Band.

Spezifische Merkmale

In einem GIS werden inventarisierte kulturgeographische Objekte und Kulturlandschaftsbereiche geometrisch bezüglich ihrer Lage und Ausdehnung als Flächen-, Linien- oder Punktelemente abgebildet. Informationen über die Beschaffenheit und Bewertung der Kulturlandschaftselemente, -bestandteile und -bereiche sind im thematischen Teil des Datenmodells eines GIS abzulegen. Das thematische Datenmodell verknüpft die im GIS erfassten Geometrien individueller Objekte mit ihnen zuzuordnenden Eigenschaften und Werten – im Folgenden zusammenfassend als „Merkmale" bezeichnet – in Form von Sachdaten. Diese sind – aus historisch-geographischer Sicht – systematisch unter der Zielsetzung derart zu strukturieren und zu organisieren, dass aus dem Datenbestand Aussagen zur Entwicklung der Kulturlandschaft abgeleitet werden können. Eine Problematik liegt dabei in der individuellen Ausprägung zu erfassender kulturgeographischer Objekte und Kulturlandschaftsbereiche, in ihrer großen Vielfalt sowie in ihrer regionalen Gebundenheit und Differenzierung in ihrer Erscheinung wie auch ihrer Bezeichnung. Die weiteren Überlegungen gehen daher von einem spezifischen, funktionalen Ansatz aus und stellen für die Erfassung von Sachdaten kulturgeographischer Objekte und Kulturlandschaftsbereiche drei primäre Merkmale bezüglich ihrer Stellung im Beziehungssystem und Wirkungsgefüge der Kulturlandschaft heraus. Dieses sind die Merkmale Zeit, Funktion und Form. Sie sind unmittelbar miteinander verknüpft und stehen zusammen für das Prozesshafte und die Dynamik einer Kulturlandschaft.

Zum Merkmal Zeit: Mit jedem kulturgeographischen Objekt und Kulturlandschaftsbereich sind Zeitstellungen verknüpft, welche als Zeitangaben zur Entstehung, zu einer möglichen Umnutzung, Umgestaltung, Auflassung usw. zu erfassen sind. Dieser Sachverhalt muss an dieser Stelle nicht weiter vertieft werden.

Zum Merkmal Funktion: Eine sektorale Zuordnung von Elementen und Bestandteilen der Kulturlandschaft zu einem bestimmten „Funktionsbereich" wie beispielsweise Wohnen, Landwirtschaft, Verkehr oder Industrie ist heute in der Angewandten Historischen Geographie und im Aufgabenbereich der Kulturlandschaftspflege allgemein Praxis. Im Einzelnen weichen jedoch die jeweiligen Vorschläge und Anwendungen aufgrund jeweiliger thematischer Zusammenhänge durchaus im Umfang und in ihrer Differenzierung voneinander ab.[4] Dem vorliegenden, umfassenden Ansatz liegen folgende Definitionen zugrunde: Das Merkmal Funktion beschreibt zusammenfassend Funktion, Nutzung, Zweck oder Aufgabe eines Kulturlandschaftselementes oder -bestandteiles im Beziehungssystem und Wirkungsgefüge der Kulturlandschaft. Das Merkmal Funktion eines Kulturlandschaftsbereiches beschreibt dessen spezifische Einordnung in einen Funktionsbereich zur Gliederung der Kulturlandschaft. Es ist ein übergeordnetes Merkmal für umfasste und funktional zuordenbare Arten von Kulturlandschaftsbestandteilen und -elementen, deren Substanz und Strukturen den Kulturlandschaftsbereich als Raumausschnitt der Kulturlandschaft nachhaltig prägen.

Zum Merkmal Form: Die Funktion eines kulturgeographischen Objektes oder Kulturlandschaftsbereiches ist mit physiognomischen Merkmalen wie Beschaffenheit, Aussehen, Gestaltungsform und deren formaler Ausprägung verbunden, des Weiteren zusammenfassend als „Erscheinungsform" bezeichnet. Das Merkmal Funktion und die Erscheinungsform können sich mit der Zeit ändern. Kulturlandschaftselemente und -bestandteile z. B. können ihre ursprüngliche Funktion und Nutzung verlieren, mit oder ohne Veränderung ihrer Erscheinungsform umgenutzt werden oder ganz aus der Kulturlandschaft verschwinden und auch durch neue kulturgeographische Objekte ersetzt werden. Bezüglich der Erscheinungsform sollen nun nicht die große Vielfalt und die im Einzelnen möglichen unterschiedlichen regionalen Ausformungen, sondern vielmehr nur die Tatsache einer Formänderung von Bedeutung gegenüber der ursprünglichen Erscheinungsform zur Zeit ihres Auftretens als Merkmalsausprägung festgehalten werden. Daher wird nicht für die Erscheinungsform selbst, sondern für deren fassbare Veränderung ein primäres Merkmal eingeführt: Das Merkmal Form beschreibt qualitativ zusammenfassend die durch physiognomische Merkmale gekennzeichnete Erscheinungsform eines kulturgeographischen Objektes oder Kulturlandschaftsbereiches bezogen auf den ursprünglichen Zustand. Als Merkmal Form werden also qualitative

---

[4] Vgl. z. B. WÖBSE 1999; WAGNER 1999, 64-67; BURGGRAAFF 2000, 92-101; PETERS/KLINKHAMMER 2000, 149 f.; GUNZELMANN 2001, 22-26; STÖCKMANN 2002, Anhang 2.

Informationen erfasst, die von relativer und bewertender Art sind, wie z. B. „teilweise verändert, noch erkennbar" oder „weitgehend erhalten, gut erkennbar". Betreffende Klassifizierungen sind im Einzelfall aufgrund historisch-geographischer Untersuchungen vorzunehmen.

Die als Sachdaten zu erfassenden Informationen zu den drei primären Merkmalen Zeit, Funktion und Form sind im GIS in Sachdatentabellen zu speichern. Aus einem Vergleich von Sachdaten der Merkmale Funktion und Form eines kulturgeographischen Objektes oder Kulturlandschaftsbereiches zu verschiedenen Zeitstellungen ergeben sich Aussagen zu seinem Wandel. In einem Kulturlandschaftskataster sind z. B. Aussagen zu historischen Kulturlandschaftselementen und -bestandteilen in der gegenwärtigen Kulturlandschaft von besonderer Bedeutung, d. h. für eine Einstufung als persistente Elemente, als rezente Elemente oder als Relikte müssen anhand der Sachdaten Aussagen zum Alter, zur ursprünglichen und zur heutigen Funktion und Form ableitbar sein.

Die Vielfalt und die unterschiedlichsten Ausprägungen der Merkmale Funktion und Form von kulturgeographischen Objekten und Kulturlandschaftsbereichen machen es nun erforderlich, für Erfassungen in Datenbanken und damit für GIS-Anwendungen eine geeignete und eindeutige Systematik zu schaffen, die datenbankspezifischen Auswertungsverfahren genügt. Der Weg dahin führt unter Beachtung von im GIS vorhandenen Programmwerkzeugen und Datenbankfunktionen über die Bildung von Kategorien oder Typologien und deren Klassifikationen zu geeigneten Anweisungen zur Codierung und zur Speicherung definierter Werte. Klassifizierungsverfahren sind allgemein bekannt, aus verschiedenen Inventaren liegen Beispiele von im Einzelnen unterschiedlicher Vorgehensweise vor.[5] Darum beschränken sich die Ausführungen im vorliegenden Beitrag auf Wesentliches der hier verfolgten Vorgehensweise.

Klassifizierung des Merkmals Funktion

Die Klassifizierungen und Codierungen zum Merkmal Funktion bauen auf der vorgestellten kulturlandschaftlichen Gliederung auf und sind nach dem sogenannten „Objektklassenprinzip" über fünf Ebenen bestimmt:

(1)   Objektklassen für Funktionsbereiche;
(2)   Objektklassen für Kulturlandschaftsbereiche;
(3)   Objektklassen für Kulturlandschaftsbestandteile;
(4a)   Objektklassen für Kulturlandschaftselemente;
(4b)   Objektklassen für Kulturlandschaftselemente.

Die Klassifizierungen werden in einem „Objektklassenkatalog" (OKK) beschrieben, der zweckmäßigerweise und auch unabhängig vom GIS in einer Datenbank gespeichert und verwaltet wird. Die erste Gliederungsebene (1) im OKK wird mit Objektklassen belegt, deren Funktionswerte für Funktionsbereiche stehen. Funktionsbereiche haben keinen räumlichen Bezug, sie können und sollen im GIS nicht abgebildet werden, sondern dienen vielmehr der Strukturierung des OKK durch Bildung von abstrakten Objektklassen als übergreifende Zusammenfassung von Funktionen und Nutzungen, die kulturgeographischen Objekten zukommen können. Den Objektklassen für Arten von Funktionsbereichen kommt somit eine formale, aber wichtige ordnende Bedeutung im Rahmen der Systematik nach dem Objektklassenprinzip zu, d. h. es kommt im Wesentlichen auf deren sinnvolle anwendungsorientierte Klassifizierung an.

Unterhalb der ersten Gliederungsebene ordnen sich Ebenen für Objektklassen entsprechend den drei unteren Gliederungsebenen der kulturlandschaftlichen Gliederung ein. Der Ebene von Objektklassen für Kulturlandschaftselemente (4a) ist eine zusätzliche Ebene (4b) nachgeordnet, die eine Möglichkeit zur Spezifizierung des Merkmals Funktion erlaubt, um der gegebenen Vielfalt und Ausprägung von Kulturlandschaftselementen zu genügen. Somit ergeben sich im OKK insgesamt fünf Gliederungsebenen. Der Aufbau sei beispielhaft demonstriert (Abb. 2):

---

[5] Vgl. z. B. PETERS/KLINKHAMMER 2000, 148-150 und insbesondere den Objektartenkatalog des Amtlichen Topographisch-Kartographischen Informationssystems (ATKIS) der Landesvermessung.

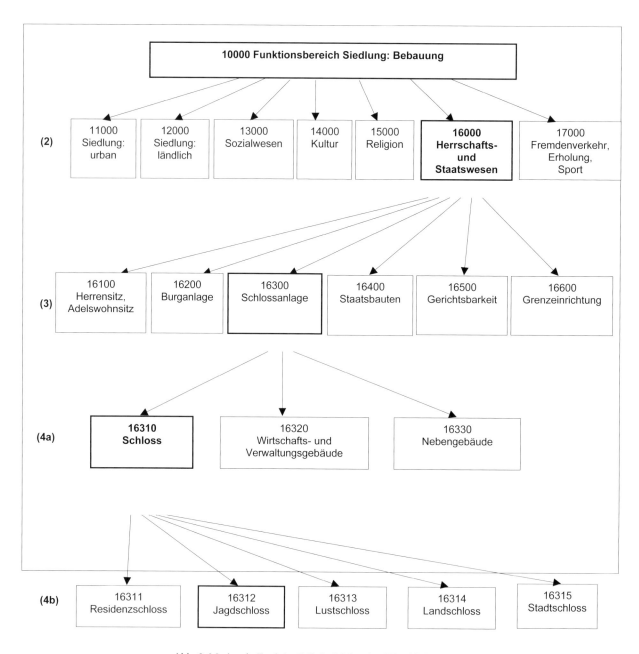

Abb. 2. Merkmal „Funktion", Beispiel für eine Klassifizierung.

Auf oberster Ebene wird von einer Objektklasse mit dem Funktionswert „Funktionsbereich Siedlung: Bebauung", der mit dem fünfstelligen Funktionscode 10000 codiert ist, ausgegangen. Dieser Funktionswert ist dadurch bestimmt, dass er – und zwar bezogen auf die Ebene für Kulturlandschaftselemente im Siedlungsbereich – ausschließlich die Bebauung berücksichtigt, soweit solche nicht – wie z. B. Industriebauten – funktional einem anderen Funktionsbereich zuzuordnen ist. Der ersten Ebene mit Objektklassen für Funktionsbereiche folgen nun auf den nachfolgenden Ebenen in einer baumartigen Struktur und in einer streng hierarchischen Gliederung mit 1:m-Beziehungen die Objektklassen für Arten von Kulturlandschaftsbereichen (2), Kulturlandschaftsbestandteilen (3) und Kulturlandschaftselementen (4a; 4b). Im vorliegenden Beispiel sind auf der untersten Ebene (4b) Funktionswerte für Arten von als Kulturlandschaftselemente zu erfassenden spezifischen Schlossgebäuden bestimmt, deren jeweiliger fünfstelliger Funktionscode sich aus den Einordnungen unter vorangehende Ebenen ableitet.

Auf den der ersten Ebene für Funktionsbereiche nachgeordneten vier Ebenen sind somit Objektklassen ausgewiesen, deren jeweiliger Funktionswert bzw. fünfstelliger Funktionscode als Merkmal Funktion eindeutig sowohl eine funktionale Zuordnung als auch eine Einstufung als Kulturlandschaftsbereich, -bestandteil oder -element entsprechend der kulturlandschaftlichen Gliederung ermöglicht. Für die Einordnungen sind funktionale und nicht strukturelle Merkmale maßgebend. Daher ist bei der Zuordnung von Kulturlandschaftselementen und -bestandteilen zu Funktionsbereichen eine des Öfteren gegebene Multifunktionalität zu bedenken (PLÖGER 2003, 230), auf die an dieser Stelle nur hingewiesen, aber nicht weiter eingegangen werden kann.

Klassifizierung des Merkmals Form

Klassifizierungen zum Merkmal Form beziehen sich auf Veränderungen der Erscheinungsform eines kulturgeographischen Objektes oder Kulturlandschaftsbereiches, bezogen auf den als ursprünglich erfassten Zustand. Auf der Zeitachse kann man prinzipiell folgende Einteilung von aus historisch-geographischer Sicht bedeutenden Formänderungen vornehmen: Ausgehend vom ursprünglichen Zustand bzw. der ursprünglichen Erscheinungsform sind Umgestaltung, Reliktwerdung, Verschwinden, Wiederherstellung, Rekonstruktion, Renaturierung und Ersetzung durch ein neues Objekt aufgrund raumrelevanter Prozesse mögliche fassbare Formänderungen, wobei die Abfolge in der schematischen Darstellung (Abb. 3) nicht streng zeitlich zu verstehen ist. Für diese Formänderungen lassen sich klassifizierend unterschiedliche Ausprägungen finden, die in tabellarischer Form im OKK aufgenommen sind (Abb. 4). Jeder Werteklasse für das Merkmal Form ist ein dreistelliger Formcode zugeordnet.

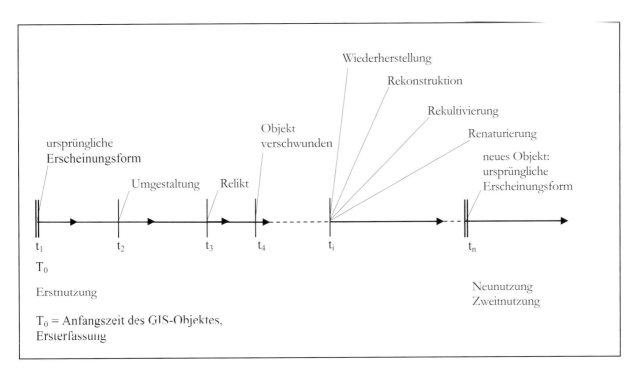

Abb. 3. Merkmal Form, prinzipiell mögliche Formänderungen auf der Zeitachse.

Sachdatentabellen

Die im GIS als Sachdaten zu erfassenden Werte zu den Merkmalen Funktion und Form sind als fünfstelliger numerischer Funktionscode bzw. dreistelliger numerischer Formcode in Sachdatentabellen zu speichern. Diese Codes sind als Schlüsselwerte zu verstehen, deren Bedeutung bzw. jeweiliger Wert aus dem GIS-unabhängigen OKK zu entnehmen ist. Zusammen mit einem Wert für das Merkmal Zeit bilden sie jeweils ein zusammengehöriges Daten-Tripel der Form {Zeit, Funktion, Form}, d. h. die einem als GIS-

Formcode	Wert für das Merkmal Form		Funktion	
			bisher	neu
100	Erstnutzung oder Neunutzung	ursprüngliche Erscheinungsform		+
110	Zweitnutzung	ursprüngliche Erscheinungsform	+	
111	Umnutzung	Δ nicht verändert		+
112	Umgestaltung 1	Δ wenig verändert, gut erkennbar	+	+
113	Umgestaltung 2	Δ teilweise verändert, noch erkennbar	+	+
114	Umgestaltung 3	Δ weitgehend verändert, kaum noch erkennbar	+	+
211*	Relikt 1	Erscheinungsform erhalten	+	
221*	Relikt 2	Erscheinungsform weitgehend erhalten, gut erkennbar	+	
231*	Relikt 3	Erscheinungsform teilweise erhalten, noch erkennbar	+	
241*	Relikt 4	Erscheinungsform wenig erhalten, kaum noch erkennbar	+	
250	Relikt 5	wüst gefallene Fläche	+	
311	Wiederherstellung Δ 1	∇ erhalten	+	+
312	Wiederherstellung Δ 2	∇ weitgehend erhalten, gut erkennbar	+	+
313	Wiederherstellung Δ 3	∇ teilweise erhalten, noch erkennbar	+	+
314	Wiederherstellung Δ 4	∇ wenig erhalten, kaum noch erkennbar	+	+
320	Rekonstruktion	Δ nachgebildet	+	+
410	Rekultivierung	Wiederherstellung der Bodennutzbarkeit, Δ weitgehend verändert, kaum noch erkennbar		+
420	Renaturierung	naturnaher Zustand angestrebt, Δ weitgehend verändert, kaum noch erkennbar	+	+
999	Objekt verschwunden	Punkt- oder Linienelement: nicht mehr wahrnehmbar Flächenelement: Abgrenzung Raumausschnitt aufgehoben	+	

- Zeichen Δ: setze „ursprüngliche Erscheinungsform".   Zeichen ∇: setze „ursprüngliche Bestandteile"
- Zeichen *: Alle definierten Klassen und Formcodes für Relikte vgl. zusätzliche Tabelle.
- Spalten Funktion: Das Zeichen + gibt an, ob dass betreffende Merkmal FORM als Sachdatum in einem Daten-Tripel {$Zeit_i$ – $Funktion_i$ – $Form_i$} in Kombination mit dem im Daten-Tripel {$Zeit_{i-1}$ – $Funktion_{i-1}$ – $Form_{i-1}$} „bisher" gespeicherten Sachdatum Funktion und/oder mit einem „neuen" Sachdatum Funktion gespeichert werden kann. Für die Formcodes 100 und 110 bezieht sich diese Aussage auf ein zeitlich vorhergehend gespeichertes ursprüngliches Merkmal Funktion.

Abb. 4. Klassifizierung des Merkmals Form.

Objekt inventarisierten kulturgeographischen Objekt oder Kulturlandschaftsbereich in dieser Weise zugeordneten Sachdaten treffen in ihrer jeweiligen Konstellation nur für eine bestimmte Zeitstellung zu.

Weitergehende Überlegungen im Rahmen einer längsschnittlichen Erfassungsweise führen nun dazu, im GIS die Sachdaten zu den Merkmalen Zeit, Funktion und Form in Sachdatentabellen im Sinne von im Zeitablauf zu erfassenden einzelnen Ereignissen in aufeinander folgenden Datenfeld-Tripeln abzulegen. Unter einem Ereignis wird die aus historisch-geographischer Sicht zu erfassende Veränderung des Sachdatums Funktion (FK) und/oder des Sachdatums Form (FO) zu einer bestimmten Zeit verstanden. Ein

ID	K	ALZT	ALFK	ALFO	Z1ZT	Z1FK	Z1FO	Z2ZT	Z2FK	Z2FO	JUZT	JUFK	JUFO
1	P	1074	15112	100	0	0	0	0	0	0	1150	15112	110
4	F	1871	51000	100	0	0	0	0	0	0	1926	51000	999
5	F	1883	11400	100	0	0	0	0	0	0	1986	11300	111
8	P	1874	14120	100	0	0	0	0	0	0	1874	14120	100
11	P	1668	12100	100	1867	12100	211	0	0	0	1873	12100	999
12	F	1842	44110	100	1920	93220	100	0	0	0	1939	44120	100
15	L	1922	32231	100	1987	32231	211	0	0	0	1998	32212	311
16	F	1932	51300	100	1986	51300	211	0	0	0	1997	14200	112
17	P	1802	12100	110	1889	12100	211	1938	13300	112	1980	11100	100
18	P	1847	51312	100	1903	51313	100	1958	51313	110	1986	51313	211

ID	Name	JAZT	JAFK	FK1850	FO1850	FK1914	FO1914	FK1939	FO1939	FK1998	FO1998
1	Stiftskirche	1150	15112	15112	110	15112	110	15112	110	15112	110
4	Z. Friedrich Ernestine	1871	51000	0	0	51000	100	99999	999	99999	999
5	Kolonie Zollverein	1883	11400	0	0	11400	100	11400	100	11300	111
8	Schule	1874	14120	0	0	14120	100	14120	100	14120	100
11	Ottenkampshof	1668	12100	12100	100	99999	999	99999	999	99999	999
12	Nienhausener Busch	1939	44120	44110	100	44110	100	44120	100	44120	100
15	Zollverein Verb.-Bahn	1922	32231	0	0	0	0	32231	100	32212	311
16	Z. Zollverein 12	1932	51300	0	0	0	0	51300	100	14200	112
17	Schulte a. d. Heege	1980	11100	12100	100	12100	211	13300	112	11100	100
18	Zollverein Schacht 1	1958	51313	51312	100	51313	100	51313	100	51313	211

Abb. 5. Sachdatentabelle (Beispiel). Die Tabelle ist aus Platzgründen zweigeteilt dargestellt, jeder Datensatz ist durch den Wert im Datenfeld ID bestimmt. Oberer Tabellenteil: Erfasste Sachdaten (Basisdaten); unterer Tabellenteil: durch Auswertung ermittelte Sachdaten.

individuelles GIS-Objekt ist insoweit als homogen zu bezeichnen, als die im zugeordneten Datensatz gespeicherte Abfolge von Daten-Tripeln für seine Geometrie eindeutig zutrifft. Die Vorgehensweise sei beispielhaft an einer Sachdatentabelle demonstriert (Abb. 5, oberer Teil).
In der Tabelle ist jeder Datensatz durch den Identifikationsschlüssel im Datenfeld ID bestimmt. Die einzelnen Datenfeld-Tripel sind in den Datenfeldnamen anhand der identischen ersten beiden Buchstaben zu identifizieren. Die jeweils in der Abfolge von Ereignissen zeitlich zuletzt einzuordnenden Daten sind immer im Datenfeld-Tripel {JUZT, JUFK, JUFO} abgelegt und beschreiben die gegenwärtige Situation bzw. projektorientiert die Situation am Ende eines Untersuchungszeitraumes. Die Werte zum Merkmal Zeit sind als vierstellige Jahreszahlen erfasst. Beispielhaft sei die letzte Zeile bzw. der letzte Datensatz erläutert, in welchem Daten zum GIS-Objekt mit der Identifikationsnummer 18, ein als Punktelement inventarisiertes Kulturlandschaftselement, abgelegt sind. Es handelt sich um den Standort eines im Jahre 1847 erstmals (Erstnutzung ALFO = 100) über dem Schacht 1 der Zeche Zollverein errichteten Malakowturmes (ALFK = 51312), der 1903 durch ein Fördergerüst (Z1FK = 51313) ersetzt wurde (Neunutzung Z1FO = 100), welches wiederum 1958 durch ein anderes Fördergerüst ersetzt (Z2FK = 51313, Zweitnutzung Z2FO = 110) und dann 1986 stillgelegt wurde (JUFO = 211).

Neben den erläuterten Datenfeldern zu den primären Merkmalen Zeit, Funktion und Form sind in einer Sachdatentabelle für als GIS-Objekte aufgenommene kulturgeographische Objekte und Kulturlandschaftsbereiche in der Regel zusätzlich Datenfelder für weitere zu erfassende Merkmale einzuordnen und in geeigneter Form auch deskriptive Beschreibungen und Bilddarstellungen zu vermerken, auf die an dieser Stelle lediglich hingewiesen werden soll. Vom Verfasser wird ein sekundäres Merkmal eingeführt, das thematisch vertiefend spezifische funktionale, physiognomische, genetische und weitere aus historisch-geographischer Sicht bedeutende Merkmale beschreibt und dessen vorgenommenen Klassifizierungen und Codierungen in einem zweiten Teil des OKK niedergelegt sind. Des Weiteren sei – wie oben erwähnt – auf die Notwendigkeit zur Erfassung eines Merkmals Bezug hingewiesen, welches strukturelle Beziehungen zwischen Kulturlandschaftselementen, -bestandteilen und -bereichen eindeutig festhält. Für ein Kulturlandschaftskataster sind insbesondere Sachdaten für Bewertungsverfahren und zur Unterschutzstellung zu erfassen.[6]

Auswertungen

Wesentlich für einen Einsatz von GIS sind die Verfügbarkeit von Programmfunktionen für räumliche Analysen und für Darstellungen räumlicher, thematisch orientierter Sachverhalte in kartographischer Form. An dieser Stelle kann nur kurz auf Auswertungen mit Bezug auf die in diesem Beitrag erläuterten Sachdaten eingegangen werden. Auf eine Wiedergabe von entsprechenden Beispielen thematischer Karten wird verzichtet, es sei auf die unten zitierten Veröffentlichungen verwiesen.

Die zuvor erläuterte Sachdatentabelle enthält neben dem Basis-Datenbestand (Abb. 5, oberer Teil) in weiteren Datenfeldern Auswertungsergebnisse (Abb. 5, unterer Teil) aus datenbankspezifisch formulierten Abfragen. Zum einen handelt es sich um Werte zu den Merkmalen Funktion und Form zu bestimmten Zeitschnitten, bestimmt durch die jeweilige Jahreszahl im Datenfeldnamen. Solche Auswertungsergebnisse entsprechen auch einer Erfassungsmethode, bei der Daten in querschnittlicher Erfassungsweise nur zu definierten Zeitschnitten berücksichtigt werden. Die betreffenden Datenfelder sind bestimmend für die Darstellung von Situationskarten zu jeweiligen Zeitschnitten.[7] Zum anderen sind in spezifischen Datenfeldern das Jahr der Errichtung, Inbetriebnahme oder Ersterfassung (JAZT) und die ursprüngliche Funktion (JAFK) rezenter und verschwundener Objekte abgelegt. Diese beiden Datenfelder liefern zusammen mit den Datenfeldern JUFK und JUFO (Abb. 5, oberer Teil) z. B. eine Aussage zur Erhaltung rezenter Objekte (JUFO <> 999). So ergibt sich beispielsweise aus dem oben erläuterten Datensatz ID 18, dass das rezente Fördergerüst (JAFK = 51313) über dem Schacht 1 der Zeche Zollverein im Jahre 1958 (JAZT) errichtet wurde und als Relikt (JUFO = 211) unverändert überkommen ist. Die beiden Datenfelder JAZT und JAFK sind zusammen mit den beiden Datenfeldern JUFK und JUFO bestimmend für Kulturlandschaftswandelkarten, Karten zur Darstellung kulturgeographisch bedeutender Objekte und sogenannte Reliktkarten.[8] Thematisch orientiert ist differenzierend ermittel- und darstellbar, inwieweit für Objekte ein Funktionswandel und Veränderungen der auf den ursprünglichen Zustand bezogenen Erscheinungsform wie auch Rekonstruktionen, Rekultivierungen und Renaturierungen im Umfang der für das Merkmal Form vorgenommenen Klassifizierung stattgefunden haben.

Zusammenfassung

Für eine modellhafte Abbildung der Kulturlandschaft und eine Beschreibung ihrer Entwicklung im GIS wird eine hierarchisch aufgebaute kulturlandschaftliche Gliederung zugrunde gelegt. In großmaßstäbiger Betrachtungsweise, wie der Planungsebene für einen Landschaftsplan, werden Kulturlandschaftselemente, -bestandteile und -bereiche als GIS-Objekte erfasst. Den Objekten werden als primäre Merkmale zeitabhängig die Funktion und qualitativ abgestuft wertend Veränderungen der ursprünglichen Erscheinungsform – neben weiteren anwendungsorientiert erforderlichen Merkmalen bzw. Informationen – in Form von Sachdaten zugeordnet. Die Sachdaten werden als numerisch codierte Schlüsselwerte der anhand von Klassifizierungsverfahren bestimmten und in einem OKK beschriebenen Werte verzeichnet und in Sachdatentabellen in einer Abfolge von Daten-Tripel {Zeit, Funktion, Form} entsprechend aus historisch-geographischer Sicht zu erfassender Ereignisse abgelegt und verwaltet. Über datenbankspezifisch formulierte Abfragen lassen sich Aussagen zur Entwicklung der Kulturlandschaft ableiten und spezifische thematische Karten darstellen.

---

[6] Umfassende Untersuchungen zu Unterschutzstellungen und Bewertungsverfahren: WAGNER 1999.
[7] Beispiele für Situationskarten: PLÖGER 1998, 119; 131; DERS. 2002, 68; 70.
[8] Beispiele für eine Kulturlandschaftswandelkarte: PLÖGER 1998, 143; DERS. 2002, 72. – Beispiel für eine Karte mit kulturgeographisch bedeutenden Objekten: PLÖGER 2002, 77.

Literatur

BURGGRAAFF 2000
P. Burggraaff, Fachgutachten zur Kulturlandschaftspflege in Nordrhein-Westfalen. Im Auftrag des Ministeriums für Umwelt, Raumordnung und Landwirtschaft des Landes Nordrhein-Westfalen. Mit einem Beitrag zum GIS-Kulturlandschaftskataster von R. Plöger. Siedlung und Landschaft in Westfalen 27 (Münster 2000).

BURGGRAAFF/KLEEFELD 1998
P. Burggraaff/K.-D. Kleefeld, Historische Kulturlandschaft und Kulturlandschaftselemente. Teil 1. Bundesübersicht. Teil 2. Leitfaden. Ergebnisse aus dem F+E-Vorhaben 808 09 075 des Bundesamtes für Naturschutz. Angewandte Landschaftsökologie 20 (Bonn-Bad Godesberg 1998).

BÜTTNER 2004
Th. Büttner, Die historische Kulturlandschaft in der Region Oberfranken-West. Berichts-CD-ROM im Auftrag des Bayerischen Landesamtes für Umweltschutz und des Bayerischen Landesamtes für Denkmalpflege (Augsburg, München 2004).

EBELING 1999
D. Ebeling (Hrsg.), Historisch-thematische Kartographie. Konzepte – Methoden – Anwendungen (Bielefeld 1999).

GUNZELMANN 2001
Th. Gunzelmann, Die Erfassung der historischen Kulturlandschaft. Bayerisches Staatsministerium für Landwirtschaft und Forsten (Hrsg.), Historische Kulturlandschaft. Materialien zur Ländlichen Entwicklung in Bayern 39 (München 2001) 15-32.

JAKOBS/KLEEFELD 1999
K. Jakobs/K.-D. Kleefeld (Hrsg.), Informationssysteme für die Angewandte Historische Geographie. Beiträge des Symposiums vom 20. März 1999 am Lehrstuhl für Informatik IV der RWTH Aachen. Aachener Informatik-Berichte 99-6 = Kulturlandschaft. Zeitschrift für Angewandte Historische Geographie 9, 1 (Bonn 1999).

MINISTERIUM FÜR UMWELT, RAUMORDNUNG UND LANDWIRTSCHAFT 1994
Ministerium für Umwelt, Raumordnung und Landwirtschaft des Landes Nordrhein-Westfalen (MURL) (Hrsg.), Natur 2000 in Nordrhein-Westfalen. Leitlinien und Leitbilder für Natur und Landschaft (Düsseldorf 1994).

PETERS/KLINKHAMMER 2000
J. Peters/B. Klinkhammer, Kulturhistorische Landschaftselemente. Systematisieren, kartieren und planen – Untersuchungen in Brandenburg. Naturschutz und Landschaftsplanung. Zeitschrift für angewandte Ökologie 32, 2000, 147-152.

PLÖGER 1998
R. Plöger, Die Bergbaulandschaft „Zollverein" im Nordosten von Essen. Siedlungsforschung. Archäologie – Geschichte – Geographie 16, 1998, 113-166.

PLÖGER 2002
R. Plöger, Inventarisation von industriegeschichtlichen Objekten im Ruhrgebiet für die Bodendenkmalpflege. In: Landschaftsverband Rheinland, Rheinisches Amt für Bodendenkmalpflege (Hrsg.), Bodendenkmalpflege und Industriekultur. Materialien zur Bodendenkmalpflege im Rheinland 13 (Köln 2002) 67-81.

PLÖGER 2003
R. Plöger, Inventarisation der Kulturlandschaft mit Hilfe von Geographischen Informationssystemen (GIS). Methodische Untersuchungen für historisch-geographische Forschungsaufgaben und für ein Kulturlandschaftskataster (Bonn 2003).

STÖCKMANN 2002
M. Stöckmann, Über die Möglichkeiten der Rekonstruktion historischer Kulturlandschaften mittels GIS am Beispiel des Neubrandenburger Umlandes. Schriftenreihe der Fachhochschule Neubrandenburg, Reihe A, Fachbereich Agrarwissenschaft und Landschaftsarchitektur 17 (Neubrandenburg 2002).

WAGNER 1999
J. M. Wagner, Schutz der Kulturlandschaft – Erfassung, Bewertung und Sicherung schutzwürdiger Gebiete und Objekte im Rahmen des Aufgabenbereiches von Naturschutz und Landschaftspflege. Eine Methode zur emotionalen Wirksamkeit und kulturhistorischen Bedeutung der Kulturlandschaft unter Verwendung des Geographischen Informationssystems PC ARC/INFO. Saarbrücker Geographische Arbeiten 47 (Saarbrücken 1999).

WÖBSE 1999
H. H. Wöbse, „Kulturlandschaft" und „historische Kulturlandschaft". In: Erhaltung und Entwicklung gewachsener Kulturlandschaften als Auftrag der Raumordnung. Ein neuer Auftrag der Raumordnung. Informationen zur Raumentwicklung 5/6, 1999, 269-278.

Das Laserscanning im Dienste der Kulturlandschaftsforschung am Beispiel der unter Wald fossilierten Wölbäcker von Rastatt[1]

Von Benoit Sittler und Karl Hauger

Einleitung

Bemühungen zur Erhaltung von Zeugnissen alter Kulturlandschaften sind auf entsprechende Dokumentationen angewiesen. Da solche Prospektionen und Kartierungen in der Regel aufwendig und kostenintensiv sein können, bleiben vielerorts wertvolle Strukturen unerkannt. Dies trifft insbesondere für Elemente zu, die unter Wald verborgen sind. Während der Wald durchaus zur Konservierung solcher Strukturen beigetragen hat, können moderne Eingriffe (Straßenbau, Mechanisierung der Forstwirtschaft) unwiderrufliche Beeinträchtigung zur Folge haben. Daher ist das Erkennen solcher Erscheinungen eine wichtige Aufgabe für den Landschafts- und Denkmalschutz, wie dies auch Behm (2000) sowie Behm und Schulz (2001) im Sinne des Archäotopmanagements angeregt haben.

Während in der freien Landschaft vielerorts Luftbilder herangezogen werden konnten, um für derartige Aufgaben größere Räume zu erfassen (BRAASCH 1996), konnte man bislang in Waldgebieten ohne aufwendige terrestrische Aufnahmen kaum großflächige Erkundungen vornehmen.

Eine Abhilfe verspricht nun das sogenannte Laserscanning, mit dem auch topographische Merkmale kenntlich gemacht werden können (MAAS 2002). Die in Fachkreisen diskutierte Genauigkeitsspanne hinsichtlich der Darstellung von Höhenunterschieden liegt bei 20 bis 30 cm. Daher stellt sich die Frage, inwieweit diese Methode zur Erkennung anthropogen verursachter Strukturen eingesetzt werden kann. Dies sollte nun am Beispiel von unter Wald erhaltenen Wölbäckern südlich von Rastatt getestet werden (HAUGER u. a. 2000). Den Rahmen lieferte das vom Land Baden-Württemberg z. Zt. durchgeführte Laserscanning-Projekt (GÜLTLINGER u. a. 2001).

Die Wölbäcker von Rastatt als Testgebiet

Das untersuchte Wölbäckersystem liegt südlich von Rastatt auf der Niederterrasse des Rheines (Stollhofener Platte), die sich durch das Hochgestade um ca. 8 bis 10 m von der benachbarten tiefergelegenen Rheinaue im Westen abhebt. Die durchschnittliche Höhe liegt bei ca. 120 m ü. NN. Die sandig-kiesigen Substrate mit weitgehend flacher Topographie wurden im Mittelalter landwirtschaftlich genutzt. Zeugen davon sind eben diese Wölbäcker, die sich in einer Folge von Furchen und Scheiteln in Abständen von ca. 6 bis 20 m ausdrücken, deren Tiefen meist zwischen 30 und 60 cm liegen. Wie eine erste terrestrische Übersichtskartierung gezeigt hat (HAUGER u. a. 2000; DIES. 2001), nehmen sie eine Mindestfläche von 350 ha ein, wobei man sowohl Langstreifenfluren (mit Äckern von über 500 m Länge) als auch Blockfluren antrifft.

---

[1] Dieses Pilotprojekt profitierte in großem Maße von der aktiven und großzügigen Unterstützung des Landesvermessungsamtes Baden-Württemberg (Herrn A. Schleyer und Herrn M. Gültlinger), das die Daten freundlicherweise zur Verfügung gestellt hat. Dem Landratsamt Rastatt sind die Autoren für die Gewährung eines Zuschusses für die von R. Siwe (Abteilung Fernerkundung und Landschaftsinformationssysteme, Institut für Forstökonomie, Freiburg i. Br.) vorgenommenen GIS-Auswertungen zu Dank verpflichtet.

Von Natur aus fehlt ein hydrologisches Netz fast vollständig, in historischen Zeiten wurden aber zur Entwässerung der östlich gelegenen Kinzig-Murg-Rinne Gräben angelegt, deren Datierungen noch ungewiss sind. Erste historische Auswertungen deuten darauf hin, dass die Äcker gegen Ende des 17. Jh. aufgegeben und über eine natürliche Sukzession neu bewaldet wurden.

Die aktuelle Waldbedeckung besteht im Wesentlichen aus bis zu 150 Jahre alten Mischbeständen, in denen Kiefern, Douglasien und Buchen dominieren. Durch den Sturm Lothar sind allerdings im Jahre 1999 größere Bereiche in Mitleidenschaft gezogen worden, wobei im Allgemeinen als Restbestockung meistens Buchen erhalten geblieben sind. Verjüngungsflächen, die aus Douglasien in Beimischung von Fichten und Laubhölzern (Anteil ca. 40 %) bestehen, stellen z. Zt. noch dichtere, wenn auch niedrigere Schonungen dar. Somit ergibt sich ein Mosaik aus unterschiedlich dichten Vegetationsoberflächen.

Laserscanning

Prinzip

Das Prinzip dieses Verfahrens[2] basiert auf einer flächenhaften Abtastung der Erdoberfläche vom Flugzeug aus (Abb. 1). Aus den zur Erdoberfläche lotrecht gesendeten Laserimpulsen werden durch Laufzeitmessungen die Distanzen ermittelt. Dabei wird die Position des Lasers mit Differential-GPS und anschließendem „Postprocessing" festgehalten, was eine Orientierung in jedem beliebigen Koordinatensystem ermöglicht. Resultat des Scans ist eine 3D-Punktwolke, welche die Oberflächengeometrie des angezielten Objekts beschreibt. Fehlereinflüsse auf die verschiedenen Komponenten wirken sich in der Genauigkeit der Daten aus. Bei Waldbedeckung spielt die Qualität der Filterung eine besondere Rolle. Dies macht es erforderlich, dass Bestandteile der Topographie wie die Vegetationsoberkante bzw. Baumkronen aus den Messdaten möglichst automatisch entfernt werden. Durch diese Filterung werden die am tiefsten liegenden Punkte ermittelt, was der Bodenoberfläche entspricht. Durch wiederholte Iterationen werden dann stets weitere Punkte ermittelt. Aus dem Gesamtkollektiv an Werten lässt sich ein feiner strukturiertes digitales Geländemodell (DGM) berechnen. In einigen Fällen ist anschließend noch eine weitere Bereinigung von Punkten, die einen Schwellenwert überschreiten, nötig, wenn davon auszugehen ist, dass sie als Vegetationspunkt (Baumstamm usw.) einzustufen sind.

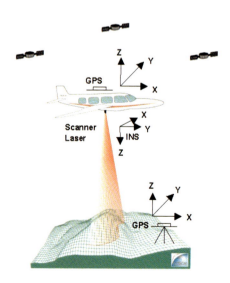

Abb. 1. Prinzip des Laserscannings (nach Topscan).

---

[2] Vgl. VON HANSEN/VÖGTLE 1999.

Die Laserscanning-Befliegung des Landes Baden-Württemberg

Zur Erstellung eines flächendeckenden hochgenauen Geländemodells wurde durch das Land Baden-Württemberg eine entsprechende Laserscanning-Befliegung in Auftrag gegeben.[3] Auftragnehmer war die Firma Topscan, die im Jahre 2000 mit den ersten Flügen startete. Der Abschluss dieser flächendeckenden Befliegungen ist für das Jahr 2005 geplant. Für die Datenverarbeitung und die Erstellung des Geländemodells ist die Außenstelle Karlsruhe des Landesvermessungsamtes Baden-Württemberg zuständig.
Die Befliegungen fanden jeweils im Winter bzw. außerhalb der Vegetationszeit statt. Das Gebiet um Rastatt wurde bereits im Jahre 2000 beflogen. Als Laserscanner wurde der Topscan-Scanner eingesetzt. Dieser zeichnet sich durch folgende technische Parameter aus (Abb. 2):

Die Berechnung des Höhenmodells eines Ausschnittes der Wölbackerflur

Zunächst wurden vom Landesvermessungsamt Baden-Württemberg[4] die Laserscan-Datensätze für das Wölbackergebiet einzeln dekodiert und auf Vollständigkeit überprüft. Dem folgte eine Qualitätsprüfung unter Verwendung von Kontrollflächen und -punkten. Anschließend wurden die georeferenzierten Koordinaten (Gauß-Krüger) der klassifizierten Bodenpunkte zur Berechnung eines feiner strukturierten DGM herangezogen.

Mess-frequenz (Hz)	Scan-frequenz (Hz)	Scan-winkel (Grad)	Mittlere Flughöhe (m)	Streifen-abstand (m)	Mittlerer Punkt-abstand (m)
25.000	25	± 20	1.000	300-450	ca. 1,5

Abb. 2. Ausgewählte Systemparameter und Kennwerte der Laserscanning-Befliegung durch die Firma Topscan.

Die Daten für das Testgebiet wurden im ASCII-Format zur Verfügung gestellt. Sie wurden mithilfe der Erdas-Imagine-Software verarbeitet, um zunächst aus den Höhenpunkten ein Oberflächenmodell (Abb. 3a) zu generieren. Die Bodenpunkte dienten dann zur Erstellung des entsprechenden DGM, das aus Abbildung 4b zu ersehen ist.

Ergebnisse

Die visuellen Befunde des Geländemodells

Während im sogenannten Oberflächenmodell (Abb. 3a) keine reliefbedingten Strukturen zu erkennen sind, liefert das berechnete Geländemodell ein eindeutiges Bild des durch mikrotopographische Unterschiede hervorgerufenen Flurmusters (Abb. 3b). Noch deutlicher kommt aber die wellige Oberflächenstruktur bei einer 3D-Visualisierung zum Ausdruck, wie dies die Perspektivansicht eines kleinen Teilabschnittes zeigt (Abb. 4).
In beiden Aufnahmen sind auch weitere Strukturen wie das tiefeingeschnittene Grabennetz (Hardtgraben) nicht zu übersehen. Bei näherer Betrachtung dieser Aufnahmen zeigt sich ferner, dass in der rezenten Ackerflur von Hügelsheim (Abb. 3b, links und Mitte unten) keine Wölbäcker auszumachen sind. In Erscheinung treten auch kleine Hügel in Waldrandlage. Darüber hinaus lassen die Aufnahmen Details erkennen, die bei klassischer Kartierung selten erkannt werden, wie z. B. leichte Krümmungen im Längspro-

---

[3] Vgl. HOSS (1997); GÜLTLINGER u. a. (2001).
[4] Pers. Mittl. M. Gültlinger.

fil der Äcker. Eine nähere Analyse kann in einem weiteren Stadium eine Zuordnung der Flurmuster (Gewannfluren, Blockfluren) durch entsprechende Vergleiche ermöglichen.

Bereiche, in denen solche regelmäßigen Strukturen nicht zum Vorschein kommen, dürften Flächen sein, die möglicherweise nie als Acker benutzt wurden. Hier könnten bodenkundliche Aufschlüsse (Profilvergleiche)[5] oder geomagnetische Prospektionen Klarheit schaffen.

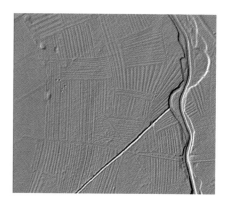

Abb. 3a (l.) und 3b (r.). Oberflächenmodell eines Teilbereiches (ca. 1,5 km x 1,5 km) der Wölbackerflur (bearbeitet durch: Manfred Gültlinger, Landesvermessungsamt Baden-Württemberg).

Die Vermessung der Wölbäcker

Durch die Verknüpfung der Laserdaten mit GPS-Daten erfolgt eine direkte Georeferenzierung in das Gauß-Krüger-Koordinatensystem. Da in diesem Zusammenhang die Genauigkeit der Geometrie-Grunddaten unter einem Pixel liegt, konnte durch dieses Verfahren eine sehr gute räumliche Georeferenzierung erlangt werden, die auch der Vermessung zugute kam.

Mit bis zu mehr als einem Messpunkt pro Quadratmeter konnte somit eine sehr hohe Auflösung erreicht werden, was für die Vermessung von Wölbäckern (Länge und Breite bzw. Fläche) günstig ist. Für Letztgenanntes bedarf es aber zuvor noch einer manuellen Abgrenzung durch Digitalisieren am Bildschirm. Gleichzeitig lassen sich auch Profile beliebig durch die Äcker legen, wie dies in Abbildung 6 verdeutlicht wird.

Eine spätere Auswertung einer Vielzahl solcher Profile kann dann dazu beitragen, bestimmte Muster zu ermitteln. Unter anderem können so Fragen geklärt werden, ob breitere Äcker mit tieferen Senken verbunden waren usw.

Diskussion und Ausblick

Die hier dargelegten Beobachtungen sind Beleg dafür, dass das Laserscanning-Verfahren unter Wald verborgene Kleinstrukturen sichtbar machen kann. Daher ist dieses als ein vielversprechendes Zukunftsinstrument des Kulturlandschafts- und Bodendenkmalschutzes zu betrachten, eröffnet es doch völlig neue Möglichkeiten der Dokumentation von Kulturlandschaftselementen. Dies trifft besonders für Wölbäcker zu, deren Regelmäßigkeit bestimmter Muster bei einer synoptischen Ansicht sogleich auffällt und auf anthropogene Entstehung deuten lässt. In der Tat ergeben sich hier realitätsnahe Abbilder der Objekte, deren Auflösung durchaus mit klassischen Schrägluftbildern von Wölbäckern in der offenen Flur[6] vergleichbar ist.

Der Feldvergleich mit den Befunden der ersten terrestrischen Kartierung (HAUGER u. a. 2000) zeigt ferner, dass sowohl die Genauigkeit der visuell ableitbaren Information als auch der Zeitaufwand zur kartographischen Darstellung bzw. Flächenleistung eindeutig für die Anwendung dieses neuen Verfahrens sprechen.

---

[5] Vgl. auch HAUGER u. a. 2001.
[6] Vgl. BERESFORD/SAINT JOSEPH 1979.

Obwohl die als störend empfundene Waldbedeckung mehr als die Hälfte der eintreffenden Laserimpulse auffängt, können durch die extrem hohe Punktdichte doch noch ausreichend Punkte herangezogen werden, um ein DGM mit erstaunlicher Qualität zu berechnen. Dies wird auch deutlich bei der Betrachtung des „First-Pulse-Modells" (Abb. 3a), bei dem sich die durch Lothar gelichteten Bestände (Abb. 3a, Mitte links) gut von den noch dicht bestandenen Schlägen abheben. Im DGM (Abb. 3b) dagegen sind diese Unterschiede nicht auszumachen, was dafür spricht, dass selbst in etwas dichteren älteren Beständen die „Last-Pulse-Punktdichte" noch ausreicht, um ein DGM zu erstellen. Lediglich für die dichten niedrigen Jungwuchsbestände, die aus Fichtenkulturen zu bestehen scheinen, lässt das DGM die Wölbackerstruktur nur stellenweise erahnen.

Die gute Auflösung, mit der hier allgemein die Wölbäcker aufgezeigt werden, mag darauf zurückzuführen sein, dass man es mit einer leicht gewölbten Topographie zu tun hat ohne steile Bruchkanten oder Oberflächen mit hoher Reliefenergie, bei denen die Anwendung dieses Verfahrens oft Einschränkungen unterliegt (PFEIFFER u. a. 1999).

Interessant ist auch, dass diese synoptische Visualisierung Muster erkennen lässt, die für die Analyse und Interpretation von Belang sind. So ist nicht zu übersehen, dass die sogenannte Römerstraße für die Wölbäcker eine Grenze darstellt bzw. dass sich Letztere nicht auf der anderen Seite der Straße in demselben Winkel und Folgemuster fortsetzen. Hierdurch ist also zu belegen, dass die Wölbäcker nach dem Bau der Straße angelegt wurden. Umgekehrt zeigt die Ansicht von Bach und Grabennetz (Hardtgraben, Sandbach), dass deren Verläufe jüngeren anthropogenen Ursprungs sind, weil sie wiederholt und in unterschiedlichen Winkeln die Wölbäcker durchschneiden. Da der Graben nach Aussage archivalischer Quellen um das Jahr 1500 errichtet wurde, kann man davon ausgehen, dass die Wölbäcker älteren Datums sind. Solche Aussagen wären nur durch sehr zeitaufwendige terrestrische Vermessungen mit Tachymeter zu erlangen gewesen.

Ein weiterer Vorteil gegenüber herkömmlichen Vermessungsverfahren bietet die leichte Georeferenzierung. Der dabei erreichbare Genauigkeitsgrad ermöglicht geometrische Vermessungen, deren Qualität der

Abb. 4.
Teilansicht einer Wölbackerflur,
abgeleitet aus den verarbeiteten Laserdaten.

des klassischen Vermessungswesens mindestens gleichzusetzen ist. Daher würde sich im vorliegenden Fall eine Gesamtauswertung der ganzen Wölbackerflur von Rastatt anbieten, um durch entsprechende Vergleiche mit terrestrischen Tachymetermessungen die Vor- und Nachteile dieses neuen Verfahrens präzisieren zu können.

Die Methode des Laserscannings kann angesichts des Vorgenannten nur weiter empfohlen werden, nicht nur mit Blick auf gezielte Prospektionen nach Wölbäckern, sondern auch in anderen Bereichen wie der Forstwirtschaft oder des Umweltschutzes. Zum Beispiel könnte mit der hier festgestellten Genauigkeit auch für die Auen bei Rastatt, die als Untersuchungsobjekt für ein EU-Projekt zur Hochwassertoleranz von Bäumen herangezogen werden sollen, ein derartiges DGM wertvolle Dienste leisten.

Obwohl Kosten und erforderliches Know-how einer Anwendung dieses Verfahrens für Einzelobjekte sicherlich noch im Wege stehen können, bietet es sich dort an, wo bereits eine flächendeckende Laserscanning-Befliegung durchgeführt wurde, wie es im Land Baden-Württemberg der Fall ist (GÜLTLINGER u. a. 2001). In diesen Fällen betragen die Kosten pro km² unter 100 €, was auch großflächigere Prospektionen im Sinne eines Bodendenkmalkatasters ermöglichen kann. In diesem Zusammenhang könnten entsprechende Bestrebungen des Landesdenkmalamtes Baden-Württemberg in Zukunft besser unterstützt werden.

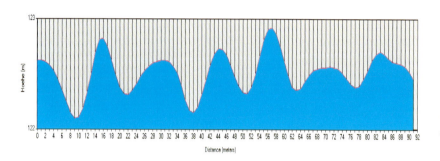

Abb. 5.
Beispiel eines mithilfe von ERDAS ermittelten Querschnittes durch die Wölbäcker.

Literatur

ACKERMANN 1999
F. Ackermann, Airborne Laser Scanning – Present Status and Future Expectations. ISPRS Journal of Photogrammetry & Remote Sensing 54, 1999, 64-67.

BEHM 2000
H. Behm, Archäotopmanagement. Natur und Landschaft 75, 2000, 284-291.

BEHM/SCHULZ 2001
H. Behm/A. Schulz, Durch Befliegungen entdeckte historische Strukturen – eine Herausforderung für Standortskunde und Landentwicklung. Landnutzung und Landentwicklung 42, 2001, 49-55.

BERESFORD/SAINT JOSEPH 1979
M. Beresford/J. Saint Joseph, Medieval England – An Aerial Survey² (Cambridge 1979).

BRAASCH 1996
O. Braasch, Zur archäologischen Flugprospektion. Archäologisches Nachrichtenblatt 1, 1996, 16-34.

GÜLTLINGER u. a. 2001
M. Gültlinger/A. Schleyer/M. Spohrer, Flächendeckendes, hochgenaues DGM von Baden-Württemberg. Mitteilungen des Vereins für Vermessungswesen, Landesverein Baden-Württemberg e. V. 48, 2/2001, 63-77.

VON HANSEN/VÖGTLE 1999
W. von Hansen/T. Vögtle, Extraktion der Geländeoberfläche aus flugzeuggetragenen Laserscanner-Aufnahmen. Photogrammetrie, Fernerkundung, Geoinformation (PFG) 4, 1999, 229-236.

HAUGER u. a. 2000
K. Hauger/R. Riedinger/B. Sittler, Wölbäcker bei Rastatt – eine Dokumentation zur Analyse und Erhaltung überkommener Altackerkomplexe. Kulturlandschaft. Zeitschrift für Angewandte Historische Geographie 10, 2000, 113-118.

HAUGER u. a. 2001
K. Hauger/R. Riedinger/B. Sittler, Wölbäcker im Landkreis Rastatt – Auf den Spuren mittelalterlicher Ackerfluren. Heimatbuch des Landkreises Rastatt 40 (Rastatt 2001) 163-172.

HOSS 1997
H. Hoss, Einsatz des Laserscanner-Verfahrens beim Aufbau des digitalen Geländehöhenmodells (DGM) in Baden-Württemberg. Mitteilungen, Deutscher Verein für Vermessungswesen, Landesverein Baden-Württemberg e. V. 44, 1/1997, 5-26.

MAAS 2002
H. G. Maas, Methods for Measuring Height and Planimetry Discrepancies in Airborne Laserscanner Data. Photogrammetric Engineering & Remote Sensing 9, 2002, 933-940.

PERSSON u. a. 2002
A. Persson/J. Holmgren/U. Söderman, Detecting and Measuring Individual Trees Using an Airborne Laser Scanner. Photogrammetric Engineering & Remote Sensing 9, 2002, 925-932.

PFEIFFER u. a. 1999
N. Pfeiffer/K. Kraus/A. Köstli, Restitution of Airborne Laser Scanner Data in Wooded Areas. Geo-Informations-Systeme (GIS) 2, 1999, 18-21.

Das Inventar der historischen Verkehrswege der Schweiz (IVS) – Zielsetzung, Methodik, Illustration und Anwendung

Von Klaus Aerni

Zielsetzung und Vorarbeiten

In den 1950er-Jahren löste die Hochkonjunktur einen bis heute andauernden Wandel in der Umwelt aus, dem viele Kleinformen der Landschaft zum Opfer fielen. Besonders betroffen waren die historischen Verkehrswege (Abb. 1) und Brücken. Ferner verschwanden viele Kleinobjekte entlang der Wege, die sogenannten Wegbegleiter. Dazu gehören Kapellen, Wegkreuze, Distanzsteine, Susten oder Warenablagen, Gasthäuser, Zollstationen usw. Im Rahmen der seitens des Verfassers seit den 1970er-Jahren durchgeführten Weguntersuchungen im Alpenraum wurde klar, dass die Erforschung historischer Routen allein

Abb. 1. Saumweg auf der Nordseite des Griespasses auf 2.400 m Höhe.
Die Weganlage entstand um 1400 gemäß einem 1397 zwischen dem Pomat, dem Goms und Bern abgeschlossenen Vertrag. Die Aufnahme stammt von 1963; inzwischen ist der Weg durch den Bau eines Kraftwerkes und der Gaspipeline weitgehend zerstört worden
(Foto: Klaus Aerni 1963, ViaStoria, Universität Bern).

nicht genügt, um sie zu erhalten (AERNI/SCHNEIDER 1984, 119; AERNI 1993, 313). Es muss gelingen, gewisse Landschaftsgebiete, und zwar Wege, Gebäude und Geländeformen, vor der Zerstörung zu schützen. Im anderen Fall wird die nächste Generation sich kaum mehr eine Vorstellung davon machen können, wie der Alpenraum vor dem Aufkommen der Motorfahrzeuge und dem Einsetzen des mechanisierten Fremdenverkehrs ausgesehen hat.

Zu Beginn der 1970er-Jahre fehlten in der Schweiz gesetzgeberische Grundlagen zum Schutz historischer Wege. Im Natur- und Heimatschutzgesetz (NHG) von 1966 sind die historischen Wege zwar nicht direkt genannt, wohl aber das heimatliche Landschafts- und Ortsbild, die geschichtlichen Stätten sowie die Natur- und Kulturdenkmäler.[1] 1979 wurde durch Art. 37quater der Schweizerischen Bundesverfassung der Bund zum Aufstellen von Grundsätzen für Fuß- und Wanderwegnetze verpflichtet.[2] Ausdrücklich verlangt das 1985 erlassene Bundesgesetz über Fuß- und Wanderwege, historische Wegstrecken nach Möglichkeit einzubeziehen.[3]

Bereits 1979 hatte das damalige Bundesamt für Forstwesen (heute BUWAL) dem Geographischen Institut der Universität Bern vorgeschlagen, im Sinne des NHG die Aufnahme eines „Inventars historischer Verkehrswege der Schweiz" vorzubereiten. Das Inventar sollte Weg-Objekte von nationaler Bedeutung enthalten. In der ersten gemeinsamen Sitzung wurden vier Grundgedanken festgehalten:
1. Kulturdenkmäler sind zu erhalten, daher müssen diese zunächst lokalisiert werden.
2. Den Kantonen sind die national schützenswerten Objekte zu bezeichnen, daher braucht es eine Übersichtskarte im Maßstab 1:25.000.
3. Die Arbeit ist kompilatorisch und besteht aus Feldbegehung und Archivarbeit; es sind keine Bodensondierungen vorzunehmen.
4. Die Aufnahmen sollen durch regionale Fachkräfte erfolgen, jedoch nach einheitlichen Richtlinien.

Das Thema historische Verkehrswege und Landschaftsschutz vermochte viele Studierende zu interessieren. Wesentlich war von Anfang an die Zusammenarbeit mit Prof. Dr. Herzig vom Historischen Institut der Universität Bern. Diese Kooperation ermöglichte es, auch die Römerstraßen in die Arbeit mit einzubeziehen.[4]

1982 entstanden eine provisorische Netzkarte der Schweiz sowie eine zweibändige Bibliographie zu den einzelnen Strecken (AERNI/HERZIG 1983). Im Dezember 1983 erfolgte die Verpflichtung zur Erstellung des „Inventars historischer Verkehrswege der Schweiz" (IVS), woraufhin im Januar 1984 der vorerst auf zehn Jahre begrenzte Arbeitsvertrag mit der Bundesverwaltung begann. Im Herbst desselben Jahres wurde eine begleitende Arbeitsgruppe (BAG) ernannt, die sich aus Fachleuten verschiedenster Bereiche zusammensetzte und die Arbeiten überprüfte. Diese wurde zunächst vom Alterspräsidenten Prof. Dr. Walser geleitet, gefolgt von Prof. Dr. Herzig.

Der Ablauf der Inventarisierung von 1984 bis 2003

Von 1984 bis 1993 war die Arbeit charakterisiert durch blattweises Vorgehen gemäß der Einteilung der Landeskarte 1:25.000. Zumeist erfolgte die Geländearbeit und die geschichtliche Darstellung durch zwei verschiedene Personen (AERNI 1986, 270; AERNI 1993, 321; 332). Das Produkt wurde blattweise der BAG vorgestellt und diskutiert. Parallel zur Grundlagenarbeit am Inventar wurden kurzfristig zahlreiche akute Planungsfälle auf der Ebene der Gemeinden oder der Kantone bearbeitet und eine umfangreiche Öffentlichkeitsarbeit durchgeführt (AERNI 1993, 329). Die Frage nach der Dauer der Arbeit am Gesamt-

---

[1] NHG-Bundesgesetz über den Natur- und Heimatschutz, SR 451 (Bern 1966/1987) Art. 1.
[2] Der Art. 37quater entspricht in der Bundesverfassung 1998 dem Art. 88 (Bundesverfassung [der Schweizerischen Eidgenossenschaft] 1998 [Bern 1998]).
[3] FWG-Bundesgesetz über Fuss- und Wanderwege, SR 704 (Bern 1985) Art 3.
[4] Als ebenfalls sehr ertragreich gestalteten sich die persönlichen Kontakte zu Prof. Dr. D. Denecke, Geographisches Institut der Universität Göttingen, der uns seine reichen Erfahrungen im Raum Göttingen im Gelände veranschaulichte (vgl. dazu: DENECKE 1969; DENECKE 1979).

inventar führte zu einer Überprüfung von Arbeitstiefe und der zu erwartenden Kosten. In der Folge verlängerte das BUWAL den Vertrag und legte den Abschluss auf Ende 2003 fest.

Im Übergang von der ersten zur zweiten Phase ab 1994 erfolgten im Arbeitsprozess vier Umstellungen:
1. Die Inventarisierung begann vorerst mit der Aufnahme einzelner Objekte, abgeleitet vom Vorgehen der Denkmalpflege. Danach wurden die Einzelobjekte zu Strecken verbunden und schließlich zu einem Netz zusammengefasst.
2. Ein Zusatzkredit erlaubte die Digitalisierung der Kartenherstellung, die elektronische Textverarbeitung sowie die Transformation der bereits erhobenen Daten.
3. Das Methodikhandbuch wurde 1997/98 überarbeitet und die integrale Arbeitsweise der Bereiche Geschichte und Gelände verstärkt (VON CRANACH/HEGLAND 1999).[5]
4. Die Begutachtung des Inventars durch die BAG veränderte sich von der Beurteilung einzelner Kartenblätter hin zur Erfassung von Kantonsteilen oder ganzer Kantone.

Anfang 1999 erfolgte die Umteilung des IVS in die Abteilung für Langsamverkehr innerhalb des Amtes für Straßen (ASTRA). Seit Frühjahr 2003 haben sich die Mitarbeiter am IVS als „ViaStoria – Zentrum für Verkehrsgeschichte" als Annexbetrieb unter der Leitung von Prof. Dr. Pfister (Historisches Institut) an der Universität Bern organisiert. Im Dezember 2003 ist dem ASTRA vertragsgemäß die Papierversion des Inventars in Form von 56 Ordnern übergeben worden. Das vollständig in digitaler Form vorliegende Bundesinventar und die zugehörige Verordnung werden für die kommende Vernehmlassung bei den Kantonen ins Internet gestellt. Die Inkraftsetzung des Bundesinventars durch den Schweizerischen Bundesrat dürfte in etwa zwei Jahren erfolgen.

Methodik und Inhalt des IVS

Die Arbeit am Inventar setzte ein Vorwissen in Geographie und Geschichte voraus. Zunächst wurde das historische Wegnetz aus der Zeit um etwa 1870, wie es sich im Gelände erhalten hat, erfasst und historisch aufgearbeitet. Die Zeitebene um 1870 liegt vor der Umgestaltung der Wege durch die Motorisierung. Zudem stehen für den Zeitraum ab 1870 gute Karten zur Verfügung.[6]

Die konkrete Arbeit bestand aus zwei zeitlich parallelen Arbeitsvorgängen, die der Geschichte sowie der im Gelände erkennbaren Wegsubstanz gewidmet waren (Abb. 2). Zuerst wurden die historischen Wege aus der Zeit um 1870 zwischen den Orten bis auf die Stufe Dorf/Weiler sowie im alpinen Raum zwischen Taldorf und Alp festgelegt sowie als Arbeitshypothese in eine aktuelle Karte übertragen. Einerseits wurden nun im Feld die Wegverläufe begangen und die baulichen Merkmale kartiert. Andererseits wurde mithilfe der historischen Literatur sowie den vorhandenen Karten- und Bildquellen die historische Kommunikationsbedeutung jeder Wegstrecke bestimmt und den Stufen „national", „regional" oder „lokal" zugeordnet. Damit entstand die Klassierung der Strecken in die drei Objektkategorien wie sie das NHG vorschreibt.
Aus den Reinzeichnungen der Geländeaufnahmen entstanden Karten der sichtbaren Wegesubstanz, die sogenannten „Geländekarten" (Abb. 3). Die Reinzeichnungen der historischen Kommunikationsbedeutungen ergaben die sogenannten Inventarkarten (Abb. 4). Als Signaturen fanden drei Farben und drei Strichstärken Verwendung. Die Farbe Rot markiert darin Strecken von nationaler Bedeutung, Dunkelblau solche von regionaler sowie Hellblau jene von lokaler Bedeutung. Die Strichstärke orientiert über den Substanzgehalt der Strecke: Ein dicker Doppelstrich bedeutet „historischer Verlauf mit viel Substanz", zwei dünne Striche entsprechen der Bedeutung „historischer Verlauf mit Substanz" und ein dünner Strich verweist auf die Stufe „historischer Verlauf".

---

[5] Ergänzend dazu: DOSWALD 2000.
[6] Topographischer Atlas der Schweiz in den Massstäben 1:25.000 und 1:50.000 (Bern 1870-1900, Erstausgaben).

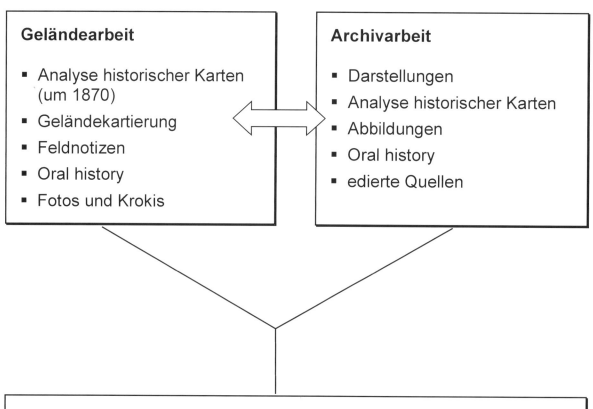

Abb. 2. Inventar historischer Verkehrswege der Schweiz IVS: Arbeitsprozesse und Produkt
(Klaus Aerni, ViaStoria, Universität Bern 2004).

Der mittelalterliche Saumweg am Simplon bei der Alp Niwe südlich der Passhöhe weist sehr viel Substanz und einen historischen Verlauf auf (Abb. 5). Auf einer nicht mehr begangenen Wegvariante wurde eine Münze des Bischofs Guillaume de Varax von Lausanne (1462-1466) gefunden. Oberhalb der Alp Niwe sind im Fels Wegstufen ausgehauen. Auf einem Felsbuckel direkt neben den Stufen sind die Jahrzahl 1672 und das Wappen des Kaufherrn Kaspar Jodok von Stockalper eingeschnitten. Er hat den mittelalterlichen Saumweg verbreitert und stellenweise neu angelegt. Der Saumweg wird heute Stockalperweg genannt und ist das Rückgrat des Ecomuseums Simplon.[7] Die Napoleonstraße ist nur noch in kleinen, abgeschnittenen Kurven erhalten wie etwa beim Hospiz auf der Passhöhe. Durch die moderne Überprägung und die Asphaltierung ist sie beim Hospiz nur noch als „historischer Verlauf" klassiert (Abb. 6).

Bestandteil des Bundesinventars bilden nur die Strecken von nationaler Bedeutung, die zusätzlich in einem Beschrieb dargestellt sind. Die Geländekarte und die Inventarkarte des Bundesinventars zeigen entsprechend den von der Arbeitsgruppe IVS durchgeführten Arbeiten auch die regionalen und lokalen Netze (Abb. 3 und 4). Wege mit regionaler oder lokaler Einstufung können in kantonale oder kommunale Schutzinventare aufgenommen werden. Ihre Aufbereitung in einer Dokumentation erfolgt nur bei finanzieller Beteiligung des jeweiligen Kantons.

Die Veränderung des Wegnetzes in den Vispertälern im Wallis von der mittelalterlichen Wärmezeit (750-1300) bis zum Ende der Kleinen Eiszeit (1300-1860)

Räumliche Übersicht

Das Wallis liegt im westlichen Teil des Alpenbogens. Die Alpen sind ein 1.300 km langes, verkehrsberuhigendes Gebirge mit mehreren Übergängen. Die günstigsten Pässe in der südlichen Gebirgskette des Wallis sind der Große St. Bernhard und der Simplon; sie sind unvergletschert. Zwischen ihnen liegt das Gebiet der Vispertäler, aus welchen die teilweise vergletscherten Pässe Antrona (2.835 m), Monte Moro (2.853 m) sowie der Theodulpass (3.301 m) nach Italien führen. Noch höher liegen die Übergänge aus dem Val d´Anniviers (Col Durand 3.443 m) und dem Val d´Hérens (Col d´Hérens 3.459 m) in den Kessel von Zermatt. Die differierende Höhenlage gab den Pässen eine unterschiedliche historische Bedeutung. Aus der Vielzahl der Übergänge und Talwege haben wir aufgrund unserer Überlegungen ein Netz von Strecken mit nationaler Bedeutung bestimmt, das durch Strecken von regionaler und lokaler Bedeutung verdichtet wird.

Die Entwicklung des Wegnetzes vom mittelalterlichen Klimaoptimum bis zum Ausklingen der Kleinen Eiszeit

Die mittelalterliche Wärmezeit setzte um 750 ein.[8] Um 1300 verschlechterte sich das Klima wiederum und es begann die Kleine Eiszeit, die bis um 1860 anhielt. Seither schmelzen die Gletscher zurück, haben aber den Stand des Mittelalters noch nicht erreicht.
Die Vispertäler sind V-Täler mit vielen natürlichen Hindernissen (Abb. 7). Die größten Hindernisse sind die über 50 m tiefen Schluchten südlich von Stalden, wo die beiden Teilflüsse der Vispa sich vereinen und Uferterrassen fehlen. In der frühen Zeit stiegen die Menschen daher von Visp aus auf die in 1.600-2.000 m Höhe liegenden Verflachungen beidseits der Flüsse, von wo aus sie auf Höhenwegen Richtung Süden die Talgründe am Fuß der Pässe erreichen konnten (Saas, Zermatt). Archivalien und Geländebefunde belegen, dass sich auf den gut besonnten Terrassen z. Zt. des Klimaoptimums vor 1300 Dauersiedlungen befanden – heute sind dort Alphütten.[9] Von den Talschlüssen aus wurden die Pässe Antrona, Monte Moro und Theodul erreicht. Hochgelegene Zubringerpässe führten von den dicht besiedelten Tälern Val d´Hérens (Col d´Hérens) und Val d´Anniviers (Col Durand und Trift) nach Zermatt und zum Theodulpass. Von geringerer Bedeutung waren die Querpässe aus dem Val d´Anniviers ins Turtmanntal und über den Augstbordpass ins Mattertal.

---

[7] Vgl. ANDEREGG 1988; HAFNER 1986. – Für den heutigen Stand und das ganze Simplongebiet: AERNI 2003b. – Zum Simplonpass allein: AERNI u. a. 2003, Strecke 1.
[8] Zum Klimawandel: WANNER u. a. 2000, 73-151. – Zu den Gletschern in Zermatt: HOLZHAUSER/ZUMBÜHL 1999, Taf. 3.8.
[9] Eine gute historische Übersicht dazu in: BERCHTOLD 1996. – Im Detail: AERNI u. a. 2003, Strecken 21-26; 242; 250; 309.

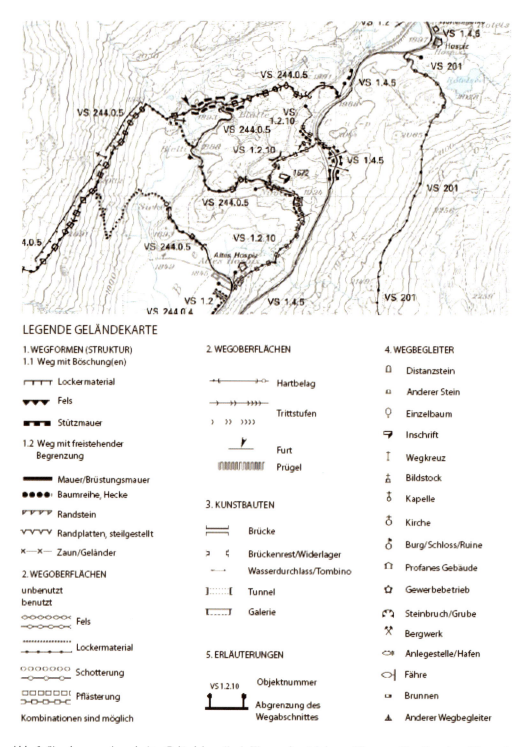

Abb. 3. Simplonpass, Ausschnitt „Geländekarte" mit Eintrag der sichtbaren Wegreste (Fundkarte) und Legende (aus: AERNI u. a. 2003, Strecke 1 Simplon, Geländekarte 1309 Simplon).

Um 1300 begann sich mit dem Beginn der Kleinen Eiszeit eine Verlagerung des Verkehrs in den Vispertälern abzuzeichnen. Damals war der Bischof von Sitten als Landesherr für den Unterhalt der Wege und Brücken verantwortlich. Seine Beamten, die sogenannten Meier, bezogen für ihn die Abgaben. Bereits im 13. Jh. besaß der Meier in Stalden einen wehrhaften steinernen Turm, der sich exakt an der Verzweigung der Wege Richtung Saastal und Mattertal befand. Zwischen Stalden und Zermatt standen noch zwei wie-

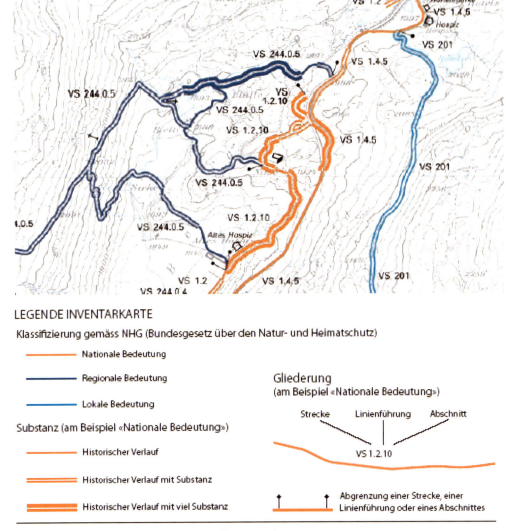

Abb. 4. Simplonpass, Ausschnitt „Inventarkarte" mit Einstufung nach nationaler, regionaler oder lokaler Bedeutung (aus: AERNI u. a. 2003, Strecke 1 Simplon, Inventarkarte 1309 Simplon).

tere Meiertürme; der eine am Höhenweg in Embd (1211 erwähnt), der andere – noch heute erhalten – in St. Niklaus (1273 erwähnt), wo der Höhenweg den Talweg erreicht. In St. Niklaus waren Höhenweg und Talweg kontrollierbar.

Die Initiative zur Verlagerung des Verkehrs von den Höhenrouten ins Tal ging vermutlich von der lokalen Bevölkerung aus. 1306 wurde eine Brücke über die Saaser Vispa bei Stalden erwähnt. Im folgenden Jahr war erstmals von einer Chibrücke über die Matter Vispa die Rede, ihr genauer Standort ist nicht bekannt.

Von den 1307 genannten zwei Brückenvögten vertrat der eine die Interessen der Gemeinde Stalden, der andere jene der Gemeinde Saas.

Der eindeutigste Beleg für einen Handelsverkehr durch die Vispertäler ist die Suste am südlichen Ortsrand von Visp. Ihr Bau wurde 1351 in einem Vertrag zwischen Visp und den Kaufleuten von Mailand geregelt (BLONDEL 1955). Sie diente als Zwischenlager für jene Waren, die damals aus Frankreich oder der Lombardei kommend durch die Vispertäler geführt wurden.

Das Wegnetz in der Kleinen Eiszeit

Der äußere Anstoß zur Wegverbesserung ergab sich wohl aus der Klimaverschlechterung. Durch die wachsenden Gletscher wurde die Benutzung der hochgelegenen Pässe vom Val d´Hérens und vom Val d´Anniviers nach Zermatt gefährlich (Abb. 8). Der Verkehr verlagerte sich vom Val d´Anniviers über die Querpässe Meidpass (2.790 m) und Forcletta (2.874 m) ins Turtmanntal und von dort über den Augstbordpass (2.894 m) nach St. Niklaus. Hier konnte der Zugang zum Theodulpass trotz der sich ausdehnenden Gletscher weiterhin benutzt werden. In der Weltchronik des Sebastian Münster ist in der Aus-

Abb. 5.
Der mittelalterliche Saumweg auf der Südseite des Simplonpasses (1.930 m) bei der Alp Niwe. Die talseitige Erweiterung des Weges geht mit großer Wahrscheinlichkeit auf den Kaufherrn Kaspar Jodok von Stockalper aus Brig zurück (Foto: Klaus Aerni 1984, ViaStoria, Universität Bern).

Abb. 6. Die Simplonstraße aus der Zeit von 1801 bis 1805 beim Hospiz.
Die Straße ist überprägt, entspricht jedoch dem ursprünglichen Verlauf
(Foto: Klaus Anderegg 1996, Stiftung Simplon).

gabe von 1628 vermerkt, dass sich im Mai 1595 im Theodulgletscher große Spalten öffneten, so dass man unter großer Gefahr „mit Träm und Tilen" (MÜNSTER 1978, 638) Notbrücken einrichtete. Die Säumer konnten in jenem Jahr erst am 17. Juni den Pass benutzen.[10]

Kehren wir zurück zum Talweg bei Stalden. Bereits im frühen 16. Jh. hatten die Gemeinden Stalden und Saas zielbewusst an der Verbesserung des Talweges gearbeitet. So beschlossen sie 1527, die hölzerne Chibrücke bei Stalden durch eine steinerne Brücke zu ersetzen, die jedoch einige Jahre später einstürzte. 1544 erhielt der berühmte Baumeister Ulrich Ruffiner den Auftrag zu einem Neubau. Die 2,5 m breite Chibrücke (Abb. 9) quert die Matter Vispa 48 m über dem Wasserspiegel und besitzt eine Länge von rund 40 m.[11]

Seit 1528, eventuell sogar bereits seit 1470, bestand auch im Weiler Riti, in der halben Distanz zwischen Visp und Stalden, eine Holzbrücke. Sie wurde 1599 durch eine Steinbrücke ersetzt. Der Bau der Brücken und die 1586 von Stalden und den umliegenden Weilern beschlossene Errichtung einer gemeinsamen Schmiede in Stalden verbesserten die Verkehrsinfrastruktur des Talweges gegenüber den Höhenwegen entscheidend. Die Höhenwege bildeten sich allmählich zu Alpwegen zurück (NOTI 1990, 14).

Die Erneuerung des Verkehrsnetzes seit 1800

In der Zeit des Überganges vom 18. ins 19. Jh. setzte Napoleon auch im Wallis neue Akzente. Er befahl 1800 durch Dekret den Beginn der Bauarbeiten an der Strecke vom Genfersee durch das Wallis über den

---

[10] Zu den Gletschern in Zermatt: HOLZHAUSER/ZUMBÜHL 1999, Taf. 3.8.
[11] Eine ausgezeichnete Übersicht zu den Brücken liefert: DE KALBERMATTEN 1991. – Zur Chibrücke: AERNI 2003a.

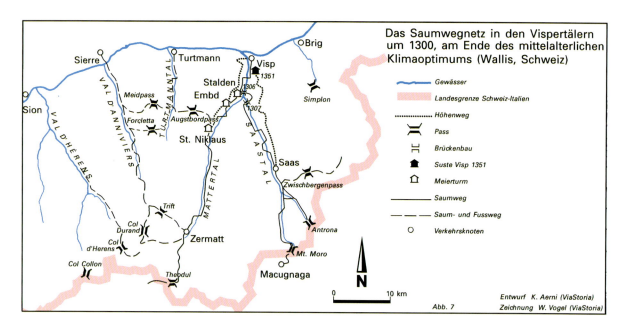

Abb. 7. Das Saumwegnetz in den Vispertälern um 1300, am Ende des mittelalterlichen Klimaoptimums (Wallis, Schweiz) (Klaus Aerni, ViaStoria, Universität Bern 2002).

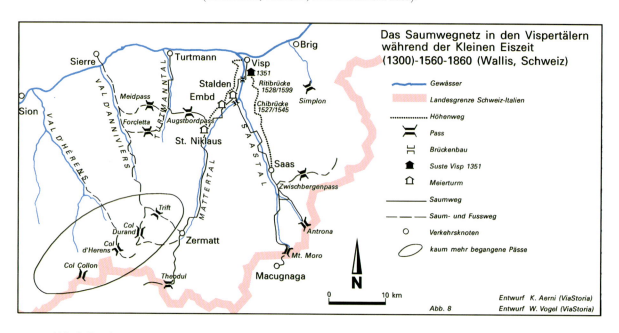

Abb. 8. Das Saumwegnetz in den Vispertälern während der Kleinen Eiszeit (1300) – 1560 – 1860 (Wallis, Schweiz) (Klaus Aerni, ViaStoria, Universität Bern 2002).

Simplon nach Italien: „Le chemin sera […] praticable pour les canons" (FLÜCKIGER/CEARD 1997, 54). Damit entstand im Wallis, das 1810 von Napoleon annektiert wurde, die „Grande Route".

Die Passstraße wurde 1805 eröffnet (AERNI u. a. 2003, Strecke 1). Sie diente bald als Wegbereiter für den Tourismus. Erst einige Jahre später entdeckten die Touristen, von der „Grande Route" aus abzweigend, die Reize der Seitentäler. Zwischen dem Mattertal und dem Saasertal entwickelte sich sodann eine Konkurrenz (Abb. 10).

Sie kam zum Ausdruck in den Unterschieden bezüglich Zeitaufwand, Qualität und besonders der Initiative der Beteiligten.[12] Zwischen 1840 und 1868 wurde der Saumweg von Visp bis St. Niklaus auf 2 m ver-

---

[12] Vgl. BERCHTOLD 1996, 41-47 mit Übersicht aller Verkehrsbauten in den Vispertälern ab 1840.

breitert und auch der Weg von Stalden nach Saas wurde ausgebessert. Von 1858 bis 1862 ließ der einflussreiche Hotelier Alexander Seiler von Zermatt bis St. Niklaus eine 3 m breite Wagenstraße mit Ausweichstellen von 5 m Breite erbauen. Die Verbindung von Visp nach Zermatt wurde 1888-1891 durch den Bau einer Schmalspurbahn verstärkt. Der neuen Bahn wurde der Zubringerverkehr nach Zermatt monopolartig zugesprochen,[13] weshalb im Ausbau der Talstraßen bis in die Zeit des anwachsenden motorisierten Verkehrs ein Stillstand eintrat. Erst 1922 wurde mit dem Bau der Fahrstraße von Visp nach Stalden begonnen. Zuerst entstand 1922/23 zwischen Visp und Stalden die Neue Ritibrücke; der Straßenbau auf dieser Strecke wurde 1927 beendet. Der Bau der Merjenbrücke von 1928-1930 (Abb. 11) ersetzte die Chibrücke von 1544/45 und leitete den etappenweisen Ausbau der Talstraßen Richtung Saas und Zermatt ein.

Saas Almagell wurde 1948 erreicht, Richtung Zermatt endete der Straßenbau 1972 in Täsch. Die von Täsch nach Zermatt führende Straße ist eine Zermatter Gemeindestraße, die nur von Einheimischen befahren werden darf. Diese Straße ist heute noch die Wagenstraße, die der Hotelkönig Alexander Seiler von 1858-1862 hatte errichten lassen. Sie ist in der Zwischenzeit asphaltiert und durch einige Ausweichstellen ergänzt worden. In Täsch müssen die Touristen Richtung Zermatt ihr Auto parkieren und mit der Bahn weiterreisen. Der Parkplatz wird demnächst für rund 50 Mill. € ausgebaut.

Abb. 9.
Die Chibrücke bei Stalden, 1544/45 von
Baumeister Ulrich Ruffiner erbaut.
Über diese Brücke ist bis 1934 der gesamte Verkehr ins
Saastal geleitet worden
(aus: DE KALBERMATTEN 1991, 57).

---

[13] Die Schmalspurlinien der BVZ Zermatt-Bahn und der Furka-Oberalp-Bahn (FO) schlossen sich 2003 zusammen zur Matterhorn Gotthard Bahn.

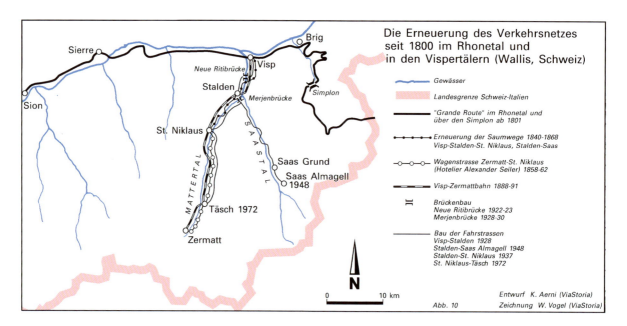

Abb. 10. Die Erneuerung des Verkehrsnetzes seit 1800 im Rhonetal und in den Vispertälern (Wallis, Schweiz) (Foto: Klaus Aerni 2002, Via Storia, Universität Bern).

Die durch die Klimaerwärmung ausgelösten Naturgefahren sowie die Erhöhung der Gewichte der Lastwagen auf 40 Tonnen leiten z. Zt. weitere Umprägungen des Weg- und Straßennetzes ein. Damit werden sich neuerliche Verluste an historischer Bausubstanz einstellen.

Anwendung des IVS und Schlussbemerkungen

Das IVS ist ein Bundesinventar, das in Anwendung des Bundesgesetzes über den Natur- und Heimatschutz (NHG Art. 5 und 6) konzipiert und flächendeckend über die ganze Schweiz aufgenommen worden ist. Es ist ein für die Bundesbehörden verbindliches Instrument und steht auch den Kantonen und Gemeinden als Entscheidungshilfe bei Planungsfragen zur Verfügung. Die Geländekarte, die Inventarkarte sowie der Kommentar sind eine flächendeckende Bestandsaufnahme und Beschreibung von schützenswerten historischen Verkehrswegen und wegbegleitenden Objekten. Die Dokumentation vermittelt einen Einblick in die Verkehrsgeschichte der Schweiz und liefert die Grundlage für eine nachhaltige Pflege und Nutzung der Kulturlandschaft.

Die Bedeutung des IVS für die Landschaftspflege ergibt sich beim Vergleichen von Geländekarte und Inventarkarte 1:25.000 mit dem Plan eines Bauprojektes (Abb. 12).

Die Überlagerung der beiden Karten mit dem Projekt lässt die Überschneidung zwischen historischer Substanz und dem geplanten Eingriff und damit die drohenden Verluste an historischer Substanz erkennen. Auf diesem Wege steht eine sachliche Grundlage für eine ausgewogene Interessenabwägung zwischen dem Schutz der Wege und des beabsichtigten Eingriffes zur Verfügung.

Zum Abschluss nenne ich vier Merkmale, die das IVS als nationales Inventar charakterisieren:

1. Das Inventar ist in der im betreffenden Gebiet üblichen Sprache verfasst und spiegelt damit die Sprachengemeinschaft zwischen Deutsch, Französisch und Italienisch wider.
2. Von Anfang an war das Einbeziehen von akuten Planungsfällen in die Arbeit wichtig. Juristische Auseinandersetzungen wurden auf der Basis der von uns gelieferten Unterlagen durch die Organisationen von Natur- und Heimatschutz erfolgreich bis vor das Bundesgericht gezogen.

Abb. 11. Merjenbrücke bei Stalden, 1928-1930 von Alexander Sarrasin erbaut.
Die Brücke ist 117,5 m lang und ihr Fahrniveau liegt 150 m über dem Wasserspiegel
(Foto: Klaus Aerni 1963, ViaStoria Universität Bern).

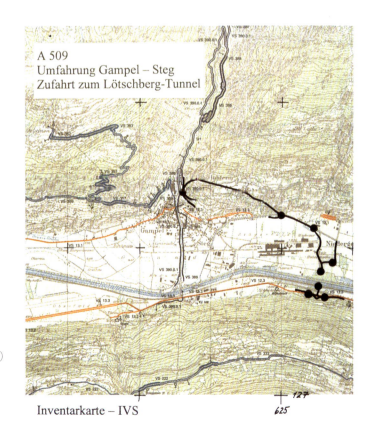

Abb. 12.
Überlagerung der Inventarkarte IVS durch das
Projekt der Umfahrung von Gampel-Steg (A 509)
Zufahrt zum Lötschberg-Tunnel (Autoverlad)
nach Goppenstein
(Foto: Klaus Aerni 2003, ViaStoria,
Universität Bern).

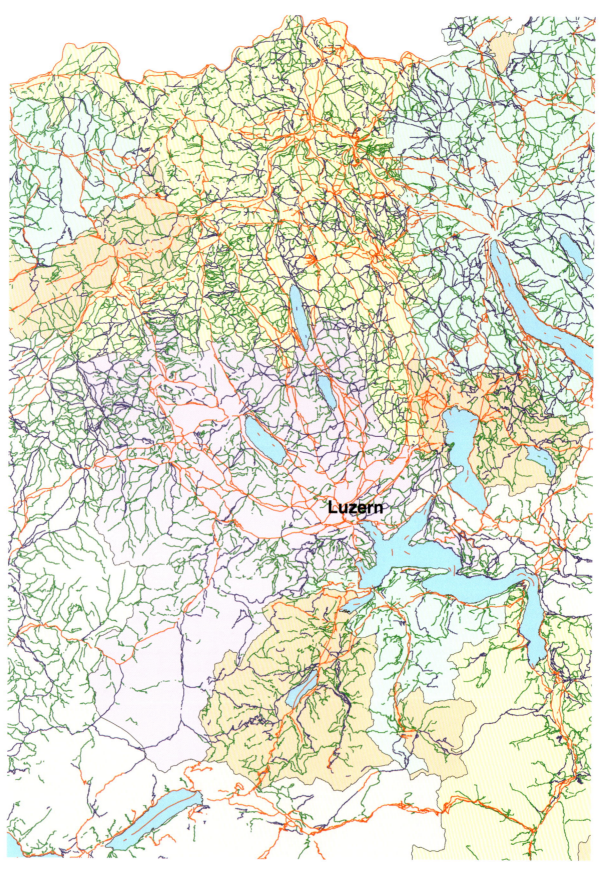

Abb. 13. Inventar historischer Verkehrswege der Schweiz – Ausschnitt aus dem Netz der Strecken von nationaler (rot), regionaler (blau) und lokaler Bedeutung (grün), abgeschlossen am 31.12.2003 (ViaStoria, Universität Bern).

3. Wir haben die Verpflichtung des Auftraggebers ernst genommen, unsere Arbeit und deren Zwischenergebnisse der Öffentlichkeit durch unser Bulletin, durch Zeitschriftenartikel, Exkursionen und Wanderführer bekannt zu machen.[14] Historische Verkehrswege sind heute ein Thema und sie bewirken touristische Innovationen. Das aufgenommene Wegnetz ist ein historisches und touristisches Kapital (Abb. 13). Daraus kann ein nachhaltiger Wander- und Bildungstourismus entwickelt werden. Das jüngste Projekt in dieser Richtung sind die Kulturwege der Schweiz (Abb. 14). Sie wurden von der heutigen Organisation „ViaStoria – Zentrum für Verkehrsgeschichte", den bisherigen langjährigen Mitarbeitern des IVS, ausgearbeitet und in den verschiedenen Wirtschaftsgremien und Trägergemeinschaften diskutiert.
4. Die letzte Bemerkung gilt dem Nebeneinander von IVS und Alpenkonvention:
Die Alpenkonvention unterscheidet zwischen Schutzgebiet und Nicht-Schutzgebiet. Die Bevölkerung in den Alpen fühlt sich jedoch durch die Schutzauflagen für ihre Landschaft gegenüber den Städten und ihren ausufernden Agglomerationen benachteiligt. Das IVS erstreckt den Schutz der Landschaft und der in ihr eingebetteten Objekte über die Gesamtfläche der Schweiz. Diese Allgemeingültigkeit gibt dem IVS seine Stärke und Bedeutung. Der Schutz historischer Wege in der Landschaft geht alle an.

Ich danke an dieser Stelle allen Mitarbeitenden im IVS für den großen Einsatz und der Bundesverwaltung für die Ermöglichung des Projektes.

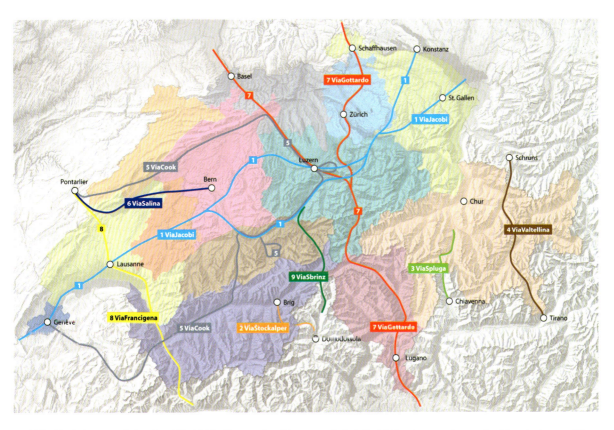

Abb. 14. Kulturwege Schweiz – Die 12 Via-Routen (im Hintergrund sind die 12 Tourismusregionen der Schweiz dargestellt) (ViaStoria, Universität Bern 2004).

---

[14] Von 1986 bis 1999 erschien zwei- bis dreimal jährlich das „Bulletin IVS". Seit 2002 erscheint jährlich die Zeitschrift „Wege und Geschichte", ab 2004 zweimal jährlich (s. www.viastoria.ch). Das Wanderbuch von BLUM (2002) ist bereits in der 5. Auflage erschienen.

Literatur

AERNI 1986
K. Aerni, Das „Inventar historischer Verkehrswege der Schweiz (IVS)" – ein Kurzbericht. Siedlungsforschung. Archäologie – Geschichte – Geographie 4, 1986, 267-279.

AERNI 1993
K. Aerni, Ziele und Ergebnisse des Inventars historischer Verkehrswege der Schweiz (IVS). Siedlungsforschung. Archäologie – Geschichte – Geographie 11, 1993, 313-334.

AERNI 2003a
K. Aerni, Die Steinbrücken des Ulrich Ruffiner im Wallis. Wege und Geschichte. Zeitschrift von ViaStoria – Zentrum für Verkehrsgeschichte, 2/2003, 38-43.

AERNI 2003b
K. Aerni, Simplon – Passwege und Museen. 54. Deutscher Geographentag Bern 2003, Exkursionsführer 36 = Geographica Bernensia (Bern 2003).

AERNI u. a. 2003
K. Aerni/S. Benedetti/V. Bitz/A. Scheurer/R. Flückiger, IVS-Dokumentation Kanton Wallis. Unveröffentl. Dossier ViaStoria Universität Bern (2003).

AERNI/HERZIG 1983
K. Aerni/H. E. Herzig (Hrsg.), IVS – Inventar historischer Verkehrswege der Schweiz: Bibliographie IVS 1982. Geographica Bernensia G 16. 2 Bd. (Bern 1983).

AERNI/SCHNEIDER 1984
K. Aerni/H. Schneider, Alte Verkehrswege in der modernen Kulturlandschaft – Sinn und Zweck des Inventars historischer Verkehrswege der Schweiz (IVS). Geographica Helvetica 39, 1984, 119-127.

ANDEREGG 1988
K. Anderegg, Ecomuseum Simplon – Allgemeiner Projektbeschrieb. Unveröffentl. Manuskript Freiburg/Brig (1988).

BERCHTOLD 1996
St. Berchtold, Verkehrswege ins Vispertal. In: Walliser Jahrbuch 65, 1996, 35-48.

BLONDEL 1955
L. Blondel, Le bourg de Viège. Vallesia X, 1955, 313-325.

BLUM 2002
J. Blum, Jakobswege durch die Schweiz[5] (Thun 2002).

VON CRANACH/HEGLAND 1999
Ph. von Cranach/A. Hegland, MHB-Methodikhandbuch des Inventars historischer Verkehrswege der Schweiz (IVS). Unveröffentl. Manuskript, überarb. Fassung Bern (1999).

DENECKE 1969
D. Denecke, Methodische Untersuchungen zur geographisch-historischen Wegeforschung im Raum zwischen Solling und Harz. Göttinger Geographische Abhandlungen 54 (Göttingen 1969).

DENECKE 1979
D. Denecke, Methoden und Ergebnisse der historisch-geographischen und archäologischen Untersuchungen und Rekonstruktion mittelalterlicher Verkehrswege. In: H. Jankuhn/R. Wenskus (Hrsg.), Geschichts-

wissenschaft und Archäologie. Untersuchungen zur Siedlungs-, Kirchen- und Wirtschaftsgeschichte. Vorträge und Forschungen XXII (Sigmaringen 1979) 433-483.

DOSWALD 2000
C. Doswald, Bestandsaufnahme historischer Verkehrswege am Beispiel der Schweiz – Auftrag, Methode und Forschungsergebnisse des Inventars historischer Verkehrswege der Schweiz. In: J. Knauss/J. Voigtmann (Hrsg.), Räume – Wege – Verkehr. Historisch-geographische Aspekte ländlicher Verkehrswege und Transportmittel. Kolloquiumsband. Mensch – Wirtschaft – Kulturlandschaft. Mitteilungen zur Geographie, Landes- und Volkskunde 3 (Blankenhain 2000) 11-50.

FLÜCKIGER/CÉARD 1997
R. Flückiger/N. Céard, Die Entstehung der ersten Kunststrasse über die Hochalpen. Blätter aus der Walliser Geschichte XXIX, 1997, 53-92.

HAFNER 1986
H. Hafner (Bearb.), IVS – Inventar historischer Verkehrswege der Schweiz, Stockalperweg – Projektvorschlag Wegbeschrieb. Unveröffentl. Manuskript Bern (1986).

HOLZHAUSER/ZUMBÜHL 1999
H. Holzhauser/H. Zumbühl, Nacheiszeitliche Gletscherschwankungen. In: Landeshydrologie und -geologie (Hrsg.), Hydrologischer Atlas der Schweiz (Bern 1999) Taf. 3.8.

DE KALBERMATTEN 1991
G. de Kalbermatten, Ponts du Valais. Photographie de J.-M. Biner (Martigny 1991).

MÜNSTER 1978
S. Münster, Cosmographia oder Beschreibung der gantzen Welt II. Reprint der Ausg. Basel 1628 (Lindau 1978).

NOTI 1990
S. Noti, Zum Wandel des Dorf- und Kulturbildes von Stalden vom 14. bis zum 20. Jahrhundert (Stalden 1990).

WANNER u. a. 2000
H. Wanner/D. Gyalistras/J. Luterbacher/R. Rickli/E. Salvisberg/Ch. Schmutz, Klimawandel im Schweizer Alpenraum. NFP 31 Schlussbericht (Zürich 2000).

Kulturlandschaft Wahrnehmung – Inventarisation – Regionale Beispiele	Fundberichte aus Hessen Beiheft 4 (2005)	Seite 255-263

Römerstraßen im Jura: vor und nach dem IVS

Von Heinz E. Herzig

Die Inventarisierung historischer Verkehrswege in der Schweiz war stets von einer mehr oder weniger heftig geführten Methodendiskussion begleitet und suchte von Beginn an ihren Weg zwischen der *Skylla* des Zeit- und Kostendrucks und der *Charybdis* der von Aerni[1] thematisierten „Arbeitstiefe".[2] Mussten wir uns oft die Frage nach der wissenschaftlichen Qualität unserer Arbeit gefallen lassen, so sahen wir uns ebenso oft durch Probleme herausgefordert, die nach einer vertiefteren Abklärung verlangten. Es soll daher hier am Beispiel der Römerstraßen gezeigt werden, wie das Inventar sich mithilfe des Schweizerischen Nationalfonds für die wissenschaftliche Forschung einer solchen Herausforderung stellte (HERZIG 2002b, 9 f.; DERS. 2002a, 61-63). Dabei konzentrieren wir uns im Folgenden auf den Jura (Abb. 1).

Die wenigen römischen Autoren, die sich mit dem *mons Jura* beschäftigt haben, betonen seine Funktion als Grenze. Nur Strabo befasst sich zusätzlich mit einem Juraübergang im Westen, wenn er die geographischen Erhebungen des Agrippa erwähnt, die dieser als Statthalter des Augustus in den Jahren 20-18 v. Chr. unternahm, um das Straßennetz Galliens zu planen.[3] Die moderne Forschung, ob mit geographischer oder historischer Zielsetzung, beschäftigt sich fast ausschließlich mit den Juraübergängen. Das folgende Zitat hat deshalb durchaus repräsentativen Charakter: „Die Jurapässe verbinden die Oberrheinische Tiefebene und die Burgunderpforte mit dem schweizerischen Mittelland. Sie vermitteln dem Verkehr, der aus Mittel- und Nordwesteuropa nach Basel gelangt, den Zugang zu den Alpenpässen und den Weg nach dem Süden Europas" (REBER 1970, 8).

Auch der Doyen der Römerforschung in der Schweiz stellte fest, dass ein reger Verkehr die Pässe dieses Gebirgszuges belebt habe und zählte die verschiedenen Passübergänge in römischer Zeit auf, wenn auch gelegentlich mit einiger Zurückhaltung, wie noch zu zeigen sein wird (STAEHELIN 1948, 338 f.). Die römischen Passübergänge im Jura sind seit dem 19. Jh. immer wieder Gegenstand archäologischer Untersuchungen und historischer Abhandlungen gewesen und haben v. a. an Zahl zugenommen. Eine von mir erstellte Übersicht ergibt für den gesamten Jurabogen von Baden im Osten bis Orbe im Westen 40 Zeugnisse von „Römerstraßen", die in irgendeiner Form den Jura oder zumindest eine seiner Ketten haben queren sollen und sich dabei durch eine Besonderheit auszeichnen: die Karrgeleise. Wir sind damit bei einer der oben erwähnten Herausforderungen für das Inventar. Sie hat bereits am Ende der 80er-Jahre des letzten Jahrhunderts zu Diskussionen sowie schließlich zu dem durch den Schweizerischen Nationalfonds finanzierten Projekt geführt und galt der Frage, ob die Qualität „Geleisestraße" ungeprüft der römischen Zeit zugeschrieben werden könne. Wir kommen darauf zurück, wenn wir das Beispiel des Bözberges erläutern und dieses den neuesten im Westjura ergrabenen Funden gegenüberstellen, die gerade nicht dem bisher üblichen Muster entsprechen. Vorher soll jedoch eine kurze, kommentierte Übersicht den Befund vor der Einrichtung des IVS darlegen.

---

[1] Vgl. Beitrag AERNI in diesem Band.
[2] Dazu nur: HERZIG/VON CRANACH 1997, 109.
[3] CAESAR 2000, 1,2,3; 1,6,1; 1,8,1; STRABO 1960, 4,3,4 (p. 193); 4,6,11(p. 208); PLINIUS SECUNDUS D. Ä. 1988, 3,31; 4,105. – Vgl. SCHÖN 1999, 83. – Zu Agrippa zuletzt: RATHMANN 2003, 20-22.

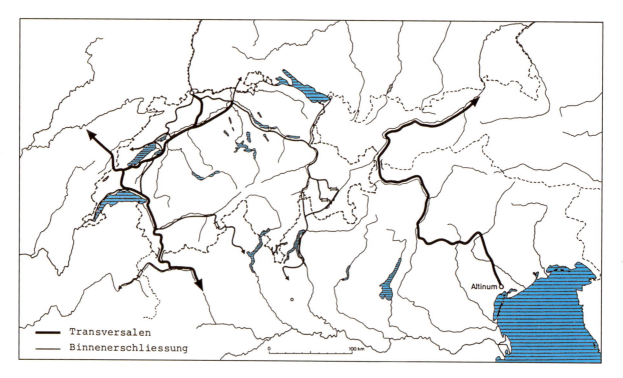

Abb. 1. Die Erschließung der Schweiz durch die Römer
(aus: AERNI/HERZIG 1986, 7).

Dieser liegen neben einer Seminararbeit an der Universität Bern, die 1993 erweitert und publiziert wurde, eine 1997 durch den Archäologischen Dienst des Kantons Bern veröffentlichte Studie zur Pierre Pertuis zugrunde (HORISBERGER 1993, 9 [Tabelle]; 21-32 [Inventar]; Gerber 1997). Von den schon erwähnten 40 römischen Geleisestraßen können acht nicht identifiziert werden, da Beifunde oder Archivalien fehlen. Neun sind nachweislich oder vermutlich neuzeitlich, acht sind mittelalterlich belegt. Zu diesen gehört die als „Römerstraße" berühmt gewordene Trasse von Vuiteboeuf-Ste Croix im Waadtländerjura. Sie löste recht eigentlich die Diskussion aus, als zwei damalige Mitarbeiter des IVS die römische Zeitstellung in Frage stellten, was immerhin die Autoren der letzten Gesamtdarstellung der „Römer in der Schweiz" (DRACK/FELLMANN 1988) veranlasste, ihrem Straßenkapitel ein eigenes über die Geleisestraßen anzufügen.[4] Die vom IVS 2001 abgeschlossene, aber noch nicht publizierte Nationalfondsstudie lässt nunmehr keine Zweifel mehr zu, dass die Trasse in die Zeit zwischen dem 13. und 18. Jh. zu datieren ist (SCHNEIDER 2001, 9-13).[5] Ähnlich verhält es sich mit der 1981 entdeckten und mit großer publizistischer Wirkung bekannt gemachten „Römerstraße" bei Moutier-Grandval (Bernerjura), die weder durch ihre Linienführung noch durch irgendwelche Beifunde als römisch nachgewiesen werden kann und heute als Erschließungsstraße für die Alpwirtschaft gilt.[6] Es bleiben also zwölf Geleisestraßen, für die ein römischer Ursprung anzunehmen oder nicht auszuschließen ist, die jedoch durch Befund und Archivalien auch im Mittelalter und in der Frühen Neuzeit belegt sind. Bei einigen aus dieser Zahl lässt die Linienführung beträchtliche Zweifel über ihren römischen Ursprung zu. Der erstgenannte Befund soll – wie vorstehend angekündigt – am Beispiel des Bözberges illustriert werden.

Dieser Übergang wird nicht durch eine Passlücke definiert, sondern lässt sich wie folgt beschreiben: „zahlreiche Tälchen, deren Hänge den Aufstieg begünstigen, erlaubten, auf die Höhe zu gelangen, und die offene und weite Landschaft des Plateaus ermöglichte, verschiedene Wege einzuschlagen" (REBER 1970, 29). Der Bözberg bildet daher eine „historische Weglandschaft"[7].

---

[4] Vgl. MOTTAS 1986, 24; VION 1990, 36. – Daher: FELLMANN 1988, 90-93.
[5] Vgl. auch: SCHNEIDER/VOGEL 1997, 121-129.
[6] Vgl. GERBER 1997, 109: „piste à schlittes" (Schlittenweg).
[7] Der Verf. übernimmt diesen Begriff aus der Arbeit eines Mitarbeiters: POLLAK 1992, 1.

Der römerzeitliche Übergang ist als bedeutende Verbindung zwischen *Augusta Raurica* und *Vindonissa* eindeutig bezeugt durch die Ausfallstraße beim Osttor von Augst und den Meilenstein von Mumpf, als dessen Zählpunkt wiederum *Augusta Raurica* nunmehr klar belegt ist. Dazu lassen die antiken Itinerare nicht daran zweifeln, dass die Straße noch in der Spätantike begangen wurde. Die Ausfallstraße bei Augst ist ins 1. Jh., der Meilenstein von Mumpf in das Jahr 138 n. Chr. datiert, so dass auch eine Kontinuität des Überganges vom 1. bis wohl ins 3. und 5. Jh. anzunehmen ist.[8] Anders verhält es sich mit den archäologischen Bodenfunden (Abb. 2).

Abb. 2. Geleisestraße am Oberbözberg (Kt. Aargau)
(Foto: Guy Schneider, ViaStoria Universität Bern).

Nach der Entdeckung der Geleisestraße im Windischtal 1923 durch Laur-Belart übernahm Staehelin die Angaben mit Vorsicht und erwähnte „vermutlich römische Spuren" (LAUR-BELART 1923, 13 ff.; STAEHELIN 1948, 339 mit Anm. 1; 366). In seinem zusammenfassenden Schlussbericht von 1968 vermutete Laur-Belart, dass die Straße bis ins 13. Jh. befahren und im 16. Jh. wohl aufgegeben worden sei. Trotzdem gilt die Geleisestraße in der jüngeren Literatur weiterhin als römisch, ja sogar als „Dokument" einer Römerstraße (LAUR-BELART 1968, 32-39; REBER 1970, 20-24; DRACK-FELLMANN 1988, 97; DRACK-FELLMANN 1991, 111; HEINZ 2003, 101).

Im Zusammenhang mit den Abklärungen in Vuiteboeuf-Ste Croix und zur Überprüfung des dort entwickelten Verfahrens hat Schneider auch diese Geleisestraße untersucht und dabei festgestellt, dass sich hier ebenfalls Relikte früherer Geleise finden lassen, die bis zu 0,9 m oberhalb der heutigen Gehfläche verlaufen. Auch hier ist demnach durch wiederholte Reparaturen die heutige Trasse tiefer gelegt worden, sie kann also nicht die ursprünglich römische Spur darstellen (SCHNEIDER 2001, 56-59).[9] Diese ist späterer Nutzung zum Opfer gefallen oder liegt vielleicht an einem anderen Ort verborgen. Zu ergänzen ist, dass

---

[8] Zur Römerstraße am Osttor von Augst: LASSAU 1995, 81-83. – Zum Meilenstein von Mumpf: WALSER 1986, 596. – Zur nunmehr gesicherten Zählung ab Augst: WALSER 1997, 54. – Für die spätere Zeit: ITINERARIA ROMANA 1990, 237,4-238,3; 251,2-253,3; TABULA PEUTINGERIANA 1976, III 4-5.

[9] Zweifel am römischen Zeugnis äußerten ebenfalls: HORISBERGER 1993, 21 f.; POLLAK 1992, 2. – Vorsichtig auch: BÖSCH u. a. 1996, Strecke 11.

gleiche Beobachtungen am Oberen Hauenstein sowie am Col de Jougne die Ansicht bestärken, die in den Quellen bezeugte römische Linienführung sei mit den Grabungsbefunden nicht identisch, da diese auf spätere Nutzungen und Reparaturen hinweisen (SCHNEIDER 2001, 46 [Col de Jougne]; 51 [Oberer Hauenstein]).

Dass Spuren von Geleisestraßen oder von in den Fels geschlagenen Trassen nicht „Römerstraßen sui generis" bezeugen, wird durch neuere Entdeckungen im Jura selbst bestätigt. Die Archäologischen Dienste der Kantone Bern und Jura haben im Zusammenhang mit dem Autobahnbau einerseits im Norden bei Alle nahe Porrentruy, anderseits an der schon erwähnten Pierre Pertuis zwischen Biel und Tavannes römische Straßenstücke freigelegt, die gemäß den Beifunden ins 1. Jh. n. Chr. datierbar sind. Beide Grabungen lassen in der Tat den Schluss zu, dass sie dieselbe Nord-Süd-Verbindung aus augusteisch-flavischer Zeit belegen, wenn auch die nunmehr verwendete Bezeichnung „römische Transjurane" eher in Anlehnung an die moderne Autobahn als aus historisch relevanten Gründen gewählt worden ist (DEMAREZ/OTHENIN-GIRARD 1999; GERBER 1997, 39-74). Die Grabungsergebnisse bringen jedoch auch Licht in die Geschichte dieser Linienführung, denn der Übergang über die Pierre Pertuis war bisher durch die Inschrift am Felsdurchstoß, welcher dem Pass den Namen gab, ins 2. Jh. n. Chr. datiert (WALSER 1980, Nr. 125; GERBER 1997, 55 f.). Der Nachweis, dass die neu gefundenen Straßensegmente dem 1. Jh. zuzuweisen sind, belegt somit eine viel ältere Juraquerung. Aber im Unterschied zu den Pässen mit Geleisestraßen, wie Bözberg und Oberer Hauenstein, ist dieser Jurapass nicht in die Itinerare übernommen worden, scheint also zu späteren Zeiten an Bedeutung eingebüßt zu haben.
Erstaunlich sind die neu gefundenen Baustrukturen. Die Straßenreste der gesamten Strecke sind entweder gepflastert, d. h. mit Platten belegt, oder geschottert, gehören also zu den aus der römischen Rechtsliteratur bekannten *viae lapide* oder *glarea stratae* (HERZIG 1994, 395; RATHMANN 2003, 15). Natürlich weisen auch diese Straßen Radspuren auf, wie sie durch ein schweres Gefährt auf den Pflasterstraßen oder auch durch ein leichtes auf den Kiesstraßen hinterlassen werden. Die Neuentdeckung bei Tavannes, auf der Nordseite des Passes, zeigt eine Schotterstraße, deren Kofferung durch Pfähle unterlegt ist, wie das in einem Feuchtgebiet üblich ist (GRENIER 1934, 385 f.; GERBER 1997, 61 f.) (Abb. 3).
Auf der Südseite des Passes, bei Sonceboz, lässt die Konstruktion jedoch aufmerken: In einen Felshang ist die Trasse so eingeschlagen und bearbeitet, dass sie nicht als Fahrweg, sondern als Unterbau eines stabilen Bretter- oder Balkenbelages diente, auf dem der Verkehr zirkulierte (Abb. 4).
Auch diese Baumethode ist für die römische Zeit belegt (GRENIER 1934, 380 f.).[10] Sie macht deutlich, dass die Römer im Gebirge auch andere Baumethoden verwendet haben als die ihnen bisher zugeschriebenen Geleisestraßen. Insofern ist die Entdeckung bei Sonceboz recht umwälzend und erfordert künftig im Bereich von Gebirgsübergängen eine vorsichtigere Beurteilung des römischen Straßenbaus. Vielleicht – doch hier besteht eine Forschungslücke – muss auch die Frage der Datierung derartiger Befunde genauer überprüft werden.

Wir sind also mit folgendem Phänomen konfrontiert: Zumindest durch die Itinerare als römisch belegte Pässe weisen Geleisestraßen auf, von denen allerdings feststeht, dass sie weitergenutzt wurden oder späterer Zeitstellung sind. Eine durch die Itinerare gerade nicht belegte, aber klar in die frühe römische Kaiserzeit datierbare Passstraße zeigt an einem Felshang eine Konstruktion, die von einer Geleisestraße weit entfernt, aber so angelegt ist, dass ein sicherer Durchgang gewährleistet ist. Ob es sich hierbei um eine übliche Konstruktion an gefährlichen Stellen oder um eine in einem bestimmten Zeitraum verwendete Bauform handelt, muss vorläufig offen bleiben. Beide Beispiele machen jedoch deutlich, dass Passübergänge im Jura kein einheitliches Bild abgeben, sondern differenziert zu betrachten sind. Festzuhalten ist zudem, dass beide hier betrachteten Pässe (Bözberg und Pierre Pertuis) im 1. Jh. und im 2. Jh. archäologisch und epigraphisch bezeugt, aber durch die Inschriften wohl auch unterschiedlich gewichtet sind. Diese Feststellung verlangt ebenfalls nach einer differenzierten Beurteilung.

---

[10] GERBER (1997, 40) übernimmt von Grenier den Begriff „tablier de bois" (hölzerner Brückenboden), der darauf hinweist, dass diese schwierige Stelle wie über eine Brücke überwunden werden konnte.

Abb. 3.
Rekonstruierte Römerstraße bei Tavannes (mit Bohlenunterlage) (aus: GERBER 1997, 63; Wiedergabe mit Genehmigung des Archäologischen Dienstes des Kantons Bern).

Der Bestand an „Römerstraßen" im Jura, wie er vor Einrichtung des IVS in der Forschung – wenn auch mit Vorsicht – gegolten hat, ist durch die im Zusammenhang mit der Inventarisierung einsetzende Diskussion doch sehr in Frage gestellt worden. Nach den Arbeiten des IVS bleiben zwar die durch die Itinerare oder zumindest eine Inschrift belegten und hier erwähnten Übergänge bestehen, aber die Zeugnisse von Geleisestraßen haben ihren Dokumentationswert eingebüßt, da sie eher für spätere Epochen gelten. Damit ist allerdings ein anderes Problem entstanden: die Erforschung des Straßenwesens im Mittelalter und in den späteren Jahrhunderten. Diesem Ergebnis in den Archiven Rechnung zu tragen, ist nunmehr ein Desiderat der Altstraßenforschung, welches die Forscher des römischen Straßenwesens davor bewahrt, zu voreiligen Schlüssen zu gelangen, den Forschern jüngerer Epochen aber neue Perspektiven eröffnet.[11] Eine Voraussetzung ist durch diese Diskussion schon geschaffen worden: Die vorhandenen Spu-

---

[11] Dazu früher schon: HERZIG 1995, 209 f.

ren von Geleisestraßen geben dem sorgfältigen Beobachter ihre relative Chronologie preis, die zwar noch nicht datiert, aber immerhin den Aktualitätsgrad der Hauptspur feststellen lässt.

Da dies bereits eine Interpretation darstellt, sind die Forschungsergebnisse nicht in der hier vorgetragenen Form in die Dokumentationen des IVS eingeflossen. Sie werden an der jeweiligen Stelle in den Kantonsordnern als neuester Kenntnisstand vermerkt und können aufgrund der Literaturzitate als Grundlage für weitere, vertiefende Studien dienen. Dadurch richtet sich das IVS der Schweiz direkt an Forscherinnen und Forscher nicht nur der römischen, sondern auch der jüngeren Verkehrsgeschichte und stellt neben dem beabsichtigten Planungsinstrument auch eine Basis für künftige wissenschaftliche Arbeiten dar.

Abb. 4. Rekonstruktion der hölzernen Passage am Felshang von Sonceboz
(aus: GERBER 1997, 45; Wiedergabe mit Genehmigung des Archäologischen Dienstes des Kantons Bern).

Literatur

AERNI/HERZIG 1986
K. Aerni/H. E. Herzig, Historische und aktuelle Verkehrsgeographie der Schweiz. Geographica Bernensia G 18, Bern 1986.

BÖSCH u. a. 1996
R. Bösch/C. Doswald/M. Giger/Ph. von Cranach, IVS-Dokumentation Kanton Aargau. Unveröffentl. Dossier ViaStoria Universität Bern (1996).

CAESAR 2000
C. I. Caesar, Der gallische Krieg, de bello Gallico. Hrsg. und übers. von O. Schönberger (Düsseldorf, Zürich 2000).

DEMAREZ/OTHENIN-GIRARD 1999
J.-D. Demarez/B. Othenin-Girard, Une chaussée romaine avec relais entre Alle et Porrentruy. Cahiers d´archéologie jurassienne 8 (Porrentruy 1999).

DRACK/FELLMANN 1988
W. Drack/R. Fellmann, Die Römer in der Schweiz (Stuttgart 1988).

DRACK/FELLMANN 1991
W. Drack/R. Fellmann, Die Schweiz zur Römerzeit. Führer zu den Denkmälern (Zürich, München 1991).

GERBER 1997
Ch. Gerber, La route romaine transjurane de Pierre Pertuis. Recherches sur la tracé romaine entre le plateau Suisse et les bassins du Doubs et du Rhin (Berne 1997).

GRENIER 1934
A. Grenier, Archéologie gallo-romaine. Deuxième partie. L´archéologie du sol. Les routes (Paris 1934).

HEINZ 2003
W. Heinz, Reisewege der Antike. Unterwegs im römischen Reich (Darmstadt 2003).

HERZIG 1994
H. E. Herzig, Arch. Römerstrasse 1991. Der Leugenstein – Geschichte und Topographie. In: D. Gutscher/P. J. Suter/R. Bacher (Hrsg.), Archäologie im Kanton Bern. Fundberichte und Aufsätze 3 B (Bern 1994) 392-396.

HERZIG 1995
H. E. Herzig, Altstraßenforschung zwischen Geschichte, Geographie und Archäologie. Dargestellt am Beispiel der Römerstrassen des Schweizerischen Mittellandes. Archäologisches Korrespondenzblatt 25, 1995, 209-216.

HERZIG 2002a
H. E. Herzig, Alle Wege führen nach Rom – Erste Ergebnisse der Römerstraßenforschung in der Schweiz. In: Wege als Ziel. Kolloquium zur Wegeforschung in Münster 2000. Veröffentlichungen der Altertumskommission für Westfalen XIII (Münster 2002) 57-65.

HERZIG 2002b
H. E. Herzig, Die antiken Verkehrswege der Schweiz. In: E. Olshausen/H. Sonnabend (Hrsg.), Zu Wasser und zu Land. Verkehrswege in der antiken Welt. Stuttgarter Kolloquium zur Historischen Geographie des Altertums 7, 1999 (Stuttgart 2002) 9-16.

HERZIG/VON CRANACH 1997
H. E. Herzig/Ph. von Cranach, Das IVS – wissenschaftlich weder Fisch noch Vogel? In: H.-R. Egli/M. Hasler/H. E. Herzig/P. Messerli (Hrsg.), Spuren, Wege und Verkehr. Festschrift Klaus Aerni zum Abschied vom Geographischen Institut. Jahrbuch der Geographischen Gesellschaft Bern 60 (Bern 1997) 109-115.

HORISBERGER 1993
B. Horisberger, Zur Problematik der „römischen" Karrgeleise im schweizerischen Jura. Archäologie des Kantons Solothurn 8, 1993, 7-35.

ITINERARIA ROMANA 1990
Itineraria Romana I. Itineraria Antonini Augusti et Burdigalense. Ed. O. Cuntz (Stuttgart 1990).

LASSAU 1995
G. Lassau, Die Grabung 1994.13 im Gräberfeld Kaiseraugst „Im Sager". Jahresbericht aus Augst und Kaiseraugst 16, 1995, 79-90.

LAUR-BELART 1923
R. Laur-Belart, Untersuchungen an den alten Bözbergstrassen. Anzeiger für schweizerische Altertumskunde 25, 1923, 13-24.

LAUR-BELART 1968
R. Laur-Belart, Zwei alte Strassen über den Bözberg. Ur-Schweiz 32, 1968, 30-52.

MOTTAS 1986
F. Mottas, De la plaine de l'Orbe en Franche-Comté: voie romaine et chemin saunier. Archäologie der Schweiz 9, 1986, 124-134.

PLINIUS SECUNDUS D. Ä. 1988
C. Plinius Secundus d. Ä., Naturkunde III/IV. Geographie. Europa. Hrsg. und übers. von G. Winkler in Zusammenarbeit mit R. König (München, Zürich 1988).

POLLAK 1992
G. Pollak, Beiträge zur Benutzungsdauer einiger Karrgeleisestrassen im Schweizer Jura. Unveröffentl. Arbeitsbericht IVS Bern (1992).

RATHMANN 2003
M. Rathmann, Untersuchungen zu den Reichsstraßen in den westlichen Provinzen des Imperium Romanum. Bonner Jahrbücher, Beiheft 55 (Bonn 2003).

REBER 1970
W. Reber, Zur Verkehrsgeographie und Geschichte der Pässe im östlichen Jura (Liestal 1970).

SCHNEIDER 2001
G. Schneider, Mythos Karrgeleise. Untersuchungen zu Alter und Entstehung von Geleisestrassen in der Schweiz, im Elsass (F) und im Aostatal (I). Unveröffentl. Manuskript IVS Bern (2001).

SCHNEIDER/VOGEL 1997
G. Schneider/W. Vogel, Karrgeleise: Römerstrassen oder Trassen der Neuzeit? In: H.-R. Egli/M. Hasler/H. E. Herzig/P. Messerli (Hrsg.), Spuren, Wege und Verkehr. Festschrift Klaus Aerni zum Abschied vom Geographischen Institut. Jahrbuch der Geographischen Gesellschaft Bern 60 (Bern 1997) 117-130.

SCHÖN 1999
F. Schön, Iura. In: H. Cancik/H. Schneider (Hrsg.), Der Neue Pauly. Enzyklopädie der Antike (DNP) 6 (Stuttgart, Weimar 1999) 86.

STAEHELIN 1948
F. Staehelin, Die Schweiz in römischer Zeit³ (Basel 1948).

STRABO 1960
Strabo, The Geography of Strabo II. With an english translation by H. L. Jones (Cambridge Mass., London 1960).

TABULA PEUTINGERIANA 1976
Tabula Peutingeriana. Codex Vindobonensis 324. Vollständige Faksimileausgabe im Originalformat. Kommentar von E. Weber (Graz 1976).

VION 1990
E. Vion, Routes romaines et Etraz: Mythes et réalités. Bulletin IVS 2/1990, 67-99.

WALSER 1980
G. Walser, Römische Inschriften der Schweiz. Teil II. Nordwest- und Nordostschweiz (Bern 1980).

WALSER 1986
G. Walser, Corpus Inscriptionum Latinarum (CIL) XVII, 2 (Berlin 1986).

WALSER 1997
G. Walser, Zu den Römerstrassen in der Schweiz: die capita viae. Museum Helveticum 54, 1997, 53-61.

Wege, Fahrstraßen und Brücken im schweizerischen Mittelland

Von Cornel Doswald

Die Bearbeitung der Verkehrswege des schweizerischen Mittellandes im Zuge der Erstellung des Inventars historischer Verkehrswege der Schweiz (IVS) zeigt die enge Verschränkung des Gegenstandes mit dem methodischen Zugang, der Form der Dokumentation und der Formulierung von angemessenen Grundsätzen für die Umsetzung des Inventars auf. Als wichtigster Erkenntnisgewinn ist die vielfach bestätigte Beobachtung hervorzuheben, dass die Entwicklung des Landverkehrsnetzes im Mittelland trotz einer gut ausgeprägten Persistenz von einmal ausgebildeten Verlaufslinien langfristig von großer Beweglichkeit, Formbarkeit und Dynamik geprägt ist.

Diachronie ...: Überschichtungen

Das schweizerische Mittelland ist ein Molassehügelland, das als Vorlandbecken zwischen den Alpen und dem Juragebirge eingebettet ist. Mit Höhenlagen um 400-700 m bildet es seit Jahrtausenden den bevorzugten Siedlungsraum der Schweiz und zeichnet sich durch eine hohe, immer noch wachsende Nutzungs- und Verkehrsdichte aus. Weder die Lage der Zentren, noch die vorherrschenden Siedlungs- und Landnutzungsformen, noch die Komponenten der Verkehrsnetze sind dabei langfristig konstant geblieben – diese Feststellung ist zwar trivial, muss aber doch vorausgeschickt werden.[1]

Als Ergebnis zeigten sich innerhalb des Netzes der Verkehrswege, von dem wir bei der Inventarisierung ausgegangen sind,[2] historisch gesehen zahlreiche Veränderungen, die man als chronologische Überschichtungen oder Überlagerungen beschreiben kann. So ergaben sich etwa aus Nutzungsveränderungen im Umland oder der Verlagerung der Verkehrsziele wechselnde Zusammensetzungen von bestehenden Teilen des Netzes zu neu kombinierten, einheitlich ausgebauten Verbindungen. Andere bestehende Wege wurden von neu entstandenen überschnitten. Weitere Wege sind durch Ausbau überformt worden oder sie bildeten sich infolge extensivierter Nutzung und Vernachlässigung zurück. Dabei kommt es vor, dass sie vollständig von der Oberfläche getilgt wurden oder allmählich verschwanden.

Solche Veränderungen lassen sich paradoxerweise gerade dort am besten beobachten, wo die Verlaufslinien, quasi die Vektoren des Netzes, eine hohe Persistenz besitzen. Diese ist hauptsächlich dem parzellierten, mit festen Nutzungsansprüchen verbundenen Grundbesitz auf den angrenzenden Landflächen zu verdanken, u. U. aber auch den Oberflächenformen des Geländes. Allerdings ist die Persistenz eines Wegverlaufes längerfristig nicht zwingend mit einer konstanten Verkehrsbedeutung, Nutzungsweise oder einem dauerhaften Ausbauzustand verbunden. Es sind beispielsweise Fälle nachweisbar, in denen gut ausgebaute römische Hauptstraßen allmählich zum lokalen Saum- oder Fußpfad absanken, bevor sie ver-

---

[1] Eine speziell der Historischen Geographie der Schweiz gewidmete Monographie liegt leider nicht vor. Den besten Überblick zum Einstieg geben die Beiträge von Raffestin, Bakonyi und Moeschler sowie Piveteau in RACINE/RAFFESTIN (1990, 23-34; 101-120; 121-144). – Nützlich sind auch die historischen Rückgriffe in verschiedenen Kapiteln von ODERMATT/WACHTER 2004. – Der nach wie vor unentbehrliche Atlas zur Schweizer Geschichte von AMMANN/SCHIB (1958) ist durch die Tafeln 19-22 des ATLAS DER SCHWEIZ (1996 ff.) teilweise aktualisiert worden. – Speziell dem 19. Jh. gewidmet ist der Strukturatlas von FRITZSCHE u. a. (2001). – Die wichtigste Literatur zur Entwicklung der Verkehrswege ist jetzt durch die kommentierte Bibliographie von REUBI u. a. (2004) erschlossen. – Zum Einstieg eignen sich die Arbeiten von AERNI/EGLI (1991), AERNI/HERZIG (1986) und SCHIEDT (1998; 1999).
[2] Vgl. zur IVS-Methodik und den daraus hervorgehenden Forschungsergebnissen: DOSWALD 2000.

schwanden, und umgekehrt übernahmen Kunststraßen des 19. Jh. gelegentlich die generellen Linienführungen von geradlinigen älteren Fußwegen. Generell ist die Benutzung eines Weges persistent, nicht sein Stellenwert im Netz. Sein Verlauf ist von der Entstehung bis zum Verschwinden ein Produkt der dynamischen Ausgestaltung des Netzes.

... in der Synchronie: Der Geländebefund

Insgesamt trafen wir ein bestehendes Landverkehrsnetz an, das teilweise modernisiert ist, teilweise aber noch Elemente älterer Wegformen enthält, die wir als traditionell bezeichnen. Das Netz verfügt außerdem über extensivierte oder funktionslose Relikte, es enthält Lücken, wo ältere Wege völlig verschwunden sind und neue ohne Präzedens angelegt wurden. In der IVS-Geländekarte (Abb. 1) lassen sich diese aktuellen Bestandteile des historischen Verkehrsnetzes in den meisten Fällen ohne weiteres in einem beliebigen Ausschnitt unterscheiden.

Im vorliegenden Fall erscheinen die modernisierten Straßen als durchgezogene Linien (= historischer Verlauf mit Hartbelag) ohne weitere Auszeichnung. Die Wege mit traditionellen Formelementen sind dagegen mit differenzierteren Signaturen charakterisiert, die sowohl den Wegkörper als auch die Wegbegrenzungen darstellen. Punktierte Linien geben die Reliktformen an, also unbenutzte Wege wie etwa die aufgelassenen Hohlwege in der Mitte rechts oder unten links. Schließlich bestehen auch offensichtliche Lücken im Netz, beispielsweise in den Flurbereinigungsflächen unten rechts oder oben links – hier schimmern dann auch die jüngsten, vom Inventar nicht mehr erfassten Elemente des Straßennetzes am deutlichsten durch.

Die Geländekarte stellt in dieser Form selbstverständlich einen Zeitschnitt dar, der die Verhältnisse z. Zt. der Aufnahme wiedergibt. Sie entspricht im ausgewählten Beispiel dem Stand von 1993. Jüngere Veränderungen haben bereits stattgefunden und finden auch weiterhin statt.

Räumliche Entwicklungsdynamik

Die historischen Ursachen der ausgeprägten Veränderungsdynamik, die sich in diesem Befund darbietet, lassen sich aus verschiedenen Gründen hier nicht darstellen. In erster Linie fällt dabei das Fehlen genügend aussagekräftiger Synthesen ins Gewicht, in denen die Streckenbeschriebe der kantonsweise verfassten IVS-Inventardokumentationen zusammengefasst worden wären.[3] Ebenso ist eine einigermaßen umfassende Verkehrsgeschichte der Schweiz ein Desiderat.[4] Die folgenden Ausführungen beschränken sich daher auf die Beschreibung einiger repräsentativer Beispiele, die verschiedene wichtige Gründe und Verlaufsformen der Veränderungen des Netzes illustrieren können.

Relikte von Römerstraßen im Kanton Aargau (Abb. 2)

Das römische Straßennetz ist das erste Landverkehrsnetz, das wir zumindest in seinen Grundzügen beschreiben können.[5] Die Rekonstruktion ist zwar noch in vielen Teilen hypothetisch, aber doch dadurch abgesichert, dass neben einigen Streckenabschnitten und Brückenstellen außerorts auch die meisten wichtigen Knotenpunkte des Netzes bekannt sind. Die Befunde sind in diesem Fall selbstverständlich archäologisch und nur in Ausnahmefällen noch als Relikte an der Oberfläche erkennbar. Im Siedlungsbereich werden die römischen Strukturen oft direkt von aktuellen Straßen überlagert. Die römischen Straßen bieten insgesamt instruktive Beispiele für Überlagerungen, v. a. aber für die Auflassung aufgrund der Ver-

---

[3] Dies war leider nicht Teil des Auftrags.
[4] Vgl. SCHIEDT/PFISTER 2003.
[5] Vgl. dazu die Beiträge von HERZIG in diesem Band und in AERNI/HERZIG (1986) wie auch HERZIG (2002) und BOLLIGER (im Druck). – Erste methodisch abgesicherte Überlegungen zum älteren, spätkeltischen Straßennetz in einem Teilgebiet des Mittellandes hat JUD (2002) veröffentlicht.

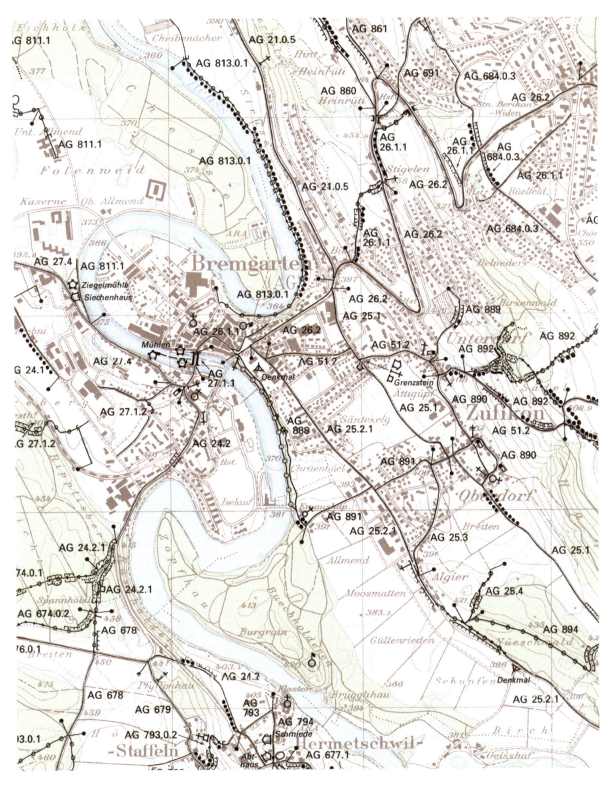

Abb. 1. IVS-Geländekarte, Blatt 1090 Wohlen, 1993 (Ausschnitt)
(für die Legende vgl.: DOSWALD 2000, Abb. 4).

schiebung von Linienführungsverläufen, *passages obligés* wie etwa Flussübergängen sowie von zentralen Orten, die ihre Verkehrsziele bildeten. Trotzdem ist die Rekonstruktion des römerzeitlichen Netzes innerhalb des Inventars v. a. deshalb unumgänglich, weil die Bedeutung seiner im aktuellen Netz konservierten Fragmente aus dem ursprünglichen Kontext bestimmt werden muss.

Rheinübergänge als Beispiele für Ortskontinuität

Die Rheinübergänge zwischen Zurzach und Rheinheim (Abb. 3) bieten demgegenüber ein Beispiel für ausgeprägte Ortskontinuität.[6]
Sie ist der Verbindung von zwei Jahrtausenden Siedlungskontinuität mit günstigen örtlichen Voraussetzungen für die Anlage eines Flussüberganges zu verdanken, befindet sich die Stelle doch an einer Verengung des Talbodens, wo vom höheren südlichen Ufer her zwei Kantenkerben an den Fluss führen. Hier befinden sich im engeren Bereich einer dreiteiligen spätantiken Kastellanlage nebeneinander drei Brückenstellen. Es handelt sich, von Osten her flussabwärts betrachtet, zunächst um die Pfahlroste einer Steinpfeilerbrücke, deren südlichster Pfeiler im Jahr 368 fundiert worden ist; der nächstgelegene in nördlicher Richtung datiert in das Jahr 376 und zeigt zweifellos eine verzögerte Fertigstellung des Baus an, der wohl im Frühmittelalter abgegangen ist. Stromabwärts folgen die Pfahljoche einer 1296 erbauten offenen Holzbrücke, die schon gegen die Mitte des 14. Jh. verschwand. Daneben steht die aktuelle, 1907 errichtete und 1978 erneuerte Brücke.

Wenig talwärts davon liegt bei der in der Höhe des Wasserspiegels ausmündenden Kantenkerbe die Schiffslände mit dem Standort der Fähre, die, vom Intermezzo der hochmittelalterlichen Pfahljochbrücke abgesehen, wahrscheinlich vom Frühen Mittelalter an bis ins frühe 20. Jh. den Verkehr über den Fluss bewältigte. Im selben Bereich befinden sich auch Pfahljoche einer weiteren Brücke, die erst vor kurzem lokalisiert und noch nicht datiert worden ist. Einzig die frührömische, um die Zeitenwende erbaute Rheinbrücke wird nicht hier, sondern aufgrund der Ausrichtung der zeitgleichen römischen Straße einige hundert Meter weiter flussabwärts angenommen.

Eine andere Form des Aufeinanderfolgens von Brückenbauten zeigt die Rheinbrücke von Kaiserstuhl (Abb. 4). Hier ist der Standort seit der Absteckung der Stadtanlage im 13. Jh. beibehalten worden. In die heutige Brücke sind die tragenden Pfeiler dreier Vorgängerinnen integriert. Die beiden ufernahen Flusspfeiler mit den dreieckigen Vorköpfen stammen von einer in den Jahren 1595-1600 errichteten, teilweise gedeckten Holzbrücke; sie tragen die repräsentativen Wappenschilde der Bauherren. Die gemauerten Tonnengewölbe, welche sie mit den Landfesten verbinden, entstanden mit der gedeckten Holzbrücke, die

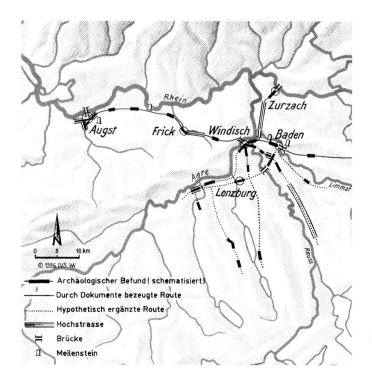

Abb. 2.
Das vermutete Netz der römischen Straßen im Kanton Aargau als Beispiel für ein römerzeitliches Straßennetz im schweizerischen Mittelland
(aus: DOSWALD 1997, Abb. 1).

---

[6] Vgl. SENNHAUSER u. a. 2004; die Flussübergänge sind durch das dortige Register der Quartierbezeichnungen und Flurnamen gut erschlossen (ebd. 686).

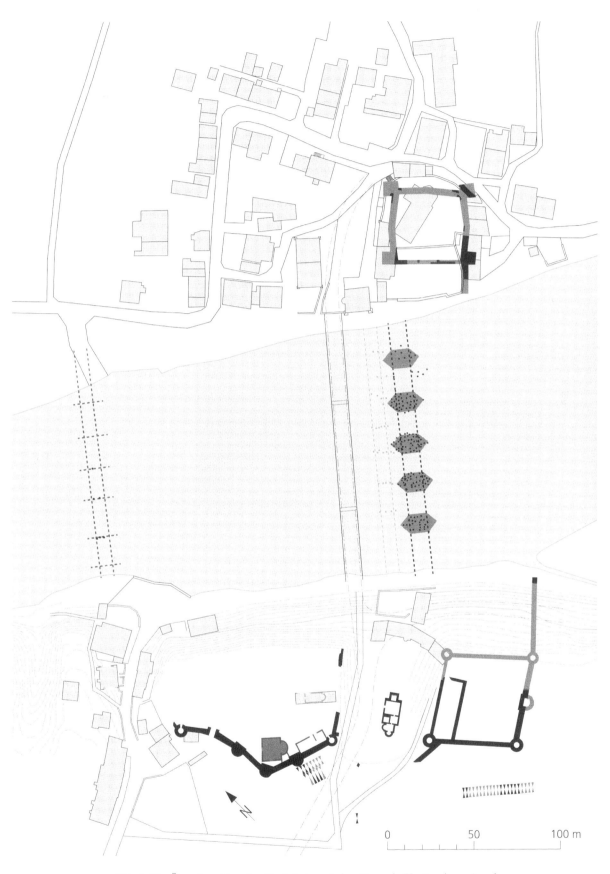

Abb. 3. Die Übergänge über den Hochrhein zwischen Zurzach (Kanton Aargau) und
Rheinheim (Gde. Küssaberg, Ldkr. Waldshut) als Beispiel für hohe Platzkontinuität eines Flussübergangs
(aus: SENNHAUSER u. a. 2004, 90).

1823 gebaut wurde. Der Mittelpfeiler mit den abgerundeten Enden wurde 1891 als tragendes Element der 1984 abgebrochenen, zweifeldrigen Stabbogenbrücke – einer stählernen Fachwerkkonstruktion – aufgeführt. Der Oberbau schließlich, ein Vollwandträger aus Stahl mit einer Fahrbahnplatte aus armiertem Beton, stammt aus dem Jahr 1984. Über dem Mittelpfeiler erhebt sich außerdem eine große barocke Statue des Brückenheiligen Nepomuk, die von den Vorgängerbauten übernommen wurde.

Unter Weiterverwendung brauchbarer Bauteile hat man hier buchstäblich Altes mit Neuem überschichtet. Dieses Aufbauen auf den Vorleistungen früherer Baumeister ist im historischen Brückenbau recht häufig zu beobachten, meist an den Widerlagern, öfters auch bei Pfeilern. Die jüngeren Eingriffe haben das Erscheinungsbild der Brücke jeweils mehr oder weniger radikal verändert, wobei der Einfluss der technischen Entwicklung v. a. in der Konstruktion des Oberbaus in Erscheinung tritt, welche eine Verlängerung der Stützweiten und eine Reduktion der Zahl der Flusspfeiler erlaubte.[7]

Abb. 4.
Die Rheinbrücke von Kaiserstuhl
(Kanton Aargau)
(Foto: Cornel Doswald).

Einflüsse der Naturbedingungen am Beispiel des Reussübergangs von Maschwanden–Mühlau (Abb. 5)

Die natürlichen Bedingungen konnten in anderen Fällen den Verlauf der Verkehrswege stark beeinflussen. So lassen sich beim Reussübergang zwischen Maschwanden und Mühlau, einem Nebenübergang im Einflussbereich von Zürich, Zug und Luzern, wiederholte Verlegungen nachweisen, die auf die Verschiebungen des Flusslaufs der Reuss zurückzuführen sind. Es lässt sich zeigen, dass mit seiner Bewegung von Osten nach Westen, von der noch einige verlandete Altläufe zeugen, auch die Reussfähre mindestens zwei Mal verlegt werden musste. Sie befand sich vermutlich bis um 1400 beim „Stad" von Maschwanden. Nach 1500 wird sie dann beim heutigen „Altfahr" nördlich von Mühlau fassbar, das im Feld der Altläufe nicht mehr genau lokalisierbar ist; der ehemalige Reusslauf bei Maschwanden wurde vom Flüsschen Lorze eingenommen, dem Auslauf des Zuger Sees. Schließlich wurde die Fähre 1637 in Mühlau eingerichtet, wo sie erst 1940 einer Reussbrücke weichen musste. Dementsprechend hat sich auch das Netz der Zufahrtsstraßen verändert, das erst im 17. Jh. in der heutigen Form fixiert worden ist.

Die einstige Nähe des Flussübergangs macht auch verständlich, dass hier im 13. Jh. eine Kleinstadt gegründet worden ist, die mit der Verlegung des Flusslaufes vermutlich eine wichtige Lebensgrundlage verlor und vor 1504 abgegangen ist; in ihrer Nähe befindet sich heute noch das Dorf Maschwanden.

---

[7] Auf die Brücken als wichtigste Kunstbauten des Straßennetzes können wir an dieser Stelle nicht näher eingehen. – Einen ersten Überblick gibt STADLER (2003). BITTERLI (2003) enthält eine erweiterte Bibliographie. – Zum Einstieg eignet sich auch: WEGE UND GESCHICHTE 2002. – Nach wie vor unentbehrlich ist aber BRUNNER (1924).

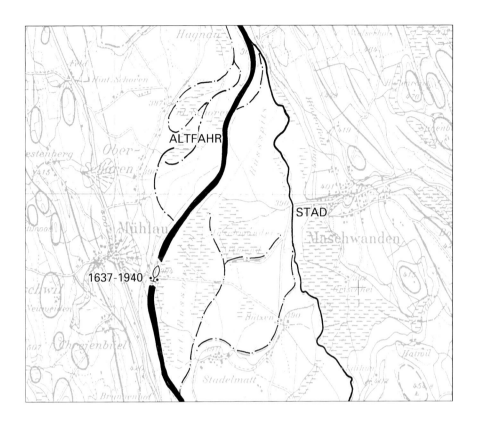

Abb. 5.
Die Entwicklung des Reussübergangs zwischen Maschwanden und Mühlau; strichpunktierte Linien = Altläufe der Reuss (aus: Bösch u. a. 2003, AG 967 Abb. 1).

Verkehrsführungsmaßnahmen der Stadt Basel im Spätmittelalter (Abb. 6)

1372 erwarb die Stadt Basel vom Bischof, der in Geldnöten steckte, mit Zoll-, Münz- und Marktrecht die ersten, für die städtische Wirtschaftspolitik zentralen stadtherrlichen Rechte. 1385 folgte das Schultheißenamt, 1386 die Vogtei mit der hohen Gerichtsbarkeit. 1392 wurde die rechtsrheinische Stadt Kleinbasel erworben, eine Gründung des Bischofs, und 1393 verständigte man sich mit dem Haus Habsburg-Österreich, das auf seine Herrschaftsansprüche verzichtete. Damit begründete die Stadt ihre Autonomie und eröffnete sich die Möglichkeit, beidseits des Rheins eine selbständige Territorial- und Bündnispolitik zu betreiben. Innert weniger Jahre folgten auf dieser Grundlage eine Reihe von Maßnahmen, die den systematischen Aufbau des Verkehrsknotenpunktes Basel durch die Anwendung der Zollprivilegien sowie gezielten Straßen- und Brückenbau zum Ziel hatten.[8] Dadurch wurde seine verkehrsgeographische Lage nachhaltig umgestaltet.

Bis dahin wurde Basel links und rechts des Rheins von alten, gut eingeführten Umgehungsstraßen passiert, von denen man den Verkehr innert weniger Jahrzehnte mit einem ganzen Bündel von Maßnahmen abzog. Erstens verfügte man den Straßenzwang für alle transitierenden Güter, die unter die Zollhoheit der Stadt fielen. Sie mussten ab etwa 1400 in der Stadt verzollt werden. Zweitens baute man an bestehenden Straßen, die direkt in die Stadt führten, erstmals Brücken (Birsbrücke, Birsfelden, 1424; Wiesenbrücke, Otterbach, 1433) und ließ dagegen Brücken an den Umfahrungsstraßen abgehen (so belegt an der Birsigbrücke, St. Margrethen, und der Birsbrücke, St. Jakob, an der Südumfahrung). Drittens baute man schließlich selbst neue Straßen, so 1396/97 den Neuen Weg nach Kembs an der Route nach Straßburg.

---

[8] Basel liegt strenggenommen nicht im Mittelland, sondern am Rand eines anderen Molassebeckens, der Oberrheinischen Tiefebene. Die Wahl des Beispiels ist dadurch begründet, dass sich hier ein Bündel von Maßnahmen, die auch anderswo nachweisbar sind, an einem zeitlich geschlossenen und frühen Fall darstellen lässt (vgl. DOSWALD 2004, 22 f.).

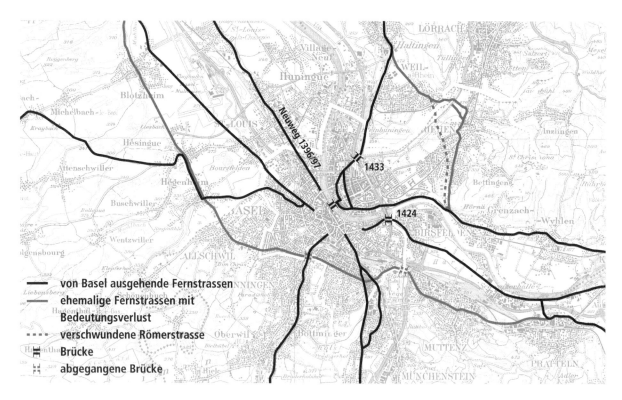

Abb. 6. Das Fernstraßennetz der Stadt Basel um 1400
(aus: DOSWALD 2004, 22).

Kleinräumige Trassenverlagerungen am Beispiel des Heitersberg-Passes im Kanton Aargau (Abb. 7)

Im Fall von Basel sind die Beweggründe für Verkehrsverlagerungen bekannt und datierbar. Anders verhält es sich oft bei den dichten kleinräumigen Routenverlagerungen, die in der Gesamtschau zur Entstehung von auffälligen Linienführungsbündeln führen.[9] Hier wirken Faktoren wie Erosion und mangelnder Unterhalt, aber auch bewusste Neuanlage und die Anziehungskraft der Infrastruktur benachbarter Siedlungen zusammen, die oft nicht vollständig zu identifizieren sind. Es zeigt sich, dass man sich Weg- und Straßenverläufe sowohl in ihrer historischen Entwicklung wie oftmals auch in ihrem gleichzeitigen Nebeneinander nicht als eindeutige, fixierte Verlaufslinien, sondern als Trassenbündel vorstellen muss. Innerhalb dieser Bündel spielen sich die Verlagerungen der hauptsächlich benutzten Trasse ab (Abb. 8). Alle Trassen hinterlassen in der Regel aktive Teilstücke, Relikte und offensichtliche Lücken.

Der Kunststraßenbau des 18. und 19. Jh. als Restrukturierung des Netzes

Der planmäßige Bau von Chausseen (in der Schweiz sogenannte „Kunststrassen") im 18. und 19. Jh. führte zu einer mehr oder weniger durchgreifenden Restrukturierung des Landstraßennetzes und definierte den Verlauf der nationalen und kantonalen Hauptstraßen im Wesentlichen bis zum Bau der Autobahnen. Die damals gebauten Straßen sind daher bis heute vielfach laufend modernisiert und den Anforderungen des motorisierten Verkehrs angepasst worden, während ihre Vorgängerinnen vielerorts noch als land- und forstwirtschaftliche Fahrwege dienen und die unterschiedlichen Ausbaustandards gelegentlich drastisch vor Augen führen (Abb. 8).

---

[9] Vion hat dieser Form der Streckenentwicklung im Rahmen seiner morphologischen Analysen von Streckennetzen mehrere Detailstudien gewidmet (vgl. VION 1989; 1991).

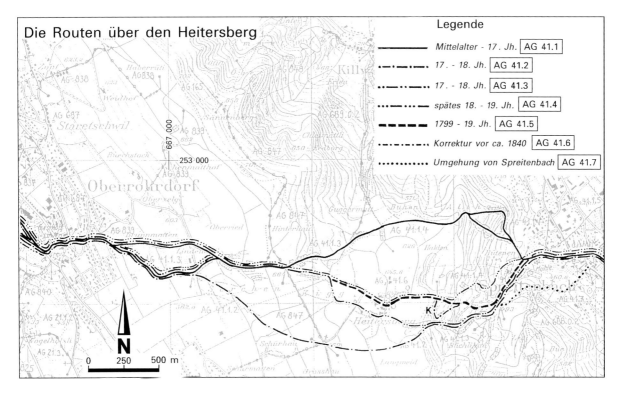

Abb. 7. Die Übergänge über den Heitersberg
(aus: Bösch u. a. 2003, AG 41 Abb. 1).

Der Umfang der damit verbundenen Bauaufgaben lässt sich am Beispiel des Kantons Aargau (Abb. 9) darstellen:
Vor der 1803 erfolgten Kantonsgründung waren nur die drei überregionalen Transitstraßen A bis C bereits im 18. Jh. chaussiert worden; nahezu das gesamte restliche Kunststraßennetz wurde in den Jahren 1832-1859 in mehreren Etappen dekretiert und anschließend ausgebaut. Dabei gerieten laufend neue Aufgaben ins Blickfeld: Zunächst ging es darum, Straßennetze und Ausbaustandards zu entwerfen, die nicht einseitig die Transitrouten bevorzugten, sondern den gesamten Binnenverkehr erleichterten. Im Aargau wie in anderen neu gebildeten Kantonen kam die Einbindung der neuen Hauptstadt Aarau mit radial verlaufenden Straßen hinzu. Damit ging ein umfassender Regelungsbedarf einher, der auch die Organisation der Baubehörden, die Klassierung und Festlegung der verschiedenen Straßen innerhalb des Netzes, die Regelung des Straßenunterhalts, die Platzierung von Wegweisern und den Erlass von Vorschriften für die Landabtretungen an öffentliche Straßen und Wege, Kies- und Steingruben sowie Wasserbauten umfasste. Gefordert wurde mit Fortschreiten der Arbeiten auch eine Verdichtung des Landstraßennetzes unter Berücksichtigung der Anliegen von Randregionen, welche die sukzessiven Erweiterungen des Netzes und damit des Bauprogramms erklärt.
Während hier die Anlage des Kunststraßennetzes noch weitgehend in Anlehnung an das bestehende Landstraßennetz erfolgte, konzipierten andere Kantone wie Bern oder Zürich in mehr oder weniger großem Umfang neu strukturierte Netze. In jedem Fall erfolgten aber umfangreiche Begradigungen und Neutrassierungen, die den Anforderungen der zeitgenössischen Straßenbautechnik entsprachen. Die Epoche des Kunststraßenbaus beendete damit auch die Epoche der Trassenbündel und definierte eindeutige, rechtlich festgeschriebene, baulich konsequent durchgestaltete Verbindungsverläufe.

Alles in allem genommen friert also das Bild der historischen Verkehrswege, das der hier aufgezeigte Zeitschnitt durch das Gelände ergibt, gleichsam eine höchst dynamische Entstehungsgeschichte des Verkehrsnetzes ein, die selbstverständlich noch nicht abgeschlossen ist. Darin besteht auch, trotz unterschiedlicher geomorphologischer und siedlungsgeographischer Voraussetzungen, kein grundlegender Unterschied zwischen dem Mittelland und den benachbarten Landschaften der Alpen und des Juras.

Abb. 8.
Alte und neue
Bünztalstrasse bei Auw
(Kanton Aargau).
Zwei aufeinander folgende
Entwicklungsschritte
derselben Strecke
sind hier im Gelände
synchron zu beobachten
(Foto: Cornel Doswald).

Gegenstand und Methode

Die Art der Entstehung des heutigen Verkehrsnetzes bedingte die Wahl der historischen Forschungsmethode des IVS: Es handelt sich um ein rückschreibendes Verfahren. Das methodische Gerüst war in der Regel wie folgt aufgebaut:

Zunächst wurde stets eine Kartenrückschreibung durchgeführt. Sie ging ebenso wie die Geländeaufnahme vom gegenwärtigen Bestand aus, wie er durch die aktuelle Landeskarte 1:25.000 dargestellt wird. Damit bildete die Verwendung der identischen Kartengrundlage die Schnittstelle zwischen historischer und topographischer Arbeit; dies entsprach auch dem Sichtbarkeitskriterium, mit dem festgelegt wurde, dass nur tatsächlich sichtbare Verkehrswege bearbeitet werden durften.

Die Kartenrückschreibung konnte im Mittelland gebietsweise auf Informationen aus Karten und Plänen aufbauen, die bis ins 16. Jh. zurückreichen. Ergänzend wurden die verkehrs- und regionalgeschichtliche Literatur und, wenn möglich, auch schriftliche Primärquellen ausgewertet; diese Auswertung diente in erster Linie der Interpretation und Ergänzung des kartographischen Befundes und war wie dieser straßengeschichtlich ausgerichtet.

Vorgenommen wurde auch eine Analyse der auf das Weg- und Straßennetz bezogenen Flurnamenüberlieferung. Diese erfolgte in Verbindung mit der Auswertung von Katasterplänen, um eine möglichst zuverlässige Lokalisierung der Wegnamen zu gewährleisten. Die Reichweite der dadurch gewonnenen Informationen geht bis ins Mittelalter, punktuell auch in die Antike zurück. Die diesbezüglich am weitesten zurückreichenden kulturgeographischen Geschichtsquellen bildeten die archäologischen Befunde, die aber nur punktuelle Informationen darstellen und die vor dem Hintergrund der schriftlichen Überlieferung sowie der Rekonstruktionen der Netzentwicklung zu interpretieren sind.[10] Ihre zeitliche Erstreckung führt ebenfalls bis ins Mittelalter und in die Antike.

Schließlich müssen auch im Mittelland in vielen Fällen geologische Befunde, insbesondere die Erkenntnisse der Quartärgeologie zur Morphologie und Landschaftsdynamik der zahlreichen breiten Flusstäler berücksichtigt werden. Zeitlich reichen diese Befunde von rezenten Erscheinungen bis in die Vorgeschichte zurück.

Von materiellen Überresten als seltenen Ausnahmen abgesehen, dominieren im Gelände rezente oder subrezente Wegformen – auch dort, wo sich zeigen lässt, dass die Wegverläufe alt sind, historisch weit zurückreichen. Das Erscheinungsbild der Wege lässt sich in aller Regel nicht datieren. Ausnahmen bilden

---

[10] Vgl. dazu: BOLLIGER im Druck; JUD 2002.

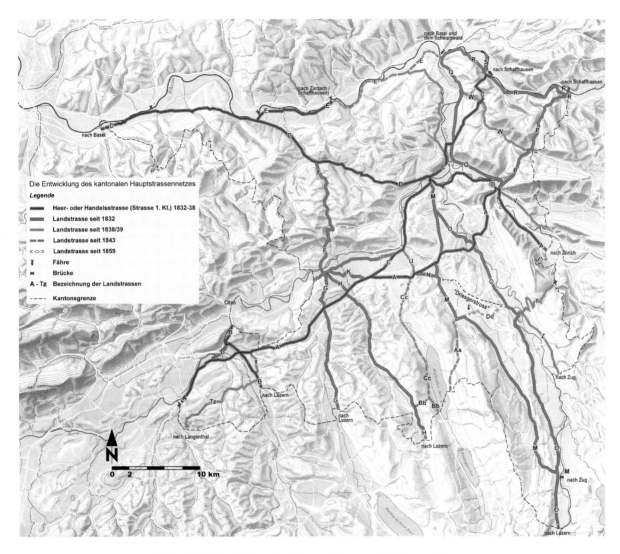

Abb. 9. Die Entwicklung des Hauptstraßennetzes im Kanton Aargau.

Bauinschriften und stilistisch-technische Datierungen von Kunstbauten, v. a. an Brücken. Die Wegformen lassen sich daher ohne weiteres idealtypisch darstellen (Abb. 10).
Sie können in dieser oder ähnlicher Form praktisch jederzeit entstanden sein.[11] Dementsprechend erfolgte auch die Festlegung der Methode der Geländeaufnahme: Es handelt sich um eine strikt morphologische Beschreibung ohne absolute Altersangaben. Lediglich relativchronologische Beobachtungen und inschriftliche Datierungen werden festgehalten und im Rahmen der historischen Bearbeitung des Objekts im Zusammenhang interpretiert. Erst die historische Interpretation erklärt den Geländebefund, und durch sie wird die Verkehrsgeschichte als Gestalterin des Geländes im aktuellen Befund lesbar gemacht.

Von der Inventarisierung zur Umsetzung der Inventars

Aus den Prinzipien der Erhebungsmethode und den Erkenntnissen aus der Inventarisierung ergeben sich drei generelle Ansatzpunkte für die Umsetzung des Inventars. Auszugehen ist:
- erstens vom überlieferten Bestand, unabhängig vom jeweiligen Alter des Objekts,

---

[11] Zu einem Paradebeispiel für diese Persistenz der technischen Form durch die Jahrtausende dürfte sich der Spezialfall der Karrgeleisestraßen entwickeln. Vgl. hierzu den Beitrag von HERZIG in diesem Band.

Weg ohne deutliche Böschung oder freistehende Wegbegrenzung

Wege mit Böschungen

Hohlweg

Hohlwegbündel

Dammweg

Hangweg

einseitig ausgebildete Hangwege

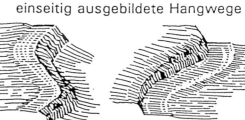

Wege mit freistehender Wegbegrenzung

einseitig

beidseitig

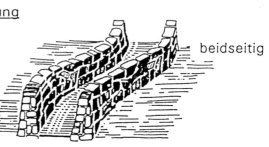

Weg mit Kombination Böschung/freistehende Wegbegrenzung

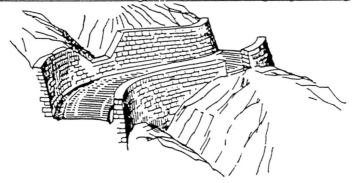

Abb. 10. Eine Typologie der Wegformen
(Graphik: Werner Vogel, ViaStoria, Universität Bern).

- zweitens von der aktuellen Nutzung, die sich im Bestand ausdrückt
- und drittens von der Dynamik, d. h. von der Gestaltbarkeit und Wandlungsfähigkeit der Verkehrswege.

Literatur

AERNI/EGLI 1991
K. Aerni/H.-R. Egli, Zusammenhänge zwischen Verkehrs- und Siedlungsentwicklung in der Schweiz seit dem Mittelalter. Geographica Helvetica 46, 1991, 71-78.

AERNI/HERZIG 1986
K. Aerni/H. Herzig (Hrsg.), Historische und aktuelle Verkehrsgeographie der Schweiz. Geographica Bernensia G 18 (Bern 1986).

AMMANN/SCHIB 1958
H. Ammann/K. Schib, Historischer Atlas der Schweiz^2 (Aarau 1958).

ATLAS DER SCHWEIZ 1996 ff.
Atlas der Schweiz^3 (Wabern-Bern 1996 ff.).

BITTERLI 2003
Th. Bitterli, Historische Brücken – Eine Einführung. Mittelalter 8, 2003, 105-108.

BOLLIGER im Druck
S. Bolliger, Römische Straßen in der Schweiz. In: „Alle Wege führen nach Rom...". Internationales Römerstraßen-Kolloquium, Bonn, 25.-27. Juni 2003. Materialien zur Bodendenkmalpflege im Rheinland (Bonn).

BRUNNER 1924
J. Brunner, Beitrag zur geschichtlichen Entwicklung des Brückenbaues in der Schweiz. Diss. ETH Zürich 248 (Bern 1924).

DOSWALD 1997
C. Doswald, „Viae publicae" und „Hochstrassen". Überlegungen zur Weiterbenutzung römischer Landstrassen im mittelalterlichen Aargau. Bulletin IVS 1/1997, 21-23.

DOSWALD 2000
C. Doswald, Bestandsaufnahme historischer Verkehrswege am Beispiel der Schweiz – Auftrag, Methode und Forschungsergebnisse des Inventars historischer Verkehrswege der Schweiz. In: J. Knauss/J. Voigtmann (Hrsg.), Räume – Wege – Verkehr. Historisch-geographische Aspekte ländlicher Verkehrswege und Transportmittel. Kolloquiumsband. Mensch – Wirtschaft – Kulturlandschaft. Mitteilungen zur Geographie, Landes- und Volkskunde 3 (Blankenhain 2000) 11-50.

DOSWALD 2004
C. Doswald, Historische Verkehrswege im Kanton Basel-Stadt (Bern 2004).

FRITZSCHE u. a. 2001
B. Fritzsche/T. Frey/U. Rey/S. Romer, Historischer Strukturatlas der Schweiz. Die Entstehung der modernen Schweiz (Baden 2001).

HERZIG 2002
H. E. Herzig, Die antiken Verkehrswege der Schweiz. Neuere Forschungen zu den römischen Straßen. In: E. Olshausen/H. Sonnabend (Hrsg.), Zu Wasser und zu Land. Verkehrswege in der antiken Welt. Stuttgarter Kolloquium zur Historischen Geographie des Altertums 7, 1999 (Stuttgart 2002) 9-16.

BÖSCH u. a. 2003
R. Bösch/Ph. von Cranach/C. Doswald, IVS-Dokumentation Kanton Aargau. Unveröffentl. Dossier ViaStoria Universität Bern (2003).

JUD 2002
P. Jud, Latènezeitliche Brücken und Strassen der Westschweiz. In: A. Lang/V. Salač (Hrsg.), Fernkontakte in der Eisenzeit. Konferenz Liblice 2000 (Praha 2002) 134-146.

ODERMATT/WACHTER 2004
A. Odermatt/D. Wachter, Schweiz – eine moderne Geographie (Zürich 2004).

RACINE/RAFFESTIN 1990
J.-B. Racine/C. Raffestin (Hrsg.), Nouvelle Géographie de la Suisse et des Suisses. 2 Bd. (Lausanne 1990).

REUBI u. a. 2004
S. Reubi/H.-U. Schiedt/M. Tschopp, Switzerland. In: M. Merger/M.-N. Polino (Hrsg.), COST 340 Towards an European Intermodal Transport Network: Lessons from History. A Critical Bibliography (Paris 2004) 193-220.

SCHIEDT 1998
H.-U. Schiedt, Die Straßennetze 1750 bis 1850 – Aspekte des Wandels. Fragestellung und Literaturbericht. Historicum. Zeitschrift für Geschichte 57, Sommer 1998, 10-17.

SCHIEDT 1999
H.-U. Schiedt, Wegnetze und Mobilität im Ancien Régime. Schweizerische Zeitschrift für Geschichte 49, 1999, 16-34.

SCHIEDT/PFISTER 2003
H.-U. Schiedt/Ch. Pfister, Forschungsprojekt Verkehrsgeschichte der Schweiz. Der Blick auf den gesamten Verkehr (Bern 2003).

SENNHAUSER u. a. 2004
A. Sennhauser/H. R. Sennhauser/A. Hidber (Hrsg.), Geschichte des Fleckens Zurzach (Zurzach 2004).

STADLER 2003
H. Stadler, Brücken. In: Historisches Lexikon der Schweiz 2. Basel (Kanton)–Bümpliz (Basel 2003) 726-728.

VION 1989
E. Vion, L'analyse archéologique des réseaux routiers: une rupture méthodologique, des réponses nouvelles. Paysages découverts I, 1989, 67-99.

VION 1991
E. Vion, Itinéraires et lieux habités: les deux pôles de l'analyse archéologique des réseaux routiers. Caesarodunum 25, 1991, 231-259.

WEGE UND GESCHICHTE 2002
Wege und Geschichte. „Kunststrassen" (2002).

WEGE UND GESCHICHTE 2003
Wege und Geschichte. „Brücken" (2003).

Themenschwerpunkt Regionale Beispiele

| Kulturlandschaft Wahrnehmung – Inventarisation – Regionale Beispiele | Fundberichte aus Hessen Beiheft 4 (2005) | Seite 283-303 |

Auf den Spuren einer unsichtbaren Kulturlandschaft – Plädoyer für die Ausweisung archäologischer Schutzgebiete am Beispiel des Goldenen Grundes in der Idsteiner Senke (Hessen)

Von Sabine Schade-Lindig und Christoph Schade

Neben heute noch sichtbaren und schützenswerten Kulturlandschaften, sind es v. a. die unsichtbaren, nur noch im Boden verborgenen, die die Denkmalpflege hinsichtlich ihres Schutzes vor große Herausforderungen stellen. Die archäologische Forschung war lange Zeit damit beschäftigt, materielle Relikte wie Schmuck, Waffen oder Alltagsgegenstände zu bergen, auch Grabstätten und Hausformen früherer Kulturen wurden erfolgreich rekonstruiert. Das einzelne Haus und die einzelnen Siedlungen überschreitende, also die flächendeckende und funktional verschiedene Fundstellenensembles betreffende Erforschung ganzer Landschaftsausschnitte und dem Wirken des vorgeschichtlichen Menschen in seiner Umwelt- und Kulturlandschaft nachgehende landschaftsarchäologische Forschungen stecken zumindest in Deutschland jedoch noch immer in den Kinderschuhen (SCHADE 2000). Raumwirksames, die Landschaft prägendes menschliches Verhalten und die sich daraus ergebenden Strukturen der Landschaftsgestaltung und ihrer Elemente in räumlicher und zeitlicher Differenzierung sind die zentralen Inhalte von Landschaftsarchäologie. Untersucht werden alle Bereiche menschlicher Kultur sowohl soziale, politische, wirtschaftliche und umweltbezogene als auch kultische Aspekte. Langfristige prozessuale Entwicklungen und die Gründe für Wandel lassen sich freilich insbesondere für die vorgeschichtliche Zeit nicht auf einer eindimensionalen Zeit- und Raumskala untersuchen. Wie auch in der Historischen Geographie werden in landschaftsarchäologischen Projekten die Elemente der Kulturlandschaft anhand der überlieferten und zu rekonstruierenden Bereiche untersucht, die ihrer Ausdehnung nach in Punkte, verbindende Linien oder zusammenfassende sowie zusammengehörige Flächen unterteilt werden. Ein solches Vorgehen ist für vorgeschichtliche Untersuchungen aufgrund der ungleich schlechteren Quellengrundlage jedoch erheblich schwieriger. Gewöhnlich sind weder Dorfstrukturen, Flurgrenzen, Ackerraine, Wege noch sonstige Kleinformen der vorgeschichtlichen Zeit historisch oder als heute noch erkennbares Geländedenkmal überliefert. In den meisten Fällen lassen sich Punkte, verbindende Linien und Flächenelemente aller Art nur anhand von repräsentativen Daten, die zuerst erarbeitet werden müssen, errechnen (SCHADE 2001, 9). Dieser archäologische Forschungsansatz benötigt als Grundlage u. a. eine weitgehend erhaltene, d. h. möglichst geringflächig überbaute Landschaft, in der sich die verschiedenen Methoden der Landschaftsarchäologie nahezu flächendeckend anwenden lassen. Der heute dominierende, nur punktuelle Schutz einiger weniger bereits bekannter Fundstellen – welcher Kategorie auch immer – widerspricht diesem Forschungsansatz gänzlich. Auch der vorgeschichtliche Mensch lebte nicht punktuell in großen finstern Urwäldern, im Gegenteil, er nahm rund um seinen Wohnsitz mit seinen Kultstätten, seinen Begräbnisplätzen und seinen Wirtschaftsflächen die Landschaft flächig in Besitz und gestaltete diese allmählich nach seinen Bedürfnissen um. Um auf dieser Ebene in Zukunft die Fundstellenensembles längst vergangener Kulturlandschaften überhaupt noch erforschen zu können, muss ein Umdenken einsetzen, weg vom Schutz nur kleinster Flächen in direkter Umgebung der wenigen bekannten Fundpunkte, hin zum Schutz ganzer Kleinlandschaften mit allen ihren flächenhaft vorhandenen, diachronen archäologischen Denkmälern, aber auch den heute sichtbaren Elementen wie Waldbestand, Streuobstwiesen, Feuchtgebieten usw.

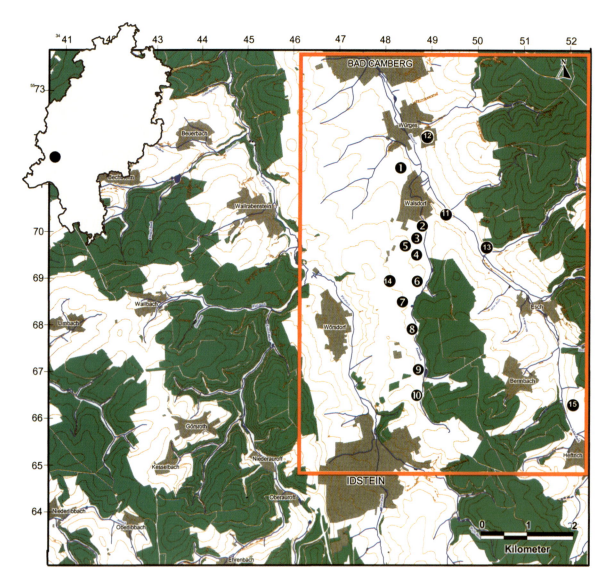

Abb. 1. Das Untersuchungsgebiet Idsteiner Senke in Hessen; rot umrahmt die Kleinlandschaft Goldener Grund.

Als Beispiel für die archäologische Vorgehensweise bei der systematischen Erforschung vergangener Kulturlandschaften werden im Folgenden die Untersuchungen im Kleinraum Goldener Grund in der Idsteiner Senke (Rheingau-Taunus-Kreis und Kreis Limburg-Weilburg, Hessen; Abb. 1 und 2) dienen. Dieser Raum wird seit dem Jahr 2001 auf einer Fläche von rund 15 km² landschaftsarchäologisch hinsichtlich seiner jungsteinzeitlichen Nutzung untersucht (Abb. 3).

Die Auswahl dieses Gebietes oblag dem engagierten ehrenamtlichen Mitarbeiter des Landesamtes für Denkmalpflege Hessen (LfDH) H. Nauk aus Glashütten, der dieses Gebiet seit beinahe 20 Jahren regelmäßig und seine einzelnen Ackerflächen vielfach wiederholt prospektiert hat. Entlang des Knallbaches, der den Kleinraum durchfließt und im Norden bei Idstein-Walsdorf in den östlich davon fließenden Emsbach mündet, fanden seine Begehungen v. a. auf den fruchtbaren und heute noch agrarisch genutzten Hängen westlich der beiden Bäche statt. Seine langjährige Tätigkeit hat die Fundstellenstatistik für diesen Kleinraum fundamental verändert. Im LfDH waren zuvor lediglich einige wenige Meldungen bezüglich Einzel- und Zufallsfunden bei Baumaßnahmen, wie z. B. neolithische Scherbenfunde in einem Neubaugebiet von Bad Camberg-Würges, erfasst (Abb. 2). Ganze sechs Punkte im Goldenen Grund markierten Fundorte, deren zeitliche Stellung vom Neolithikum bis in das Mittelalter reichte und die zudem weder Aufschluss über die Fundstellenkategorie gaben (z. B. Grab, Siedlung, Verlustfund) geschweige denn genauere Aussagen über Besiedlungszusammenhänge erlaubten. In der Regel beruhend auf einer derart dürftigen Kartierungsbasis, mit nur minimalen Informationen über die einzelnen Fundpunkte, muss nun die Denkmalpflege solche „Kulturdenkmäler" bei Bodeneingriffen vor der Zerstörung bewahren. Dieser Ist-Zustand, der der Bodendenkmalpflege letztlich nur bescheidene Eingriffsmöglichkeiten bietet, verkennt jedoch völlig die tatsächliche Anzahl vorhandener und sowohl einzeln als auch als Ensemble schützenswerter Bodendenkmäler. Die im Folgenden vorgestellten Ergebnisse der langjährigen Suche nach vor- und frühgeschichtlichen Fundstellen im Goldenen Grund zeigen, dass für einen konsequenten und vorrausschauenden Schutz von Bodendenkmälern seitens der Archäologischen Denkmalpflege in Zukunft neue Wege eingeschlagen werden müssen, um dem gesetzlichen Auftrag auch nur ansatzweise gerecht werden zu können.

Die ergiebigste, aber zugleich auch sehr zeit- und arbeitsaufwendige Prospektionsmethode zum Nachweis von Bodendenkmälern ist die der Flurbegehung (SCHADE 2003, 315 ff.). Beim Pflügen der Äcker werden die im Boden liegenden Relikte wie Gräber, Hausgrundrisse oder Abfallgruben, die mit Fundmaterial angefüllt sein können, aufgerissen und das Fundmaterial an die Oberfläche gebracht. Nach intensiven

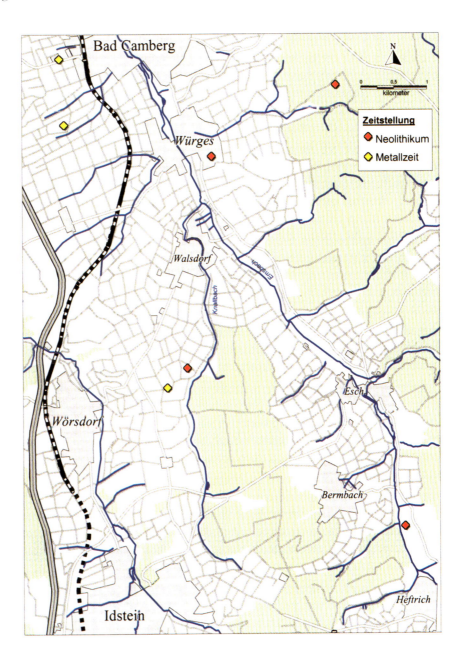

Abb. 2. Kartierung der wenigen der Bodendenkmalpflege bekannten Fundpunkte vor den systematischen Begehungen im Goldenen Grund durch den ehrenamtlichen Mitarbeiter H. Nauk.

Herbst- und Frühjahrsniederschlägen sind dann im Idealfall die Funde freigespült und für das geübte Auge gut sichtbar. Dabei ist auch darauf zu achten, ob dunklere Erde aus Grubenverfüllungen an die Oberfläche gelangt. Befinden sich Funde in solchen Erdverfärbungen, die sich vom umgebenden Ackerboden absetzen, so können diese, auch ohne Grabungszusammenhang, einer einzelnen Fundstelle zugerechnet werden. Sie lassen sich dann sinnvoll wissenschaftlich auswerten. Daher ist es wichtig, die auf dem Acker großflächig angetroffenen Funde nicht wahllos einzusammeln, sondern sie metergenau einzumessen. Nur so können in den folgenden Jahren, wenn erneut Funde aus bereits bekannten Gruben an die Oberfläche treten, diese den gegebenenfalls dazugehörenden Altfunden der vergangenen Jahre zugeordnet werden. Eine derart detaillierte Aufnahme der Funde erlaubt es nun, nach Jahren der Begehung im Knallbachtal, eine Vielzahl diachroner Fundstellen, wie z. B. Gräberfelder, Siedlungs- und Wirtschaftsstandorte sowie Streu- oder Verlustfunde auf den jeweiligen Wirtschaftsflächen zu kartieren. Beispielhaft wird nachfolgend eine vorgeschichtliche Epoche und Zeitscheibe herausgegriffen, deren Fundaufkommen besonders hoch und dessen flächenhafte Verteilung besonders ausgeprägt ist. Die Auswertung der Funde und der Fundverteilung erlaubt detaillierte Aussagen zur spezifischen Besiedlungsgeschichte und den damit

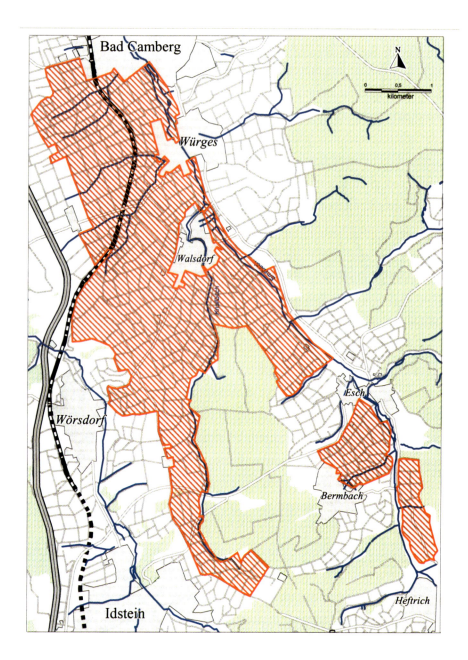

Abb 3.
Die von H. Nauk in zwei Jahrzehnten flächendeckend und wiederholt begangene Fläche (rot gerastert) im Goldenen Grund.

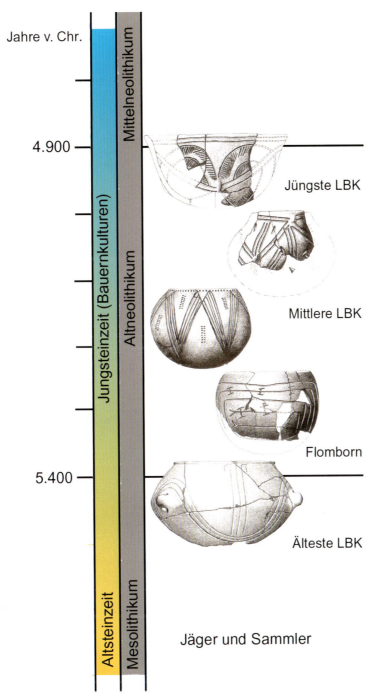

Abb. 4.
Die fünf bandkeramischen Phasen auf der Zeitachse und deren typische Gefäßverzierungen.

verbundenen Interaktionen zwischen Besiedlungsverlauf und Umweltveränderung, die die heute unsichtbare frühbäuerliche Kulturlandschaft der ersten Ackerbauern Europas gestaltete. Es war die älteste Bauernkultur, die linearbandkeramische Kultur, die massiv in die Naturlandschaft eingriff und so die erste Kulturlandschaft Europas formte. Ihre zahlreichen, nicht nur materiellen Hinterlassenschaften aus einer wenigstens 450 Jahre andauernden Nutzung der Landschaft sind die Grundlagen einer jeden nachfolgenden ackerbaulichen Nutzung und Tierhaltung bis zum heutigen Tag.

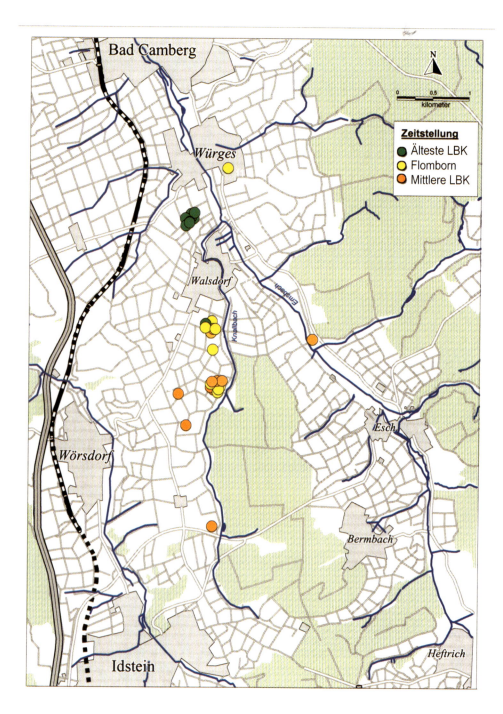

Abb. 5.
Die von H. Nauk entdeckten Fundstellen der Ältesten LBK, der Flombornzeit und der Mittleren LBK.

Um 9.000 v. Chr. wanderten die ersten Bauern aus dem Gebiet des fruchtbaren Halbmondes, einer Region südöstlich des Schwarzen Meeres, über die Ägäis und dann entlang der Donau in Richtung Westen. Ab 5.400 v. Chr. drangen sie u. a. bis an den Main und auch in die Idsteiner Senke vor. Anhand von Grabungsbefunden lässt sich heute ein sehr umfassendes Bild der Lebens- und Wirtschaftsweise dieser Agrarexperten zeichnen. Sie brachten domestizierte Rinder, Schafe, Ziegen sowie Schweine mit und bauten die Feldfrüchte Emmer und Einkorn, aber auch Erbsen, Linsen und Lein an. Auch die Sammelfrüchte des Waldes waren beliebt. Man errichtete beachtlich große Häuser von 5 bis 6 m Breite und 30 bis 40 m Länge, wohnte in Siedlungsverbänden, die aus Einzelhöfen, mehrhöfigen Weilern oder großen Dörfern mit Gemeinschaftsbauten wie Brunnen und Erdwerken bestanden. Die wirkliche Anzahl an Siedlungen blieb jedoch für die meisten Untersuchungsgebiete bis heute unklar, da nur selten überhaupt mit dem

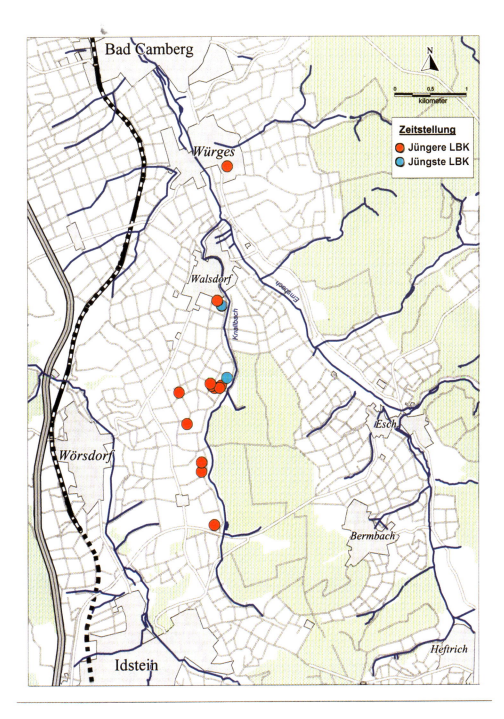

Abb. 6.
Die von H. Nauk entdeckten Fundstellen der Jüngeren und Jüngsten LBK.

Anspruch auch wirklich alle Siedlungen und sonstigen Fundstellen eines Landschaftsausschnittes zu erfassen, gesucht wurde.[1] Man geht daher in der Regel von einer nur vermeintlichen Vollständigkeit aus, die einer kritischen Überprüfung nicht standhält. Namengebend für die bandkeramische Kultur ist die charakteristische Keramik. Als erste europäische Kultur verfügte sie über ein ausgeprägtes Keramikspektrum, das ausgiebig mit bandartigen Mustern verziert wurde. Diese Muster unterlagen einem sich stetig ändernden Modebewusstsein, das zu einer Vielzahl unterschiedlicher Verzierungsstile führte. Jahrzehntelange Forschungen bieten heute ein sehr genaues Chronologiegerüst, in das man die verschiedenen Muster der fünf bandkeramischen Phasen sortiert (Abb. 4).

---

[1] Eine Ausnahme bildet am Rande des bandkeramischen Verbreitungsgebietes das Braunkohlenabbaurevier der Aldenhovener Platte, wo in den 1980er-Jahren ein Großteil der vorhandenen Siedlungen ausgegraben werden konnte. Zur Problematik: SCHADE 2004, 192 ff. mit weiterführender Literatur.

Da diese Bandmuster auch auf den oft nur kleinen Lesefundscherben der Prospektionen noch gut zu differenzieren sind, ermöglichen sie meistens eine recht genaue Altersangabe. Je einfacher die Muster gehalten sind, desto älter sind die Gefäße, je komplizierter, desto jünger. Die grobe Einteilung der hierzulande von 5.400 bis knapp 4.900 v. Chr. bestehenden Kultur gliedert sich in: Älteste Linienbandkeramik (LBK), Alte LBK, Mittlere LBK, Junge LBK und Jüngste LBK.

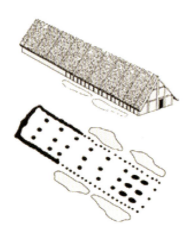 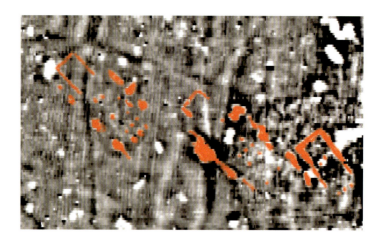

Abb. 7. Umzeichnung eines vollständigen Grabungsbefundes eines LBK-Hauses und seine Rekonstruktion sowie Ausschnitt aus dem Magnetogramm von Idstein-Walsdorf „Im Klingen"
mit in rot hervorgehobenen Befunden dreier bandkeramischer Häuser.

Kartiert man nun die Fundorte der den fünf LBK-Phasen zugewiesenen keramischen Funde aus dem Begehungsgebiet entlang des Knallbaches, so erhält man das Bild eines bandkeramischen Siedlungsverbandes mit vielen, aber nicht notwendigerweise gleichzeitigen Siedlungsplätzen (Abb. 5 und 6).
Im Norden bei Bad Camberg-Würges beginnt die Besiedlung. Ihr folgen südlich davon, bei Idstein-Walsdorf, zwei weitere Dörfer. Von diesen ausgehend gründete man noch eine Tochtersiedlung im heutigen Ortskern von Würges. Zur Zeit der Mittleren Bandkeramik wächst sowohl die Bevölkerung der Doppelsiedlung südlich von Walsdorf als auch die Anzahl der kleineren Nebensiedlungen. Der Höhepunkt der Siedlungsdichte ist dann in der Jüngeren LBK erreicht, aus der sieben gleichzeitig genutzte Wohnorte bekannt sind. Mit dem Beginn der Jüngsten LBK beginnt dann das bandkeramische Siedlungssystem zusammenzubrechen, lediglich zwei kleine Siedlungen bleiben noch bis zum Ende der LBK bestehen.[2]
Abgesehen von der enormen Fundstellenvermehrung durch die Nauk´schen Begehungen, sind solche Kartierungen in der Archäologie zunächst einmal durchaus üblich, wenn sie auch meist nur für sehr große Landschaften vorgenommen wurden. Aus ihnen ist daher in der Regel keine verlässliche Auskunft zur wirklichen Besiedlungsintensität zu entnehmen. Außerdem markieren die meisten Fundpunkte auf solchen Karten lediglich eine Stelle in der Landschaft, geben aber keinerlei Auskunft über die Größe, die Lebensdauer und die Bedeutung einer Siedlung oder sonstiger Funktionsplätze. Deswegen wurden in dem systematisch begangenen Kleinraum Goldener Grund zusätzlich moderne Forschungsmethoden eingesetzt, um detailliertere Aussagen zu den Fundstellen und zum Siedlungsgeschehen treffen zu können.

Erstmals wurde eine solche landschaftsarchäologische Analyse zur Besiedlungsgeschichte der Bandkeramik für den Kleinraum „Mörlener Bucht" in der nordwestlichen Wetterau, östlich des hier vorgestellten Untersuchungsgebietes gelegen, erprobt. Mit systematischen Flurbegehungen und durch den Einsatz moderner Prospektionstechnik aus dem Bereich naturwissenschaftlicher Nachbardisziplinen wurden dort gezielt das bandkeramische Siedlungssystem in einer Kleinlandschaft und die Veränderungen von der Natur- zur Kulturlandschaft untersucht (SCHADE 2004). Hierbei kamen neben intensiven Flurbegehungen

---

[2] Dies ist auch anderenorts der Fall. – Vgl. hierzu: SCHADE 2004, 225 ff.; LINDIG 2002, 192 ff.

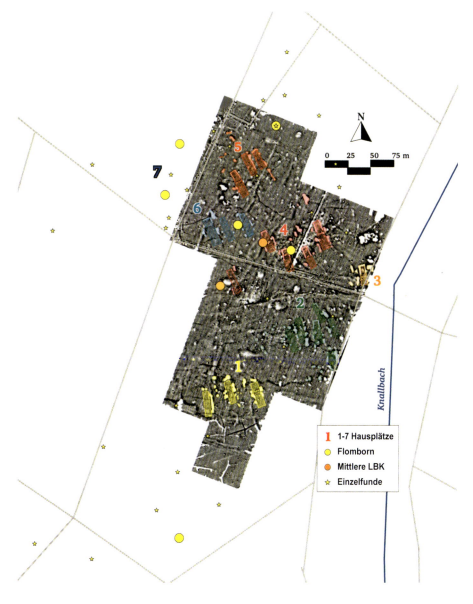

Abb. 8.
21 Häuser der sechs Hofplätze der bandkeramischen Siedlung Idstein-Walsdorf „Klingenschlag" (aus: SCHADE/ SCHADE-LINDIG 2004, 37).

auch Prospektionsmethoden wie die Luftbildprospektion, das Erfassen von Bodenprofilen, das Erstellen von Pollenprofilen und kleine Ausgrabungen, v. a. aber auch die geomagnetische Prospektion zum Einsatz. Um u. a. die letztgenannte Methode, die besonders gute Ergebnisse in der Kombination mit wissenschaftlich angelegten Begehungen erlaubt, auch im Untersuchungsgebiet „Goldener Grund" anwenden zu können, wurde 2001 das Projekt „Vorgeschichtliche Besiedlungsgeschichte in der Idsteiner Senke (VBI)" gegründet.[3] Es ermöglicht, mithilfe von Forschungsmitteln der Kommission für Archäologische Landesforschung in Hessen (KAL), der Johann Wolfgang Goethe-Universität Frankfurt a. M. und Spendengeldern der örtlichen Geschichtsvereine sowie von Privatpersonen auch in dieser Kleinlandschaft großflächige, kostenintensive geomagnetische Prospektionen durchzuführen. Diese erlauben es, zerstörungsfrei sogenannte Magnetogramme zu erzeugen, die die im Boden enthaltenen Störungen, verursacht durch Mensch oder Tier, wiedergeben (POSSELT 2001, 41).

Archäologische Befunde wie Gräber, Gruben aller Art, aber sogar auch so feine Strukturen wie kleine Pfostenlöcher oder schmale Gräbchen können geophysikalisch vom natürlich anstehenden Erdreich unterschieden werden. Für die betreffenden Bereiche werden die vorhandenen geologischen Strukturen, aber

---

[3] Vgl. SCHADE/SCHADE-LINDIG 2002; DIES. 2003a und b; DIES. 2004.

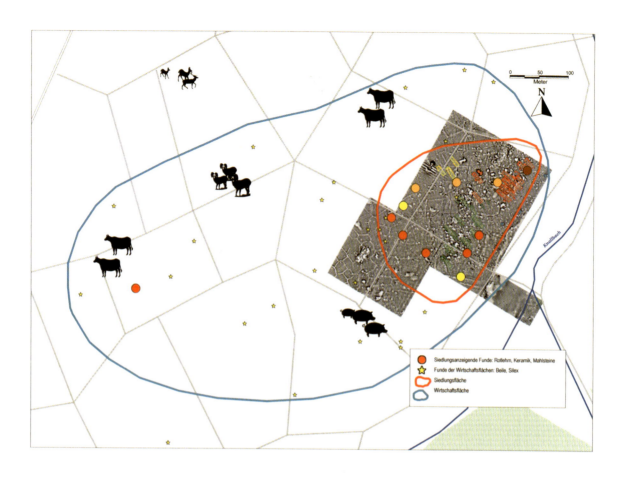

Abb. 9. Idstein-Walsdorf, „Im Klingen".
Magnetogramm mit Umzeichnung der 28 Häuser, der Siedlungsfläche mit Gartenland,
der das Nutzland anzeigenden Streufunde und des Wirtschaftsareals.

gerade auch die künstlichen Bodeneingriffe als Störungen gemessen und sichtbar gemacht. Dies ist für die Erforschung bandkeramischer Fundstellen insofern eine perfekte Methode, da die ersten Ackerbauern in der Regel auf Lößböden Häuser bauten, deren prägnante Konstruktionsweise sich später nie mehr wiederholen sollte und deren Form daher unverwechselbar ist. Selbst wenn nur noch Teile eines Grundrisses erhalten sind, so reichen diese oft bereits aus, um ein Haus eindeutig zu identifizieren. Vielen Häusern vorgeschichtlicher Kulturen gemeinsam sind verschieden angeordnete Pfosten, auf denen das Dach ruhte und aus denen die Konstruktion der Hauswände bestand. Die Bandkeramiker aber bauten einen Teil der an der nach Nordwesten ausgerichteten Schmalseite des Baues befindlichen Hauswand, aus aneinander gereihten Holzbohlen und nicht aus den sonst meist üblichen Flechtwerkwänden. Im Boden wird dies anhand eines Wandgräbchens deutlich, in das die Bohlen eingelassen waren (Abb. 7). Dieses Alleinstellungsmerkmal lässt sich heutzutage nicht mehr nur im Grabungsbefund erkennen, der immer auch die endgültige Zerstörung des Bodenarchivs bedeutet, vielmehr kann es bei guten Bodenbedingungen hervorragend mithilfe einer zerstörungsfreien magnetischen Prospektion sichtbar gemacht werden.

Insgesamt 17 ha wurden bisher auf den Flächen mit dem höchsten Oberflächenfundaufkommen (= Hauptfundstreuungen)[4] der bandkeramischen Siedlungen geomagnetisch prospektiert. Dabei konnten wenigstens 66 Häuser der ältesten Bauern sichtbar gemacht werden. Die Beispiele der Siedlungen „Klingenschlag" und „Im Klingen" zeigen bei ersterer 21 Häuser von wahrscheinlich sechs Familien, wie es die sechs Hofplätze vermuten lassen, und bei letzterer nur drei bis vier Hofplätze mit 28 Häusern (Abb. 8 und 9).

---

[4] Vgl. SCHADE 2004, 66 ff.; 143 ff.

Die genannten Zahlen geben stets nur die Mindestanzahl der Hausbauten an, da durch Bodenabtrag oder Überbauung während der viele Generationen andauernden bandkeramischen Besiedlung (vgl. Siedlung „Klingenschlag" im Osten) etliche Häuser nicht mehr ausreichend erhalten sind und sich daher heute nicht mehr alle ehemals vorhandenen Bauten eindeutig identifizieren lassen. Jedoch erlaubt die Geomagnetik die eindeutige Differenzierung zwischen dicht besiedelten Plätzen mit vielen Häusern und solchen mit nur wenigen und nur kurz bewohnten Einzelhöfen. Auf diesem Wege lassen sich durch die Kombination der Ergebnisse systematischer Flurbegehungen und großflächiger geomagnetischer Messungen Daten gewinnen, die in ihrer Aussagekraft nahe an Ausgrabungsergebnisse heranreichen bzw. diese in mancherlei Hinsicht sogar übertreffen können.[5] Die wissenschaftliche Verknüpfung beider Prospektionsmethoden erlaubt es heute, siedlungsgenetische Forschungen für vor- und frühgeschichtliche Epochen vorzunehmen, z. B. die verschiedensten bandkeramischen Siedlungen und ihre Funktionen zu typisieren, Alleinstellungsmerkmale, besondere bauliche Strukturen, wie z. B. Erdwerke und Kreisgräben vollständig zu dokumentieren und das differenzierte, hierarchisch gegliederte Siedlungssystem sowie die Geschichte, den Bedeutungsgewinn und -verlust eines jeden Dorfes genau zu beschreiben, sofern dafür ausreichende, genau datierende und gut dokumentierte Oberflächenfundaufsammlungen vorliegen. Die anfänglich beschriebenen Fundpunkte ohne weiteren Informationsgehalt werden so zu sehr genau anzusprechenden kleinen, mittelgroßen und sehr großen Flächen mit Funden, zu Siedlungen, deren Häuseranzahl und Besiedlungsdauer recht exakt ermittelt werden können.

Doch damit nicht genug: Nun ist die flächenhafte Ausdehnung der Siedlung anhand typischer Lesefunde aus dem Haushaltsbereich wie z. B. Keramik, Mahlsteine, aber auch Reste von verbranntem Wandverputz der Flechtwerkwände der Häuser ermittelt und die Anzahl der geomagnetisch gemessenen Häuser bekannt. Doch was wären Ackerbauern und Viehzüchter ohne ihre Wirtschaftsflächen? Die Ackerflächen für Getreide, Lein und Hülsenfrüchte lagen nahe bei der Siedlung und daran anschließend erstreckten sich die Wälder, aus denen das Bau- und Feuerholz entnommen wurde. Darin befanden sich auch die Waldweideflächen für die transhumante Viehhaltung und die Areale für die Winterfuttergewinnung. Zumindest

	Siedlung	Hauptfundstreuung	Geomagnetikfläche in ha	Gemessene Häuseranzahl	Hausdichte pro ha
1	Würges „Kuhboden"	2,6	3	10	0,26
4	Walsdorf „Klingenschlag"	6,1	5	28	0,21
6	Walsdorf „Im Klingen"	5,8	7	23	0,25
7	Wörsdorf „Gehrberg"	2,3-3			
8	Wörsdort „Schulacker"	2	1	6	0,3
Durchschnittswert Goldener Grund					0,26
Durchschnittswert BBM-Bearbeitungsgebiet					0,273

Abb. 10. Ausgangsdaten für die Ermittlung des Faktors 0,26 (Hauptfundstreuung geteilt durch die magnetisch ermittelte Häusermindestanzahl) sowie der im Untersuchungsgebiet des Projektes „Besiedlungsgeschichte der Bandkeramik in der Mörlener Bucht/Wetterau (BBM)" errechnete Faktor.

---

[5] Wie bei mehreren Ausgrabungen bestätigt werden konnte, waren oftmals die in der Geomagnetik ausgewiesenen Hausbefunde deutlicher sichtbar als es später im Grabungsbefund der Fall war, in dem z. T. sogar gar keine Befunde mehr im Planum zu sehen waren (Nieder-Mörlen „Auf dem Hempler", 1999; Bad Camberg-Würges „Kuhboden", 2002; Rüsselsheim, 2004. Zur Erklärung des Phänomens: SCHADE 2003).

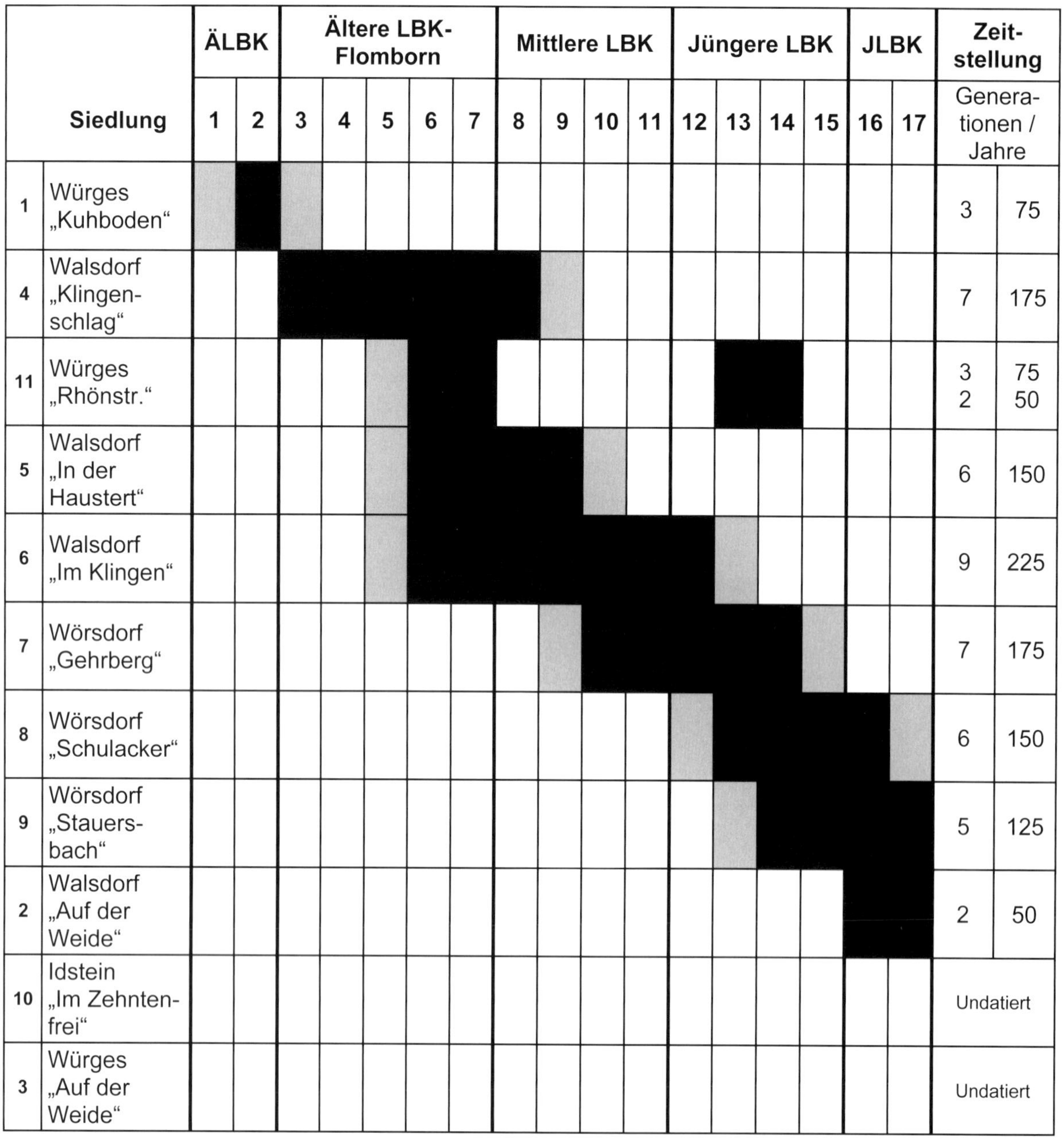

	Siedlung	ÄLBK		Ältere LBK-Flomborn					Mittlere LBK				Jüngere LBK				JLBK		Zeit-stellung	
		1	2	3	4	5	6	7	8	9	10	11	12	13	14	15	16	17	Genera-tionen /	Jahre
1	Würges „Kuhboden"		■																3	75
4	Walsdorf „Klingen-schlag"				■	■	■	■	■										7	175
11	Würges „Rhönstr."						■							■					3 2	75 50
5	Walsdorf „In der Haustert"						■	■	■	■									6	150
6	Walsdorf „Im Klingen"						■	■	■	■	■	■	■						9	225
7	Wörsdorf „Gehrberg"									■	■	■	■	■	■				7	175
8	Wörsdorf „Schulacker"											■	■	■	■	■	■		6	150
9	Wörsdorf „Stauers-bach"												■	■	■	■	■		5	125
2	Walsdorf „Auf der Weide"															■	■		2	50
10	Idstein „Im Zehnten-frei"																		Undatiert	
3	Würges „Auf der Weide"																		Undatiert	

Abb. 11. Datierung, Hausgenerationen und absolute Laufzeit der 39 bandkeramischen Siedlungen im Untersuchungsgebiet „Goldener Grund".

die erstgenannten Nutzflächen sind archäologisch ohne weiteres anhand von Fundschleiern, zusammengesetzt aus speziellen Fundkategorien, auszumachen (SCHADE 2004, 66 ff.; 143 ff.). Das Muster und die Quantität des Fundaufkommens unterscheiden sich dabei signifikant von Aufsammlungen aus dem Siedlungsbereich. Im Einzelnen handelt es sich dabei vornehmlich um Verlustfunde wie Silexklingen aus Sicheln, die sich bei der Ernte aus diesen gelöst haben, und um Beilfragmente, die bei Baumfällarbeiten und der weiteren Holzbearbeitung sowie der Viehfuttergewinnung kaputt und verloren gegangen sind. Kartiert man diese unterschiedlichen Fundkategorien, lassen sich die Wirtschaftsflächen unzweideutig von der Siedlungsfläche abgrenzen (SCHADE 2004, 66 ff.; 143 ff.). Wobei die Ansprache kleinerer Teilbereiche bei einer lange anhaltenden und sehr dichten Besiedlung einer Landschaft offen bleiben muss (Abb. 9), wenn sich z. B. alte Wirtschaftsflächen und die mit Häusern bebauten Bereiche neugegründeter Siedlungen überlappen und das ursprüngliche Fundaufkommen dadurch drastisch verändert wird. Um nun zu verlässlichen Angaben zum Nutzlandbedarf zu kommen, nimmt man Hochrechnungen anhand der Anzahl der Häuser vor. Die Bevölkerungszahl, der jährliche Getreidebedarf pro Person, der Ernteertrag je Hektar und der Bedarf an Waldweideflächen lassen sich, beruhend auf einer Vielzahl von archäologischen und ethnologischen Beobachtungen sowie historischen Daten, recht genau bestimmen.[6] Grundlage aller Berechnungen ist die Fläche mit den typischen Siedlungsfunden (= die Hauptfundstreuung) dividiert durch die Anzahl der darin geomagnetisch erfassten Häuser, wiederum geteilt durch die Anzahl der sie alle 25 Jahre neu bauenden Bewohnergenerationen der fünf bandkeramischen Besiedlungsphasen (Abb. 10).

Mit dem auf diesem Weg erhaltenen Durchschnittswert, gebildet aus vielen Siedlungsflächen, lässt sich zuverlässig die Anzahl der Häuser auch für diejenigen Siedlungsflächen errechnen, von denen nur die Ausdehnung der Hauptfundstreuung bekannt ist und bei denen keine geomagnetische Messung stattfand.[7] Ganz wesentlich für die Ermittlung der Anzahl der Häuser je Generation ist darüber hinaus die Dauer der Nutzung einer jeweiligen Siedlung. Um diese genauer bestimmen zu können, sind die aufgefundenen Keramikmuster ausschlaggebend, die die chronologische Stellung innerhalb des gesamten Abschnittes der bandkeramischen Kultur anzeigen (Abb. 11).

Im Arbeitsgebiet sind bereits neun der elf bekannten Siedlungen genau datiert. Die zwei noch undatierten Fundstellen werden prozentual auf die Siedlungsphasen umgerechnet. Für die fünf bandkeramischen Phasen lassen sich nun die Anzahl der Häuser und die Flächengrößen der mit Häusern bebauten Areale, aber auch die Bevölkerungsanzahl (sechs Personen je Haus) sowie die Anzahl des Großviehs (sechs Großvieheinheiten je Haus) errechnen. Auf dieser Basis ist dann der Nutzlandbedarf, also die Größe der für den Ackerbau und die Viehhaltung (Waldweide/Winterfuttergewinnung) benötigten Flächen einschließlich derjenigen für die Bau- und Feuerholzentnahme errechenbar (Abb. 12).

Addiert man diese Bedarfsflächen für Häuser, Ackerbau und Viehzucht ergibt sich die notwendige Mindestbedarfsflächensumme für jede Siedlungsphase, die im Knallbachtal wenigstens zur Verfügung gestan-

Phase / Zeitspanne in Jahren v. Chr.	Aufgefundene Siedlungen	Einwohner	Großvieheinheiten	Summe Hof-Plätze in ha	Summe Ackerfläche in ha	Summe Bauholzbedarf in ha	Viehnutzlandbedarf - Mittelwert in ha	Summe Nutzland in ha
I 5.400-5.375	1,1	22,2	22,2	2	12	7,4	187	**208**
II 5.375-5.250	5,6	90	90	8	48	31,4	756	**843**
III 5.250-5.150	4,4	81,6	81,6	7	42	27,2	686	**762**
IV 5.150-5.050	5,6	77,3	77,3	6	40	25,6	649	**685**
V 5.050-5.025	3,3	36	36	3	18	12	302	**335**

Abb. 12. Einwohner- und Nutzlandbedarfsflächen-Berechnung je LBK-Phase für den Goldenen Grund.

---

[6] SCHADE 2004, 83 ff. Abb. 102; 121 f.
[7] Die im VBI-Gebiet ermittelte Hausdichte je ha Hauptfundstreuung entspricht dem im BBM-Gebiet errechneten Faktor so sehr (SCHADE 2004, 88 Abb. 45), dass man tatsächlich annehmen darf, hier einen tauglichen Faktor zur Bestimmung von Hausanzahlen gefunden zu haben, der geomagnetische Messungen zur Ermittlung der Anzahl von Häusern in Zukunft teilweise entbehrlich machen könnte, sofern die Hauptfundstreuung einer Fundstelle sorgfältig ermittelt wurde (SCHADE 2004 Abb. 45).

den haben muss, um eine erfolgreiche Agrarwirtschaft sicherzustellen. Kartiert man jetzt die Wohnflächen und das dazugehörige Nutzland der einzelnen Siedlungen nach Phasen, so erhält man verlässliche Karten, die das Ausmaß der Eingriffsflächen der ersten Ackerbauern in ihre ursprüngliche Umwelt relativ genau ausweisen (Abb. 13 und 14).

Sogar die Lage der spezifischen Wirtschaftsflächen, die unmittelbar mit der Bodenbeschaffenheit korreliert, kann oft nachvollzogen werden. Die anfänglichen Bedarfsflächen für die Bauholzentnahme zur Siedlungsgründung sowie die Felder lagen möglichst nah am Wohnort, da Transporte noch nicht mit dem Wagen erfolgten. Die Waldweideflächen befanden sich weiter außerhalb und auf den schlechter zu bewirtschaftenden Böden. Hierfür bot sich konkret der auch heute zu großen Teilen bewaldete Geländerücken zwischen Knallbach und Emsbach an, der nur teilweise eine geringmächtige Lößdecke hat, sehr steinig ist und auch heute kaum für den Ackerbau genutzt wird. Kartiert man zunächst einmal das Ackerland in nächster Umgebung zu den Wohnorten, so überschneiden sich die während der 450 Jahre andauernden Besiedlung genutzten Flächen vielfach. Somit eröffnen sich Fragen nach den Regeln der Nutzungsrechte von Ackerflächen, Wald und Gewässern und der Organisation der Siedlungstätigkeit. Nutzten beispiels-

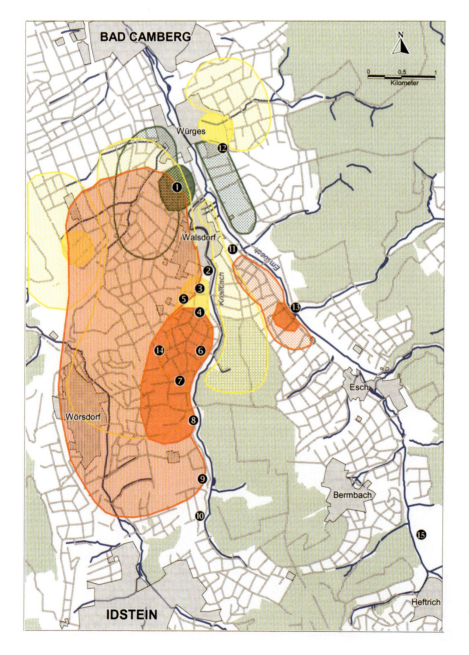

Abb. 13. Siedlungs- und Nutzlandflächen der Ältesten LBK, der Flombornzeit und der Mittleren LBK im Goldenen Grund.

Abb. 14.
Siedlungs- und Nutzlandflächen der Jüngeren und Jüngsten LBK im Goldenen Grund.

weise neugegründete Siedlungen alte Ackerflächen oder wie wurde in den letzten Phasen der Besiedlung bei der Neugründung der Bauholzbedarf in Siedlungsnähe gedeckt? Auch wird nun deutlich, dass die jüngere Phase der LBK nicht die bevölkerungsreichste war, wie es die Anzahl der Fundpunkte scheinbar vorgibt (Abb. 6 und 14). Denn in dieser Zeit zerfällt der Siedlungsverband der Mittleren LBK am Knallbach bereits in kleine Tochtersiedlungen, die z. T. nur noch aus einem einzelnen Hof bestehen. Das spiegelt deutlich ein verändertes Siedlungsbild gegenüber den älteren Abschnitten wider. Die Betrachtung bloßer und undifferenzierter Fundpunkte hingegen erlaubt derartige Beobachtungen nicht. Letztlich wird man anhand einer solch fein aufgeschlüsselten Besiedlungsgeschichte auch der Beantwortung der Frage näher kommen, warum die Bandkeramische Kultur am Ende des 5. Jahrtausends v. Chr. abbrach, die Bevölkerung abwanderte oder ausstarb.[8] Am Knallbach endete die bandkeramische Besiedlung wohl mit nur noch zwei kleinen Höfen zweier Familien (Abb. 15a-d und 16a-b).

---

[8] Vgl. Anm. 2.

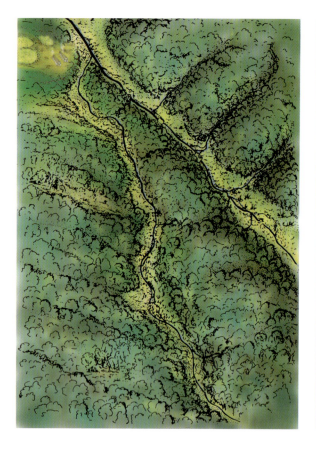
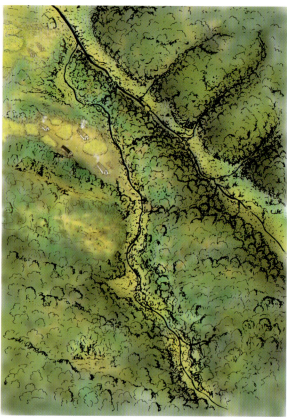

Abb. 15a (l. o.).
Rekonstruktion der Kleinlandschaft „Goldener Grund"
in der Ältesten LBK mit Häusern, Wirtschaftsflächen
und Waldgebieten
(in Teilen aus: SCHADE/SCHADE-LINDIG 2004, 38).

Abb. 15b (r. o).
Rekonstruktion der Kleinlandschaft „Goldener Grund"
in der frühen Flombornzeit mit Häusern, Wirtschaftsflächen und Waldgebieten
(in Teilen aus: SCHADE/SCHADE-LINDIG 2004, 38).

Abb. 15c (l.. u.).
Rekonstruktion der Kleinlandschaft „Goldener Grund"
in der späten Flombornzeit mit Häusern, Wirtschaftsflächen und Waldgebieten
(in Teilen aus: SCHADE/SCHADE-LINDIG 2004, 38).

Abb. 15d (r.).
Rekonstruktion der Kleinlandschaft „Goldener Grund"
in der Mittleren LBK mit Häusern, Wirtschaftsflächen
und Waldgebieten
(in Teilen aus: SCHADE/SCHADE-LINDIG 2004, 38).

Abb. 16a.
Rekonstruktion der nun deutlich aufgelichteten Kleinlandschaft „Goldener Grund" zu jüngererbandkeramischen Zeit mit Häusern, Wirtschaftsflächen und Waldgebieten.

Abb. 16b.
Rekonstruktion der nun deutlich aufgelichteten Kleinlandschaft „Goldener Grund" zu jüngstbandkeramischen Zeit mit Häusern, Wirtschaftsflächen und Waldgebieten.

Im sich anschließenden Mittelneolithikum ist jedoch im Goldenen Grund erneut eine nicht unerhebliche Besiedlung zu verzeichnen (Abb. 17), es bleibt aber unklar, ob diese aus der bandkeramischen Bevölkerung heraus entstanden ist.

Eine völlig neue Beurteilung von Siedlungsmustern und -systemen bis hin zur Rekonstruktion vergangener Kulturlandschaften und ihrer Teilbereiche wird durch die flächenhafte archäologische Untersuchung von Kleinräumen möglich. Dies gelingt aber nur bei größtmöglicher Vollständigkeit des Bodendenkmalkatasters. Derartige Daten sollten für die einzelnen vor- und frühgeschichtlichen Epochen in mehreren unterschiedlichen, aber repräsentativen Gegenden erhoben werden, um sie dann auf größere Räume übertragen zu können. Mit dem Schutz nur einzelner bekannter Fundpunkte werden jedoch derartige Forschungslandschaften bei fortschreitendem Flächenverbrauch durch Baumaßnahmen (z. Zt. verschwinden in Deutschland täglich 105 ha Boden unter Asphalt und Beton) unwiederbringlich zerstückelt. Die vor- und frühgeschichtliche Kulturlandschaft wird flächig und wahllos bei der Genehmigung von Bodeneingriffen um die tatsächlich vorhandenen, aber noch nicht bekannten Bodendenkmäler beschnitten. Deren Schutz unterliegt bundesweit bis heute überwiegend dem Zufallsprinzip, der eigentliche wissenschaftliche Wert des Bodenarchivs kann in der Praxis leider oft keinerlei Berücksichtigung finden. Nur in großflächig erhaltenen Landschaften können jedoch landschaftsarchäologische Forschungen noch umfassende Einblicke in das Siedlungs- und Wirtschaftsleben früherer Kulturen ermöglichen. Diese in Deutschland junge Forschungsrichtung, zu der auch viele Nachbarwissenschaften wertvolle Erkenntnisse liefern,[9] wird

---

[9] Bei einer Grabung im Jahr 2002 in Bad Camberg-Würges (SCHADE/SCHADE-LINDIG 2003b) wurden beispielsweise archäobotanische Proben genommen, die nun Daten zur Agrarwirtschaft liefern.

aber keine Zukunft haben, wenn weiterhin nur einzelne bekannte Punkte, d. h. die nur wenigen schon bekannten Fundstellen, unter Schutz gestellt werden können, ohne deren Umfeld und Einbettung in die Siedlungslandschaft zu berücksichtigen. Dann bleiben die Erkenntnisse lückenhaft und meist wenig aussagekräftig – man fasst zwar beispielsweise vorgeschichtliche Bewohner einer einzigen Siedlung im Knallbachtal, ohne jedoch jemals mehr über ihre spezifische Organisation von Leben und Wirtschaften in der Region zu erfahren.

Die vorbeugende Ausweisung ausgewählter archäologischer Schutzgebiete oder -korridore unter spezifischen archäologischen Fragestellungen, die großflächig mit all ihren diachronen Bodendenkmälern unter Schutz gestellt werden sollten, erscheint für die Zukunft daher wünschenswert. Neue Strategien sind dafür zu entwickeln. Bei der Auswahl geeigneter Kleinräume und der Erarbeitung sinnvoller Nutzungskonzepte ist eine gebietsübergreifende Zusammenarbeit im Verbund mit den Naturschutzbehörden, den ansässigen Gemeinden, den Kreisen sowie beispielsweise den regionalen Tourismusverbänden erforderlich. Allein der Erhalt der heute an der Oberfläche noch sichtbaren historischen und rezenten Kulturlandschaft, der bei einem zu erwartenden Rückgang der Bevölkerung und der damit verbundenen Wiederbewaldung großer Flächen auch zu einem enormen finanziellen Problem werden wird, eröffnet die Chance, sowohl diese

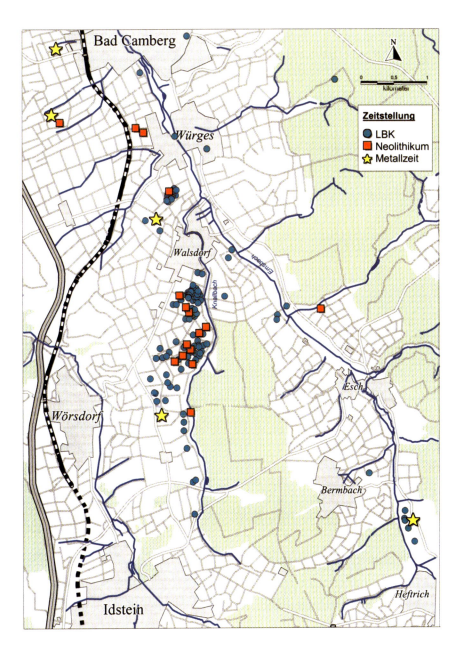

Abb. 17. Von H. Nauk entdeckte Fundstellen der Bandkeramik, des Mittelneolithikums und der Metallzeiten aller Kategorien im Goldenen Grund.

als zugleich auch die archäologische Kulturlandschaft durch den flächenhaften Schutz von Bodendenkmälern gezielt zu schützen. Hierfür gilt es, mit Nachdruck bewusstseinsbildende Maßnahmen zu ergreifen, um das Verständnis für die Forderung nach flächenhaftem Erhalt archäologischer Substanz aus vielerlei guten Gründen in der breiten Öffentlichkeit zu verankern. Das Knallbachtal im Goldenen Grund ist ein gutes Beispiel für einen solchen, ganzheitlich schützenswerten Landschaftsausschnitt und Kleinraum, der mit seinen rund 15 km² zudem von überschaubarer Größe ist und sich mannigfaltig nutzen lässt. Archäologen, Geographen, Biologen und Naturschützer könnten hier mit Bürgerengagement integrativ und nachhaltig im Interesse der Bevölkerung der Region ein Stück historisch gewachsene Kulturlandschaft schützen und damit Identität stiften.

Literatur

LINDIG 2002
S. Lindig, Das Früh- und Mittelneolithikum im Neckarmündungsgebiet. Universitätsforschungen zur Prähistorischen Archäologie 85 (Bonn 2002).

POSSELT 2001
M. Posselt, Bandkeramik – Geomagnetik – Landschaftsarchäologie. Die Magnetometer-Prospektion der bandkeramischen Siedlung Butzbach-Fauerbach v. d. H., „Gerhardköppel", Wetteraukreis. Berichte der Kommission für Archäologische Landesforschung in Hessen 6, 2000/2001 (2001) 41-52.

SCHADE 2000
Ch. Schade, Landschaftsarchäologie – eine inhaltliche Begriffsbestimmung. In: J. Lüning (Hrsg.), Studien zur Siedlungsarchäologie II. Universitätsforschungen zur Prähistorischen Archäologie 60 (Bonn 2000) 135-225.

SCHADE 2001
Ch. Schade, Landschaftsarchäologie in der Mörlener Bucht: Zentralität und Rohstoffvorkommen. Ein bandkeramischer Zentralort mit Nebensiedlungen in der Gemarkung von Butzbach-Fauerbach v. d. H. Berichte der Kommission für Archäologische Landesforschung in Hessen 6, 2000/2001 (2001) 9-30.

SCHADE 2003
Ch. Schade, Flurbegehung, Einzelfundeinmessung und geomagnetische Prospektion im Verbund an der bandkeramischen Fundstelle „Ottert" in Butzbach-Hoch-Weisel. In: J. Eckert/U. Eisenhauer/A. Zimmermann (Hrsg.), Archäologische Perspektiven. Analysen und Interpretationen im Wandel. Festschrift Jens Lüning zum 65. Geburtstag (Rahden/Westfalen 2003) 315-321.

SCHADE 2004
Ch. Schade, Besiedlungsgeschichte der Bandkeramik in der Mörlener Bucht/Wetterau (BBM). Zentralität und Peripherie, Haupt- und Nebenorte, Siedlungsverbände. Universitätsforschungen zur Prähistorischen Archäologie 105 (Bonn 2004).

SCHADE/SCHADE-LINDIG 2002
Ch. Schade/S. Schade-Lindig, Landschaftsarchäologie in der Idsteiner Senke: Eine ältestbandkeramische Siedlung in Würges am Knallbach im Goldenen Grund bei Bad Camberg. Hessen Archäologie 2001 (2002) 23-27.

SCHADE/SCHADE-LINDIG 2003a
Ch. Schade/S. Schade-Lindig, Die bandkeramische Siedlung „Im Klingen" am Knallbach im Goldenen Grund – Zusammenspiel von Ehrenamt und Wissenschaft. Hessen Archäologie 2002 (2003) 29-33.

SCHADE/SCHADE-LINDIG 2003b
Ch. Schade/S. Schade-Lindig, Ausgrabungen in der ältestbandkeramischen Siedlung „Kuhboden" bei Bad Camberg-Würges, Kreis Limburg-Weilburg. Berichte der Kommission für Archäologische Landesforschung Hessen 7, 2002/2003 (2003) 7-29.

SCHADE/SCHADE-LINDIG 2004
Ch. Schade/S. Schade-Lindig, Ein flombornzeitliches Dorf und seine sieben Hofplätze bei Idstein-Walsdorf, Flur „Klingeschlag". Hessen Archäologie 2003 (2004) 35-39.

Das Projekt Weltkulturerbe Limes[1] – Chance für ein strukturelles Element der deutschen Kulturlandschaft

Von Stephan Bender

Antragsgegenstand

Der Limes grenzt zwischen den Flüssen Rhein und Donau vom Ende des 1. Jh. (BAATZ 2000, 16 ff.) bis zum dritten Viertel des 3. Jh. (BAATZ 2000, 77 f.; STEIDL 2000, 116 ff.) den römischen Staat von den Germanen ab. Dieser Abschnitt der römischen Grenze wird als Obergermanisch-Raetischer Limes bezeichnet. Der Obergermanische Limes markiert die Außengrenze der römischen Provinz *Germania superior* (Obergermanien) und der Raetische Limes den größten Teil der Außengrenze der Provinz *Raetia* (Raetien). Gegenstand des Welterbeantrags ist der etwa 550 km lange Limesverlauf, der nach der letzten Grenzkorrektur um die Mitte des 2. Jh. die beiden Provinzen in ihrer größten Ausdehnung abschließt (Abb. 1).

Der Limes besteht aus einem Geländestreifen mit einem System aus Überwachungs- und Sperranlagen (Wachttürme, Weg, Graben und Wall, Mauern, Palisaden, Zäune), an dem die Kastelle der Grenztruppen liegen. Er bildete zwischen der mediterranen römischen Zivilisation und der germanischen Kultur des Nordens eine Kulturscheide ersten Ranges. Die Jahrhunderte währende Konfrontation, die selbstverständlich die Zeit vor der Errichtung und nach der Aufgabe des Limes umfasst, die daraus resultierenden Spannungen und die nicht selten feststellbare Grenzfunktion des Limes in nachantiker Zeit,[2] wirkten grundlegend auf die nachfolgende Landesentwicklung ein, die in ihrer spezifischen Abhängigkeit von der antiken Grenze im Detail erst noch nachzuzeichnen ist.[3] Eines der eindrucksvollsten Phänomene in diesem Zusammenhang ist die Verbreitung der merowingerzeitlichen Reihengräberfelder, die sich fast ausschließlich südlich des Limes erstreckten (VON SCHNURBEIN 1992, 87 f. Abb. 79). Der Limes ist fraglos ein prägendes Element der deutschen Kulturlandschaft, das in seiner Bedeutung weit über die antike Epoche hinauswirkte.

Organisation

Die herausragende Bedeutung des Bodendenkmals führte 1996 im Hessischen Ministerium für Wissenschaft und Kunst zu der Idee, den Obergermanisch-Raetischen Limes der UNESCO als Weltkulturerbe

---

[1] Zu dem Projekt sind bereits mehrere Überblicke publiziert worden. Von eher allgemeinem Charakter sind: BECKER u. a. 2001; PLANCK 2002; STAATSANZEIGER-VERLAG/LANDESDENKMALAMT BADEN-WÜRTTEMBERG 2003; THIEL 2005. – Einige Beiträge bieten Überblicke mit regionalem Schwerpunkt. Hessen: BENDER 2001; DERS. 2004. – Baden-Württemberg: BECKER 2002. – Bayern: CZYSZ/SCHMIDT 2001. – Im Rahmen der „Taunus-Dialoge" wurde am 30. Oktober 2004 auf der Saalburg ein Symposium zu dem Thema Welterbestätten und Limes veranstaltet. Die Publikation liegt bereits vor: SCHALLMAYER 2005.
[2] Zu einem allerdings recht spät fassbaren Phänomen in diesem Zusammenhang: WOLF 2004.
[3] Für die Erweiterung des Blicks bei der Betrachtung des Limes vgl. die Ausführungen bei VON SCHNURBEIN 1992, der darauf hinweist, „daß die Limesforschung zeitlich und räumlich wesentlich mehr umfaßt, als die Geschichte der Kastelle, Palisaden, Gräben, Wälle und Mauern" (ebd. 88).

vorzuschlagen. Nach durchweg positiver Resonanz standen vier Bundesländer vor der Herausforderung, einen gemeinsamen Aufnahmeantrag für ein mehrere Hundert Kilometer langes Bodendenkmal auszuarbeiten. Auf Rheinland-Pfalz entfallen dabei 75 km, auf Hessen 153 km, auf Baden-Württemberg 164 km und auf Bayern 158 km Streckenlänge. Der Aufnahmeantrag umfasst neben den Formalien, zu denen die Antragsbegründung gehört, die Dokumentation des Denkmals und einen Management-Plan mit Richtlinien für Schutz, Tourismus und Forschung. Die Umsetzung des Projektes hat 1999 begonnen und fand in der Übergabe des Aufnahmeantrags an das Welterbekomitee am 1.2.2004 einen ersten Höhepunkt.

Um das Vorhaben zu realisieren, haben sich eine Lenkungsgruppe auf ministerieller Ebene und eine Arbeitsgruppe auf Fachebene mit den Vertretern der Denkmalfachbehörden konstituiert. Man verständigte sich darauf, Baden-Württemberg aufgrund des größten Streckenanteils mit der Koordination des Projektes zu betrauen. Neben dem Koordinator, Dr. Andreas Thiel, der seinen Sitz beim Landesdenkmalamt Baden-Württemberg hatte, wurden bei allen vier Landesdenkmalämtern sogenannte Streckenbegeher eingestellt, die hauptsächlich für die Dokumentation des Limesabschnittes in ihrem Bundesland zuständig waren.[4]

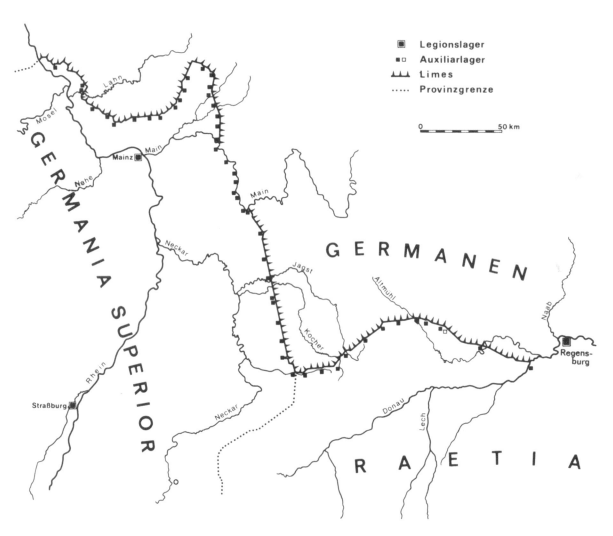

Abb. 1. Der Obergermanisch-Raetische Limes nach der letzten Grenzkorrektur um die Mitte des 2. Jh. (aus: BECK/PLANCK 1987, Abb. 3).

---

[4] Rheinland-Pfalz: Dr. C. A. Jost; Hessen: St. Bender M.A.; Baden-Württemberg: Th. Becker M.A.; Bayern: Dipl.-Ing. W. Schmidt.

Abb. 2. Einmessung der Steinturmruine Wp. 2/47 bei Heidenrod-Huppert (Rheingau-Taunus-Kreis)
mit einem GPS-Gerät durch den hessischen Streckenbegeher
(Foto: Norbert Fischer, Landesamt für Denkmalpflege Hessen, Archäologie und Paläontologie).

Die Denkmaldokumentation, die in den Jahren zwischen 2000 und 2002 erfolgte, stellt eine Inventarisation des komplexen Bodendenkmals dar. Dazu waren Begehungen im Gelände notwendig. Die Denkmalsubstanz wurde beschrieben, gegebenenfalls fotografiert und, soweit erforderlich, mit einem GPS-Gerät eingemessen (Abb. 2). Auch die Ausweisung der Denkmal- und Pufferzonen[5], in welche die Limesanlagen eingebettet sind, erfolgte weitgehend im Gelände. Dabei wurde registriert, wie die festgelegten Denkmalzonen heute genutzt werden.

Von zentraler Bedeutung bei den Innenarbeiten waren die Durchsicht der einschlägigen Literatur sowie die Recherche in den Orts- und Luftbildarchiven der Denkmalämter einschließlich der Erhebung aller relevanten Daten für die topographische Festlegung der Limesanlagen. Danach erfolgte das Kartieren der

---

[5] Vgl. dazu den Abschnitt Denkmalzone (Welterbezone) im weiteren Verlauf des Textes.

Bauten und Bauzonen im Maßstab 1:5000 und 1:2500. Dies geschah entweder anhand der im Gelände gewonnenen Daten, der Luftbildbefunde und Fundstreuungen oder mit Hilfe der Übertragung aus bereits bestehenden, noch aktuellen Kartierungen. Bei unklarem Streckenverlauf und unsicheren Turmstellen wurden die Mutmaßungen, basieren auf den aktuellen Forschungsstand, übernommen. Überdies erfolgte bei den Städten und Gemeinden eine Erhebung der geltenden planungsrechtlichen Vorgaben im Bereich des Limes, insbesondere der bestehenden Festsetzungen in Flächennutzungsplänen.

Die Dokumentationen aus den Bundesländern wurden im Landesvermessungsamt Baden-Württemberg zusammengeführt und mit der Unterstützung der drei übrigen Landesvermessungsämter in eine neu geschaffene Limesdatenbank eingebracht. Die umfangreiche Denkmaldokumentation kann so angemessen präsentiert werden (HEGENSCHEIDT/THIEL 2003). Als digitales Geographisches Informationssystem (GIS) bildet sie ein wichtiges Instrument für die zukünftige Arbeit am Limes. Nach Abschluss des Antragsverfahrens werden Planungsträger, Wissenschaftler und die interessierte Öffentlichkeit die Daten im Internet abrufen können.

Entstehung und Struktur des Limes

Um die Notwendigkeit der Wahl des Antragsgegenstandes und die Festlegung der Denkmal- und Pufferzonen zu begründen, ist es wichtig, den Limes als komplexes Phänomen zu begreifen, das in Raum und Zeit Wandlungen unterworfen war.

Der Limes stellt die letzte Phase einer Entwicklung dar, die mit der Eroberung Galliens unter Julius Caesar (58-51 v. Chr.) begonnen hatte.[6] Der Rhein wurde in Mitteleuropa zur Ostgrenze des römischen Staates. Nach rechtsrheinischen Gebietsgewinnen unter Augustus (12 v. Chr.-14), die aber wieder aufgegeben wurden, begann unter den flavischen Kaisern (69-96) die Besetzung größerer Gebiete. Diese gipfelte in der Etablierung des Limes, und muss im Zusammenhang mit der Einrichtung ziviler Verwaltungseinheiten in Form von Provinzen und *civitates* unter den Kaisern Domitian (81-96) und Trajan (98-117) gesehen werden.

Neben kleinräumigen Grenzkorrekturen, die wohl eine bessere Überwachung ermöglichen sollten und zu geringfügigem Landgewinn führten ist nur eine große Erweiterung um die Mitte des 2. Jh. zu verzeichnen, als Abschnitte des Obergermanischen und Raetischen Limes noch einmal vorgeschoben wurden. Es wird deutlich, dass es bei der Definition des Antragsgegenstandes notwendig war, sich auf eine dieser Phasen, sinnvollerweise die jüngste, festzulegen, um den ohnehin großen Raum nicht zusätzlich auszuweiten. Lediglich in Hessen wurden die bekannten älteren Anlagen, soweit sie dicht hinter der jüngeren Linie liegen und daher nur mit einer kleinräumigen Grenzverschiebung zusammenhängen, berücksichtigt.[7]

Schon bei dieser Betrachtung zeigt sich, dass der Limes nach seiner Einrichtung nicht in einem statischen Zustand verharrte. Noch deutlicher ablesbar ist dies an der Entwicklung der Bauten am Limes (BAATZ 2000, 46 ff. Abb. 31-37) (Abb. 3).

In der ersten Phase befinden sich am Limes Holztürme, die in Sichtweite zueinander stehen und mit einem Weg, dem Postenweg, verbunden sind. In Waldgebiete werden Schneisen geschlagen, um den Limes von Turm zu Turm überwachen zu können. Im Jahre 120 setzt die Phase 2 mit dem Bau von hölzernen Sperranlagen (Palisaden, Zäune) ein (BENDER u. a. 2003; SCHALLMAYER 2003). Um die Mitte des 2. Jh. werden in der dritten Phase die Holz- durch Steintürme ersetzt. Nach gängiger Meinung wird gegen Ende des 2. Jh. oder am Anfang des 3. Jh. hinter der Palisade ein Graben angelegt, dessen Aushub zu einem Wall aufgeschüttet wird. Ob mit dieser Maßnahme die Wirkung der Palisade verstärkt werden, oder, in Ermangelung von Bauholz, die wohl ruinös gewordene Palisade ersetzt werden sollte (SCHALLMAYER 2003, 16 f.; DERS. 2004), ist nicht sicher. Erst die Phase 4 hat mit den markanten Spuren von Graben und Wall am Obergermanischen Limes und dem Schuttwall der Mauer am Raetischen Limes in der Landschaft das Bild geprägt, das heutzutage mit dem Begriff „Limes" assoziiert wird.

---

[6] Gute Überblicke aus einer Vielzahl von Informationsmöglichkeiten über den rechtsrheinisch-nordalpinen Okkupationsprozess bieten: SCHÖNBERGER 1985, 324 ff.; BAATZ 2000, 9 ff.; BECK/GEUENICH/STEUER 2001, 414 ff. s. v. Limes (M. Becker/E. Schallmayer).

[7] Unberücksichtigt blieb der ältere östliche Wetteraulimes (vgl. REUTER 2004) und der Odenwaldlimes (vgl. SCHALLMAYER 1984 mit Beschreibung des hessischen Abschnitts 64 ff.).

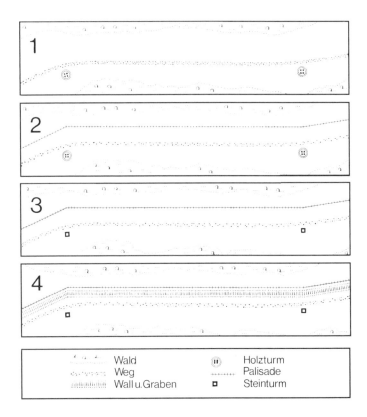

Abb. 3.
Die vier Bauzustände des
Obergermanischen Limes
(aus: BAATZ 2000, Abb. 32).

Der Limes als Bodendenkmal

Die Grenzanlagen sind nur noch in Resten erfahrbar, oberirdisch sichtbar oder, was den Denkmalwert nicht mindert, im Boden verborgen. Bestimmte Bereiche sind, beispielsweise als Folge des Bimsabbaus im Neuwieder Becken, gänzlich zerstört worden. Der permanente Hinweis auf die unsichtbare, im Boden verbliebene Denkmalsubstanz gehört zu den täglichen Aufgaben der Öffentlichkeitsarbeit in der Denkmalpflege. Luftbilder oder Messergebnisse geophysikalischer Prospektionen leisten hierbei nachhaltig Überzeugungsarbeit (Abb. 8).

Es ist die historischen Aussagekraft, die den Denkmalwert des Limes bestimmt. Ein visuell-ästhetisches Moment, soweit man das von einer Militäranlage überhaupt erwarten kann, fällt aufgrund des Erhaltungszustandes beinahe ganz aus. Dennoch geht von den Resten ein eigenwilliger Reiz aus. Dietwulf Baatz, der beste Kenner des Limes in Deutschland, bringt die Stimmung auf den Punkt: „Noch in Ruinen üben die antiken Bauten den Zauber eines südlichen Fremdlings in unserer mitteleuropäischen Landschaft aus" (BAATZ 2000, 7).

Charakteristisch sind Wall und Graben sowie der Schuttwall der Mauer, die gerade in Waldgebieten noch vielerorts erhalten sind (Abb. 4). Die Reste der Holz- und Steintürme treten häufig als Hügel in Erscheinung. Mauerwerk kann lediglich im Bereich offener Grabungsstellen oder konservierter Anlagen angetroffen werden (Abb. 5). Auch wenn die Spuren der Annäherungshindernisse längst vergangen sind, ist der Limeszug nicht selten in Gestalt von Wegen und/oder Gehölzen („Pfahlhecke") sichtbar geblieben. Solche Abschnitte der antiken Grenze bilden noch heute strukturierende Elemente der offenen Landschaft, die nicht selten als moderne Verwaltungsgrenzen (Gemeinde-, Stadt- und Kreisgrenzen) fungieren (Abb. 6).

Unabhängig von den Erhaltungszuständen ist der Limes ein lineares Denkmal sui generis und als eine zusammenhängende Fundstelle zu bewerten. Wachttürme und Kastelle bilden mit dem räumlich gut definierbaren Streifen der Sperranlagen eine untrennbare funktionale Einheit. Die Größe der Fundstelle ergibt sich darüber hinaus durch die Mehrphasigkeit der Türme und die Nutzung der Turmumgebung,

Abb. 4. Graben und Wall im Arnsburger Wald (Lich-Arnsburg)
(Foto: Stephan Bender, Landesamt für Denkmalpflege Hessen Archäologie und Paläontologie).

Abb. 5. Konservierte Fundamente des Stabsgebäudes im Kastell Feldberg (Glashütten)
(Foto: Thomas Richter, Römerkastell Saalburg, Archäologischer Park).

Abb. 6. Gehölz und Weg markieren den schnurgeraden Verlauf des Limes bei Pohlheim
(Foto: Otto Braasch, Landesamt für Denkmalpflege Hessen, Archäologie und Paläontologie).

von der wir aber bislang nur unzureichend wissen und deshalb den Aktionsradius nur ungefähr abschätzen können.

In der Regel liegen die Kastelle mit ihrem Lagerdorf nicht allzu weit hinter der Turmkette und bilden als Denkmalfläche mit dem Bereich der Sperranlagen und Türme eine Zone. Einige Kastelle sind weit hinter der Limeslinie gelegen, waren aber durch Wege gut mit der Grenze verbunden. Das belegen eindringlich die Kastelle Pfünz und Kösching in Bayern mit einem Abstand von 10 und 12 km. Häufig ist die Größe des besiedelten Umfeldes der Kastelle wegen des unzureichenden Forschungsstandes nicht sicher einzugrenzen. Von den Kleinkastellen ist noch weitgehend unbekannt, ob sie über ein Lagerdorf verfügten. Wie einige wenige Beispiele zeigen, wird man aber doch von dieser Voraussetzung ausgehen dürfen.[8]

Denkmalzone (Welterbezone)

Die Gegebenheiten bedingen die Ausweisung der Flächen, denen der Status eines Weltkulturerbes zuerkannt werden soll: der sogenannten Denkmalzone (Abb. 7). Die Linie der Sperranlagen liegt innerhalb einer 30 m breiten Zone. Diese erstreckt sich von der Grabenmitte oder der Mauer aus 20 m hinter und 10 m in das Vorgelände. Fast immer schließen sich an diese Zone die 60 x 60 m großen Turmstellen an, deren Fläche sich in der Tiefe natürlich bei entsprechender Lage des Turms verringern oder vergrößern kann.
Bei einer mehrphasigen Turmstelle mit mehreren Turmruinen vergrößert sich die Fläche auf jeden Fall. Die Ausweisung der Denkmalzone wurde bei den Kastellplätzen nach den örtlichen Gegebenheiten immer wieder neu bemessen. Insgesamt beträgt der Umfang der Denkmalzone am Limes rund 35 km^2.

Sollte dem Antrag stattgegeben werden, wird sich am rechtlichen Status der Denkmalzone, die dann Welterbestatus besitzt, nichts ändern. Es werden nach wie vor die denkmalrechtlichen Bestimmungen der einzelnen Bundesländer gelten. In der Welterbekonvention ist zwar festgehalten, dass es v. a. die Aufgabe des Vertragsstaates ist, „Erfassung, Schutz und Erhaltung in Bestand und Wertigkeit" sowie die „Weitergabe

Abb. 7. Ausschnitt aus der Denkmal- und Pufferzone entlang des Limes zwischen den Kastellen Zugmantel und Maisel.

---

[8] Belege für Lagerdörfer, für deren Existenz auch der Nachweis von Badegebäuden und Gräberfeldern spricht, bei: FLEER 2004, 86 f.

Abb. 8. Das Kastell Ober-Florstadt (Florstadt-Ober-Florstadt).
An diesem Kastellplatz haben sich oberirdisch keine Reste erhalten.
Das Luftbild beweist die reiche Denkmalsubstanz, die sich noch im Boden befindet
(Foto: Klaus Leidorf, Landesamt für Denkmalpflege Hessen, Archäologie und Paläontologie).

an künftige Generationen sicherzustellen"[9], aber angesichts der Kulturhoheit der Länder in der Bundesrepublik Deutschland fällt diese Aufgabe hauptsächlich den vier beteiligten Bundesländern zu. Hierbei ist selbstverständlich Verantwortung auf allen Ebenen bis hin zu den Grundeigentümern gefordert, doch haben sich letzten Endes die Vertragspartner zu Schutz und Erhaltung der nationalen Welterbestätten verpflichtet, die damit in der Verantwortung gegenüber der Völkergemeinschaft stehen.

Pufferzone

Die Denkmalzone ist in eine Pufferzone gebettet. Sie bildet eine Art archäologisches Erwartungsland und trägt dem Umstand Rechnung, dass noch längst nicht alle Limesanlagen bekannt sind. Es ist vorrangig in dieser Zone mit weiteren Anlagen zu rechnen. Sie soll aber auch die Erfahrbarkeit der Denkmäler in der Landschaft bewahren helfen. Dabei geht es nicht nur um Sichtbeziehungen, sondern auch um die Achtung vor der Würde des Denkmals.
Es darf ihr aber auch noch eine andere Bedeutung beigemessen werden. Die römische Grenze ist kein isoliert zu betrachtendes Phänomen. Ihre Entstehung hängt in nicht unerheblichem Maße von der Landschaftstopographie ab. Andererseits prägte der Limes die Landschaft ganz wesentlich, was bis heute Spuren hinterlassen hat. Vor dem Hintergrund einer Interdependenz Landschaft – Denkmal, sollte, ja muss auch dem Landschaftscharakter die ungeteilte Aufmerksamkeit entgegengebracht werden. Bei allen Pla-

---

[9] Übereinkommen zum Schutz des Kultur- und Naturerbes der Welt, Teil II, Art. 4. – Die deutsche Übersetzung der Welterbekonvention im Bundesgesetzblatt 1977, Teil II, Nr. 10 findet sich auf der Website der Deutschen UNESCO-Kommission: www.unesco.de/c_bibliothek/welterbekonvention.htm (Stand: 4.2005).

nungen sollte deshalb die Landschaft am Limes erlebbar und verständlich bleiben. Das bedeutet Kulturlandschaftsschutz in bestem Sinne.

Management-Plan

Der Management-Plan, der Richtlinien für Schutz, Tourismus und Forschung enthält, regelt den künftigen Umgang mit dem Bodendenkmal Limes (THIEL 2003a). Er soll dessen denkmalverträgliche Nutzung und denkmalgerechte Entwicklung sicherstellen. Diese Aufgabe stellt die Denkmalfachbehörden vor eine große Herausforderung und ist als solche immer wieder beschrieben worden (PLANCK 1992; DERS. 2004). Die Abteilung Archäologie und Paläontologie des Landesamtes für Denkmalpflege Hessen entwirft nach den Richtlinien des Management-Plans einen „Limesentwicklungsplan Hessen".
Als Koordinationsstelle für die zukünftige Arbeit hat sich 2003 in Esslingen am Neckar die Deutsche Limeskommission konstituiert (THIEL 2003b). Sie setzt sich aus Vertretern der Universitäten, der Römisch-Germanischen-Kommision des Deutschen Archäologischen Instituts, den Museen am Limes, dem Verein Deutsche Limes-Straße sowie den Landesdenkmalämtern und den für Denkmalschutz zuständigen Ministerien der vier beteiligten Bundesländern zusammen.
In dem Richtlinienkatalog hat der Schutz des Denkmals Priorität. Berichte über Zerstörungen am Limes reichen weit zurück. Erinnert sei an die kritischen Bemerkungen des Althistorikers und Nobelpreisträgers Theodor Mommsen[10] oder des Lutherfreundes Erasmus Alberus[11]. Mit der Weltmarke „Weltkulturerbe" kann es eher gelingen, diesen Prozess aufzuhalten, der solchen Denkmälern nur noch in bewaldeten Arealen eine Chance bietet, zumeist in Mittelgebirgsregionen. Um eine derartige Reservatbildung zu verhindern, gilt es, im frühzeitigen Dialog die vitalen Interessen der Städte und Gemeinden mit den Ansprüchen eines Welterbes zu koordinieren und die großen Denkmalflächen in der offenen Landschaft aus der intensiven landwirtschaftlichen Nutzung zu nehmen.[12]

Das Bildungsangebot am Limes ist bislang völlig unzureichend. Der Limes wird oft nur als punktuelles Ereignis wahrgenommen. Das liegt in der Konzentration der Angebote an bestimmten Schwerpunkten, wie den großen Limesmuseen in Aalen und auf der Saalburg, begründet. Entlang der Linie fehlen dann über große Strecken Informationen gänzlich. Diese Bilanz gilt es zu verbessern. Die Deutsche Limes-Straße, der Deutsche Limes-Radweg und der Limeswanderweg sind lineare Routen, die zwar den Verlauf des Limes nachzeichnen, allerdings aufgewertet werden müssen. Zu schaffen sind Bildungsangebote im Raum in Gestalt von Wegen, kleineren musealen Einrichtungen, die mit diesen Routen vernetzt sind und die durch Veranstaltungen aller Art mit Leben erfüllt werden. Wichtig wird sein, bei der Vermittlung über die reine Information „Grenze des Römischen Reiches vom 1.-3. Jh." hinauszugelangen und folglich auf die welthistorische Dimension des Denkmals hinzuweisen.

Diese Vermittlungsarbeit ist von fundamentaler Bedeutung. Hier muss die Chance ergriffen werden, Wissen weiterzugeben. Erst wer die Denkmäler in der Landschaft kennt, kann bei seinem Handeln im Alltag Rücksicht nehmen. Das ist allerdings nur ein erster Schritt. Es muss weiterhin begreiflich gemacht werden, worin der Wert, genauer gesagt der Denkmalwert, des Limes besteht. Erst wer diesen Wert erkennt und anerkennt, wird dann tatsächlich auch Rücksicht üben. Bei einem Denkmal dieser Ausdehnung ist die Unterrichtung der im Umfeld lebenden Menschen die Grundlage eines wirksamen Denkmalschutzes.

---

[10] Er beklagt, „daß von den noch erhaltenen Zeugen dieser fernen Vergangenheit jeder Tag weiteres abbröckelt" (zitiert nach: MOMMSEN 1892, 56). – Die Formulierung stammt bereits aus dem Jahre 1891 (freundl. Hinweis Dr. R. Braun, München).
[11] In der Fabel „Von einem alten Zugochsen und einem jungen Mast- oder Weideochsen" heißt es um 1550: „Derselbig grab vergeht nun sehr / Dieweil man seiner acht' nicht mehr / Das alter so feindtselig ist / Beid zeit vnd alter alles frist" (zitiert nach: HARMS u. a. 1997, 127).
[12] Die Befunde unterliegen der mechanischen Zerstörung durch den Pflug und die Metallfunde der chemischen Zersetzung durch die Einbringung von synthetischen Düngemitteln.

Voraussetzung eines umfassenden Schutzes ist natürlich die detaillierte Kenntnis des Bodendenkmals. Somit ist die Forschung eine der Grundlagen zur Umsetzung des Schutzgedankens. Fehlende Aufzeichnungen aus der Antike sowie unser unzureichender Wissensstand machen die Aufnahme gezielter Forschung zur genauen Lokalisierung und Ausdehnung der Limesanlagen unumgänglich. Dabei sind viele Bauten überhaupt erst noch zu ermitteln.

Mit einr bedeutsamen Formalie kehren wir wieder zu dem Projekt zurück: Bei der Formulierung des Antrages ist eine wichtige konzeptionelle Neuerung zu vermelden. Er ist als Ergänzungsantrag zu dem seit 1987 bestehenden Weltkulturerbe Hadrianswall abgefasst worden und bietet nun allen Nationen, die Anteil an der ehemaligen römischen Reichsgrenze haben, die Möglichkeit, sich durch eigene Anträge an einem Weltkulturerbe „Grenzen des Römischen Reiches" zu beteiligen. Für die Verständigung auf internationaler Ebene ist eine Kommission zuständig, die sich nach dem Ort der konstituierenden Sitzung im 2003 „Bratislava Group" nennt.
In Europa gewinnt das Vorhaben mit dem Abschnitt zwischen der Irischen See und dem Schwarzem Meer bereits an Kontur. Es ist nicht zu bestreiten, dass der Sache gerade vor dem Hintergrund der EU-Osterweiterung auch eine politische Dimension zukommt und die Realisierung einen Beitrag zur Integration dieser Länder leisten kann. Den Weg dahin muss ein positiver Bescheid auf der Jahrestagung des Welterbekomitees zwischen dem 10. und 17. Juli 2005 im südafrikanischen Durban ebnen. Es bietet sich damit nicht nur eine Chance für ein einmaliges Element der deutschen Kulturlandschaft. Vielmehr eröffnen sich hier Perspektiven für ein Element der europäischen, der transkontinentalen Kulturlandschaft.

Literatur

BAATZ 2000
D. Baatz, Der römische Limes. Archäologische Ausflüge zwischen Rhein und Donau⁴ (Berlin 2000).

BAATZ/HERRMANN 1982
D. Baatz/F.-R. Herrmann (Hrsg.), Die Römer in Hessen (Stuttgart 1982).

BECK/GEUENICH/STEUER 2001
Reallexikon der Germanischen Altertumskunde XVIII² (Berlin, New York 2001).

BECK/PLANCK 1987
W. Beck/D. Planck, Der Limes in Südwestdeutschland² (Stuttgart 1987).

BECKER 2002
Th. Becker, „… öfters über Berg und Thal, durch Waldungen, Sümpfe und Einöden fortgeführt …". Der Limes – zukünftiges Weltkulturerbe? Denkmalpflege in Baden-Württemberg 31, 2002, 40-45.

BECKER u. a. 2001
Th. Becker/St. Bender/M. Kemkes/A. Thiel, Der Limes zwischen Rhein und Donau. Ein Bodendenkmal auf dem Weg zum UNESCO-Weltkulturerbe. Archäologische Informationen aus Baden-Württemberg 44 (Stuttgart 2001).

BENDER 2001
St. Bender, Das Projekt Weltkulturerbe Limes. Für die Erhaltung „eines südlichen Fremdlings in unserer mitteleuropäischen Landschaft". Denkmalpflege und Kulturgeschichte 1/2001, 60 f.

BENDER 2004
St. Bender, Der römische Limes zwischen Rhein und Donau. Ein Welterbe der UNESCO im Wartestand. Denkmalpflege und Kulturgeschichte 3/2004, 20 f.

BENDER u. a. 2003
St. Bender/B. Schroth/Th. Westphal, Der Kaiser in Rom hat auch am Krebsbach „dicht gemacht" – Palisadenfunde am Limes bei Hammersbach-Marköbel. Hessen Archäologie 2002 (Stuttgart 2003) 108-111.

CZYSZ/SCHMIDT 2001
W. Czysz/W. Schmidt, Der römische Limes auf dem steinigen Weg zum Weltkulturerbe. Das Archäologische Jahr in Bayern 2001, 84-87.

FLEER 2004
Ch. Fleer, Typisierung und Funktion der Kleinbauten am Limes. In: E. Schallmayer (Hrsg.), Limes Imperii Romani. Beiträge zum Fachkolloquium „Weltkulturerbe Limes" November 2001 in Lich-Arnsburg. Saalburg-Schriften 6 (Bad Homburg v. d. Höhe 2004) 75-92.

HARMS u. a. 1997
W. Harms/H. Vögel/L. Lieb (Hrsg.), Erasmus Alberus. Die Fabeln. Die erweiterte Ausgabe von 1550 mit Kommentar sowie die Erstfassung von 1534. Studien und Dokumente zur deutschen Literatur und Kultur im europäischen Kontext. Frühe Neuzeit 33 (Tübingen 1997).

HEGENSCHEIDT/THIEL 2003
I. Hegenscheidt/A. Thiel, Neue Limesdatenbank. Inventarisation eines Denkmals. Archäologie in Deutschland 5/2003, 34-36.

MOMMSEN 1892
Th. Mommsen, Denkschrift über den römisch=germanischen Limes. In: Der Reichshaushalts-Etat für das Etatsjahr 1892/93. Anlage 4, Beilage C (Berlin 1892) 53-56.

PLANCK 1992
D. Planck, Der obergermanisch-rätische Limes. Eine Aufgabe der Landesarchäologie. In: Römisch-Germanische Kommission des Deutschen Archäologischen Instituts/Verband der Landesarchäologen der Bundesrepublik Deutschland (Hrsg.), Der römische Limes in Deutschland. Archäologie in Deutschland, Sonderheft 1992 (Stuttgart 1992) 89-98.

PLANCK 2002
D. Planck, Das Limesprojekt – Schutz, Erforschung und Präsentation am Beispiel von Deutschlands größtem Bodendenkmal. Bericht der Römisch-Germanischen Kommission 83, 2002, 191-206.

PLANCK 2004
D. Planck, Aufgaben der Bodendenkmalpflege am Limes. In: E. Schallmayer (Hrsg.), Limes Imperii Romani. Beiträge zum Fachkolloquium „Weltkulturerbe Limes" November 2001 in Lich-Arnsburg. Saalburg-Schriften 6 (Bad Homburg v. d. Höhe 2004) 163-168.

REUTER 2004
M. Reuter, Die römischen Kleinkastelle von Hanau-Mittelbuchen und der Verlauf des östlichen Wetteraulimes unter Domitian. In: E. Schallmayer (Hrsg.), Limes Imperii Romani. Beiträge zum Fachkolloquium „Weltkulturerbe Limes" November 2001 in Lich-Arnsburg. Saalburg-Schriften 6 (Bad Homburg v. d. Höhe 2004) 97-106.

SCHALLMAYER 1984
E. Schallmayer, Der Odenwaldlimes (Stuttgart 1984).

SCHALLMAYER 2003
E. Schallmayer, Der Limes, Marköbel und Kaiser Hadrian. Neue wissenschaftliche Ergebnisse zum Obergermanisch-Raetischen Limes und ihre öffentlichkeitswirksame Präsentation. Denkmalpflege und Kulturgeschichte 2/2003, 12-21.

SCHALLMAYER 2004
E. Schallmayer, Zur Limespalisade im 3. Jahrhundert n. Chr. Funktion und Deutung. In: E. Schallmayer (Hrsg.), Limes Imperii Romani. Beiträge zum Fachkolloquium „Weltkulturerbe Limes" November 2001 in Lich-Arnsburg. Saalburg-Schriften 6 (Bad Homburg v. d. Höhe 2004) 29-45.

SCHALLMAYER 2005
E. Schallmayer (Hrsg.), Mit der Antike in die Zukunft. Der Limes auf dem Weg zum Weltkulturerbe. Dokumentation des gleichnamigen Symposiums vom 30. Oktober 2004 im Rahmen der „Taunus-Dialoge". Saalburg-Schriften 7 (Frankfurt a. M. 2005).

VON SCHNURBEIN 1992
S. von Schnurbein, Perspektiven der Limesforschung. In: Römisch-Germanische Kommission des Deutschen Archäologischen Instituts/Verband der Landesarchäologen der Bundesrepublik Deutschland (Hrsg.), Der römische Limes in Deutschland. Archäologie in Deutschland, Sonderheft 1992 (Stuttgart 1992) 71-88.

SCHÖNBERGER 1985
H. Schönberger, Die römischen Truppenlager der frühen und mittleren Kaiserzeit zwischen Nordsee und Inn. Bericht der Römisch-Germanischen Kommission 66, 1985, 321-497.

STAATSANZEIGER-VERLAG/LANDESDENKMALAMT BADEN-WÜRTTEMBERG 2003
Staatsanzeiger-Verlag/Landesdenkmalamt Baden-Württemberg (Hrsg.), Der Limes. Römische Grenze zwischen Rhein und Donau. Geschichte und Archäologie – ein Denkmal entdecken (Stuttgart 2003).

STEIDL 2000
B. Steidl, Die Wetterau vom 3. bis 5. Jahrhundert n. Chr. Materialien zur Vor- u. Frühgeschichte von Hessen 22 (Wiesbaden 2000).

THIEL 2003a
A. Thiel, Das Schutz-, Forschungs- und Entwicklungskonzept für den obergermanisch-raetischen Limes. Kern eines Managementplanes für ein mögliches archäologisches Welterbe. Archäologisches Nachrichtenblatt 8, 2003, 169-178.

THIEL 2003b
A. Thiel, Zur anstehenden Gründung der „Deutschen Limeskommission". Archäologisches Nachrichtenblatt 8, 2003, 105 f.

THIEL 2005
A. Thiel, Auf einer Stufe mit Pompeji und Stonehenge. Der Limes auf dem Weg zum UNESCO-Weltkulturerbe/Chancen für Forschung und Tourismus. Jahrbuch Hochtaunuskreis 13, 2005, 22-28.

WOLF 2004
D. Wolf, Die Überformung des Limes im Mittelalter durch die Anlage von Landwehren. In: E. Schallmayer (Hrsg.), Limes Imperii Romani. Beiträge zum Fachkolloquium „Weltkulturerbe Limes" November 2001 in Lich-Arnsburg. Saalburg-Schriften 6 (Bad Homburg v. d. Höhe 2004) 147-161.

Historisch-geographische Kulturlandschaftsforschung im DFG-Projekt RheinLUCIFS

Von Andreas Dix und Klaus-Dieter Kleefeld

„Human Impact"

Die Rahmenkonzeption von RheinLUCIFS[1] basiert auf der Frage nach den zentralen Steuerungsfaktoren der fluvialen Dynamik des gesamten Rheineinzugsgebietes auf einer langen Zeitskala von ca. 10.000 Jahren. In der globalen Umweltforschung und somit auch in der Konzeption von LUCIFS steht neben dem Klima die Landnutzung in ihrer historischen Variabilität als wichtiger anthropogener Steuerungsfaktor der Umweltveränderung im Mittelpunkt des Interesses.
Ein erheblicher Forschungsbedarf liegt im Bereich des „upscalings" kleinräumiger und zeitlich begrenzter Informationen in größere raumzeitliche Zusammenhänge sowie in der entsprechenden Übertragung in die Modelle der Hydrologie und Geomorphologie. Am Beispiel des Unteren Niederrheins in Nordrhein-Westfalen wurden für einen in den Quellen gut belegten Flussabschnitt des Rheins auf einem mikro- bis mesoskaligen Niveau historische Veränderungen der Landnutzung rekonstruiert. Für Flächenbilanzierungen sind verschiedene Indikatoren ausgewählt und bewertet worden.
Die archivalischen Quellen, wie Urbare und andere Güterverzeichnisse, ermöglichen eine zeitliche Eindringtiefe in diesem Modellgebiet generell bis in das 14. Jh. und schließen damit an die Daten aus den archäologischen und naturgeographischen „Archiven" an. Allerdings besteht ein gravierendes methodisches Problem in den überlieferungsbedingten Lücken und den dadurch oft unterbrochenen Zeitskalen. Zur Bestimmung des großflächigen anthropogenen Einflusses auf der Basis der vorhandenen archivalischen Quellen ergab sich ein Schwerpunkt für das 18. und 19. Jh. Insbesondere die agrartechnischen Innovationen im 19. Jh. haben den „human impact" in erheblichem Maße verstärkt.
Auf der Grundlage der Auswertung unterschiedlichster archivalischer Quellen wurden die anthropogenen Einflussfaktoren analysiert und in einzelnen Zeitreihen zusammengefasst. Für die gesamte Neuzeit ist zu belegen, dass die Landnutzung über diese Periode hinweg einer großen Dynamik unterlag. Mit Blick auf die bisherige Forschung ist außerdem zu konstatieren, dass das Verständnis bestimmter Landbautechniken immer noch zu statisch ist (SPEK 1996). Hier wird man nur über eine weitere Regionalisierung der Erforschung landwirtschaftlicher Verhältnisse zu genaueren Aussagen kommen.

Die zentrale Frage lautet somit: Wie beeinflusst der Mensch seine Umwelt und worin bestehen die Steuerungsfaktoren?
Für die Stoffbilanzen einer Landschaft ist das Verhältnis von Wald zu Offenland in der raumzeitlichen Dynamik von entscheidender Bedeutung. Ein zentraler Begriff zur Benennung der Steuerungsfaktoren ist „Kulturlandschaft" als manifestierter „human impact", hervorgegangen aus den Wechselwirkungen von gesellschaftlichen und naturräumlichen Prozessen. Die darauf beruhende Ausgangsthese beschäftigt sich

---

[1] LUCIFS steht als Akronym für „Land Use and Climate Impacts on Fluvial Systems During the Period of Agriculture" und ist einer der Schwerpunktbereiche des internationalen PAGES-Programmes (Past Global Changes). Zur aktuellen Entwicklung von LUCIFS und PAGES siehe die folgenden Homepages: http://web.uni-frankfurt.de/fb11/ipg/lucifs/lu01.html (Stand: 2.2005); http://www.pages.unibe.ch/ (Stand: 2.2005). – Das Akronym RheinLUCIFS steht für ein DFG-Bündelprojekt, das sich innerhalb eines internationalen Rahmens in Form einer Fallstudie interdisziplinär mit dem Rhein beschäftigt.

mit der Frage nach dem Zusammenhang zwischen naturräumlichen Voraussetzungen und den Bewirtschaftungsweisen, und damit auch mit dem dadurch ausgeübten Veränderungsdruck auf Landschaften.

Historisch-geographische Kulturlandschaftsanalyse

Die Historische Geographie – insbesondere in Deutschland, aber auch in Großbritannien – kann auf eine lange Forschungstradition im Bereich der Kulturlandschaftsgeschichte zurückblicken, wie die vorliegenden Überblicksdarstellungen belegen.[2] Die überwiegende Zahl der Forschungen in dieser Tradition beschäftigte sich mit der Rekonstruktion der Kulturlandschaftsgeschichte auf einer regionalen Raumebene. Im Vordergrund stand dabei die Gestalt der Kulturlandschaft, ihre physiognomisch wahrnehmbaren Strukturen und deren Morphogenese, ihre Klassifikation sowie raumzeitliche Ansprache. Flurformen und ihre Rückschreibung, wie auch die Geschichte ländlicher Siedlungen, bildeten hierbei einen besonderen Schwerpunkt. Durch diese Forschung liegt eine große Zahl regionaler Daten vor, deren zeitlicher Schwerpunkt auf dem Mittelalter und der Neuzeit liegt. Dies gilt auch für das Rheineinzugsgebiet.[3]

In den letzten Jahren gewinnt die Kulturlandschaftsforschung in einem wesentlich breiteren Sinne besonders im Zusammenhang mit Landschaftsplanung, Naturschutz und Raumentwicklung allgemein wieder an großer Bedeutung.[4] In diesem außerordentlich dynamischen Feld, das auch auf europäischer Ebene vermehrt Beachtung findet, werden gegenwärtig immer wieder die diesbezüglich bestehenden Defizite diskutiert. So fehlt generell eine Einbindung der Vielzahl von lokalen Daten in ein größeres, regional möglichst hochauflösendes Bild. Otto Schlüters Untersuchung über die Siedlungsräume Mitteleuropas (SCHLÜTER 1952; DERS. 1958; DERS. 1959) wagte auf der Grundlage von Kartenvergleich und Auswertung der Sekundärliteratur eine für Deutschland insgesamt flächendeckende kartographische Aussage, die zwar heute überholt ist, aber den Vorteil hatte, großräumige Strukturen und Lagebeziehungen zu verdeutlichen. Mittlerweile haben die Forschungen der Agrargeschichte wichtige Fortschritte erbracht (ACHILLES 1993; HENNING 1994; HENNING 1996). Ebenso steht in interdisziplinären Forschungsprojekten von Archäologie und Historischer Geographie das Interesse an der Flächenbewirtschaftung und den kulturlandschaftlichen Zusammenhängen seit längerem stärker im Vordergrund. Hinzuweisen ist auf die Ergebnisse der siedlungsarchäologischen und historisch-geographischen Erforschung der Nordseeküste sowie der Untersuchungen von schleswig-holsteinischen Siedlungskammern wie in Bosau oder Flögeln (KIEFMANN 1978; KOSSACK u. a. 1984).

Aus der Zusammenarbeit der Geobotanik, Archäologie und Physischen Geographie sind in den letzten Jahren mithilfe eines erweiterten Spektrums naturwissenschaftlicher Methoden bedeutende Fortschritte in der Landschaftsgeschichte erzielt worden (KÜSTER 1995; MÄCKEL/FRIEDMANN 1998), deren Schwerpunkt auf den älteren Zeiten liegt. Für die Zeit ab dem Mittelalter fehlt bislang der chronologische Anschluss im Hinblick auf eine systematische historisch-geographische Untersuchung der schriftlichen Überlieferung. Es muss festgestellt werden, dass die räumlichen und zeitlichen „Fehlstellen" in der Kulturlandschaftsgeschichte noch unübersehbar sind. Dies gilt räumlich besonders für weite Abschnitte des Rheineinzugsgebietes ebenso wie zeitlich für die Epochen des Spätmittelalters und der Frühen Neuzeit. Für das Einzugsgebiet des Rheins insgesamt liegen deshalb bisher keine entsprechenden Darstellungen zur Nutzungsgeschichte mit Flächenbilanzen vor. Hans-Rudolf Bork hat auf der Grundlage eigener Forschungen und Berechnung wie auch auf der intensiven Auswertung von Sekundärliteratur eine Flächenbilanz für Deutschland vorgelegt (BORK 1998), deren Quellenbasis und Erkenntniswert noch in weiteren Schritten mit archivalischen Daten verifiziert sowie regional höher aufgelöst werden müssten, um einen Anschluss an die Modellwelt der Physischen Geographie herzustellen.

Besonderes Augenmerk ist auf den Bereich der Altkarten und hier insbesondere auf die frühen Katasterkartenwerke und Landesaufnahmen zu richten. Die Entstehungs- und Überlieferungsgeschichte der Katasterwerke ist in Deutschland aufgrund der politischen Geschichte besonders verworren (KAIN/BAIGENT 1992), was in der Auswertung größerer Flächen im Vergleich zu anderen Ländern besondere Probleme der Quellenkritik und Auswertungsmethodik aufwirft.

---

[2] Vgl. HOSKINS 1955; UHLIG 1956; OTREMBA 1962-1971; BORN 1974; DERS. 1980; JÄGER 1968; DERS. 1959; DERS. 1987; DERS. 1963.
[3] Vgl. z. B. für den Oberrhein: MUSALL 1969.
[4] Siehe hierzu die fortgesetzte Berichterstattung in: Kulturlandschaft. Zeitschrift für Angewandte Historische Geographie 1990 ff.

Die Auswertung von historischen Archiven erlaubt es, Aussagen über Landnutzungszustände und ihre Dynamik zu treffen. Winfried Schenk konnte durch eine Auswertung von Forstrechnungen nachweisen, wie differenziert die Waldzustände in der Frühen Neuzeit zu bewerten sind (SCHENK 1996). Weder ist von einer allgemeinen Waldverwüstung zu sprechen noch ist die Waldverwüstung ein rein herrschaftliches Konstrukt, um bäuerliche Nebennutzungen aus dem Wald zu vertreiben. In seiner Arbeit verfolgt er zwei wichtige methodische Ansätze. So konnte er Daten zu „Langen Reihen" (SCHENK 1999) zusammenführen, die Trends in den Waldzuständen über einen längeren Zeitraum abbilden. Dies wurde in mehreren unterschiedlichen Waldgebieten verfolgt, um dann in Verknüpfung mit der Analyse unterschiedlicher gesellschaftlicher, wirtschaftlicher und politischer Rahmenbedingungen Typen von Waldzuständen abzuleiten, die nun theoretisch auch an anderen Waldgebieten wiederholt und verifiziert werden könnten. Für RheinLUCIFS ist dies im Bereich des Herzogtums Kleve durchgeführt worden.

Es zeigt sich, dass agrartechnische Innovationen unterschiedliche regionale Ausprägungen erfahren haben, wie dies am Beispiel der Dreifelderwirtschaft und der Eschfluren grundsätzlich zu belegen ist. Noch komplizierter wird die Landnutzungsgeschichte dadurch, dass es Mischnutzungen wie die Feld-Gras-Wirtschaft oder Variationen in der Dreifelderwirtschaft (Vier- und Fünffelderwirtschaft) gab. Das Nutzungskontinuum zwischen intensiv genutzten Sonderkultur- und Dauerackerflächen einerseits sowie extensiv genutzten Allmendflächen und anderen Außenbereichen der Dorfgemarkungen andererseits war in Raum und Zeit sehr differenziert ausgebildet.

Die Bildung „Langer Reihen" und die Regionalisierung historischer Daten auf der Grundlage archivalischer Daten ist im Bereich der Historischen Klimatologie für die letzten 500 Jahre – und darüber hinaus weniger dicht für die letzten 1.000 Jahre – wesentlich weiter fortgeschritten (GLASER 2001; PFISTER 1999). Dies betrifft gleichermaßen die damit verbundenen klimatischen Extremereignisse, wie z. B. Hochwasser (PFISTER/HÄCHLER 1991; WITTE u. a. 1995). Der Zusammenhang von Landnutzung und fluvialer Dynamik für die Zeit des Mittelalters und der Neuzeit ist bisher in wenigen Fällen untersucht worden. Die Arbeit von Renate Gerlach über den Main (GERLACH 1990), in der eine signifikante Korrelation von Terrassenbildung und Landesausbau bzw. Wüstungsphänomenen nachgewiesen werden konnte, und die Untersuchungen von Rudolf Straßer über die Rheinstromverlagerungen (STRAßER 1989; DERS. 1992) sind konzeptionell wichtig. Wie eng Landnutzung, Bodenveränderung und fluviale Dynamik zusammenhängen, belegt das Beispiel des Uedemer Bruchs am Unteren Niederrhein. So sanken die ursprünglich höher gelegenen und auf natürliche Weise entwässernden Moorflächen durch auftretende Oxidation stark ab. Sie mussten gegen Flusshochwässer geschützt und eingedeicht sowie künstlich entwässert werden (BURGGRAAFF 1992a; DERS. 1992b).

Die differenzierte und schließlich noch zu quantifizierende Darstellung der historischen Landnutzung ist in entsprechenden historischen Kartenwerken methodisch bereits entwickelt worden. Wegweisend ist diesbezüglich die „Historische Wirtschaftskarte der Rheinlande" (HAHN u. a. 1973). Ein neueres Beispiel ist der „Historisch-statistische Atlas des Kantons Bern" (PFISTER/EGLI 1998), dessen Daten mittels eines Geographischen Informationssystems (GIS) aufbereitet wurden. Die Einbindung der historischen Daten in GIS ist bisher noch zu wenig systematisch betrieben worden.[5] Vor diesem Hintergrund ist BIOME 300 als Gemeinschaftsinitiative zur Erforschung von Landnutzungsgeschichte durch das „International Geosphere Biosphere Programme (IGBP)" und PAGES ins Leben gerufen worden. Ziel ist die Erstellung globaler Landnutzungskarten für die Zeit seit 1700 in Intervallen von 50 Jahren (LEEMANS u. a. 2000).

Diese Ergebnisse liefern Beiträge zu einer aktuellen internationalen Diskussion, die seit einigen Jahren unter dem Stichwort „big history" firmiert. Ziel ist es dabei, unter globalem Blickwinkel die historischen Entwicklungen auf den einzelnen Kontinenten in ihren langen Trends und Auswirkungen genauer zu untersuchen, wobei Fragen der Landwirtschaft und Ernährung sowie die Rolle der Umwelteinflüsse eine bedeutende Rolle spielen.[6]

In diesem Zusammenhang ist auch die Untersuchung von Einzelereignissen von hohem Interesse, liefert sie doch einen Einblick in den Umgang der zeitgenössischen Gesellschaften mit diesem Ereignis. Damit ist auch die Frage nach der Vulnerabilität, also der Verletzbarkeit oder Anfälligkeit von Gesellschaften gegenüber Krisenereignissen verknüpft (BOHLE 2001; VAN DER LEEUW 2001). Obwohl in den letzten Jahren vermehrt Naturkatastrophen unter historischem Blickwinkel untersucht wurden (BORST 1981;

---

[5] Projektbeispiele hierzu siehe in: EBELING 1999.
[6] Siehe hierzu: JONES 1987; LANDES 1998; RADKAU 2000; FEDERICO 2001.

JAKUBOWSKI-TIESSEN 1992; BENNASSAR 1996), hat eine Beschäftigung mit der geographischen Risikoforschung unter historischem Blickwinkel noch nicht flächendeckend stattgefunden. Besonders sind die Auswirkungen der als klimatische Jahrtausendereignisse anzusprechenden Starkregenperioden in der Zeit um 1342 noch weiter zu untersuchen und die davon abgeleiteten Thesen von Bork zum schnellen Landschaftswandel regional anhand von archivalischen Quellen zu überprüfen (BORK 1998, 226 ff.).

Im gesamten Rheineinzugsgebiet bedeutsam sind zudem die lang anhaltenden, intensiven wasserbaulichen Maßnahmen an allen Fließgewässern bis hinunter zu den kleinen Bächen im ländlichen Raum (DIX 1997). Auch am Rhein selber haben diese Maßnahmen spätestens seit der Neuzeit die fluviale Dynamik wesentlich mitbestimmt. Einer weiträumigen historischen Rekonstruktion dieser Maßnahmen kommt deshalb eine große Bedeutung zu, zumal Landnutzungsänderungen und gesellschaftliche Reaktionen darauf eng miteinander verknüpft waren (BERNHARDT 1998).

Als vielversprechend erscheint eine engere Verbindung aktualistischer Forschungen mit neueren Ansätzen der Umweltgeschichte und der historischen Sozialökologie. Im internationalen Bereich gibt es zur sozialökologischen Theoriebildung in historischer Perspektive bereits einige Arbeiten, deren Thesen im Hinblick auf die Fragestellungen von LUCIFS noch zu prüfen sind (BUTZER 1996; MC GLADE 1995). Dazu gehört die Untersuchung anthropogener Stoff- und Energieströme (AYRES/SIMONIS 1993; FISCHER-KOWALSKI/HABERL 1995), über deren Quantifizierung und regionale Verortung ein besseres Verständnis der anthropogenen Steuerungsfaktoren im Rahmen des Forschungskonzeptes von LUCIFS zu erreichen ist. So lassen sich unterschiedliche Agrartechniken verschiedenen Energieinputs zuordnen und hierbei auch die Auswirkungen auf die Flächenbearbeitung sowie mithin weitere Auswirkungen abschätzen (MIZGAJSKI 1990). Ebenso ist die Analyse und Überprüfung der Operationalisierbarkeit anderer Konzepte der Sozialökologie, wie der Rekonstruktion zeitgenössischer Wahrnehmung von Natur als Ressource oder Risiko, hilfreich (WEICHHART 1980). Diese Fragen haben im Rheineinzugsgebiet eine überragende Bedeutung, da das Flussgebiet des Rheins über die gesamte historische Zeit hinweg als wirtschaftliche Aktivzone zu charakterisieren ist (IRSIGLER 1992).

Die Datenlage zur Landnutzungsgeschichte im internationalen Zusammenhang ist für Modellierungen noch lückenhaft. Zwar liefert das Referenzwerk von Turner (1990) eine Vielzahl an Daten, die in ihrer räumlichen Auflösung aber noch nicht ausreichen. Auch andere global ausgerichtete Projekte liefern ein noch zu grobes Raster (HANNAH u. a. 1994; LEEMANS u. a. 2000; KLEIN GOLDEWIJK 2001). Ebenso gibt es bisher nur wenige Beispiele von Landnutzungsuntersuchungen, die in ihrer zeitlichen Ausdehnung als Vorbild dienen könnten. Eines davon ist das „Ystad-Projekt", in dem, wie am Niederrhein, in einem kleineren Gebiet die Landnutzungsgeschichte über 6.000 Jahre im globalen Maßstab untersucht wurde (BERGLUND 1990).

Da der zeitliche Schwerpunkt des von der Deutschen Forschungsgemeinschaft (DFG) geförderten Geosphären-Biosphären-Schwerpunktprogrammes auf kulturlandschaftsgeschichtlich früheren Epochen lag, erschien es sinnvoll, den Bereich der Neuzeit auf der Zeitachse stärker zu berücksichtigen. Mit der von den archivalischen Quellen her vorgegebenen Konzentration auf die Phase mit intensivem „human impact" ergibt sich eine methodische Ergänzung zu anderen Projekten im Rahmen von RheinLUCIFS, die in weitaus älteren Zeitschichten arbeiten.

Außerdem sollen auf diese Weise Antworten auf die Frage gefunden werden, wann das Rheineinzugsgebiet von einem natürlichen zu einem anthropogen gesteuerten System wurde (MESSERLI u. a. 2000). Auch die Periodisierung im Hinblick auf den Beginn und Verlauf eines vom Menschen beherrschten „Anthropocän" (CRUTZEN/STOERMER 2000) kann so eingehender diskutiert werden. Die Frage, ob und inwieweit das 18. und 19. Jh. oder die fünfziger Jahre des 20. Jh. als umweltgeschichtliche Epochenschwellen gelten können, ist konkreter sowie auch auf empirischer Basis zu untersuchen (MEYER 1999; PFISTER 1996). Die agrartechnischen Innovationen im 19. Jh. können schon jetzt für den Niederrhein als erheblicher Einschnitt gewertet werden.

Zusammenfassung

Gemeinsam ist allen Teilprojekten von RheinLUCIFS, dass sie ganz bestimmte „Archive" bearbeiten, deren Entstehung und Erhaltung spezifischen Gesetzen folgt, wie auch die Informationen sehr spezifisch sind, die aus ihnen erarbeitet werden können. Dabei ist zu berücksichtigen, dass das schriftliche Archiv mit dem die Historische Geographie arbeitet, anderen Entstehungsbedingungen folgt, als die „Archive" der Geomorphologie und der Archäologie.

Die schriftlich und kartographisch überlieferten Daten entstanden aus einem zeitgenössischen Verwaltungs- und Rechtskontext. Die ältesten auswertbaren Altkarten des Modellgebietes Unterer Niederrhein stammen aus dem Ende des 16. Jh. Die zugehörigen schriftlichen Akten lagern günstigstenfalls an anderen Standorten oder sind sehr häufig verloren gegangen. Die ausschließlich aus noch älteren Schriftquellen ableitbaren Indikatoren für den „human impact" variieren und decken zwangsläufig den jeweils dokumentierten Rechtsakt oder die Steuererhebung ab. Aus dieser Anbindung an die primären Schriftquellen resultiert eine verkürzte Zeitskala, die sich auch nicht durch Proxydaten erweitern lässt.

In dem vorliegenden Teilprojekt wurde die Phase vom 14. bis zum 20. Jh. in den Mittelpunkt gestellt, allerdings mit der Einschränkung, dass sich flächenbilanzierende Daten im Modellgebiet Unterer Niederrhein rückwirkend zunächst nur bis ca. 1730 erfassen lassen. Die Archivauswertung zeigte erhebliche Lücken in der quantitativen Quellenüberlieferung, so z. B. für das 17. Jh. Demzufolge konnten selbst die genauen Auswirkungen auf die Waldbedeckung im Zusammenhang mit Ereignissen und Folgeprozessen des Dreißigjährigen Krieges bisher nur sehr allgemein erforscht werden. Die oben genannte historische Zeitskala hat daher zwar den Anspruch, zu quantitativen flächenbezogenen Aussagen zu gelangen bzw. deren Indikatoren für den „human impact" aufzuzeigen, sie ist allerdings wiederum in sich unterbrochen.

Die tiefgreifenden Veränderungen in der Agrartechnik und ihre Auswirkungen auf Landnutzung und Stoffhaushalt, die sich spätestens seit dem ausgehenden 18. Jh. beobachten lassen, sind in ihrer Tragweite und ihrer räumlichen Dimension auch im Bezug auf lange Zeitskalen bisher zu wenig beachtet worden. Dies muss ein Schwerpunkt im Rahmen des globalen LUCIFS-Projektes sein, das große Flüsse nach Dauer und Intensität des menschlichen Einflusses kategorisiert.

So nahm die anthropogen bedingte Bodenerosion insbesondere nach 1800 zu, ein Faktum, das z. B. auch in Profilen des DFG-Forschungsprojektes „Multiskalige Modellierung der holozänen Sedimentdynamik im Untersuchungsgebiet Frankenforst bei Bonn" der Arbeitsgruppe von Richard Dikau, Universität Bonn, beobachtet werden konnte. Damit rücken die Auswirkungen agrartechnischer Innovationen, wie Pflugtechnik, oder Meliorationen in den Vordergrund und wurden auch mit der Arbeitsgruppe Dikau intensiv diskutiert.

Hinzu kommt eine sprunghafte Zunahme von Bodeneingriffen im Zuge gewerblicher Nutzung und Siedlungsentwicklung. Beispielsweise konnten Heike Baumerwerd-Schmidt und Renate Gerlach im Hinblick auf die archäologischen Fundverlagerungen durch Ziegeleien im 19. Jh. die bisher unterschätzte räumliche Ausdehnung von Lehmgruben erstmals grob quantifizieren.[7] Das erhebliche Ausmaß der Bodenab- und -aufträge im 19./20. Jh. war der Archäologischen Landesforschung bis dahin nicht bekannt. Innerhalb der Materialentnahmegruben-Datenbank des Rheinischen Amtes für Bodendenkmalpflege sind im Bearbeitungsstand 2001 auf 45 kartierten TK-25-Blättern zum Rheinland insgesamt 3.340 Lehmentnahmegruben (ohne Kies- und Sandgruben) mit einer Gesamtfläche von ca. 24 km^2 erfasst worden.

Insgesamt übertreffen diese Einflüsse in Ausmaß, Qualität und Dynamik vorhergehende Zeitabschnitte. Damit folgt das historisch-geographische Teilprojekt den Empfehlungen der Geokommission der DFG zu den Zielen des RheinLUCIFS-Bündels: „In Anbetracht der Größe des Einzugsgebiets und des vorgegebenen Zeitraumes 7500 v. Chr. bis heute wird eine Fokussierung auf wenige, zentrale Forschungsfragen und ausgewählte Zeitscheiben empfohlen, deren Bearbeitung durch geeignetes Datenmaterial aussichtsreich erscheint. Ebenfalls wird angeraten, sich auf wenige, repräsentative Teileinzugsgebiete zu konzentrieren, um damit die Grundlage für ein sinnvolles 'upscaling' zu schaffen".

Für das Modellgebiet Unterer Niederrhein sind vorhandene Landnutzungs- und Kulturlandschaftswandelkarten umgearbeitet worden. Sie dienen als eine Basis der methodischen Diskussion für RheinLUCIFS.

Die Vernetzung von historisch-archivalischen Quellen mit dem Geoarchiv ist Bestandteil fortlaufender Diskussion. Sie erfolgt momentan intensiv auf einer kleinregionalen Ebene. Die Aufnahmen des Inventars an Kolluvien und gekappten Böden wird eng verbunden mit der Rekonstruktion der Landnutzungsgeschichte. Im Rahmen von Geländeexkursionen stellten sich insbesondere Prozesse der letzten 200 Jahre auf der langen Zeitskala als stark prägend heraus.

---

[7] Dieser Prozess hat in erheblichem Umfang die obersten Bodenschichten verändert, so dass dieser Fragestellung noch intensiv nachgegangen werden muss. – Siehe hierzu: BAUMERWERD-SCHMIDT/GERLACH 2002.

Eindeutig haben vom Menschen herbeigeführte Verheidungsprozesse zu Winderosion und, z. B. im Bereich der Wisseler Dünen, zu Sandverlagerungen geführt. Diese Offenlandflächen als Ergebnis einer historischen Übernutzung in Hinblick auf die Regenerationsfähigkeit von Flora und der obersten Bodenschichten sind von großer Bedeutung für die Hypothesen zum Erosionsgeschehen. Demgegenüber stehen sicher datierbare Bruchgebiete, die bis zu der Kolonisation keine intensive Nutzung erfahren haben und danach innerhalb weniger Jahrzehnte ackerbaulich erschlossen worden sind. Diese Feuchtgebiete weisen eine stärkere Reliefenergie auf als umgebende altbesiedelte Gunstflächen. Auch in diesen Flächen ist zumindest hypothetisch mit veränderten Rahmenbedingungen für die oberste Deckschicht zu rechnen. Dieser Übergang von verbuschtem Grünland zu Ackerland ist datierbar und eignet sich daher für kleinregionale Studien. Innerhalb der Waldflächen hat die Vegetationsdecke im Laufe der Jahrhunderte variiert, d. h. vor Einsetzen der geregelten Forstwirtschaft ist mit Mischformen bäuerlicher Waldnutzung zu rechnen. Die nachhaltigen geschlossenen Aufforstungen führten zu entsprechender Durchwurzelung und Bodenbindung. Gesicherter ist der Zusammenhang von verstärkter Bodenerosion durch Meliorationen und dem Einsatz von Tiefpflügen im 19. Jh.

Einflüsse gehen von der ackerbaulichen Bewirtschaftung aus. Hierbei sind bodenverbessernde Maßnahmen und die technische Entwicklung bei Pfluggeräten besonders signifikant.

Die historisch-archivalischen Quellen enthalten keine unmittelbaren Daten zu Stofftransporten. Aussagen hierüber lassen sich jedoch methodisch komparativ und in der retrospektiven Übertragung von aktuell beobachteten Prozessen treffen. Somit wurden die Hauptfaktoren der Bodennutzungsverhältnisse für aktuelle Bodenerosionsprozesse herausgegriffen, um daraus Schlüsse für tendenziell auch in der Vergangenheit vergleichbare Stofftransporte abzuleiten. Green hat 1978 eine Karte zu den prozentualen Anteilen drainierter landwirtschaftlicher Nutzflächen in Europa vorgelegt (GREEN 1978) und die langfristigen Auswirkungen, so z. B. das Absacken des Bodens im englischen Fenland und in den Everglades von Florida[8] um 32 mm jährlich, hervorgehoben. Goudie nennt in seiner allgemeinen Betrachtung zur Bodenerosion ausdrücklich Entwaldung und Pflügen als bestimmende anthropogene Faktoren (GOUDIE 1994, 179). Insgesamt lässt sich flächendeckend ein Verlust von Humus auf landwirtschaftlichen Nutzflächen konstatieren, was wiederum die Bodenerosion fördert. Demgegenüber betont Goudie: „Wälder schützen den darunter befindlichen Boden vor der direkten Auswirkung des Niederschlags und schaffen damit eine Umwelt, in der die Erosionsraten im allgemeinen eher niedrig sind" (GOUDIE 1994, 182). Weitere schützende Faktoren sind das Laubdach und wiederum die Humusschicht, die den Regeneinfluss reduziert. Mit der Entfernung des Waldes entwickeln folgende, deshalb im Projekt untersuchte anthropogene Faktoren einen entsprechenden „impact": „Daneben werden die Pflügetechnik, die Pflanzzeit, die Art der Nutzpflanzen und die Größe der Felder den Schweregrad der Erosion beeinflussen" (GOUDIE 1994, 183). Damit liefern diese vorliegenden Ergebnisse bei aktuell dokumentierten Prozessen Anhaltspunkte, ohne allerdings für historische Phasen direkt vergleichbares Zahlenmaterial bereitstellen zu können.

In Phasen dominanter Laubwaldbedeckung ist mit einer Zunahme der Laubstreuentnahmen durch die lokalen Bevölkerung zu rechnen, aber insgesamt ist die durch Starkregenereignisse bedingte Erosion insbesondere in Hangwäldern vermutlich geringer als in Phasen der Walddevastierung mit höheren Offenlandanteilen und einhergehenden Verheidungsprozessen, die durch die Abplaggung der obersten Deckschicht entscheidend gefördert wurden. Ebenso ist vermutlich ein erhöhter Nadelwaldanteil mit geringerer bodennaher Vegetation anfälliger für Erosion als ein Mischwald. Auch hierfür müssen aktuelle Beobachtungen komparativ hinzugezogen werden, lediglich in Forstbeschreibungen seit dem 19. Jh. wird die Erosion explizit thematisiert.

Insbesondere Altkarten aus der Neuzeit und frühe Katasterwerke lassen Flächennutzungsbilanzierungen zu. Das Fehlen topographisch hinreichend exakter Karten für die Zeit vor dem 17. Jh. führt wiederum zur Notwendigkeit der quantitativen Auswertung schriftlicher Quellen aus dem Spätmittelalter, die es erlaubt, differenziertere Aussagen über Landnutzungszustände und ihre Dynamik zu treffen.

Die am besten zu bilanzierende Landnutzungsveränderung ist das Wald-Offenlandverhältnis. Ein Forschungsschwerpunkt lag deshalb zunächst im Bereich der Rekonstruktion von historischen Waldflächen. Aufgrund der guten Quellenlage war es sogar möglich, die Waldflächen weiter zu differenzieren und ver-

---

[8] Vgl. zu den Everglades von Florida auch: STEPHENS 1956.

schiedene Waldentwicklungstypen herauszuarbeiten, deren Auswirkung auf Abfluss, Erosion und letztlich auf Stofftransport zum Fluss ganz unterschiedlich war.

In einem nächsten Schritt ist es von großem Interesse, auch das Offenland weiter differenzieren zu können. Hier ergeben sich größere Schwierigkeiten aufgrund des früher viel stärker gegliederten Nutzungsgradienten, der sich oftmals auch nicht auf einzelne Flächen abgrenzen lässt. Während das Grünland sich noch relativ gut fassen lässt, haben sich beim Ackerland größere Aussageungenauigkeiten ergeben, die noch weiter präzisiert werden müssen. Über eine Sammlung von allgemeinen Kennziffern (z. B. Futterbedarf von Tieren, Pflug- und Erntetermine), die aus den regionalen Quellen stammen, sind noch Rückschlüsse auf die Bodennutzung und -bearbeitung zu ziehen, die Hinweise auf Bodenabtrags- und -auftragsprozesse geben können.

Neben diesen immer wiederkehrenden und stärker evolutionären Prozessen sind auch kurzfristige Prozesse und Ereignisse, wie z. B. Auswirkungen von Hochwasser auf die Landnutzung am Niederrhein, hervorzuheben, deren Einfluss erheblich sein konnte.

Das Projektziel, methodische Grundlagen zu entwickeln, die dazu dienen, Landnutzung als einen Steuerungsfaktor des fluvialen Systems des Rheins über einen längeren Zeitraum – ausgehend vom Mittelalter – besser zu verstehen, ist erreicht worden.

Literatur

ACHILLES 1993
W. Achilles, Deutsche Agrargeschichte im Zeitalter der Reformen und Industrialisierung (Stuttgart 1993).

AYRES/SIMONIS 1993
R. U. Ayres/U. E. Simonis, Industrieller Metabolismus. Konzept und Konsequenzen. Wissenschaftszentrum Berlin, Report-Nr. FS II 93-407 (Berlin 1993).

BAUMERWERD-SCHMIDT/GERLACH 2002
H. Baumerwerd-Schmidt/R. Gerlach, Die ausgeziegelte Landschaft. Ausmaß, Folgen und Konsequenzen. In: H. Koschik (Hrsg.), Archäologie im Rheinland 2001 (Stuttgart 2002) 149-152.

BENNASSAR 1996
B. Bennassar (Hrsg.), Les catastrophes naturelles dans l'Europe médiévale et moderne. Actes des XVes Journées Internationales d'Histoire de l'Abbaye de Flaran 10, 11 et 12 septembre 1993 (Toulouse 1996).

BERGLUND 1990
B. E. Berglund, The Cultural Landscape During 6.000 Years in Southern Sweden – the Ystad Project. Ecological Bulletins 41 (Lund 1990).

BERNHARDT 1998
Ch. Bernhardt, Zeitgenössische Kontroversen über die Umweltfolgen der Oberrheinkorrektion im 19. Jahrhundert. Zeitschrift für die Geschichte des Oberrheins 146, 1998, 293-319.

BOHLE 2001
H.-G. Bohle, Vulnerability and Criticality: Perspectives from Social Geography. International Human Dimension Project (IHDP) Newsletter Update 2, 2001, 1-5.

BORK 1998
H.-R. Bork, Landschaftsentwicklung in Mitteleuropa. Wirkungen des Menschen auf Landschaften (Gotha 1998).

BORN 1974
M. Born, Die Entwicklung der deutschen Agrarlandschaft. Erträge der Forschung 29 (Darmstadt 1974).

BORN 1980
M. Born, Siedlungsgenese und Kulturlandschaftsentwicklung in Mitteleuropa. Gesammelte Aufsätze. Hrsg. von K. Fehn. Erdkundliches Wissen 53 (Wiesbaden 1980).

BORST 1981
A. Borst, Das Erdbeben von 1348. Ein historischer Beitrag zur Katastrophenforschung. Historische Zeitschrift 233, 1981, 529-569.

BURGGRAAFF 1992a
P. Burggraaff, Kulturlandschaftswandel am unteren Niederrhein seit 1150. Beiheft, Karte IV 7.1. Kulturlandschaftswandel am unteren Niederrhein 1150-1730. Mit einem Beitrag von Rudolf Straßer. Geschichtlicher Atlas der Rheinlande, Lfg. 4 IV 7.1 = Publikationen der Gesellschaft für Rheinische Geschichtskunde N.F. 12, Abt. 1b (Köln 1992).

BURGGRAAFF 1992b
P. Burggraaff, Kulturlandschaftswandel am unteren Niederrhein seit 1150. Karte IV 7.2. Kulturlandschaftswandel am unteren Niederrhein 1730-1984. Mit einem Beitrag von Rudolf Straßer. Geschichtlicher Atlas der Rheinlande, Lfg. 4 IV 7.2 = Publikationen der Gesellschaft für Rheinische Geschichtskunde N.F. 12, Abt. 1b (Köln 1992).

BUTZER 1996
K. W. Butzer, Ecology in the Long View: Settlement, Agrosystem Strategies and Ecological Perfomance. Journal of Field Archaeology 23, 1996, 141-150.

CRUTZEN/STOERMER 2000
P. J. Crutzen/E. F. Stoermer, The „Anthropocene". Global Change Newsletter 41, 2000, 17 f.

DIX 1997
A. Dix, Industrialisierung und Wassernutzung. Eine historisch-geographische Umweltgeschichte der Tuchfabrik Ludwig Müller in Kuchenheim (Köln 1997).

EBELING 1999
D. Ebeling (Hrsg.), Historisch-thematische Kartographie. Konzepte, Methoden, Anwendungen (Bielefeld 1999).

FEDERICO 2001
G. Federico: How Did They Feed Us? The Growth of World Agricultural Output 1800-1938. Centre of Agricultural History, University of California, Working Papers (Davis 2001).

FISCHER-KOWALSKI/HABERL 1995
M. Fischer-Kowalski/H. Haberl, Metabolism and Colonisation. Modes of Production and the Physical Exchange between Societies and Nature. London School of Economics, Centre for the Study of Global Governance, Discussion Paper 5 (London 1995).

GERLACH 1990
R. Gerlach, Flußdynamik des Mains unter dem Einfluß des Menschen seit dem Spätmittelalter. Forschungen zur deutschen Landeskunde 234 (Trier 1990).

GLASER 2001
R. Glaser, Klimageschichte Mitteleuropas. 1000 Jahre Wetter, Klima, Katastrophen (Darmstadt 2001).

GOUDIE 1994
A. Goudie, Mensch und Umwelt. Eine Einführung (Berlin, Oxford 1994).

GREEN 1978
F. H. W. Green, Field Drainage in Europe. Geographical Journal 144, 1978, 171-174.

HAHN u. a. 1973
H. Hahn/W. Zorn/H. Jansen/W. Krings, Historische Wirtschaftskarte der Rheinlande um 1820. Arbeiten zur rheinische Landeskunde 37 = Rheinisches Archiv 87 (Bonn 1973).

HANNAH u. a. 1994
L. Hannah/D. Lohse/C. Hutchinson/J. L. Carr/A. Lankerani, A Preliminary Inventory of Human Disturbance of World Ecosystems. Ambio 23, 1994, 246-250.

HENNING 1994
F. W. Henning, Deutsche Agrargeschichte des Mittelalters, 9.-15. Jahrhundert (Stuttgart 1994).

HENNING 1996
F. W. Henning, Wirtschaftliche und rechtliche Faktoren für die Gestaltung des Kulturflächenverhältnisses im Mittelalter und in der frühen Neuzeit. In: H. Behrens/G. Neumann/A. Schikora (Hrsg.), Wirtschaftsgeschichte und Umwelt – Hans Mottek zum Gedenken. Umweltgeschichte und Umweltzukunft 3 = Forum Wissenschaft, Studien 29 (Marburg 1996) 241-264.

HOSKINS 1955
W. G. Hoskins, The Making of the English Landscape (London 1955).

IRSIGLER 1992
F. Irsigler, „Teutschlands hochschlagende Pulsader". Zur wirtschaftlichen Bedeutung des Rheins bis zum frühen 19. Jahrhundert. In: K. Honnef/K. Weschenfelder/I. Haberland (Hrsg.), Vom Zauber des Rheins ergriffen ...: zur Entdeckung der Rheinlandschaft vom 17. bis 19. Jahrhundert (Koblenz, Bonn 1992) 67-80.

JÄGER 1959
H. Jäger, Die Ausdehnung der Wälder in Mitteleuropa über offenes Land. In: Geographie et Histoire agraires. Annales de l'Est 21 (Nancy 1959) 300-312.

JÄGER 1963
H. Jäger, Zur Geschichte der deutschen Kulturlandschaften. Geographische Zeitschrift 51 (1963) 90-143.

JÄGER 1968
H. Jäger (Hrsg.), Beiträge zur Genese der Siedlungs- und Agrarlandschaft Europas. Erdkundliches Wissen 18 (Wiesbaden 1968).

JÄGER 1987
H. Jäger, Entwicklungsprobleme europäischer Kulturlandschaften. Eine Einführung (Darmstadt 1987).

JAKUBOWSKI-TIESSEN 1992
M. Jakubowski-Tiessen, Sturmflut 1717. Die Bewältigung einer Naturkatastrophe in der Frühen Neuzeit (München 1992).

JONES 1987
E. L. Jones, The European Miracle. Environments, Economics, and Geopolitics in the History of Europe and Asia² (Cambridge 1987).

KAIN/BAIGENT 1992
R. Kain/E. Baigent, The Cadastral Map in the Service of the State (Chicago 1992).

KIEFMANN 1978
H.-M. Kiefmann, Bosau. Untersuchung einer Siedlungskammer in Ostholstein III. Historisch-geographische Untersuchungen zur älteren Kulturlandschaftsentwicklung. Offa-Bücher 38 (Neumünster 1978).

KLEIN GOLDEWIJK 2001
K. Klein Goldewijk, Estimating Global Land Use Change Over the Past 300 Years: The HYDE Database. Global Biochemical Cycles 15, 2001, 417-434.

KOSSACK u. a. 1984
G. Kossack/K.-E. Behre/P. Schmid (Hrsg.), Archäologische und naturwissenschaftliche Untersuchungen an ländlichen und frühstädtischen Siedlungen im deutschen Küstengebiet vom 5. Jahrhundert v. Chr. bis zum 11. Jahrhundert n. Chr. 1. Ländliche Siedlungen (Weinheim 1984).

KÜSTER 1995
H. Küster, Geschichte der Landschaft in Mitteleuropa. Von der Eiszeit bis zur Gegenwart (München 1995).

LANDES 1998
D. Landes, The Wealth and Poverty of Nations. Why Some are so Rich and Some so Poor (New York 1998).

LEEMANS u. a. 2000
R. Leemans/K. Klein Goldewijk/F. Oldfield, BIOME 300: Developing a Fast Track Global Database of Landcover History. International Human Dimension Project (IHDP) Newsletter Update 3, 2000, 6 f.

VAN DER LEEUW 2001
S. E. van der Leeuw, „Vulnerability" and the Integrated Study of Socio-Natural Phenomena. International Human Dimension Project (IHDP) Newsletter Update 2, 2001, 6 f.

MÄCKEL/FRIEDMANN 1998
R. Mäckel/A. Friedmann (Hrsg.), Wandel der Geo-Biosphäre in den letzten 15.000 Jahren im südlichen Oberrheintiefland und Schwarzwald. Freiburger Geographische Hefte 54 (Freiburg 1998).

MC GLADE 1995
J. Mc Glade, Archaeology and the Ecodynamics of Human-Modified Landscapes. Antiquity 69, 1995, 113-132.

MESSERLI u. a. 2000
B. Messerli/M. Grosjean/Th. Hofer/L. Núñez/Ch. Pfister, From Nature-Dominated to Human-Dominated Environmental Changes. Quaternary Science Reviews 19, 2000, 459-479.

MEYER 1999
T. Meyer, Natur, Technik und Wirtschaftswachstum im 18. Jahrhundert. Risikoperzeption und Sicherheitsversprechen. Cottbuser Studien zur Geschichte von Technik, Arbeit und Umwelt 12 (Münster, New York, München, Berlin 1999).

MIZGAJSKI 1990
A. Mizgajski, Entwicklung von Agrarlandschaften im mitteleuropäischen Tiefland seit dem 19. Jahrhundert in energetischer Sicht. Beispiele aus dem Emsland und Wielkopolska. Münstersche Geographische Arbeiten 33 (Paderborn 1990).

MUSALL 1969
H. Musall, Die Entwicklung der Kulturlandschaft der Rheinniederung zwischen Karlsruhe und Speyer vom Ende des 16. Jahrhunderts bis zum Ende des 19. Jahrhunderts. Heidelberger Geographische Arbeiten 22 (Heidelberg 1969).

OTREMBA 1962-1971
E. Otremba (Hrsg.), Atlas der deutschen Agrarlandschaft (Wiesbaden 1962-1971).

PFISTER 1996
Ch. Pfister, Das „1950er Syndrom": Die umweltgeschichtliche Epochenschwelle zwischen Industriegesellschaft und Konsumgesellschaft. In: Ch. Pfister (Hrsg.), Das 1950er Syndrom. Der Weg in die Konsumgesellschaft² (Bern 1996) 51-95.

PFISTER 1999
Ch. Pfister, Wetternachhersage. 500 Jahre Klimavariationen und Naturkatastrophen (Bern 1999).

PFISTER/EGLI 1998
Ch. Pfister/H.-R. Egli (Hrsg.), Historisch-statistischer Atlas des Kantons Bern (Bern 1998).

PFISTER/HÄCHLER 1991
Ch. Pfister/St. Hächler, Überschwemmungskatastrophen im Schweizer Alpenraum seit dem Spätmittelalter. Raumzeitliche Rekonstruktion von Schadensmustern auf der Basis historischer Quellen. In: R. Glaser/R. Walsh (Hrsg.), Historical Climatology in Different Climatic Zones. Würzburger Geographische Arbeiten 80 (Würzburg 1991) 127-148.

RADKAU 2000
J. Radkau, Natur und Macht. Eine Weltgeschichte der Umwelt (München 2000).

SCHENK 1996
W. Schenk, Waldnutzung, Waldzustand und regionale Entwicklung in vorindustrieller Zeit im mittleren Deutschland. Historisch-geographische Beiträge zur Erforschung von Kulturlandschaften in Mainfranken und Nordhessen. Erdkundliches Wissen 117 (Stuttgart 1996).

SCHENK 1999
W. Schenk (Hrsg.), Aufbau und Auswertung „Langer Reihen" zur Erforschung von historischen Waldzuständen und Waldentwicklungen. Tübinger Geographische Studien 125 (Tübingen 1999).

SCHLÜTER 1952
O. Schlüter, Die Siedlungsräume Mitteleuropas in frühgeschichtlicher Zeit. Erläuterungen zu einer Karte. 1. Heft. Einführung in die Methodik der Altlandschaftsforschung. Forschungen zur deutschen Landeskunde 63 (Remagen 1952).

SCHLÜTER 1958
O. Schlüter, Die Siedlungsräume Mitteleuropas in frühgeschichtlicher Zeit. Erläuterungen zu einer Karte. 2. Heft. Erklärung und Begründung der Darstellung. 2. Teil. Das mittlere und nordöstliche Mitteleuropa. Forschungen zur deutschen Landeskunde 110 (Remagen 1958).

SCHLÜTER 1959
O. Schlüter, Die Siedlungsräume Mitteleuropas in frühgeschichtlicher Zeit 1:200.000. In: Th. Kraus/E. Meynen/H. Mortensen/H. Schlenger (Hrsg.), Atlas östliches Mitteleuropa (Bielefeld, Berlin, Hannover 1959) Blatt 10.

SPEK 1996
Th. Spek, Die bodenkundliche und landschaftliche Lage von Siedlungen, Äckern und Gräberfeldern in Drenthe (nördliche Niederlande). Eine Studie zur Standortwahl in vorgeschichtlicher, frühgeschichtlicher und mittelalterlicher Zeit (3400 v. Chr. – 1500 n. Chr.). Siedlungsforschung. Archäologie – Geschichte – Geographie 14, 1996, 95-193.

STEPHENS 1956
J. C. Stephens, Subsidence of Organic Soils in the Florida Everglades. Proceedings of the Soil Science Society of America 20, 1956, 77-80.

STRAßER 1989
R. Straßer, Veränderungen des Rheinlaufes zwischen Wupper- und Düsselmündung seit der Römerzeit. Geschichtlicher Atlas der Rheinlande, Lfg. 3, Beiheft I 6 = Publikationen der Gesellschaft für Rheinische Geschichtskunde N.F. 12, Abt. 1b (Köln 1989).

STRAßER 1992
R. Straßer, Die Veränderungen des Rheinstromes in historischer Zeit. Publikationen der Gesellschaft für Rheinische Geschichtskunde 68 (Düsseldorf 1992).

TURNER 1990
B. L. Turner II (Ed.), The Earth as Transformed by Human Action. Global and Regional Changes in the Biosphere Over the Past 300 Years. Based on Papers Presented at a Symposium Held at Clark University, Worcester, Mass., on Oct. 25-30, 1987 (Cambridge 1990).

UHLIG 1956
H. Uhlig, Die Kulturlandschaft. Methoden der Forschung und das Beispiel Nordostengland. Kölner Geographische Arbeiten 9/10 (Köln 1956).

WEICHHART 1980
P. Weichhart, Auf dem Wege zu einer Theorie der Gesellschaft-Umwelt-Beziehungen? Mitteilungen der Österreichischen Geographischen Gesellschaft 122, 1980, 49-69.

WITTE u. a. 1995
W. Witte/P. Krahe/H.-J. Liebscher, Rekonstruktion der Witterungsverhältnisse im Mittelrheingebiet von 1000 n. Chr. bis heute anhand historischer hydrologischer Daten. Bericht Nr. II-9 der Internationalen Kommission für die Hydrologie des Rheingebietes (Lelystad 1995).

| Kulturlandschaft Wahrnehmung – Inventarisation – Regionale Beispiele | Fundberichte aus Hessen Beiheft 4 (2005) | Seite 331-342 |

Forschungen zur historischen Kulturlandschaft im Agrar- und Freilichtmuseum Schloss Blankenhain und im Ecomuseum Zwickauer Land

Von Jürgen Knauss

Freilichtmuseen sind Präsentationen, in denen konkrete Dinge der Kultur im Freien und in einem geordneten Rahmen gezeigt werden. Gegenstand der Ausstellung sind Bauwerke, die verschiedenen Zwecken dienen, wie Wohnen, Leben und Arbeiten, Handwerk und Technik, Industrie und Verkehr, Erziehung, Ritus oder Brauchtum, sowie historische Flur- und Bewirtschaftungsformen, aber auch vom Aussterben bedrohte Nutztierrassen und Nutzpflanzen sowie sonstige Relikte der menschlichen Tätigkeit in der Kulturlandschaft selbst. Letztere finden sich entweder in einer planmäßigen musealen Zusammenstellung oder am ursprünglichen, angestammten Ort.
Diese Definition des Verfassers, die verschiedene Konzeptionsansätze dieser Museumsgattung zusammenführt, zeigt, dass das Freilichtmuseum einen umfassenden Ansatz zur Dokumentation der Kulturlandschaft in sich vereint.

Die Anfänge der Freilicht- und Ecomuseen

Entstanden ist die Idee des Freilichtmuseums im 19. Jh. in Skandinavien. Im Zuge der Industrialisierung und der damit verbundenen Abwanderung der Bevölkerung vom Land in die aufstrebenden Städte, entstand das wissenschaftliche Bedürfnis, sich der ländlichen Kultur, Wirtschaft und Sozialstruktur intensiver zuzuwenden. Der Grundstein für das Freilichtmuseum der heutigen Tage wurde in Stockholm gelegt. Der schwedische Geograph und Volkskundler Arthur Hazelius, der das Nordische Museum in Stockholm gründete, begann schon früh mit der inszenierten Darstellung von Lebenszusammenhängen in diesem Volkskundemuseum. In Anlehnung an die Wiener Weltausstellung von 1873, bei der im Prater Gebäudegruppen aus verschiedenen Gegenden Europas aufgebaut worden waren, begann er, im Stockholmer Museum eine Hütte der Samen (Lappen) zu errichten. Die Darstellung mithilfe von Gerätschaften, Einrichtungsgegenständen und lebensgroßen Figuren sollte das Leben dieses nordischen Volksstammes widerspiegeln. Ebenso begann man sich im ausgehenden 19. Jh. Gedanken um die Bewahrung historischer Gebäude zu machen. Bereits 1881 wurde die Stabkirche von Gol in Norwegen vor der endgültigen Zerstörung bewahrt, indem sie von König Oskar II. gekauft, abgebaut und an anderer Stelle wieder aufgebaut wurde. Diese Translozierung eines Gebäudes zu seiner Bewahrung faszinierte Hazelius derart, dass er seine museale Idee der Inszenierung von Lebenssituationen nun auf ganze Gebäudegruppen ausdehnte. Er plante Gehöfte, die an ihrem ursprünglichen Standort verfielen, abzubauen und zur Rettung, Erhaltung und musealen Darstellung an einem anderen Ort wieder aufzubauen. Nach diesen Plänen entstand das erste Freilichtmuseum 1891 unter dem Namen „Skansen" auf der Insel Djurgarden bei Stockholm. Damit war eine neue Museumsgattung entstanden, die sich von Schweden aus nicht nur über Skandinavien nach Zentral- und Osteuropa sondern in die ganze Welt verbreitete.
Standen zu Beginn der Freilichtmuseen die parkartig gruppierte Anordnung von Gebäuden im Vordergrund, so erfolgte schon in den ersten Jahren des 20. Jh. die Arrangierung von Gebäudegruppen zu Dorfensembles. Neuaufkommende Überlegungen sahen die Schaffung von In-situ-Freilichtmuseen im Rahmen

sogenannter ethnographischer Dörfer vor. In der zweiten Hälfte des 20. Jh. kam es zu mehreren Wellen von Freilichtmuseumsgründungen. Mit dem Grundsatz der ganzheitlichen Darstellung begann schließlich ein neuer Abschnitt im Freilichtmuseumswesen, galt es doch von nun an neben den Gebäuden auch die umliegende Kulturlandschaft, die Kraut- und Hausgärten sowie die Haltung historischer Tierrassen in die museale Darstellung einzubeziehen. In Frankreich entwickelte zu dieser Zeit der langjährige Präsident des International Council of Museums (ICOM) Georges Henri Riviere die Idee des Ecomuseum – „Eco" hier zu verstehen als Einheit von „ecology" (Ökologie) und „economy" (Wirtschaft). Dieser an die Freilichtmuseumsidee angelehnte Museumstyp arbeitet dezentral, sich über eine definierte Region erstreckend und fast ausschließlich mit In-situ-Objekten. Das Ecomuseum will das System Mensch-Umwelt-Wirtschaft der darzustellenden Region in der Gesamtheit der historisch-geographischen Prozesse der Bevölkerung und den Besuchern vermitteln – das Museum soll zum Spiegel des gesamten Lebensraumes werden. Ausgangspunkt ist ein umfassender Kulturbegriff, verstanden als kulturelles Erbe in seiner Multidimensionalität der Lebens- und Milieuzusammenhänge, der geographischen, historischen, wirtschaftlichen, ökologischen, technischen und ästhetischen Besonderheiten einer Region.

Freilichtmuseen mit dem Themenschwerpunkt „ländlicher Raum"

Diese Museen haben als Hauptaufgabe die Dokumentation der Siedlungs-, Wohn- und Wirtschaftsweise einer Region. Gerade im ländlichen Raum sind Dorf- und Flurformen sowie Gehöft- und Haustypen die am deutlichsten sichtbar gewordenen Zeugen der menschlichen Kulturtätigkeit. Dem Freilichtmuseum fällt damit als zentrale Aufgabe die Darstellung der geschichtlichen Entwicklung des Natur- und Siedlungsraumes sowie der Kulturlandschaft zu.

Die Vermittlung dieser Sachverhalte geschieht mithilfe von am Ort erhaltener, originaler und translozierter Bausubstanz sowie materieller Sachzeugen der Alltagskultur. Ziel ist eine möglichst komplexe Darstellung der Lebens-, Wohn- und Wirtschaftsverhältnisse v. a. des ländlichen Kulturkreises einschließlich der physisch- und anthropogeographischen Gegebenheiten.

Wie kaum eine andere Museumsart haben die Freilichtmuseen durch ihre Eigenart als „Museum im Freien" schon von vornherein eine besondere Beziehung zu der sie umgebenden Landschaft und den dort wirksamen Standortfaktoren. Da es sich bei den meisten dieser Museen um Präsentationen aus dem bäuerlich-ländlichen Kulturkreis handelt, also einer Lebens- und Wirtschaftsweise, die auf das Engste mit der Umwelt verzahnt war, ist die Erforschung dieser Anpassungsformen ein wichtiger Arbeitsschwerpunkt. Die Darstellung von Bauensembles in Freilichtmuseen darf also nicht isoliert von der umgebenden Landschaft gesehen werden; dies gilt in gleicher Weise für In-situ-Freilichtmuseen wie auch für solche, die translozierte Gebäude ausstellen. Die Haus- und Hofformen stehen in einem Beziehungsgeflecht mit der sie umgebenden Landschaft, zeigen doch Haus, Hof und die Flur die vielfältigen Anpassungen des Menschen an seine Umwelt auf. Gerade die Vielfalt der kulturbedingten Lebensräume im ländlichen Bereich machten und machen unbewusst einen Großteil der Begriffswelt „Heimat" aus.

Dreh- und Angelpunkt der Präsentation in einem landwirtschaftlich geprägten Freilichtmuseum ist daher die Kulturlandschaft mit Haus, Hof, Siedlung, Wirtschaftsgebäuden, Feld, Wald und Flur, als dem entscheidenden Geo-, Bio- und Psychotop des Menschen. Die Beschäftigung mit dem Haus- und Siedlungswesen bildet damit die wichtigste Grundlage für alle weiteren Forschungs- und Darstellungsbereiche im Freilicht- wie auch im Ecomuseum. Denn gerade das bauliche Kulturerbe ermöglicht in Verbindung mit der Wirtschafts- und Sozialgeographie sowie der Wirtschaftsgeschichte einer Region Rückschlüsse auf die sozial-, wirtschafts- und kulturgeschichtlichen Lebensbedingungen der Bevölkerung.

Schon die Wahl des Siedlungsplatzes war kein Akt der bloßen Willkür, sondern eine bewusste und wohldurchdachte Entscheidung. Für diesen Entscheidungsprozess waren die von der Natur vorgegebenen Bedingungen wie etwa topographische Lage, die Verfügbarkeit von Wasser sowie die lokalen Boden- und Klimaverhältnisse von besonderer Bedeutung. Bei dieser Wahl wirkten ebenso die sozioökonomischen, agrarstrukturellen, historischen und kulturellen Faktoren wie Grundbesitz, Herrschaftsgebiet etc. entscheidend mit. Damit spiegelt der Siedlungsplatz eines Hauses oder einer Dorflage das Zusammenwirken von Natur, Raumbewegung des Menschen und Wirtschaft auf das Deutlichste wider.

Doch nicht nur der Siedlungsplatz weist eine Naturgebundenheit auf, auch die Bauernhäuser, die Wirtschaftsbauten, die Gebäudeanlagen an sich zeigen in mannigfaltiger Weise die verschiedenartigen Anpassungen an die naturräumlichen Verhältnisse (Abb. 1).
Entscheidend ist hierbei die Verwendung der vorhandenen Baumaterialien wie etwa Holz, Lehm und Steine. Ebenso spielt das Klima eine maßgebliche Rolle, ob es sich um einen Viehbetrieb mit Grünlandwirtschaft oder um einen Ackerbaubetrieb handelt. Daraus lassen sich Rückschlüsse auf die Gebäudenutzung ziehen, beispielsweise was den Bedarf an Stallungen, Scheunen oder Speicherbauten betrifft. Daneben war und ist das Haus auch der Lebensraum von Menschen und damit gleichzeitig ein historischer, soziologischer und wirtschaftlicher Interaktionsraum.

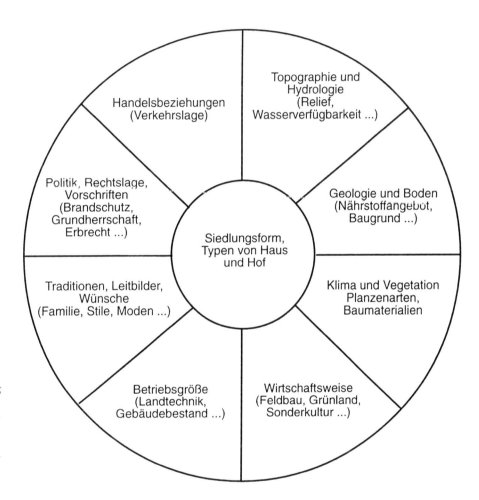

Abb. 1.
Schematische Darstellung der historischen und geographischen Faktoren sowie deren Einfluss auf die Entwicklung der Siedlungsform, der Haus- und Hoftypen.

Die Aufgabe von Freilichtmuseen wie auch von Ecomuseen im und zum ländlichen Raum ist es, diese vielfältigen Anpassungen von Haus, Hof und Siedlung an die umgebende Landschaft aufzuzeigen. Damit hat das Freilicht- und Ecomuseum eine besondere erzieherische Aufgabe in der Vermittlung von Wissen über die Vergangenheit, über sozioökonomische Entwicklungen und die Kulturlandschaftsgenese zu erfüllen. Die Grundlage dieser Wissensvermittlung ist v. a. im Bereich der Ausstellung gegeben. Hierbei wird der Begriff der Ausstellung nicht nur auf Exponate in Räumen bezogen, sondern auch die translozierten oder vor Ort belassenen Bauobjekte einschließlich der umgebenden Kulturlandschaft sind Teil dieser Ausstellung. Diese Museumsgattung ist dadurch neben ihrer denkmalpflegerischen Dokumentation zugleich ein Raum für die Erhaltung einer historisch gewachsenen Kulturlandschaft.

Beispiele historisch-geographischer Forschungen im Zwickauer Land

Das Zwickauer Land ist eine Region im Westen des Freistaates Sachsen am Rande des Altenburger Landes. Sie ist im Übergangsbereich zwischen Vogtland, Erzgebirge, Erzgebirgsbecken und den Ausläufern der Leipziger Tieflandbucht gelegen. Bedingt durch diese Grenzlage ist das Zwickauer Land besonderes vielfältig strukturiert und bietet sich für umfangreiche historisch-geographische Studien geradezu an.

Um eine ganze Region in einem Gesamtmuseum fassen zu können, besteht das erweiterte Freilichtmuseum aus einem Zentralmuseum, von dem aus einzelne Außenstellen über ein Netzwerk von Lehrpfaden, Wanderwegen und Straßen erschlossen werden. Im Fall des Zwickauer Landes ist das Leit- und Zentralmuseum das Agrar- und Freilichtmuseum Schloss Blankenhain, das mit derzeit 60 Gebäuden und baulichen Anlagen, 80 thematischen Ausstellungen und 11 ha landwirtschaftlicher Nutzfläche das größte mitteldeutsche Freilichtmuseum darstellt (Abb. 2).

Dieses als landwirtschaftliches Freilichtmuseum gegründete Museum weist als Besonderheit die Tatsache auf, dass Zweidrittel der Gebäude in situ erhalten werden konnten und nur der zur umfassenden Darstellung des ländlichen Raumes notwendige, dort aber fehlende Teil an Gebäuden transloziert werden musste. Das direkte kulturlandschaftliche Umfeld des Blankenhainer Museums ist durch verschiedene Lehrpfade und erläuternde Wanderwege im Rahmen eines „Museums in der Landschaft" in einem Radius von 10 km erschlossen. In Anlehnung an amerikanische Beispiele in den dortigen Nationalparks sind die Natur- und Kulturdenkmale in der Kulturlandschaft im Sinne von Beobachtungs- und Entdeckungspfaden erschlossen. Erklärungen zur Geographie, Geologie, Ökologie, Geschichte und Volkskunde, der Flora und Fauna werden z. T. vor Ort auf Informationstafeln, in Führungen oder durch schriftliche Führer gegeben. Dies trifft beispielsweise auf das Bodendenkmal einer frühdeutschen Wehranlage, Relikte historischer Ver-

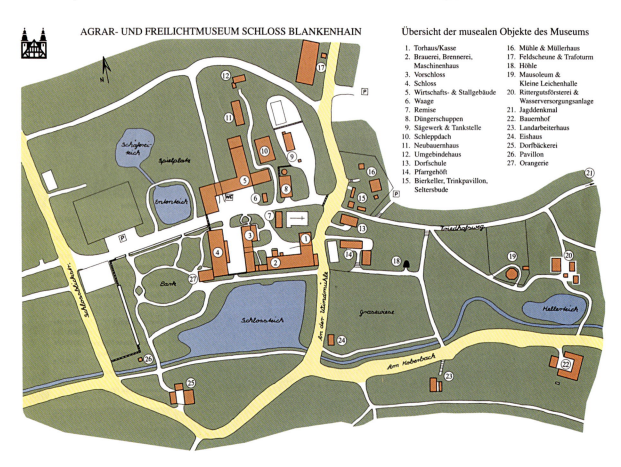

Abb. 2. Übersichtskarte des Agrar- und Freilichtmuseums Schloss Blankenhain
(Kartenentwurf: Archiv Agrar- und Freilichtmuseum Schloss Blankenhain).

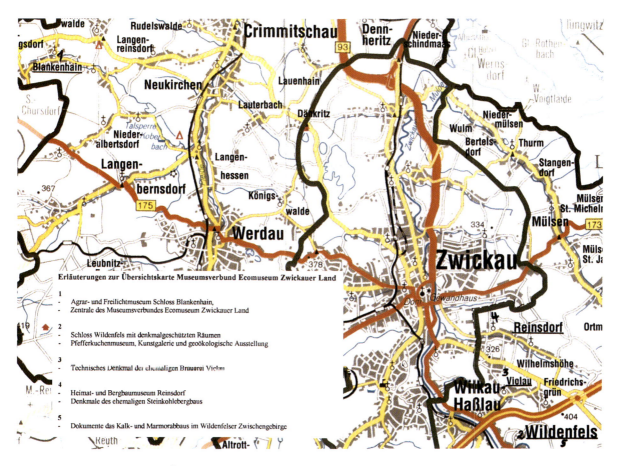

Abb. 3. Übersichtskarte des Museumsverbundes Ecomuseum Zwickauer Land.

kehrswege wie Furten, Hohlwege oder alte Handelsrouten, historische Teiche bzw. deren Überreste, Streuobstwiesen, Flur- und Wallhecken, eine Talsperre, Mergelgruben und andere anthropogene Kulturlandschaftsrelikte zu.

Ausgehend von diesem In-situ-Freilichtmuseum in Blankenhain verteilen sich nun seit Gründung des Museumsverbundes Ecomuseum Zwickauer Land im November 2002 verschiedene Außenstellen im gleichnamigen Landkreis, so das Heimat- und Bergbaumuseum Reinsdorf, das funktionsfähige technische Denkmal der historischen Brauerei Vielau, das Schloss Wildenfels und die Denkmäler des Kalk- und Marmorabbaus im Wildenfelser Zwischengebirge (Abb. 3).

Im Folgenden wird nun anhand konkreter Beispiele aus dem Agrar- und Freilichtmuseum Schloss Blankenhain und dem Ecomuseum Zwickauer Land die Vielfalt der Bearbeitung der historischen Kulturlandschaft im westsächsischen Raum und die Rolle, die diese Museen hierbei erfüllen, näher beleuchtet.

Der Siedlungsplatz der ehemaligen Rittergutsförsterei in Blankenhain

Ein ausgezeichnetes Beispiel für die Anpassung des Kulturraumes an naturräumliche Voraussetzungen stellen der Siedlungsplatz und die Gebäude der ehemaligen Rittergutsförsterei im Blankenhainer Freilichtmuseum dar. Diese In-situ-Anlage eines sehr aussagefähigen Museumsobjektes ist als ein besonderer Glücksfall zu bezeichnen.

Der aufgrund archäologischer Untersuchungen nachweislich seit dem ausgehenden 12. Jh. dauerhaft bebaute Siedlungsplatz zeigt eine spezifische Anpassung an den vorhandenen Boden, die topographische Lage und die Wasserversorgung. Auf einem leichten Bergsporn aus Lehm aus der Rotliegend-Zeit auf halber Talhöhe angelegt und von dauerhaft wasserführenden Hangschuttquellen umgeben, war die Lokalität gezielt gewählt. Die leichte Verfügbarkeit des Wassers bot die lebensnotwendige Siedlungsgrundlage. Der Bergsporn gewährleistete eine gewisse Sicherheit bei der Verteidigung gegen das Umland. Die Lage auf halber Talhöhe ermöglichte eine gute Erreichbarkeit der fruchtbaren Ackerböden in der Ebene wie auch der Wiesen und Weiden in den Talgründen. In den Lehm aus der Rotliegend-Zeit war eine Wohngrube, ein sogenanntes Grubenhaus, als erste Siedlungsform eingebaut. In dieser geologischen Formation besitzen die Wände ohne eine Stützkonstruktion Stabilität. Damit war, angepasst an die naturräumlichen Gegebenheiten, ein Siedlungsplatz gefunden, dessen Lagegunst sich bis in die heutige Zeit bewährt hat. So werden beispielsweise die Quellen mittels einer seit dem Jahre 1889 bestehendem Quellfassung der ehemaligen Wasserversorgung des Rittergutes noch heute von der Agrargenossenschaft Blankenhain für die Versorgung verschiedener Stallungen genutzt. Doch nicht nur die gewählte Siedlungslokalität zeugt von einer Anpassung an die naturräumlichen Bedingungen, auch die dendrochronologisch in das Jahr 1673 datierten und noch vorhandenen Gebäude sind Beispiele einer bodenständigen Baukultur. Die Block- und Fachwerkkonstruktion mit einer ehemaligen Strohdeckung zeigt deutliche Anpassungen an die von der Natur vorgegebenen Baumaterialien. Auch sozioökonomische Wandlungsprozesse können nachverfolgt werden. Im Zuge der Bauverordnungen des 19. Jh. wurde die Bohlenstube massiv ausgebaut und das Weichdach musste im Rahmen des Brandversicherungswesens einem Ziegeldach weichen. Als Besonderheit ist zudem die Verwendung von zwei verschiedenen Ausfachungsarten zu nennen. In beiden Gebäuden sind nebeneinander die im Erzgebirgsraum typische reine Stakenausfachung sowie die Flechtausfachung des Altenburger Landes verwendet worden (Abb. 4).

Damit stellen die Bauobjekte der ehemaligen Rittergutsförsterei auch ein Dokument der Überschneidung zweier angrenzender Räume unterschiedlicher Baukultur dar und verdeutlichen so den Grenzlandschafts-

Abb. 4.
Zwei verschiedene Ausfachungsarten
im Nebengebäude der Försterei
(Foto: Jürgen Knauss, 1998).

charakter der Region um Blankenhain bzw. des Zwickauer Landes generell. Man könnte hier in Anlehnung an einen Begriff aus der Ökologie von einem „Kultur-Ökoton" sprechen, also einem Raum, in dem sich verschiedene Kulturlandschaften überschneiden und durchdringen und der deshalb besonders arten- und facettenreich ist.

Relikte der Teichwirtschaft

Schon zur Römerzeit gibt es den mit Fischen besetzten Mühlteich, doch erscheint die eigentliche Teichwirtschaft erst im Frühen Mittelalter als Bestandteil des Klosterbetriebes und des Gutshofsystems. Bis zum Beginn des 18. Jh. blieben Klöster und Gutsbetriebe die Hauptträger der Teichwirtschaft.
In Blankenhain und seiner Umgebung sind noch eine ganze Anzahl von Teichen vorhanden, die durch das Museum als Objekte der Geschichte der Teichwirtschaft bearbeitet werden, am bedeutendsten ist der Schlossteich (Abb. 5).

Der Schlossteich von Blankenhain geht zurück auf eine Teichanlage, die in Verbindung mit dem Wasserschloss des 15. Jh. steht. Von Beginn an wurde er zur Fischzucht genutzt, worüber Archivalien informieren. Spätestens seit dem 19. Jh. diente er auch zur Gewinnung von Natureis für die Milch- und Brauwirtschaft des Rittergutes. Das im Winter in Blöcken ausgesägte Eis wurde seit 1849 in einem speziell errichteten Eishaus eingelagert. In dem heutigen Museumsobjekt wird eine Ausstellung zur Natureisgewinnung gezeigt. Derzeit wird der Schlossteich durch einen vom Museum beauftragten Binnenfischer fischwirtschaftlich genutzt; daneben ist er ein wertvoller Brut- und Lebensraum für Wasservögel.

Abb. 5. Das Rittergut Schloss Blankenhain mit Schlossteich im Vordergrund
(Foto: Archiv Agrar- und Freilichtmuseum Schloss Blankenhain, 2002).

Unterhalb des Stehgewässers befindet sich die sogenannte „Grasewiese", die von kleinen Dämmen umgeben ist. In der Rittergutsära wurde diese Fläche zum Abfischen beim jährlichen Ablassen des Schlossteiches genutzt, d. h. die Wiesenfläche wurde geflutet und im seichten Wasser der Fischbestand mit Netzen abgefischt. Noch heute ist die Wiesenvegetation und der Bodentyp ein Indikator für die regelmäßigen Überflutungen. Des Weiteren sind der ehemalige Teichdamm und der spätere Dammdurchstich am Ende der Wiese erkennbar.

Somit spiegeln Schlossteich und Grasewiese nicht nur ein Kulturlandschaftsrelikt wider, sie sind auch Dokumente der Wirtschaftsgeschichte des Blankenhainer Rittergutes.

Das Pleiße-Sprotte-Ackerhügelland

Am Nordrand des Erzgebirgsbeckens, im Übergangsbereich zum Lößgebiet der Sächsischen Gefildezone, erstreckt sich das Pleiße-Sprotte-Ackerhügelland. Diese sanft wellige Landschaft aus Lehm aus der Rotliegend-Zeit, tertiären Sanden und Kiesen sowie eiszeitlichen Ablagerungen wird von der Pleiße im Osten, der Sprotte im Westen und dem Koberbach im Süden eingerahmt. Das vielgestaltige Landschaftsbild besteht aus Ackerfluren, Wiesen und Weiden, Wäldern, Teichen sowie Dörfern. Das Zentrum bildet die ehemalige Tuchstadt Crimmitschau.

Diese Kleinlandschaft liegt im historischen wie aktuellen Grenzgebiet zwischen Sachsen-Altenburg, heute zu Thüringen gehörend, und Sachsen. Entlang dieser Grenze befand sich zwischen Blankenhain (Sachsen) und Mannichswalde (Thüringen) z. B. der Grenzgasthof Heimer mit Zollstation. Solche Grenzmarken sind z. T. heute noch vorhanden. Am Standort eines ehemaligen Landmarkenturms steht auf einer Höhe von 350 m ü. NN ein Nachbau in Form einer Turmhütte genau zwischen den Herrschaftsgebieten des Herzogtums Sachsen-Altenburg und des Kurfürstentums Sachsen. Von dieser Landmarke aus lässt sich

Abb. 6. Furt im Koberbach
(Foto: Jürgen Knauss, 2003).

das Pleiße-Sprotte-Ackerhügelland weithin überblicken. Bei guten Wetterverhältnissen können die Kämme des Vogtlandes und des Erzgebirges sowie die Leipziger Tieflandsbucht gesehen werden. Die vorstehend beschriebene Grenze hatte bis zum Jahre 1952, dem Jahr der Bezirksgliederungen in der DDR, Bestand. Danach kamen auch ehemals thüringische Dörfer wie etwa Mannichswalde zum sächsischen Bezirk Karl-Marx-Stadt. Dieser Zustand wurde nach der deutschen Wiedervereinigung und der Länderneubildung beibehalten.

Die historische Grenzlage zwischen Thüringen und Sachsen hatte weniger Trennendes als Verbindendes, denn eine Vielzahl historischer Handelswege durchzog dieses Gebiet. So führte der alte Marktsteig von Blankenhain vorbei an der Turmhütte nach Mannichswalde und von dort über Höhenriegel und Tälchen nach Crimmitschau. Entlang dieses Weges finden sich Furten (Abb. 6) und Hohlwege, Mergelgruben sowie ein Steigengasthaus. Das Pleiße-Sprotte-Ackerhügelland ist das direkte Einzugs- und Untersuchungsgebiet des Agrar- und Freilichtmuseums Schloss Blankenhain.

Die Rudelsburg

Unweit des Blankenhainer Freilichtmuseums befindet sich ein Relikt aus der Zeit des Landesausbaus des ausgehenden 12. Jh. Die Wehranlage wird um 1304 in einer Urkunde über die Zinserwerbung von der Rußdorfer Kapelle durch das Kloster Grünhain erstmals erwähnt. Es ist dies zugleich die erste schriftliche Erwähnung des Ortes Rußdorf und seiner Burg. Die Herren von Rußdorf hatten Grundrechte in Ponitz und Rudelswalde. Um 1372 wechselte die Grundherrschaft. Die neuen Herren der Ortschaft und Burg waren Dienstmannen der Vögte von Weida und Plauen. Zum Ende des 14. Jh. war die ehemalige hölzerne Wehranlage einer Steinburg gewichen, die im Zuge des sächsischen Bruderkrieges zerstört wurde. Gegen Ende des 19. Jh. sollen noch Mauerreste erkennbar gewesen sein. Heute zeugen nur noch Erdwälle und Gräben von der ehemaligen Burg auf dem Lindenberg, die im Volksmund „Rudelsburg" genannt wird.

Der Eichberg

Es gibt in Blankenhain den zum Museum gehörenden Eichberg. Aus dem Flurnamen geht bereits hervor, dass dort (nahezu) ausschließlich Eichen stehen. Diese wurden um 1900 zum Zwecke der Gewinnung von Gerberlohe für die zum Rittergut gehörende Gerberei angepflanzt. Die Bäume waren in geringem Abstand gesetzt worden, da gewöhnlich bereits im zweiten Jahrzehnt nach der Pflanzung die Ernte der Rinde erfolgte. Doch kam es im Falle des Eichberges aufgrund des wirtschaftlichen Niedergangs nach dem Ersten Weltkrieg und den Einbrüchen in der Rittergutswirtschaft nicht mehr dazu. So konnte eine ganz spezielle Waldform entstehen, die u. a. durch eine hohe Ausfallrate der zu dicht stehenden Eichen gekennzeichnet ist. Einerseits liegt hier also eine historische Waldwirtschaftsform vor – andererseits wiederum auch nicht. Sie lässt sich noch erklären, aber man kann sie nicht mehr demonstrieren, da sie aus ihrem ursprünglichen vorgesehenen Nutzungsstadium längst herausgewachsen ist. Mit diesem Beispiel wird zugleich deutlich, wo die Schwierigkeiten in der musealen Erhaltung und Vermittlung historischer Kulturlandschaftselemente liegen.

Diese fünf Beispiele sollten einen Ausschnitt aus den Arbeiten des Museums zu Themen der Historischen Geographie der Kulturlandschaft, die im direkten Umfeld des Agrar- und Freilichtmuseums Schloss Blankenhain betrieben werden, zeigen.

Die Außenstellen im Zwickauer Land

Im Rahmen des Ecomuseum Zwickauer Land wird in den verschiedenen Außenstellen gerade erst mit der historisch-geographischen Aufarbeitung der Kulturlandschaft begonnen. Angedacht sind Projekte zur Auswirkung des Steinkohlenbergbaus auf die Landschaft um Reinsdorf sowie auch auf das Ortsbild selbst, die Teichwirtschaft der Vielauer Brauerei, das Absatzgebiet des Vielauer Bieres, die Folgen der Ansiedlung von Glaubensflüchtlingen in Friedrichsgrün für das Ortsbild und die Landschaft sowie Untersuchungen zur Kulturlandschaftsgestaltung unter der Solms´schen Herrschaft in Wildenfels. Für die Bearbeitung all dieser und noch weiterer Themen sucht das Agrar- und Freilichtmuseum Schloss Blankenhain nach Kooperationsmöglichkeiten mit Universitäten und Forschungsinstituten. Das Museum bietet hier vielfältige Unterstützung für Studierende und Forschende, so u. a. kostenlose Wohnungen, Nutzung der Büroinfrastruktur etc.

Derzeit schon am weitesten gediehen ist die Bearbeitung der kulturlandschaftlichen Dokumente des Kalkstein- und Marmorabbaus im Wildenfelser Zwischengebirge. Im diesem Landschaftsraum lagern aufgrund tektonischer Verhältnisse die Gesteine des oberdevonischen Knotenkalks unmittelbar neben denen des karbonzeitlichen Kohlenkalks. Diese Gesteinspakete bilden dadurch eine der größten Kalksteinlagerstätten Sachsens.

Die erste urkundliche Erwähnung eines Kalksteinbruches im Wildenfelser Zwischengebirge geht auf das Jahr 1533 zurück. Zu Beginn wurde der gebrochene Kalkstein zu Dünge- und Bauzwecken gebrannt, darüber hinaus diente er als Schmelzfluss für die Eisenverhüttung im Zwickauer Revier.

Auf der Reise des in Dresden tätigen, italienischen Bildhauers Nosseni durch das Erzgebirge weilte dieser im Jahre 1585 in Wildenfels und entdeckte, dass ein Teil des dort abgebauten Kalksteins durch die unterschiedliche Farbgebung und Maserung Eigenschaften des Marmors besaß und sich als Bildhauermaterial sowie zur Werksteingewinnung eignete. Schon 1587 begann der Aufschluss des schwarzen Marmorbruches, kurze Zeit später der des roten Marmors. 1620 kamen die Wildenfelser Marmorbrüche unter die Aufsicht des Kurfürsten von Sachsen; 1665 wurde an der Zwickauer Mulde eine kurfürstliche Marmorschneidmühle in Betrieb genommen. In ihr erhielt der Marmor Zuschnitt und Politur.

Der schwarze und rote Marmor aus der Gegend um Wildenfels erfuhr nicht nur eine sachsenweite Verbreitung, so wurde er u. a. in der Begräbniskapelle des Freiberger Doms verbaut, sondern durch die Flößerei über die Mulde und Elbe eine ebensolche im europäischen Ausland. Bis nach England, Dänemark und in die Niederlande wurde er verschifft, wo er in herrschaftlichen und repräsentativen Gebäuden Verwendung fand, z. B. in Schloss Fredrickborg in Dänemark oder im Palais op de Dam im niederländischen Amsterdam.

Die Blütezeit des Kalk- und Marmorabbaus lag im Zeitraum vom 16. bis 19. Jh. In den Jahren 1846 bis 1851 wurde der im Wildenfelser Raum hergestellte Branntkalk zum Bau der Göltzschtal- und Elstertalbrücke ins Vogtland transportiert. Im 20. Jh. kam der Gesteinsabbau immer mehr zum Erliegen, bis er 1952 ganz eingestellt wurde.

Noch heute finden sich Reste eines 1880 erbauten Ringofens sowie eines 1928 erbauten Kalkschachtofens, die ebenso wie die Steinbrüche selbst Teil des Museums in der Landschaft – Wildenfelser Zwischengebirge sind.

Die ehemaligen Kalksteinbrüche im Wildenfelser Zwischengebirge sind heute wertvolle Rückzugsgebiete seltener kalk- und wärmeliebender Pflanzen und Tiere. Am Grunde vieler Kalkbrüche hat sich Wasser gesammelt, so dass auch seltene feuchteliebende Tiere und Pflanzen hier einen Lebensraum gefunden haben. Mit der durch den Kalkabbau entstandenen Morphologie bildeten sich spezifische mikroklimatische und edaphische Lebensbedingungen heraus, so dass fünf Biotoptypen unterschieden werden können:

- Agrarbiozönosen zwischen den alten Brüchen einschließlich Feld- und Wegrändern sowie Ruderalfluren;
- trockenwarme Offen- und Halboffenbiotope der Randbereiche und Hangoberkanten der Brüche, Gesteinshalden und Felsen mit Magerrasen und Saumgesellschaften;
- mesophile Wälder und Feldgehölze;
- Bruchgewässer und Feuchtgebiete;
- Sonderbiotope der Höhlen und Verkarstungsspalten.
- In dieser fossilen Karstregion befinden sich verschiedene im Tertiär entstandene Höhlen, u. a. die nach der Drachenhöhle Syrau bislang zweitgrößte Karsthöhle Sachsens.

Ausgehend von einer naturkundlichen Ausstellung zum Thema „Geoökologie der Kalksteinbrüche" im Schloss Wildenfels können im Rahmen von Wanderwegen alle kultur- und naturhistorischen Dokumente des Kalk- und Marmorabbaus im Wildenfelser Zwischengebirge aufgesucht werden. Vorrangig wird der Landschaftsraum durch geführte Wanderungen erschlossen. Durch den Aufbau von stabilen, witterungsbeständigen und zerstörungssicheren Außentafeln können Ausflügler und Wanderer sich die historisch-geographischen Landschaftselemente auch ohne Begleitung erschließen.

Resümee

Die Freilicht- und Ecomuseen haben eine wesentliche erzieherische Aufgabe in der Vermittlung von Wissen über die Vergangenheit, über sozioökonomische Entwicklungen und die Kulturlandschaftsgenese zu erfüllen. Die Grundlage dieser Wissensvermittlung ist v. a. im Bereich der Ausstellung gegeben, wobei der Begriff der Ausstellung nicht nur auf Exponate in Räumen bezogen wird, sondern auch die translozierten und noch in situ erhaltenen Bauten einschließlich der sie umgebenden Kulturlandschaft umfasst.
Dadurch hat das Freilicht- wie auch das Ecomuseum die einzigartige Möglichkeit, sowohl Siedlungsstruktur, Wirtschaftsweise, Häuser und vergangene Lebensbedingungen der Menschen im jeweiligen kulturlandschaftsgenetischen Kontext als auch die daraus hervorgegangenen Strukturen den Besuchern näher zu bringen sowie ihnen damit ein neues Bewusstsein für historische Werte, Brauchtum, Tradition, Natur

und Landschaft zu vermitteln. Die Besucherstruktur von Freilicht- und Ecomuseen zeigt, dass diese Museumsart Bevölkerungskreise zu erreichen vermag, die sonst derartigen Kultureinrichtungen fernbleiben. Der Besuch eines Freilicht- oder Ecomuseums als Abwechslung zum Urlaubsprogramm oder einfach als Sonntagsausflug kann dabei auch das Interesse an historisch-geographischen, volkskundlichen oder agrargeschichtlichen Sachverhalten wecken.
Diese erweiterte Freilichtmuseumskonzeption in Kombination mit der Idee des Ecomuseums bietet ungeahnte Möglichkeiten einer interdisziplinären Zusammenarbeit von Geographen, Historikern, Volkskundlern, Agrarwissenschaftlern und Vertretern weiterer Disziplinen, die sich nicht nur auf das eigentliche Museumsgelände beschränkt, sondern die gesamte Region umfasst. Gerade diese Formen der außeruniversitären wissenschaftlichen Zusammenarbeit lassen diese Museumsgattung zu einer Drehscheibe zwischen Forschung und Praxis werden.
Die konzeptionelle Integration eines Freilichtmuseums in den Rahmen eines Eco-Museums beinhaltet die einzigartige Möglichkeit, den ländlichen Raum in seinem kulturlandschaftsgenetischen Kontext mit den gewachsenen Siedlungsstrukturen und historischen Lebensbedingungen der Menschen nachvollziehbar werden zu lassen. Mit dieser Herangehensweise kann ein neues Bewusstsein für Landschaft, Dorf, Haus und Hof, historische Werte, Tradition und Kultur vermittelt werden.

Literatur

KNAUSS 1992
J. Knauss, Das Thema „Arten- und Biotopschutz" im Freilandmuseum. In: Bayerische Akademie für Naturschutz und Landschaftspflege (Hrsg.), Freilandmuseen – Kulturlandschaft – Naturschutz. Am Beispiel des Oberpfalzer Freilichtmuseums. Seminar 29.-30. April 1991 in Neusath Perschen. Laufener Seminarbeiträge 1992, 5 (Laufen/Salzach 1992) 62-66.

KNAUSS 1998
J. Knauss, Historisch-geographische Entwicklungslinien der Kulturlandschaft in (West-)Sachsen. In: J. Knauss (Hrsg.), Siedlung, Haus und Landschaft. Ein Sammelband. Mensch – Wirtschaft – Kulturlandschaft 1. Mitteilungen zur Geographie, Landes- und Volkskunde (Blankenhain 1998) 10-23.

KNAUSS 1999
J. Knauss, Der Beitrag von Freilichtmuseen zum Kulturlandschaftsschutz und zur Umweltbildung. In: R. Aurig (Hrsg.), Kulturlandschaft, Museum, Identität. Protokollband zur Tagung „Aufgaben und Möglichkeiten der Musealen Präsentation von Kulturlandschaftsrelikten" der Arbeitsgruppe „Angewandte Historische Geographie" vom 7.-9.3.1996 in Plauen/Vgtl. Schriften der Rudolf-Kötzschke-Gesellschaft 4 (Beucha 1999) 136-147.

KNAUSS 2002a
J. Knauss, Freilichtmuseum-Ecomuseum-Museum in der Landschaft, die Erweiterung der Freilichtmuseumsidee. Curiositas. Zeitschrift für Museologie und museale Quellenkunde 2, 2002, 83-89.

KNAUSS 2002b
J. Knauss, Vom Rittergut zum Freilichtmuseum. In: R. Aurig (Hrsg.), Im Dienste der historischen Landeskunde. Beiträge zu Archäologie, Mittelalterforschung, Namenkunde und Museumsarbeit vornehmlich in Sachsen. Festgabe für Gerhard Billig zum 75. Geburtstag, dargebracht von Schülern und Kollegen (Beucha 2002) 503-514.

Historische Kulturlandschaft in Baden-Württemberg – Landschaften und Themen, Akteure und Probleme

Von Christoph Morrissey

Einführung

Angesichts der zahlreichen Projekte und Publikationen zur historischen Kulturlandschaft in den nördlichen Bundesländern[1] schien zuletzt ein gewisser Rückstand Baden-Württembergs in diesem Bereich sichtbar zu werden. Die folgende, exemplarisch angelegte Bestandsaufnahme soll deshalb zum einen für alle am Thema Interessierten als Einsicht in aktuelle Themen, Akteure und Probleme dienen, zum anderen speziell den in Baden-Württemberg Tätigen ein möglicher Wegweiser sein.

Naturraum und Landschaft

Vom Voralpenraum bis hin zu Odenwald und Spessart sind in Baden-Württemberg zahlreiche geologische Formationen vertreten, so etwa eiszeitlich überprägte Moränenlandschaften im Alpenvorland, Jurahöhenzüge (Schwäbische Alb, Randen), Buntsandsteinhöhen im Nordschwarzwald, Grundgebirge im Südschwarzwald, ausgedehnte, flachwellige Gäulandschaften und oft mit steilem Trauf aufragende Keuperbergzüge.
Eng gekoppelt an diese geologische Vielfalt ist die Vielzahl an unterschiedlichen Landschaften, überprägt durch die an die Voraussetzungen der verschiedenen Naturräume angepasste traditionelle und aktuelle agrarische und forstliche Nutzung. Mit dem derzeit ältesten Skelettfund Mitteleuropas aus Mauer bei Heidelberg, den frühesten menschlichen Kunstwerken aus Höhlen der Schwäbischen Alb (HOLDERMANN u. a. 2001), bedeutenden Geländedenkmälern aus allen Epochen, zahlreichen Burgen, Schloss- und Klosteranlagen sowie mittelalterlichen Städten ist mit wenigen Stichworten das reiche geschichtliche Erbe sicher nur ansatzweise umschrieben. Zu den Themen Geologie (HEIZMANN 1998), Archäologie (PLANCK 1994), Geschichte (BADISCHES LANDESMUSEUM u. a. 2002) und Landschaften[2] sind allein in den letzten Jahren zahlreiche Überblicksdarstellungen erschienen.
Mit einer Fläche von 35.752 km² und etwa 10,5 Mill. Einwohnern ist das 1952 aus den Ländern Baden, Württemberg-Hohenzollern und Württemberg-Baden geschaffene Baden-Württemberg nach Fläche- und Bevölkerung das drittgrößte Bundesland Deutschlands. Den Verdichtungszonen im Großraum Stuttgart (von Heilbronn bis Reutlingen), den Räumen um Karlsruhe/Pforzheim, Freiburg, Ulm sowie Heidelberg/Mannheim stehen mit den Ebenen um Kocher, Jagst und Zauber im nordöstlichen Landesteil, dem Westallgäuer Hügelland oder Schwarzwald sowie Schwäbischer Alb ausgeprägt ländliche Gebiete gegenüber. Etwa 46 % der Landesfläche dienen der Landwirtschaft, 38 % sind bewaldet, knapp 8 % sind Siedlungs- und Gewerbeflächen (STATISTISCHES LANDESAMT BADEN-WÜRTTEMBERG 2000).

---

[1] Vgl. stellvertretend: Berichte zur Denkmalpflege in Niedersachsen 23, 2003, und 24, 2004, mit zahlreichen Beiträgen und weiterführender Literatur.
[2] Immer noch grundlegend: FEZER 1979.

Landschaften und Themen

Unter den grob gegliederten Naturräumen Baden-Württembergs,[3] die vielfach identisch sind mit Kulturlandschaftsräumen, seien Einige heraus gegriffen. Dies soll zum Ersten einen Überblick über die landschaftliche Vielfalt und ihre jeweiligen Problemstellungen geben, zum Zweiten Themen und Akteure im Zusammenhang mit den jeweiligen Forschungsobjekten nennen, zum Dritten den daran Interessierten einen landschaftsbezogenen Einstieg ermöglichen.

Oberschwäbisches Hügelland/Alpenvorland

Aus dem südlichen Baden-Württemberg, dem Raum zwischen Donau und Alpen, seien hier nur einige Punkte herausgegriffen wie etwa die historisch und landschaftlich außerordentlich bedeutsamen Klosterlandschaften um Salem und Birnau sowie die zum UNESCO-Weltkulturerbe erklärte Insel Reichenau am und im Bodensee (LANDESDENKMALAMT BADEN-WÜRTTEMBERG 2003). Aus geschichtlicher Sicht besonders interessant ist auch der mehrfache Gestaltwandel der Landschaft im Allgäu, vom jung besiedelten Land zur großbäuerlich geprägten Agrarlandschaft bis hin zum reinen Grünland ab der Mitte des 19. Jh. (MORRISSEY 2003) (Abb. 1).

Themen sind hier neben der Ablesbarkeit einschneidender Veränderungen in der Landnutzung auch die Geschichte und Ökologie der zahlreichen Weiher und Gewässer (KONOLD 1987). Treibende Kraft im Württembergischen Allgäu für entsprechende Studien ist der Arbeitskreis Heimatpflege, der nach vorläufigem Abschluss des Gebäudeatlasses die Verwirklichung eines groß angelegten Projektes mit dem Titel „Natur- und Kulturerbe Württembergisches Allgäu" plant (LEIST 2003).

Abb. 1.
Westallgäuer Hügelland
mit einzelnen Gehöften.
Die Landschaft wird derzeit fast
ausschließlich zum Wiesenbau genutzt.

Hohenlohe

Für Hohenlohe, geprägt u. a. durch zahlreiche Residenzen und traditionell bäuerlich genutzte Landschaften, wurde in Kooperation der Universitäten Freiburg und Hohenheim sowie der Fachhochschule Nürtingen – gefördert durch das Bundesministerium für Bildung und Forschung (BMBF) – ein Konzept zur Erhaltung und Förderung einer umweltgerechten Landwirtschaft sowie nachhaltigen Entwicklung der Kulturlandschaft entwickelt (KONOLD/GERBER 2002). Dieses basiert auf einem anhaltenden Diskussionsprozess zwischen allen Beteiligten und kann deshalb im Ergebnis noch nicht als abgeschlossen gelten.

---

[3] Vgl. BORCHERDT 1993 mit älterer Literatur zum Thema.

Schwäbische Alb

Historische Kulturlandschaften par excellence finden sich v. a. auf der Hohen Schwabenalb sowie der Mittleren Kuppenalb, aber auch im Härtsfeld. Erhalten sind hier alte Flurrelikte, Wacholderheiden, (Bohn-)Erzgruben, Bergbau, Sand- und Steingruben, vor- und frühgeschichtliche Denkmäler (Grabhügel und Befestigungen), zahllose Burgen, Weidewälder und Holzwiesen, Hochweiden sowie anderes mehr. Durch die Extensivierung der Landwirtschaft in den agrarisch benachteiligten, eher kargen Landschaften haben sich in ausgeprägter Gestalt zahlreiche Formen traditioneller Landnutzung gut ablesbar erhalten. Eines der zentralen Themen, zudem Kennzeichen der Schwäbischen Alb, sind die Kalkmagerrasen und Wacholderheiden, deren Offenhaltung durch wieder belebte Schafhaltung angestrebt wird (BEINLICH u. a. 1997; MORRISSEY/SAUR 2004) (Abb. 2).

Keuperbergland

Hierzu zählen der Schönbuch, die Schwäbisch-Fränkischen Waldberge sowie Strom- und Heuchelberg. Historisch bedeutsam und landschaftlich markant sind v. a. die jeweiligen Übergänge von den Gäuebenen in die großenteils bewaldeten Höhenzüge. Besonders die Hanglagen sind vielfach wahre Lesebücher traditioneller Landbewirtschaftungsweisen, besitzen zudem landschaftliche Schönheit und ökologische Vielfalt an Flora und Fauna. Die größte Rolle spielte und spielt der Weinbau auf allen südexponierten Hangflächen. Weiterhin finden sich Kleindenkmäler, Grabhügel, Altwege, besonders im Stromberg auch Reste von Landwehren. An den Hängen des Schönbuchs wurde im Rahmen einer Zusammenarbeit mit der zuständigen Bezirksstelle für Naturschutz und Landschaftspflege sowie der Universität Tübingen – gefördert von der Stiftung Naturschutzfonds – der Versuch unternommen, das reiche geschichtliche Erbe detailliert aufzunehmen und in die weitere Entwicklung und Bewertung der vollzogenen und geplanten Naturschutzgebiete einfließen zu lassen (KRACHT u. a. 2003) (Abb. 3).

Abb. 2.
Lautertal bei Münsingen-Gundelfingen auf der Schwäbischen Alb.
Im Vordergrund am Steilhang eine Wachholderheide, im Hintergrund zwei Burganlagen.

Albvorland

Kulturlandschaftlich interessant sind die ausgedehnten Streuobstbestände – die größten Mitteleuropas –, die zumeist aus in Wiesen ungewandelten ehemaligen Äckern und Weinbergen entstanden. Sie weisen oft eine Fülle von Relikten traditioneller Landbewirtschaftungsweisen auf und sind zudem in ökologischer Hinsicht sehr wertvoll.[4] Herauszuheben ist daneben ein von der Deutschen Forschungsgemeinschaft

---

[4] Zuletzt dazu: ADAM 2002.

(DFG) von 2000 bis 2003 gefördertes Projekt der Universität Tübingen, Institut für Ur- und Frühgeschichte und Archäologie des Mittelalters, sowie weiteren Beteiligten mit dem Titel „Haus und Umwelt, Landnutzung und Kulturlandschaft im Vorland der Schwäbischen Alb" (MARSTALLER 2002).

Nordschwarzwald

Im heute stark bewaldeten Nordschwarzwald stellen sich Fragen nach der etwaigen vormittelalterlichen Besiedlung, nach frühem Bergbau, Verkehrswegen und alten Waldgewerben (LORENZ 2001). Pollenanalytische Nachweise einer Besiedlung seit der Bronzezeit sind vorläufig mit Skepsis zu betrachten, zumal sich auf archäologischem Wege bislang keinerlei Beleg dafür finden ließ (MORRISSEY 2003; HÖLZER/HÖLZER 2002). Das Themenspektrum zu besonderen mittelalterlichen Siedlungsformen, den Waldhufendörfern auf den Schwarzwald-Randplatten, konnte 2003 durch Forschungen der Universität Tübingen zu einer bislang unbekannten Wüstung erweitert werden (SCHREG 2003).

Abb. 3.
Der Schönbuch-Hang um Schloss Roseck bei Tübingen. Kennzeichnend sind Relikte alten Weinbaues und ausgedehnte Streuobstwiesen.

Südschwarzwald

Scheinbar neue Erkenntnisse zur vor- und frühgeschichtlichen Besiedlung gelangen insbesondere durch Pollenanalysen und die Entdeckung zahlreicher vermeintlich vorgeschichtlicher Hügelgräber (MORRISSEY 2003; VALDE-NOWAK/KIENLIN 2002). Hier bedarf es aber der weiteren Überprüfung. Darüber hinaus sind die vornehmlich an der Universität Freiburg bearbeiteten Fragestellungen zu den Auswirkungen des Bergbaues auf die Kulturlandschaft, den extensiv genutzten Hochweiden mit historisch bedeutsamen biogenen Elementen (Hudebäume und anderes) sowie den Strukturen und dem Umfeld alter Hofsiedlungen zu überprüfen.

Oberrheinisches Tiefland

In dieser naturräumlich begünstigten Niederungslandschaft seien an historischen Kulturlandschaften etwa Weinbauflächen, Streuobstwiesen, Wölbäcker in der Hardt (HAUGER u. a. 2000) und insbesondere traditionelle Landwirtschaftsformen an den Hanglagen zum Schwarzwald herausgegriffen. Vornehmlich das Markgräflerland bietet in der kleinteiligen, hügeligen und recht ländlichen Landschaft noch vielfältige Möglichkeiten, traditionellen Bewirtschaftungsformen nachzuspüren.

Tauberplatten/Kocher-Jagst-Ebenen

Bedeutsam sind die Steinriegellandschaften an Kocher, Jagst und Tauber, deren Erhaltung – wie so oft – in ökologischer, landschaftsästhetischer, aber auch historischer Hinsicht wichtig ist (SCHENK/STÖHR 2001). Unter dem Stichwort Kleindenkmäler sind insbesondere im Gebiet um die obere Tauber zahlreiche Bildstöcke und Feldkreuze als Zeugnisse einer ausgeprägten Volksfrömmigkeit erhalten, was dem Gebiet schon den (Werbe-)Namen „Madonnenländchen" eingebracht hat. Wichtige Themen der historischen Kulturlandschaft sind weiterhin ausgeprägte Kloster- und Residenzlandschaften, die bisweilen ihren Anspruch auf Erhaltung gegen Neubaugebiete, Straßenbau und Gewerbe behaupten müssen.

Neckar-Gäuplatten

In diesen zumeist landwirtschaftlich intensiv genutzten und entsprechend ausgeräumten, zudem unter starkem Siedlungsdruck stehenden Landschaften mit nur wenigen Waldinseln sind neben anderem historische Flurformen, dörfliche Siedlungskerne, Kleindenkmäler, Altwege, Wüstungen wie auch vor- und frühgeschichtliche Fundstätten thematisch beheimatet.

Mittlerer Neckarraum

Die großenteils zu den Gäuplatten gehörigen Landschaften um Stuttgart und Heilbronn stehen unter hohem Siedlungsdruck. Sie leiden unter der Landschaftszerschneidung durch die Anlage großzügiger Gewerbegebiete und Verkehrswege. Dazwischen findet intensiver Acker- und Weinbau auf zumeist flurbereinigten Arealen statt (Abb. 4). Unter den Relikten historischer Kulturlandschaft sind zumeist bauliche und kulturgeschichtliche Denkmäler zu nennen, vereinzelt aber auch alte Weinbauareale, Steinbrüche, Altäcker, mittelalterlich-neuzeitliche Befestigungslinien (Landhegen) und zahlreiche bedeutsame archäologische Fundstellen.

Abb. 4.
Weinberge und Siedlungslandschaft
im Neckartal bei Esslingen.

Akteure

Die nachfolgende Aufstellung der landesweit tätigen Akteure erhebt keinen Anspruch auf Vollständigkeit. Die Auswahl der jeweiligen Vorhaben, Projekte und Tätigkeiten als berichtenswerte, wichtige Beiträge zur Kulturlandschaft kann nicht frei sein von subjektiven Wertungen sowie den Zufälligkeiten des Informationsflusses. Dennoch mag ein repräsentativer Querschnitt entstanden sein, der denjenigen einen Überblick ermöglichen soll, die in diesen Bereichen tätig und am Stand der Dinge interessiert sind bzw. mögliche Ansprechpartner suchen.

Hochschulen

Von den neun Landesuniversitäten und 26 Fachhochschulen ist derzeit nur ein kleiner Teil mit Themen der Kulturlandschaft Baden-Württembergs beschäftigt. Genannt werden im Folgenden ausschließlich laufende oder erst jüngst abgeschlossene Projekte größeren Umfangs und entsprechender Bedeutung, die historische Kulturlandschaft, deren Erforschung und Erhalt zumindest in Teilen zum Inhalt haben.

Universität Freiburg

Die außerordentlich vielfältigen Aktivitäten der Universität Freiburg im Bereich der Erforschung und Bewahrung von Kulturlandschaften können hier nur verkürzt wiedergegeben werden. Am Institut für Landespflege (Prof. Dr. Konold) entstanden und entstehen z. B. Studien zur Ökologie und Landschaft des Westallgäuer Hügellandes und Oberschwabens (Schwerpunkt: Weiher und Gewässer) (SEIFFERT u. a. 1995), ein Projekt zur Kulturlandschaft Hohenlohe (in Kooperationen mit der Fachhochschule Nürtingen und der Universität Hohenheim) sowie zuletzt auch Forschungen zur Landschaftsgeschichte etwa des Südschwarzwaldes (REINBOLZ u. a. 2003) oder zur Aufnahme und Auswertung von Wölbäckern zwischen Rastatt und Ettlingen (s. o.).

Am Institut für Kulturgeographie (Prof. Dr. Stadelbauer; Prof. em. Dr. Sick) sind die Tätigkeiten am ehesten mit der klassischen Historischen Geographie zu umschreiben. Neben historisch-landeskundlichen Arbeiten zu einzelnen Landschaften sind aktuell etwa Projekte zur Wahrnehmung des Raumes anzuführen (HOOK 2003).

Am Institut für Physische Geographie (Prof. Dr. Glawion) ist mit „TransInterpret", gefördert als grenzüberschreitendes LEADER-II-Projekt, ein methodisches Instrumentarium entwickelt worden, das die professionelle Inwertsetzung des Natur- und Kulturerbes im Südschwarzwald mittels Broschüren und Lehrpfaden zum Ziel hatte (LEHNES/GLAWION 2000).

Am Institut für Vor- und Frühgeschichte und Archäologie des Mittelalters ist unter den zahlreichen Forschungsarbeiten ein groß angelegtes und in Kooperation mit verschiedenen Institutionen verwirklichtes Projekt zur Montanarchäologie hervorzuheben, das den frühen Bergbau im Südschwarzwald und seinen Einfluss auf die Landschaft untersucht.[5]

Ein interdisziplinäres, von der DFG seit 2001 gefördertes Graduiertenkolleg an der Universität Freiburg mit dem Titel „Gegenwartsbezogene Landschaftsgenese" vergibt Themen wie Landschaftsveränderungen, Waldentwicklung, Landschaftswahrnehmung, Landschaft und Siedlungsformen im Bereich Oberrheinisches Tiefland und angrenzende Mittelgebirgslandschaften. An diesen klassischen Forschungsprojekten zur Entwicklung und Veränderung der Kulturlandschaft sind zahlreiche Forschungsdisziplinen beteiligt, wie etwa Archäologie, Forstwissenschaften, Geologie, Geographie, Biologie und Geschichtswissenschaften.[6]

Universität Tübingen

Am Institut für Geographie entstanden zuletzt Beiträge etwa zu Klosterlandschaften (SCHENK 2001) oder zum geschichtlichen Erbe der Naturschutzgebiete an den Schönbuch-Hängen (KRACHT u. a. 2003). Besonders im Bereich Angewandte Geographie beschäftigt man sich mit der Methodik zur Vermittlung naturschutzfachlich und historisch wertvoller Kulturlandschaften, ergänzt durch detaillierte Betrachtungen einzelner Landschaftsräume und bestimmter Elemente (Prof. Dr. Pfeffer; Dr. Megerle; Dr. Eck). Die

---

[5] Ein informativer Zwischenbericht: LANDESDENKMALAMT BADEN-WÜRTTEMBERG 1999:
[6] Vgl. hierzu die Beiträge in: Freiburger Universitätsblätter 42, 160, 2003.

traditionsreiche Professur für Anthropogeographie und Landeskunde Südwestdeutschlands (zuletzt Prof. Dr. Schenk) wurde allerdings 2001 gestrichen.

Am Institut für Ur- und Frühgeschichte und Archäologie des Mittelalters wurden und werden zahlreiche Forschungsarbeiten zur frühen Geschichte angefertigt, die oft auch Landschaftsentwicklungen oder sichtbare Elemente der Landschaft mit einschließen. Hervorzuheben sind etwa das DFG-Projekt „Haus und Hof im Alb-Vorland" im Bereich Archäologie des Mittelalters (Prof. Dr. Scholkmann) (MARSTALLER 2002), Studien zur spätkeltischen Siedlungslandschaft Südwestdeutschlands (Prof. Dr. Eggert) und Forschungen zu Innovationen, Menschen und Landschaft während des Paläolithikums auf der Schwäbischen Alb (Prof. Dr. Conard) (CONARD 2002).

Am Institut für Geschichtliche Landeskunde und Historische Hilfswissenschaften (Prof. Dr. Lorenz) betreibt man u. a. historische Forschungen zu altem Bergbau und zur Entwicklung einzelner Landschaften, zudem werden dort die „Schriften zur Südwestdeutschen Landeskunde" betreut.

Universität Hohenheim

Am Institut für Landschafts- und Pflanzenökologie (Prof. Dr. Böcker) sind mehrere Studien, teils in Kooperation mit anderen Hochschulen, zu Beweidungskonzepten entstanden oder noch in Arbeit, die sich mit den Möglichkeiten der Freihaltung der Landschaft beschäftigen. Weitere Themen sind dort Projekte zur Ökologie der oft landschaftsprägenden Streuobstwiesen, zur Renaturierung und Erhaltung von Moorflächen (etwa im Schwenninger Moos), zur Bewertung von Flora und Fauna in Kulturlandschaften wie auch generell der umweltschonenden Agrarlandschaftsgestaltung.

Fachhochschule Rottenburg

Der dortige Schwerpunkt – teils in Zusammenarbeit mit der Universität Hohenheim – liegt im Bereich der Erarbeitung und Erprobung von Konzepten, die der Einführung großflächiger Weidesysteme als Strategie des Biotop- und Artenschutzes, aber auch der Offenhaltung und Pflege der Kulturlandschaft dienen sollen (Prof. Dr. Luick) (VOWINKEL/LUICK 2003). Hintergrund ist der Rückzug der traditionellen Landwirtschaft, der die Frage nach der zukünftigen Nutzung zahlreicher ertragsarmer, oft aber sowohl für das Landschaftsbild wichtige wie auch kulturgeschichtlich bedeutsame Flächen aufwirft. Im Grunde betrifft dies weite Gebiete wie etwa den Schwarzwald, Teile der Schwäbischen Alb sowie weitere Flächen im Alpenvorland oder auf Keuperböden und in Hanglagen, die aufgrund ihrer geringen agrarökonomischen Produktionskraft auf Dauer nicht mehr wettbewerbsfähig sind.

Fachhochschule Nürtingen

Das Institut für Angewandte Forschung (Prof. Dr. Roman Lenz) befasst sich mit Projekten zur Kulturlandschaft Hohenlohe (Kooperation mit den Universitäten Freiburg und Hohenheim) sowie insbesondere mit Studien, die sich mit den Möglichkeiten und Problemen der Offenhaltung von Kalkmagerrasen (Wacholderheiden) auf der Schwäbischen Alb durch Beweidung beschäftigen. Bei Letzterem handelt es sich um einen landschaftlich und biologisch außerordentlich bedeutsamen Typ von traditioneller Kulturlandschaft (LENZ 2003).

Behörden

Baden-Württemberg verfügt im Wesentlichen über eine dreistufige Verwaltungsgliederung mit vier Regierungsbezirken, neun Stadt- und 35 Landkreisen sowie 1.111 Gemeinden (darunter zahlreiche Verwaltungsgemeinschaften). Des Weiteren bestehen 12 Regionen, deren Verbänden jeweils die Regionalplanung zusteht. Zu bemerken ist darüber hinaus, dass mit dem Ministerium für Umwelt und Verkehr sowie dem

Ministerium für Ernährung und Ländlichen Raum zwei Ministerien für Themen der historischen Kulturlandschaft partiell zuständig sind.

Herausgegriffen wurden ausschließlich Behörden, die sich aktuell systematisch mit historischer Kulturlandschaft und ihrer Bewahrung befassen.[7]

Landesdenkmalamt Baden-Württemberg

Die Denkmalpflege Baden-Württembergs (ab 2005 auf das Landesamt für Denkmalpflege sowie die vier Regierungspräsidien aufgeteilt) ist seit vielen Jahren darum bemüht, einzelne Elemente der Kulturlandschaft oder Kulturlandschaften als Kulturdenkmale unter gesetzlichen Schutz zu stellen. Grundlage hierfür ist das baden-württembergische Denkmalschutzgesetz, nach dem „Sachen, Sachgesamtheiten und Teile von Sachen, an deren Erhaltung aus wissenschaftlichen, künstlerischen oder heimatgeschichtlichen Gründen ein öffentliches Interesse besteht" als Kulturdenkmale ausgewiesen werden können (BW-DSchG § 2), obgleich die historische Kulturlandschaft als eigener Begriff hierin nicht vorkommt. Die archäologische und naturwissenschaftliche Forschung bemüht sich zudem verstärkt, auch Entwicklungen der Kulturlandschaft in ihre Forschungen mit einzubeziehen.[8]

Unter Denkmalschutz fallen – neben den klassischen Bau- und archäologischen Denkmälern – mitunter auch Hohlwege, Dämme von aufgelassenen, historisch bedeutsamen Seen, Friedhöfe, Parkanlagen, historische Steinbrüche, Verkehrswege, Industrieanlagen und Wasserbauwerke, Wölbäcker und Wiesenbewässerungssysteme wie auch historische Weinberganlagen und Steinriegellandschaften. Diese sind stets konstitutive Elemente der historischen Kulturlandschaft, umgekehrt kann aber sicher nur eine Auswahl dieser Elemente auch Denkmaleigenschaft erlangen (EIDLOTH 2001; EIDLOTH/GOER 1996). Verstärkt beachtet werden auch die sogenannten Dominanten- oder Denkmallandschaften, deren Landschaftselemente in der Regel eine historische Funktionseinheit bilden. Beispiele hierfür sind die Klosterlandschaften von Salem und Maulbronn,[9] die Residenz Thurn und Taxis auf dem Härtsfeld oder die Landschaft um Maurach – Seefelden – Birnau am Bodensee (BUCH u. a. 2001). Als eine der frühesten Gesamtanlagen sind bereits 1975 die Klosteranlage und das Dorf Bebenhausen mitsamt umgebender Landschaft unter Schutz gestellt worden (HANNMANN/SCHOLKMANN 1975) (Abb. 5).

Ein Thema der Denkmalpflege sind auch Kleindenkmäler, deren landesweite Aufnahme im Verbund mit zahlreichen Vereinen und Institutionen – mitinitiiert vom Schwarzwaldverein und dem Schwäbischen Heimatbund – in Angriff genommen worden ist (BLASCHKA 2002; KAPFF/WOLF 2000) (Abb. 6).

In großem Maßstab finden sich Kulturdenkmäler zudem in Landschaftsrahmenplänen einzelner Regionalverbände wieder, die neben klassischen Boden- und Baudenkmälern auch ausgewählte, charakteristische Kulturlandschaftelemente ausweisen (REGIONALVERBAND HEILBRONN-FRANKEN 2003). Auch die begonnene Denkmaltopographie Baden-Württembergs führt gemeinde- oder kreisweit sämtliche Denkmäler von Belang für die Kulturlandschaft auf.[10]

Bezirksstellen für Naturschutz und Landschaftspflege

Die Naturschutzbewegung war bis in die 1960er-Jahre hinein eher als Landschafts- und Heimatpflege verstanden worden, bevor im Gegenzug die starke naturwissenschaftliche Ausrichtung auf Flora und Fauna Einzug hielt. Bis 1935 waren Denkmalpflege, Naturschutz und Landschaftspflege organisatorisch noch vereint. Der Schutz von Natur und Landschaft ist nach dem baden-württembergischen Naturschutzgesetz auch aus „wissenschaftlichen, ökologischen, naturgeschichtlichen, landeskundlichen oder kulturellen Gründen" zu verordnen (BW-NatSchG § 21 Abs. 1), darüber hinaus wegen der „Vielfalt, Eigenart oder Schönheit ihrer naturhaften Ausstattung" (BW-NatSchG § 21 Abs. 3). Zudem ermöglicht das Gesetz Verordnungen zu Naturdenkmälern (BW-NatSchG § 24: „historisch bedeutsame Bäume") oder

---

[7] Die sogenannten Landesbehörden sollen jedoch im Zuge der Verwaltungsreform (siehe dazu unten) 2005 in den dreistufigen Verwaltungsaufbau, in der Regel also in die Regierungspräsidien, integriert werden.
[8] Stellvertretend etwa: RÖSCH 2002; BIEL 1995.
[9] Beispielhaft etwa: SEIDENSPINNER 1997.
[10] Erschienen ist bislang (Stand: Mai 2004) der Band „Stadt Staufen – Münstertal/Schwarzwald" (KAISER u. a. 2002).

die Feststellung Die Bezirksstellen (ab 2005 in die Regierungspräsidien eingegliedert, Referat Naturschutz und Landschaftspflege) und die verordnenden Behörden kommen diesen gesetzgeberischen Verpflichtungen durch die Ausweisung von Natur- oder Landschaftsschutzgebieten nach, die zum großen Teil artenreiche und zugleich historisch wertvolle Kulturlandschaften umfassen (MATTERN 1998). Ob ein erfolgreiches Modellvorhaben zur systematischen Integration historischer Belange in den flächenhaften Naturschutz dauerhafte Nachfolge findet, bleibt noch abzuwarten (KRACHT u. a. 2003). Aktuell jedenfalls sind die Bezirksstellen durch die Umsetzung europäischen Umweltrechtes, die Beratung bei der Ausweisung von Gebieten im Rahmen der Natura 2000 (FFH- und Vogelschutz-Richtlinien) und die vorgeschriebene Anfertigung von Pflege- und Entwicklungsplänen personell und finanziell ausgelastet. Kulturgeschichtliche Belange treten wohl zwangsläufig in den Hintergrund – zumal sich in den europäischen Richtlinien bedauerlicherweise erstaunlich wenig Bezug zur Kulturlandschaft findet.

Abb. 5.
Klosteranlage und Dorf Bebenhausen bei Tübingen, die mitsamt der umgebenden Landschaft unter Denkmalschutz gestellt worden sind.

Landesamt für Flurneuordnung und Landentwicklung

Seit einigen Jahren berücksichtigen die Flurneuordnungsbehörden (ab 2005 in das Regierungspräsidium Stuttgart eingegliedert) verstärkt auch die Belange der Kulturlandschaft (RITTER 2000). Neben dem Informationsaustausch mit dem Landesdenkmalamt werden in einzelnen Projekten auch externe Bearbeiter mit einer umfassenden Analyse und Kartierung aller historisch bedeutsamer Landschaftselemente herangezogen. Ob und wie sich letztlich allerdings die scheinbar kaum überbrückbare Kluft zwischen den Ansprüchen einer modernen Landwirtschaft einerseits und dem gewünschten Erhalt der traditionellen Kulturlandschaft andererseits überwinden lässt, bleibt abzuwarten. Es ist allerdings nicht zu übersehen, dass durch die Flurbereinigung besonders zwischen 1960 und 1980 vielerorts irreparable Verluste in der historischen Kulturlandschaft entstanden sind, etwa bei der Rebflurbereinigung, wo alte Strukturen vielfach gänzlich verloren gingen, Vielfalt durch Monotonie ersetzt worden ist (MATTERN 1997).

Landesanstalt für Umweltschutz

Thematischer Schwerpunkt der zwischen den Bezirksstellen und den zuständigen Ministerien operierenden Behörde ist der klassische Umweltschutz. Kulturlandschaften spielen in diesem Zusammenhang eine wichtige Rolle, sei es bei der Ausweisung von Fördergebieten oder bei der Entwicklung von Richtlinien zur Landschaftspflege. 1993 hat die Landesanstalt für Umweltschutz erstmals eine landesweite Konzeption für eine großflächige Naturschutzstrategie entwickelt. Ziele waren explizit der Erhalt extensiv genutzter Kulturlandschaften. Umgesetzt wurden und werden diese Konzepte in Modellprojekten und sogenannten PLENUM-Gebieten (s. u.) (PLACHTER/REICH 1996).

Forstverwaltung

Seitens der Landesforstverwaltung (ab 2005 in die Regierungspräsidien Tübingen und Freiburg eingegliedert), bzw. angebundener Forschungsinstitute, werden mit Waldschutzgebieten auch historische Wälder bzw. Waldzustände erfasst und geschützt (BÜCKING u. a. 2001) oder etwa Studien zur Waldnutzung und -entwicklung wie auch zum geschichtlichen Erbe in den Wäldern – etwa Kleindenkmälern – erstellt (GÜTH 2003).

Ämter für Landwirtschaft, Landschafts- und Bodenkultur

Die Behörde (ab 2005 in die Landratsämter eingegliedert) ist in zahlreiche regional zuständige Ämter aufgesplittert und ausschließlich umsetzungsorientiert mit dem Thema Kulturlandschaft befasst. Hierunter fallen etwa lokal ausgerichtete Konzepte und Maßnahmen zur Beweidung und Freihaltung wie beispielsweise der traditionell bewirtschafteten „Heuhüttenwiesen" im Mittleren Murgtal im Landkreis Rastatt (Nordschwarzwald).

Abb. 6.
Ein zusammengestelltes Ensemble von Kleindenkmälern bei Rottenburg: zwei kleinere Steinkreuze (Sühnekreuze) des 15./16. Jh., ein größeres Flurkreuz sowie im Hintergrund eine steinerne Ruhbank (beide wohl 19. Jh.).

Sonstige Institutionen

An weiteren Landesinstitutionen ist u. a. die Akademie für Natur- und Umweltschutz Baden-Württemberg zu nennen, deren breit gestreutes Programm auch immer wieder auf die Kulturlandschaft und deren Erhaltung eingeht – etwa durch Beweidungskonzepte. Die Landesanstalt für Entwicklung der Landwirtschaft und ländlichen Räume war am Projekt „TransInterpret" der Universität Freiburg beteiligt (s. o.), zudem finden Veranstaltungen und Tagungen zum Thema statt. In den etwa 13 Naturschutzzentren des Landes berücksichtigt die dort vermittelte Umweltbildung auf regionaler Ebene neben ökologischen Aspekten oft auch die Kulturlandschaft und bringt sie aktiv als lokale Charakteristik (Eigenart) mit ein.

Vereine und Initiativen

Unter der Vielzahl der in Baden-Württemberg tätigen Vereine seien der Schwäbische Heimatbund und der Naturschutzbund hervorgehoben, die sich systematisch mit den baden-württembergischen Kulturlandschaften und deren Ökologie befassen. Weiterhin sind etwa der Schwäbische Albverein wie auch der Schwarzwaldverein beispielhaft an Pflegeaktionen zur Offenhaltung der Landschaft wie auch zur Erhaltung einzelner Elemente beteiligt. Themen der Vereine sind generell Landschaftspflege, Kleindenkmäler, Artenschutz, Umweltbildung, Tourismus und nicht zuletzt auch Forschungen zur Heimatgeschichte. Bürgerschaftliche Initiativen bringen sich naturgemäß insbesondere bei der Erforschung und Erhaltung einzelner Baudenkmäler, aber auch ganzer Siedlungen ein (LANGNER 2003).

Förderung

Die Förderrichtlinien schließen generell auch Projekte zur historischen Kulturlandschaft nicht aus, zumeist unter dem Aspekt der Inwertsetzung des natürlichen und kulturellen Potentials. Grundlagenstudien sind aufgrund der Förderstruktur aber prinzipiell kaum möglich, da in der Regel schnell umsetzbare und überschaubare Initiativen, oft mit wirtschaftlichem Hintergrund (Tourismus, regionale Vermarktung, Landschaftspflege, Beweidung), unterstützt werden. So kann zwar die Pflege und Offenhaltung der Landschaft gefördert werden, vorhergehende Analysen von Substanz und Strukturen sowie die Entwicklung einer überörtlichen Leitplanung und Schwerpunktsetzung hingegen kaum.

Alle nicht gesetzlich fest verankerten Institutionen und Einrichtungen (Akademien, Lehrstühle und anderes), die direkt oder indirekt von Landesfördermitteln abhängen, stehen z. Z. unter großem Druck. Bisweilen wird versucht, durch zahlreiche Aktivitäten eine mögliche Schließung oder übermäßige Etatkürzungen zu verhindern. Verlässlichkeit und vorausschauende Planung weichen derzeit Zukunftsszenarien, die immer schneller aufgeworfen und auch wieder verworfen werden. Im Folgenden finden unter den zahlreichen Förderprogrammen nur diejenigen Erwähnung, die eine programmatische Beschäftigung mit Kulturlandschaft ermöglichen oder landesweit für deren Erhaltung (Offenhaltung) wichtig sind.

Landesprogramme

PLENUM

Landesweit bereitgestelltes, regional wirksames Förderprogramm, meist auf Landkreisebene, für derzeit (Mai 2004) fünf Gebiete: Allgäu-Oberschwaben, Westlicher Bodensee, Reutlingen, Kaiserstuhl und Heckengäu. Ursprünglich formuliertes Ziel des Projektes des Landes zur Erhaltung und Entwicklung von Natur und Umwelt war der Schutz und die Entwicklung der gewachsenen Kulturlandschaften mit ihrem Reichtum an Arten und Biotopen. In der pragmatisch umzusetzenden Fassung werden mit PLENUM generell Projekte unterstützt, die sich durch eine naturnahe Nutzung und Bewirtschaftung besonders positiv und nachhaltig auf Natur und Umwelt auswirken. Schwerpunkt ist die Stärkung der Landwirtschaft; v. a. der Vermarktung regional erzeugter Produkte kommt eine besondere Bedeutung zu. Die Palette der geförderten Projekte stellt darüber hinaus eine bunte Mischung aus den Bereichen Naturschutz, sanfter Tourismus, Land- und Forstwirtschaft sowie Umweltbildung dar, innerhalb der beispielsweise die (touristische) Inwertsetzung kulturhistorischer Landschaftselemente erfolgen konnte (SCHWÄBISCHER ALBVEREIN 2004).

MEKA I und II

MEKA (Marktentlastungs- und Kulturlandschaftsausgleich) ist ein Landesprogramm für Landwirte, die – gleich in welcher Weise – zur Offenhaltung der Landschaft beitragen. In den entsprechenden Richtlinien wird Kulturlandschaft generell mit der offenen bzw. der bewirtschafteten Landschaft gleichgesetzt, historische Belange spielen zwar primär keine Rolle, es sollen aber beispielsweise naturnahe Bewirtschaftungsweisen in FFH-Gebieten gefördert werden.

Stiftung Naturschutzfonds

Geförderte Ziele der beim Ministerium für Ernährung und Ländlichen Raum angesiedelten Stiftung sind Projekte im Bereich der Umweltbildung, Landschaftspflegemaßnahmen und Beweidungskonzepte sowie des Grunderwerbs für Naturschutzzwecke, Artenschutzmaßnahmen und anderes. Wichtig ist der modellhafte Charakter der Projekte – so z. B. an den Schönbuch-Hängen bei Tübingen. Die maximale Laufzeit beträgt vier Jahre (MINISTERIUM FÜR ERNÄHRUNG UND LÄNDLICHEN RAUM 2003).

Bundesprogramme

Aufgeführt seien hier lediglich die derzeit im Lande wirksamen Förderungen durch das BMBF, die Bundesstiftung Umweltschutz und das Förderprogramm REGIONEN AKTIV.

EU-Programme

Unter den zahlreichen Förderprogrammen der Europäischen Union entfalten in Baden-Württemberg derzeit nur LEADER I und II, jetzt abgelöst durch LEADER+, in Bereichen der historischen Kulturlandschaft eine Wirkung. Die Förderrichtlinien mit dem Ziel der nachhaltigen Entwicklung im ländlichen Raum ermöglichen auch Projekte zur Inwertsetzung des natürlichen und kulturellen Potentials in den Fördergebieten. Grundlagenforschung ist jedoch aufgrund der Förderstruktur prinzipiell kaum möglich, da nach dem Bottom-Up-Prinzip nur umsetzbare und überschaubare Initiativen mit wirtschaftlichem Hintergrund (Tourismus, regionale Vermarktung, Landschaftspflege, Beweidung) förderfähig sind. Geförderte Regionen sind derzeit (Stand April 2004) Nordschwarzwald, Brenzregion (Schwäbische Ostalb), Hohenlohe-Tauber, Südschwarzwald und Oberschwaben.

Probleme

Obgleich in Baden-Württemberg in zahlreichen politischen Verlautbarungen die Forderung nach der Bewahrung der Kulturlandschaft zu vernehmen ist (STÄCHELE 2003), lässt doch die Entwicklung der letzten Jahre für die Zukunft deutliche Rückschritte befürchten. Dies lässt sich an einigen Punkten festmachen, die im Folgenden kurz angeführt werden.
Ein sehr starker Siedlungsdruck geht einher mit dem forcierten Ausbau von großflächigen Gewerbegebieten sowie intensiviertem Straßenbau (Infrastruktur); wirtschaftliche Belange haben in der Regel klaren Vorrang. Der Landschaftsumbau hat in den Jahrzehnten nach dem Zweiten Weltkrieg bedrückende Ausmaße angenommen, eine Umkehr dieser Entwicklung ist noch nicht absehbar (BRUGGER 1990).
Die Tendenz weist in Richtung der Aufteilung der Landschaft in Wald, landwirtschaftlich einträgliche und entsprechend intensiv genutzte Gebiete sowie Siedlungs-, Gewerbe- und Verkehrsflächen. Was sich hier nicht einordnen lässt, verursacht potentiell Kosten und bedarf wohl auf Dauer der Pflege und des Schutzes.
Bislang sind keine großflächigen Aufnahmen und Gliederungen von historischen Kulturlandschaften angegangen worden, obgleich ältere Abhandlungen zum Thema wie auch die Ergebnisse kleinräumigerer Studien vorliegen.[11]
Außerhalb von gesetzlich geschützten Elementen und Gebieten (Naturschutzgebiete/Kulturdenkmäler) findet die historische Kulturlandschaft mit ihren raumgreifenden Strukturen bislang in der Raumplanung kaum Berücksichtigung, zumindest selten explizit und fachlich begründet.

---
[11] Immer noch grundlegend: HUTTENLOCHER 1949. Vgl. auch: KRACHT u. a. 2003.

Statt kontinuierlicher und systematisierter Finanzierung und Tätigkeit geht der Trend zu Förderprojekten, die nötigenfalls leicht zu stoppen sind. Die Landschaft wird zwar punktuell untersucht, gepflegt oder offen gehalten, vorhergehende Analysen von Substanz und Strukturen sowie die Entwicklung einer überörtlichen Leitplanung und Schwerpunktsetzung sind damit jedoch kaum möglich.

Die beschlossene Verwaltungsreform erzwingt mit dem Jahr 2005 die Auflösung zahlreicher Landesbehörden und die Einbindung fachlich bislang landesweit und unabhängig agierender Behörden in den bestehenden dreigliedrigen Verwaltungsaufbau. Die damit verbundene Einsparungsquote von immerhin 20 %, einzulösen in den folgenden Jahren, wird als „Effizienzrendite" bezeichnet. Eine Schwächung der Fachbehörden wird zumindest in Kauf genommen und setzt gesetzgeberische Veränderungen der letzten Jahre inhaltlich unter dem Motto „Deregulierung" fort. Betroffen sind im Bereich der Kulturlandschaft vorrangig der Denkmalschutz (Landesdenkmalamt), aber auch der Natur- und Landschaftsschutz (Bezirksstellen) sowie die Forstverwaltung.

An den Universitäten ist eine tendenzielle Umverteilung zu Gunsten der sogenannten Lebenswissenschaften festzustellen, die sich großteils aus den modernen Naturwissenschaften rekrutieren. Regional und landeskundlich ausgerichtete Untersuchungen treten hinter internationale Forschungen zurück, das Einwerben von Drittmitteln wird immer wichtiger.

Literatur

ADAM 2002
Th. Adam, Das Entstehen der Streuobstwiesen in Südwestdeutschland. Zeitschrift für Agrargeschichte und Agrarsoziologie 50, 2002, 55-69.

BADISCHES LANDESMUSEUM u. a. 2002
Badisches Landesmuseum/Haus der Geschichte Baden-Württemberg/Württembergisches Landesmuseum (Hrsg.), Mit 100 Sachen durch die Landesgeschichte. Jubiläumsausstellung zum 50. Geburtstag des Landes Baden-Württemberg (Karlsruhe 2002).

BEINLICH u. a. 1997
B. Beinlich/U. Hampicke/H. Plachter/K. Tampe, Erhaltung großflächiger Kalkmagerrasen und magerer Wirtschaftsweisen auf der Schwäbischen Alb. In: M. Klein/U. Riecken/E. Schröder (Bearb.), Alternative Konzepte des Naturschutzes für extensiv genutzte Kulturlandschaften. Schriftenreihe für Landschaftspflege und Naturschutz 54 (Bonn-Bad Godesberg 1997) 53-91.

BIEL 1995
J. Biel (Hrsg.), Anthropogene Landschaftsveränderungen im prähistorischen Südwestdeutschland. Archäologische Informationen aus Baden-Württemberg 30 (Stuttgart 1995).

BLASCHKA 2002
M. Blaschka, „Ortsfeste, freistehende, kleine, von Menschenhand geschaffene Gebilde": Das Projekt zur Erfassung von Kleindenkmalen in Baden-Württemberg. Denkmalpflege in Baden-Württemberg 31, 2002, 84-88.

BORCHERDT 1993
C. Borcherdt (Hrsg.), Geographische Landeskunde von Baden-Württemberg. Schriften zur politischen Landeskunde 8³ (Stuttgart 1993).

BRUGGER 1990
A. Brugger, Baden-Württemberg – Landschaft im Wandel: Eine kritische Bilanz in Luftbildern aus 35 Jahren (Stuttgart 1990).

BÜCKING u. a. 2001
W. Bücking/W. Ott/W. Püttmann, Geheimnis Wald: Waldschutzgebiete in Baden-Württemberg³ (Leinfelden 2001).

BUCH u. a. 2001
F. Buch/V. Caesar/M. Ruhland, Bodenseelandschaft Birnau – Maurach – Seefelden: Kulturlandschaft von europäischem Rang. Denkmalpflege in Baden-Württemberg 30, 2001, 41-47.

CONARD 2002
N. J. Conard, The Timing of Cultural Innovations and the Dispersal of Modern Humans in Europe. Terra Nostra 6/2002, 82-94.

EIDLOTH 2001
V. Eidloth, Angewandte Historische Geographie in der Denkmalpflege. In: G. Ruppert (Hrsg.), 20 Jahre Historische Geographie in Bamberg. Bamberger Universitätsreden 7 (Bamberg 2001) 26-43.

EIDLOTH/GOER 1996
V. Eidloth/M. Goer, Historische Kulturlandschaftselemente als Schutzgut. Denkmalpflege in Baden-Württemberg 25, 1996, 148-155.

FEZER 1979
F. Fezer, Topographischer Atlas Baden-Württemberg. Eine Landeskunde in 110 Karten. Hrsg. vom Landesvermessungsamt Baden-Württemberg (Neumünster 1979).

GEYER/GWINNER 1992
O. F. Geyer/M. P. Gwinner, Einführung in die Geologie von Baden-Württemberg 4 (Stuttgart 1992).

GÜTH 2003
P. Güth (Bearb.), Geschichte des Waldbaus in Baden-Württemberg im 19. und 20. Jahrhundert. Ein Projekt der Landesforstverwaltung Baden-Württemberg. Freiburger forstliche Forschung, Berichte 46 (Freiburg 2003).

HANNMANN/SCHOLKMANN 1975
E. Hannmann/K. Scholkmann, Bebenhausen als Gesamtanlage. Denkmalpflege in Baden-Württemberg 4, 1975, 15-21.

HAUGER u. a. 2000
K. Hauger/R. Riedinger/B. Sittler, Wölbäcker bei Rastatt – eine Dokumentation zur Analyse und Erhaltung überkommener Altackerkomplexe. Kulturlandschaft. Zeitschrift für Angewandte Historische Geographie 10, 2000, 113-118.

HEIZMANN 1998
E. P. J. Heizmann (Hrsg.), Vom Schwarzwald zum Ries. Erdgeschichte mitteleuropäischer Regionen 2 (München 1998).

HOLDERMANN u. a. 2001
C.-S. Holdermann/H. Müller-Beck/U. Simon, Eiszeitkunst im süddeutsch-schweizerischen Jura. Anfänge der Kunst. Alb und Donau, Kunst und Kultur 28 (Stuttgart 2001).

HÖLZER/HÖLZER 2002
A. Hölzer/A. Hölzer, Untersuchungen zur Vegetations- und Siedlungsgeschichte im Großen und Kleinen Muhr an der Hornisgrinde (Nordschwarzwald). Mitteilungen des Vereins für Forstliche Standortskunde und Forstpflanzenzüchtung 42, 2002, 31-43.

HOOK 2003
S. M. Hook, Wald- und Landschaftsveränderungen zwischen Oberrhein und Schwäbischer Alb – Wahrnehmung und Reaktion verschiedener sozialer Gesellschaftsschichten seit Beginn der Neuzeit. Freiburger Universitätsblätter 42, 160, 2003, 153-158.

HUTTENLOCHER 1949
F. Huttenlocher, Versuche kulturlandschaftlicher Gliederung am Beispiel von Württemberg. Forschungen zur Deutschen Landeskunde 47 (Stuttgart 1949).

KAISER u. a. 2002
W. Kaiser/G. Reinhardt-Gehrenbach/B. Jenisch/V. Nübling, Stadt Staufen – Münstertal/Schwarzwald. Denkmaltopographie Baden-Württemberg III. Regierungsbezirk Freiburg 1. Landkreis Breisgau-Hochschwarzwald 1 (Stuttgart 2002).

KAPFF/WOLF 2000
D. Kapff/R. Wolf, Steinkreuze, Grenzsteine, Wegweiser ... Kleindenkmale in Baden-Württemberg (Stuttgart 2000).

KONOLD 1987
W. Konold, Oberschwäbische Weiher und Seen. Kultur, Geschichte, Vegetation, Limnologie, Naturschutz. Veröffentlichungen Naturschutz und Landschaftspflege Baden-Württemberg, Beiheft 52 (Karlsruhe 1987).

KONOLD/GERBER 2002
W. Konold/A. Gerber, Landschaftsentwicklung durch Mobilisierung von Potenzialen: Das Projekt Kulturlandschaft Hohenlohe. Akademie für die ländlichen Räume Schleswig-Holsteins e. V. (Hannover 2002) 149-158.

KRACHT u. a. 2003
V. Kracht/Ch. Morrissey/W. Schenk, Naturschutz und historische Kulturlandschaft – zur Integration geschichtlicher Aspekte in Planung und Management von Naturschutzgebieten. In: Natur und Landschaft 78, 2003, 527-533.

LANDESDENKMALAMT BADEN-WÜRTTEMBERG 1999
Landesdenkmalamt Baden-Württemberg (Hrsg.), Früher Bergbau im südlichen Schwarzwald. Archäologische Informationen aus Baden-Württemberg 41 (Stuttgart 1999).

LANDESDENKMALAMT BADEN-WÜRTTEMBERG 2003
Landesdenkmalamt Baden-Württemberg (Hrsg.), „Was haben wir aus dem See gemacht?" Kulturlandschaft Bodensee 2, Arbeitsheft 12 (Stuttgart 2003).

LANGNER 2003
B. Langner, Historische Dorfanalyse – Heudorfer Bürger erforschen Vergangenheit für ihre Zukunft. Schwäbische Heimat 54, 2003, 442-448.

LEIST 2003
J. Leist, Heimatpflege, auch im Württembergischen Allgäu ein schwieriges Kapitel. In: Kreissparkasse Ravensburg (Hrsg.), Kleinode 10. Heimat im Wandel (Ravensburg 2003) 43-48.

LEHNES/GLAWION 2000
P. Lehnes/R. Glawion, Landschaftsinterpretation – ein Ansatz zur Aufbereitung regionalgeographischer Erkenntnisse für den Tourismus. In: G. Zollinger (Hrsg.), Aktuelle Beiträge zur angewandten Physischen Geographie der Tropen, Subtropen und der Regio Trirhena. Festschrift zum 60ten Geburtstag von Rüdiger Mäckel (Freiburg 2000) 313-326.

LENZ 2003
R. Lenz, Quo vadis Schwäbische Alb? – Eine Kulturlandschaft im Wandel. In: Akademie Ländlicher Raum Baden-Württemberg (Hrsg.), Quo vadis Kulturlandschaft? (Stuttgart 2003) 33-38.

LORENZ 2001
S. Lorenz (Hrsg.), Der Nordschwarzwald. Von der Wildnis zur Wachstumsregion (Filderstadt 2001).

MARSTALLER 2002
T. Marstaller, Haus und Umwelt – Zur Interaktion von Waldwirtschaft und Hausbau. In: G. Helmig/B. Scholkmann/M. Untermann (Hrsg.), Centre – Region – Periphery. Medieval Europe Basel 2002. 3rd International Conference of Medieval and Later Archaeology Basel 10.-15. September 2002. Bd. 1 (Hertingen 2002) 162-168.

MATTERN 1997
H. Matttern, Drei Jahrzehnte Rebflurbereinigung im nördlichen Württemberg. Veröffentlichungen für Naturschutz und Landschaftspflege Baden-Württemberg 71/72, 1997, 33-38.

MATTERN 1998
H. Mattern, Die historische Kulturlandschaft in Naturschutz und Landschaftspflege an Beispielen aus dem nördlichen Württemberg. Jahreshefte der Gesellschaft für Naturkunde in Württemberg 154, 1998, 261-281.

MINISTERIUM FÜR ERNÄHRUNG UND LÄNDLICHEN RAUM 2003
Ministerium für Ernährung und ländlichen Raum (Hrsg.), 25 Jahre Stiftung Naturschutzfonds Baden-Württemberg (Stuttgart 2003).

MORRISSEY 2003
Ch. Morrissey, Sein oder Schein. Der Schönbuch und einige Aspekte der älteren Siedlungsgeschichte Baden-Württembergs. Zeitschrift für Württembergische Landesgeschichte 62, 2003, 11-30.

MORRISSEY/SAUR 2004
Ch. Morrissey/R. Saur, Warzen, Grabhügel, Ameisenstädte: Zur Kulturlandschaft der Alb. Schwäbische Heimat 55, 2004, 323-328.

PLACHTER/REICH 1996
H. Plachter/M. Reich, Großflächige Schutz- und Vorrangsgebiete: eine neue Strategie des Naturschutzes in Kulturlandschaften. In: Landesanstalt für Umweltschutz Baden-Württemberg (Hrsg.), PLENUM – Konzeption und Grundlagen. Projekt „Angewandte Ökologie" 14 (Karlsruhe 1996) 159-188.

PLANCK 1994
D. Planck (Hrsg.), Archäologie in Baden-Württemberg. Das Archäologische Landesmuseum, Außenstelle Konstanz (Stuttgart 1994).

REGIONALVERBAND FRANKEN-HEILBRONN 2003
Regionalverband Franken-Heilbronn (Hrsg.), Regional bedeutsame Kulturdenkmale in der Region Heilbronn-Franken. Teilfortschreibung des Landschaftsrahmenplanes (Heilbronn 2003).

REINBOLZ u. a. 2003
A. Reinbolz/T. Plieninger/W. Konold, Wald oder Weidfeld? Einfache Feld- und Archivmethoden zur Analyse der Landschaftsgeschichte des Südschwarzwaldes. Natur und Landschaft 78, 2003, 463-471.

RITTER 2000
S. Ritter, Kulturlandschaft entwickeln. Leitlinien zur Flurneuordnung. In: Landesamt für Flurneuordnung und Landentwicklung Baden-Württemberg (Hrsg.), Flurneuordnung, Infrastruktur, Zukunft (Kornwestheim 2000) 40-42.

RÖSCH 2002
M. Rösch, Zu den Wurzeln von Landnutzung und Kulturlandschaft. Sieben Jahre Anbauversuche in Hohenlohe – eine Zwischenbilanz. Fundberichte Baden-Württemberg 26, 2002, 21-44.

SCHENK 2001
W. Schenk, Identifizierung, Erhaltung und Pflege sowie mediale Vermittlung des landschaftlichen Erbes des Zisterzienserordens, dargestellt an Beispielen aus Süddeutschland. In: P. Rückert (Hrsg.), 850 Jahre Kloster Herrenalb. Oberrheinische Studien 19 (Stuttgart 2001) 211-221.

SCHENK/STÖHR 2001
W. Schenk/L. Stöhr, Geschichte und kulturhistorische Bedeutung von Steinriegellagen auf der Gemarkung von Weikersheim. Jahrbuch Württembergisches Franken 85, 2001, 227-246.

SCHREG 2003
R. Schreg, Ein Waldhufendorf im Nordschwarzwald – archäologische und geophysikalische Untersuchungen in der Wüstung Oberwürzbach. Archäologische Ausgrabungen in Baden-Württemberg 2003, 175-178.

SCHWÄBISCHER ALBVEREIN 2004
Schwäbischer Albverein (Hrsg.), Expedition Schwäbische Alb (Stuttgart 2004).

SEIDENSPINNER 1997
W. Seidenspinner, Kloster und Landschaft. Zum Problem einer Morphologie der Kulturlandschaft aus denkmalpflegerischer Perspektive am Beispiel der historischen Funktionseinheit Kloster Maulbronn. In: Landesdenkmalamt Baden-Württemberg (Hrsg.), Maulbronn. Zur 850jährigen Geschichte des Zisterzienserklosters (Stuttgart 1997) 555-586.

SEIFFERT u. a. 1995
P. Seiffert/K. Schwineköper/W. Konold, Analyse und Entwicklung von Kulturlandschaften. Das Beispiel Westallgäuer Hügelland (Landsberg 1995).

STÄCHELE 2003
W. Stächele, Die Erhaltung der Kulturlandschaft – Herausforderung und Verpflichtung. Die Gemeinde 126, 2003, 368-371.

STATISTISCHES LANDESAMT BADEN-WÜRTTEMBERG 2000
Statistisches Landesamt Baden-Württemberg (Hrsg.), Baden-Württemberg 2000. Der Neue Atlas für das ganze Land (Stuttgart 2000)

VALDE-NOWAK/KIENLIN 2002
P. Valde-Nowak/T. L. Kienlin, Neolithische Transhumanz in den Mittelgebirgen. Ein Survey im westlichen Schwarzwald. Prähistorische Zeitschrift 77, 2002, 29-75.

VOWINKEL/LUICK 2003
K. Vowinkel/R. Luick, Beweidung als Naturschutzstrategie im Spannungsfeld zwischen Theorie und Praxis mit Beispielen aus Baden-Württemberg. In: Mitteilungen aus der Biologischen Bundesanstalt für Land- und Forstwirtschaft Berlin-Dahlem 393 (Berlin, Braunschweig 2003) 127-135.

Bewertungen der historischen Kulturlandschaft auf kommunaler Ebene

Von Oliver Bender

Was ist und wozu dient eine historische Kulturlandschaft?

Durch Veränderungen der Landnutzung werden die Landschaftsbilder Mitteleuropas fast überall einem tiefgreifenden Wandel unterworfen. Speziell aufgrund des Siedlungsausbaus in suburbanen Räumen und der Intensivierung der Landwirtschaft in Gunstgebieten, bei gleichzeitigem Rückzug aus Grenzertragslagen,[1] sind v. a. extensive traditionelle Landnutzungssysteme im Verschwinden begriffen. Mit der kleinräumig vielgestaltigen Landschaftsstruktur geht eine große Zahl einzelner Landschaftselemente verloren, die einerseits als wertvolle Biotope Lebensraum für spezialisierte Tier- und Pflanzenarten darstellen, denen andererseits als Zeugen der Vergangenheit ein Quellen- und Bildungswert zugesprochen werden muss (SCHENK 2002). Die gleichsam auch ästhetisch verarmten Landschaftsbilder vermögen nur noch in eingeschränktem Maß regionale Identität („Heimat") zu vermitteln und sind auch für Touristen immer weniger anziehend (HUNZIKER/KIENAST 1999).

In Deutschland begegnen verschiedene Rechtsnormen dem weiterhin drohenden Verlust mit der Aufforderung, dass „gewachsene" (§ 2 Bundesraumordnungsgesetz [ROG]) bzw. „historische" (§ 2 Bundesnaturschutzgesetz [BNatSchG]) Kulturlandschaften zu erhalten seien. Eine konkrete Definition für das Schutzgut wird allerdings nicht mitgeliefert, weshalb Wissenschaft und Praxis herausarbeiten müssen, wie die Rechtsvorschriften im Einzelnen auszufüllen sind.

Auch wenn mit beiden Begriffen offenbar der gleiche Schutzgegenstand gemeint ist,[2] bietet es sich sehr wohl an, „historische" und „gewachsene" Kulturlandschaften im wissenschaftlichen Diskurs zu differenzieren. Demnach wäre die im Lauf der Geschichte „gewachsene" eine konkrete Landschaft der Gegenwart, in der zahlreiche Elemente aus der Vergangenheit überkommen sind; die „historische" Landschaft hingegen der Zustand zu einem bestimmten geschichtlichen Zeitpunkt, den man mit Schlüter in der deutschsprachigen Geographie auch als „Altlandschaft" bezeichnet (BENDER 2003). So gesehen bildet die „gewachsene" Kulturlandschaft als Ganzes oder in Teilen ein Schutzgut gemäß dem Naturschutzrecht und ein Objekt der Denkmalpflege. Darüber hinaus kann die „historische" Kulturlandschaft als Zustand der Vergangenheit grundsätzlich – aber eher in konkreten Einzelfällen – ein Leitbild für den Naturschutz (ROWECK 1995), den Tourismus (z. B. Landschaft der Romantik, romantische Landschaft „Fränkische Schweiz") und die Landwirtschaft darstellen. Generell dient die historische Kulturlandschaft aber zunächst als Basis für die Beobachtung (retrospektives Monitoring)[3] und Bewertung von rezenten Entwicklungen.

Operationalisierung der Kulturlandschaft für diachronische Bewertungen

Gleichgültig, ob man die „gewachsene" Kulturlandschaft der Gegenwart, gegebenenfalls nur einzelne ihrer Bestandteile, oder aber die Kulturlandschaft zu einem bestimmten Zeitpunkt im Visier hat: Nicht der

---

[1] Vgl. DOSCH/BECKMANN 1999.
[2] Vgl. SCHENK 2002.
[3] Vgl. BLASCHKE 2002.

„Inhalt der Landschaft allein, sondern dessen Verbreitung (Raum) und Veränderung (Zeit) müssen die Grundlage der Landschaftsbewertung sein" (EWALD 1979, 26). Die Ermittlung der historischen bzw. „gewachsenen" Qualität der Landschaft braucht deshalb in jedem Fall eine zeitintegrative Datenbasis, welche Gegenwart und Vergangenheit in gleichem Maßstab bzw. gleicher Qualität hinsichtlich geometrischer und inhaltlicher Auflösung erfasst respektive sich auf eine einheitliche, dem Untersuchungszweck angemessene Qualität reduzieren lässt.[4]

Die Auswahl der Betrachtungszeitpunkte wird vom Untersuchungszweck bzw. von der Quellenlage begründet. Der Untersuchungsbeginn liegt in Mitteleuropa üblicherweise in vorindustrieller Zeit, d. h. etwa zu Anfang bis Mitte des 19. Jh., weil man zu dieser Zeit gemeinhin die größte Nutzungs- und Biodiversität annimmt (ROWECK 1995), „die Kulturlandschaften [...] im vorindustriellen Zeitalter ökologisch wie visuell [...] ihren höchsten Entwicklungsstand erreicht hatten" (LEIBUNDGUT 1986, 160). Eine alleinige Verwendung von Fernerkundungsdaten dürfte sich damit zunächst erübrigen, zumal flächendeckende Landesbefliegungen oft erst seit den 1960er-, hochauflösende Satellitenbilder seit den 1990er-Jahren vorliegen.

Insofern erweisen sich Kataster- und topographische Landeskartenwerke, soweit sie als sogenannte „serielle Quellen" seit ca. 200 Jahren mehr oder weniger regelmäßig unter vergleichbaren Bedingungen fortgeführt worden sind, als grundsätzlich am besten geeignet. Am ehesten kommt eine ergänzende Hinzuziehung weiterer Quellen in Betracht, um das Qualitätsniveau der „schlechtesten" Zeitschnitte einer Reihe zu heben, so z. B. durch Luftbilder, die den Informationsverlust bei den im 20. Jh. oftmals weniger sorgfältig fortgeführten Katasterkarten ausgleichen sollen (BENDER 1994; BENDER u. a. 2002).

Die Qualitätsunterschiede speziell von Kataster- und topographischen Karten wurden am Beispiel Bayerns hinsichtlich der zeitlichen, geometrischen und inhaltlichen Auflösung bereits ausführlich diskutiert (BENDER u. a. 2002). Die höhere Anzahl der Bodenbedeckungsarten (Nutzungsarten) und die weitaus größere Lagegenauigkeit im Kataster dienen der Erfassung naturschutzrelevanter Flächeneinheiten und sind für die Integration in die Fachplanungen der unteren Ebene wichtig (BLASCHKE 2002).

Eine gängige Möglichkeit der Operationalisierung von Kulturlandschaft bietet die „Sichtweise der Historischen Geographie, Objekte der realen Welt als diskrete punktförmige, linien- oder flächenhafte Kulturlandschaftselemente anzusprechen" (PLÖGER 1999, 106). Dieses Konzept stammt offensichtlich aus der Kartographie[5] und wurde über diverse historisch-geographische Landesaufnahmen in den Niederlanden[6] in die deutschsprachige Kulturlandschaftsforschung übertragen (VON DEN DRIESCH 1988). Dazu ist jedoch zu sagen, dass eine solche Abgrenzung ebenso pragmatisch wie willkürlich ist, insofern sie nicht vom Untersuchungsgegenstand, sondern vom Betrachtungsmaßstab abhängt. Mit anderen Worten: Beim entsprechenden „Hereinzoomen" in die Landschaft wird jeder Gegenstand irgendwann zu einem flächenhaften. Problematisch an diesem Ansatz ist weiterhin, dass er dazu verleitet, „Landschaft" nicht nur in Bestandteile zu zerlegen, sondern auch die einzelnen Bestandteile aus dem räumlich-zeitlichen Zusammenhang herauszureißen und isoliert zu betrachten.[7]

Deshalb wird prinzipiell ein zweistufiges Landschaftsmodell vorgeschlagen: Die Basis sollte eine großmaßstäbige flächendeckende Landschaftserfassung (Landschaft als 3D-Kontinuum), -analyse und -bewertung bilden, die auch sekundär zum Überblick über größere Gebiete generalisierbar ist. Darüber hinaus sind weitere Informationsschichten mit diskontinuierlichen Einzelbefunden zu entwickeln, die auf diese Weise allerdings stets im räumlichen Gesamtzusammenhang analysiert werden können. Die Verarbeitung der Daten erfolgt schließlich in einem vektorbasierten diachronischen Landschaftsinformationssystem (LIS).[8] Entscheidend im Sinne der Bewertung sind die Attributdaten, z. B. aus der Liegenschafts- und Agrarverwaltung, welche mit den Landschaftselementen – in der Basisinformation Katasterparzellen oder Teile davon – zu verknüpfen sind. Dabei müssen zeitlich variable Daten, die für jeden untersuchten Zeitschnitt gesondert vorliegen, wie beispielsweise Bodennutzung und Bodengüte, von zeitlich – weitgehend – invariablen Daten, wie z. B. Hangneigung und Exposition, unterschieden werden.

---

[4] Vgl. VON WERDER/KOCH 1999; BLASCHKE 2002.
[5] Vgl. das entsprechende Kapitel „Kartographische Gestaltungsmittel" in: HAKE u. a. 2002, 118 ff.
[6] Vgl. z. B.: „Cultuurhistorische relictenkaart van de Veluwe" 1977.
[7] Vgl. GUNZELMANN 1987.
[8] Vgl. BENDER/JENS 2001.

Bewertungsansätze für Kulturlandschaften

Bewertungen von Landschaften, Landschaftsausschnitten, -teilen oder -elementen sind in verschiedenen Disziplinen und unter verschiedenen Ansprüchen (Nutzung bzw. Schutz) an die Landschaft gebräuchlich. Manche Verfahren, so z. B. die landwirtschaftliche Bonitierung, sind schon lange eingeführt, andere werden in der Wissenschaft derzeit intensiv diskutiert. Dies betrifft u. a. den Einsatz der „Landscape Metrics" für Naturschutzfragen (BLASCHKE 1999).

Die gängigen Bewertungsverfahren lassen sich in folgende Kategorien einordnen:
- rein aktualistische versus diachronische, also für historische bzw. zukünftige Zeitschnitte geeignete Verfahren;
- Struktur- versus Veränderungs-/Prozessbewertungen;
- qualitativ-subjektive versus quantitativ-objektive Bewertungen;
- nutzerabhängige versus nutzerunabhängige Bewertungen;
- Bewertungen von Landschaften oder Landschaftsteilen bzw. -elementen oder -elementtypen.

Bei einer diachronischen Bewertung geht es in aller Regel darum, den aktuellen Zustand an einem vergangenen zu messen, um eine eventuell gegebene Schutzwürdigkeit festzustellen oder um entsprechende Entwicklungspotentiale auszuloten. Dabei können die zeitlichen Landschaftszustände jeweils einzeln bewertet werden (Struktur), oder aber im Entwicklungsgang (Prozess), indem man die Unterschiede zwischen zwei zeitlichen Landschaftszuständen misst und gewissermaßen die „Differenz" bewertet.

Rein subjektive Bewertungsansätze stammen aus der Perzeptions- und Akzeptanzforschung, z. B. die Beurteilung von Sukzessionsstadien im Gelände (HUNZIKER/KIENAST 1999) oder von Landschaftsentwicklungsszenarien über Fotosimulationen (JOB 1999). Dabei sind verschiedene Dimensionen des Landschaftserlebens, so die Bereiche Tradition, Ökologie, Rendite, Stimmung, zu beachten bzw. Erklärungen für die verschiedenen Präferenzen herauszuarbeiten. Ein weiteres gebräuchliches Verfahren ist die Kontingenz-Valuations-Methode (Zahlungsbereitschaftsanalyse) (PRUCKNER 1994; JOB/KNIES 2001).

Qualitativ-objektive Verfahren bedienen sich hingegen oft einer segregierenden Methode. Dabei wird das Untersuchungsgebiet nach bestimmten Gesichtspunkten in kleinere Einheiten, etwa „Landschaftskammern" (EGLI 1997) oder „Landschaftsbildeinheiten" (PASCHKEWITZ 2001) untergliedert, denen wiederum vergleichend bestimmte Attributwerte zuzuordnen sind.

Aufgrund der psychologischen Dimension solcher subjektiven bzw. qualitativen Bewertungsverfahren ist es problematisch, außerhalb der aktuellen Zeitebene zu bewerten. Die beste Grundlage dafür bilden möglichst detaillierte 4D-Landschaftsmodelle mit fotorealistischen Simulationen.

Quantitativ-objektive Bewertungen bleiben von diesem Problem unberührt und bedienen sich zumeist aggregierender Verfahren, bei denen die Eigenschaften von Landschaftselementen aufsummiert oder zueinander in Beziehung gesetzt werden. In jüngerer Zeit werden diese Bewertungen sehr häufig unter Einsatz von Geoinformationstechnologie (GI-Technologie), z. B. mithilfe des „Landscape Metrics Approach", durchgeführt (BLASCHKE 1999). Dieser Ansatz unterstützt sowohl die Untersuchung vollflächiger Landschaftsausschnitte („landscape") als auch nur einzelner Teile daraus, etwa von Landschaftselementen („patch") oder -elementtypen („class").

Aktuelle und potentielle Anwendungen diachronischer Landschaftsbewertungen

Im Folgenden werden einige repräsentative Bewertungsansätze auf Basis quantitativer Analysen vorgestellt und – soweit nötig – gegen qualitative Verfahren abgegrenzt. Dabei ist zu differenzieren, ob man funktionale, nutzerabhängige (z. B. für den Tourismus oder die Landwirtschaft) oder normative, nutzerunabhängige (z. B. in Naturschutz und Denkmalpflege) Ansätze verfolgt.

Landwirtschaft

Im Funktionsbereich Landwirtschaft erfolgt regelmäßig eine nutzerabhängige Bewertung der Qualität von Nutzflächen anhand von Bonität, Neigung, Exposition, Parzellengröße, -form, -erschließung etc. sowie eventuell anhand der Wirtschaftsweise. Die Ergebnisse dieser Bewertung beeinflussen das betriebswirtschaftliche Verhalten. Zumindest sporadisch wird auch die agrarische Nutzungs- und Parzellenstruktur bewertet und in die agrarstrukturelle Planung (Flurbereinigung) einbezogen. Letztlich wirkt beides zurück auf die Landschaftsdynamik. Allerdings ist ein diachronischer Vergleich der Wertungen schwierig, weil der Maßstab sukzessive an die sich verändernden Produktionsverhältnisse angepasst wird; speziell zu nennen sind hier die immer wieder geänderten Bonitierungsverfahren.

Einen interessanten Ansatz für eine großräumige und vereinfachte Bewertung verfolgt ein geplantes Projekt, bei dem man sich im Zuge einer generellen Extensivierung – wie sie z. B. in den der EU im Mai 2004 beigetretenen Ländern zu erwarten ist – an Zielen der Nachhaltigkeit und somit an der „natürlichen" Ertragsfähigkeit orientiert.[9] Hierbei soll nicht anhand der Maßstäbe der industrialisierten Landwirtschaft, sondern, soweit entsprechende Bonitierungen fehlen, gemäß der historischen Verteilung der Kulturarten, wie sie aus älteren Katasterwerken ablesbar ist, auf ein künftig optimales Bodennutzungsmosaik geschlossen werden.

Tourismus

Die klassischen Bewertungsverfahren im Tourismus zielen auf den visuell-ästhetischen Wert, den Nutz- und den Vielfältigkeitswert von Landschaften ab. Keines dieser Verfahren wurde bislang für einen bewertenden Vergleich zeitlich differierender Landschaftszustände herangezogen. Dies könnte allerdings sinnvoll sein, um Aussagen über die Veränderung der Angebotsstruktur in klassischen Fremdenverkehrsgebieten zu treffen und damit auch Grundlagen für die Entwicklung eines touristischen Leitbildes zu schaffen.

Der visuell-ästhetische Wert von Landschaftskammern oder -bildelementen wird üblicherweise durch Schätzverfahren im Gelände ermittelt,[10] was nachträglich für die Vergangenheit kaum mehr gelingt. „Landschaftsbewertungsverfahren auf der Basis von Nutzwertanalysen zeigen weitestgehend nur mesoskalare Sachverhalte auf und sind weniger für den abgegrenzten Kleinraum geeignet" (HOFFMANN 1999, 18). Aufgrund der Datenverfügbarkeit erscheint hingegen die V-Wert-Analyse (KIEMSTEDT 1967) für den diachronischen Vergleich prädestiniert, obwohl sie zunächst auf Basis der amtlichen Gemeindedaten und nicht für GI-Systeme konzipiert worden ist.

Die vereinfachte Formel für den Vielfältigkeitswert V nach Kiemstedt lautet:
V = (Waldrandzahl + Gewässerrandzahl + Reliefzahl + Nutzungszahl) x Klimafaktor / 1000

Zunächst wurden dabei Gemarkungen miteinander verglichen; spätere Versuche mit Planquadraten u. Ä. zeigten die Flexibilität der Methode auf. Mithilfe eines LIS und des „Landscape Metrics Approachs" können die Datenbasis erweitert und die landschaftlichen Bezugseinheiten beliebig variiert werden. Für eine kleinräumige Adaption, etwa einer inneren Differenzierung von Gemarkungen anhand der Katasterparzellen, wird der Klimafaktor durch eine Expositionszahl ersetzt. Der V-Wert dient dem Vergleich des touristischen Potentials und seiner Entwicklung zwischen einzelnen Gemarkungen bzw. Gemarkungsteilen. Darüber hinaus kann ein Einsatz etwa in der Wanderwegeplanung sinnvoll sein (Abb. 1 und 2).[11]

Für den Landschaftsnutzer noch konkreter als der V-Wert ist die Feststellung von Sichtachsen bzw. die Quantifizierung und nachfolgende Bewertung von Sichtraumanalysen, um die Vermittlung des Landschaftsbildes über Aussichtspunkte oder Wanderwege gewährleisten zu können (ROTH 2002). Grundlage

---

[9] Vgl. hierzu: Institut für Stadt- und Regionalforschung, Österreichische Akademie der Wissenschaften, SURPLAN Sustainable Regional Planning Based on Land-Use-Legacies. Expression of Interest Submitted in Response to Call EOI.FP6.2002 (Wien 2002).
[10] Siehe diesbezüglich z. B.: EGLI 1997. – Vgl. auch: NOHL 2001.
[11] Vgl. BENDER 2001.

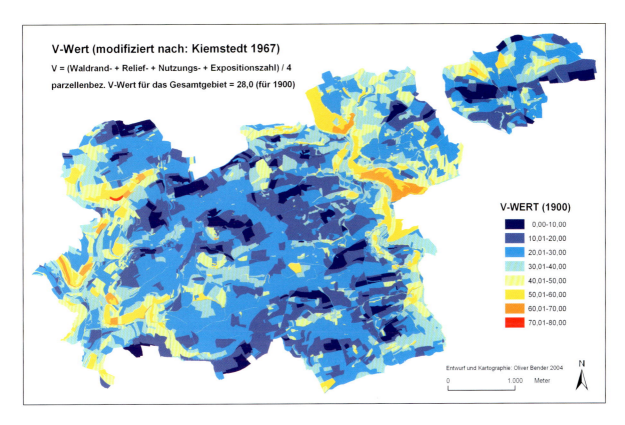

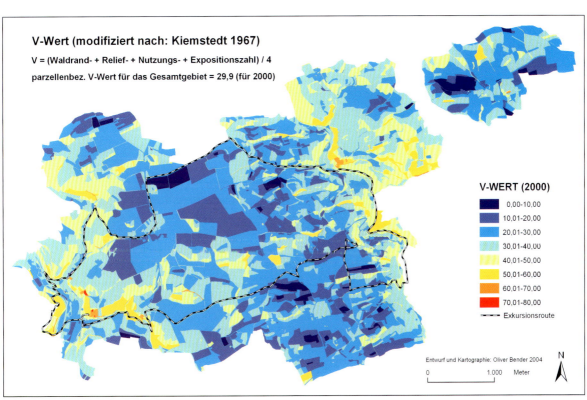

Abb. 1 und 2. Parzellenbezogener V-Wert für das 2.000 ha große Untersuchungsgebiet „Siegritz – Wüstenstein – Zochenreuth" (Nördliche Fränkische Alb) in den Jahren 1900 und 2000. Der geringfügige Anstieg des durchschnittlichen V-Wertes dürfte v. a. durch umfangreiche Aufwaldungen und die damit verbundene Zunahme der landschaftswirksamen Waldrandlänge zu erklären sein.

hierfür sind entsprechende Oberflächenmodelle („Digital Elevation Models" [DEM]), die entsprechend dem Nutzungswandel (z. B. bei einer Verwaldung oder Verbauung) für jeden untersuchten Zeitschnitt gesondert erstellt werden müssen.

Naturschutz

Quantitative Landschaftsanalysen für Naturschutzzwecke sind mit Durchsetzung des „Landscape Metrics Approach" inzwischen weit verbreitet (MCGARIGAL/MARKS 1995). Soweit entsprechende Daten vorliegen, sollten sie auch für historische Zeitschnitte anwendbar sein. So ist zunächst an die Strukturveränderung einzelner Biotope und deren Bewertung mithilfe verschiedener „Landscape Metrics" („Edge Distance", „Core Area", „Shape Index", Fraktale Dimension etc.) zu denken.

Eine Gegenüberstellung zeitspezifischer Kulturartenbilanzen lässt – freilich in generalisierter Form und entsprechende Kenntnisse über das regionale Inventar der Pflanzengesellschaften vorausgesetzt – Schlüsse auf die Entwicklung der Biotop- und Artendiversität zu. Der Flächenverlust bestimmter extensiver Nutzungsformen ist z. B. ein Verlust des potentiellen Lebensraumes von Pflanzen und Tieren, die charakteristisch für die den jeweiligen Kulturarten entsprechenden Pflanzengesellschaften sind (BENDER u. a. 2002).

Der Vergleich von Strukturanalysen unterschiedlicher Zeitschnitte mithilfe der „Landscape Metrics" (Abb. 3 und 4) ermöglicht darüber hinaus Aussagen über die Veränderung der Diversität der Landschaft und der Verteilung ihrer Elemente, der Isolation bzw. Konnektivität von Elementen, der Zerschneidung von Elementen und Landschaften etc. (BLASCHKE 1999; SCHWARZ-VON RAUMER u. a. 2002).

Man kann mithilfe von Kostenoberflächen, „Proximity Indizes", „Effektiven Maschenweiten" u. Ä. abschätzen, ob die historische Landschaft unter bestimmten Aspekten des Naturschutzes besser oder schlechter war, als es die heutige ist.[12] Damit kann auch die Frage nach einer Eignung der historischen Kulturlandschaft als Leitbild für den Naturschutz im jeweiligen Einzelfall behandelt werden.[13] Schließlich sollte ein diachronisches LIS über die Darstellung von (ökologischen) Landschaftsfunktionen (BASTIAN/RÖDER 1999; VAN ROMPAEY u. a. 2003), Bewirtschaftungsintensitäten, Nährstoffverteilungen etc. auch einen Beitrag zur Klärung der Nachhaltigkeit von historischen bzw. aktuellen Landschaften leisten können (ECKER/WINIWARTER 1998).

Denkmalpflege

In jüngerer Zeit kümmert sich auch die Denkmalpflege immer öfter um Belange der Kulturlandschaftspflege. Im Gegensatz zur Fachplanung Naturschutz vertritt sie allerdings a priori keinen flächendeckenden Schutzanspruch, sondern zielt auf kulturhistorisch wertvolle Landschaftselemente, wie z. B. eine Hutweide oder ein Wässerwiesensystem, sowie auf Landschaftsausschnitte, die eine entsprechend große Anzahl solcher Objekte beinhalten. Das moderne Instrument für die denkmalpflegerische Inventarisation ist ein digitales Kulturlandschaftskataster, wobei allerdings nicht geklärt ist, was es konkret enthalten soll (BENDER 2003). Die Spanne reicht von einer Aufnahme isolierter, statischer Landschaftselemente – zumeist Relikte vergangener landschaftsgestaltender Prozesse –, welche als „Kulturlandschafts-elementekataster" die Tradition der historisch-geographischen Landesaufnahme[14] fortsetzt, bis hin zu einer kontextuell ganzheitlichen Betrachtung des landschaftlichen Funktionsgefüges mit der Unterscheidung von „Kulturlandschaftstypen" und „-elementtypen" (BENDER 1994) bzw. einer diachronischen Untersuchung des „Kulturlandschaftswandels" und der „-veränderungstypen" (BENDER u. a. 2002). Der Terminus „Kataster", heute v. a. gebräuchlich als Grundsteuerkataster, lässt über die Grundbedeutung „capitastrum" (Kopfsteuerbuch) hinaus, eigentlich eine vollflächige Repräsentanz des gesamten Untersuchungsgebietes erwarten. In diesem Zusammenhang wäre bezüglich der „Kataster-"Inhalte auch grundsätzlich das Ver-

---

[12] Vgl. WALZ 1997.
[13] Vgl. BENDER u. a. 2002.
[14] Vgl. DENECKE 1972; BÜTTNER 2004.

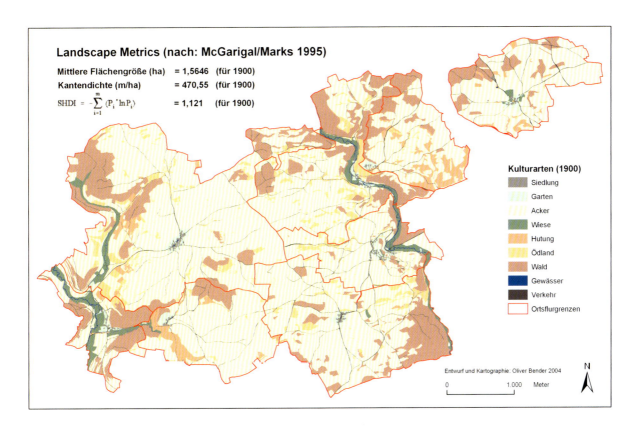

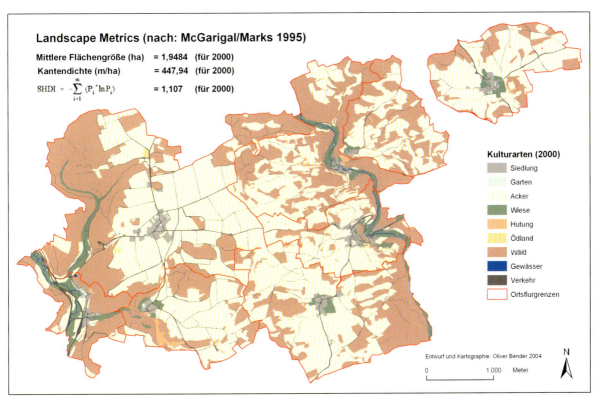

Abb. 3 und 4. Veränderung ausgesuchter Landschaftsstrukturmaße der Jahre 1900 und 2000.
Die Fluren sind insgesamt „übersichtlicher" geworden.
Der „Shannon Diversity Index (SHDI)" ist jedoch nur geringfügig gesunken,
was mit einer im Jahre 2000 insgesamt ausgeglicheneren Verteilung der Hauptkulturarten Acker und Wald zusammenhängt.

hältnis zwischen potentiellen Zielobjekten des Ressourcenschutzes (Landschaftshaushalt), des Biotop- und Artenschutzes und des Kulturgüterschutzes innerhalb von Naturschutz bzw. Denkmalpflege zu klären.[15] Die Denkmalpflege ist an früheren Landschaftszuständen v. a. insoweit interessiert, als sie die Begründung für eine aktuelle Schutzwürdigkeit liefern können.

Hinsichtlich der Objektbewertungen lösen die neuen Möglichkeiten der GI-Technologie die althergebrachten, in der Angewandten Historischen Geographie entwickelten Schätzverfahren[16] allmählich ab und tragen damit zu einer weiteren Objektivierung bei. Das Ziel sollte lauten, die Ableitung raumintegrativer Untersuchungen (z. B. „Repräsentativität", „Vielfalt", „Seltenheit") und zeitintegrativer Bewertungen („Alter"/„zeitliche Konstanz", „Eigenarterhalt" etc.)[17] für alle Objekte eines potentiell schutzwürdigen Elementtyps unmittelbar aus einem diachronischen LIS vorzunehmen. Denn die bis dato übliche Vorauswahl von Landschaftselementen stellt grundsätzlich eine Vermischung von Sach- und Wertebene dar. In aller Regel kann jedoch erst auf Basis einer Vollerhebung eine wissenschaftlich fundierte Bewertung nach dem räumlich-landschaftlichen bzw. zeitlichen Zusammenhang erfolgen (BENDER 1994).

Hinsichtlich ganzer Landschaften ist der Nutzungs- und Funktionswandel mithilfe der Verschneidung zeitspezifischer Attributkarten im LIS zu behandeln, z. B. durch Landschaftswandelkarten mit Nutzungsarten und deren Veränderungstypen.[18] Analysen von persistenten Grundrissen, z. B. der Persistenzindex,[19] ermöglichen Aussagen, welche Strukturen (Parzellengrenzen, anthropogene Geländekanten, Waldränder etc.) oder Objekte/Landschaftselemente (z. B. Hecken), in welchem Maß, d. h. Anzahl, Länge, Fläche, über bestimmte Zeiträume ortsfest erhalten geblieben sind. Indem der aktuelle Bestand somit an der his-

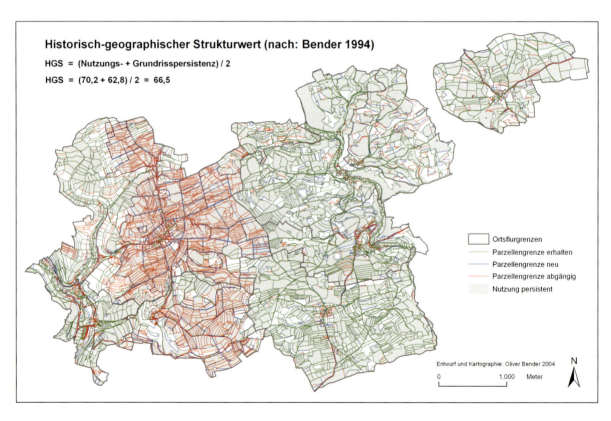

Abb. 5. Historisch-geographischer Strukturwert bezogen auf den Vergleichszeitpunkt des Jahres 1900.
Im Untersuchungsgebiet zeigt sich eine höhere Nutzungs- als Grundrisspersistenz.
Dies hängt mit der Flurbereinigung im westlichen Teil des Gebietes zusammen. Eine Ableitung von normativen Aussagen wie „gut" oder „erhaltenswert" ist allerdings nur im regionalen bzw. landesweiten Vergleich möglich.

---

[15] Vgl. GUNZELMANN 1987; BENDER 1994.
[16] Vgl. GUNZELMANN 1987.
[17] Vgl. WAGNER 1999.
[18] Vgl. z. B.: BENDER 1994; BENDER u. a. 2002.
[19] Nach HÄUBER/SCHÜTZ 2001.

torischen Situation gemessen wird, lässt sich daraus ein „historisch-geographischer Strukturwert (HGS)" ableiten (Abb. 5), der Aussagen im Hinblick auf eine kulturhistorisch bedingte Schutzwürdigkeit von Landschaftsteilen erlaubt (BENDER 1994).

Die vereinfachte Formel lautet:
HGS = (Nutzungspersistenz + Grundrisspersistenz) / 2

Synthese und Ausblick aus Sicht der Geographie und der Planung

Aus geographischer Sicht ist es – zunächst unter Ausklammerung funktionaler und normativer Aspekte – interessant, die vorgestellten Bewertungsansätze für die Herausarbeitung von Landschaftstypen zu nutzen. Dies kann im Wesentlichen auf drei Ebenen geschehen:
- Entsprechend dem HGS sind Teilräume ohne Parzellen- bzw. Nutzungsänderungen als Reliktlandschaften bzw. -landschaftsteile herauszufiltern.
- Die Feststellung von persistenten Kulturlandschaftsdominanten und Abgrenzung von Teilräumen nach (quantitativ) dominierenden historischen Kulturlandschaftselementen resultiert in traditionellen Landschaftstypen (z. B. Heckenlandschaft).
- Die Betrachtung der Landnutzungsmosaike, d. h. der „Landscape Metrics" (z. B. „Shannon Diversity Index"), und ihrer Veränderungen führt zu einer Bewertung der Stabilität von landschaftlicher Vielfalt.

Derartige zeitintegrative Raumgliederungen können wiederum eine Grundlage für normative Bewertungen abgeben, etwa indem sie die eingangs gestellte Frage zu beantworten helfen, was eine „historische" bzw. „gewachsene" Kulturlandschaft ist.

Aus planerischer Sicht ist zu konstatieren, dass (normative) Bewertungen im Sinne von „besser" oder „schlechter" auf einer entsprechenden Landschaftsanalyse fußen müssen. In diesem Rahmen hat der vorliegende Beitrag Ansätze aufgezeigt zu einer
- quantitativen Bewertung;
- Trennung von Sach- und Wertebene;
- nachvollziehbaren und reproduzierbaren Bewertung;
- interdisziplinären Bewertung, die v. a. sektoral über natur- und kulturwissenschaftliche Problemkreise ausgreift.

Es bleiben einige Fragen offen, insbesondere die nach der minimalen inhaltlichen Komplexität, d. h. der Anzahl der Landschaftselemente, sowie der Ausdehnung von Untersuchungsgebieten, die für valide Ergebnisse benötigt werden. Abgesehen von der weitgehend geklärten Frage nach der „richtigen" Datenbasis, sollte weiterhin die Standardisierbarkeit und Praktikabilität einzelner Verfahren – nicht nur der hier vorgestellten – in verschiedenen Untersuchungsgebieten getestet werden. Schließlich wäre noch zu prüfen, inwieweit qualitative Verfahren ergänzend heranzuziehen sind.

Zusammenfassung

Der Beitrag diskutiert die Bedeutung der „historischen" Kulturlandschaft als Vergleichsmaßstab für die rezente gewachsene. In diesem Zusammenhang werden verschiedene Ansätze der Landschaftsbewertung im Kontext betrachtet, vorhandene Verfahren systematisiert und entsprechende Ergänzungen vorgeschlagen. Die Datenbasis und methodische Grundlage dieser Bewertungen bildet ein vektorbasiertes diachronisches LIS, das – auch als Grundlage für ein Kulturlandschaftskataster – bereits seit einigen Jahren konzipiert und im Hinblick auf verschiedene Untersuchungsansätze, wie Flächenbilanzierungen, Erklärungen für Landnutzungsänderungen, Zukunftssimulationen, ausgiebig getestet worden ist.

Die besprochenen Bewertungsverfahren befinden sich derzeit in einem 2.000 ha großen, acht Ortsfluren umfassenden Untersuchungsgebiet auf der Nördlichen Fränkischen Alb in Erprobung.

Literatur

BASTIAN/RÖDER 1999
O. Bastian/M. Röder, Analyse und Bewertung anthropogen bedingter Landschaftsveränderungen anhand von zwei Beispielsgebieten des sächsischen Hügellandes. In: G. Haase (Hrsg.), Beiträge zur Landschaftsanalyse und Landschaftsdiagnose. Abhandlungen der Sächsischen Akademie der Wissenschaften, Mathematisch-naturwissenschaftliche Klasse 59, 1 (Leipzig 1999) 75-149.

BENDER 1994
O. Bender, Angewandte Historische Geographie und Landschaftsplanung. Standort 18, 2/1994, 3-12.

BENDER 2001
O. Bender, Landschaftswandel auf der Nördlichen Frankenalb. Wird die Fränkische Schweiz zum Fränkischen Wald? In: O. Bender/Ch Fiedler/D. Göler/A. Jahreiß/T. Roppelt/H. Standl (Hrsg.), Bamberger Extratouren. Ein geographischer Führer durch Stadt & Umgebung (Bamberg 2001) 264-295.

BENDER 2003
O. Bender, Struktur und Dynamik der Kulturlandschaft. Diskussion (neuer) Methoden und Anwendungen einer diachronischen Landschaftsanalyse. In: Mitteilungen der Österreichischen Geographischen Gesellschaft 145, 2003, 119-146.

BENDER u. a. 2002
O. Bender/H. J. Böhmer/D. Jens, Spatial Decision Support im Naturschutz auf Basis diachronischer Geoinformationssysteme. In: J. Strobl/Th. Blaschke/G. Griesebner (Hrsg.), Angewandte Geographische Informationsverarbeitung XIV. Beiträge zum AGIT-Symposium Salzburg 2002 (Heidelberg 2002) 20-29.

BENDER/JENS 2001
O. Bender/D. Jens, Ein katasterbasiertes GIS zur Erfassung und Interpretation der Landschaftsentwicklung – dargestellt an drei Gemarkungen auf der Nördlichen Frankenalb (Bayern). In: J. Strobl/Th. Blaschke/G. Griesebner (Hrsg.), Angewandte Geographische Informationsverarbeitung XIII. Beiträge zum AGIT-Symposium Salzburg 2001 (Heidelberg 2001) 31-36.

BLASCHKE 1999
Th. Blaschke, Quantifizierung von Fragmentierung, Konnektivität und Biotopverbund mit GIS. In: J. Strobl/Th. Blaschke/G. Griesebner (Hrsg.), Angewandte Geographische Informationsverarbeitung XI. Beiträge zum AGIT-Symposium Salzburg 1999 (Heidelberg 1999) 60-73.

BLASCHKE 2002
Th. Blaschke, GIS und Fernerkundung für Landschaftsmonitoring und Landschaftsplanung. Standort 26, 2002, 115-120.

BÜTTNER 2004
Th. Büttner, Die historische Kulturlandschaft in der Region Oberfranken-West. Berichts-CD-ROM im Auftrag des Bayerischen Landesamtes für Umweltschutz und des Bayerischen Landesamtes für Denkmalpflege (Augsburg, München 2004).

DENECKE 1972
D. Denecke, Die historisch-geographische Landesaufnahme. Aufgaben, Methoden und Ergebnisse, dargestellt am Beispiel des mittleren und südlichen Leineberglandes. Göttinger Geographische Abhandlungen 60, 1972, 401-436.

DOSCH/BECKMANN 1999
F. Dosch/G. Beckmann, Trends der Landschaftsentwicklung in der Bundesrepublik Deutschland: Vom Landschaftsverbrauch zur Produktion von Landschaften? Erhaltung und Entwicklung gewachsener Kulturlandschaften als Auftrag der Raumordnung. Ein neuer Auftrag der Raumordnung. Informationen zur Raumentwicklung 5/6, 1999, 291-310.

VON DEN DRIESCH 1988
U. von den Driesch, Historisch-geographische Inventarisierung von persistenten Kulturlandschaftselementen des ländlichen Raumes als Beitrag zur erhaltenden Planung (Bonn 1988).

ECKER/WINIWARTER 1998
K. Ecker/V. Winiwarter, Computergestützte Methoden zur Einbeziehung von geschichtlichen Entwicklungsprozessen in die aktuelle Landschaftsplanung. In: M. Schrenk (Hrsg.), Computergestützte Raumplanung. Beiträge zum Symposion CORP'98 vom 11. bis 13. Februar 1998 an der Technischen Universität Wien (Wien 1998) 71-75.

EGLI 1997
H.-R. Egli, Kulturlandschaftsanalyse als Grundlage für den Landschaftsplan des Kantons Appenzell-Ausserrhoden (Schweiz). Kulturlandschaft. Zeitschrift für Angewandte Historische Geographie 7, 1997, 62-65.

EWALD 1979
K. C. Ewald, Der Schutz und die Erhaltung schweizerischer Kulturlandschaften ist dringlich. Anthos 18, 1979, 23-26.

GUNZELMANN 1987
Th. Gunzelmann, Die Erhaltung der historischen Kulturlandschaft. Angewandte Historische Geographie des ländlichen Raumes mit Beispielen aus Franken. Bamberger Wirtschaftsgeographische Studien 4 (Bamberg 1987).

HAKE u. a. 2002
G. Hake/D. Grünreich/L. Meng, Kartographie. Visualisierung raum-zeitlicher Informationen[8] (Berlin, New York 2002).

HÄUBER/SCHÜTZ 2001
C. Häuber/F. X. Schütz, The Analysis of Persistent Structures – a Functionality of the Archaeological Information System FORTVNA. In: J. Strobl/Th. Blaschke/G. Griesebner (Hrsg.), Angewandte Geographische Informationsverarbeitung XIII. Beiträge zum AGIT-Symposium Salzburg 2001 (Heidelberg 2001) 228-237.

HOFFMANN 1999
G. Hoffmann, Tourismus in Luftkurorten Nordrhein-Westfalens. Bewertung und Perspektiven (Paderborn 1999).

HUNZIKER/KIENAST 1999
M. Hunziker/F. Kienast, Potential Impact of Changing Agricultural Activities on Scenic Beauty – a Prototypical Technique for Automated Rapid Assessment. Landscape Ecology 14, 1999, 161-176.

JOB 1999
H. Job, Der Wandel der historischen Kulturlandschaft und sein Stellenwert in der Raumordnung. Eine historisch-, aktual- und prognostisch-geographische Betrachtung traditioneller Weinbau-Steillagen und ihres bestimmenden Strukturmerkmals Rebterrasse, diskutiert am Beispiel rheinland-pfälzischer Weinbaulandschaften. Forschungen zur deutschen Landeskunde 248 (Flensburg 1999).

JOB/KNIES 2001
H. Job/St. Knies, Der Wert der Landschaft. Ansätze zur Quantifizierung der Schutzwürdigkeit von Kulturlandschaften. Raumforschung und Raumordnung 59, 1/2001, 19-28.

KIEMSTEDT 1967
H. Kiemstedt, Zur Bewertung der Landschaft für die Erholung. Beiträge zur Landespflege, Sonderheft 1 (Stuttgart 1967).

LEIBUNDGUT 1986
Ch. Leibundgut, Zur Methodik der Uferschutzbewertung. In: K. Aerni (Hrsg.), Der Mensch in der Landschaft. Festschrift für Georges Grosjean. Jahrbuch der Geographischen Gesellschaft Bern 55 (Bern 1986) 151-171.

MARKS u. a. 1992
R. Marks/M. J. Müller/H. Leser/H.-J. Klink (Hrsg.), Anleitung zur Bewertung des Leistungsvermögens des Landschaftshaushalts. Forschungen zur deutschen Landeskunde 229 (Trier 1992).

MCGARIGAL/MARKS 1995
K. McGarigal/B. J. Marks, FRAGSTATS: Spatial Pattern Analysis Program for Quantifying Landscape Structure. United States Department of Agriculture, Pacific Northwest Research Station, General Technical Report PNW-GTR-351 (Portland 1995).

NOHL 2001
W. Nohl, Ästhetische und rekreative Belange in der Landschaftsplanung. Teil 2. Entwicklung einer Methode zur Abgrenzung von ästhetischen Erlebnisbereichen in der Landschaft und zur Ermittlung zugehöriger landschaftsästhetische Erlebniswerte. Abschlußbericht für das Ministerium für Umwelt und Naturschutz, Landwirtschaft und Verbraucherschutz des Landes Nordrhein-Westfalen (Kirchheim 2001).

PASCHKEWITZ 2001
F. Paschkewitz, Schönheit als Kriterium zur Bewertung des Landschaftsbilds. Vorschläge für ein in der Praxis anwendbares Verfahren. Naturschutz und Landschaftsplanung. Zeitschrift für angewandte Ökologie 33, 2001, 286-290.

PLÖGER 1999
R. Plöger 1999, Anwendung geographischer Informationssysteme in der Angewandten Historischen Geographie. In: K. Jakobs/K.-D. Kleefeld (Hrsg.), Informationssysteme für die Angewandte Historische Geographie. Beiträge des Symposiums vom 20. März 1999 am Lehrstuhl für Informatik IV der RWTH Aachen. Aachener Informatik-Berichte 99-6 = Kulturlandschaft. Zeitschrift für Angewandte Historische Geographie 9 (Bonn 1999) 103-111.

PRUCKNER 1994
G. J. Pruckner, Die ökonomische Quantifizierung natürlicher Ressourcen – eine Bewertung überbetrieblicher Leistungen der österreichischen Land- und Forstwirtschaft. Europäische Hochschulschriften, Reihe 5, Volks- und Betriebswirtschaft 1561 (Frankfurt a. M. 1994).

VAN ROMPAEY u. a. 2003
A. van Rompaey/G. Govers/G. Verstraeten/K. van Oost/J. Poesen, Modelling the Geomorphic Response to Land Use Changes. In: A. Lang/K. Hennrich/R. Dikau (Hrsg.), Long Term Hillslope and Fluvial System Modelling. Concepts and Case Studies from the Rhine River Catchment (Berlin 2003) 73-100.

ROTH 2002
M. Roth, Möglichkeiten des Einsatzes geografischer Informationssysteme zur Analyse, Bewertung und Darstellung des Landschaftsbildes. Natur und Landschaft 77, 2002, 154-160.

Roweck 1995
H. Roweck, Landschaftsentwicklung über Leitbilder? Kritische Gedanken zur Suche nach Leitbildern für die Kulturlandschaft von morgen. LÖBF-Mitteilungen 20, 4/1995, 25-34.

Schenk 2002
W. Schenk, „Landschaft" und „Kulturlandschaft" – „getönte" Leitbegriffe für aktuelle Konzepte geographischer Forschung und räumlicher Planung. Kulturlandschaftsforschung. Petermanns Geographische Mitteilungen 146, 6/2002, 6-13.

Schwarz-von Raumer u. a. 2002
H.-G. Schwarz-von Raumer/H. Esswein/J. Jaeger, Landschaftszerschneidung – neue Erkenntnisse für die Landesentwicklung durch eine GIS-gestützte verbesserte raum-zeitliche Indikatorik. In: J. Strobl/Th. Blaschke/G. Griesebner (Hrsg.), Angewandte Geographische Informationsverarbeitung XIV. Beiträge zum AGIT-Symposium Salzburg 2002 (Heidelberg 2002) 507-512.

Wagner 1999
J. M. Wagner, Schutz der Kulturlandschaft – Erfassung, Bewertung und Sicherung schutzwürdiger Gebiete und Objekte im Rahmen des Aufgabenbereichs von Naturschutz und Landschaftspflege. Eine Methode zur emotionalen Wirksamkeit und kulturhistorischen Bedeutung der Kulturlandschaft unter Verwendung des Geographischen Informationssystems PC ARC/INFO. Saarbrücker Geographische Arbeiten 47 (Saarbrücken 1999).

Walz 1997
U. Walz, Ableitung von Indikatoren zur Landschaftsstruktur aus Fernerkundungsdaten und anderen Flächeninformationssystemen. In: F. Dollinger/J. Strobl (Hrsg.), Angewandte Geographische Informationsverarbeitung IX. Beiträge zum GIS-Symposium 2.-4. Juli 1997. Salzburger Geographische Materialien 26 (Salzburg 1997) 403-409.

von Werder/Koch 1999
U. von Werder/B. Koch, Landschaftsbeschreibung mit Hilfe von Fernerkundungsdaten am Beispiel des Biosphärenreservates Pfälzerwald. In: U. Walz (Hrsg.), Erfassung und Bewertung der Landnutzungsstruktur. IÖR-Schriften 29 (Dresden 1999) 41-50.

Kulturlandschaft Wahrnehmung – Inventarisation – Regionale Beispiele	Fundberichte aus Hessen Beiheft 4 (2005)	Seite 375-388

Die historische Kulturlandschaft in der Region Oberfranken-West. Ein Gemeinschaftsprojekt der Bayerischen Landesämter für Umweltschutz und für Denkmalpflege

Von Thomas Büttner und Hans Leicht

Markenzeichen Kulturlandschaft

Im Europäischen Raumentwicklungskonzept (EUREK)[1] von 1999 und in der am 1. März 2004 in Kraft getretenen Europäischen Landschaftskonvention (European Landscape Convention)[2] wird Kulturlandschaft bzw. Landschaft als ein wesentliches Leit- und Rahmenkonzept für die räumliche Planung hervorgehoben. Denn die Kulturlandschaften sind in ihrer vielfältigen Ausprägung ein unverkennbares Markenzeichen Europas. Dies gilt in gleichem Maße für Bayern. Als Schmelztiegel des reichhaltigen Natur- und Kulturerbes bilden sie die Basis für die regionale Identität in einem zusammenwachsenden Europa. Die Tradierung von in der Landschaft ablesbarer Geschichte entspricht den gesetzlichen Aufträgen des Bayerischen Denkmalschutzgesetzes (BayDSchG Art. 1 Abs. 1-4), des Bundesnaturschutzgesetzes (BNatSchG § 2 Abs. 1 Nr. 14) wie auch des Bundesraumordnungsgesetzes (ROG § 2 Abs. 2 Nr. 13).[3] Die Bewahrung und Entwicklung der Kulturlandschaften Bayerns stellt jedoch eine Aufgabe dar, die sich nicht nur an die Raum- und Landschaftsplanung richtet.[4]

Aus diesem Blickwinkel heraus wurde 2002 das Pilotprojekt „Historische Kulturlandschaft in der Region Oberfranken-West" begonnen, um den kulturhistorischen Bedeutungsgehalt dieser Region aufzuzeigen und in den regionalen Planungsprozess einzubringen. Das Modellvorhaben war ein Gemeinschaftsprojekt der Bayerischen Landesämter für Umweltschutz (LfU) und Denkmalpflege (BLfD). Die über 3000 km² große Planungsregion Oberfranken-West mit den Landkreisen Coburg, Kronach, Lichtenfels, Bamberg und Forchheim einschließlich der kreisfreien Städte Bamberg und Coburg bot sich als Untersuchungsraum an, da sie einen außerordentlichen Reichtum an kulturhistorischer Substanz und Strukturen aufweist. Die Ziele des Modellvorhabens waren wie folgt ausgerichtet:

- Behandlung der historischen Kulturlandschaft als Schutzgut im Landschaftsentwicklungskonzept (LEK) mit entsprechenden Zielen auf regionaler Ebene;
- Entwicklung einer Methodik für die Erfassung, Bewertung und Darstellung der historischen Kulturlandschaft auf der regionalen Planungsebene;

---

[1] Vgl. EUROPÄISCHE KOMMISSION 1999, 133 f.; 151 f. (http://www.bmvbw.de/cms-aussen-spezial/e_raumordnung/05_allgemein/de_allgemein_02.htm [Stand: 1.2005]; http://europa.eu.int/comm/regional_policy/sources/docoffic/official/reports/som_de.htm [Stand: 1.2005]).
[2] Vgl. http://www.conventions.coe.int/Treaty/Commun/ListeTraites.asp?CM=8&CL=ENG (Stand: 1.2005). – Verbindlich im selbstverpflichtenden Sinne ist das Landschaftsübereinkommen nur für die 16 Staaten, die es bisher ratifiziert haben. Unterschrieben haben die Konvention insgesamt 29 Staaten (Stand: 13.1.2005). Das Landschaftsübereinkommen, das von Deutschland bisher noch nicht unterzeichnet wurde, ist das erste völkerrechtliche Übereinkommen, dass die Landschaft als Ganzes zum Ziel hat.
[3] Vgl. auch: HÖNES 2003.
[4] Vgl. HANNOVERSCHE ERKLÄRUNG 2001; VEREINIGUNG DER LANDESDENKMALPFLEGER 2001.

- Herleitung eines kulturhistorischen Orientierungsrahmens für örtliche Planungen (Flächennutzungsplanung, Ländliche Entwicklung, Eingriffsvorhaben);
- Erstellung eines Grundstocks für ein Informationssystem historischer Kulturlandschaftselemente;
- Bewusstseinsbildung in der Öffentlichkeit.

Die fachliche Betreuung erfolgte durch eine projektbegleitende Arbeitsgruppe, die sich aus Vertretern der Regierung von Oberfranken, freien Sachverständigen sowie Mitarbeitern des LfU und des BLfD zusammensetzte.[5] Die begleitende Diskussion des Modellvorhabens während der einzelnen Arbeitsschritte und die geleisteten inhaltlichen Anregungen und Hilfestellungen haben maßgeblich zum Erfolg des Pilotprojektes beigetragen. Eine besondere Rolle nahm auch die Einbindung einzelner kompetenter Personen in Behörden, Wissenschaft und Heimatpflege ein. Im Rahmen eines Landschaftsworkshops und bei gemeinsamen Exkursionen konnte so umfangreiches kulturlandschaftliches Wissen zusammengetragen und gewinnbringend eingesetzt werden. Zum Ende des Jahres 2003 wurde das Modellvorhaben erfolgreich abgeschlossen. Eine Berichts-CD-ROM, die auf Anfrage beim LfU bezogen werden kann, fasst die Ergebnisse des Pilotprojektes „Die historische Kulturlandschaft in der Region Oberfranken-West" zusammen.

Vorgehensweise im Modellvorhaben

Im Folgenden soll auf die im Modellvorhaben angewandte Methodik eingegangen werden. Des Weiteren erfolgt eine Darstellung der erzielten Ergebnisse in knapper Form. Die Erläuterungen folgen der gewählten Verfahrensweise, die sich in die Rahmenebene, die Objektebene, die Raumebene und die planerische Ebene unterteilen lässt.

Rahmenebene

Am Anfang stand die Ermittlung der naturräumlichen und kulturlandschaftsräumlichen Grundlagen im Untersuchungsgebiet. Der Schwerpunkt lag auf der Darstellung und zeitlichen Einordnung der landschaftsprägenden Faktoren. Die naturräumlichen Ausgangsbedingungen wurden daher im Hinblick auf ihre Bedeutung für die kulturlandschaftliche Erschließung der heutigen Region Oberfranken-West skizziert. Der Einblick in die Phasen der Siedlungsgeschichte, der Wirtschafts- und Sozialgeschichte sowie der politisch-territorialen Geschichte diente der Erklärung der maßgeblichen kulturellen Wirkfaktoren. Hierbei wurde auch auf die Entstehungszusammenhänge, die Wechselwirkungen und die Veränderungsprozesse der historischen Kulturlandschaftselemente eingegangen. Die aus der Naturvorgabe und der Kulturleistung abgeleiteten Basisinformationen bildeten damit insgesamt das „Suchfenster" und das Erklärungsmuster für die historischen Kulturlandschaftselemente in der Planungsregion.

Objektebene

Auf der Objektebene wurden die historischen Kulturlandschaftselemente erhoben und einer Bewertung unterzogen. Das auf der Rahmenebene erstellte „kulturhistorische Suchfenster" diente zugleich als Filter für die regional bedeutsamen Elemente und Strukturen.

Erfassung

Bei der Erfassung wie auch bei der Bewertung der historischen Kulturlandschaft und ihrer Bestandteile waren in Bezug auf die Zielsetzungen des LEK und der Regionalplanung die überörtlichen, d. h. regiona-

---

[5] Teilnehmende der projektbegleitenden Arbeitsgruppe: Regierung von Oberfranken: Frau S. Dürer, Frau B. Merkel, G. Weinkamm; Planungsbüro Blum: P. Blum; Landschaftsbüro Pirkl, Riedel, Theurer: B. Riedel, H. Haslach; LfU: G. Gabel und H. Leicht; BLfD: Dr. Th. Gunzelmann.

len Aspekte in den Vordergrund zu stellen. Die planungsmethodischen Vorgaben sowie der Darstellungsmaßstab von 1:100.000 erforderten daher eine Vereinfachung der einzelnen Verfahrensschritte. Das bedeutet, dass die zeitlich-funktionale Vielschichtigkeit der historischen Kulturlandschaftselemente nur in generalisierter Form dargestellt werden konnte.

Kulturlandschaftselemente wurden dann erfasst, wenn sie in der heutigen Zeit aus wirtschaftlichen, sozialen, politischen oder ästhetischen Gründen in der einstigen Form nicht mehr geschaffen und genutzt werden – sie somit als historisch zu bezeichnen sind.[6] Historische Kulturlandschaftselemente wurden ebenfalls nur dann erhoben, wenn deren Ausdehnung eine sinnvolle kartographische Darstellung im Maßstab 1:100.000 ermöglichte. Eine Ausnahme bildeten kleine punktuelle Elemente, deren Raumwirksamkeit über Sichtbeziehungen entsprechend hoch oder deren kulturhistorische Bedeutung für die Region Oberfranken-West unverzichtbar ist. Ein Beispiel hierfür sind die Hüllweiher auf der Frankenalb. Diese künstlich angelegten Teiche dienten der historischen Wasserversorgung der Juradörfer.

Die Erhebung erfolgte auch unter dem Aspekt, v. a. Elemente und Strukturen zu erheben, die akut in ihrem Bestand gefährdet sind. Hierzu zählen beispielsweise die Felsenkeller bzw. Kellergassen (Abb. 1) oder Wässerwiesen. Auch wurden gezielt Objekte aus den Bereichen Landwirtschaft, Verkehr und Gewerbe angesprochen, die in den fachspezifischen Inventaren des Naturschutzes und der Denkmalpflege bisher keinen oder nur in geringem Umfang Eingang gefunden haben. Somit sind insbesondere historische Flurformen, Ackerterrassen, Altstraßen (Abb. 2) oder beispielsweise Floßbäche erfasst worden.

Einbindung in ein Kulturlandschaftsverzeichnis

Die erfassten Objekte wurden in eine Datenbank und in ein geographisches Informationssystem eingebunden. Hierbei wurde nach punkt-, linien- und flächenförmigen historischen Kulturlandschaftselementen unterschieden, gegliedert nach den Funktionsbereichen a) Siedlung und Gemeinschaftsleben, b) Land-, Wald- und Teichwirtschaft, c) Verkehr, d) Handwerk, Gewerbe, Bergbau und Industrie sowie e) Erholung und assoziativer Aspekt.

Die inhaltlich-methodischen Vorgaben wie auch der eng gefasste finanzielle Rahmen des Pilotprojektes[7] erlaubten lediglich die Erstellung eines Schnellinventars historischer Kulturlandschaftselemente. Die überwiegende Mehrheit der historischen Kulturlandschaftselemente konnte dementsprechend nur listenartig erfasst und aufbereitet werden. Alle regional bedeutsamen historischen Kulturlandschaftselemente haben daher noch nicht Eingang in die Elementdatenbank gefunden. So ist beispielsweise eine Würdigung der Schrebergärten bisher ausgeblieben. Dieser Sachverhalt lässt sich auch in der Schutzgutkarte „Historische Kulturlandschaft" ablesen, in der die Objekte dargestellt sind.

Das im Pilotprojekt für die regionalplanerischen Erfordernisse erstellte und auf Expertenwissen basierende Schnellinventar erfordert somit eine inhaltliche Konkretisierung und Ausdifferenzierung auf der örtlichen Maßstabsebene. Die durchgeführte Erhebung kann jedoch als Basis für ein Informationssystem historischer Kulturlandschaftselemente dienen.

Bewertung

Um der Dynamik der Kulturlandschaft gerecht zu werden, muss im Hinblick auf eine vorausschauende Planung eine Bewertung vorgenommen werden, welche historischen Kulturlandschaften als Ganzes wert-

---

[6] Vgl. VEREINIGUNG DER LANDESDENKMALPFLEGER 2001; HÖNES 2003.
[7] Es wurde in erster Linie auf bestehende fachspezifische Erhebungen, auf das in der Region vorhandene Potential an Literatur, an Fachwissen einzelner kompetenter Personen in Behörden, Wissenschaft und Heimatpflege sowie auf flächendeckend vorhandene Hilfsmittel wie Luftbilder und Karten zurückgegriffen. Ein schrittweises Vorgehen mit intensiver Gelände- und Archivarbeit stand nicht im Vordergrund. Stichprobenartige Begehungen und Befahrungen begleiteten jedoch die Erfassungstätigkeit. Die Erstellung von historischen Landschaftszustands- und Landschaftswandelkarten unterblieb.

Abb. 1. Gambrinus-Sommerkeller mit Kellergasse und Kegelbahn bei Unterhaid im Lkr. Bamberg (Foto: Thomas Büttner, 2003).

Abb. 2. Altstraßenkreuz bei Weiden auf der Weismainalb im Lkr. Lichtenfels (Foto: Thomas Büttner, 2003).

voll bzw. welche konstituierenden Teilelemente von höherer Bedeutung sind als andere.[8] Somit wird das Hauptaugenmerk nicht auf die Konservierung, sondern auf eine behutsame und die Substanz schonende Weiterentwicklung gerichtet. Das in dem Modellvorhaben entwickelte Bewertungsverfahren wurde im Hinblick auf das inhaltlich-methodische Grundgerüst des LEK ausgerichtet. Die Kriterienauswahl erfolgte in Bezugnahme auf die gesetzlichen Vorgaben mit dem Schwerpunkt auf den geschichtlichen Aspekten. Es wurde in Anlehnung an Gunzelmann (1987) und Wagner (1999) ein objektorientiertes und nutzerunabhängiges Bewertungsverfahren gewählt. Ein objektbezogenes Verfahren ist immer dann sinnvoll, wenn eine große Zahl von Objekten im gesamtlandschaftlichen Zusammenhang eingestuft und gegeneinander abgewogen werden soll. Es handelt sich hierbei um ein Verfahren, das die Wertigkeit des Einzelelementes in den Vordergrund stellt und das Gesamterscheinungsbild der Landschaft aus ihren Einzelelementen zusammensetzt.[9]

Das Bewertungsverfahren insgesamt gliedert sich in ein Objekt- und ein Raumbewertungsverfahren. Die Bewertung der Einzelelemente mittels des auf Expertenwissen basierenden Schätzverfahrens erfolgte nach den Kriterien historischer Zeugniswert, Erhaltungszustand, Seltenheit und charakteristische Eigenart in den Wertstufen geringe bis mittlere, hohe und sehr hohe kulturhistorische Bedeutung. Hierfür wurde als Entscheidungshilfe ein Bewertungsrahmen[10] ausformuliert. Die addierten Erfüllungsgrade der Kriterien, ergeben die kulturhistorische Bedeutung des Einzelobjektes insgesamt. Der historische Zeugniswert wurde als zentrales Kriterium doppelt gewichtet.

Historische Kulturlandschaftselemente der Region Oberfranken-West

Die Region Oberfranken-West verfügt aufgrund ihrer naturräumlichen Vielgestaltigkeit und ihrer vielschichtigen territorialhistorischen Entwicklung über einen außerordentlichen Reichtum an historischen Kulturlandschaftselementen und Strukturen. Die bäuerliche Landnutzung hat die Region am tiefgreifendsten geformt und bestimmt auch heute noch den ländlichen Charakter dieser Region. Dieser Sachverhalt schlägt sich in der Ausstattung an historischen Kulturlandschaftselementen und Strukturen nieder. Die Flößerei war in den vergangenen Jahrhunderten ein ganz wesentlicher Wirtschaftszweig im Frankenwald und formte auf unverwechselbare Weise das landschaftliche Erscheinungsbild (Abb. 3).

---

[8] Vgl. FEHN 1997, 36; EIDLOTH 1997, 28.
[9] Vgl. GUNZELMANN 1987, 123; 130 f.
[10] Vgl. dazu: BÜTTNER 2003b.

Historische Flurformen in Verbindung mit dem historischen Wegenetz sind ein besonderer Reichtum der Region Oberfranken-West. Die Mehrzahl der historischen Flurformen erstreckt sich im Frankenwald und auf der Frankenalb im Einzugsbereich von Weismain, Pretzfeld und Gößweinstein sowie auch im näheren Umfeld von Bamberg (Abb. 4). Besonders hervorzuheben sind zudem die Räume städtebaulicher Prägung wie das Weltkulturerbe Bamberg oder aber die Residenzstadt Coburg mit der Veste, die eingebettet in ein Netz von Sichtachsen liegt.

Es konnten insgesamt über 1500 regional bedeutsame historische Kulturlandschaftselemente, die in Teilen als Kulturlandschaftselementkomplexe beschrieben werden können, in dem Schnellinventar erhoben und bewertet werden. Darüber hinaus wurden Bestands- und Erwartungsräume für Bodendenkmäler sehr hoher kulturhistorischer Bedeutung angesprochen. Die Ausweisung erfolgte im Sinne des Vorsorgeprinzips, wenn großflächig dichte Kartierungen des Bestandes bzw. die besondere Siedlungsgunst über alle Kulturperioden eine entsprechende Bestandslage hervorgebracht haben bzw. eine Erwartungslage vermuten lassen.

Abb. 3. Kirchweihflößen in Unterrodach
(Foto: Thomas Büttner, 2003).

Abb. 4. Heckengebiet auf dem
Muschelkalkzug bei Seibelsdorf im Lkr. Kronach
(Foto: Thomas Büttner, 2004).

Darstellung – die Schutzgutkarte „Historische Kulturlandschaft"

In der Schutzgutkarte „Historische Kulturlandschaft" erfolgte die farbliche und nach Funktionsbereichen differenzierte Darstellung der regional bedeutsamen historischen Kulturlandschaftselemente und -elementkomplexe. In dieser Karte wurden auch die Erwartungs- und Bestandsgebiete für Bodendenkmale sehr hoher kulturhistorischer Bedeutung abgebildet. Die Legende der Schutzgutkarte „Historische Kulturlandschaft" (Abb. 5) verdeutlicht, dass es sich bei den dargestellten historischen Kulturlandschaftselementen sowohl um regionsspezifische, wie z. B. Hüllweiher, als auch um vereinfachte Elementtypen handelt. Als „historisch bedeutende Weiden" beispielsweise wurden Anger und Hutweiden zusammengefasst. Es wurden auch Komplexe von Elementtypen dargestellt, die als Elementbündel angesprochen werden können. Ein Beispiel hierfür ist die Elementkategorie „Ackerterrassen mit Streuobst, Hecken". Die dargestellten historischen Flurformen als Basis zahlreicher historischer Kulturlandschaftselemente tragen im engeren Sinne schon den Charakter von Teilräumen.[11] Diese Zusammenfassung und Generalisierung war erforderlich, um eine sinnvolle Darstellung auf der regionalen Planungsebene zu ermöglichen. Gleichzeitig wurde bei der Elementkombination und -darstellung das Ziel verfolgt, soweit wie möglich die historisch vermittelte Individualität und Eigenart des Einzelobjekts wie auch der Region Oberfranken-West als Ganzes erkennen zu lassen.

---

[11] Vgl. dazu: BURGGRAAFF/KLEEFELD 1998; PLÖGER 2003.

Abb. 5.
Legendenausschnitt aus der Schutzgutkarte
„Historische Kulturlandschaft"
(aus: BÜTTNER 2004).

Landwirtschaft, Waldwirtschaft, Teichwirtschaft

- historische Flurformen
- historisch bedeutende Landeskulturfluren
- historisch bedeutende Ackerterrassen mit Streuobst, Hecken
- AT historisch bedeutende Ackerterrassen mit Streuobst, Hecken
- historisch bedeutende Obstgärten, Streuobstwiesen
- historisch bedeutende Obstgärten, Streuobstwiesen
- Baumfelder
- rezente Weinbergslagen, historisch bedeutende Weinbergslagen, mit/ohne Folgenutzung Streuobst
- historische bedeutende Weinbergslagen, mit/ohne Folgenutzung Streuobst
- historisch bedeutende Heckenbestände mit/ohne Streuobst und Magerrasen
- historisch bedeutende Heckenbestände, mit/ohne Streuobst und Magerrasen
- Lesesteinwälle, -haufen, -mauern mit/ohne Heckenbestände
- historisch bedeutende Weiden (Anger, Hutweide)
- WE historisch bedeutende Weiden (Anger, Hutweide)
- historisch bedeutende Wiesen
- WI historisch bedeutende Wiesen
- Wiesenbewässerungssysteme
- WW Wiesenbewässerungssysteme
- historisch bedeutende Waldnutzungsformen (Mittelwald, Niederwald), Naturwaldreservate
- historisch bedeutende Teichketten

Aufgrund der kompakten Darstellung und der Informationsfülle – es sind insgesamt 80 Elementtypen dargestellt – wird ein Stück weit die Lesbarkeit erschwert. Positiv hervorzuheben ist jedoch die Möglichkeit einer Interpretation der individuellen Kulturlandschaftsraumgeschichte anhand der dargestellten Elemente. Das bedeutet gleichzeitig, dass für andere Regionen die Elementdarstellung in Teilbereichen modifiziert werden muss, insbesondere was die Ansprache von Elementbündeln betrifft. In Bezug auf die kartographische Darstellung wurde der Ansatz verfolgt, möglichst sich selbsterklärende Planzeichen zu verwenden.

Raumebene

Im weitesten Sinne lassen sich zwei unterschiedliche Herangehensweisen bei der Erfassung, Abgrenzung, Bewertung und Darstellung von Kulturlandschaftsräumen feststellen. In Anlehnung an das „top-down-Prinzip" wird im überregionalen Maßstab der Versuch unternommen, flächendeckend Kulturlandschaften im Sinne einer Typisierung abzugrenzen.[12] Bei diesen Kulturlandschaften treten in der Regel mehrere

---

[12] Vgl. dazu: BURGGRAAFF/KLEEFELD 1998; BURGGRAAFF 2000.

Merkmale prägend hervor. Diese Methode wird in vielen Fällen deswegen favorisiert, weil bisher keine flächendeckenden Kulturlandschaftskataster vorhanden sind. Die andere Herangehensweise verfolgt das „bottom-up-Prinzip". Die Landschaft wird auf ihre jeweiligen historischen Strukturen und Elemente hin untersucht. Über die Aggregation der Einzelbestandteile und der funktionalen Betrachtung im Rahmen der Gesamtschau erfolgt die Abgrenzung der Kulturlandschaftsräume. Das letztere Verfahren wurde im Modellvorhaben angewandt.

Gesamtschau

Bei der Gesamtschau war es entscheidend, den Entstehungszusammenhang und das Zusammenspiel der einzelnen Landschaftsbausteine untereinander aufzuzeigen. Der abgegrenzte Kulturlandschaftsraum ist sozusagen ein Verdichtungsraum historischer Kulturlandschaftselemente und Strukturen, in dem mehrere prägende und miteinander verknüpfte Merkmale als Zeugnisse der Nutzungsgeschichte der Landschaft[13] ablesbar hervortreten. Diese bestimmen das historisch vermittelte Erscheinungsbild der Landschaft.

Die Abgrenzungen der Kulturlandschaftsräume wurden im Hinblick auf eine planerische Integration vorgenommen, unterliegen somit entsprechenden Generalisierungen. Sie sind daher als planerisches Konzept zu verstehen, dass im Sinne einer thematischen Schwerpunktsetzung die wesentlichen Merkmale eines Raumes herausarbeiten will. Das bedeutet zudem, dass abgegrenzte Kulturlandschaftsräume Bestandteile und Bereiche wie z. B. Gewerbegebiete oder moderne Verkehrsstrassen enthalten, die aus kulturhistorischer Sicht weniger wertvoll sind. Andererseits können stark überformte historische Kulturlandschaftselemente oder Teilbereiche im Zusammenspiel mit anderen historischen Bestandteilen gemäß des Ensembleprinzips eine hohe kulturhistorische Bedeutung entfalten. Die Abgrenzung zu anderen Kulturlandschaftsräumen wird immer eine mehr oder weniger stark ausgeprägte Unschärfe und eine gewisse Subjektivität beinhalten. Kulturlandschaften lassen sich in keine festen Grenzen zwängen. Die Gliederung in Kulturlandschaftsräume ist damit nicht das eigentliche Ziel, sondern nur ein Schritt hin zur Bearbeitung weiterführender spezifischer Problemstellungen, wie z. B. der Pflege und Weiterentwicklung historischer Kulturlandschaften (JESCHKE 2000, 130).

Bei der Raumabgrenzung lag das Augenmerk darauf, dass die Kulturlandschaftsräume nicht zu stark auf die Elementebene heruntergebrochen wurden und somit einer separierenden Raumcharakterisierung Folge geleistet wurde. Es sollten dadurch der historisch abgeleitete Entstehungszusammenhang und die Lebenswelt des darzustellenden Raumes als Spiegelbild menschlichen Daseins, Wirtschaftens und Fortbewegens ablesbar sein und damit die Bündelungen unterschiedlicher Funktionen und Nutzungen wiedergegeben werden. Eine Ausnahme bildeten sehr großflächige Waldbestände, die eine separate Ansprache erfuhren. Insgesamt gesehen stand somit nicht die Typisierung von Landschaften im Vordergrund, sondern die Herausarbeitung der historisch gewachsenen Individualität der Kulturlandschafträume. An dieser Stelle wird deutlich, dass die Entwicklung der Räume sowie deren Darstellung eine entsprechende inhaltliche und geistige Durchdringung der Region erfordert, die, auch im Hinblick auf die unterschiedliche Quellenlage und die zeitlichen Rahmenbedingungen, nicht für alle Kulturlandschaftsräume in gleicher Qualität geleistet werden konnte.

Die Problematik der Namensgebung ist ein weites Feld mit vielen Befindlichkeiten. Sofern im allgemeinen Sprachgebrauch verwurzelte Raumbezeichnungen vorhanden waren, konnte auf diese zurückgegriffen werden. Darüber hinaus fanden gängige naturräumliche Bezeichnungen sowie die Namen von Städten und Dörfern eine Verwendung im Sinne einer geographischen Verortung des Raumes. Das Ziel, die Kulturlandschaftsräume mit kurzen und prägnanten Namen zu versehen, konnte daher in vielen Fällen nicht erreicht werden.

---

[13] Im Rahmen der Gesamtschau werden also anhand a) der naturräumlichen Gegebenheiten, b) der Nutzungsgeschichte sowie c) der Verteilung der erfassten und bewerteten historischen Kulturlandschaftselemente wie auch ihrer Vernetzung Kulturlandschaftsräume abgegrenzt, charakterisiert und bewertet. Vgl. dazu: BÜTTNER 2003b.

Bewertung

Bei der Bewertung der Kulturlandschaftsräume wurde analog dem Objektbewertungsverfahren ein auf Expertenwissen basierendes Schätzverfahren (nutzerunabhängiges, verbal-argumentatives Bewertungsverfahren) angewandt, um auftretende Individualitäten aufgrund des subjektiven Spielraums angemessener berücksichtigen zu können. Die Kulturlandschaftsräume wurden in ihrer kulturhistorischen Bedeutung mittels der Kriterien geschichtliche Zeugniskraft und charakteristische Eigenart (Erscheinungsbild und Verdichtung), die jeweils doppelt gewichtet wurden, bewertet sowie funktional über ihre Nutzung und das Zusammenwirken der historischen Kulturlandschaftselemente. Damit erfolgte eine Abschätzung der Anzahl bzw. räumlichen Verteilung (Dichte) der historischen Kulturlandschaftselemente, ihres Erhaltungszustandes und ihrer kulturgeschichtlichen Qualität.[14] Die Erfüllungsgrade der Kriterien ergeben addiert einen kulturhistorischen Zeigerwert in den Wertigkeiten geringe bis mittlere, hohe und sehr hohe kulturhistorische Bedeutung. Auch hier wurde für die Entscheidungshilfe ein Bewertungsrahmen erstellt.

Kulturlandschaftsräume in der Region Oberfranken-West

Kulturlandschaftsräume von sehr hoher kulturhistorischer Bedeutung sind Räume, die in weiten Teilen mit einem prägenden Inventar an historischen Kulturlandschaftselementen versehen sind. Damit werden v. a. Siedlungs- und Flurformen sowie Landnutzungsformen (z. B. Landwirtschaft, Flößerei) angesprochen, die insbesondere ein noch weitgehend intaktes oder zumindest noch ablesbares funktionales Gefüge bilden und die sich gegen einen umgebenden Raum, der diese Objekttypen nur vereinzelt oder nicht enthält, abgrenzen. Weitere Merkmale können die Verschmelzung von baulicher Anlage und landschaftlicher Umgebung sowie die Verwendung landschaftstypischer Materialien und Farbgebung sein. Ein Beispiel hierfür ist der im Landkreis Kronach verortete Kulturlandschaftsraum „Teuschnitzer Eigen und Windhagen" mit seinen Angerdörfern, mit Schiefer verkleideten Häusern und den hofanschließenden Breitstreifenfluren.

Die Kulturlandschaftsräume von hoher kulturhistorischer Bedeutung nehmen den größten Anteil in der Region ein und untermauern damit ihre Kulturträchtigkeit. Diese Räume, die bereits durch Flurneuordnungen umgestaltet worden sind, weisen nur in einem geringen Umfang historische Flurformen auf. Sie besitzen aber noch eine hohe Dichte an historischen Kulturlandschaftselementen mit wertvoller Substanz. Räume dieser Qualität sind z. B. die Streusiedlungslandschaften westlich von Kronach (Abb. 6 und 7). Von hoher kulturhistorischer Bedeutung sind auch weite Teile des Coburger Landes, die durch Landeskulturmaßnahmen aus der Zeit der ersten Hälfte des 20. Jh. geprägt sind.

Die Kulturlandschaftsräume von geringer bis mittlerer kulturhistorischer Bedeutung sind diejenigen Räume, die verinselte historische Kulturlandschaftselemente enthalten. In Oberfranken-West sind es in vielen Fällen die am ältesten erschlossenen Kulturlandschaftsräume – insbesondere im Maintal, Regnitztal und weiten Teilen des Albvorlandes. Da in diesen Gebieten die wirtschaftlichen Entwicklungsachsen liegen, sind sie einem besonders hohen Veränderungsdruck ausgesetzt. Die historische Kulturlandschaft ist so weit überformt, dass die substanzielle Ablesbarkeit nur noch sehr eingeschränkt gegeben ist. Dennoch besitzen diese Räume historische Kulturlandschaftselemente von herausragender Bedeutung und können auch Erwartungs- und Bestandsgebiete für Bodendenkmäler sehr hoher kulturhistorischer Bedeutung aufweisen.

Darstellung – Karte der Kulturlandschaftsräume und Raumsteckbriefe

Der Karte der Kulturlandschaftsräume können die Abgrenzung der Kulturlandschaftsräume und die zugewiesenen Wertstufen entnommen werden. Insgesamt sind in dieser Karte 112 Räume dargestellt. Hiervon sind:

---

[14] Vgl. BÜTTNER 2003b.

Abb. 6. Blick auf die spätmittelalterlichen Radialhufenflur
des Dorfes Birnbaum im Lkr. Kronach
(Foto: Thomas Büttner, 2003).

Abb. 7. Blick auf die spätmittelalterlichen Radialhufenflur
des Dorfes Steinbach a. d. Haide im Lkr. Kronach
(Foto: Thomas Büttner, 2004).

- 26 Räume von sehr hoher kulturhistorischer Bedeutung;
- 61 Räume von hoher kulturhistorischer Bedeutung;
- 25 Räume von geringer bis mittlerer kulturhistorischer Bedeutung.

Jeder Kulturlandschaftsraum wurde in einem Steckbrief beschrieben. Die Steckbriefe enthalten einen Kartenausschnitt des betrachteten Raumes, Fotos und eine Gesamtschau, in der die Abgrenzung sowie die verbal-argumentative Beschreibung und Bewertung des Raumes enthalten sind. Den Abschluss bilden die Quellenangaben. Hinweise zu Erhalt, Instandsetzung und behutsamer Weiterentwicklung der historischen Kulturlandschaft und ihrer Einzelelemente können in diesem Steckbrief ebenso Eingang finden.[15]

Planungsebene

Bisher liegt keine bundesweite Untersuchung bezüglich der Berücksichtigung des Schutzgutes historische Kulturlandschaft in den Plänen der Landschaftsrahmenplanung und der Regionalplanung vor. Dennoch gibt es einige Projekte in Deutschland, die den Belang historische Kulturlandschaft in die regionale Planungsebene einzubinden versuchen.[16] Besonders hervorzuheben ist das Projekt „Kulturdenkmale in der Region Franken-Heilbronn".[17] Für diese Region wurde unter der Trägerschaft des zuständigen Regionalverbandes und des Landesdenkmalamtes Baden-Württemberg die regional bedeutsamen Kulturdenkmale im Hinblick auf eine Teilfortschreibung des Landschaftsrahmenplanes erfasst.

Beim Regionalen Planungsverband Oberfranken-West gibt es gegenwärtig noch keine konkreten Vorstellungen, wie der Belang historische Kulturlandschaft aus dem LEK detailliert im Regionalplan umgesetzt werden kann. Vorschläge für eine inhaltliche wie kartographische Umsetzung des Schutzgutes historische Kulturlandschaft sind im fertig gestellten LEK[18] enthalten.

Im LEK der Region Oberfranken-West wurde neben den abiotischen, biotischen und ästhetischen Schutzaspekten erstmalig die historische Kulturlandschaft als eigenes Schutzgut behandelt und als eigenständige Funktion dargestellt. Im Grundlagenteil des LEK erfolgte die Darstellung und Bewertung des

---

[15] Die Steckbriefe erfuhren durch das Landschaftsbüro, die das LEK für die Region Oberfranken-West erstellt hat, eine inhaltliche Straffung und sprachliche Angleichung im Hinblick auf die regionalplanerischen Anforderungen.
[16] Vgl. BÜTTNER 2003a.
[17] Vgl. REGIONALVERBAND FRANKEN-HEILBRONN 2003.
[18] Das LEK ist ein überörtliches Fachkonzept des Naturschutzes und der Landschaftspflege. Zum anderen stellt das LEK einen Fachbeitrag des Naturschutzes und der Landschaftspflege für die Regionalplanung dar. Vgl. BAYERISCHES LANDESAMT FÜR UMWELTSCHUTZ 1997, 10 ff.

Schutzgutes historische Kulturlandschaft in Text- und Kartenform. Im Ziel- und Maßnahmenteil wurden für diesen Aspekt überörtliche Zielkonzepte in Text und Karte aufgestellt. Sie gliedern sich in:

a) allgemeine Ziele und Leitlinien für die gesamte Region;
b) Ziele für raumbezogene Zielkategorien (Gebiete mit besonderer und hervorragender Bedeutung für die Sicherung der historischen Kulturlandschaft);
c) Ziele für einzelne konkrete Teilräume (gebietsspezifische Zielaussagen).

Des Weiteren wurden im Ziel- und Maßnahmenteil des LEK Oberfranken-West text- und kartenbasierte Vorschläge für landschaftliche Vorbehaltsgebiete unterbreitet, die nach vordringlichen Sicherungszielen unterteilt sind. Die Belange der historischen Kulturlandschaft fanden bei den Vorschlägen für landschaftliche Vorbehaltsgebiete mit den vordringlichen Sicherungszielen „Arten- und Lebensräume" sowie „Landschaftsbild und naturbezogene Erholung" Berücksichtigung. Darüber hinaus erfolgte eine eigenständige Ansprache von landschaftlichen Vorbehaltsgebieten mit dem vordringlichen Schutzziel „Historische Kulturlandschaft". Hierbei wurden nicht kulturhistorisch hervorragende Räume als Ganzes, sondern Teilbereiche, wie z. B. sehr wertvolle historische Flurformen, als Vorbehaltsgebiete mit dieser Zielsetzung vorgeschlagen.[19]

Inwieweit und in welcher Form diese Vorschläge des LEK später Eingang in die Regionalplanung finden, bleibt der Diskussion in den Gremien des regionalen Planungsverbands vorbehalten. Festgestellt werden kann, dass das Schutzgut historische Kulturlandschaft nicht erst durch das Pilotprojekt der beiden Landesämter in der Region Oberfranken-West eine hohe Sensibilisierung erfahren hat. Das Wissen um den Wert der historischen Kulturlandschaft zeigt sich bereits darin, dass als allgemeines Regionalziel im landschaftlichen Leitbild des Regionalplans der folgende Passus aufgenommen wurde: „Die Naturräume der Region sollen in ihrer jeweiligen Eigenart und Funktion langfristig gesichert, gepflegt und entwickelt werden. Neben gewerblich-industriell geprägten Wirtschaftsräumen soll die Vielfalt bäuerlicher Kultur- und Siedlungslandschaften sowie der historischen Kulturlandschaft erhalten bleiben"[20].

Zusammenfassung

Der gewählte methodische Ansatz mit den beiden Säulen Objekterfassung und Gesamtschau des kulturhistorischen Potenzials bietet die Möglichkeit, den individuellen Gehalt an kulturhistorischer Substanz und tradierter Strukturen einer Region als Mittel für eine raumspezifische Charakterisierung zu verwenden. Bei der Herausarbeitung der geschichtlichen Zeugniskraft und der prägenden Merkmale der Kulturlandschaftsräume stand nicht die Typisierung im Vordergrund, sondern die Beschreibung der kulturhistorisch begründbaren Individualität.

Im Hinblick auf die Zukunft ist ein durch Expertenwissen und stichprobenartige Befahrungen abgesicherter „Schnelldurchgang" auf jeden Fall gewinnbringend, um so das Schutzgut historische Kulturlandschaft in einem ersten Schritt in den Planungsprozess einbringen zu können. Dies erfordert eine enge Zusammenarbeit und einen inhaltlichen Austausch mit den im Planungsprozess beteiligten Fachbehörden wie auch anderen fachkundigen Personen in Behörden, Universitäten, Verbänden oder Vereinen. Zugleich wurde im Laufe der Arbeit die Notwendigkeit eines Kulturlandschaftsverzeichnisses immer wieder deutlich. In Anbetracht der aktuellen politischen Stimmungslage in Bayern sollte jedoch von einer flächende-

---

[19] Die Hauptproblematik in Bezug auf die Darstellung von eigenständigen Vorbehaltsgebieten mit dem vordringlichen Sicherungsziel „Historische Kulturlandschaft" liegt in der gesamtflächigen Vermittlung und planungsrechtlichen Belastbarkeit der abgeleiteten und in der Schutzgutkarte „Historische Kulturlandschaft" dargestellten Kulturlandschaftsraumgrenzen. Die vorhandene Quellenlage, die zeitliche wie auch räumliche Vielschichtigkeit der Kulturlandschaftsräume, hier ist insbesondere auch ihre Verflechtung mit angrenzenden Gebieten zu berücksichtigen, erlauben keine inhaltlich unanfechtbare Grenzziehung.

[20] Regionaler Planungsverband Oberfranken-West, Regionalplan der Planungsregion Oberfranken-West in der Fassung der Bekanntmachung der Verbindlichkeitserklärung vom 9. Mai 1988 (GVBl 127, BayRS 230-1-11-U); Sechste Änderung, in Kraft getreten am 1. Mai 2004, Kapitel B I Natur und Landschaft, Punkt 1 Landschaftliches Leitbild und nachhaltige Nutzung der Naturgüter, Unterpunkt 1.1 Landschaftliches Leitbild.

ckenden Erhebung Abstand genommen werden. In Anlehnung an die Vorgehensweise der Biotopkartierung wäre die Erhebung regional bedeutsamer historischer Kulturlandschaftselemente anzustreben. Gleichzeitig empfiehlt es sich Management- und Entwicklungskonzepte zu integrieren, die den Schulterschluss mit einem landschaftsbezogenen Tourismus suchen.

In erster Linie muss eine substanzschonende Weiterentwicklung der historischen Kulturlandschaft und ihrer Bestandteile durch eine erhaltende Nutzung erfolgen. Eine solche erfordert eine erhöhte Kommunikations- und Kompromissfähigkeit aller Beteiligten. Entscheidend für die Tradierung der historischen Kulturlandschaft und ihrer Bestandteile sind bewusstseinsbildende Maßnahmen, die v. a. in den Schulen und in der Bevölkerung vor Ort ansetzen sollten. Der ästhetische und kulturhistorische Wert der historischen Kulturlandschaft sowie ihrer Bestandteile spielen eine wesentliche Rolle, um ein Bewusstsein für die Landschaft zu erlangen und ein Interesse an ihr zu wecken. Die Qualität der Landschaft muss über das „landschaftliche Auge und Gedächtnis" erkannt und als solche geschätzt werden. Nur über das Sehen in der Landschaft und über das Empfinden und das Wissen um das Gesehene, kann ein Bezug zur Landschaft geschaffen werden, der in eine Wertschätzung münden kann.

Über werbewirksame Maßnahmen wie z. B. die Ausrufung von „Kulturlandschaftselementen des Jahres", vergleichbar zur Handhabung etwa bei bedrohten Baumarten, sollte man nachdenken. Damit könnten besonders gefährdete historische Kulturlandschaftselemente in Franken wie z. B. Kellergassen oder Wässerwiesen näher in das Bewusstsein der Bevölkerung gerückt werden. Die historische Kulturlandschaft und ihre Bestandteile sollten auch in gängige Wanderkarten, Reiseführer und Internetseiten der Gemeinden sowie Landkreise Eingang finden. Weiterhin müsste dem kulturhistorischen Aspekt eine viel stärkere

Abb. 8. Steckbriefausschnitt „Unterer Itzgrund, Baunachgrund, Stadt Baunach, Kraiberg".
Hrsg. LfU und BLfD (Thomas Büttner 2004).

Berücksichtigung in den Naturparkkonzepten des Frankenwaldes, der Fränkischen Schweiz, der Hassberge und des Steigerwaldes zukommen. Besonders in den Bereichen Naherholung und sanfter bzw. landschaftsbezogener Tourismus bietet die historische Kulturlandschaft enorme Potenziale, die es zu vermarkten gilt.

Literatur

BAYERISCHES LANDESAMT FÜR UMWELTSCHUTZ 1997
Bayerisches Landesamt für Umweltschutz (Hrsg.), Landschaftsentwicklungskonzept Region Ingolstadt. Schriftenreihe des Bayerischen Landesamtes für Umweltschutz 140 (München 1997).

BAYERISCHES STAATSMINISTERIUM FÜR LANDESENTWICKLUNG UND UMWELTFRAGEN 2003
Bayerisches Staatsministerium für Landesentwicklung und Umweltfragen (Hrsg.), Landesentwicklungsprogramm Bayern 2003 (München 2003).

BAYERISCHES STAATSMINISTERIUM FÜR LANDWIRTSCHAFT UND FORSTEN 2001
Bayerisches Staatsministerium für Landwirtschaft und Forsten (Hrsg.), Historische Kulturlandschaft. Materialien zur Ländlichen Entwicklung in Bayern 39 (München 2001).

BEHRENS u. a. 2004
H. Behrens/M. Stöckmann/L. Vetter, Historische Kulturlandschaften als Gegenstand der Landschaftsplanung. Dokumentation des 2. Neubrandenburger Symposiums vom 22. Januar 2004. Umweltgeschichte und Umweltzukunft XII (Berlin 2004).

BOCKEMÜHL u. a. 2000
J. Bockemühl/A. Bosshard/J. Kühl/B. Pedroli/H. Seiberth/Th. Van Elsen/J. Wirz/H.-Ch. Zehnter, Das Dornacher Landschafts-Manifest. Natur und Mensch 5, 2000, 56-59.

BREUER 1993
T. Breuer, Naturlandschaft, Kulturlandschaft, Denkmallandschaft. In: Nationalkomitee der Bundesrepublik Deutschland (Hrsg.), Historische Kulturlandschaften. Internationale Tagung Brauweiler 10.-17. Mai 1992. ICOMOS-Hefte des deutschen Nationalkomitees 11 (München 1993) 13-19.

BREUER 1997
T. Breuer, Landschaft, Kulturlandschaft, Denkmallandschaft als Gegenstände der Denkmalkunde. Die Denkmalpflege 55, 1997, 5-23.

BURGGRAAFF 2000
P. Burggraaff, Fachgutachten zur Kulturlandschaftspflege in Nordrhein-Westfalen im Auftrag des Ministeriums für Umwelt, Raumordnung und Landwirtschaft des Landes Nordrhein-Westfalen. Mit einem Beitrag zum GIS-Kulturlandschaftskataster von R. Plöger. Siedlung und Landschaft in Westfalen 27 (Münster 2000).

BURGGRAAFF/KLEEFELD 1998
P. Burggraaff/K.-D. Kleefeld, Historische Kulturlandschaft und Kulturlandschaftselemente. Teil 1. Bundesübersicht. Teil 2. Leitfaden. Ergebnisse aus dem F+E-Vorhaben 808 09 075 des Bundesamtes für Naturschutz. Angewandte Landschaftsökologie 20 (Bonn-Bad Godesberg 1998).

BÜTTNER 2003a
Th. Büttner, Kulturlandschaftsprojekte in Deutschland. Tabellarische Übersicht zu ausgewählten Projekten, die das Schutzgut „historische Kulturlandschaft" zum Gegenstand haben. Unveröffentl. Gutachten im Auftrag des Bayerischen Landesamtes für Umweltschutz Augsburg (2003).

BÜTTNER 2003b
Th. Büttner, Entwurf einer Handreichung. Methodik für die Erhebung, Bewertung und Darstellung des Schutzgutes „historische Kulturlandschaft" auf der regionalen Planungsebene. Unveröffentl. Gutachten im Auftrag des Bayerischen Landesamtes für Umweltschutz Augsburg (2003).

BÜTTNER 2004
Th. Büttner, Die historische Kulturlandschaft in der Region Oberfranken-West. Berichts-CD-ROM im Auftrag des Bayerischen Landesamtes für Umweltschutz und des Bayerischen Landesamtes für Denkmalpflege (Augsburg, München 2004).

COUNCIL OF EUROPE 2002
Council of Europe (Hrsg.), The European Landscape Convention. Naturopa 98, 2002 (http://www.coe.int/t/E/Cultural_Co-operation/Environment/Resources/Naturopa_Magazine/naturopa98_e.pdf?L=E [Stand: 1.2005]).

EIDLOTH 1997
V. Eidloth, Historische Kulturlandschaft und Denkmalpflege. Die Denkmalpflege 55, 1997, 24-30.

ERHALTUNG UND ENTWICKLUNG 1999
Erhaltung und Entwicklung gewachsener Kulturlandschaften als Auftrag der Raumordnung. Ein neuer Auftrag der Raumordnung. Informationen zur Raumentwicklung 5/6, 1999.

EUROPÄISCHE KOMMISSION 1999
Europäische Kommission (Hrsg.), EUREK – Europäisches Raumentwicklungskonzept. Auf dem Wege zu einer räumlich ausgewogenen und nachhaltigen Entwicklung der Europäischen Union. Luxemburg 1999. Am 10. und 11. Mai 1999 bei der Ratssitzung in Potsdam von den für Raumentwicklung zuständigen Ministern der Europäischen Union beschlossen (Luxemburg 1999) (http://www.europa.int/comm/regional_policy/sources/docoffic/official/reports/som_de.htm [Stand: 1.2005]).

FEHN 1997
K. Fehn, Aufgaben der Denkmalpflege in der Kulturlandschaftspflege. Überlegungen zur Standortbestimmung. Die Denkmalpflege 55, 1997, 31- 37.

GUNZELMANN 1987
Th. Gunzelmann, Die Erhaltung der historischen Kulturlandschaft. Angewandte Historische Geographie des ländlichen Raumes mit Beispielen aus Franken. Bamberger Wirtschaftsgeographische Studien 4 (Bamberg 1987).

HANNOVERSCHE ERKLÄRUNG 2001
Hannoversche Erklärung zum europäischen Kulturlandschaftserbe. Unterzeichnet von den Teilnehmer/innen, Referent/innen und Initiatoren der Tagung „Kulturlandschaften in Europa – Internationale und regionale Konzepte zu Bestandserfassung und Management" am 29. und 30. März 2001 in Hannover (Hannover 2001) (http://www.kug-wiegand.de/hannoverscheerklaerung.htm [Stand: 1.2005]).

HÖNES 2003
E.-R. Hönes, Die historische Kulturlandschaft in der Gesetzeslandschaft. Denkmalschutzinformationen 27, 3/2003, 62-75.

JESCHKE 2000
H. P. Jeschke, Entwurf der Struktur eines Pflegewerkes für Cultural Heritage Landscapes (UNESCO-Schutzkategorie „fortbestehende Kulturlandschaft") in föderalistisch organisierten Staaten in Europa. In: Bundesdenkmalamt (Hrsg.), Denkmal-Ensemble-Kulturlandschaft am Beispiel Wachau. Beiträge des Internationalen Symposiums vom 12.-15.10.1998 in Dürnstein (Österreich) (Wien 2000) 116-146.

KOMMUNALVERBAND GROßRAUM HANNOVER 2001
Kommunalverband Großraum Hannover (Hrsg.), Kulturlandschaften in Europa – Regionale und Internationale Konzepte zu Bestandserfassung und Management. Dokumentation einer Tagung am 29. und 30. März 2001 beim Kommunalverband Großraum Hannover. Beiträge zur regionalen Entwicklung 92 (Hannover 2001).

KOORDINATIONSSTELLE DES FORTBILDUNGSVERBUNDES [o. J. (2001)]
Koordinationsstelle des Fortbildungsverbundes für das Berufsfeld Natur und Landschaft bei der NZH-Akademie (Hrsg.), Tagungsband zur Fachtagung „Die Kultur in der Landschaft" am 24. Oktober 2000 des Naturschutz-Zentrums Hessen, Akademie für Natur- und Umweltschutz e. V. in Wetzlar. (Wetzlar [o. J. (2001)]).

PLÖGER 2003
R. Plöger, Inventarisation der Kulturlandschaft mit Hilfe von Geographischen Informationssystemen (GIS). Methodische Untersuchungen für historisch-geographische Forschungsaufgaben und für ein Kulturlandschaftskataster (Bonn 2003).

REGIONALVERBAND FRANKEN-HEILBRONN 2003
Regionalverband Franken-Heilbronn (Hrsg.), Regional bedeutsame Kulturdenkmale in der Region Heilbronn-Franken. Teilfortschreibung des Landschaftsrahmenplanes (Heilbronn 2003).

SCHENK u. a. 1997
W. Schenk/K. Fehn/D. Denecke, Kulturlandschaftspflege. Beiträge der Geographie zur räumlichen Planung (Stuttgart, Berlin 1997).

VEREINIGUNG DER LANDESDENKMALPFLEGER 2001
Vereinigung der Landesdenkmalpfleger in der Bundesrepublik Deutschland (Hrsg.), Arbeitspapier Nr. 16 „Denkmalpflege und historische Kulturlandschaft" der Arbeitsgruppe Städtebauliche Denkmalpflege der Vereinigung der Landesdenkmalpfleger in der Bundesrepublik Deutschland. Text von Th. Gunzelmann, rechtliche Aspekte J. Viebrock (2001) (http://www.denkmalpflege-forum.de/Veroffentlichungen/Arbeitsblatter/arbeitsblatter.html [Stand: 1.2005]).

WAGNER 1999
J. M. Wagner, Schutz der Kulturlandschaft – Erfassung, Bewertung und Sicherung schutzwürdiger Gebiete und Objekte im Rahmen des Aufgabenbereichs von Naturschutz und Landschaftspflege. Eine Methode zur emotionalen Wirksamkeit und kulturhistorischen Bedeutung der Kulturlandschaft unter Verwendung des Geographischen Informationssystems PC ARC/INFO. Saarbrücker Geographische Arbeiten 47 (Saarbrücken 1999).

Inventarisierungsdefizite und Verluste bei Landwehren. Das Beispiel der Lüneburger Landwehr

Von Martin Pries

Einleitung

Die Lüneburger Landwehr ist mit über 30 km Länge wahrscheinlich die längste in Norddeutschland. Als die letzten Abschnitte nach dem Baubeginn 1397 vermutlich 1484 fertig gestellt worden waren, führte sie im Abstand von 9 bis 14 km ringförmig um die Stadt Lüneburg herum. Bei den enormen Ausmaßen der Anlage und einem Alter von über 600 Jahren sollte man annehmen, dass ihr Bau gut dokumentiert ist. Erstaunlicherweise ist jedoch ein Charakteristikum der Landwehr, dass nur sehr wenige Quellen über den Bau, dessen Verlauf, den genauen Umfang der Anlage, ihrer Teile, die Unterhaltung sowie ihre Überwachung Auskunft geben. Die Forschung über die Landwehr setzte erst in den Mitte der 1950er-Jahre ein, wobei wichtige Elemente übersehen wurden. Zu diesem Zeitpunkt waren Abschnitte der Landwehr bereits eingeebnet oder aufgeforstet, Gebäude beseitigt, Dämme durchbrochen oder neue Straßen angelegt. Zwar konnten einige Anlageteile unter Denkmalschutz gestellt werden, doch jene Elemente, die als nicht zur Landwehr gehörig betrachtet wurden, weil es keine umfassende Erforschung und Geländeaufnahme gab, hingegen nicht. Auch wenn die Inventarisierung inzwischen als abgeschlossen bezeichnet werden kann, sind einzelne Elemente der Landwehr weiterhin von der Zerstörung bedroht. Im Wesentlichen ist das auf den mangelnden Informationsstand der Öffentlichkeit zurückzuführen. So werden weiterhin neue Waldwege über die Landwehr gelegt, Gartenabfälle oder Unterholz in den Gräben entsorgt, liegen Wander- und Radwege auf den Wällen oder wird potenziellen Relikten in der Siedlungsplanung keine Aufmerksamkeit geschenkt.

Im Folgenden wird aufgezeigt, warum die Lüneburger Landwehr gebaut wurde, welche Objekte zu der Anlage gezählt werden müssen, welche Probleme es bei der Inventarisierung gab, wie der derzeitige Zustand ist und worin weitere Zerstörungspotenziale liegen.

Der Bau des Lüneburger Landwehrsystems

Die Motive für den Bau der Lüneburger Landwehr sind in der Verteidigung und der Durchsetzung von städtischen Rechten zu suchen. Im 14. Jh. stritten die Fürstenhäuser Braunschweig (Welfen) und Sachsen-Wittenberg (Askanier) um die Herrschaft im Fürstentum Lüneburg. Erst 1388 konnte ein Frieden geschlossen werden, der aber nicht verhinderte, dass alte Fehden mit unverminderter Härte fortgeführt wurden (REINBOLD 1987, 8). Hinzu kam, dass die entlassenen Söldner oft zu Räubern wurden. Lüneburg war in besonderer Weise darauf angewiesen, halbwegs friedliche Verhältnisse im Land zu haben, da die Stadt mit ihrem Salzmonopol auf den überregionalen Handel angewiesen war. Mit dem Satevertrag, geschlossen zwischen dem Landesherren und den Städten des Fürstentums, wurde der Versuch unternommen, einen umfassenden Landfrieden herzustellen. Darin bestätigten die Landesherren alte Lüneburger Privilegien, die für die städtische Wirtschaft große Bedeutung hatten. Unter anderen waren dies: das Stapelrecht, der Straßenzwang, das Geleitrecht auf den Straßen, die Entscheidungsgewalt über den Wasserstraßenbau

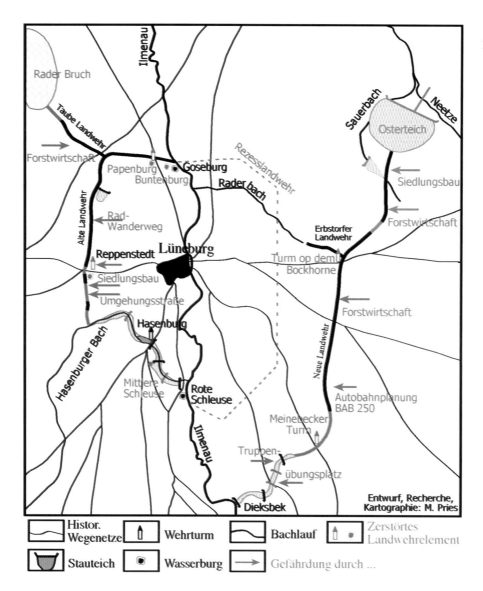

Abb. 1.
Die Lüneburger Landwehr.

(Fisch-, Mühlenwehre, Ilmenauausbau), das Umfuhrverbot, der Viehtrieb, die Beilegung von Streitigkeiten am Gerichtsstandort Lüneburg.

Ein weiteres Recht sicherte den Städten und Rittern zu, Landwehren bauen zu dürfen. Die Stadt Hannover hatte bereits 1341 mit dem Bau einer Landwehr begonnen. Lüneburg umgab sich zwischen 1397 und 1484 mit der Alten und Neuen Landwehr, die durch kleinere Abschnitte ergänzt wurden. Auch der niedere Landadel hatte das Recht der Wegeumlegung erhalten und versuchte seinerseits, durch den Bau diverser Landwehren im Fürstentum eine Antwort auf den Straßenzwang der Stadt Lüneburg zu finden sowie mit Wegezolleinnahmen sein Einkommen zu sichern.

Die Stadt Lüneburg baute zwischen 1397 und 1406 die Alte Landwehr sowie von 1479 bis 1484 die Neue Landwehr. Die Kosten für den Bau und die Unterhaltung der Landwehr sind in den Sodmeisterrechnungen aufgeführt. Der neben dem Rechnungsbetrag angegebene Verwendungszweck, z. B. über „das Graben an der Landwehr"[1], ist wenig hilfreich, da weder Umfang der Grabearbeiten noch der genaue Ort angegeben sind. Andere schriftlichen Quellen über den Bau, Verlauf und die einzelnen Formen sind nicht überliefert. Auch über das ausschlaggebende Motiv für den Bau der Anlage sind bisher keine Hinweise zu finden. Die Auswertung der Publikationen über Landwehren fördert mehrere mögliche Motive zu Tage. Um die Stadt besser verteidigen zu können, baute beispielsweise Frankfurt eine Landwehr zum Schutz vor

---

[1] StadtA Lüneburg ND Volger Nr. 47.

der Ritterschaft aus dem Taunus (VON COHAUSEN 1898). Auch in Osnabrück (MÜLLER 1975) und Einbeck (PRETZSCH 1994) war die Stadtverteidigung das Hauptmotiv. Loewe (1983), Tenbergen (1999) oder Weerth (1955) identifizieren Landwehren als Grenzschutz, Gebietssicherung oder zur Abgrenzung von Kirchspielen. Städte mit Stapelrecht versuchten mit den Anlagen die Umfuhr zu verhindern. Als Beispiele seien genannt: die Lenkung des Durchgangsverkehrs durch die Wörmer und Höckeler Landwehr westlich von Buchholz (DEISTING 1990), die straßenbegleitende Landwehr von Immenbeck nach Moisburg, um die fahrenden Händler vor Übergriffen zu schützen (DEISTING 1990; HERRMANN 1988), die Landwehr zwischen Ratzeburg und Mölln als Schutz gegen Überfälle aus Mecklenburg (KOPPMANN 1894; KLOSE 1976) und die Hamburger Landwehr als Schutz des Weges nach Bergedorf (SCHRECKER 1933). Die Aufzählung ließe sich fortsetzen. Das Motiv zum Bau der Lüneburger Landwehr lässt sich nicht daraus ableiten, aber zumindest eine Basis für weitere Interpretationen gewinnen. Die Physiognomie der einzelnen Landwehrabschnitte lässt weitere Deutungen zu.

Alte Landwehr 1397-1406

Die noch am besten erhaltene und wichtigste Anlage ist die zwischen 1397 und 1406 von Sodmeister Johann Semmelbecker erbaute Alte Landwehr. Sie beginnt an dem Fluss Ilmenau im Norden Lüneburgs und führt in 4 km Entfernung von der Stadt über die Ortsteile Landwehr, Vögelsen, Reppenstedt und Oedeme zum Hasenburger Bach sowie zur Roten Schleuse an der Ilmenau (Abb. 1). Sie besteht aus vier Wällen und fünf Gräben mit einer durchschnittlichen Tiefe von 2 m und ist bei einer Gesamtlänge von etwa 9 km durchschnittlich 46 m breit.

Um die Gräben nass zu halten, wurde der Bach Kranker Heinrich in den Landwehrgraben umgeleitet. Zusätzlich legte man vermutlich zwei Stauteiche an, aus denen bei Bedarf Wasser in den Graben geleitet werden konnte. Einer davon wurde vom Brockwinkler Bach gespeist, dessen Verlauf man ebenfalls zur Bewässerung des Landwehrgrabens änderte. Im Bereich des Hasenburger Baches ersetzte ein umfangreiches Staubeckensystem das Wall- und Grabensystem. Die Abstände zwischen den insgesamt fünf Staudämmen waren so bemessen, dass eine vollständige Vernässung der Strecke zwischen Roter Schleuse und der Mündung des Kranken Heinrich in den Hasenburger Bach erzielt wurde. Die Überläufe über die Staudämme mussten eine kontrollierte Wasserabgabe gewährleisten können und heißen heute etwas missverständlich „Schleuse". Man kann davon ausgehen, dass es sich dabei um einfache hölzerne Wehre handelte, Konstruktionszeichnungen liegen allerdings erst aus dem 18. Jh. vor.

Die überregionalen Handelswege kreuzten die Landwehr an möglichst wenigen Punkten. Im Verlauf der Alten Landwehr waren dies der Weg nach Hamburg über Bardowick, nach Bremen in Reppenstedt sowie nach Uelzen und Hannover an der Hasenburg bzw. der Roten Schleuse. Diese Querungen waren allesamt

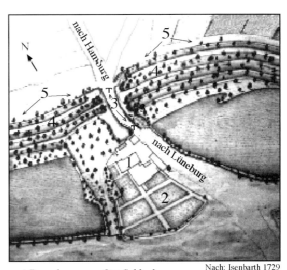

Abb. 2.
Die Papenburg (verändert nach Isenbarth 1729).

1 Papenburg 3 T Schlagbaum
2 Garten 4 Landwehr 5 Landwehrbach

Nach: Isenbarth 1729

mit abschließbaren Schlagbäumen gesichert. Unmittelbar an einem Schlagbaum lag häufig eine Wasserburg oder ein Wehrturm, nachweisbar seit 1580, in der bzw. dem die Landwehrknechte lebten, Zuflucht suchen konnten und die Landwehr kontrollierten. Zur eigenen Versorgung scheinen sie auch ein wenig Landwirtschaft betrieben zu haben, denn häufig sind ehemals landwirtschaftlich genutzte Gebäude unmittelbar an den Querungen zu finden.

Die wichtige Passage nach Bardowick in Richtung Hamburg wurde von der Goseburg, der einzigen noch erhaltenen Wasserburg, der Buntenburg und der Papenburg gesichert. Die Abbildung der Papenburg veranschaulicht die bescheidenen Dimensionen der Wasserburgen (Abb. 2). In den Gebäuden (1) lebten die Landwehrknechte, denen es oblag, die Passage zu überwachen und nachts die Schlagbäume (3) zu verschließen. Zur Selbstversorgung verfügten sie über einen eigenen Garten (2). Die Landwehr in der Aufnahme von Isenbarth aus dem Jahr 1729 zeigt nicht mehr ihren ursprünglichen Bewuchs. Die verzeichneten Bäume deuten an, dass die Wälle als Forst genutzt werden. Die Goseburg ist als einzige noch vollständig erhalten und von einem kleinen Wassergraben vollständig umgeben. Die Baudaten der vorhandenen Gebäude sind nicht bekannt.

Abb. 3.
Die Hasenburg (Foto: Martin Pries, Mai 2004).

Im weiteren Verlauf der alten Landwehr sicherte in Reppenstedt die Eulenburg, eine der Papenburg vergleichbare Anlage, den Frachtweg nach Westen in Richtung Bremen. Ihre Anlage lässt sich im Gelände erahnen, während von der Wasserburg an der mittleren Schleuse keine Reste zu finden sind. Einen weiteren Frachtweg nach Süden sicherte die Rote Schleuse, deren Wassergraben vollständig erhalten ist.
Die Hasenburg, bereits 1397 erwähnt (REINECKE 1933, 74), ist der einzige noch erhaltene Wehrturm der Lüneburger Landwehr (Abb. 3). Er diente zur Überwachung der wichtigen Frachtstraße nach Süden in Richtung Hannover. Hier findet sich auch ein intakter Stauteich. Bereits 1545 wurde südlich der Hasenburg eine Mühle erwähnt. Wahrscheinlich führte seit diesem Zeitpunkt der Frachtweg über den Mühlendamm. Zwei weitere Landwehrquerungen im Verlauf des Stauteichsystems waren zunächst einfache Furten unterhalb der Dämme. Eine erhaltene Furt verläuft an der Roten Schleuse durch den Hasenburger Bach.
In Richtung Lüneburg ist deutlich ein typischer Wegefächer zu erkennen. Je nach Befahrbarkeit nutzten die Frachtwagen unterschiedliche Spuren, um die leichte Steigung zu überwinden. Seit 1880 ist ein Forsthaus an der Roten Schleuse nachgewiesen, das im Zusammenhang mit der Aufforstung im 19. Jh. stehen könnte. Ob das Forsthaus auf den Grundmauern eines vorher existierenden Hofes der Landwehrknechte gebaut wurde, ist nicht belegt.

Durch den Bau der Alten Landwehr war die westliche Umgehung von Lüneburg praktisch unmöglich geworden. Ein letztes Schlupfloch lag im Nordwesten, wo die Alte Landwehr nach Osten abknickt. Es wurde mit der Taube Landwehr geschlossen, über deren Baudatum keine Quelle Auskunft gibt. Diese Anlage war lange unbekannt, da sie nur aus zwei etwa 1,5 m tiefen Gräben mit Wällen, einer Gesamtbreite von 9 m und einem abgeleiteten Bachlauf bestand. Sie verlief durch die „Sankt Nikolaihöfer Fuhren" und endete im unwegsamen, vermoorten Gelände des Rader Bruchwaldes. Rein physiognomisch gibt es eine große Übereinstimmung mit der Neuen Landwehr, so dass die Anlage Mitte des 15. Jh. erfolgt sein könnte.

Das Ausmaß der Alten Landwehr mit vier Wällen, fünf Gräben und dem System umfangreicher Stauteiche legt die Vermutung nahe, dass das Motiv für ihren Bau die Sicherheit der Stadt und des städtischen Umfeldes war. Mit Dornenbüschen bepflanzt, deren Äste geknickt und verwoben wurden, bildete sie einen relativ guten Schutz gegen marodierende Ritter und schützte vor dem Abtrieb des Viehs. Lediglich für den Zweck gebaut, den Händlern die Umgehung des Lüneburger Stapel- und Straßenzwangs unmöglich zu machen, war die Anlage überdimensioniert. Ein einfacher bepflanzter Wall wäre völlig ausreichend gewesen. Auch das Tal des Hasenburger Baches war ohne Stauanlagen feucht, vermoort und für Fuhrwerke unpassierbar. Die Taube Landwehr dagegen sollte verhindern, dass Händler aus dem Bremer Raum Lüneburg im Nordwesten in Richtung Hamburg umgehen konnten. Ihre Dimension ist mit einem Wall und zwei Gräben vollkommen ausreichend für diesen Zweck.

Die Neue Landwehr (1479-1484)

Die Alte Landwehr schützte Lüneburg und verhinderte die Warenumfuhr im Westen und Norden der Stadt (Abb. 1). Noch konnten die Händler aus dem Süden und Westen Lüneburg im Osten umgehen. Um das zu verhindern, aber auch den städtischen Rechtsbezirk im Osten zu markieren, baute Lüneburg die Neue Landwehr. Sie bestand aus einem Wall sowie zwei Gräben und ist mit 14 km die längste im Lüneburger Landwehrsystem. Mit einem Wall- und Grabensystem, Wehrtürmen und Stauteichen sind ganz ähnliche Formenelemente wie bei der Alten Landwehr zu finden.

Der erste Abschnitt der Neuen Landwehr begann etwa 3 km südlich Lüneburgs an der Ilmenau und besteht aus einem Damm- und Teichsystem. Insgesamt fünf Dämme stauten das Wasser der kleinen Dieksbek. In der sandigen Geest scheint der Wasserzufluss sehr gering gewesen zu sein, denn bereits 1575 waren die Teiche nicht mehr gefüllt. Von der Dieksbekquelle nach Norden bis zum Dorf Rullstorf bestand die Landwehr aus einem Wall und zwei Gräben, die allerdings trocken gewesen sein dürften. Kleinere Bäche gibt es in diesem Abschnitt auf der trockenen Geest nicht. An der Geestkante zur Elbeniederung endete die Neue Landwehr im Osterdik, einem ehemals fast 1,5 km² großen Stauteich. Vermutlich zeitgleich baute man vom Turm auf dem Bockhorne nach Nordwesten bis zum Rader Bach die Erbstorfer Landwehr. Damit wurde es Händlern, die bereits den Bockhorn passiert hatten, unmöglich gemacht, nach Norden über Lüdershausen und Artlenburg doch noch den Lüneburger Stapelzwang zu umgehen.

Die Querungen des Landwehrwalles scheinen insgesamt nicht besonders wichtig oder nur schwer zu kontrollieren gewesen zu sein. Während die Schlagbäume der Alten Landwehr in den betreffenden Karten alle genau verzeichnet sind, findet sich in den entsprechenden Darstellungen der Neuen Landwehr kein einziger Hinweis auf Schlagbäume. Allerdings sind zwei Hofstellen überliefert, die an einer Querung lagen. Die einzige, noch heute vorzufindende Furt liegt an der Mündung der Dieksbek in die Ilmenau unterhalb des Staudammes.

Die Neue Landwehr verhinderte das Umfahren Lüneburgs auf den leicht befahrbaren Heideböden im Osten. Gleichzeitig sollte sie die Grenze der städtischen Gerichtsbarkeit markieren, gegen deren enorme Ausdehnung sich die Herzöge alsbald zur Wehr setzten. 1576 einigte man sich auf eine dichter an der Stadt liegende Rezesslandwehr, die allerdings nur noch mit Erdhügeln und Steinen (Schnedehügel) markiert wurde, also im eigentlichen Sinne keine Landwehr darstellte. Die einzigen Türme, der auf dem Bockhorne und der Meinebecker, waren schon bald nicht mehr vorhanden, offenbar war es zu teuer, sie ständig zu besetzen. Um Räubern und Wegelagerern keinen Unterschlupf zu bieten, wurden sie 1575 vollständig abgerissen.

Formenschatz und Inventarisierung

Verfolgt man die Entwicklung der Lüneburger Landwehren bis heute, so endet ihre Bedeutung im 18. Jh. Noch 1722 werden 19 Schlagbäume an den Querungen erwähnt. Nachdem 1797 die Post im Fürstentum durch eine neue Wegeordnung Vorrang erhält, beginnt die Landwehr immer löchriger zu werden und letztlich ihre Bedeutung vollständig zu verlieren. Quellen nennen zuletzt lediglich Konflikte über Holzeinschlag und Holznutzung auf der Landwehr, enthalten aber keine Hinweise im Zusammenhang mit ihrer ursprünglichen Aufgabe. Dabei richtete sich der Blick zunehmend nur noch auf das Wall- und Grabensystem, aber nicht mehr auch auf die dazugehörigen Elemente. Erst die Forschung hat gezeigt, was zu einer Landwehr zu rechnen ist. Theoretisch könnten die folgenden Elemente in der Landschaft vorhanden sein:

- ein Wall- und Grabensystem mit spezieller Bepflanzung (Gebück, Knick, Dornbüsche, keine Bäume), wo immer möglich mit Wasser gefüllt;
- Stauteiche;
- Querungen (Furten) gesichert mit Schlagbäumen, Wasserburgen, Wehrtürmen;
- Krugwirtschaften, landwirtschaftlich genutzte Höfe für die Landwehrknechte;
- Verkehrswege mit Furten, Wegefächern, Fahrdämmen;
- in Lüneburg die reitenden Diener, für deren Witwen ein eigenes städtisches Heim gebaut wurde.

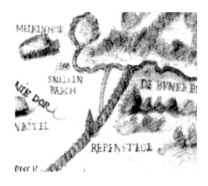

Abb. 4. Karte Daniel Frese von 1575 (StadtA Lüneburg K8A2[k]).

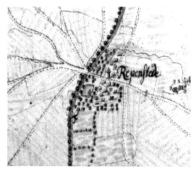

Abb. 5. Karte Isenbarth von 1733 (StadtA Lüneburg K8C17[k]).

Abb. 6. Kurhannoversche Landesaufnahme von 1774.

Im Fall der Lüneburger Landwehr ist die wichtigste Quellengattung für die Inventarisierung die Karte. Ein Kartenvergleich kann mit Quellen von 1575, 1733, 1774 und den aktuellen Topographischen Karten 1:25.000, Blatt 2728, 2729, 2828 sowie 2829, vorgenommen werden.

Die erste kartographische Darstellung nahm Daniel Freese 1575 im Auftrag der Stadt vor (Abb. 4). Der Nachteil seiner Darstellung ist, dass sie nicht maßstäblich ist und die Neue Landwehr im Kartenbild, ganz im Sinne der Stadt, sehr dicht an der Stadt verläuft. Die Stauteichsysteme sind richtig verzeichnet. Die Erbstorfer und Taube Landwehr fehlen vollständig und auch die Landwehrquerungen sind mit einem Turm eher schematisch als detailliert dargestellt.

Sehr viel genauer zeigt die Karte von Isenbarth aus dem Jahre 1733 die Situation (Abb. 5). In Reppenstedt sind sowohl der Landwehrturm, die Eulenburg als auch die Wohngebäude der Landwehrknechte verzeichnet.

Die Kurhannoversche Landesaufnahme (Abb. 6), durchgeführt von Offizieren des Hannoverschen Ingenieurskorps, ist ebenfalls sehr detailreich und im Fall Reppenstedt auch sehr genau. Allerdings wurde von den Militärgeographen das Stauteichsystem nicht zur Landwehr gerechnet, ebenso wie die Taube und Erbstorfer Landwehr darin nicht verzeichnet sind.

Die schlechteste Quellenbasis bietet Blatt 2728 der TK 1:25.000 (Abb. 7). Hier fehlen nicht nur die oben genannten Landwehren, vielmehr sind auch bestehende Abschnitte in Reppenstedt nicht eingezeichnet.

Das Stauteichsystem ist ebenso nicht ersichtlich, obwohl einzelne Dämme im Gelände durchaus vorzufinden sind.

Die Auswertung der vorliegenden Karten zeigt, dass auf die Geländeerhebung nicht verzichtet werden kann. Dabei finden sich weitere Objekte, die physiognomisch dem Landwehrsystem zugerechnet werden können. Letzte Gewissheit über strittige Abschnitte ließe sich nur mittels einer archäologischen Grabung herstellen.

Das Niedersächsische Landesamt für Denkmalpflege (NLD) ist derzeit dabei, die verzeichneten Denkmäler in einer Datenbank zu erfassen. Basis hierfür soll das Programm ADAP sein, das im Intranet für Behörden und als ADAP-Web zukünftig auch für die Öffentlichkeit auszugsweise zugänglich sein wird. Unterstützt wird das Amt vom Niedersächsischen Heimatbund (NHB), der mit dem Projekt „Spurensuche Niedersachsen" versucht hat, flächendeckend Kulturdenkmale zu inventarisieren. Mit eigens entwickelten Meldebögen nehmen freiwillige Melder Kulturdenkmale in ihrer Region auf. Die erhobenen Daten dienen einerseits dem NLD als Hinweise auf eventuell zu schützende Objekte, andererseits als Datenbasis für Gemeinden oder Städte, um diesen die Möglichkeit zu eröffnen, ihre vorhandenen Kulturobjekte zu bewahren, zu entwickeln und zu vermarkten. Ein erstes Pilotprojekt ist mobiDENK, das im Juni 2003 auf dem 71. Tag für Denkmalpflege vorgestellt werden konnte. Auf einem kleinen Rechner in der Größe eines Organizers oder Palms ist die Topographische Karte einer Region abgespeichert. Mit einem GPS-Aufsatz wird dem Benutzer sein aktueller Standort angezeigt. Auf diese Weise kann sich der Besucher einer Region zu einzelnen Kulturgütern leiten lassen und auf dem Rechner auch weitere Informationen dazu erhalten. Eine Grundvoraussetzung für eine derartige regionale Vermarktung von Kulturgütern ist eine flächendeckende Inventarisierung.

Trotz der unzweifelhaft geleisteten Arbeit stecken die skizzierten Vorhaben noch in der Anfangsphase. Hauptursache für das nur langsame Voranschreiten der Projekte ist das Fehlen ausreichender Ressourcen, um beispielsweise die EDV-Programme weiterzuentwickeln, vorhandene Meldebögen einzugeben, die Aufnahme im Gelände voranzutreiben und darüber hinausgehende Kulturlandschaftsforschung zu betreiben. Wie am Beispiel der Lüneburger Landwehr aufgezeigt, kann eine vollständige Inventarisierung nur dann vorgenommen werden, wenn genau bekannt ist, welche einzelnen Elemente dem Gesamtensemble zuzurechnen sind.

Die Gefährdung der Lüneburger Landwehr

Die Zerstörung der Landwehr lässt sich mit zwei Schlagworten umreißen: Großereignisse und schleichende Veränderung. Erste Großereignisse sind beispielsweise die Zunahme der Zahl der Querungen, beginnend 1663 mit einem Weg zum Gut Medingen, 1685 nach Vögelsen und 1690 zum Gut Brockwinkel. Weitere Großereignisse sind die zwischen 1796 und 1897 erfolgten Einebnungen und die Neuanpflanzung von Nadelgehölzen auf der Alten Landwehr. Dadurch wurde die Morphologie und der besondere ökologische Charakter der Landwehr weitgehend zerstört.

Während die Bachableitungen nahezu original erhalten sind, verfielen die Schleusen der Stauteiche, wenn sie nicht weiterhin als Mühlenstau oder Fischteich genutzt wurden. Der Osterteich wurde vollständig trockengelegt und wird als Grünland genutzt. Der Staudamm ist beim Bau des Neetzekanales beseitigt worden, ebenso der Fortsatz zur Neetze. Auch der Rader Bruch ist trockengelegt und wird heute forstwirtschaftlich genutzt. Der letzte Abschnitt der Tauben Landwehr ist vollständig eingeebnet. Hier lässt lediglich der umgeleitete Bach den ehemaligen Verlauf erahnen. Im südlichen Abschnitt der Neuen Landwehr haben Forstwirtschaft und ein Truppenübungsplatz das Stauteichsystem sowie den Landwehrwall zerstört. Auch das Stauteichsystem des Hasenburger Baches ist nur noch rudimentär vorhanden.

Als schleichend lassen sich Veränderungen bezeichnen, die aus schierer Ignoranz oder auch Unkenntnis erfolgen. Beispielsweise sehen Anrainer die Gräben als willkommene Kompoststelle an und der Forstwirtschaft dienen sie zur Deponie von Altholz. Auch Querungen, besonders im Wald, nehmen zu. Teilabschnitte der Landwehr werden als Wander- und Fahrradweg genutzt, wodurch es zu Schädigungen kommt. Besonders betroffen sind Elemente, die bisher nicht zur Landwehr gerechnet werden. Deren

Erforschung ist angesichts mangelnder schriftlicher Quellen wohl restlos nur auf archäologischem Wege zu bewältigen. Bis dies geschehen ist, werden wohl noch weitere unerkannt gebliebene Teile der Landwehr verschwinden.

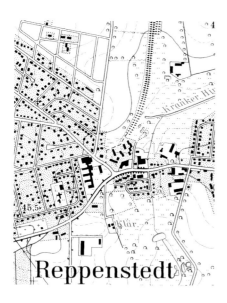

Abb. 7.
Auszug aus der TK 1:25.000, Blatt 2728, 1994.

Resümee

Trotz diverser zerstörter Abschnitte ist die Lüneburger Landwehr in einem relativ guten Zustand, ihr Erhalt wohl eher marginal als im Kern bedroht. Defizite in der Erforschung und Inventarisierung haben dazu geführt, dass Landwehrelemente nicht als solche erkannt und zerstört wurden. Auch wenn dieses Defizit weitgehend behoben ist, sind weitere Abschnitte bedroht. Aktuell sind die geplante Autobahn Lüneburg – Wolfsburg sowie eine Ortsumgehung in Reppenstedt Projekte, die weitere Teile der Landwehr, und damit insbesondere ihren Liniencharakter, zerstören würden. Bedauerlich ist, dass bei beiden Projekten keine Fußgängerquerungen vorgesehen sind, die eine Zerstückelung zwar nicht verhindern, dafür aber den Liniencharakter nachvollziehbar und erlebbar machen würden. Für die gesamte Lüneburger Landwehr ist ein Pflegekonzept dringend erforderlich, dass weitere Beeinträchtigungen in angemessener Weise verhindert.

Literatur

ASSENDORF 1982
J. Assendorf, Die Landwehren der Stadt Lüneburg. In: Berichte zur Denkmalpflege in Niedersachsen 2, 1982, 45-48.

BREBBERMANN 1972
A. Brebbermann, Die Landwehren um Lüneburg (Lüneburg 1972).

VON COHAUSEN 1898
A. von Cohausen, Die Befestigungen der Vorzeit und des Mittelalters (Würzburg 1898).

DEISTING 1990
E. Deisting, Die Buchholzer und die Buxtehude Geest – Zwei Fallbeispiele zur Entwicklung der Kulturlandschaft. In: F. N. Nagel (Hrsg.), Der nordatlantische Raum. Festschrift für Gerhard Oberbeck. Mitteilungen der Geographischen Gesellschaft in Hamburg 80 (Hamburg 1990) 381-411.

HERRMANN 1988
G. Herrmann, Die Kämmereiforsten der Stadt Lüneburg – ein halbes Jahrhundert städtischer Forstgeschichte. In: Jahrbuch des Naturwissenschaftlichen Vereins für das Fürstentum Lüneburg von 1851, 38, 1988, 185-207.

KLOSE 1976
O. Klose (Hrsg.), Handbuch der historischen Stätten Deutschlands I. Schleswig-Holstein und Hamburg (Stuttgart 1976).

KOPPMANN 1894
K. Koppmann, Die Landwehr zwischen Ratzeburg und Müllern See. Hansische Geschichtsblätter III, 1894, 95-105.

LOEWE 1983
G. Loewe, Kreis Herzogtum Lauenburg – Landwehr Ratzeburg-Mölln. In: Nordwestdeutscher und West- und Süddeutscher Verband für Altertumsforschung (Hrsg.), Kreis Herzogtum Lauenburg II. Führer zu Archäologischen Denkmälern in Deutschland 2 (Stuttgart 1983) 87-93.

MIDDELHAUVE 1950
L. Middelhauve, Die Landwehren der Stadt Lüneburg. Lüneburger Blätter 1, 1950, 15-29.

MÜLLER 1975
K. Müller, Die Osnabrücker Landwehr (Osnabrück 1975).

PRETZSCH 1994
K. Pretzsch, Der Leineturm der Einbecker Landwehr. Einbecker Jahrbuch 43, 1994, 59-74.

PRIES 1999
M. Pries, Die Lüneburger Landwehr. In: W. Budesheim/F. N. Nagel/M. Pries (Hrsg.), Zur Kulturgeographie und Industriearchäologie in Norddeutschland – Versorgung, Verteidigung, Verkehr. Beiträge für Wissenschaft und Kultur 4 (Wentorf bei Hamburg 1999) 67-81.

PRIES 2000
M. Pries, Die Lüneburger Landwehr. Eine Exkursion. Hrsg. von der Bezirksregierung Lüneburg Denkmalschutzbehörde und der Lüneburger Wirtschaft und Touristik GmbH (Lüneburg 2000).

PRIES 2001
M. Pries, Die Lüneburger Landwehr als Gegenstand der Kulturlandschaftsforschung. Kulturlandschaft. Zeitschrift für Angewandte Historische Geographie 11, 2001, 22-26.

REINBOLD 1987
M. Reinbold, Die Lüneburger Sate (Hildesheim 1987).

REINECKE 1933
W. Reinecke, Geschichte der Stadt Lüneburg (Lüneburg 1933).

REINHARDT 1982
U. Reinhardt, Mittelalterliche Wehranlagen. In: E. Kühlhorn (Hrsg.), Historisch-Landeskundliche Exkursionskarte von Niedersachsen. Blatt Lüneburg, Erläuterungsheft (Hildesheim 1982) 81-89.

SCHRECKER 1933
G. Schrecker, Das spätmittelalterliche Straßennetz in Holstein und Lauenburg. Zeitschrift der Gesellschaft für Schleswig-Holsteinische Geschichte 61, 1933, 16-109.

TENBERGEN 1999
B. Tenbergen, Mittelalterliche Stadthagen und Landwehren in Westfalen – Entstehung, Verbreitung und Pflege von Biotopen der historischen Kulturlandschaft im städtischen Umfeld. In: Landschaftsverband Westfalen-Lippe (Hrsg.), Alte und neue Kulturlandschaftsbiotope. Praxisbericht zur Planung, Anlage, Nutzung und Pflege unter besonderer Berücksichtigung historischer Aspekte. Schriftenreihe des Westfälischen Amtes für Landes- und Baupflege, Beiträge zur Landespflege 15 (Münster 1999) 31-54.

WEERTH 1955
K. Weerth, Westfälische Landwehren. Westfälische Forschungen 1, 1955, 206-213.

WILBERTZ 1992
O. M. Wilbertz, Stauanlagen als Bestandteil des Landwehrrings um die Stadt Lüneburg. Berichte zur Denkmalpflege in Niedersachsen 12, 1992, 86-90.

Veränderungen der Niederlausitzer Kulturlandschaft unter Einfluss des Braunkohlenbergbaus[1]

Von Dirk Maier und Torsten Meyer

Einleitung

Die im Grenzbereich der heutigen Bundesländer Brandenburg und Sachsen gelegene Niederlausitz präsentiert sich als eine Landschaft ohne auffällige naturräumliche Charakteristika. Dieser Mangel an klar erkennbaren natürlichen Ausprägungen und Grenzen mag dazu geführt haben, dass sich, anders als in Regionen mit sehr typischen landschaftlichen Gestaltformen, das regionale Selbstverständnis der Niederlausitz stärker über seine politische und – ab Beginn des 20. Jh. – v. a. über seine wirtschaftliche Geschichte erklären lässt.[2]

Die Darstellung widmet sich daher schwerpunktmäßig den Wechselbeziehungen zwischen dem Braunkohlenbergbau als „ökonomischer Langstreckenlokomotive"[3] der Region und seinem Anteil an kulturlandschaftlichen Veränderungen. Die realen historischen Entwicklungen werden mit den – häufig von außen herangetragenen – Zuschreibungen an die Niederlausitzer Landschaft konfrontiert. Stark vereinfacht und überspitzt: Es sind die Muster und Vorstellungen, die die Niederlausitz in der Geschichte zunächst vorrangig als industrielle „Produktionslandschaft" und erst seit den letzten Jahrzehnten komplementär hierzu als „Landschaft der Konsumption" erscheinen lassen (BAYERL 2003).

Jahrhundertelang zählte das Markgraftum Niederlausitz zum sächsischen Kurfürstentum bzw. Königreich. Mit einem Flächeninhalt von ca. 7.500-8.000 km² schloss es als solches zwei preußische Enklaven, die Herrschaften Cottbus und Peitz, ein.[4] Die 1815 durch den Wiener Kongress initiierte staatliche Neuordnung Europas führte dazu, dass die Niederlausitz an Preußen fiel, damit Bestandteil des Regierungsbezirkes Frankfurt/Oder wurde. Der Zweite Weltkrieg stellte auch für das Territorium der Niederlausitz eine markante politische Zäsur dar. Auf der Potsdamer Konferenz wurde durch die Alliierten ca. ein Drittel des Gebietes der historischen Niederlausitz, also des sächsischen Markgraftums, der Volksrepublik Polen zugeschlagen. Damit wurde zugleich die historische Einheit der Niederlausitzer Landschaft zerrissen.

Jedoch lässt sich bereits seit den 1920er Jahren noch eine weitere Tendenz in der Neuordnung der Landschaft ausmachen. Zur Bestimmung dessen, was die Niederlausitz genau sei, wurden nun v. a. wirtschaftliche Bezugsgrößen herangezogen. Diese Vorstellungen eines auch unter planerischen Gesichtspunkten einheitlichen Wirtschaftsraumes bezogen sich v. a. auf das im Süden gelegene Niederlausitzer Braunkohlenrevier.

---

[1] Der vorliegende Beitrag ging hervor aus der Mitarbeit im Sonderforschungsbereich 565 „Entwicklung und Bewertung gestörter Kulturlandschaften – Das Fallbeispiel Niederlausitzer Braunkohlenfolgelandschaft", der 2001-04 von der Deutschen Forschungsgemeinschaft (DFG) an der Brandenburgischen Technischen Universität Cottbus (BTU) gefördert wurde. Er präsentiert kurz einige Ergebnisse, die im Rahmen des Teilprojektes D 2 „Nutzung von neugewonnenem Land sowie Industriebrachen" unter der Leitung von Prof. Dr. G. Bayerl, Lehrstuhl für Technikgeschichte, BTU Cottbus, erzielt wurden.
[2] Vgl. die Beiträge in: BAYERL/MAIER 2002.
[3] Vgl. HÜBNER 1995a.
[4] Zur politischen Geschichte vgl. nach wie vor: LEHMANN 1963.

Die wirtschaftlichen und infrastrukturellen Verflechtungen dieses Gebietes, aber bereits auch Fragen der Wiedernutzbarmachung der durch den Bergbau entzogenen Flächen, bildeten den eigentlichen Hintergrund dieser Überlegungen und realer Planungsprozesse. Auch die DDR schrieb mit der Gründung der Bezirke diesen Trend fort. Die Außengrenzen des 1952 neu gebildeten Bezirkes Cottbus wurden vorrangig unter wirtschaftsgeographischen Erwägungen definiert. Auf diese Weise konnten die traditionellen Standorte der südbrandenburgischen und nordsächsischen Braunkohlenreviere und der Braunkohlenindustrie zu einer neuen Verwaltungsstruktur im Rahmen eines Bezirkes zusammengebunden werden.[5] Die Neubildung des Bezirkes war somit auch eine „Absage an die historisch(e) [...] Kulturlandschaft Niederlausitz" (BAYERL im Druck). Nur fünf Jahre später, 1957, erfolgte im Zuge wirtschaftsstrategischer und energiepolitischer Planungen und Entscheidungen der DDR die Deklaration des Bezirkes Cottbus zum „Kohle- und Energiezentrum der DDR". Damit war für einen Teil der Niederlausitz auf Jahrzehnte hinaus eine einseitige Nutzungsperspektive als „Produktionslandschaft" verfestigt worden.

Zugleich waren es die seit den 1920er-Jahren vermehrt zur Umsetzung kommenden Versuche einer Wiedernutzbarmachung der Bergbaugebiete, die der Niederlausitzer Landschaft ein neuartiges Gepräge verleihen sollten. Waren die frühen Bemühungen um Rekultivierung noch stark von Ideen land- und forstwirtschaftlicher Wiederverwertung bestimmt, so erhielten die Entwicklungskonzepte der Niederlausitzer Bergbaufolgelandschaft ab Mitte der 1930er-Jahre und systematisch ab den 1960er-Jahren eine neue Ausrichtung. Neben dem Management der wasserwirtschaftlichen Probleme sollten nun auch verstärkt Erholungsfunktionen in neue Landschaftsnutzungen integriert werden. Mit einer eng mit der „Produktionslandschaft" verzahnten „Landschaft der Konsumption", mit der Planung von Freizeit- und Erholungsgebieten wurde jetzt ein Leitbild generiert, dass noch immer maßgeblich die aktuellen Debatten um ein zukünftiges „Lausitzer Seenland" beeinflusst.

Die Niederlausitz um 1800/50

Um die Wende zum 19. Jh. zeigte sich die Niederlausitz als typische Agrarlandschaft. Zunächst scheint dies wenig erstaunlich, ist doch abgesehen von wenigen, ausgeprägten Gewerberegionen die Agrarlandschaft die bestimmende Landschaftsfiguration dieser Zeit in Deutschland. Auf den zweiten Blick jedoch bedarf die agrarisch dominierte Landschaftsstruktur durchaus einer Erklärung, da die Niederlausitz ein natürliches Potential aufwies, das sie für eine gewerbliche Entwicklung in der Frühen Neuzeit prädestinierte. Noch um 1800, zu einem Zeitpunkt, als sich in anderen deutschen Regionen ein Holzmangel bemerkbar machte, galt die Niederlausitz als dicht bewaldet. Des Weiteren war bekannt, dass sie über nennenswerte Bestände an Raseneisenstein verfügte. Zudem wiesen die vorhandenen Sande eine hohe Qualität auf. Dieses natürliche Potential hätte es durchaus nahe gelegt, dass sich in der Niederlausitz typische vorindustrielle Gewerbe, wie Eisenhüttenwerke und Glashütten, niedergelassen hätten. Doch von wenigen Ausnahmen abgesehen, hier ist v. a. auf das preußische Eisenhüttenwerk Peitz hinzuweisen, fanden sich keine derartigen gewerblichen Landschaftsinseln.[6] Ihr Nichtvorhandensein dürfte auf zwei Ursachen zurückzuführen sein: Zum einen spricht vieles dafür, dass die periphere Lage der Landschaft und das fortwährende Damoklesschwert eines preußisch-sächsischen Krieges aus Sicht der jeweiligen Regenten investive Maßnahmen zumindest stark risikobehaftet erscheinen ließen. Zum anderen hatten sich die Stände der Niederlausitz in der Frühen Neuzeit ein erhebliches politisches Mitspracherecht sichern können. Großteils auf die Agrarwirtschaft fixiert, interessierte sie die Ansiedlung von industriellen Gewerben nur wenig.

Die landschaftliche Dynamik beschränkte sich somit auf die Umgestaltung der Agrarlandschaft, wobei insbesondere die Eingliederung der Niederlausitz in das brandenburgisch-preußische Herrschaftsgebiet (1815) Wirkung zeigte. Mit der schrittweisen, zeitverzögerten Umsetzung der preußischen Agrarreformen in der Region war der für diese Zeit typische Prozess der Flurbereinigung verbunden. Darüber hinaus wirkten sich die staatlich geförderten Meliorationsmaßnahmen auf das Erscheinungsbild der Niederlausitzer Agrarlandschaft aus. Waren diese landschaftsgestaltenden Prozesse Basis des „Endes der Wildnis" (BECK 2003), so forcierte zur Mitte des 19. Jh. v. a. der Eisenbahnbau den landschaftlichen Wandel, da dadurch die Niederlausitz stärker in überregionale Wirtschaftsverflechtungen eingebunden wurde. Wäh-

---

[5] Vgl. KOTSCH 2001, 317.
[6] Zum Hüttenwerk Peitz vgl.: MUSEUMSVERBAND DES LANDES BRANDENBURG E. V. 2001.

rend dieser infrastrukturelle Ausbau u. a. zum Niedergang des Weinbaus, der v. a. im fruchtbaren „Alten Land" bei Guben betrieben wurde, führte, sollte er zugleich eine wichtige Basis der Expansion des ebenfalls zur Mitte des 19. Jh. beginnenden regionalen Braunkohlenbergbaues bilden.

Die Niederlausitz als industrielle „Produktionslandschaft"

Im Süden der Niederlausitz fiel der Startschuss zu einer langfristig wirkenden Neuzuschreibung und -ausrichtung des Raumes, als Mitte des 19. Jh. der Abbau des ersten oberflächennah anstehenden Braunkohlenflözes einsetzte. Insofern es ansässige Gutsbesitzer waren, die in Klein- und Kleinsttagebauen die anstehende Kohle förderten, bildete der beginnende Braunkohlenbergbau das sozio-strukturelle Scharnier zwischen der Agrar- und der Industrielandschaft. Die geförderte Rohbraunkohle fand zunächst ausschließlich als Energieträger in der regionalen Textilindustrie, die sich v. a. in den Städten Cottbus, Forst und Spremberg konzentrierte, und der regionalen Glasindustrie, die sich häufig in der Nähe der Braunkohlengruben ansiedelte, Verwendung (ROCH 2002, 237-269). Um 1870 lösten technisch-ökonomische Entwicklungen erste nachhaltige Wachstumsimpulse aus, mit denen letztlich eine grundlegende Strukturveränderung der regionalen Braunkohlenindustrie verbunden war. Neben der bereits erwähnten infrastrukturellen Erschließung des Raumes spielte v. a. die Erfindung der Brikettpresse eine bedeutsame Rolle, schuf sie doch die Voraussetzungen, den spezifischen Heizwert der Rohbraunkohle zu optimieren sowie die bislang nicht nutzbare Feinkohle ökonomisch zu verwerten und diese v. a. als Brennstoff transportfähig wie auch über größere Entfernungen verhandelbar zu machen.[7]
Die industrielle Infrastruktur und die Brikettierungstechnologie riefen ein überregionales wirtschaftliches Interesse an der Verwertung und Gewinnung der regionalen Ressource hervor. In den Gründerjahren nach 1871 strömte stetig mehr Berliner Kapital in die Region und löste einen industriellen Konzentrationsprozess aus. Die steigende Nachfrage nach Braunkohlenbriketts, deren Herstellung im Niederlausitzer Süden um 1900 in über 60 Brikettfabriken erfolgte, forcierte am Übergang zum 20. Jh. den Abbau in Großtagebauen, der schrittweise mechanisiert wurde. Infolgedessen wies der regionale Braunkohlentagebau bereits vor Beginn des Ersten Weltkrieges industrielle Dimensionen auf (SCHULZ 2000, 88).
Eine Festschreibung der monostrukturellen Landnutzung in der südlichen Niederlausitz, d. h. auch der fortschreitenden industriellen Landschaftsfiguration, erfolgte dann nach der Jahrhundertwende durch die Entstehung des elektrischen Verbundnetzes und den Bau der ersten regionalen Braunkohlenkraftwerke in Trattendorf (1915) und Lauta (1917). Der industrielle Entwicklungspfad verfestigte sich mit dem Ende des Ersten Weltkrieges, als es zu einer weiteren Mechanisierung und räumlichen Ausdehnung des Braunkohlengroßtagebaues kam. Diese Dynamisierung der landschaftsverändernden Prozesse nach dem Ende des Ersten Weltkrieges ist auf die territorialen Verluste des Deutschen Reiches und die Zahlung von Reparationsleistungen in Form rheinischer Steinkohle zurückzuführen (JÜNGST 1933, 4 f.), die der Braunkohle einen erhöhten Stellenwert für die deutsche Volkswirtschaft einräumten. In Folge der „erfolgreichen" ökonomischen Inanspruchnahme des südlichen Raumes wurde die traditionelle politische Definition der Region durch eine wirtschaftsgeographische ersetzt. Die Braunkohlenindustrie entwickelte sich zum Kristallisationspunkt einer neuen Definition der Niederlausitz (SCHNEIDER 1927, 22-78). In der Fremd- und Selbstbeschreibung reduzierte sich die Gesamtlandschaft sukzessive auf ihren südlichen Teil, die Niederlausitz mutierte – fälschlicherweise – zur Braunkohlenindustrielandschaft. Die industrielle und landschaftliche Dynamik setzte sich z. Zt. der nationalsozialistischen Herrschaft fort. Der 1936 verkündete Vierjahresplan hatte u. a. die Erweiterung des Lauta-Werkes und die Errichtung des Treibstoffsynthesewerkes der Braunkohlen-Benzin-AG (BRABAG) in Schwarzheide zu Folge (NERLICH 1959, 212 f.). Zwischen 1932 und 1944 kam es zudem zu einer erheblichen Erhöhung der Braunkohlenförderung von ca. 38 Mill. Tonnen auf ca. 58 Mill. Tonnen (NERLICH 1959, 212 f.).
Eine markante raumordnerische Zäsur brachte das Ende des Zweiten Weltkrieges, fielen doch – wie bereits ausgeführt – mit dem Potsdamer Abkommen die östlich der Oder-Neiße-Linie gelegenen Gebiete an Polen.[8] Die häufig in technisch-ökonomischer Unkenntnis verlaufenden Demontagen in der Sowjetischen

---

[7] Vgl. TREPTOW 1907, 554-562.
[8] Die durch das Potsdamer Abkommen 1945 von den Alliierten festgelegte Grenze wurde 1950 im Görlitzer Vertrag von der DDR anerkannt.

Besatzungszone trafen die Braunkohlenwirtschaft ebenfalls schwer (TREUE 1990, 228 f.),[9] so dass sich der industrielle Transformationsprozess der Landschaft deutlich verlangsamte. Zu einem Abbruch jedoch kam es nicht, da bereits 1947 ein ökonomischer Paradigmenwechsel eintrat, der u. a. die Braunkohlenindustrie als besonders förderungswürdigen Schwerpunktzweig auswies (ROESLER u. a. 1986, 40). Die wirtschaftspolitische Entscheidung der sowjetischen Besatzungsmacht verfestigte erneut die bestehenden industriellen Strukturen der Region. Als 1952 der ausschließlich unter wirtschaftsgeographischen Erwägungen gegründete Bezirk Cottbus entstand, erhielten diese auch einen administrativen Rahmen (KOTSCH 2001, 61), wurden doch dem Bezirk Cottbus die Kreise Hoyerswerda und Liebenwerda wie Teile der Kreise Niesky, Schweinitz und Torgau zugeschlagen. Diese an den industriell geformten Süden der Niederlausitz angrenzenden Räume zählten bereits seit den 1920er-Jahren zum sogenannten Niederlausitzer Industriebezirk. Insofern erscheint ihre Integration in den Bezirk Cottbus ebenso folgerichtig, wie dessen vorstehend bereits angeführte Ausweisung zum „Kohle- und Energiezentrum" der DDR im Jahre 1957. Diese Funktionszuschreibung an die Niederlausitzer Landschaft erklärt sich daraus, dass hier 60 % der verwertbaren Kohlevorkommen der DDR lagerten.[10]

Allerdings stellte diese raumgreifende, offizielle Neudefinition der Landschaft nur noch einen formalen Akt dar,[11] da nach einer Reihe programmatischer Beschlüsse der DDR-Regierung schon seit Beginn der 1950er-Jahren ein massiver Ausbau der regionalen Braunkohlenindustrie erfolgte. So war zwischen 1952 und 1957 die erste Braunkohlenkokerei der Welt in Lauchhammer entstanden und 1955 hatte der Bau des Kohleveredlungskombinates Schwarze Pumpe in der Nähe von Spremberg begonnen. Die 1950/60er-Jahre sahen eine räumliche Expansion der regionalen Braunkohlengewinnung, die von Süden aus immer mehr in noch nicht industriell erschlossene Landschaftsräume der Mitte und des Nordens des Bezirkes Cottbus ausgriff. Aufgrund sich verschlechternder natürlicher Abbauverhältnisse der Kohle wurde die Entwicklung und der Einsatz von Tagebaugroßtechnologie forciert. Nur auf diese Weise konnten die planseitigen Förderkennzahlen realisiert werden.[12] Damit einher ging allerdings eine Verdreifachung der Abraummenge. Das räumliche Wachstum der industriellen Tagebaulandschaft war an die dynamische Entwicklung der Energieproduktion gekoppelt, die die Struktur der Niederlausitzer Braunkohlenwirtschaft grundsätzlich transformierte. Die einst dominante Brikettierung sank „zu Gunsten eines stärkeren Rohkohleeinsatzes für die komplexe Kohleveredelung bzw. Elektroenergieerzeugung von rund 80 % auf nahezu 50 % ab" (NERLICH 1959, 219). Das Niederlausitzer Braunkohlenrevier wurde in den 1970/80er-Jahren v. a. auch deshalb zum „überragenden [...] Elektroenergie-Überschußgebiet der DDR" (NERLICH 1959, 224), da die damalige UdSSR im Zuge der Erdölkrisen von 1973 und 1979 ihre Erdöllieferungen in die Staaten des Rates für gegenseitige Wirtschaftshilfe (RGW) drastisch verteuerte. „Die reduzierten sowjetischen Erdölimporte führten zur ‚Heizölablösung'. Von 1980 bis 1985 verringerte sich der Heizölverbrauch in der DDR von 6,7 auf 1,9 Mill. Tonnen. Das fehlende Heizöl wurde durch die (Wieder-)Umrüstung von Kraftwerken und Haushalten auf die einheimische Braunkohle ersetzt, deren Produktion ohne Rücksicht auf Erschließungskosten von 258 Mill. Tonnen 1980 auf 312 Mill. Tonnen 1985 gesteigert werden mußte" (ROESLER 1998, 10).[13]

Es bedarf kaum einer besonderen Betonung, dass die erneute Expansion des regionalen Braunkohlenbergbaues ökologisch desaströse Konsequenzen zeitigte. Die Rekultivierung der Bergbaufolgelandschaft hielt nicht mehr mit dem bergbaulichen Flächenverbrauch stand, die Zahl der Orts- und Teilortsabbrüche nahm massiv zu (FÖRSTER 1995). In Zahlen ausgedrückt, heißt dies, dass die bergbaulich beanspruchte Fläche in den 1980er-Jahren auf 16 % des Gesamtfläche des Bezirkes stieg (Abb. 1)[14], der bergbaubedingte Grundwassersenkungstrichter bis zur Wende 1989/90 auf rund 2.100 km² wuchs, was rund 34 % der Bezirksfläche entsprach, und sich das wasserwirtschaftliche Defizit auf ca. 9 Mrd. m³ belief.

Die ökologischen und hygienischen Folgen der industriellen Wasser- und Luftverschmutzung des Bezirkes konnten angesichts fehlender Finanzmittel nicht wie beabsichtigt in Grenzen gehalten werden. Trotz rückläufiger Emissionswerte ab 1976 war Cottbus der am stärksten von Staubbelastungen betroffene Be-

---

[9] Vgl., wenn auch aus ideologischen Gründen verharmlosend: JUNGE 1978, 6 f.
[10] Vgl. zur Bedeutung des Bezirkes aus energiewirtschaftlicher Sicht die zeitgenössische Publikation von: BILKENROTH 1956.
[11] Vgl. KRETSCHMER 2003, 99-106; 100 ff.
[12] Vgl. NERLICH 1959, 224.
[13] Vgl. auch: SCHWÄRZEL 1999, 76.
[14] Vgl. PREISSEL 1982, 22-32.

zirk der DDR. Am signifikantesten trat die monostrukturelle Funktionszuweisung der Niederlausitz als industrielle „Produktionslandschaft" in der Ausweisung von Bergbauschutzgebieten hervor; 1989 betraf dies über 20 % des Bezirkes. In diesem Zusammenhang darf Folgendes nicht vergessen werden: Trotz aller Zuschreibungen wie auch Selbstbeschreibungen der Niederlausitz und trotz der räumlichen Expansion des Braunkohlenbergbaues blieb der Raum zu über 80 % eine agrarisch geprägte Landschaft, seit 1949 v. a. sozialistischen Typs.

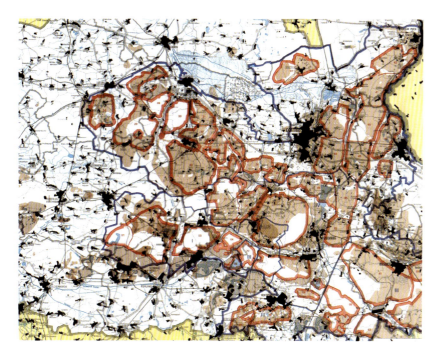

Abb. 1.
Bergbauschutzgebiete im Bezirk Cottbus, Stand 1986 (Bezirkskarte Cottbus, Bergbauschutzgebiete Braunkohle; Bestand BTU Cottbus, Lehrstuhl Technikgeschichte).

Die Niederlausitz als industrielle „Landschaft der Konsumption"

Formte der industrialisierte Braunkohlenbergbau den Raum zu einer industriellen „Produktionslandschaft", so verstärkte zudem die Ausweisung als „Kohle- und Energiezentrum" diese Raumaneignung. Zugleich wurde der industriell transformierte Süden der Niederlausitz seit den 1960er-Jahren zum Exerzierfeld der bezirklichen Territorialplanung. Er gewann die planerische Qualität eines transitorischen Raumes, in dem aus der industriellen „Produktionslandschaft" die industrielle „Landschaft der Konsumption" hervorgehen sollte.

Die bergbaulichen Kippen- und Haldenlandschaften – ebenso auch die Grundwasserabsenkung, Wasserverschmutzung und Luftverunreinigung – waren bereits Mitte der 1920er-Jahren in den Fokus kommunalpolitisch und heimatschützerisch motivierter Kritik geraten. Mit der Gründung der „Planungsgemeinschaft Niederlausitz" (1925), der vom „Niederlausitzer Bergbauverein" getragenen „Kippenkommission" (1928) und der preußischen-ministeriellen Richtlinie zur Wiederurbarmachung von Tagebauen (1932) schlug sich diese Kritik institutionell nieder. Für den praktischen Umgang mit den landschaftlich sichtbaren Hinterlassenschaften des industrialisierten Braunkohlentagebaus blieben die institutionellen Erfolge allerdings eher folgenlos. Ursächlich hierfür scheint zum einen, dass die Bergbaubetreiber die Arbeiten der „Planungsgemeinschaft Niederlausitz" in ihrem Interesse dominierten, zum anderen, dass die ministerielle Richtlinie kaum konkreten und verpflichtenden Charakter besaß. Hinzu trat drittens, dass der in der Niederlausitz vorherrschende Grundeigentümerbergbau mit keinen privatrechtlichen Vereinbarungen zur Wiederurbarmachung der Bergbaufolgelandschaften verbunden war. Das flächenmäßige Scheitern der Rekultivierung offenbarte die zu Beginn der 1950er-Jahre durchgeführte „Landschaftsdiagnose der DDR", in der es hieß: „Sehr bedeutende Flächen des vom Niederlausitzer Bergbau beanspruchten Geländes sind heute fast oder gänzlich vegetationslos, Wüsten oder Halbwüsten vergleichbar. Die Ursache für den Mangel an Begrünung ist in vielen Fällen die Vegetationsfeindlichkeit des Bodens. Es handelt sich um Erdmassen, die in der Nähe der Kohlenflöze gelagert waren und daher von Stoffen mit pflanzentötender Wirkung, wie Alaun und Schwefelkies, stark durchsetzt sind" (LINGNER/CARL 1957, 112).

Trotz dieser kritischen Töne ist darauf zu verweisen, dass dem Scheitern der flächenmäßigen Transformation der Braunkohlenindustrielandschaft eine partiell erfolgreiche forstliche Rekultivierung entgegenstand. In dieser seit dem Übergang zum 20. Jh. von einigen Braunkohlenunternehmen kleinflächig betriebenen „Landschaftswiederherstellung" verschmelzen ökonomische Überlegungen mit natürlichen Gegebenheiten. Aufgrund der nur geringen Humusschicht, so lautete die wirtschaftlich inspirierte Argumentation der Bergbaubetreiber, war eine landwirtschaftliche Wiederurbarmachung der Braunkohlenfolgelandschaft ausgeschlossen. Seitens der Bergbauunternehmen wurde daher betont, dass durch eine Strategie der forstlichen Rekultivierung die Möglichkeit bestände, dass sich langfristig eine Humusschicht bildete, die der landwirtschaftlichen Nachnutzung adäquat wäre. Es waren mithin ökonomische Interessen, die die Flächennachnutzungskonzeption dominierten. Aus der Bergbaulandschaft sollte wieder eine „Landschaft der agrarischen Produktion" hervorgehen. Erst seit Beginn der 1930er-Jahre lässt sich ein neues Konzept der Bergbaufolgelandschaft entdecken, das ihren Erholungswert betonte. An derartige erste Überlegungen schloss die Territorialplanung des Bezirkes Cottbus an. Anknüpfen konnte sie aber auch an die in den 1950er-Jahren erzielten Ergebnisse der bodenkundlichen und limnologischen Grundlagenforschungen.[15] Aufgrund dieser begann Ende der 1950er-Jahre eine prospektive Planung für die bezirkliche Braunkohlenfolgelandschaft, die zunächst das Gebiet der auslaufenden Tagebaue des südlichen Kernreviers als sozialistische „Landschaft der Konsumption" auswies. Namentliches und herausragendes Beispiel ist hier das Erholungsgebiet Senftenberger See, das zwischen 1967 und 1973 aus dem 1940 aufgeschlossenen Tagebau Niemtsch hervorging.

Konstitutiv für derartige Planungen der Bergbaufolgelandschaft war die Zuschreibung der Mehrfachnutzung an die postbergbauliche Landschaft; neben dem Erholungsaspekt dominierten v. a. wasserwirtschaftliche Belange, aber auch traditionelle Überlegungen der agrarischen und forstlichen Neunutzung. Wenn auch die Planung und die Realisierung des Vorzeigeprojektes Erholungsgebiet Senftenberger See mit partiellen Misserfolgen behaftet war, spiegelt es dennoch sinnfällig einen regional übergreifenden Paradigmenwechsel im Umgang mit den postbergbaulichen Landschaften wider, der sich in den 1950er-Jahren nicht nur im Niederlausitzer Revier, sondern auch in den westdeutschen Braunkohlenrevieren niederschlug (DREBENSTEDT 2001, 103).[16] Neben diesem systemübergreifenden Bezug ist allerdings darauf aufmerksam zu machen, dass die planerische Ausweisung der Bergbaufolgelandschaft im damaligen Kerngebiet des Reviers mit einer Zäsur in der Wirtschafts- und Sozialpolitik der DDR sowie der demographischen Entwicklungen in der Region verbunden war.

Mit der Verkündung des „Neuen Ökonomischen Systems der Planung und Leitung" (NÖS) reagierte die Führung der DDR einerseits auf das Scheitern bisheriger zentraler Planungskonzepte und andererseits auf die seit spätestens 1960 absehbaren wirtschaftlichen Krisensymptome.[17] Das „Neue Ökonomische System" hatte zur Folge, dass dem Konsum mehr Beachtung gezollt wurde, dass zumindest in ideologischer Hinsicht Produktion und Konsum eine neue Synthese eingingen. Mit der Einrichtung von Büros für Territorialplanung (BfT) in den Bezirken der DDR fand das verstärkt auf dezentrale Steuerung orientierende NÖS seine für die Landschaftsentwicklung relevante institutionelle Entsprechung (KOTSCH 2001, 486).[18] Die herausragende Bedeutung der Erholungsplanung im Bezirk Cottbus lässt sich auch am vergleichsweise überdurchschnittlich hohen Anteil von Landschaftsarchitekten im Cottbuser BfT ablesen.[19] Die Bezirksentwicklungsplanungen sahen vor, jenseits der stark vom Bergbau überformten „Produktionslandschaften" neue modellhafte „Landschaften der Konsumption" (BAYERL 2003), d. h. speziell auf Erholungszwecke abgestimmte Landschaften zu planen und zu gestalten. Diese im DDR-Vergleich einzigartige planerische Ausrichtung ist durch regionale demographische Prozesse begründet, die eine grundlegende Veränderung des proletarischen Sozialmilieus bewirkten. Kamen bis in die 1950er-Jahre hinein die Industriearbeiter aus den ländlichen Gegenden der Region, wobei sie Haus und Hof häufig weiter bewirtschafteten und auf diese Weise mit der Landschaft verwurzelt blieben, so zogen seit Mitte der 1950er-Jahre Fremden zu, „viele mit Großstadterfahrungen, spezifischen Erwartungsmustern und in Aufbruchstim-

---

[15] Zu den Ergebnisse vgl.: INSTITUT FÜR MELIORATIONSWESEN 1963.
[16] Vgl. auch: VON PETZ 1995, 40 ff.
[17] Vgl. STARITZ 1996, 210 ff.
[18] Vgl. zur Geschichte der Planung in der DDR: BEHRENS 1997.
[19] Vgl. BERNHARDT 2002, 317 ff.

mung" (KNOTH 1995, 84)[20] – sowie ohne landschaftliche Bindung. Diejenigen von den Zugezogenen, die blieben, siedelten zumeist in den neugebauten Massenquartieren, z. B. in Hoyerswerda. „Von Beginn an prägte dieses neue ‚moderne' Arbeitermilieu die spezifisch städtische Sehnsucht nach Erholung und Entspannung im Grünen – trotz der Bemühungen von Architekten und Grünplanern, die neuen Wohnstätten lockerer, bunter und grüner als bislang üblich zu gestalten. In den 1960er und 1970er Jahren entstanden deshalb unweit von Senftenberg und Hoyerswerda größere Erholungsgebiete als sogenannte Bergbaufolgelandschaften, wie der Knappensee oder das Senftenberger Seengebiet." (KNOTH 1995, 84)[21] (Abb. 2).

Abb. 2.
Höhenschaubild auf das Speichersystem Senftenberg, projektierter Zustand 2010 (Zeichnung: Otto Rindt, 1965 [aus: KULTURLANDSCHAFT NIEDERLAUSITZ E. V. 1993 Leporello zwischen S. 44 u. 51]).

Betrachtet man rückblickend die Entwicklung der in der DDR projektierten „Landschaften der Konsumption", so werden durchaus unterschiedliche und sich überlagernde Deutungsmuster sichtbar. Neben der realen Naherholungsfunktion und ihrer ideologischen Einbettung in wirtschaftsstrategische und soziale Planungen hatten die neuen Modelllandschaften einen hohen legitimatorischen Stellenwert. Dem fortschreitenden Flächenverbrauch und der Landschaftszerstörung durch den Braunkohlenbergbau wurden durchkonzipierte, mit innovativen Ansätzen ausgestattete und im DDR-Maßstab qualitativ höherwertige Erholungsgebiete als potentielle Bergbaufolgelandschaften gegenübergestellt. Ergo: Bergbau macht die Landschaft erst schön und nirgends wird der doppelte Nutzen der Bodenbewegung – d. h. die planerische Vorgabe, dass das, was an einer Stelle aufgrund ökonomischer Überlegungen entnommen wird, an einer anderen seinen landschaftlich-ästhetischen Zweck erfüllen soll –[22] so gut sichtbar wie am Senftenberger See. Bisher nicht erwähnt wurde allerdings, dass angesichts der stetigen Produktionssteigerungen ab Mitte der 1970er-Jahre die Serienreife des Prototyps der Erholungslandschaft in unbestimmte Ferne gerückt war. So gesehen blieb das Modell in der DDR ein Muster ohne Wert.

Schluss

Wenn auch die Planung und Realisierung des Senftenberger Seengebietes in den letzten beiden Jahrzehnten der DDR keinerlei praktische Nachwirkungen zeigte, überdauerte die Orientierung auf ein zukünftiges Senftenberger Seengebiet, die schließlich nach 1990 zum Leitbild des „Lausitzer Seenlandes" gerierte. Damit rückten die eigentlichen Hinterlassenschaften des Bergbaus, die riesigen aufgelassenen Tagebaue etc., zunehmend aus dem Blickfeld der Planungen. Mit dieser eindimensionalen Planung der Bergbaufolgelandschaften gerieten landschaftsgeschichtliche Spezifika der Region zunehmend aus dem öffentlichen

---

[20] Vgl. auch: HÜBNER 1995b, 57 ff.
[21] Vgl. auch: HÜBNER 1995b, 57 ff.
[22] Vgl. RINDT 1969; RINDT 1975.

Bewusstsein. Abschließend seien daher einige spezifische Fragen und Probleme aufgeworfen, die mit der nachhaltigen landschaftlichen Überformung des regionalen Tagebaues verbunden sind:

1. Aktuell wird kaum noch zur Kenntnis genommen, dass die landschaftliche und gesellschaftliche Dynamik auch die „gefrorene Landschaft" hervorbrachte; jene Teile der Niederlausitz, die unter Bergbauschutz standen und so häufig konserviert wurden. Zu fragen wäre, ob dieses „Gefrorene" eine Chance für eine nachhaltige Landschaftsentwicklung bietet.
2. Unbestritten ist die zentrale Frage diejenige nach dem Umgang mit den Tagebaurestlöchern. Wenn anthropogene Veränderungen unter bestimmten Prämissen als Kulturlandschaftselement aufzufassen sind, gilt dies nach Ansicht der Verfasser auch für die Tagebaurestlöcher. Doch selbst wenn es gewollt wäre, ein Restloch zu erhalten, bedürfte es hierzu eines komplexen technischen Regelwerkes, sowohl aus wasserwirtschaftlicher Sicht wie auch hinsichtlich der Probleme des Bergrechtes. Allerdings mangelt es, so will es scheinen, in großen Teilen der Bevölkerung an der notwendigen Akzeptanz der Restlöcher, die die Basis einer gesellschaftlichen Diskussion jenseits aktueller Planungshorizonte bilden würde. Jedoch geht es in diesem Kontext um mehr als nur um eine regionale Perspektive. Vielmehr böte sich hier die Chance, intensiver darüber nachzudenken, wie generell mit Kulturlandschaftselementen des Industriezeitalters umzugehen ist und wie sie zu bewerten sind.
3. Vielfach wurde und wird auf die Bedeutung der kulturlandschaftlichen Entwicklung für die regionale Identität verwiesen. Wenn dieser Nexus existiert, stellt sich ein weiteres Problem: Was bedeutet es, wenn die Tagebaurestlöcher allesamt geflutet werden, wenn es keine historische Referenz mehr gibt? Eng hiermit verknüpft ist das Dilemma, dass die Seen einer Enthistorisierung der Landschaft Vorschub leisten.

Literatur

AUTORENKOLLEKTIV 1966
Autorenkollektiv, Territorialplanung im neuen ökonomischen System (Berlin 1966).

AUTORENKOLLEKTIV 1980
Autorenkollektiv, Territorialplanung^2 (Berlin 1980).

BAYERL 2003
G. Bayerl, Nutzungswandel in historischer Perspektive. Unveröffentl. Manuskript Cottbus (2003).

BAYERL im Druck
G. Bayerl, Die Niederlausitz. Industrialisierung und De-Industrialisierung einer Kulturlandschaft. In: Blätter für Technikgeschichte 65, 2004.

BAYERL/MAIER 2002
G. Bayerl/D. Maier (Hrsg.), Die Niederlausitz vom 18. Jahrhundert bis zur Gegenwart. Eine gestörte Kulturlandschaft? Cottbuser Studien zur Geschichte von Technik, Arbeit und Umwelt 19 (Münster, New York, München, Berlin 2002).

BECK 2003
R. Beck, Ebersberg oder das Ende der Wildnis. Eine Landschaftsgeschichte (München 2003).

BEHRENS 1997
H. Behrens, Von der Landesplanung zur Territorialplanung. Zur Entwicklung der räumlichen Planung in der SBZ/DDR von 1945 bis Anfang der 60er Jahre. Forum Wissenschaft, Studien 41 (Marburg 1997).

BERKNER 1996
A. Berkner, Aspekte der Braunkohlenplanung nach 1945 und ihr geschichtlicher Hintergrund. In: K.-P. Meinicke/W. Ebersbach (Hrsg.), Bergbau- und Umweltgeschichte in Mitteldeutschland. Sammelband zum

Kolloquium an der Martin-Luther-Universität Halle-Wittenberg am 7. März 1996. Unveröffentl. Manuskript Halle a. d. Saale (1996) 37-56.

BERNHARDT 2002
C. Bernhardt, Von der „Mondlandschaft" zur sozialistischen „Erholungslandschaft"? Die Niederlausitz als Exerzierfeld der Regionalplanung in der DDR-Zeit. In: G. Bayerl/D. Maier (Hrsg.), Die Niederlausitz vom 18. Jahrhundert bis zur Gegenwart. Eine gestörte Kulturlandschaft? Cottbuser Studien zur Geschichte von Technik, Arbeit und Umwelt 19 (Münster, New York, München, Berlin 2002) 301-323.

BILKENROTH 1956
G. Bilkenroth, Braunkohlenenergie und Braunkohlenveredlung. Eine perspektivische Studie für die Energieplanung und Braunkohlenverwendung in der Deutschen Demokratischen Republik. Freiberger Forschungshefte A 61 (Berlin 1956).

DREBENSTEDT 2001
C. Drebenstedt, Bergbau und Umweltschutz – Zur Entwicklung der Wiedernutzbarmachung und Rekultivierung in der deutschen Braunkohlenindustrie. In: Magistrat der Stadt Borken (Hrsg.), 4. Montanhistorisches Kolloquium. Zur Geschichte des Braunkohlebergbaus. Mensch – Natur – Technik (Borken 2001), 93-115.

FÖRSTER 1995
F. Förster, Verschwundene Dörfer. Die Ortsabbrüche des Lausitzer Braunkohlenreviers bis 1993. Schriften des Sorbischen Instituts 8 (Bautzen 1995).

HARTMANN 1941
H. Hartmann, Weltmacht Kohle (Stuttgart 1941).

HOFFMANN 1935
A. Hoffmann, Die Braunkohlenvorräte des Deutschen Reiches. Archiv für Lagerstättenforschung 61 (Berlin 1935).

HÜBNER 1995a
P. Hübner (Hrsg.), Niederlausitzer Industriearbeiter 1935 bis 1970. Studien zur Sozialgeschichte. Zeithistorische Studien 7 (Berlin 1995).

HÜBNER 1995b
P. Hübner, Arbeiter und sozialer Wandel im Niederlausitzer Braunkohlenrevier von den dreißiger Jahren bis zur Mitte der sechziger Jahre. In: P. Hübner (Hrsg.), Niederlausitzer Industriearbeiter 1935 bis 1970. Studien zur Sozialgeschichte. Zeithistorische Studien 7 (Berlin 1995) 23-59.

INSTITUT FÜR MELIORATIONSWESEN 1963
Institut für Meliorationswesen des Landwirtschaftsrates beim Ministerrat der Deutschen Demokratischen Republik (Hrsg.), Empfehlungen für die Rekultivierung von Kulturbodenkippen des Braunkohlenbergbaues. Wissenschaftlich-technische Informationen für das Meliorationswesen, 1. Sonderheft ([o.O.] 1963).

JUNGE 1978
S. Junge, Nationalpreisträger kam aus Sedlitz. In: Arbeitsgruppe Betriebsgeschichte des VEB BKK Senftenberg (Bearb.), 10 Jahre VEB Braunkohlenkombinat Senftenberg. Betrieb der Sozialistischen Arbeit ([o.O.] 1978) 6 f.

JÜNGST 1933
E. Jüngst, Das Vordringen der Braunkohle im deutschen Wirtschaftsleben (Essen 1933).

KOTSCH 2001
D. Kotsch, Das Land Brandenburg zwischen Auflösung und Wiederbegründung. Politik, Wirtschaft und soziale Verhältnisse in den Bezirken Potsdam, Frankfurt (Oder) und Cottbus in der DDR (1952 bis 1990). Bibliothek der Brandenburgischen und Preußischen Geschichte 8 (Berlin 2001).

KNOTH 1995
N. Knoth, Landschaft auf Kohle. Sozialhistorische Perspektiven des Umweltproblems am Beispiel des Kreises Spremberg. In: P. Hübner (Hrsg.), Niederlausitzer Industriearbeiter 1935 bis 1970. Studien zur Sozialgeschichte. Zeithistorische Studien 7 (Berlin 1995) 61-93.

KRETSCHMER 2003
K. Kretschmer, Zur Periodisierung der Geschichte der Braunkohleindustrie der DDR. In: Magistrat der Stadt Borken (Hrsg.), 5. Montanhistorisches Kolloquium. Braunkohle und Industrialisierung (Borken 2003) 99-106.

KULTURLANDSCHAFT NIEDERLAUSITZ E. V. 1993
Kulturlandschaft Niederlausitz e. V. (Hrsg.), Otto Rindt. Sechs Jahrzehnte Wirken für die Landschaft (Cottbus 1993).

LEHMANN 1963
R. Lehmann, Geschichte der Niederlausitz. Veröffentlichungen der Berliner Historischen Kommission beim Friedrich-Meinecke-Institut der Freien Universität Berlin 5 (Berlin 1963).

LINGNER/CARL 1957
R. Lingner/F. E. Carl, Landschaftsdiagnose der DDR. Schriftenreihe des Forschungsinstitutes für Gebiets-, Stadt- und Dorfplanung (Berlin 1957).

MÜLLER 1935
J. Müller, Die Umwandlung der Niederlausitzer Kulturlandschaft seit 1850. Beihefte zu den Mitteilungen des sächsisch-thüringischen Vereins für Erdkunde zu Halle an der Saale 4 (Halle/Saale 1935).

MUSEUMSVERBAND DES LANDES BRANDENBURG E. V. 2001
Museumsverband des Landes Brandenburg e. V. (Hrsg.), Ortstermine. Das Hüttenwerk Peitz – Aufstieg und Niedergang eines Industriestandortes (Berlin 2001).

NERLICH 1959
H. Nerlich, Ökonomisch-geographische Aspekte der Entwicklung des Bezirkes Cottbus zum führenden Braunkohlen- und Energiezentrum der DDR. Wissenschaftliche Abhandlungen der Geographischen Gesellschaft der DDR 10, 1959, 209-235.

VON PETZ 1995
U. von Petz, Vom Siedlungsverband Ruhrkohlenbezirk zum Kommunalverband Ruhrgebiet: 75 Jahre Landesplanung und Regionalpolitik im Revier. In: Kommunalverband Ruhrgebiet (Hrsg.), Kommunalverband – Ruhrgebiet. Wege, Spuren. Festschrift zum 75jährigen Bestehen des Kommunalverbandes Ruhrgebiet (Essen 1995) 7-68.

PREISSEL 1982
H. Preissel, Die Auswirkungen der Kohle- und Energiewirtschaft auf die wasserwirtschaftlichen Verhältnisse im Bezirk Cottbus. In: Geographische Gesellschaft der DDR (Hrsg.), Der Bezirk Cottbus. Beiträge zur Kohle- und Energiewirtschaft. Exkursionsführer der IX. Wissenschaftlichen Arbeitstagung des Fachverbandes der Schulgeographen „Energiewirtschaft im Geographieunterricht der sozialistischen Schule der DDR" 10.-13. Mai 1982 in Cottbus ([o.O.] 1982) 22-32.

RINDT 1969
O. Rindt, Doppelter Nutzen durch gelenkte Bodenbewegung (Cottbus 1969).

RINDT 1975
O. Rindt, Rationelle Umweltgestaltung durch gelenkte Bodenbewegung. Zu den Empfehlungen des Bundes der Architekten der DDR zur sozialistischen Umweltgestaltung. Architektur der DDR 24, 1975, 692-694.

ROCH 2002
M. Roch, Landschaft und Gewerbe: Die Niederlausitzer Glashütten. In: G. Bayerl/D. Maier (Hrsg.), Die Niederlausitz vom 18. Jahrhundert bis zur Gegenwart. Eine gestörte Kulturlandschaft? Cottbuser Studien zur Geschichte von Technik, Arbeit und Umwelt 19 (Münster, New York, München, Berlin 2002) 237-269.

ROESLER 1998
J. Roesler, Wirtschaftspolitik der DDR – Autarkie versus internationale Arbeitsteilung. Dresdner Beiträge zur Geschichte der Technikwissenschaften 25, 1998, 2-14.

ROESLER u. a. 1986
J. Roesler/V. Siedt/M. Elle, Wirtschaftswachstum in der Industrie der DDR 1945-1970. Forschungen zur Wirtschaftsgeschichte 23 (Berlin 1986).

SCHNEIDER 1927
F. Schneider, Industrie und Handel der Niederlausitz 1852-1927. In: Industrie- und Handelskammer (Hrsg.), 1852-1927. Fünfundsiebzig Jahre Wirtschaftsentwicklung und amtliche Vertretung von Industrie und Handel in der Niederlausitz (Cottbus 1927) 22-78.

SCHULZ 2000
F. Schulz, Drei Jahrhunderte Lausitzer Braunkohlenbergbau (Bautzen 2000).

SCHWÄRZEL 1999
R. Schwärzel, Produktionswachstum und Energieverbrauch in der Industrie der DDR in den 60er und 70er Jahren. Hefte zur Wirtschaftsgeschichte 1, 1999, 74-82.

STARITZ 1996
D. Staritz, Geschichte der DDR. Erw. Neuausg. (Frankfurt a. M. 1996).

TREPTOW 1907
E. Treptow, Grundzüge der Bergbaukunde einschließlich Aufbereitung und Brikettierung[4] (Wien, Leipzig 1907).

TREUE 1990
W. Treue, Die Ilse Bergbau-Actiengesellschaft 1888-1951 (1970) in der Niederlausitz, in Hessen und in Bayern. Jahrbuch für die Geschichte Mittel- und Ostdeutschlands 39, 1990, 221-246.

Kurzbeiträge

Projekt Siedlung – Kultur – Landschaft.
Auf dem Weg zu einem kulturlandschaftlichen Leitbild für den Münchner Norden

Von Alexander Erb und Moritz Warth

Das Projekt „Siedlung – Kultur – Landschaft"[1] ist auf Initiative des Planungsverbandes Äußerer Wirtschaftsraum München[2] hin entstanden und wird von wissenschaftlicher Seite vom Institut für Wirtschaftsgeographie der Ludwig-Maximilians-Universität München unter Leitung von Prof. Dr. Hubert Job betreut. Zusätzlich erhält das Projektteam Unterstützung durch einen freien Landschaftsarchitekten, der für die kartographische Umsetzung in der Arbeitsgruppe verantwortlich zeichnet. Auslöser des Projekts ist die in München stattfindende Bundesgartenschau (BUGA) 2005, auf der einem großen Publikum Teilaspekte der Ergebnisse vorgestellt werden.

In der Agglomeration München haben die Siedlungsentwicklung, der wirtschaftliche Aufschwung der letzten 60 Jahre sowie bestimmte geographische Voraussetzungen (die glazialen Seen, ein großer Waldreichtum, ein abwechslungsreiches Relief) dazu geführt, dass der Süden wesentlich stärker als Erholungsraum genutzt wird und damit landläufig auch ein besseres Image besitzt als der Norden, welcher mit Verkehrslinien sowie Infrastruktur- und Entsorgungseinrichtungen (Kläranlage, Müllberg) besetzt ist. Problematisch ist, dass durch die zunehmende Geschwindigkeit der Fortbewegung die wahrnehmbare Kulturlandschaft sich v. a. in Gestalt einer Mobilitäts- und Infrastrukturlandschaft darstellt. Hingewiesen sei in diesem Zusammenhang auf die dynamische Siedlungsentwicklung, den Flughafen München II sowie den Ausbau der Autobahn A9. Die Verankerung der Schützenswürdigkeit und Besonderheit der Kulturlandschaft in den Köpfen der Bürger wird hierdurch erheblich erschwert. Durch die Verlagerung des Flughafens München II ins Erdinger Moos und die Ausweisung im Landesentwicklungsplan (LEP) II als Vorranggebiet wird deutlich, dass eine weitere Expansion definitiv stattfinden wird.

Inhaltliche Ziele des hier vorgestellten Projekts sind neben der Erfassung, Beschreibung, Erklärung und Bewertung der im Münchner Norden vorhandenen wesentlichen kulturlandschaftlichen Strukturen die Entwicklung eines kulturlandschaftlichen Leitbilds. Bedeutung hat des Weiteren die Ausarbeitung von Anregungen für die kommunale Bauleitplanung. Im Rahmen der regionalen Planung wird seit Jahren versucht, Schwerpunkte in der Siedlungsentwicklung zu setzen und charakteristische Eigenschaften durch regionale Grünzüge sowie gemeindeübergreifendes Trenngrün im Sinne einer Regionalparkidee zu erhalten. Auch die Bewusstseinsbildung bei der lokalen Bevölkerung für den Wert ihrer sich im schnellen Wandel befindenden Kulturlandschaft steht im Fokus der Arbeit.

Zur prägenden Landschaft um München zählt nicht nur das Voralpenland, sondern auch der Münchner Norden als eine Region voller (noch verborgener) Schönheiten. Die BUGA 2005 möchte insofern inno-

---

[1] Weitere Informationen zu dem Projekt: www.pv-muenchen.de (Stand: 3.2005); www.buga2005.de (Stand: 3.2005); www.wigeo.bwl.uni-muenchen.de (Stand: 3.2005).
[2] Der Planungsverband Äußerer Wirtschaftsraum München (PV) wurde 1950 als kommunaler Zweckverband gegründet. Er übernimmt Planungsaufgaben, berät Mitglieder in Entwicklungsfragen und moderiert bzw. koordiniert bei komplexen überörtlichen Projekten.

vativ sein, als sie, über das eigentliche Parkgelände hinaus, das regionale Umfeld Münchens erlebbar machen will. Das Projekt „Siedlung – Kultur – Landschaft" ist ein Anfangspunkt, den natürlichen Reichtum und gesellschaftlichen Wert der Kulturlandschaft des Münchner Nordens zu ermitteln, zu erhalten und weiterzuentwickeln. Technische wie künstlerische Bauwerke und -denkmale sind in einem solchen integrativen Ansatz genauso enthalten wie noch vorhandene quasi-natürliche landschaftliche Strukturen.

Die beteiligten Städte und Gemeinden im Münchner Norden werden dabei unterstützt, ihren reichen Schatz an Kulturgütern zu sammeln und aufzubereiten, endogen vorhandene Potenziale zu entwickeln sowie in einem gemeinsamen Rahmen darzustellen. Weiterhin werden im Laufe des Projekts v. a. an kulturlandschaftlichen Schwerpunkten Handlungsempfehlungen erarbeitet, die den Projektträgern dazu dienen sollen, in Eigeninitiative kulturhistorischen Belangen mehr Raum zu geben. In einem umfangreichen Kartensatz (Landschaftswandelkarten, Elementkarten, Potentialkarten) sollen die gesammelten Informationen aufbereitet, dargestellt und der Öffentlichkeit präsentiert werden.

Die Finanzierung des Projekts wird zur Hälfte von den teilnehmenden Städten und Gemeinden sowie zur anderen Hälfte von der Obersten Baubehörde getragen. Leider konnten nicht alle Gemeinden des Münchner Nordens hierfür gewonnen werden, wie man der Abbildung 1 entnehmen kann. Die Gründe hierfür reichen von mangelndem Interesse bis hin zu akuter Finanzknappheit sowie dem Hinweis auf die bereits geleistete Unterstützung von Aktivitäten raumrelevanter Akteursgruppen (Heideflächenverein, Verein Dachauer Moos etc.) im Projektgebiet.

Der Projektbereich umfasst den nördlichen Teil der Münchner Schotterebene im Raum zwischen Würm (Westen) und Isar (Osten) sowie die Stadt München im Süden. Er wird im Norden durch das Tertiäre Hügelland begrenzt. Durch die teilnehmenden Gemeinden östlich der Isar konnte der Projektbereich auf wichtige Gebiete des Freisinger Mooses ausgedehnt werden.

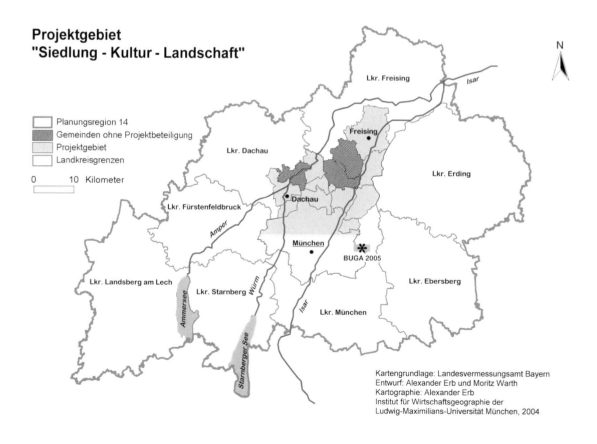

Abb. 1. Projektgebiet „Siedlung – Kultur – Landschaft".

Heidelandschaften, inselartige Niedermoorareale, historische Kanäle, Bäche und Auenbereiche, Alleen, Grünflächen sowie Schlossanlagen, Kirchen und Netzwerke aus Straßen und Wegen der unterschiedlichsten Epochen sind – um nur die wichtigsten landschaftsprägenden Elemente zu nennen – so miteinander verwoben, dass sich daraus eine spannende und interessante Kulturlandschaft entwickelt hat.

Die Notwendigkeit des bewussten Umgangs mit dem Thema „Kulturlandschaft" wird von der staatlichen Planung durchaus gesehen, wenngleich sich die hohe Komplexität und zwangsläufige Multidisziplinarität dieses Untersuchungsgegenstandes in der Praxis v. a. aufgrund der Schwierigkeit bei der Operationalisierung als weites Konfliktfeld erweisen kann.

Kulturlandschaften werden – ja, sie müssen – sich weiterentwickeln. Eine Konservierung überkommener Strukturen „unter der Käseglocke" ist nur für kleinflächige, museal aufbereitete Flächen möglich und sinnvoll, wie z. B. das Naturschutzgebiet Garchinger Heide. Wichtig ist, dass die Entwicklung nicht unkontrolliert erfolgt und diese in ihrer großen Dynamik mit sich radikal verändernden und teilweise unumkehrbaren energetischen, technischen, ökonomischen sowie sozialen Prozessen nicht zu einem endgültigen Verlust von wertvollen, kulturlandschaftlich bedeutsamen Elementen führt.

In dem Projekt „Siedlung – Kultur – Landschaft" geht es deshalb zunächst darum, den Prozess der Inwertsetzung der Kulturlandschaft im Münchner Norden fachlich zu untermauern, ihn in Gang zu bringen, und auf eine breite Basis zu stellen. Die kulturlandschaftlichen Bezüge und Wertigkeiten des Münchner Nordens für den Arten- und Biotopschutz, die Denkmalpflege und den Landschaftsschutz, die Umweltforschung und -erziehung sowie die Erholungsvorsorge sollen als ein bedeutender Faktor im Spiel der Kräfte zur Sicherung wie auch Wahrung der Entwicklungschancen des Raumes herausgestellt werden. Einen stetig wachsenden Stellenwert bezeichnet der weiche Standortfaktor für die Wirtschaft, so kann eine Aufwertung der Kulturlandschaft dazu beitragen, den Münchner Norden als Siedlungs- und Wirtschaftsraum noch attraktiver zu machen. Nicht zuletzt kann das Projekt zur Schaffung einer lokalen, überlokalen und regionalen Identität (Heimatgefühl) beitragen bzw. diese verstärken.[3]

Eine Besonderheit hierbei ist die Zusammensetzung des eingangs beschriebenen interdisziplinären Teams, welches der Planungsverband Äußerer Wirtschaftsraum München koordiniert. Der in allen Bereichen praktizierte „bottom-up-Ansatz" gewährleistet, dass sich sowohl die Entscheidungsträger und Institutionen wie auch die Interessensgruppen, Vereine und engagierte Bürger in diesem Projekt wiederfinden können.

Die Entwicklung des kulturlandschaftlichen Leitbilds erfolgt in mehreren Arbeitsschritten. Zunächst werden alle vorhandenen Informationen zusammengetragen, archiviert und ausgewertet. Dazu zählen Interviews mit Schlüsselpersonen sowie Recherchen bezüglich einschlägiger Literatur und in Archiven. (Alt-)Karten ausgewählter Zeitschnitte (Urkataster 1820, Katasterkarten der Jahre 1910, 1960, 2003) werden basierend auf einer vorgenommenen Inventarisierung kulturlandschaftlicher Elemente und Ensembles durch die Projektgruppe im Maßstab 1:25.000 (TK 25) digital aufbereitet und angepasst. Die Analyse und Bewertung des aktuellen Zustandes des Raums erfolgt anhand eines Leitfadens zur Inventarisierung in Anlehnung an Büttner.[4] Als Grundlage dient ein Überblick möglicher Funktionsbereiche und Elemente sowie eine eigens erstellte Access-Datenbank.

In der zweiten Phase wird die Auswertung der im ersten Arbeitsschritt gewonnenen Daten vorgenommen. Zunächst werden hierfür Bestandslisten mit kulturhistorisch relevanten Elementen sowie Inventarkarten erstellt. Anhand dieser Ergebnisse und der Analyse der Karten entstehen Landschaftswandel- und Potentialkarten, woraus sich eine Fokussierung auf kulturhistorische Schwerpunktgebiete und touristisch nutzbare Kulturlandschaftsbereiche ablesen lässt. Die Diskussion von Entwicklungsmodellen und der Bezug zur qualitativen Sicherung und Weiterentwicklung möglicher Kulturlandschaftsräume im Münchner Norden erfolgt in weiteren Arbeitsphasen.

In einem mehrstufigen Prozess, in dem Experten (u. a. Fachbehörden, Wissenschaftler), Vertreter der Städte und Gemeinden (Beauftragte der Verwaltung), Planer sowie letztlich auch die Entscheidungsträger

---

[3] Vgl. JOB 1999, 37 f.
[4] Vgl. BÜTTNER 2002, 18 ff.

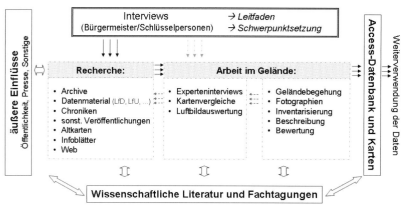

Abb. 2.
Ablaufschema der Inventarisierung.

der Städte und Gemeinden (Bürgermeister) eingebunden sind, wird ein Leitbild für den Münchner Norden entworfen, welches die Hauptausrichtung und die Konzentration der weiteren Bearbeitung sowie einen Titel zur Präsentation vorgibt. Diese soll innerhalb der kommunalen Bauleitplanung und bei weiteren raumrelevanten Entscheidungen helfen, die Identifikationsmöglichkeiten der Bevölkerung des Münchner Nordens mit ihrem Umfeld zu erhalten bzw. zu erhöhen.

Als wichtige Bedingung ist die Kooperation mit parallel laufenden Projekten zu sehen. Diese werden zum einen konkret im Rahmen der BUGA 2005 bearbeitet. Dazu gehören der „Radlring", eine ausgeschilderte Route rund um die Landeshauptstadt München, die zu den landschaftlichen und kulturellen Höhepunkten der Region führt, oder Themenrouten einzelner Städte und Gemeinden. Zum anderen könnten einige Projekte für die Region wichtige Impulse für die zukünftige (Siedlungs-)Entwicklung aus planerischer Sicht geben, wie beispielsweise das Heideflächenkonzept oder das Landesentwicklungskonzept, welche derzeit beide erstellt werden.

Das Vorhaben „Siedlung – Kultur – Landschaft" versteht sich als ein Pilotprojekt, in dem die kulturlandschaftlichen Werte einer auch in wirtschaftlichen Stagnationszeiten weiter wachsenden Agglomeration wichtige Ausgleichsfaktoren für die Lebensqualität (Naherholung, Wohnumfeld, Heimatgefühl) der Bevölkerung darstellen sollen.

Literatur

BÜTTNER 2002
Th. Büttner, Pilotprojekt „Historische Kulturlandschaft im Landschaftsentwicklungskonzept der Planungsregion Oberfranken-West". Unveröffentl. Bericht im Auftrag des Bayerischen Landesamtes für Umweltschutz und des Bayerischen Landesamtes für Denkmalpflege Berlin (2002).

JOB 1999
H. Job, Der Wandel der historischen Kulturlandschaft und sein Stellenwert in der Raumordnung. Eine historisch-, aktual- und prognostisch-geographische Betrachtung traditioneller Weinbau-Steillagen und ihres bestimmenden Strukturmerkmals Rebterrasse, diskutiert am Beispiel rheinland-pfälzischer Weinbaulandschaften. Forschungen zur deutschen Landeskunde 248 (Flensburg 1999).

Dynamik der Kaiserstühler Kulturlandschaft[1]

Von Kim Philip Schumacher

Landschaften verändern sich als Ausdruck der dynamischen Interaktion zwischen Mensch und natürlicher Umwelt (ANTROP 2005, 22). Dabei kann man die Änderung der Landnutzung als Hauptursache für Umweltveränderungen verstehen. Am Beispiel zweier Gemarkungen des Kaiserstuhls werden nachfolgend der Landnutzungswandel bilanziert und räumlich verortet sowie Erklärungsansätze aufgezeigt.
Geologisch besteht der Kaiserstuhl aus einem jungtertiären vulkanischen Sockel im Westen bzw. aus tertiären Schollen im Osten, welche von einer mächtigen kaltzeitlichen Lößauflage überdeckt sind. Aus der Lage in der südlichen Oberrheinebene im Regenschatten der Vogesen resultiert eine besondere Klimagunst des Gebietes. In Verbindung mit dem fruchtbaren, leicht formbaren Löß ergeben sich ideale Ausgangsbedingungen für eine intensive landwirtschaftliche Nutzung und eine kontinuierliche Um- sowie Neuformung der Landschaft durch den wirtschaftenden Menschen. Das eigentliche Gebirge umfasst 92 km², die Fläche der Kaiserstuhlgemeinden mit ihren knapp 40.000 Einwohnern misst 164 km², wovon 101 km² landwirtschaftlich genutzt werden. Der Weinbau am Kaiserstuhl ist bereits für das 9. Jh. urkundlich belegt und wahrscheinlich durch elsässische Klöster initiiert worden. Eventuell schon für diese Zeit oder eine spätere mittelalterliche oder frühneuzeitliche Ausbauphase, kann die beginnende und schließlich flächendeckende Terrassierung der lößbedeckten Teile des Kaiserstuhls angenommen werden. Die sumpfigen Gebiete am Südwestrand des Gebirges wurden im späten 19. und frühen 20. Jh. durch Trockenlegung und Abholzung der ausgedehnten Riedwälder in intensiv genutztes Ackerland überführt. Die umfangreichste Neugestaltung der Kaiserstühler Landschaft fand durch die Anlage von Großterrassen im Rahmen der Rebflurbereinigungen in der zweiten Hälfte des 20. Jh. statt. Heute sind mehr als 4.300 ha mit Reben bestockt.

Methode der kulturlandschaftlichen Untersuchung

Grundlage der Untersuchung bildet eine Auswertung historischer Karten,[2] die für den Untersuchungsraum flächendeckend vorhanden sind und die regionale Landschaftsentwicklung („Brüche") widerspiegeln. Die Gemarkungspläne der ersten badischen Landesaufnahme (1764-1787) und ihre vorderösterreichischen Pendants (1764-1790), die Gemarkungspläne 1:10.000 (ca. 1870-1895) sowie die Ausgabe der TK 25 von 1938 wurden über geeignete Passpunkte georeferenziert; anschließend war die Landnutzung von Hand zu digitalisieren. Als Referenz diente die durch Geländeaufnahmen verfeinerte digitale Rasterkarte der TK 25 (Stand 1998). Die so erzeugten Zeitschnittkarten wurden miteinander verschnitten, um schließlich Karten der Landnutzungsveränderung zu erzeugen. Durch das georelationale Vorgehen kann, im Gegensatz zu einer „simplen" Flächenbilanzierung, auch ermittelt werden, wie viele Flächen bestimmter Nutzungsarten in neue Landnutzungen überführt worden sind (BENDER 2003, 128). Weiterhin lieferte eine Literatur- und Archivrecherche Hinweise zum Verständnis der dem Landschaftswandel zugrunde liegenden sozioökonomischen Prozesse (WALZ u. a. 2003).

---

[1] Die in diesem Beitrag vorgestellten Ergebnisse sind Teil der Dissertation des Autors im Rahmen des DFG-Graduiertenkollegs 692-1 „Gegenwartsbezogene Landschaftsgenese".
[2] Vgl. SCHUMACHER 2003.

Landnutzung und Landnutzungswandel am Kaiserstuhl

Als 1772 der Bannplan von Oberbergen aufgenommen wurde, waren weite Teile der Flur ackerbaulich genutzt (Subsistenzwirtschaft), insbesondere die Talböden. Rebkulturen vermischt mit Streuobstbeständen nahmen nur 6,6 % der Gemarkungsfläche ein und befanden sich in relativer Dorfnähe. Heute wird in Oberbergen kein Ackerbau mehr betrieben und die Täler sind mit Intensivobstkulturen bepflanzt. Die

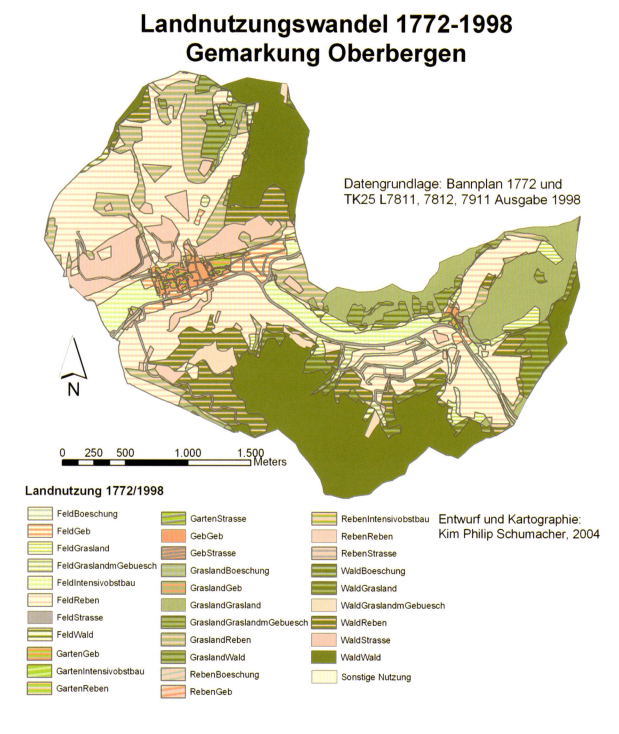

Abb.1. Karte der Landnutzungsänderungen Oberbergen.

heutigen 348 ha Rebkulturen (47 % der Gemarkungsfläche) waren im Jahr 1772 noch zu wesentlichen Teilen andersartig genutzt: 192 ha Feldflur, 55 ha Wald (Nieder- und Mittelwald) und 56 ha Grasland (Abb. 1). Die Ursachen dieses Wandels liegen in der Hinwendung zu den produktiveren Sonderkulturen, insbesondere in der zweiten Hälfte des 20. Jh., unter Aufgabe des Ackerbaus und der Viehhaltung. Auch jene Flächen (270 ha), deren prinzipielle Nutzung in den letzten 230 Jahren unverändert blieb, sind einem dynamischen Wandel unterworfen. Zu nennen sind hier Neuterrassierungen, eine Änderung der Weinbergsflora durch Kunstdünger- und Herbizideinsatz oder der Rückgang von lichtliebenden Saumarten infolge Durchwachsens ehemaliger Mittel- und Niederwälder (WILMANNS 1989). Noch immer nimmt das Grasland fast 100 ha (13,3 %) ein, wobei der größte Teil heute durch aufwendige Naturschutz- und Landschaftspflegemaßnahmen offen gehalten wird, um die seltenen Halbtrockenrasengesellschaften zu erhalten.

Die Landschaftswandelkarte der Stadt Endingen am Kaiserstuhl (Abb. 2) zeigt die beträchtliche Kulturlandschaftsdynamik der letzten 50 Jahre, verursacht durch eine landwirtschaftliche Intensivierung und eine starke Ausweitung der bebauten Fläche für Wohn- und Gewerbegebiete sowie Verkehrswege. Obwohl in Endingen größere Reb- und Ackerflurbereinigungen durchgeführt wurden, ging das Ackerland von 770 ha (1938) auf 388 ha (1998) zurück. Dagegen verdoppelte sich die Rebfläche von 224 auf 421 ha, was einem Drittel der Gemarkungsfläche entspricht, zumal nun auch vormalige Ackerflächen in den Lößsohlentälern mit Reben bepflanzt worden sind, wovon man aufgrund der Kaltluftbildung früher abgesehen hatte. Ebenfalls stark erweitert wurde der Intensivobstbau, welcher wie der Weinbau im Nebenerwerb betrieben werden kann und über ein hohes Sozialprestige verfügt. Im Gegensatz zu Oberbergen sind nur 8 ha Wald in Rebland umgewandelt worden. Die Waldfläche vergrößerte sich im Untersuchungszeitraum nur geringfügig um 12 ha und dies ausschließlich auf vormaligen Feuchtwiesen sowie – ausgehend von bereits bestehenden Waldungen – auf Grasland und Ackerflächen, die wegen ihrer relativen Höhenlage und Siedlungsferne als Grenzertragsstandorte angesehen werden können.

Fazit: Die Dynamik der Landschaftsumgestaltung am Kaiserstuhl ist auf allen Betrachtungsebenen (vom Relief bis zur Biozönose) als sehr hoch einzustufen, mit einer zunehmenden Beschleunigung im 20. Jh. Die Kulturlandschaft des Kaiserstuhls hat stärkere Veränderungen erfahren als andere mitteleuropäische Weinbaulandschaften und die verbliebenen traditionellen Strukturen können nur mit einem großen Aufwand erhalten werden.

Literatur

ANTROP 2005
M. Antrop, Why Landscapes of the Past are Important for the Future. Landscape and Urban Planning 70, 2005, 21-34.

BENDER 2003
O. Bender, Kulturlandschaft und Ländlicher Raum. Struktur und Dynamik der Kulturlandschaft. Diskussion (neuer) Methoden und Anwendung einer diachronischen Landschaftsanalyse. Mitteilungen der Österreichischen Geographischen Gesellschaft 145, 2003, 119-146.

SCHUMACHER 2003
K. P. Schumacher, Landkarten des 18. Jahrhunderts als Quellen zur Erforschung der Kulturlandschaftsgenese, erläutert an Beispielen des Kaiserstuhls. Freiburger Universitätsblätter 42, 160, 2003, 127-136.

WALZ u. a. 2003
U. Walz/M. Neubert/D. Haase/M. Rosenberg, Sächsische Landschaften im Wandel – Auswertung historischer Kartenwerke für umweltwissenschaftliche Fragestellungen. Europa Regional 11, 3/2003, 126-136.

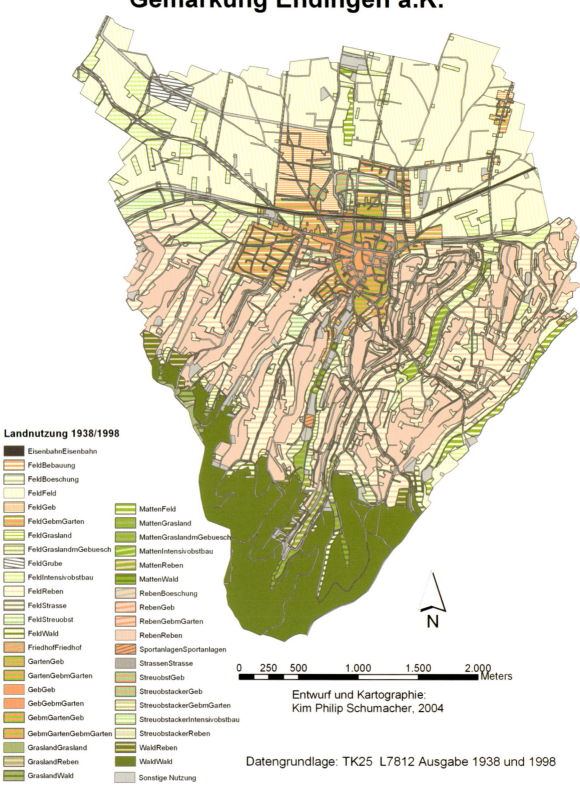

Abb. 2. Karte der Landnutzungsänderungen Endingen a. K.

WILMANNS 1989
O. Wilmanns, Dynamik und Schutz von Pflanzengesellschaften im Kaiserstuhl/Südbaden. In: Institut für Landschaftspflege und Naturschutz der Universität Hannover (Hrsg.), Naturschutz und Umweltpolitik als Herausforderung. Festschrift für Konrad Buchwald zum 75. Geburtstag (Hannover 1989) 301-323.

WOOD/HANDLEY 2003
R. Wood/J. Handley, Landscape Dynamics and the Management of Change. Landscape Research 26, 1/2003, 45-54.

Erfassung kulturhistorischer Einflüsse auf die Fließgewässer im Münstertal als Beitrag zur Fließgewässerbewertung

Von Korinna Thiem

Einleitung

Bislang werden für die ökologische Fließgewässerbewertung ausschließlich biotische Faktoren und die Naturnähe des Gewässerzustands herangezogen. Als Leitbild für die Wiederherstellung der ökologischen Funktionsfähigkeit der Fließgewässer schreibt die EU-Wasserrahmenrichtlinie[1] den „heutigen potentiell natürlichen Gewässerzustand" (hpnG) vor. Die kulturhistorischen Einflüsse, die jedoch die Voraussetzungen für den heutigen Zustand unserer Gewässer bilden, werden dabei ausgeklammert. Um Kulturlandschaftselemente der historischen Gewässernutzung in angemessener Weise in die Verfahrensabläufe der EU-Wasserrahmenrichtlinie zu integrieren, stellen sich zwei Aufgaben. Zum einen müssen neue Wertmaßstäbe für eine Beurteilung der Fließgewässer gefunden werden. Zum andern sind Abwägungsverfahren zu entwickeln, die über Erhalt oder Abriss historischer wasserbaulicher Elemente entscheiden. Beide Aufgaben setzen sorgfältige Analysen auf der Grundlage flächendeckender Bestandserfassungen in Form eines Kulturlandschaftskatasters voraus.

Am Beispiel des Münstertals im Schwarzwald[2] wird ein Ansatz vorgestellt, Belange des Kulturlandschaftsschutzes mit Interessen des Gewässerschutzes zu vereinen. Der Bestand der historischen Gewässernutzungen wurde nach einer standardisierten Methode flächendeckend erfasst und hinsichtlich seines kulturhistorischen Wertes beurteilt. Zudem zeigt die in das Kataster integrierte historische Analyse Charakteristika der regionalen Wirtschaftsgeschichte im Zusammenhang mit der Nutzung des Wassers auf. Das Münstertal entspricht dem oberen Einzugsgebiet des Neumagens (Lkr. Breisgau-Hochschwarzwald). Es erstreckt sich von den Hochlagen der Berggipfel Belchen und Schauinsland bis an den Rand der Oberrheinischen Tiefebene.

Kulturlandschaftskataster „Historische Gewässernutzung"

Das Inventar erfasst kleingewerbliche und bergbauliche Standorte, die vom Mittelalter bis in das Jahr 1929 denen Wasser als Antriebskraft diente sowie weitere Nutzungen mit veränderndem Einfluss auf die Gewässer. Insgesamt wurden 135 Einzelelemente nach einem standardisierten Erhebungsbogen[3] erfasst und beschrieben. Das Kataster setzt sich aus drei Bestandteilen zusammen: der Bestandsaufnahme, der historischen Analyse und der Bewertung.

---

[1] Richtlinie 2000/60/EG des Europäischen Parlaments und des Rates vom 23. Oktober 2000 zur Schaffung eines Ordnungsrahmens für Maßnahmen der Gemeinschaft im Bereich der Wasserpolitik.
[2] Der Beitrag stellt einen Teilaspekt einer Dissertation im Rahmen des Graduiertenkollegs „Gegenwartsbezogene Landschaftsgenese" an der Albert-Ludwigs-Universität Freiburg vor.
[3] Der Erfassungsbogen basiert auf methodischen Grundlagen von GUNZELMANN (1987 und 2001) sowie landesspezifischen Forschungsergebnissen von BURGGRAAFF/KLEFFELD (1998).

Bestandsaufnahme

Die Grundlage für die Bestandsaufnahme bildete eine systematische Geländebegehung und Kartierung im Maßstab 1:5.000. Im Vorfeld der Kartierung wurde in Anlehnung an das Kulturlandschaftskataster von Mecklenburg-Vorpommern und Brandenburg (STÖCKMANN 2004; PETERS/KLINKHAMMER 1998) eine Systematik entwickelt, die eine Zuordnung der Elemente in verschiedene Funktionsbereiche erlaubt (Abb. 1). Diese Systematik verzichtet auf eine hierarchische Ordnung und numerische Codierung der Elementtypen. Dies ermöglicht eine wertneutrale Ansprache der Elemente bei der Inventarisation und eine beliebige Gruppierung der Elementtypen für Analysezwecke. Da die Kulturlandschaftselemente in unterschiedlicher Ausprägung in mehreren Funktionsbereichen vorkommen können, werden bestimmte Elementtypen mehrfach in der Systematik aufgeführt. Um weitere Elemente der Kulturlandschaft in das Kataster aufzunehmen, kann die Systematik durch die Bereiche Verkehr, feudale Anlagen und Religion erweitert werden.

Funktionsbereich	Elementtyp
Handwerk/Gewerbe	Bürstenholzfabrik
	E-Werk
	Getreidemühle
	Lohmühle
	Ölmühle
	Sägewerk
	Schmiede
	Stauwehr
	Teich
	Triebwerk
	Triebwerkskanal
Land-/Forstwirtschaft	E-Werk
	Bewässerungsgraben
	Entwässerungsgraben
	Fischteich
	Kluse
	Stauwehr
	Stellfalle
	Wässerungsteich
	Wässerwiese
Industrie/Bergbau	Grube
	Poche
	Schmelzhütte
	Stauwehr
	Triebwerkskanal
Siedlung	E-Werk
	Wüstung
	Triebwerkskanal
	Stauwehr
Wasserwirtschaft	Fluss
	Bach

Abb. 1. Systematik der Elemente „historische Gewässernutzung"

Vielfach sind Elemente heute nur noch als Relikte einer Gesamtanlage erhalten. Daher wird der Charakter des Elements nach dem Gesetz zum Schutz der Kulturdenkmale von Baden-Württemberg (BW-DSchG) als „Einzelelement" oder „Sachgesamtheit" im Erhebungsbogen festgehalten. Der erläuternde Textteil enthält objektspezifische Informationen zum Geländebefund wie Lage, Größe und Substanz des Objekts. Sämtliche Elemente wurden durchnummeriert und mit dieser „Referenznummer" in eine Datenbank sowie in ein GIS ArcView integriert.

Historische Analyse – Chronologie

In der historischen Analyse wird die Standortgeschichte der einzelnen Elemente auf Grundlage der quellenhistorischen Dokumentation kurz beschrieben. Die funktionalen Elemente werden hinsichtlich des Beginns ihrer Funktion (Ersterfassung, erste Erwähnung) und des Erlöschens ihrer Funktion datiert. Die Datierung der geomorphologischen Objekte richtet sich nach deren physiognomischer Ausprägung bzw. deren Grad des Zerfalls. In dem Feld „historische Analyse" werden historische Bedeutung, Hintergründe der Entstehung bzw. Stillstandsphasen und/oder Funktionswandel verbal festgehalten. Durch Angabe der archivalischen Quellen wird die historische Analyse abgesichert.

Bewertung

Die Bewertung von Kulturlandschaftselementen erweist sich mitunter als schwierig. Zum einen lassen sich aufgrund verschiedener Ziele und wandelnder gesellschaftlicher Normen nur schwer scharf abgrenzbare Bewertungskriterien finden. Des Weiteren stellt sich die Frage, ob die Kulturlandschaftselemente quantitativ oder qualitativ bewertet werden sollen.
Quantifizierende Bewertungen suggerieren Objektivität. Durch eine Addition zählbarer Einzelwerte zu einem Gesamtwert werden Elemente als „wertlos" oder „wertvoll" eingestuft. Hierbei besteht die Gefahr, dass Kulturlandschaftselemente abgewertet werden, weil ihr Wert für eine Dokumentation historischer Nutzungen noch nicht erkannt wurde (KISTEMANN 2000). Aufgrund des komplexen Wirkungsgefüges zwischen den Kulturlandschaftselementen und gesellschaftlichen Normen wird auf die Vergabe von Rangzahlen verzichtet. Stattdessen wird anhand einer verbalen Beschreibung die relative Bedeutung der Elemente und Strukturen der historischen Gewässernutzung beurteilt. Die Bewertung bezieht sich auf folgende Parameter: Schutzstatus, Erhaltungszustand (formal und funktional), Erlebbarkeit, Gefährdung, kulturlandschaftlicher Wert nach den Kategorien: sehr hoch/gut – gut – mäßig – gering.

Literatur

BURGGRAAFF/KLEEFELD 1998
P. Burggraaff/K.-D. Kleefeld, Historische Kulturlandschaft und Kulturlandschaftselemente. Teil 1. Bundesübersicht. Teil 2. Leitfaden. Ergebnisse aus dem F+E-Vorhaben 808 09 075 des Bundesamtes für Naturschutz. Angewandte Landschaftsökologie 20 (Bonn-Bad Godesberg 1998).

GUNZELMANN 1987
Th. Gunzelmann, Die Erhaltung der historischen Kulturlandschaft. Angewandte Historische Geographie des ländlichen Raumes mit Beispielen aus Franken. Bamberger Wirtschaftsgeographische Studien 4 (Bamberg 1987).

GUNZELMANN 2001
Th. Gunzelmann, Die Erfassung der historischen Kulturlandschaft. In: Bayrisches Staatsministerium für Landwirtschaft und Forsten (Hrsg.), Historische Kulturlandschaft. Ländliche Entwicklung in Bayern, Materialien 39 (München 2001) 15-31.

KISTEMANN 2000
E. Kistemann, Gewerblich-industrielle Kulturlandschaft in Schutz- und Planungskonzepten Bergisch-Gladbach 1820-1999 (Essen 2000).

PETERS/KLINKHAMMER 2000
J. Peters/B. Klinkhammer, Kulturhistorische Landschaftselemente. Systematisieren, kartieren, planen – Untersuchungen in Brandenburg. Naturschutz und Landschaftsplanung. Zeitschrift für angewandte Ökologie 32, 2000, 147-152.

STÖCKMANN 2004
M. Stöckmann, KLEKs 4 KulturLandschaftsElementKataster. Handbuch (Neubrandenburg 2004).

Situation und Entwicklung historischer Bausubstanz in Gumbinnen/Gusew (Nordostpreußen/Kaliningradskaja Oblast). Bemerkungen zu einem Projekt

Von Heinz Schürmann

Die ostpreußische Stadt Gumbinnen, nach dem Zweiten Weltkrieg umbenannt in Gusew[1], liegt im Osten des Königsberger Gebiets im Bereich der ehemaligen Peripherie des Deutschen Reiches, noch östlich von Insterburg[2], in einer früher – im krassen Gegensatz zu heute – intensiv agrarisch genutzten, flachwelligen Grundmoränenebene am Zusammenfluss von Pissa und Rominte.
Im 16. Jh. erstmals als Dorf genannt, erhielt es 1724 durch den preußischen König Friedrich-Wilhelm I. Stadtrechte und wurde zentraler Verwaltungssitz. Nach den immensen Bevölkerungsverlusten durch die Tartareneinfälle im 17. Jh. und v. a. die verheerende große Pest zu Beginn des 18. Jh. wurden im Rahmen einer gezielten Repeuplierung der Gumbinner Region rund 20.000 protestantische Salzburger Glaubensflüchtlinge angesiedelt sowie darüber hinaus Hugenotten, Schweizer, Nassauer, Pfälzer u. a. Friedrich-Wilhelm I. hat Gumbinnen nach Plänen des Baudirektors Joachim Ludwig Schultheiss von Unfried großzügig und „straff preußisch geordnet" mit sich rechtwinklig kreuzenden Straßen anlegen lassen (Abb. 1). „In jeder Hinsicht kann diese Stadt ihrer regelmäßigen Bauanlage wegen zum Muster dienen"[3], schrieb der Geheime Kriegsrat Gervais 1818. Der Stadtgrundriss unterschied sich insofern deutlich von dem sonst in Ostmitteleuropa vorherrschenden, deutlich älteren, sogenannten ostdeutschen Kolonialgrundriss mit dem zentralen Ring mit Rathaus und Handelseinrichtungen.
Die Garnisons- und Beamtenstadt Gumbinnen wurde neben „Salzburgerstadt" auch das „Potsdam des Ostens" genannt, ohne allerdings die städtebauliche Eleganz und Leichtigkeit Potsdams je zu erreichen.[4]

Gegen Ende des Zweiten Weltkriegs hat v. a. die Innenstadt durch Bombenangriffe und sonstige Kriegseinwirkungen schwer gelitten. Spätere Zerstörungen in sowjetischen Zeiten aus ideologischen Gründen oder zur privaten Gewinnung von verwertbaren Baumaterialien taten bzw. tun bis heute ihr Übriges.[5] Die letzten in Gumbinnen verbliebenen Deutschen wurden 1948 von den Russen ausgewiesen; die Zahl der Einwohner hat sich von ca. 24.500 im Jahre 1944 auf gegenwärtig rund 28.000 allerdings nicht wesentlich verändert. Gumbinnen ist heute Patenstadt von Bielefeld, wo im Stadtteil Stieghorst die „Salzburger Einrichtungen" eine neue Stätte gefunden haben (Wohnstift Salzburg). Derzeit laufen Bemühungen zur Einrichtung einer Partnerschaft zwischen Stieghorst und Gusew/Gumbinnen.

Die bauliche Grundstruktur der Innenstadt ist in Gumbinnen, gänzlich anders als z. B. in Königsberg, in weiten Teilen in Ensembles noch erhalten, die sich allerdings in einem völlig desolaten, von Jahr zu Jahr

---

[1] Der Namensgebung erfolgte nach dem sowjetischen Offizier, der bei der Eroberung der Stadt gefallen war.
[2] Heute Tschernjachovsk.
[3] Zitiert nach: LACHHAUER 1996, 237 f. – Vgl. auch: GRENZ 1971, 207 ff.
[4] Zur baulichen Situation der 30er-Jahre des 20. Jh. vgl. Abb. 2.
[5] Noch heute fallen letzterem Zweck etliche historische Gebäude im Königsberger Gebiet sukzessive zum Opfer. Aufgrund der guten Ziegelqualität sind auch und gerade Kirchen und Burgen der Ordenszeit davon betroffen. – Vgl. hierzu z. B. BACHTIN/DOLIESEN 2004.

 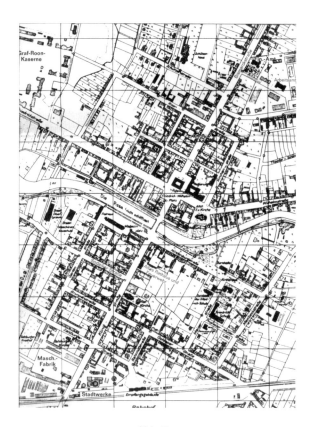

Abb. 1.
Plan der Stadt Gumbinnen von 1733
gezeichnet von Fähnrich I. F. Betgen
(aus: GOLDBECK/STICKLIES 1985a, XXVIII.

Abb. 2.
Das Zentrum von Gumbinnen in deutscher Zeit (1936),
im Wesentlichen der heutigen Situation entsprechend
(Ausschnitt aus: Stadtplan Gumbinnen 1:5.000. Neudruck des
amtlichen Stadtplans von 1936 [Bielefeld 1969]).

schlechter werdenden Zustand befinden – von wenigen Ausnahmen, wie z. B. dem Gebäude der Neuen Regierung, abgesehen. Zwar ist die alte Bausubstanz aus der Zeit der Stadtgründung fast zur Gänze verschwunden, doch geschlossene Bebauungsbereiche der vorletzten Jahrhundertwende (Gründerzeit bis Erster Weltkrieg) sind v. a. im nördlichen Zentrumsbereich noch vorherrschend und ortsbildprägend.

Die alte städtische Bausubstanz insbesondere der zentralen, nordost-südwest verlaufenden ehemaligen Bismarckstraße und heutigen ul. Moskowskoja (Abb. 2), der ehemals repräsentativ angelegten Renommieralle, degeneriert zunehmend zu einer melancholisch stimmenden städtebaulichen Fassade oder gar Kulisse.

Unmittelbar hinter den straßenbegleitenden Häuserzeilen mit oft zerbrochenen Scheiben, abfallendem Verputz, großflächig beschädigten Dächern, absturzgefährdeten Balkonen, wild wuchernder Vegetation u. Ä. wandelt sich das ehedem großstädtisch anmutende Ortsbild übergangslos zu einer von Not und Armut gezeichneten, typisch ländlich scheinenden Situation mit Gemüsebau und Haustierhaltung, freilaufend oder in verfallenen Schuppen. Darin offenbart sich andererseits auch die erstaunliche Überlebensfähigkeit der vielfach mangelleidenden jetzigen Bevölkerung. Dennoch wirken die bekannten Zeilen aus dem „Lied von der Glocke" von Schiller (1799) – „in den öden Fensterhöhlen / wohnt das Grauen"[6] – für den Betrachter dieser fast durchgehend noch bewohnten Gebäudezeilen kaum übertrieben. Vereinzelte, kulturhistorisch völlig unsensible bauliche Modernisierungen verstärken den düsteren Eindruck eher noch.

In starkem stilistischen Kontrast zur historischen Bausubstanz steht die Bebauung der sowjetischen Zeit. Gebäude für Wohn- und Geschäftszwecke sowie für öffentliche Funktionen wurden nicht nur in den üblichen trost- und gesichtslosen Einheitsformen sondern auch in schlechter baulicher Qualität, z. T. in

---

[6] SCHILLER 1966, 815.

Plattenbauweise, errichtet, der traditionellen Bebauung nur ähnlich durch den mittlerweile ebenfalls zumeist sehr maroden Zustand. In größeren zusammenhängenden Komplexen findet sich diese Bebauung v. a. an der Peripherie der Stadt im Süden, Westen und Nordwesten.

Im Rahmen eines seit mehreren Jahren im Aufbau befindlichen Forschungsprojektes, an dem Angehörige der Universität Bielefeld, der heutigen Kaliningrader Universität (der früheren Albertina) und der Lübecker Academia Baltica beteiligt sind, geht es um die exemplarische Aufnahme, Dokumentation und Bewertung städtischer Bausubstanz und baulicher Kulturdenkmäler v. a. aus der deutschen Zeit in Gumbinnen mit dem Teilziel ihrer zumindest partiellen Erhaltung.[7] Dabei bilden insbesondere die aktuelle und die potentielle Bedeutung historischer Bausubstanz für die Entwicklung einer neuen lokalen wie auch regionalen Identität einen Untersuchungsschwerpunkt; einer Identität, die sich bei der äußerst heterogenen Zusammensetzung der heutigen Bevölkerung von Gusew nur sehr schwer und langsam bilden kann. Dies alles wird selbstverständlich mitbestimmt von der individuellen bzw. kollektiven Wahrnehmungsperspektive des Einzelnen und seiner jeweiligen gesellschaftlichen Gruppe. Bedeutsam ist dabei der Einfluss der wechselnden gesellschaftspolitischen Realitäten der letzten Jahrzehnte. Einzelne Elemente der historischen Kulturlandschaft, hier insbesondere städtebauliche und kulturhistorische Artefakte, zeigen trotz aller weiterhin fortschreitenden Auflösungserscheinungen eine erstaunliche Persistenz. Sie überdauerten Generationen und sogar einen totalen Bevölkerungsaustausch sowie nicht zuletzt mehrere essentielle gesellschaftspolitische Wechsel.

Kulturlandschaftserhaltung, -dokumentation und -pflege oder gar -entwicklung ist im Kaliningrader Gebiet, von wenigen Ausnahmen und Renommierobjekten abgesehen, im Alltag leider weiterhin und z. T. notgedrungen ein Fremdwort. Diesbezüglich engagierte Persönlichkeiten wie Anatolij Bachtin, ein Russe aus Königsberg, sind Einzelkämpfer.[8] Dabei sei auch auf die wertvollen Aktivitäten – insbesondere zur Dokumentation historischer Bausubstanz in Gumbinnen – des heute in Schleswig lebenden Ehepaares Jutta und Richard Kulcke hingewiesen.[9] Bis zu den politischen Veränderungen am Ende des 20. Jhs. war Derartiges politisch nicht gewollt, im Gegenteil, bauliche Zeugnisse der jahrhundertealten deutschen Kultur wurden nach Möglichkeit eliminiert oder fielen der extremen, allgegenwärtigen Mittelknappheit zum Opfer. Insofern verfügt auch der russische Denkmalschutz nur über einen äußerst begrenzten Einfluss.[10]

Ein Wort noch zur Literatur- und Quellensituation. Raumbezogene wissenschaftliche Literatur zur Thematik ist von deutscher und russischer Seite nur in geringem Umfang vorhanden, obwohl in jüngerer Zeit das Interesse daran generell zuzunehmen scheint.[11] Vor allem bei den Organisationen der vertriebenen deutschen Bevölkerung und in privaten Sammlungen (u. a. in Bielefeld) gibt es sehr umfangreiches Archivmaterial aus dem Zeitraum bis zum Jahr 1945. Die Untersuchung der aktuellen Situation in Gumbinnen/Gusew und dem gesamten ehemaligen nördlichen Ostpreußen ist jedoch nur mithilfe umfangreicher Feldforschungen möglich, die bisher erst in den Anfängen stecken. Die Zeit drängt, da die direkten Zeitzeugen altersbedingt immer weniger werden.

Literatur

ALBRECHT 1995
D. Albrecht, Wege nach Darmatien. Zehn Tage Preußenland. Orte, Texte, Zeichen (Lüneburg 1995).

---

[7] Spätere Übertragbarkeiten der Ergebnisse sind angestrebt.
[8] Vgl. BACHTIN/DOLIESEN 2004.
[9] Vgl. z. B. KULCKE 2001; DERS. 2002
[10] Vgl. KULCKE 2001.
[11] Vgl. z. B. KULCKE 2002; SCHÜRMANN im Druck.

BACHTIN/DOLIESEN 2004
A. Bachtin/G. Doliesen, Vergessene Kulturen. Kirchen in Nord-Ostpreußen. Eine Dokumentation³ (Husum 2004).

BARRAN 1994
F. R. Barran, Städte-Atlas Ostpreußen. Stadtpläne aus deutscher Zeit (Leer 1994).

BARRAN 1995
F. R. Barran (Bearb.), Nördliches Ostpreußen – Königsberger Gebiet. In 27 deutschen topographischen Karten im Maßstab 1:100.000 mit russischen Ortsnamen² (Leer 1995).

BOLGIHN/MEITSCH 1979
H. Bolgihn/F. Meitsch, Entwicklung der Patenschaft Bielefeld-Gumbinnen. In: D. Goldbeck (Hrsg.), 25 Jahre Patenschaft Bielefeld-Gumbinnen (1954-1979). Festschrift. Beitrag zur kulturellen Entwicklung des östlichen Ostpreußens (Bielefeld 1979) 9-17.

BONCZEK 1979
W. Bonczek, Probleme des Städtebaues vor 250 Jahren und heute mit den Beispielen Gumbinnen und Bielefeld. In: D. Goldbeck (Hrsg.), 25 Jahre Patenschaft Bielefeld-Gumbinnen (1954-1979). Festschrift. Beitrag zur kulturellen Entwicklung des östlichen Ostpreußens (Bielefeld 1979) 19-39.

CSALLNER 2004
H. Csallner, Historische Ansichten von Ostpreußen (Eggolsheim 2004).

DEHIO-HANDBUCH 1993
Dehio-Handbuch der Kunstdenkmäler West- und Ostpreußen. Die ehemaligen Provinzen West- und Ostpreußen (Deutschordensland Preußen) mit Bütower und Lauenburger Land. Bearb. von M. Antoni. Vollständige Neubearb. auf der Grundlage des 1952 erschienenen Bandes Deutschordensland Preußen im Handbuch der Deutschen Kunstdenkmäler (München, Berlin 1993).

FRANZ u. a. 2004
W. Franz/A. Pudelko/H. Krebs, Ostpreußische Landeskunde (Bretten 2004).

GAERTE 2001
W. Gaerte, Die Auswanderung der Salzburger und ihre Ansiedlung in Ostpreußen vor 200 Jahren. Nachdr. der Ausg. Königsberg 1932 (Bielefeld 2001).

GOLDBECK/STICKLIES 1985a
D. Goldbeck/H. Sticklies, Gumbinnen, Stadt und Land. Bilddokumentation eines ostpreußischen Landkreises 1900-1982. Bd. 1. Stadt (Bielefeld 1985).

GOLDBECK/STICKLIES 1985b
D. Goldbeck/H. Sticklies, Gumbinnen, Stadt und Land. Bilddokumentation eines ostpreußischen Landkreises 1900-1982. Bd. 2. Land (Bielefeld 1985).

GORYS 1966
E. Gorys, Litauen und Königsberg. Stadtkultur und historische Landschaften am Baltischen Meer (Köln 1966).

GORYS 1997
E. Gorys, Königsberg (München 1997).

GRENZ 1971
R. Grenz, Stadt und Kreis Gumbinnen. Eine ostpreußische Dokumentation (Marburg/Lahn 1971).

HEISRATH 2002
E. Heisrath, Der historische Platz der „Alten Regierung" in Gumbinnen. Gumbinner Heimatbrief. Aus der Patenstadt Bielefeld 101, 2002, 44-49.

IWANOW 1998
J. N. Iwanow, Königsberg und Umgebung² (Dülmen 1998).

JUNGER/MÜLLER 1995
U. Junger/U. Müller, Kaliningrader Gebiet (Kronshagen 1995).

KORKISCH/HEINZ 1996
E. E. Korkisch/H. Heinz, Das nördliche Ostpreußen. Eine Studie zur Landesstruktur. Ausstellungsbegleiter (Freising-Weihenstephan 1996).

KULCKE 2001
R. Kulcke, Die russische Denkmalliste von Gusew/Gumbinnen. Gumbinner Heimatbrief. Aus der Patenstadt Bielefeld 99, 2001, 64 f.

KULCKE 2002
R. Kulcke, Denkmalschutz heute in Gusew/Gumbinnen. Gumbinner Heimatbrief. Aus der Patenstadt Bielefeld 100, 2002, 86 f.

LACHHAUER 1996
U. Lachhauer, Die Brücke von Tilsit – Begegnungen mit Preußens Osten und Russlands Westen (Reinbek bei Hamburg 1996).

MAUERHOFER/SESSLER 1990
W. Mauerhofer/R. Sessler, Um des Glaubens willen. Die Vertreibung der Salzburger in den Jahren 1731/32. Vorgeschichte und Hintergründe der Emigration (Bielefeld 1990).

VON NORMANN 2002
A. von Normann, Nördliches Ostpreußen. Gegenwart und Erinnerung einer Kulturlandschaft (München 2002).

OSTPREUßEN 2004
Ostpreußen. Bruckmanns Länderporträts (München 2004).

PEITSCH 1994
H. Peitsch, Reiseführer Nord-Ostpreußen. Königsberger Gebiet und Memelland² (Leer 1994).

Plath 2004
Th. Plath, Kaliningrader Gebiet. Königsberg, Kurische Nehrung. Reisen mit Insider-Tipps (Ostfildern 2004).

REBUSCHAT 2000
J. Rebuschat, Zeittafel zur Geschichte und Vorgeschichte der Salzburger Vereinigungen⁵ (Bielefeld 2000).

REBUSCHAT/LECHELT 2000
J. Rebuschat/J. Lechelt (Hrsg.), Salzburger Kirche, Diakoniezentrum „Haus Salzburg" und Evangelisch-Lutherische Gemeinde Gusev/Gumbinnen (Bielefeld 2000).

REICHSAMT FÜR LANDESAUFNAHME Berlin [o. J.]
Reichsamt für Landesaufnahme Berlin, Institut für Angewandte Geodäsie (Hrsg.), Kreis Gumbinnen 1:100.000. Zusammendruck 1940 aus der Karte des Deutschen Reiches 1:100.000 [o. O. o. J.].

SCHÄFER 2000
G. Schäfer, Litauen mit Kaliningrad³ (Bielefeld 2000)

SCHILLER 1966
F. Schiller, Werke in drei Bänden II (München 1966).

SCHÜRMANN 2000
H. Schürmann, Die Darstellung von Gussev/Gumbinnen im Kaliningrader/Königsberger Gebiet in deutschsprachigen Reiseführern. Gumbinner Heimatbrief. Aus der Patenstadt Bielefeld 97, 2000, 135-139.

SCHÜRMANN im Druck
H. Schürmann, Zur aktuellen städtebaulichen Situation in Gussew/Gumbinnen. Unter besonderer Berücksichtigung der ehemaligen Bismarckstraße (heute ul. Moskowskaja). In: A. Sologubov (Hrsg.), Tagungsbericht zum deutsch-russisch-polnisch-litauischen Seminar „Völker und kulturelle Landschaften. Ostpreußen nach 1945" im Oktober 2002 in Sosnowka (Augstagirren/Groß Baum), Kaliningrader/Königsberger Gebiet (Kaliningrad).

SIETZ 2003
H. Sietz, Königsberg/Kaliningrad und das nördliche Ostpreußen. Ein illustriertes Reisehandbuch⁶ (Bremen 2003).

SYSKOWSKY 1994
H. M. F. Syskowsy, Königsberg und das Königsberger Gebiet (Würzburg 1994).

WEISE 1981
E. Weise (Hrsg.), Ost- und Westpreußen. Handbuch der historischen Stätten 317. Unveränd. Nachdr. der 1. Aufl. 1966 (Stuttgart 1981).

WEYER/SURMINSKI 2004
H. Weyer/A. Surminski, Ostpreußen (Berlin 2004).

Autorenverzeichnis

Klaus Aerni
Universität Bern
Geographisches Institut
Finkenhubelweg 11
CH – 3012 Bern

Oliver Bender
Österreichische Akademie der Wissenschaften
Institut für Stadt- und Regionalforschung
Postgasse 7/4/2
A – 1010 Wien

Stephan Bender
Landesamt für Denkmalpflege Hessen
Archäologie und Paläontologie
Schloss Biebrich / Ostflügel
D – 65203 Wiesbaden

Werner Bischoff
Johann Wolfgang Goethe-Universität
Institut für Didaktik der Geographie
Schumannstr. 58
D – 60054 Frankfurt a. M.

Karl-Heinz Buchholz
Landschaftsverband Rheinland
Umweltamt
D – 50663 Köln

Thomas Büttner
Büro Thomas Büttner
Heimatkunde und Kulturlandschaftspflege
Eichkopfweg 26
D – 34326 Altmorschen

Peter Burggraaff
Universität Koblenz-Landau
Geographisches Institut
Universitätsstrasse 1
D – 56070 Koblenz

Vera Denzer
Johann Wolfgang Goethe-Universität
Institut für Didaktik der Geographie
Schumannstr. 58
D – 60054 Frankfurt a. M.

Andreas Dix
Rheinische Friedrich-Wilhelms-Universität
Geographisches Institut
Bereich Historische Geographie
Meckenheimer Allee 166
D – 53115 Bonn

Cornel Doswald	ViaStoria Zentrum für Verkehrsgeschichte Regionalbüro Tellstr. 31 CH – 8004 Zürich
Alexander Erb	Universität München Institut für Wirtschaftsgeographie Ludwigstr. 28 VG D – 80539 München
Per Grau Møller	Syddansk Universitet Historisk Institut Kartografisk Dokumentationscenter Campusvej 55 DK – 5230 Odense M
Michael Großheim	Universität Rostock Institut für Philosophie August-Bebel-Str. 28 D – 18051 Rostock
Barbara Happe	Schaefferstr. 9 D – 07743 Jena
Jürgen Hasse	Johann Wolfgang Goethe-Universität Institut für Didaktik der Geographie Schumannstr. 58 D – 60054 Frankfurt a. M.
Karl Hauger	Stadionstraße 28 D – 76437 Rastatt
Heinz E. Herzig	Wiesenweg 13 CH – 3422 Rüdtligen
Gerrit Himmelsbach	Archäologische Spessartprojekt e. V. Schloßplatz 4 D – 63739 Aschaffenburg
Elke Janßen-Schnabel	Landschaftsverband Rheinland Rheinisches Amt für Denkmalpflege Abtei Brauweiler Ehrenfriedstr. 19 D – 50259 Pulheim
Jürgen Jung	Forschungsinstitut Senckenberg Forschungsstation für Mittelgebirge Lochmühle 2 D – 63599 Biebergemünd - Bieber

Klaus-Dieter Kleefeld	Rheinische Friedrich-Wilhelms-Universität Geographisches Institut Bereich Historische Geographie Meckenheimer Allee 166 D – 53115 Bonn
Jürgen Knauss	Agrar- und Freilichtmuseum Schloss Blankenhain Sächsisches Landwirtschafts- und Brauereimuseum Freilicht- und Landesmuseum Westsachsens und Ostthüringens Kreismuseum des Zwickauer Landes Am Schloß D – 08451 Crimmitschau-Blankenhain
Petra Kopp	Planungsverband Ballungsraum Frankfurt / Rhein-Main Poststr. 16 D – 60329 Frankfurt a. M.
Hans Leicht	Bayerisches Landesamt für Umweltschutz Ref. 5/2 Landschaftsentwicklung Bürgermeister-Ulrich-Str. 160 D – 86179 Augsburg
Dirk Maier	Technische Universität Cottbus Lehrstuhl für Technikgeschichte Universitätsplatz 3-4 D – 03044 Cottbus
Torsten Meyer	Technische Universität Cottbus Lehrstuhl für Technikgeschichte Universitätsplatz 3-4 D – 03044 Cottbus
Christoph Morrissey	Büro Südwest Archäologie, Landeskunde, Geschichte, Kulturlandschaft Corrensstr. 9 D – 72076 Tübingen
Werner Nohl	Werkstatt für Landschafts- und Freiraumentwicklung Stockackerring 17 D – 85551 Kirchheim
Rolf Plöger	Werner-Egk-Str. 12 D – 53340 Meckenheim
Martin Pries	Universität Lüneburg Kulturgeographie Scharnhorststr. 1 D – 21335 Lüneburg

Udo Recker	Landesamt für Denkmalpflege Hessen Archäologie und Paläontologie Schloss Biebrich / Ostflügel D – 65203 Wiesbaden
Christoph Schade	Quellenstr. 2 D – 65510 Hünstetten
Sabine Schade-Lindig	Landesamt für Denkmalpflege Hessen Archäologie und Paläontologie Schloss Biebrich / Ostflügel D – 65203 Wiesbaden
Egon Schallmayer	Landesamt für Denkmalpflege Hessen Archäologie und Paläontologie Schloss Biebrich / Ostflügel D – 65203 Wiesbaden
Winfried Schenk	Rheinische Friedrich-Wilhelms-Universität Geographisches Institut Bereich Historische Geographie Meckenheimer Allee 166 D – 53115 Bonn
Heinz Schürmann	Universität Bielefeld Fakultät für Soziolgie Geographie Postfach 100131 D – 33501 Bielefeld
Kim Philip Schumacher	Albert-Ludwigs-Universität Institut für Kulturgeographie Werderring 4 D – 79085 Freiburg i. Br.
Benoit Sittler	Universität Freiburg Institut für Landespflege Tennenbacher Str. 4 D – 79085 Freiburg i. Br.
Korinna Thiem	Universität Freiburg Institut für Landespflege Tennenbacher Str. 4 D – 79085 Freiburg i. Br.
Moritz Warth	Universität München Institut für Wirtschaftsgeographie Ludwigstr. 28 VG D – 80539 München
Claus Weber	Landschaftsverband Rheinland Rheinisches Amt für Bodendenkmalpflege Endenicher Str. 133 D – 53115 Bonn

Gerd Weiß _____ Landesamt für Denkmalpflege Hessen
Schloss Biebrich / Westflügel
D – 65203 Wiesbaden

Christian Wiegand _____ KuG
Kulturlandschaft und Geschichte
Lister Meile 38
D – 30161 Hannover

Justin Winkler _____ Universität Basel
Geographisches Institut
Klingelbergstr. 27
CH – 4056 Basel